Begutachtung im Verkehrsrecht

Hans-Thomas Haffner · Gisela Skopp
Matthias Graw
Herausgeber

Begutachtung im Verkehrsrecht

Fahrtüchtigkeit – Fahreignung – traumatomechanische Unfallrekonstruktion – Bildidentifikation

Springer

Herausgeber
Prof. Dr. Hans-Thomas Haffner
Institut für Rechtsmedizin
und Verkehrsmedizin
Universität Heidelberg
Voßstr. 2
69115 Heidelberg
Deutschland
hans.haffner@med.uni-heidelberg.de

Prof. Dr. Gisela Skopp
Institut für Rechtsmedizin
und Verkehrsmedizin
Universität Heidelberg
Voßstr. 2
69115 Heidelberg
Deutschland
gisela.skopp@med.uni-heidelberg.de

Prof. Dr. Matthias Graw
Institut für Rechtsmedizin
Universität München
Nussbaumstr. 26
80336 München
Deutschland
matthias.graw@med.uni-muenchen.de

ISBN 978-3-642-20224-7 e-ISBN 978-3-642-20225-4
DOI 10.1007/978-3-642-20225-4
Springer Heidelberg Dordrecht London New York

Die Deutsche Nationalbibliothek verzeichnet diese Publikation in der Deutschen Nationalbibliografie; detaillierte bibliografische Daten sind im Internet über http://dnb.d-nb.de abrufbar.

Einbandgestaltung: WMX Design GmbH, Heidelberg

Gedruckt auf säurefreiem Papier

Springer ist Teil der Fachverlagsgruppe Springer Science+Business Media
(www.springer.de)

Geleitwort

Mobilität, namentlich – wir blicken auf 125 Jahre Kraftfahrzeuggeschichte zurück – die „automobile“ Mobilität ist ganz gewiss eine großartige nicht nur technische, sondern auch soziale Errungenschaft, der manche sogar die Qualität eines individuellen Verfassungsrechts zubilligen. Doch darf diese positive Einschätzung nicht darüber hinwegtäuschen, dass der Kraftverkehr ein immenses Gefährdungspotential in sich trägt, wie uns der tagtägliche Blutzoll auf den Straßen eindringlich vor Augen führt. Vieles von dem Risiko ist sicherlich dem System an sich, dabei vor allem der Technik geschuldet. Doch dürfte die größte Gefahr im Menschen selbst liegen, in seiner Sorglosigkeit und Selbstüberschätzung im Umgang mit dem „gefährlichen Werkzeug“ Kraftfahrzeug. „Bändigung“ des kraftfahrzeugfahrenden Menschen ist deshalb angesagt, präventiv durch Aufklärung der Allgemeinheit über die Gefahren, wie sie etwa durch den Konsum von Alkohol und anderen berauschenden Mitteln entstehen, aber auch repressiv durch Ermittlung von Fehlverhalten und Unfallursachen und deren Ahndung. Zu diesen Aufgaben leistet die Rechts- und Verkehrsmedizin seit jeher einen unverzichtbaren Beitrag. *Wagner* hat zur Verkehrsmedizin einmal geäußert, sie verfolge

> „die Anwendung ärztlichen Wissens und ärztlicher Erfahrung zum Nutzen der Verkehrsteilnehmer und zur Hebung der Verkehrssicherheit“.

Und in demselben Geist hat *Eisenmenger* in seinem Geleitwort zur Gedenkschrift aus Anlass des 100jährigen Bestehens der Deutschen Gesellschaft für Gerichtliche Medizin / Rechtsmedizin geschrieben:

> „Natürlich ist Rechtsmedizin, von ihrer Entstehung und Aufgabe her, ein anwendungsbezogenes Fach. So kann es nicht verwundern, dass die Grundlagenforschung nicht zu ihren Stärken gehört. Dagegen haben die Ergebnisse rechtsmedizinischer Forschung Auswirkungen auf breiteste Schichten der Bevölkerung. Speziell am Beispiel der **Verkehrsmedizin** lässt sich dies gut belegen: Alle gesetzlichen Regelungen zur Frage der Verkehrstüchtigkeit unter Alkohol- und Drogeneinfluss, aber auch die Gurt- und Helmpflicht wären ohne die wissenschaftlichen Untersuchungen der Rechtsmedizin nicht denkbar.“

Dem ist zum Geleit des hier vorliegenden Werks auch aus richterlicher Sicht kaum etwas hinzuzufügen. *Heifer* hat das Gemeinsame von **Medizin und Recht** herausgestellt, nämlich das Zusammenwirken „im Wettstreit um die Optimierung menschlichen Seins und Handelns", um von daher der Rechtsprechung dort, wo das Fachgebiet der Rechts- und Verkehrsmedizin berührt ist, den auch wissenschaftlich „richtigen" Weg zu weisen. Dies verweist auf die Implementation medizinisch-(natur)wissenschaftlicher Erkenntnisse in die richterliche Entscheidungsfindung oder allgemein in die rechtliche Beurteilung. Hierfür ist aber vor allem **Wissen** gefordert, sicherlich auch Wissen des Rechts- und Verkehrsmediziners über die rechtlichen Grundlagen seines Wirkungsbereichs, vor allem aber Wissen des Juristen über die medizinisch-naturwissenschaftlichen Gesetzmäßigkeiten und Zusammenhänge auf den Gebieten, auf denen sich das Geschehen abspielt, über das – rechtlich – zu urteilen ist. Unmittelbar berührt ist hier wie in vielen anderen Bereichen das Verhältnis von Gericht und Sachverständigem. Denn verfahrensrechtlich ist der Richter – wie der Bundesgerichtshof in ständiger Rechtsprechung betont (u. a. BGHSt 8, 113, 118) – zu einem *eigenen* Urteil auch in schwierigen Fachfragen verpflichtet, hat er die Entscheidung über diese Fragen *selbst* zu erarbeiten und darf sich dabei „solche fachliche Entscheidung nicht einfach vom Sachverständigen abnehmen", sondern sich nur *helfen* lassen. Vornehmste Aufgabe des Sachverständigen besteht deshalb darin, ihn, den Richter, über die wissenschaftlichen Grundlagen zu belehren „und mit möglichst gemeinverständlichen Gründen zu überzeugen". Dieses Wissen zu vertiefen, steht auch dieses jetzt vorliegende Werk an. Es ist ein großes Verdienst, dass nach dem umfassenden *Handbuch gerichtliche Medizin* (*Brinkmann und Madea et al,* 2004), in dem der *Verkehrsmedizin* lediglich ein Kapitel gewidmet ist, sich Wissenschaftler des Instituts für Rechtsmedizin und Verkehrsmedizin Heidelberg und des Instituts für Rechtsmedizin München der Mühe unterzogen haben, in einem einheitlichen Kompendium nach den neuesten wissenschaftlichen Erkenntnissen Antworten auf die Fragen der *forensischen Toxikologie,* der *Fahreignungsbegutachtung,* der *traumatomechanischen Unfallrekonstruktion* sowie der *Bildidentifikation* zu geben. Möge dieses Kompendium den an der Begutachtung von Verkehrsvorgängen beteiligten Sachverständigen ein geeignetes Referenzwerk sein. Möge es aber ebenso auch Richtern, Staatsanwälten und Rechtsanwälten als „Vademecum" dienen, um sich in einschlägigen Fällen über die implizierten Fachfragen vertieft zu informieren und dadurch zu einer auch rechtlich „richtigen" Beurteilung zu gelangen.

Kurt Rüdiger Maatz
RiBGH a.D.

Vorwort

Die Aufgabe des Sachverständigen vor Gericht besteht in der Vermittlung der Kenntnisse seines Fachgebiets und seiner diesbezüglichen Erfahrungen. Auf dieser Grundlage soll es dem mit der speziellen Materie nicht vertrauten Juristen möglich werden, eine angemessene Beurteilung des jeweiligen Sachverhalts vorzunehmen. Dem Vortrag einer eigenen Bewertung hat sich der Gutachter zu enthalten.

Diese idealtypische Konstellation lässt sich in der Praxis nur schwer umsetzen. Je tiefer die Wissenschaft in die Grundlagen des jeweiligen Fachgebiets eindringt, desto komplexer werden die Zusammenhänge und desto vielschichtiger muss ihre Beurteilung erfolgen. Das Zusammenspiel von Medizin, die im Gegensatz zu den exakten Naturwissenschaften eine oft große Variationsbreite beobachtet, mit der Rechtsprechung, in der gerade auch seltene Abläufe und Zusammenhänge Beachtung finden müssen, akzentuiert die Problematik. Soll der Aufwand in einem vertretbaren Maß gehalten werden, so ist es dem Gutachter häufig kaum möglich, das im aktuellen Fall relevante Fachwissen tiefgreifend genug zu vermitteln. Der Jurist dagegen hat es umso schwerer, ohne spezielle Vorkenntnis die Spielbreite der sachverständigen Ausführungen und ihre möglichen Auswirkungen auf den Fall vollumfänglich zu erfassen. So hat sich immer mehr eingebürgert, dass die Gutachter abschließend eine Bewertung zumindest anbieten, was in foro auch von ihnen erwartet wird. Diese droht übernommen zu werden, ohne von Staatsanwalt, Verteidiger und Richter ausreichend hinterfragt zu werden. Hinter der häufig gebrauchten Formulierung der „überzeugenden Ausführungen des Sachverständigen" steckt somit nicht unbedingt die Überzeugungskraft des Verstehens und Nachvollziehens, sondern mitunter nur die Überzeugungskraft, die aus einer langjährigen Kenntnis der Person des Gutachters und dem damit verbundenen Vertrauen resultiert.

Auch das Gegenteil ist zu beobachten, wenngleich deutlich seltener. Die Zusammenhänge und Fragestellungen erscheinen mitunter vordergründig offensichtlich und einfach zu beantworten. Dies kann dazu verleiten, auf die Zuziehung eines Gutachters unter Bezugnahme auf die eigene Sachkenntnis (und manchmal auch aus einer ökonomischen Erwägung heraus) zu verzichten. Tatsächlich sind manche Sachverhalte relativ schematisch zu beurteilen, zumal wenn die Beurteilung auf Regeln beruht, die die Rechtsprechung des BGH festgelegt hat. Aber abgesehen davon, dass die BGH-Rechtsprechung nicht immer auf dem letzten Stand der Wissenschaft sein kann, gibt es immer wieder Ausnahmen, in denen die sonst starre Regel variiert werden muss oder sich die Regelanwendung gänzlich verbietet. Dann drohen Fehleinschätzungen.

Zielsetzung dieses Buches ist es, die wissenschaftlichen Grundlagen der verschiedenen Sparten verkehrsmedizinischer Begutachtung in einer möglichst allgemein verständlichen Form darzustellen; auf eine ausführliche Literaturaufstellung wurde daher verzichtet. In vielen Beispielen, die bewusst nicht konstruiert, sondern aus der alltäglichen Begutachtungspraxis übernommen wurden, soll die praktische Anwendung erläutert werden. Die Lektüre des Buches lässt keineswegs erwarten, dass der Leser künftig die Ausführungen des Gutachters wird entbehren können. Sie kann aber sehr wohl dazu beitragen, das gegenseitige Verständnis zu verbessern und den Juristen in die Lage versetzen, kritische und diskussionswürdige Stellungnahmen des Gutachters zu erkennen und die richtigen Fragen zustellen.

Heidelberg, München, Juni 2011 Die Herausgeber

Inhaltsverzeichnis

Forensische Toxikologie

1

Andrea Dettling, Hans-Thomas Haffner, Georg Schmitt,
Andreas Schuff und Gisela Skopp

1.1 Blutentnahme und ärztliche Untersuchung (Schuff, Haffner)

1.1.1 Blutentnahme und Gewinnung alternativen Untersuchungsmaterials

Die ärztliche Blutentnahme dient in erster Linie dem Nachweis einer zentralnervösen Beeinflussung durch Alkohol, Drogen und/oder Medikamente bei Personen, die verdächtig sind, eine Straftat oder eine Ordnungswidrigkeit begangen zu haben. Rechtsgrundlage für die ärztliche Blutentnahme ist im Wesentlichen § 81a StPO (Beschuldigte), daneben § 81c StPO (Zeugen, Geschädigte). Die Blutentnahme muss von der betreffenden Person geduldet werden, ggf. kann sie auch gewaltsam durchgesetzt werden, sofern kein Nachteil für die Gesundheit zu befürchten ist.

Die Blutentnahme ist von einem „Arzt nach den Regeln der ärztlichen Kunst" durchzuführen. In der Regel wird hierzu eine Vene im Bereich der oberen Extremität, häufig in der Ellenbeuge punktiert. Die notwendigen Utensilien zur Blutentnahme werden meist in Form von ganzen Sets von der Polizei zur Verfügung gestellt, wobei das Blutentnahmesystem zu diesem Zwecke von der zuständigen Landesbehörde zugelassen sein muss. Bei der Desinfektion der Blutentnahmestelle muss auf alkoholfreie Desinfektionsmittel zurückgegriffen werden (z. B. Octenisept®), wenngleich auch bei der Verwendung alkoholhaltiger Desinfektionsmittel kaum eine Verfälschung der Blutalkoholkonzentration zu erwarten ist.

A. Dettling (✉), H. Haffner (✉), G. Schmitt (✉), G. Skopp (✉) Institut für Rechtsmedizin und Verkehrsmedizin, Universität Heidelberg, Voßstr. 2, 69115 Heidelberg, Deutschland
E-Mail: andrea.dettling@med.uni-heidelberg.de, hans.haffner@med.uni-heidelberg.de, georg.schmitt@med.uni-heidelberg.de, gisela.skopp@med.uni-heidelberg.de
A. Schuff (✉) REMAKS Rechtsmedizin am Klinikum Saarbrücken GmbH, Winterberg 1, 66119 Saarbrücken, Deutschland
E-Mail: A.Schuff@remaks.de

H.-T. Haffner, G. Skopp, M. Graw, *Begutachtung im Verkehrsrecht*,
DOI 10.1007/978-3-642-20224-7_1, © Springer-Verlag Berlin Heidelberg 2012

Die Blutentnahme bei verletzten und deswegen bereits in Behandlung befindlichen Personen darf nicht über eine bereits liegende Venenverweilkanüle oder einen bereits liegenden Venenkatheter erfolgen. Dies kann insbesondere bei der gleichzeitigen Gabe von Infusionen über diese Venenzugänge zur Verdünnung der Blutprobe und somit zur Verfälschung der Messergebnisse führen. In solchen Fällen sollte die Blutentnahme über eine separate Venenpunktion am anderen Arm erfolgen. Es dürfte nur in Ausnahmefällen (z. B. Schwerstverletzten) nicht möglich sein, eine separate Venenpunktion durchzuführen. In diesen seltenen Fällen sollte die Blutentnahme nur dann über eine bereits liegende Verweilkanüle erfolgen, wenn gewährleistet ist, dass eine zuvor hierüber verabreichte Infusion ausreichend lange unterbrochen wurde bzw. zurückliegt (mindestens 5 bis 10 Minuten). Zudem muss eine erste aus dem Zugang gezogene Blutmenge verworfen werden, damit es nicht zu Durchmischungen mit in den Schläuchen befindlichen Flüssigkeitsresten kommen kann.

Bei Leichen ist eine sog. Venae sectio, eine präparative Freilegung einer Vene und Blutentnahme unter Sicht erforderlich. Dazu wird in der leistennahen Oberschenkelregion die dort in einer Muskelloge verlaufende große Oberschenkelvene (Femoralvene) mit einem Hautschnitt freigelegt und punktiert bzw. eröffnet, um so eine ausreichende Menge Venenblut zu erhalten. Eine Punktion des Herzens zur Gewinnung einer Blutprobe entspricht nicht den Regeln der ärztlichen Kunst. Erstens besteht hier die Gefahr einer unbemerkten Fehlpunktion. Gerade bei schweren Unfallverletzungen kommt es häufig zu Organverlagerungen und Zerreißungen von Hohlorganen wie des Magens; eine Punktion von blutigem Mageninhalt oder von mit Mageninhalt durchmischtem Blut aus der Brustfellhöhle ist nicht auszuschließen und auch am Punktat nicht sicher zu erkennen. Zweitens wird diskutiert, in welchem Ausmaß es postmortal zu einer Diffusion von Alkohol aus dem Magen in das benachbarte Herz und so zu einer Verfälschung des Untersuchungsergebnisses kommen kann. In seltenen Fällen (z. B. Leichen von Schwerst-Traumatisierten, Tod durch Verbluten) kann es unmöglich sein, eine ausreichende Blutmenge aus der Oberschenkelvene zu gewinnen. Ersatzweise kann je nach Fragestellung u. a. auf die Asservation von Glaskörperflüssigkeit und/oder von Muskelgewebe zurückgegriffen werden. Auf keinen Fall sollte die Blutprobe aus einer in der Nähe des Leichnams befindlichen Blutansammlung oder Blutlache entnommen werden. Hier können flüchtige Substanzen in erheblichem Maße bereits verdampft sein oder sonstige Flüssigkeiten zu einer Verdünnung des Blutes geführt haben.

Aus einer Verkehrsunfallanzeige der Polizei geht hervor, ein PKW-Lenker (ON 01) habe mit seinem Fahrzeug eine Kreisstraße befahren. In einer lang gezogenen Rechtskurve sei er vermutlich infolge zu hoher Geschwindigkeit auf die Gegenfahrbahn abgekommen und frontal mit dem ordnungsgemäß entgegen kommenden PKW (ON 02) zusammengestoßen. Durch den Aufprall seien die PKW-Lenkerin 02 getötet, ihr Ehemann als Beifahrer sowie PKW-Lenker 01 schwer verletzt worden. An beiden Fahrzeugen sei Totalschaden entstanden. Die PKW-Lenkerin 02 sei im Fahrzeug eingeklemmt worden. Die Todesfeststellung sei vor Ort durch Dr. B. erfolgt. Die Leiche sei in die Leichenhalle verbracht worden. Durch die schwersten Verletzungen am Leichnam von PKW-Lenkerin 02 sei auf normale Art kein Blut zur Untersuchung zu entnehmen gewesen; Dr. B. habe nur eine ganz geringe Menge durch Punktion des Herzens gewinnen können. Eine Obduktion wurde nicht beantragt.

Ergebnis der Blutalkoholanalysen:

PKW-Lenker 01:	1,31‰ (ADH: 1,28, 1,32; GC: 1,34, 1,32)
PKW-Lenkerin 02:	1,14‰ (GC: 1,20, 1,21, 1,02)*

*Anmerkung des Labors: „Aufgrund des geringen Probenvolumens war die übliche Bestimmung der Blutalkoholkonzentration mittels ADH-Methode ebenso wenig möglich wie eine vierte Bestimmung mittels Gaschromatographie. Die Mittelwertsbildung erfolgte daher aus drei gaschromatographischen Messungen."

In einer späteren Vernehmung gab der Ehemann der PKW-Lenkerin nach Konfrontation mit dem Blutalkoholergebnis seiner Ehefrau an, seine Frau habe an diesem Abend nur eine, höchstens zwei Weinschorle und ein bis zwei kleine Flaschen Mineralwasser getrunken. Dies wurde durch einen weiteren Zeugen bestätigt. Eine gutachtliche Stellungnahme sollte mit Hinblick auf ein mögliches Mitverschulden der PKW-Lenkerin 02 erfolgen.

Das Ergebnis der Blutalkoholanalyse der PKW-Lenkerin 02 ist nicht verwertbar, da die Entnahme wider die Regeln der ärztlichen Kunst durch eine Punktion des Herzens erfolgt war. Vermutlich handelte es sich bei der Probe um blutigen Mageninhalt oder ein Gemisch aus Mageninhalt und Blut. Bei schweren Brust- und Bauchtraumen kommt es nicht selten zu Zerreißungen des Zwerchfells mit einer Verlagerung des Magens in die Brusthöhle, wobei auch die Magenwand perforiert und Mageninhalt ausgetreten sein kann. Die Höhe der gemessenen Konzentration ließe sich mit der bei der angegebenen Trinkmenge zu erwartenden Größenordnung im Mageninhalt gut in Einklang bringen. Auf einen weiteren Grund, der der Verwertbarkeit zusätzlich entgegensteht, wird im nächsten Kapitel noch genauer eingegangen.

Auch Urin kann zum Zweck der chemisch-toxikologischen Analyse gewonnen werden. Zu Lebzeiten ist dies nur unter Mitwirkung des Betreffenden möglich; eine zwangsweise Katheterisierung ist durch § 81 StPO nicht gedeckt. An Leichen kann eine Katheterisierung der Harnblase durch die Harnröhre oder bei hoch stehender Blase eine Punktion durch die Bauchdecken vorgenommen werden.

Urin als Matrix eignet sich für die chemisch-toxikologische Untersuchung besser als Blut, insbesondere für Screeninguntersuchungen auf der Suche nach unbekannten Substanzen. Das Ergebnis erlaubt jedoch prinzipiell nur qualitative Feststellungen über die Einnahme von Alkohol, Drogen oder Medikamenten in einem zeitlichen Zusammenhang zum Entnahmezeitpunkt, bei Leichen zum Todeszeitpunkt. Aussagen zum aktuellen Grad der Beeinflussung sind dagegen kaum möglich, weshalb die Untersuchung von Urin die Blutuntersuchung nicht ersetzen kann. Zwar bewegen sich Blut- und Urinkonzentrationen vieler körperfremder Substanzen in einer mehr oder weniger festen Relation zueinander. Die Harnblase stellt jedoch ein Sammelbecken für den über einen längeren Zeitraum produzierten Urin dar. Die Urinkonzentration spiegelt insofern in der Summe den Konzentrationsverlauf über die Zeit. Sie ist abhängig vom Zeitpunkt und der Vollständigkeit der letzten Harnblasenentleerung, von der Urinproduktionsrate und kann von weiteren im Einzelfall ebenfalls kaum eingrenzbaren Faktoren beeinflusst sein wie bspw. dem pH-Wert des Urins.

Nach einer erfolgreichen Probengewinnung ist auf eine konsequente Einhaltung der korrekten Kennzeichnung der Probenröhrchen und der entsprechenden Formulare zu achten. Dies erfolgt mit Hilfe eines Klebeetikettensystems und liegt in der Verantwortung der zuständigen Polizeibehörde. Die Übereinstimmung und die Richtigkeit der auf den Klebeetiketten vermerkten Daten ist durch den blutentnehmenden Arzt zu bestätigen, z. B. durch ein handschriftliches Abzeichnen der Etiketten. Die Weiterleitung der Untersuchungsprobe an das die Untersuchung durchführende Labor erfolgt durch die Polizei.

1.1.2 Blutentnahmeprotokoll und ärztlicher Untersuchungsbefund

Zum Blutentnahmeset gehört auch das sog. Blutentnahmeprotokoll. Die verwendeten Formulare sind nicht in allen Bundesländern einheitlich. Inhaltlich sind sie jedoch im Großen und Ganzen vergleichbar. Nachfolgend wird beispielhaft das in Baden-Württemberg übliche Formular erläutert.

Der erste Teil des Formulars wird von der Polizei ausgefüllt. Er beinhaltet neben den personenbezogenen Daten des Untersuchten Angaben zu Art und Umfang der beauftragten Untersuchung, zu Untersuchungsanlass und Vorfallszeit. Hat der Betroffene eine Aussage zu Art, Menge und Zeitraum eines Alkohol- oder Drogenkonsums vor und evtl. auch nach der ihm vorgeworfenen Tat gemacht, wird dies festgehalten. Schließlich ist das Ergebnis eines ggf. als Vortest durchgeführten Atemalkoholtests angeführt. Dies ist deshalb problematisch, weil das Ergebnis dem blutentnehmenden Arzt bekannt wird und ihn in seiner Beurteilung beeinflussen kann.

Der zweite Teil des Protokolls umfasst den ärztlichen Untersuchungsbericht (Abb. 1.1), der nicht in allen Bereichen die Handschrift medizinischer Fachkompetenz trägt. Hauptziel der Untersuchung ist es, die Ausprägung eines Alkohol-, Drogen- und/oder Medikamenteneinflusses festzustellen und zu dokumentieren. Dies kann vor allem für die Beurteilung der relativen Fahrtüchtigkeit von Bedeutung sein. Die Erhebung der anamnestischen Daten und die Durchführung der meisten neurologischen Tests bedürfen der aktiven Mitwirkung des Betroffenen. Diese kann von ihm abgelehnt werden, worüber der blutentnehmende Arzt aufklä-

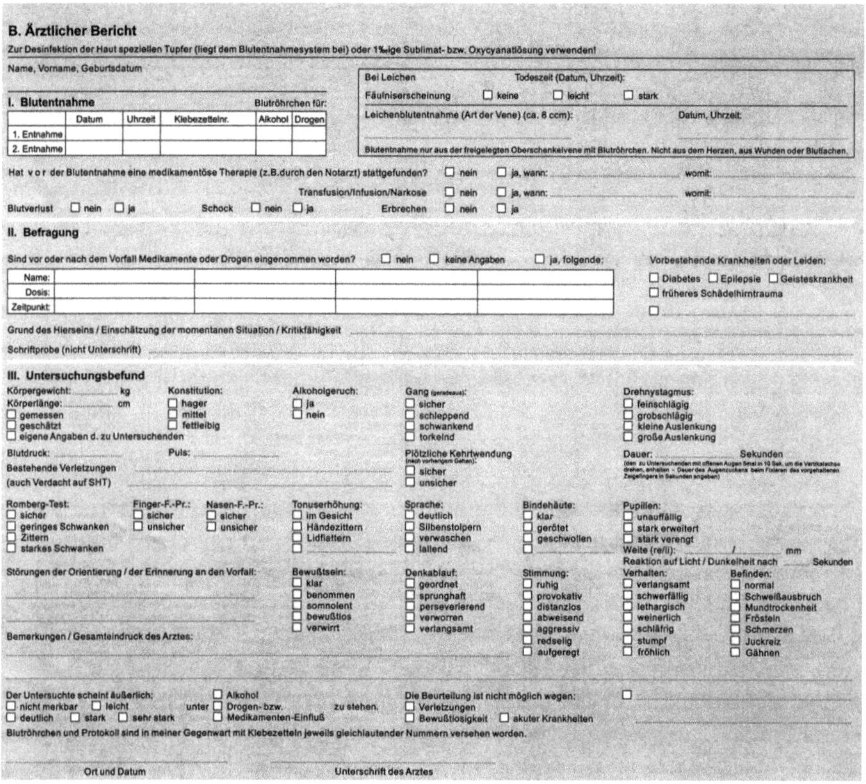

B. Ärztlicher Bericht

Zur Desinfektion der Haut speziellen Tupfer (liegt dem Blutentnahmesystem bei) oder 1%ige Sublimat- bzw. Oxycyanatlösung verwenden!

Name, Vorname, Geburtsdatum

I. Blutentnahme Blutröhrchen für:

	Datum	Uhrzeit	Klebezettelnr.	Alkohol	Drogen
1. Entnahme					
2. Entnahme					

Bei Leichen Todeszeit (Datum, Uhrzeit):
Fäulniserscheinung ☐ keine ☐ leicht ☐ stark
Leichenblutentnahme (Art der Vene) (ca. 8 ccm): Datum, Uhrzeit:
Blutentnahme nur aus der freigelegten Oberschenkelvene mit Blutröhrchen. Nicht aus dem Herzen, aus Wunden oder Blutlachen.

Hat v o r der Blutentnahme eine medikamentöse Therapie (z.B. durch den Notarzt) stattgefunden? ☐ nein ☐ ja, wann: womit:
Transfusion/Infusion/Narkose ☐ nein ☐ ja, wann: womit:
Blutverlust ☐ nein ☐ ja Schock ☐ nein ☐ ja Erbrechen ☐ nein ☐ ja

II. Befragung

Sind vor oder nach dem Vorfall Medikamente oder Drogen eingenommen worden? ☐ nein ☐ keine Angaben ☐ ja, folgende:

Name:				
Dosis:				
Zeitpunkt:				

Vorbestehende Krankheiten oder Leiden: ☐ Diabetes ☐ Epilepsie ☐ Geisteskrankheit ☐ früheres Schädelhirntrauma ☐

Grund des Hierseins / Einschätzung der momentanen Situation / Kritikfähigkeit
Schriftprobe (nicht Unterschrift)

III. Untersuchungsbefund

Körpergewicht: kg
Körperlänge: cm ☐ gemessen ☐ geschätzt ☐ eigene Angaben d. zu Untersuchenden
Konstitution: ☐ hager ☐ mittel ☐ fettleibig
Alkoholgeruch: ☐ ja ☐ nein
Gang (geradeaus): ☐ sicher ☐ schleppend ☐ schwankend ☐ torkelnd
Drehnystagmus: ☐ feinschlägig ☐ grobschlägig ☐ kleine Auslenkung ☐ große Auslenkung
Blutdruck: Puls:
Plötzliche Kehrtwendung (nach vorherigem Gehen): ☐ sicher ☐ unsicher
Dauer: Sekunden (den zu Untersuchenden mit offenen Augen 5mal in 10 Sek. um die Vertikalachse drehen, anhalten – Dauer des Augenzuckens beim Fixieren des vorgehaltenen Zeigefingers in Sekunden angeben)
Bestehende Verletzungen (auch Verdacht auf SHT)

Romberg-Test: ☐ sicher ☐ geringes Schwanken ☐ Zittern ☐ starkes Schwanken
Finger-F.-Pr.: ☐ sicher ☐ unsicher
Nasen-F.-Pr.: ☐ sicher ☐ unsicher
Tonuserhöhung: ☐ im Gesicht ☐ Händezittern ☐ Lidflattern ☐
Sprache: ☐ deutlich ☐ Silbenstolpern ☐ verwaschen ☐ lallend
Bindehäute: ☐ klar ☐ gerötet ☐ geschwollen ☐
Pupillen: ☐ unauffällig ☐ stark erweitert ☐ stark verengt
Weite (re/li): / mm
Reaktion auf Licht / Dunkelheit nach Sekunden

Störungen der Orientierung / der Erinnerung an den Vorfall:
Bewußtsein: ☐ klar ☐ benommen ☐ somnolent ☐ bewußtlos ☐ verwirrt
Denkablauf: ☐ geordnet ☐ sprunghaft ☐ perseverierend ☐ verworren ☐ verlangsamt
Stimmung: ☐ ruhig ☐ provokativ ☐ distanzlos ☐ abweisend ☐ aggressiv ☐ redselig ☐ aufgeregt
Verhalten: ☐ verlangsamt ☐ schwerfällig ☐ lethargisch ☐ weinerlich ☐ schläfrig ☐ stumpf ☐ fröhlich
Befinden: ☐ normal ☐ Schweißausbruch ☐ Mundtrockenheit ☐ Frösteln ☐ Schmerzen ☐ Juckreiz ☐ Gähnen
Bemerkungen / Gesamteindruck des Arztes:

Der Untersuchte scheint äußerlich: ☐ nicht merkbar ☐ leicht ☐ deutlich ☐ stark ☐ sehr stark unter ☐ Alkohol ☐ Drogen- bzw. ☐ Medikamenten-Einfluß zu stehen.
Die Beurteilung ist nicht möglich wegen: ☐ Verletzungen ☐ Bewußtlosigkeit ☐ akuter Krankheiten ☐
Blutröhrchen und Protokoll sind in meiner Gegenwart mit Klebezetteln jeweils gleichlautender Nummern versehen worden.

Ort und Datum Unterschrift des Arztes

Abb. 1.1 Ärztlicher Bericht des Blutentnahmeprotokolls Baden-Württemberg

ren sollte. Einige der geforderten Untersuchungsbefunde wie bspw. Gang- und Standsicherheit, Sprache und psychisches Erscheinungsbild lassen sich jedoch auch unabhängig von der Mitwirkung des Betroffenen zumindest grob aus der Beobachtung der Gesamtsituation heraus beurteilen.

Im ersten Abschnitt des ärztlichen Untersuchungsprotokolls werden zunächst die Personalien und der genaue Zeitpunkt der Blutentnahme dokumentiert. Gefragt wird nach ärztlichen Maßnahmen (medikamentöse Therapie, Infusionen, Blutverlust usw.), die evtl. aufgrund von bei dem Vorfall erlittenen Verletzungen vor der Blutentnahme durchgeführt wurden. Sie müssen u. U. bei der Interpretation des Analysenergebnisses berücksichtigt werden. Der Abschnitt enthält des Weiteren eine gesonderte Rubrik für die Protokollierung von Leichenblutentnahmen. Gefordert werden hier Angaben zum Todeszeitpunkt und zum Grad evtl. aufgetretener Fäulniserscheinungen an der Leiche, da Fäulnis ebenfalls das Analysenergebnis beeinflussen kann. Anzugeben ist die Vene, aus der die Blutentnahme erfolgte. In einem Hinweis wird daran erinnert, dass nur Blutentnahmen aus einer freigelegten Oberschenkelvene zulässig sind, keine Probengewinnung aus dem Herzen, aus Wunden oder Blutlachen.

Der zweite Abschnitt zielt hauptsächlich auf differenzialdiagnostische Überlegungen hinsichtlich einer feststellbaren Symptomatik ab. Bedeutsam sind vorfallsunabhängige Vorerkrankungen wie Diabetes mellitus, Epilepsie, Geisteskrankheiten und frühere Schädel-Hirntraumen, die für sich alleine oder in Zusammenwirken mit einer notwendigen medikamentösen Therapie eine Rauschsymptomatik vortäuschen oder verstärken können. Abgefragt werden die eingenommenen Medikamente, ihre Dosierung und der Zeitpunkt der letzten Einnahme. Die Frage umfasst auch Überdosierungen indizierter oder missbräuchlich eingenommener Arzneimittel und in Wiederholung zur polizeilichen Befragung eine Drogeneinnahme. Thematisch unpassend an dieser Stelle sind die Beurteilung der Situationseinschätzung/Kritikfähigkeit des Probanden sowie die Schriftprobe. Beides sind dem nachfolgenden Abschnitt zuzuordnende Untersuchungsbefunde. Die Schriftprobe ist generell entbehrlich, da ihre Interpretation ohne Vergleichsschriftprobe in nüchternem Zustand und ohne spezielle Fachkenntnis kaum möglich ist.

Die feststellbaren Untersuchungsbefunde sind im letzten Abschnitt des ärztlichen Teils des Formularbogens aufgeführt. Es handelt sich im Kern um eine neurologisch-psychiatrische Untersuchung, konzentriert auf die Feststellung von Intoxikationserscheinungen. Alkohol, Drogen und Medikamente haben auf die Physis und die Psyche des Probanden unterschiedliche Auswirkungen. So treten einige der neurologischen und psychiatrischen Ausfallerscheinungen typischerweise unter Alkoholeinfluss auf, andere eher unter Drogen- oder Medikamentenwirkung.

Der Befundbericht beginnt mit Angaben zu Körpergröße, Körpergewicht und Konstitution. Diese Daten dienen hauptsächlich als Grundlage für Berechnungen des Alkoholspiegels, können aber auch Orientierungshilfen bei der Beurteilung der Pharmakokinetik von Drogen sein. Eher allgemeiner Natur und im speziellen Fall wenig aufschlussreich sind Puls- und Blutdruckwerte, die, soweit nicht extrem normabweichend, kaum Rückschlüsse auf die Leistungsfähigkeit zulassen. Es gibt zwar Drogen, z. B. Psychostimulanzien, die zu Pulsbeschleunigung und Blutdruckanstieg führen können. Andererseits lässt sich diese Symptomatik im Rahmen einer Polizeikontrolle als situationsbedingt normale Reaktion ansehen, insbesondere wenn für den Probanden ernste Konsequenzen drohen. Davon abgesehen stellt Bluthochdruck eine Volkskrankheit dar.

Von großer Bedeutung ist die Dokumentation von akuten Verletzungen, insbesondere Schädel-Hirn-Traumen, weshalb auch Verdachtsfälle festgehalten werden sollten. Schädel-Hirn-Traumen können eine Symptomatik hervorrufen, die meist nicht sicher von einer Rauschsymptomatik abgrenzbar ist. Auffälligkeiten im neurologisch-psychiatrischen Befund sind dann u. U. nicht mehr zweifelsfrei einer Alkohol- oder Drogenwirkung zuzuordnen.

Entbehrlich ist die Frage nach Alkoholgeruch. Zum einen ist die Sensitivität, mit der ein Untersucher Alkoholgeruch feststellen kann, individuell sehr unterschiedlich. Zum anderen ist die Intensität des Alkoholgeruchs nicht oder zumindest nicht alleine vom Alkoholspiegel des Untersuchten abhängig. Größeren Einfluss haben Begleitstoffe des konsumierten Getränks. So tritt bspw. bereits nach einem Schluck Bier ein intensiver Alkoholgeruch auf, der nach dem Konsum auch einer größeren Menge von Wodka ausbleiben kann.

Die Untersuchung der Gangsicherheit und der plötzlichen Kehrtwendung werden in der Regel miteinander kombiniert, indem der Proband nach der Gehstrecke zu einer 180°-Drehung und Rückkehr zum Ausgangspunkt aufgefordert wird. Beide Untersuchungsgänge dienen der Beurteilung des Gleichgewichtsinnes und der grobmotorischen Koordinationsfähigkeit. Die Untersuchungen des Gangbildes werden sehr unterschiedlich durchgeführt. Teilweise wird nur ein Geradeausgehen über eine gewisse Distanz überprüft. Neurologisch korrekt wäre der sog. Seiltänzergang, bei dem der Proband auf einer Linie gehen muss, in dem er wie ein Seiltänzer einen Fuß vor den anderen setzt. Eine andere Variation stellt der Gang mit geschlossenen Augen dar, wodurch die optische Kontrolle ausgeschaltet wird. Je nach Durchführung der Prüfung liegen unterschiedliche Anforderungen vor. Je höher die Anforderungen sind, desto leichter werden Unsicherheiten entdeckt. Es ist allerdings nicht außer Acht zu lassen, dass leichte Unsicherheiten auch in nüchternem Zustand vorkommen können und dass die Grenze zwischen sicher und unsicher von der Erfahrung und individuellen Einschätzung des Untersuchers abhängt.

Bei der Überprüfung des Drehnystagmus wird der Proband bei geöffneten Augen über einen Zeitraum von 10 Sekunden fünfmal um seine eigenen Körperachse gedreht. Anschließend wird er aufgefordert, einen etwa in Armlänge entfernt vorgehaltenen Stift oder Finger zu fixieren. Im Normalfall zeigt sich eine schnelle zuckende seitliche Augenbewegung (Nystagmus) entgegen der Drehrichtung über einen Zeitraum von fünf bis acht Sekunden. Ein länger anhaltender postrotatorischer Nystagmus ist auffällig und zeigt sich z. B. bei einer Alkoholbeeinflussung. Dabei besteht eine gute Korrelation zwischen der Höhe des Alkoholspiegels und der Dauer des Drehnystagmus. Allerdings ist es schwierig, in der Praxis der Untersuchungssituation die Normierung des Untersuchungsgangs ohne Hilfsmittel einzuhalten, etwa die Drehgeschwindigkeit, die sich auf die Nystagmusdauer auswirkt. Außerdem sind die Auslenkungen des Nystagmus teilweise so klein, dass sie kaum zu sehen sind. Dies erklärt den mitunter eingetragenen Befund einer Nystagmusdauer von null Sekunden.

Beim Rombergtest muss der Proband bei eng zusammenstehenden Füßen und vorgestreckten Armen mit nach oben gewendeten Handflächen sowie mit geschlossenen Augen eine Weile ruhig stehen bleiben. Leichtes Schwanken ist dabei normal, stärkeres Schwanken spricht für eine Beeinträchtigung. Der Rombergtest taucht allerdings auch häufiger außerhalb des Blutentnahmeprotokolls in den polizeilichen Ermittlungsberichten als ein Testverfahren auf, das von den Beamten bei Drogenverdachtsfällen angewandt wird. Höchst problematisch ist abgesehen von der Beurteilung eines medizinischen Tests durch einen medizinischen Laien, dass dabei mangels Fachkenntnis sehr phantasiereiche Variationen dieses neurologischen Testverfahrens zum Einsatz kommen. Dabei müssen die Probanden zusätzlich den Kopf in den Nacken legen, auf einem Bein stehen oder nach geschätzten 30 Sekunden die Augen wieder öffnen. Ohne näheres Hinterfragen wird dies alles unbedarft als Romberg-Test benannt. Von einer Bewertung so erlangter Testergebnisse sollte abgesehen werden.

Bei der Finger-Finger-Probe sollen die Zeigefingerspitzen mit gestreckten Armen und bei geschlossenen Augen vor dem Körper zusammen geführt werden.

Bei der Finger-Nasen-Probe wird der Proband aufgefordert, mit geschlossenen Augen zunächst den Zeigfinger der einen und dann den der Gegenseite in ausholender Armbewegung zur Nasenspitze zu führen. Beide Tests dienen ebenfalls der Überprüfung der Koordinationsfähigkeit und lassen auch eventuelle Störungen der Feinmotorik erkennen. Eine Abweichung vom Ziel (Fingerspitze, Nasenspitze) von bis zu einem Zentimeter liegt bei beiden Proben noch im Normbereich.

Höchste Ansprüche an die feinmotorische Koordination von Lippen und Zunge stellt die Artikulation. Die Sprache stellt deshalb ein relativ wichtiges Beurteilungskriterium dar. Allerdings sind vorbestehende Artikulationsstörungen auszuschließen, was bei einer Begutachtung in foro meist kein Problem aufwirft.

In ihrem Sinn wiederum zweifelhaft sind Feststellungen zur Tonisierung der Muskulatur, insbesondere eines erhöhten Muskeltonus, der sich in Händezittern oder Lidflattern bemerkbar machen kann. Die Untersuchung bedarf für eine aussagekräftige Bewertung einer standardisierten Provokation, etwa des Spreizens der Finger bei ausgestreckten Armen oder des In-den-Nacken-legen des Kopfes. Ein erhöhter Muskeltonus kann bspw. für den Einfluss von Psychostimulanzien sprechen, lässt sich aber in gleicher Weise wie ein erhöhter Blutdruck mit der situationsbedingten Aufregung erklären.

Auch die Untersuchung der Augen erfolgt unter der Zielrichtung einer Feststellung von Drogeneinfluss, lediglich die Inspektion der Bindehäute gilt auch als tradiertes Verfahren zur Prüfung auf Alkoholisierung. Gefäßinjizierte/gerötete Bindehäute oder die in Polizeiprotokollen häufig aufgeführten glasigen Augen sind hinsichtlich ihres Auftretens zu unspezifisch, um in irgendeiner Weise qualitativ oder gar quantitativ gewertet zu werden; zudem sind sie kein Zeichen einer Leistungsbeeinträchtigung. Sie treten bereits bei geringsten Irritationen verschiedener Art auf und können nachts einen Normalbefund darstellen. Aussagekräftig hinsichtlich Drogen können aber die Pupillen sein. Es gibt Drogen, die zu einer Erweiterung, andere, die zu einer Verengung der Pupillen führen. Es ist jedoch nicht einfach, Normwerte zu definieren. Dies lässt sich u.a. daran erkennen, wie unterschiedlich die in Millimetern angegebenen Pupillenweiten von den blutentnehmenden Ärzten im Protokoll als normabweichend eingeschätzt werden. Zu berücksichtigen sind nicht nur die Lichtverhältnisse bei der Untersuchung, sondern auch schon lichtunabhängig auftretende tageszeitliche Schwankungen. Als sicher pathologisch sollten nur Pupillendurchmesser von unter 3 mm und über 9 mm gelten. Eine Ergänzung stellt die Prüfung der Lichtreaktion der Pupillen dar. Dabei wird mit einer hierfür geeigneten Untersuchungslampe von seitlich oder von der Stirn kommend in das geöffnete Auge des Probanden geleuchtet. Normalerweise verengt sich dabei die Pupille prompt, d.h. deutlich unter einer Sekunde. Nach Wegnahme des Lichteinfalls ist wieder eine Erweiterung der Pupille zu sehen. Drogeneinfluss kann zu einer deutlichen Verzögerung dieser Lichtreaktionen führen, u.U. können die Pupillen auch völlig lichtstarr sein. Derartige Fehlfunktionen der Pupille haben nicht nur diagnostische Bedeutung, sondern auch eine verkehrsmedizinische Relevanz hinsichtlich der Frage der Fahrtüchtigkeit; sie führen zu Einschränkungen der Sehleistung.

Die weiteren Untersuchungsgänge beziehen sich auf das psychische Zustandsbild und betreffen insbesondere die Bewusstseinslage, den Denkablauf, das Verhalten, die Orientierung und die Stimmungslage des Probanden. In den Untersuchungsformularen werden zur Beurteilung dieser Items nicht nur quantitative, sondern auch qualitative Graduierungen angeboten. Klare Abgrenzungen sind schwierig und unterliegen nicht zuletzt auch dem subjektiven Eindruck des untersuchenden Arztes und dessen Erfahrung. Sie werden dadurch erschwert, dass medizinische Termini und alltagssprachliche Ausdrücke nebeneinander und überlappend verwendet werden und Items teilweise falschen Rubriken zugeordnet sind. In der Rubrik ‚Befinden' werden zudem vegetative Erscheinungen abgefragt, die unter den psychischen Befunden fehlplaziert sind. Wesentliche Normabweichungen unter den psychischen Befunden wiegen in der Beurteilung verkehrsmedizinischer Fragestellungen mitunter schwerer als körperlich-neurologische Auffälligkeiten. Eine Bewertung insbesondere von Stimmung und Verhalten ist jedoch auch vor dem situativen Hintergrund vorzunehmen. Zeichen einer Aufregung, depressive und bis zu einem gewissen Grad auch aggressive Reaktionsmuster können durchaus situationsadäquat sein, während eine fröhliche Stimmung Zweifel an einer uneingeschränkten Kritikfähigkeit aufkommen lassen kann. Tückisch ist auch das Fehlen eines Normalbefundes in der Rubrik ‚Verhalten': Der Normalbefund stellt in den benachbarten Rubriken jeweils die erste Zeile dar; bei flüchtigem Ausfüllen des Formulars wird bei insgesamt fehlenden Auffälligkeiten irrtümlich auch in der Rubrik Verhalten häufig die erste Zeile, in diesem Fall verlangsamt, angekreuzt. Eine psychomotorische Verlangsamung kann jedoch schon für sich alleine die Annahme einer relativen Fahruntüchtigkeit begründen.

Abschließend wird der Gesamteindruck des blutentnehmenden Arztes hinsichtlich einer Beeinflussung durch Alkohol, Drogen und/oder Medikamente abgefragt. Hierzu steht eine fünfstufige Graduierung von ‚nicht merkbar' über ‚leicht', ‚deutlich', ‚stark' bis ‚sehr stark' zur Verfügung. Erfahrungsgemäß scheuen die Ärzte vor der Einordnung in höhere Schweregrade zurück. Entsprechend kann auch schon dem Gesamteindruck ‚leicht' eine Bedeutung zugemessen werden. Nicht selten sind jedoch gewissen Diskrepanzen zwischen dem Gesamteindruck und den Einzelbefunden zu erheben, etwa in der Form, dass keine Ausfallerscheinungen bei den einzelnen Untersuchungsgängen dokumentiert wurden, gleichwohl im Gesamteindruck eine leichte Beeinträchtigung festgehalten ist. Dies kann darauf zurückzuführen sein, dass der Arzt das Ergebnis eines Alkohol- oder Drogenvortests kennt und sich davon beeinflussen lässt. Andererseits gibt es auch Anzeichen einer Beeinträchtigung, die vom Untersucher unbewusst aufgefasst und zu einem Eindruck verarbeitet werden, dessen Ursprung sich dann nicht mehr vergegenwärtigen lässt. Hierzu zählt bspw. die häufig nur diskrete Wirkung von Alkohol und Drogen auf die mimische Muskulatur mit entsprechenden Veränderungen des Gesichtsausdrucks. Einer höherwertigen Bedeutung des Gesamteindrucks als Kriterium einer relativen Fahruntüchtigkeit steht in solchen Fällen aber entgegen, dass nicht zu klären ist, inwieweit den evtl. unbewusst wahrgenommen Kriterien über die diagnostische auch eine leistungsbeeinträchtigende und damit verkehrsmedizinisch relevante Bedeutung zuzumessen ist.

1.2 Alkohol

1.2.1 Epidemiologie (Haffner, Dettling)

Der jährliche Pro-Kopf-Verbrauch von Alkohol liegt in Deutschland bei etwa 10 bis 11 Litern. Diese Maßzahl bezieht sich auf den Konsum von reinem Trinkalkohol pro Kopf der Gesamtbevölkerung, d.h. unter Einschluss von Kindern und alkoholabstinenten Erwachsenen einerseits, von Alkoholkranken andererseits. Nach zunächst kontinuierlichem Anstieg in den ersten Nachkriegsjahrzehnten hält sich dieser Wert seit langen Jahren konstant. Er rekrutiert sich zur Hälfte aus dem Konsum von Bier, zu je einem Viertel von Wein und Spirituosen. Im europäischen Vergleich liegt Deutschland damit in der Spitzengruppe; in skandinavischen Ländern wird teilweise weniger als die Hälfte konsumiert.

Die darin erkennbare hohe gesellschaftliche Akzeptanz des Alkohols schlägt sich auch im Straßenverkehr nieder. Jährlich werden in Deutschland etwa 170.000 Alkoholdelikte im Straßenverkehr behördlich erfasst. Dies stellt allerdings nur die Spitze des Eisbergs dar, die weitaus meisten Delikte werden nicht entdeckt. Genaue Angaben zur Dunkelziffer sind aufgrund des Verbots der verdachtsfreien Kontrolle nicht zu erheben. Schätzungen schwanken zwischen 50 zu 1 und 600 zu 1; meist wird eine Dunkelziffer im Bereich von etwa 250 zu 1 genannt, d.h. von ca. 250 Trunkenheitsfahrten wird nur eine behördlich bekannt.

An der Gefährlichkeit des Alkohols im Straßenverkehr kann grundsätzlich kein Zweifel erhoben werden. Wesentliche wissenschaftliche Grundlage hierfür ist die sog. Borkenstein- oder Grand Rapids-Studie (Borkenstein et al. 1974). Diese über

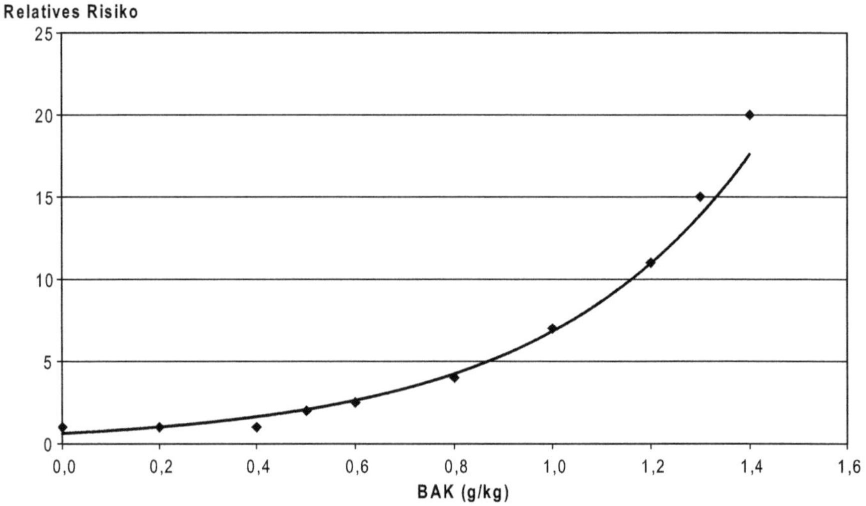

Abb. 1.2 Relative Unfallwahrscheinlichkeit in Abhängigkeit zur Alkoholisierung nach Borkenstein et al. 1974

12 Monate in Grand Rapids/USA durchgeführte Feldstudie ist hinsichtlich des Umfangs und der Vollständigkeit der Erhebung bis heute unerreicht. Insbesondere gelang es, nicht nur Häufigkeit und Ausmaß der Alkoholisierung bei Unfallbeteiligten, sondern auch Häufigkeit und Ausmaß der unfallfreien Verkehrsteilnahme in alkoholisiertem Zustand weitgehend lückenlos zu erfassen. Dieser Wert, der aufgrund des Verbots einer verdachtsfreien Kontrolle in vergleichbaren Studien nur geschätzt werden kann, stellt eine Grundvoraussetzung für die Berechnung des Unfallrisikos dar. Das Unfallrisiko eines alkoholisierten Kraftfahrers ist bis in den Bereich entsprechend 0,30 ‰ bis 0,40 ‰ nicht erhöht, steigt dann aber exponentiell an. Es erreicht bei 0,50 ‰ bereits das Doppelte, bei 1,10 ‰ das Achtfache des Unfallrisikos eines Alkoholnüchternen. Krüger et al. (1995) konnten darstellen, dass die in den USA in den Jahren 1962/1963 gewonnen Ergebnisse auf die heutigen Verhältnisse in Deutschland übertragbar sind.

Trotzdem erscheinen bei oberflächlicher Betrachtung Unfälle unter Alkoholeinfluss in Relation zum gesamten Unfallgeschehen eher von geringerer Bedeutung. Sie machen nur ca. 2,1 % der statistisch erfassten Unfälle aus. Allerdings liegt ihr Anteil bei den Unfällen mit Personenschaden bereits bei 4,7 %, bei den Unfällen mit Getöteten bei 12 %. Alkoholisierte Verkehrsteilnehmer sind also überproportional an den schweren Unfällen beteiligt. Bei derzeit ca. 5000 Verkehrstoten pro Jahr dürften ca. 525 auf Alkoholeinfluss eines der Unfallbeteiligten zurückzuführen sein.

1.2.2 Forensische Blutalkoholbestimmung (Schmitt, Haffner)

Ziel der forensischen Blutalkoholbestimmung ist es, die Blutalkoholkonzentration[1] (BAK) so zu bestimmen, dass das Ergebnis als Beweismittel vor Gericht Verwendung finden kann. Auftraggeber sind meist Polizei oder Staatsanwaltschaft, aber auch Gerichte und andere Behörden oder Privatpersonen. Die durchführenden Laboratorien müssen sich einem Qualitätsmanagementsystem unterstellen und den Nachweis erbringen, dass sie richtige Ergebnisse liefern und bewerten können. Dies muss durch eine forensische Akkreditierung nach DIN EN ISO 17025 belegt sein. Bezüglich der sog. polizeilichen Blutproben obliegt die Auswahl des zu beauftragenden Labors den Leitern der übergeordneten Polizeibehörden in Absprache mit den Leitern der zuständigen Staatsanwaltschaften, wobei zeitlich begrenzte Rahmenverträge mit Laboratorien geschlossen werden können. Die Gebühren für die Untersuchung sind nicht festgelegt; sie stellen ein wesentliches Auswahlkriterium dar, wodurch ein Preisdruck entstehen kann, der sich mitunter auf die Qualität der Laborleistungen nicht förderlich auswirkt.

Richtlinien für die Bestimmung der BAK wurden erstmals in den Gutachten des Bundesgesundheitsamtes aus den Jahren 1966 und 1977 festgelegt. In der

[1] Unter der Bezeichnung Alkohol ist im Folgenden immer Ethanol (Ethylalkohol, C_2H_5OH) zu verstehen.

Folgezeit ergaben sich immer wieder Anpassungen an den aktuellen Stand von Wissenschaft und Technik. Die letzte Anpassung erfolgte im Jahr 2010 durch eine gemeinsame Kommission der Deutschen Gesellschaft für Rechtsmedizin (DGRM), der Deutschen Gesellschaft für Verkehrsmedizin (DGV) und der Gesellschaft für Toxikologische und Forensische Chemie (GTFCh).

Zu beachtende Verwaltungsvorschriften können sich von Bundesland zu Bundesland geringfügig unterscheiden. Die geschilderten Abläufe, insbesondere zur Handhabung, beziehen sich auf Baden-Württemberg und können von denen in anderen Bundesländern abweichen. Dies gilt auch für den Vergleich der Abläufe mit anderen Blutalkohollaboratorien.

1.2.2.1 Blutproben und Untersuchungsvorbereitungen[2]

Bei der Entnahme von Blutproben, deren Behandlung, Verarbeitung und Sicherung ist die hierfür vorgesehene Verwaltungsvorschrift zu beachten. Diese regelt Vorkehrungen zum Erhalt der Unversehrtheit der Blutprobe gegenüber verändernden Einflüssen wie z. B. Wärme, Licht, Strahlung oder mechanischen Belastungen und ihre eindeutige Zuordnung zur Person.

Zur Aufnahme der Blutprobe werden im Allgemeinen verschlossene und unter Vakuum stehende Röhrchen verwendet, sog. Vacutainer. Im Rahmen der ärztlichen Blutentnahme wird, unter Verwendung eines geeigneten Entnahmesystems, Blut aus der Armvene in das geschlossene Röhrchen überführt. Dabei wird der Verschlussstopfen aus Gummi mittels einer Ventilkanüle perforiert. Die Übergangszone vom Röhrchen zum Stopfen wird durch eine Klebebanderole gesichert. Dies gewährleistet, dass das Röhrchen bis zur Untersuchung nicht mehr unbemerkt geöffnet werden kann. Gewollte Manipulationen mithilfe eines erneuten Durchstichs durch den Gummistopfen wären prinzipiell möglich und zumindest mit bloßem Auge nicht sicher zu erkennen.

Die mit Blut gefüllten Röhrchen werden zur Identitätssicherung mit einem Aufkleber gekennzeichnet. Dieser enthält eine Kontrollnummer sowie weitere auszufüllende Felder (Dienststelle, Name, Zuname, Geburtsdatum, Tagebuchnummer, Name des blutentnehmenden Arztes).

Die Röhrchen werden möglichst kühl gelagert, aber nicht gefroren. Zur Übergabe an das Blutalkohollabor kommt das Röhrchen in eine bruchsichere Versandhülle mit Saugeinlage, welche im Falle eines Bruchs die Gesamtmenge an Flüssigkeit aufnehmen kann. Die Versandhülle wird dann zusammen mit dem Untersuchungsauftrag in einen Schutzkarton („Gebinde") gepackt. Abschließend wird der Karton mit einem siegelartigen Aufkleber des Auftraggebers verschlossen. Die Übergabe an das Blutalkohollabor sollte möglich zeitnah erfolgen und 1 bis 2 Arbeitstage nicht überschreiten.

Nach der Überstellung an das Blutalkohollabor wird der Schutzkarton durch zwei befugte Personen geöffnet und der gesamte Inhalt registriert. Mängel bei der

[2] Die Verwaltungsvorschriften zur Handhabung und Untersuchung der Blutproben können sich von Bundesland zu Bundesland unterscheiden. Nachfolgende Ausführungen beziehen sich auf Baden-Württemberg.

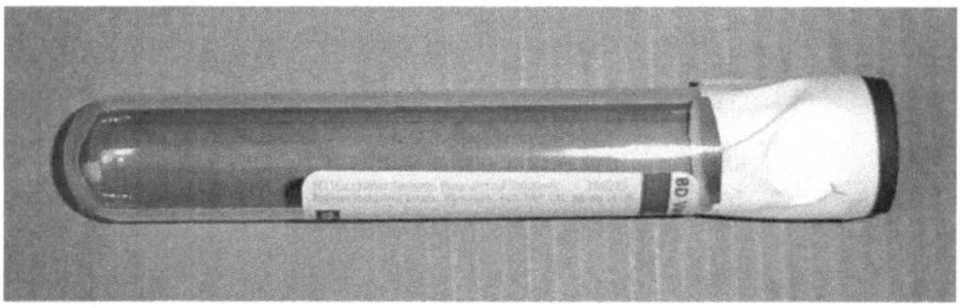

Abb. 1.3 Röhrchen zur Blutentnahme (Vacutainer) mit Banderole

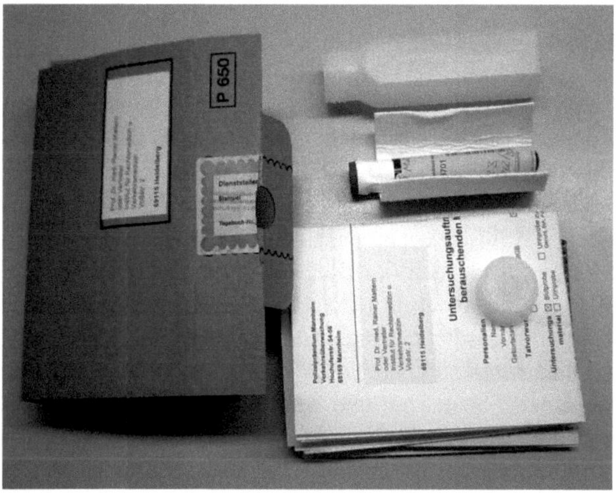

Abb. 1.4 Schutzkarton mit Versandhülle, Saugeinlage, Blutröhrchen und Untersuchungsauftrag

Verpackung, der Versandhülle, der Beschriftung, des Verschlusses, dem Füllungszustandes sowie sonstige Auffälligkeiten werden dokumentiert. Zur Sicherung der Identität werden alle Beschriftungen mit den Angaben im Auftragsformular verglichen. Unbeschriftete oder mangelhaft bezeichnete Proben werden als solche gekennzeichnet. Auffälligkeiten oder Mängel werden dem Auftraggeber mitgeteilt.

Die Blutalkoholanalyse kann in Vollblut oder in Serum vorgenommen werden; Bestimmungen im Serum müssen anschließend auf Blutkonzentrationen umgerechnet werden. Für die bevorzugten Bestimmungen im Serum wird das Glasröhrchen mit der Blutprobe zentrifugiert. Hierdurch setzen sich die schweren Bestandteile (z. B. rote Blutkörperchen) am Boden des Röhrchens ab, es bildet sich ein wässriger Überstand, das Serum. Ist das Serum rötlich verfärbt, liegt eine Hämolyse vor, aus den Blutkörperchen sind Zellflüssigkeit und roter Blutfarbstoff ausgetreten. Dies kann z. B. nach längeren Lagerungszeiten vorkommen. Eine wesentliche Verfälschung des Analyseergebnisses ist dadurch nicht zu befürchten. Das Röhrchen wird nun geöffnet und der Serumüberstand in ein eindeutig beschriftetes und verschließbares Kunststoffröhrchen überführt. Danach wird die Probe dem hierfür vorgesehenen Prüfverfahren zugeführt.

Entsprechend den BAK-Richtlinien erfolgt die Prüfung auf Alkohol grundsätzlich durch zwei differente Verfahren in Doppelbestimmung. Für jedes Verfahren liegen somit zwei Konzentrationen als Ergebnis vor. Zulässige Verfahrenskombinationen sind ein Alkoholdehydrogenase- (ADH-) Verfahren und ein Gaschromatographie- (GC-) Verfahren oder zwei differente GC-Verfahren. Die Durchführung erfolgt an zwei voneinander unabhängigen Arbeitsplätzen mit getrennten Gerätschaften und Personal. Aus ökonomischen Gründen erfolgt die Durchführung in Serien mit anderen, ebenfalls auf Alkohol zu prüfenden Blutproben.

1.2.2.2 Das Gaschromatographie-Verfahren

Das gaschromatographische Verfahren (GC-Verfahren) ist ein ethanolspezifisches Nachweisverfahren. Zur Durchführung der gaschromatographischen Dampfraumanalyse wird ein Teil der zu untersuchenden Probe (z. B. 0,2 Milliliter Blut oder Serum) in ein Probengefäß (z. B. 20 Milliliter Headspace-Gefäß) überführt und mit internem Standard, bestehend aus einer wässrigen Lösung von tertiär-Butanol, verdünnt (z. B. 1,5 Milliliter). Tertiär-Butanol ist kein Bestandteil alkoholischer Getränke und kommt auch nicht im Blut vor. Der interne Standard dient der Verfahrenskontrolle und muss sich in jeder Probe wiederfinden lassen. Anschließend wird das Probengefäß gasdicht verschlossen und auf ca. 60 Grad Celsius temperiert. Nach ca. 20 Minuten stellt sich ein Konzentrationsausgleich zwischen den in der Probe enthaltenen Substanzen und dem Dampfraum über der Flüssigkeit ein. Aus dem Dampfraum wird ein definiertes Volumen entnommen und mittels Stickstoff oder Helium durch eine auf ca. 130 Grad Celsius temperierte Analysen- oder Trennsäule geleitet. Als Trennsäule können gepackte Säulen (Innendurchmesser bis etwa 5 Millimeter) oder Kapillarsäulen (Innendurchmesser bis etwa 0,5 mm) zum Einsatz kommen. Bei den gepackten Säulen wird das Säuleninnere praktisch vollständig mit einer porösen Substanz, der stationären Phase, ausgefüllt. Bei Kapillarsäulen bildet die stationäre Phase nur einen dünnen Film auf der Innenwand. Die stationäre Phase besteht meist aus polaren Polymeren wie beispielsweise Polyethylenglykol (Carbowax). Entsprechend den physikalischen und chemischen Eigenschaften werden Stoffe auf der Säule unterschiedlich lange zurückgehalten (chromatografiert). Dies hat zur Folge, dass sich Stoffgemische dadurch trennen, da die einzelnen Substanzen die Säule mit unterschiedlicher Geschwindigkeit durchwandern und somit zu unterschiedlichen Zeitpunkten das Säulenende verlassen. Die Zeitdauer der Säulenpassage wird als Retentionszeit (Rückhaltezeit) bezeichnet. Die Retentionszeit ist in Abhängigkeit vom Säulenmaterial und den gewählten Analysenbedingungen für die zu untersuchende Substanz bekannt.

Nach dem Austritt aus dem Säulenende werden die Stoffe mit einer Wasserstoffflamme verbrannt (Flammen-Ionisations-Detektor). Die hierbei gebildeten Kohlenstoffionen werden detektiert; sie sind proportional zur verbrannten Kohlenstoffmenge. Das Analysenergebnis wird in einem Gaschromatogramm grafisch dargestellt. Hierin wird der registrierte Ionenstrom (in relativen Einheiten) gegen die Zeit (Minuten) aufgetragen. Die Quantifizierung erfolgt mithilfe einer zuvor angesetzten Kalibrationsgerade über die Peakflächenquotienten von Ethanol zu internem Standard.

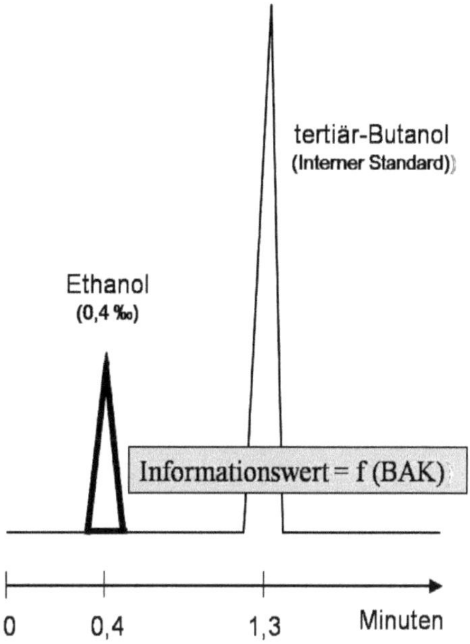

Abb. 1.5 Gaschromatogramm für eine mit dem GC-Verfahren untersuchte Blutprobe. Der erste Peak nach 0,4 Minuten entspricht Ethanol (0,4 Promille) und der zweite Peak tertiär-Butanol (interner Standard). Die für Ethanol festgestellte Peakfläche enthält den Informationswert und ist proportional zur Höhe der Blutalkoholkonzentration (BAK)

Das GC-Verfahren ist ein Analyseverfahren, das Proben innerhalb weniger Minuten analysieren kann. Nachteilig ist der Zeitbedarf zur Probenvorbereitung und zur Einstellung des Phasengleichgewichts. Das GC-Verfahren eignet sich bei entsprechender Kalibrierung (ca. Faktor 1000 tiefer) auch zur Durchführung einer Begleitstoffanalyse. Mit diesem Verfahren kann darüber hinaus Ethanol in Sektionsasservaten (Mageninhalt, Gewebe und Urin) problemlos bestimmt werden.

1.2.2.3 Das Alkoholdehydrogenase (ADH)-Verfahren

Das Alkoholdehydrogenase-Verfahren (ADH-Verfahren) ist ein alkoholspezifisches Bestimmungsverfahren. Die Abläufe im ADH-Verfahren entsprechen dem ersten Schritt des Ethanolabbaus in der Leber. Ethanol wird hierbei durch das Enzym Alkoholdehydrogenase (ADH) zu Acetaldehyd oxidiert und das Coenzym NAD^+ (Nicotinamid-Adenin-Dinucleotid) zu NADH reduziert. Zur Verschiebung des Gleichgewichts zur Produktseite werden Aldehyd- und Protonenfänger eingesetzt (z. B. Semicarbazid in alkalischem Milieu). Die Menge des während der Reaktion gebildeten NADH wird photometrisch bestimmt und ist der Alkoholkonzentration direkt proportional.

Zur Durchführung wird ein Teil der zu untersuchenden Probe (z. B. 0,2 Milliliter Serum) in eine lichtdurchlässige Küvette (ca. 2 Milliliter) überführt und mit den zum Ablauf der Reaktion erforderlichen Reagenzien versetzt. Zur Auswertung wird die Extinktion eines Lichtstrahls registriert (z. B. monochromatisches Licht bei 340 Nanometer). Die Extinktion ist ein Maß für die Abschwächung der Strahlung und eine dimensionslose Kenngröße.

Das ADH-Verfahren ist ein sehr schnelles Analyseverfahren, das Proben im „Minutentakt“ weitgehend automatisiert analysieren kann. Gegenüber dem GC-

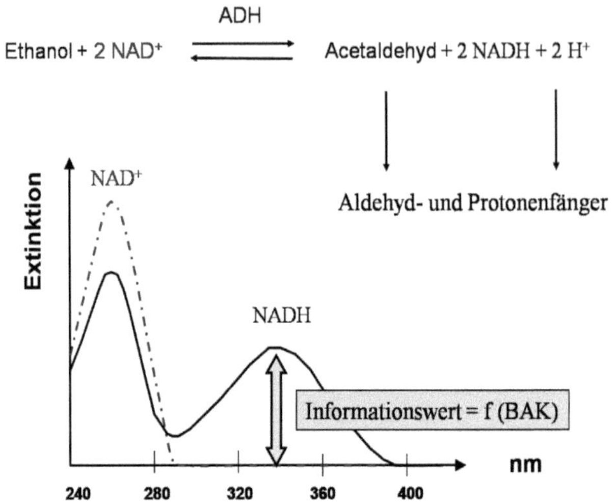

Abb. 1.6 Schematischer Ablauf bei einer Untersuchung mit dem ADH-Verfahren. Die Reaktionsgleichung oben zeigt das chemische Gleichgewicht zwischen Ethanol und Acetaldehyd. Darunter findet sich das Ergebnis einer photometrischen Messung bei 340 Nanometer. Die gestrichelte Linie entspricht dem Spektrum für eine alkoholfreie Probe (keine Bildung von NADH). Die durchgezogene Linie zeigt das Spektrum für eine alkoholhaltige Probe

Verfahren hat es allerdings den Nachteil, dass es zwar alkohol-, nicht jedoch ethanolspezifisch reagiert. Im Regelfall stellt dies allerdings kein wesentliches Problem dar, da andere Alkohole nur in Konzentrationen im Körper vorkommen, die 3 Zehnerpotenzen kleiner sind. Bei Blutproben von Leichen mit längerer Liegezeit können aber bspw. Fäulnisalkohole zu erhöhten Messergebnissen führen.

1.2.2.4 Kalibration und Auswertung

Die Quantifizierung der Messergebnisse sowohl des GC-, als auch des ADH-Verfahrens erfolgt über eine zuvor angesetzte sog. Kalibrationsgerade. Bei der Kalibration wird jedem Informationswert einer Messung eine Konzentration zugeordnet. Die Durchführung erfolgt entsprechend den Richtlinien mit industriell hergestellten wässrigen Ethanollösungen bekannter Konzentration, sog. Ethanol-Kalibratoren, deren Konzentration vom Hersteller garantiert sein muss. Vor jeder Analysenserie werden mindestens fünf wässrige Konzentrationsniveaus eingesetzt, wobei zumindest ($\leq$0,2; 1,0; 2,0 und 3,0 mg/mL entsprechend ‰) enthalten sein müssen. Für das GC-Verfahren werden die gemessenen Peakflächen-Quotienten von Ethanol zu internem Standard und für das ADH-Verfahren die gemessenen Extinktionswerte gegen die Kalibratorkonzentrationen aufgetragen. Die Kalibrationsgeraden sind in jeder Analysenserie neu durchzuführen, es sei denn drei Qualitätskontrollen liegen innerhalb ihrer Spezifikationen.

Die Auswertung der Messergebnisse erfolgt, indem mithilfe der Kalibrationsgeraden jeweils dem Peakflächen-Quotienten bzw. dem Extinktionswert die zugehörige Konzentration zugeordnet wird. Wird eine Serumprobe über eine wässrige Kalibration ausgewertet, liegt das Ergebnis in mg Ethanol/mL Serum vor. Zur

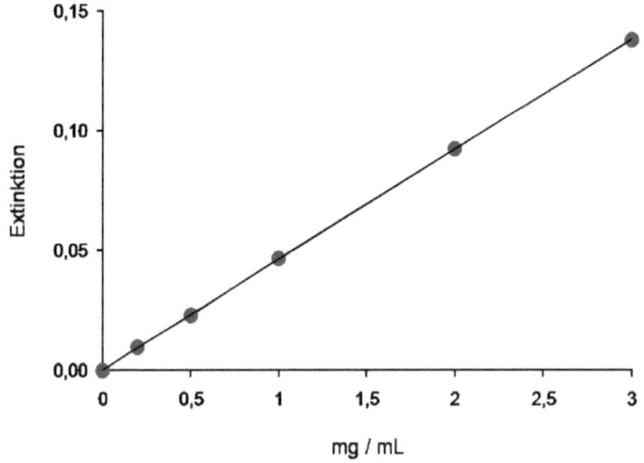

Abb. 1.7 Beispiel einer Kalibration für das ADH-Verfahren. Dargestellt werden die bei den Kalibratorkonzentrationen gemessenen Extinktionswerte (Kreise) und die hieraus resultierende Kalibrationsgerade

Umrechnung in die Blutalkoholkonzentration in Promille (mg Ethanol/g Blut) müssen die Werte durch 1,236 dividiert werden (Verteilungsverhältnis des Wassers zwischen Serum und Blut multipliziert mit der Dichte von Serum, entsprechend 1,2 · 1,03). Wird die Messung an Vollblut durchgeführt, beträgt der Divisor 1,06 (Dichtekorrektur für Vollblut). Die Dichtekorrektur entfällt, sofern das Probenmaterial direkt eingewogen und nicht, wie üblicherweise, volumetrisch vorgegeben wird.

Die einzelnen Messwerte werden auf 2 Stellen hinter dem Komma genau angegeben, die dritte Kommastelle wird geschnitten, d. h. es wird abgerundet, nicht aufgerundet. Aus den vier Einzelkonzentrationen (zwei je Verfahren) errechnet sich der arithmetische Mittelwert, der ebenfalls auf 2 Stellen hinter dem Komma geschnitten wird.

1.2.2.5 Befundfreigabe und Befundmitteilung

Aus den 4 Einzelmesswerten, je 2 aus jedem Verfahren, wird der Mittelwert auf 2 Stellen hinter dem Komma als geschnittener Mittelwert, d. h. unter Abrundung berechnet. Die Messung weist nur dann eine ausreichende Genauigkeit auf, wenn die Einzelmesswerte nicht zu stark streuen. Erlaubt ist für Analysenmittelwerte unterhalb von 1,00 Promille eine Spannbreite, d. h. maximale Differenz zwischen dem höchsten und dem niedrigsten Einzelergebnis, von 0,10 Promille. Für Analysenmittelwerte ab 1,00 Promille beträgt die maximal zulässige Spannbreite 10 Prozent des Mittelwerts.

Werden bspw. mit der GC-Methode 0,45 ‰ und 0,45 ‰ gemessen, mit der ADH-Methode 0,52 ‰ und 0,53 ‰, beträgt die Spannbreite der Messwerte 0,08 ‰ (0,53 ‰–0,45 ‰). Sie liegt unter 0,10 ‰ und entspricht damit der Anforderung für Mittelwerte unterhalb von 1,00 ‰. In einem anderen Beispiel mit Einzelmesswerten von 1,59 ‰ und 1,62 ‰ im GC-Verfahren und 1,71 ‰ und 1,67 ‰ im ADH-Verfahren errechnet sich ein Mittelwert von 1,6475 ‰, auf 2 Kommastellen geschnitten zu 1,64 ‰. Die Spannbreite beträgt 0,12 ‰, entsprechend 7,3 % des Mittelwerts. Damit würde auch diese Messung den Anforderungen von maximal 10 % des Mittelwertes für Mittelwerte von über 1,00 ‰ genügen.

Werden diese Vorgaben zur Messgenauigkeit überschritten, so muss die Ursache festgestellt und so weit möglich behoben werden (z. B. Gerätefehler). Die Probe kann dann in einer neuen Serie untersucht werden. Im Befundbericht werden in diesem Fall ausschließlich die Konzentrationen aus der Wiederholungsserie angegeben; dass es sich um eine Wiederholmessung handelt, geht aus dem Befundbericht nicht hervor.

In den meisten Laboratorien werden die Berechnungen des Mittelwerts und die Kontrollen der Spannbreite mithilfe von Computerprogrammen vorgenommen, wobei die Software auch die Einhaltung der Vorgaben sicherstellt. Fehler können trotzdem vorkommen, insbesondere in Fällen, die von der Routine abweichen und deshalb ‚von Hand' bearbeitet werden.

Der Befundbericht (Prüfbericht) ist für den Auftraggeber bestimmt und wird an ihn adressiert. Der Befundbericht enthält Angaben zur Identität der Probe, zu den angewandten Bestimmungsverfahren, den hiermit festgestellten Ergebnissen und zur Kompetenz des Blutalkohollabors.

1.2.2.6 Von den Vorschriften abweichend gewonnene BAK-Ergebnisse

Mitunter, bspw. bei schwierigen Entnahmebedingungen oder nach vorausgegangenen Fehlbestimmungen, steht für die Untersuchung nicht genug Blut zur Verfügung, um eine Vierfach-Bestimmung durchzuführen. Es liegen dann weniger als vier Einzelwerte vor. In diesen Fällen werden die gemessenen Einzelwerte im Befundbericht mitgeteilt, ohne dass ein Mittelwert angegeben wird; der Grund für die reduzierte Zahl von Einzelmessungen sollte angegeben werden. Aus zwei oder drei vorliegenden Einzelwerten kann ggf. im Gerichtsverfahren ein Mittelwert berechnet werden, der um einen Sicherheitsabschlag zu korrigieren ist (niedrigster Mittelwert). Vorschläge für die Verfahrensweise und Berechnung des Sicherheitsabschlags wurden von Grüner und Ludwig 1990 wie folgt erarbeitet:

Für drei Werte: Niedrigster Mittelwert = Mittelwert − 1,0 · Spannweite − 0,03

Für zwei Werte: Niedrigster Mittelwert = Mittelwert − 3,2 · Spannweite − 0,04

Wurden bspw. im GC-Verfahren 1,12 ‰ und 1,10 ‰ und im ADH-Verfahren 1,08 ‰ gemessen, errechnet sich ein niedrigster Mittelwert von 1,03 ‰ (Mittelwert 1,10 ‰ − einfache Spannbreite 0,04 ‰ − 0,03 ‰). Liegen dagegen nur die 2 GC-Werte von 1,12 ‰ und 1,10 ‰ vor, so darf nur von einem niedrigsten Mittelwert von 1,00 ‰ ausgegangen werden (Mittelwert 1,11 ‰ − 3,2fache Spannbreite 0,02 (= 0,064 ‰) − 0,04 ‰).

Ein einzelner Messwert ist in der Regel nicht verwertbar. Gleiches gilt für Blutalkoholbestimmungen, die im Rahmen diagnostischer Maßnahmen, bspw. bei Unfallverletzten, in klinischen Laboratorien bestimmt wurden. Abgesehen davon, dass die Entnahme und Handhabung der Blutprobe nicht den forensisch notwendigen Vorgaben entspricht, handelt sich meist nur um eine Einfach-Bestimmung mit der ADH-Methode. Das in den klinischen Unterlagen angegebene Ergebnis bezieht sich meist auf Serum und müsste noch auf Blut umgerechnet werden. Es lässt jedoch allenfalls eine grobe Orientierung über die Größenordnung der Alkoholisierung zu.

In dem in Kap. 1.1 ‚Blutentnahme und ärztliche Untersuchung' aufgeführten Beispiel war das Ergebnis der Blutalkoholanalyse für PKW-Lenker 01 mit 1,31‰ (GC: 1,34‰, 1,32‰; ADH: 1,28‰, 1,32‰) mitgeteilt worden. Für PKW-Lenkerin 02 hatte der Befund 1,14‰ (GC: 1,20, 1,21, 1,02) ausgewiesen und war mit dem Zusatzvermerk versehen worden: „Aufgrund des geringen Probenvolumens war die übliche Bestimmung der Blutalkoholkonzentration mittels ADH-Methode ebenso wenig möglich wie eine vierte Bestimmung mittels Gaschromatographie. Die Mittelwertbildung erfolgte daher aus drei gaschromatographischen Messungen." Das Gericht bat den Gutachter auch hierzu um eine Stellungnahme.

Grundsätzlich ist es nicht korrekt, einen aus nur 3 Einzelwerten berechneten Mittelwert im Befundbericht anzugeben. Darüber hinaus fehlt die Angabe, ob der dritte Einzelwert mit einem zu dem der ersten beiden Einzelwerten differenten GC-Verfahren gemessen wurde. Wäre dies geschehen, so hätte das Ergebnis zwar prinzipiell unter Verwendung eines Sicherheitsabschlags für Mittelwerte aus nur 3 Einzelwerten verwendet werden können. Aber im vorliegenden Fall hätte das Ergebnis auch schon deshalb verworfen werden müssen, weil die Spannbreite der Einzelwerte die erlaubten 10% des Mittelwertes überschreitet: 1,20‰–1,02‰ = 0,18‰ > 0,114‰. Ein Rückgriff auf die ersten beiden, eng beieinander liegenden Werte unter Wegfall des Ausreißers und unter Berücksichtigung eines Sicherheitsabschlags für Messungen mit nur 2 Einzelwerten wäre nicht zulässig, da die Überschreitung der Spannbreite eine Fehlmessung nahelegt.

Die hohe Spannbreite der Messung stützt im Übrigen die bereits oben geäußerte Vermutung, dass es sich bei dem eingesandten Untersuchungsmaterial nicht um Blut, sondern um ein Gemisch von Blut und Mageninhalt handelte. Dies könnte eine gewisse Inhomogenität des Untersuchungsmaterials erklären.

1.2.2.7 Interne und externe Qualitätskontrolle der Laboratorien

Für die interne Qualitätskontrolle werden in jeder Analysenserie mindestens eine Negativkontrolle (Probe ohne Alkohol) sowie zwei verschiedene Positivkontrollen (Proben mit bekanntem unterschiedlichem Alkoholgehalt) jeweils als Doppelbestimmungen mitgeführt. Geeignet sind Kontrollen bei niedriger, mittlerer und/oder hoher Konzentration. Im Gegensatz zu realen Proben verhalten sich Kontrollproben nahezu ideal und ergeben praktisch keine verfahrensspezifischen Unterschiede. Zur Überwachung der einzelnen Verfahren und deren Kombination haben sich Kontrollkarten bewährt. Zur Konstruktion werden in einem Konzentrations-Zeit-Diagramm der Sollwert der Kontrollprobe sowie die erlaubten Grenzen eingezeichnet. Vorgaben für die Grenzen ergeben sich aus den Kriterien zur Freigabe; beispielsweise +/–5 Prozent für einen Sollwert über 1 Promille.

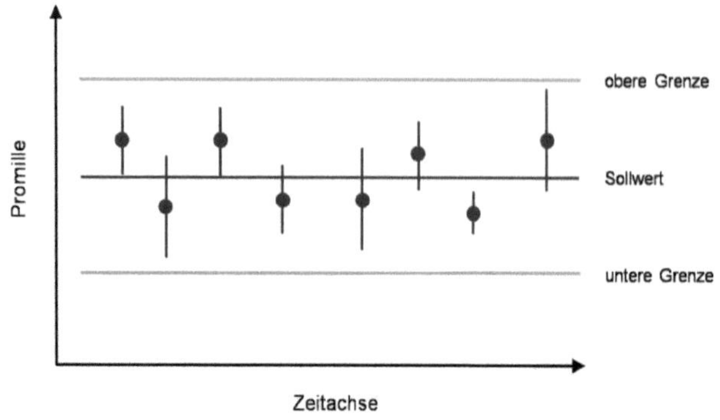

Abb. 1.8 Beispiel für eine Kontrollkarte zur Überprüfung der Verfahrenskombination (GC- und ADH-Verfahren) auf Richtigkeit

Läuft die Kontrollprobe in einer Analysenserie mit, werden zum Datum der Messung (Zeitachse) der Mittelwert sowie die höchste und die niedrigste gemessene Konzentration eingetragen. Die Ergebnisse dürfen die vorgegebenen Grenzen nicht überschreiten.

Für die externe Qualitätskontrolle ist die Teilnahme an mindestens vier Ringversuchen im Jahr vorgeschrieben. Die regelmäßige und erfolgreiche Teilnahme ist eine Voraussetzung für die Zulassung als forensisches Blutalkohollabor.

1.2.2.8 Aufbewahrungsfristen

Die Originalröhrchen mit Blutresten werden im Kühlschrank bei ca. 4 Grad Celsius und die Seren tiefgefroren gelagert. Die verbleibenden Restmengen stehen zur Bearbeitung von nachfolgenden Aufträgen zur Verfügung. Dies können bspw. Nachuntersuchungen anlässlich der Behauptung einer Fehlbestimmung sein. Dabei sollte das Ergebnis der Nachuntersuchung in der gleichen Größenordnung liegen wie das der Erstuntersuchung, wird aber höchstens zufällig mit dem der Erstuntersuchung auf die Kommastelle genau übereinstimmen. Das ist nicht nur durch die Messfehlerbreite bedingt, die jede Untersuchungsmethode hat. Es ist auch damit zu rechnen, dass durch das Öffnen des Röhrchens bei der Erstuntersuchung Alkohol in geringer Menge verdampft ist und mikrobielle Kontaminationen zu ersten Fäulniserscheinungen geführt haben. Ergänzende Fragestellungen könnten sich auch bei Verdacht der Beeinflussung durch Drogen und Medikamente, Unklarheiten hinsichtlich der Identität (DNA-Analyse) oder einer Nachtrunkbehauptung ergeben. Sofern keine rechtswirksamen Anordnungen vorliegen, werden die Proben nach dem Ablauf von 2 Jahren vernichtet. Befunde (Prüfberichte), Protokolle und Kontrollkarten werden 6 Jahre lang aufbewahrt.

1.2.2.9 Einflüsse durch Fäulnisveränderungen

Unter Fäulnis versteht man die Zersetzung von organischem Material durch Mikroorganismen, d. h. durch Bakterien und Pilze. Dabei spielen u. a. Ethanol (Trinkalkohol) und andere Alkohole als Stoffwechselprodukte eine Rolle. Zudem kann sich der Wassergehalt der Probe verändern. Fäulnisveränderungen können somit das Analysenergebnis entsprechend veränderter Blutproben beeinflussen. Relevant werden kann dies zum einen bei Blutproben von Leichen, die zum Zeitpunkt der Entnahme schon Fäulnisveränderungen aufweisen. Zum anderen können generell in jeder Blutprobe Fäulnisprozesse ablaufen, wenn sie nach der Entnahme nicht fachgerecht gelagert wird.

Störungen durch Veränderungen des Wassergehaltes einer Blutprobe lassen sich verhältnismäßig leicht korrigieren, indem man eine Wassergehaltsbestimmung der Probe durchführt und das zuvor gewonnene Ergebnis auf einen physiologischen Wassergehalt umrechnet. Die durch den bakteriellen Stoffwechsel bedingten Veränderungen lassen sich dagegen kaum abwägen. Die Fäulnisprozesse können sowohl zu einem Aufbau als auch zu einem Abbau von Alkohol führen, beide Prozesse laufen meist gleichzeitig und nebeneinander ab. In der Summe ist hinsichtlich des Trinkalkohols eher ein Absinken des Spiegels zu erwarten, ein Anstieg jedoch nicht ausgeschlossen. Dieser kann bis zu 0,5‰ ausmachen, in stark fäulnisverändertem Leichenblut auch mehr (Osterhaus und Johannsmeier 1966).

Anhaltspunkte für Fäulniseinflüsse in Leichenblut ergeben sich ggf. schon aus dem Blutentnahmeprotokoll (vgl. 1.1.2). Am Untersuchungsmaterial kann eine organoleptische Prüfung (Geruch, Inhomogenität im Probenmaterial) Hinweise geben, was ggf. in der Befundmitteilung vermerkt werden sollte. Da die Neubildung von Ethanol (Trinkalkohol) praktisch immer auch mit der Neubildung von anderen Alkoholen verbunden ist, können sich fäulnisbedingte Veränderungen auch in Überhöhungen der Analysenergebnisse der alkohol-, nicht aber ethanolspezifischen ADH-Methode gegenüber denen der ethanolspezifischen GC-Methode niederschlagen. Relevant sind aber nur Differenzen, die über das erlaubte Maß hinausgehen.

Zum Beleg fäulnisbedingter Veränderungen kann auch eine Begleitstoffanalyse durchgeführt werden. Hierdurch lassen sich die durch Fäulnis gebildeten Begleitstoffe nachweisen (bspw. Acetaldehyd, Aceton, Propanol-1, Propanol-2, Butanol-1 sowie 2- und 3-Methylbutanol-1). Eine Definition von nicht mehr akzeptablen Grenzkonzentrationen liegt derzeit noch nicht vor, wird aber angestrebt (Boumba et al. 2008).

1.2.3 Pharmakokinetik und Konzentrationsberechnung (Haffner, Dettling)

Der Begriff Pharmakokinetik umschreibt die Vorgänge, denen eine von außen zugeführte körperfremde Substanz im Organismus unterworfen ist. Unterschieden werden die Resorption, die Aufnahme der Substanz in den Organismus, die Distribution, die Verteilung der Substanz innerhalb des Körpers und die Elimination, das Entfernen der Substanz aus dem Körper. Diese drei Vorgänge überlappen oder überdecken sich zeitlich, aus ihrem Zusammenwirken resultiert die Konzentrationsverlaufskurve. Im Vordergrund für den Verlauf der Konzentration stehen dabei Resorption und Elimination, unter gewöhnlichen Bedingungen kommt der Distribution kaum größerer Bedeutung für den Verlauf der Konzentrationskurve zu.

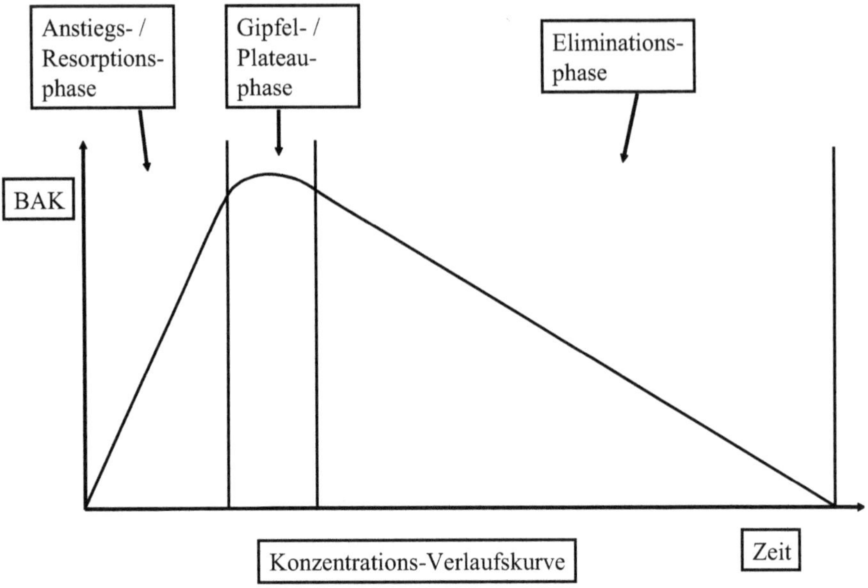

Abb. 1.9 Konzentrationsverlaufskurve

1.2.3.1 Die Konzentrationsverlaufskurve

Mit dem Trinken von Alkohol steigt die Blutalkoholkonzentration (BAK) zunächst rasch an. Man spricht von der Resorptionsphase. Die Konzentrationsverlaufskurve wird dominiert vom Übergang des Alkohols aus dem Magen-Darm-Trakt ins Blut. Bereits von der Aufnahme des ersten Schlucks Alkohol an finden zwar auch schon Distributions- und Eliminationsvorgänge statt. Diese fallen jedoch quantitativ gegenüber den Resorptionsvorgängen nicht wesentlich ins Gewicht.

Mit dem Trinkende ist die Resorption noch nicht abgeschlossen; es finden sich noch Reste von Alkohol im Magen-Darm-Trakt, die in abnehmender Geschwindigkeit weiter ins Blut übergehen, ‚nachresorbiert' werden. Der Anstieg der Resorptionsverlaufskurve wird flacher. Läuft die Resorption schließlich gleich schnell ab wie die Elimination, ist der Gipfelpunkt der Kurve erreicht. Danach überwiegt die Elimination quantitativ die weiter abnehmende Resorption, der Abfall der Konzentrationskurve beginnt und wird immer steiler. Diese Phase wird als Gipfelphase oder Plateauphase bezeichnet.

Schließlich ist die ‚Nachresorption' vollständig abgeschlossen, es fließt kein Alkohol mehr aus dem Magen-Darm-Trakt ins Blut nach. Die Konzentrationsverlaufskurve wird jetzt hauptsächlich von den Eliminationsvorgängen bestimmt. In dieser sog. Eliminationsphase nimmt die Blutalkoholkonzentration linear, später im sehr niedrigen Konzentrationsbereich exponentiell ab, bis Alkoholnüchternheit eingetreten ist.

1.2.3.2 Die Resorption

Die Resorption des Alkohols aus dem Magen-Darm-Trakt ins Blut ist kein aktiver, sondern ein passiver Prozess, eine Diffusion. Sie folgt den Grundsätzen der Fick-Diffusionsgesetze. Danach haben insbesondere die Größe der für den Substanzaustausch zur Verfügung stehenden Fläche, die für den Substanzaustausch zur Verfügung stehende Zeit und die Konzentrationsdifferenz eine Bedeutung für die Geschwindigkeit der Diffusion und damit der Alkoholaufnahme. Diese Faktoren sind allerdings auch von situativen und individuellen Gegebenheiten abhängig und können sich gegenseitig beeinflussen.

Beim Trinken passiert der Alkohol im Rahmen des Schluckaktes zunächst Mundhöhle und Speiseröhre. Theoretisch kann hier bereits Alkohol aufgenommen werden. Die Kontaktzeit ist jedoch vernachlässigbar gering. Zudem ist die zur Verfügung stehende Kontaktfläche sehr klein. Selbst eine längere Mundspülung mit hochprozentiger Alkohollösung würde nicht zu nennenswerten Blutalkoholkonzentrationen führen.

Eine längere Verweildauer ist im Magen gegeben. Der Weitertransport des Mageninhalts in den Dünndarm wird vom sog. Magenpförtner geregelt, einem Ringmuskel am Magenausgang, der in Abhängigkeit vom Verdauungsgrad des Mageninhalts durch rhythmisches Öffnen die Passage steuert. Auch die Diffusionsfläche ist hier deutlich größer, da die Magenwand von einer in Falten aufgeworfenen Schleimhaut bedeckt ist. Eine Diffusion kann stattfinden, verläuft jedoch noch vergleichsweise langsam. In der Regel werden bei durchschnittlicher Magenverweildauer nur etwa 20 % des konsumierten Alkohols aus dem Magen resorbiert.

Hauptresorptionsort des Alkohols ist der obere Dünndarm, wo ca. 80 % des Alkohols ins Blut aufgenommen werden. Seine Schleimhaut hat nicht nur ein einfaches Faltenrelief, sondern jede Falte weist an ihrer Oberfläche noch einmal eine feine Faltung auf. Die Diffusionsfläche wird dadurch extrem vergrößert, umfasst im gesamten Dünndarm mehrere hundert Quadratmeter. Die Diffusion verläuft dadurch so rasch, dass die Kontaktzeit, die im Übrigen auch ausreichend zur Verfügung stünde, nur noch eine untergeordnete Rolle spielt. Insofern hat die Magen-Dünndarm-Passage, insbesondere die Funktion des Magenpförtners, für die Resorption des Alkohols eine entscheidende Bedeutung. Eine rasche Passage führt zu schneller, eine verzögerte Passage zu langsamer Resorption.

Dieser Umstand soll früher von unseriösen Geschäftsleuten vor Vertragsabschlüssen ausgenutzt worden sein. Das Trinken einer größeren Menge Speiseöl vor dem Alkoholkonsum kann die Öffnung des Magenpförtners vorübergehend hemmen und dadurch die Alkoholresorption und in Folge eine Trunkenheitssymptomatik stark verzögern. In extremer Praxis wurde der Mageninhalt mitsamt dem noch nicht resorbierten Alkohol sogar zwischenzeitlich wieder erbrochen. Geschieht dies nicht, muss allerdings nach dem Wiedereinsetzen der Magen-Darm-Passage mit einer raschen Anflutung des Alkohols und mit schlagartig einsetzender hoher Trunkenheit gerechnet werden.

Eine wesentliche Rolle für die Diffusion spielt jeweils auch der Konzentrationsunterschied zwischen Getränk und Blut: Nach dem Konsum hochprozentiger Getränke wird der Alkohol eher schneller resorbiert als nach dem Konsum niedrigprozentiger Getränke. Dies ist in der subjektiven Wahrnehmung der Alkohol-

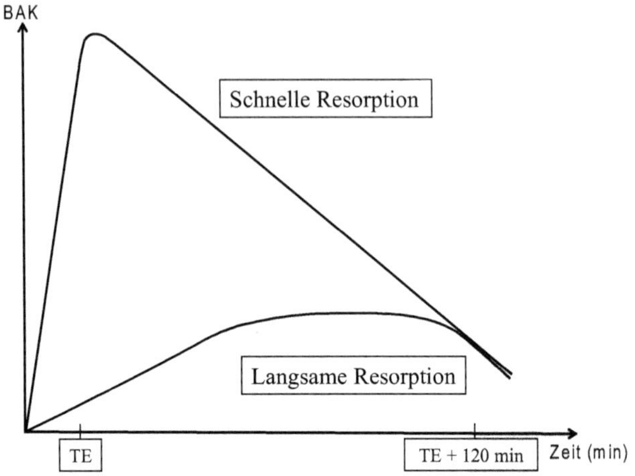

Abb. 1.10 Unterschiedliche Resorptionsgeschwindigkeiten

wirkung erfahrbar; rasch ansteigende Blutalkoholkonzentrationen, z. B. nach dem Trinken von Schnaps, führen unabhängig vom Konzentrationsniveau zu stärkeren Trunkenheitssymptomen als flach ansteigende Konzentrationen etwa nach Bierkonsum. Die Wirksamkeit dieser Konzentrationsdifferenz ist aber nicht alleine vom Alkoholgehalt des Getränks abhängig. Einfluss hat auch der Verdünnungseffekt durch die aktuelle Magenfüllung. Einen Sonderfall stellt dagegen der Konsum hochprozentigen Alkohols auf nüchternen Magen dar. Er kann zu einem reflektorischen Spasmus des Magenpförtners führen, so dass es dann zu einer verzögerten Passage in den Dünndarm und dadurch zu einer Resorptionsverzögerung kommt.

Die Alkoholresorption ist also über die Umstände der Trinksituation hinaus von zahlreichen wenig beeinflussbaren Faktoren bestimmt. Ihr Ablauf ist kaum vorhersehbar. Gleichzeitig kommt der Resorption für den Verlauf der Konzentrationskurve aber eine entscheidende Bedeutung zu. Eine rasche Resorption führt zu einem steileren Anstieg der Kurve und zu höheren Alkoholspiegeln im Gipfelbereich. Verläuft die Resorption dagegen langsam, so werden bei gleicher Alkoholkonsummenge nur flache Anstiege und niedrigere Gipfelkonzentrationen erreicht. In üblichen Trinksituationen ist der Kurvengipfel meist schon wenige Minuten nach Trinkende erreicht, die Resorption nach einer halben Stunde abgeschlossen. In Einzelfällen kann der Anstieg der Blutalkoholkonzentration noch länger über das Trinkende hinausreichen und es kann auch bis zu zwei Stunden und länger dauern, bis die ‚Nachresorption' vollständig beendet ist und die Konzentrationsverlaufskurve in ihren linear abfallenden Teil übergeht. Dieser mitunter verzögerte Abschluss der ‚Nachresorption' bis 2 Stunden über das Trinkende hinaus begründet den sog. Rückrechnungsfreien Zeitraum (vgl. 1.2.3.5).

Verläufe der Konzentrationskurve, die noch längere Zeit nach Trinkende ansteigen, bergen die Problematik des sog. Sturztrunks oder Schlusstrunks in sich. Wird bspw. zum Ende einer Trinkphase noch eine größere Menge Alkohol konsumiert

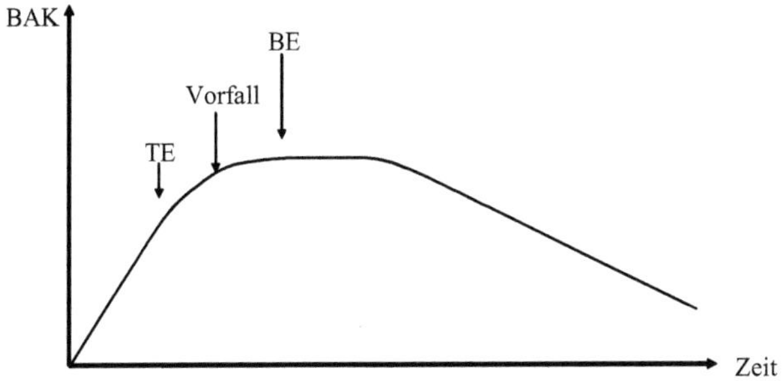

Abb. 1.11 Schluss- oder Sturztrunk

und erfolgt eine Polizeikontrolle mit anschließender Blutentnahme zeitnah nach dem Trinkende, so ist nicht auszuschließen, dass die Blutalkoholkonzentration zum Zeitpunkt der Kontrolle noch niedriger war und erst in der Zeit zwischen Kontrolle und Blutentnahme durch ‚Nachresorption' auf einen höheren Wert anstieg. Es ist in solchen Fällen sehr schwierig bis unmöglich, die Tatzeitkonzentration zu berechnen. Allerdings haben derartige Trinkverläufe schon seit mehreren Jahrzehnten keine rechtliche Relevanz mehr. Im § 24a StVG wird neben den Alkoholkonzentrationen auf die „...Alkoholmenge im Körper..." abgestellt, „...die zu einer solchen Atem- oder Blutalkoholkonzentration führt". Hinsichtlich der Anwendung der §§ 315c/316 hat sich der BGH 1973 in Analogie geäußert (NJW 1974, 246). Als wissenschaftliche Begründung kann angeführt werden, dass ansteigende Alkoholspiegel konzentrationsunabhängig zu schwerwiegenderen Trunkenheitssymptomen führen. Trotz fehlender Relevanz wird die Sturz- oder Schlusstrunkproblematik gelegentlich noch immer zur Diskussion gestellt.

1.2.3.3 Distribution und Widmark-Formel

Alkohol ist eine wasserlösliche, in Fett unlösliche Substanz. Nach der Aufnahme des Alkohols in das die Magen- und Darmwand durchströmende Blut wird er mit dem Blutstrom durch den gesamten Körper transportiert und diffundiert dabei durch die Gefäßwände in das Körperwasser. Dieser Vorgang wird als Distribution oder Verteilung bezeichnet. Der Diffusionsvorgang läuft sehr schnell ab, auch hier steht in den Haargefäßen, den sog. Kapillaren, eine sehr große Diffusionsfläche zur Verfügung. Deshalb ist die Alkoholkonzentration im Blut immer der im Körperwasser in Relation im Wesentlichen gleichzusetzen. Da sich aber die Konzentration im Blut ständig ändert, ist auch die Distribution permanent im Gang. Während der Resorption strömt Alkohol aus dem Magen-Darm-Trakt ins Blut nach und verteilt sich dann ins Körperwasser. Nach Abschluss der Distribution kehrt sich der Prozess um, durch den Abbau des Alkohols sinkt die Konzentration im Blut ab und es strömt Alkohol aus dem Körperwasser zurück.

Da die Distribution in der Regel schneller ist als die Resorption, hat die Distribution meist keinen Einfluss auf den Verlauf der Konzentrationskurve. Nur nach dem raschen Konsum einer großen Menge Alkohols kann die Diffusion aus dem Magen-Darm-Trakt ins Blut schneller ablaufen als die Diffusion vom Blut in das

Körperwasser. Der Alkohol staut sich in diesen seltenen Fällen quasi kurzfristig im Blut auf, so dass die Konzentrationsverlaufskurve im Blut im Gipfelbereich eine zackenartige Überhöhung aufweist, die innerhalb von wenigen Minuten wieder steil abfällt. Man spricht von einem Diffusionssturz. Dieses Phänomen ist jedoch so kurz und auf die Zeit unmittelbar nach Trinkende begrenzt, dass es im Verkehrsrecht keine Rolle spielt.

Auf der Grundlage der Distribution des Alkohols im Körper oder genauer des Distributions- oder Verteilungsraums für Alkohol im Körper basiert die sog. Widmark-Formel für die Berechnung der Blutalkoholkonzentration mit Hilfe der konsumierten Alkoholmengen. Sie wurde in den 30er Jahren des vorigen Jahrhunderts von Widmark erarbeitet und lautet:

$$C = A/P \cdot r.$$

Dabei ist A die konsumierte Alkoholmenge in Gramm, P das Körpergewicht in Kilogramm und r der dimensionslose Widmark- oder Reduktionsfaktor, mit dessen Hilfe vereinfacht ausgedrückt der Verteilungsraum/das Verteilungsvolumen für Alkohol aus dem Körpergewicht bestimmt wird. Das Ergebnis, die Blutalkoholkonzentration C, trägt die Dimension g/kg = g/1000 g = ‰. Es handelt sich um eine reine Konzentrationsberechnung, die von einer vollständig abgeschlossenen Resorption aus dem Magen-Darm-Trakt ausgeht und die zwischenzeitliche Alkoholelimination nicht berücksichtigt. Das Ergebnis ist deshalb zunächst nur von theoretischer Bedeutung und muss um verschiedene Faktoren korrigiert werden, um eine praktische Relevanz zu erlangen.

Um die Konzentrationsberechnung durchführen zu können, muss zunächst die konsumierte Alkoholmenge bekannt sein. Sie ist aus der Menge und dem Alkoholgehalt der aufgenommenen Getränke zu errechnen. Hilfreich ist dabei, dass die Alkoholkonzentrationen auf den Etiketten der Getränke angegeben sein müssen. Diese Angabe wird jedoch in Volumen-Prozent (Vol. %) gemacht, während für die Berechnungen der Blutalkoholkonzentration die Einheit Gewichts-Prozent (Gew. %)

Tabelle 1.1 Durchschnittliche Alkoholkonzentrationen häufig konsumierter Getränkearten

Getränkeart	Vol. %	Gew. %	Alkoholmenge pro 100 mL	Alkoholmenge pro üblicher Ausschankmenge
Bier	5 Vol. %	4 Gew. %	4 g	13 g pro 0,33 L Flasche 20 g pro 0,5 L Flasche
Wein	10–12 Vol. %	8–10 Gew. %	8–10 g	16–20 g pro 0,2 L
Likör	30 Vol. %	24 Gew. %	24 g	5 g pro 2 cL
Schnaps	40 Vol. %	32 Gew. %	32 g	6 g pro 2 cL

In der subjektiven Bewertung sind die Getränkearten meist unterschiedlich besetzt. Alkoholärmere Getränke wie Bier und Wein werden eher toleriert, hochprozentige Getränke dagegen eher problematisiert und mit höheren Trunkenheitsgraden verbunden. Dies hängt, wie bereits beschrieben, mit der verstärkten Symptomatik bei rascher Anflutung des Alkohols nach Konsum hochprozentiger Getränke zusammen. Die üblichen Konsumeinheiten bzw. Ausschankmengen werden in der Bewertung allerdings häufig außer Acht gelassen. Objektiv nimmt man bereits mit einer kleinen Flasche Bier mehr als die doppelte Menge Alkohol auf als mit einem Gläschen Schnaps.

notwendig ist. Eine Umrechnung ist erforderlich, entsprechend dem spezifischen Gewicht des Alkohols ist der Umrechnungsfaktor 0,8. Somit entspricht 1 Vol.% 0,8 Gew.%, also 0,8 g Alkohol in 100 mL.

Bei den meisten Getränkearten ist es ausreichend, Standardwerte für den Alkoholgehalt anzusetzen (vgl. Tabelle 1.1). Die Unterschiede zwischen den Sorten sind relativ gering und ihre Berücksichtigung käme angesichts der unvermeidlichen Schwankungsbreiten des gesamten Berechnungsvorgangs eher einer Pseudogenauigkeit gleich. Schwierig kann die Abschätzung des Alkoholgehalts in Mix-Getränken sein, wenn die Mischungsverhältnisse nicht genau bekannt sind. Gleiches gilt für selbstangesetzte Liköre oder hausgebrannte Schnäpse. Besonders problematisch ist auch die Beurteilung von Heißgetränken wie Glühwein, da je nach Temperatur und Erhitzungsdauer Alkohol in nennenswertem Umfang verdampft.

Um bei der Konzentrationsberechnung mit der Widmark-Formel zu einem korrekten Ergebnis zu gelangen, muss man jedoch eine Differenzierung zwischen aufgenommener und wirksam gewordener Alkoholmenge vornehmen. Wie erst einige Jahrzehnte nach Widmark entdeckt wird nicht die gesamte aufgenommene Alkoholmenge auch wirksam. Verantwortlich hierfür ist das sog. Resorptions- oder Alkoholdefizit. Es bezeichnet eine Alkoholmenge, die auf dem Weg aus dem Magen-Darm-Trakt in den Verteilungsraum des Körpers verschwindet. Die Ursachen sind wissenschaftlich noch nicht zweifelsfrei geklärt. Diskutiert wird zum einen ein Alkoholabbau im Rahmen der Resorption durch Enzyme, die in der Magen- und Darmwand sitzen. Zum anderen könnte auch ein bei Arzneimitteln zu beobachtender sog. First-Pass-Effekt auftreten, ein verstärkter Stoffwechselprozess, der induziert wird, wenn der Alkohol nach der Resorption im Blutstrom der Pfortader konzentriert erstmals die Leber durchströmt, bevor er weiter in den Distributionsraum des Körpers und damit auch an den Wirkungsort, beim Alkohol das Gehirn, verteilt wird. Dieses Resorptionsdefizit ist unterschiedlich groß. Es wird üblicherweise mit mindestens 10 % und maximal 30 % angesetzt, d. h., die konsumierte Alkoholmenge muss je nach Sachlage dem In-dubio-pro-reo-Grundsatz folgend um 10 % oder 30 % reduziert werden, bevor sie als A in die Widmark-Formel Eingang findet.

Der Nenner der Widmark-Formel ($P \cdot r$) umfasst das Distributionsvolumen/den Verteilungsraum, in dem sich der wirksam gewordene Alkohol verteilt. Er entspricht dem Wassergehalt des Körpers, der grob ca. Zweidrittel der Körpermasse ausmacht. Aufgrund geschlechtsspezifisch unterschiedlicher Körperfettausbildung ist er bei Männern etwas größer, bei Frauen etwas kleiner. Entsprechend ist der Widmark-Reduktionsfaktor r, mit dessen Hilfe die gesamte Körpermasse (Körpergewicht) auf die Masse des Körperwassers reduziert wird, für Männer mit 0,7, für Frauen mit 0,6 anzusetzen.

Die Darstellung von r als Reduktionsfaktor auf das Körperwasser und damit das Distributionsvolumen für Alkohol dient als vereinfachtes Denkmodell dem besseren Verständnis. Im Detail setzt sich r aus mehreren Einzelfaktoren zusammen, die allerdings von dem für den Wassergehalt des Körpers dominiert werden. Daneben spielt bspw. auch eine Rolle, dass die Widmark-Formel die Blutalkoholkonzentration berechnet, es ist also auch der Wassergehalt des Bluts zu berücksichtigt. Deshalb stimmt r nicht exakt mit den wissenschaftlichen Angaben zum Wasseranteil eines Körpers überein.

Die Widmark-Faktoren r von 0,7 bzw. 0,6 sind Durchschnittswerte. Wie alle biologischen Parameter, die in die Alkoholkonzentrationsberechnungen eingehen, hat auch der Widmark-Faktor eine erhebliche individuelle Schwankungsbreite. Er kann im Extremfall bei leptosomen oder muskulös-athletischen Körperbautypen 0,9 und mehr betragen, bei Pyknikern oder Fettleibigen deutlich unter 0,5 liegen. Im Gegensatz zu den anderen Berechnungsparametern, bei denen die BGH-Rechtsprechung den Einsatz von Extremwerten zugunsten des Beschuldigten vorschreibt, ist bei den Widmark-Faktoren die Verwendung der Durchschnittswerte für den Regelfall üblich und toleriert. Individuelle Anpassungen werden nur sehr zurückhaltend vorgenommen; sie überschreiten bei Frauen den Bereich zwischen 0,5 und 0,7 und bei Männern den Bereich zwischen 0,6 und 0,8 selten. Da es hierzu in der Fachliteratur auch keine Vorschläge gibt, ab welchem Über- oder Untergewicht der Widmark-Faktor in welchem Umfang angepasst werden sollte, dürfte die Variationsbreite bei den einzelnen Gutachtern ziemlich hoch sein.

Das Produkt von Körpermasse und Widmark-Faktor r ergibt schließlich den Anteil des Körperwassers und damit das Distributionsvolumen/den Verteilungsraum für Alkohol. Er beträgt bspw. bei einem 80 kg schweren Mann 56 kg bzw. 56 L (80 kg · 0,7), bei einer 60 kg schweren Frau 36 kg bzw. 36 L (60 kg · 0,6).

Der Begriff Blutalkoholkonzentration induziert bei Laien, leider manchmal auch bei Medizinern, den Gedanken, Alkohol verteile sich nur im Blut. Hieraus resultiert dann die gelegentlich bei Schwerstverletzen angeführte Argumentation, eine Blutprobe zur Alkoholbestimmung sei nicht mehr sinnvoll, da der Verletzte nahezu sein gesamtes Blutvolumen verloren habe und dieses durch alkoholfreie Infusionslösungen und transfundiertes Fremdblut ersetzt worden sein. Eine solche Vorstellung ist unsinnig. Da das Blutvolumen nur etwa 10 % des gesamten Verteilungsvolumens für Alkohol ausmacht, kann allenfalls ein leichter Verdünnungseffekt auftreten, der zudem rechnerisch korrigiert werden kann.

Mit der Bestimmung der wirksam gewordenen Alkoholmenge und der Größe des Verteilungsvolumens lässt sich die Blutalkoholkonzentration nach Widmark berechnen.

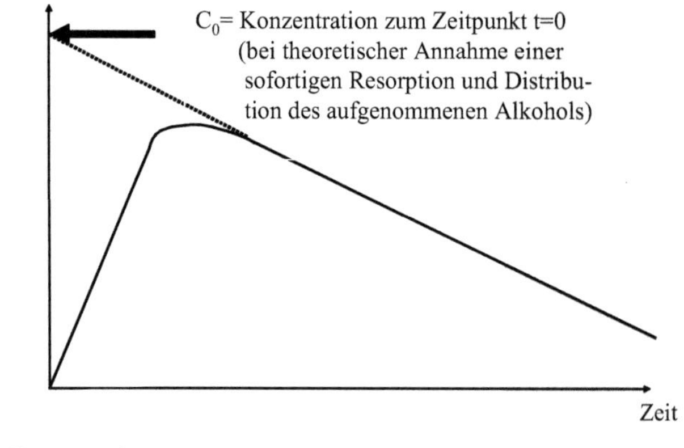

Abb. 1.12 C_0-Konzentration

Ein junger Mann, 86 kg schwer und 190 cm groß, berichtet, er habe 2 Dosen eines vorgefertigten Whisky-Cola-Mischgetränks konsumiert. Auf den Dosen ist der Doseninhalt mit 0,5 L und der Alkoholgehalt mit 7,5 Vol. % angegeben. Daraus lässt sich mit der Widmark-Formel folgende maximale Blutalkoholkonzentration errechnen:

Alkoholgehalt 7,5 Vol. % = 7,5 · 0,8 = 6 Gew. % = 6 g pro 100 mL
Alkoholmenge pro Dose à 0,5 L = 5 · 6 g = 30 g;
gesamte konsumierte Alkoholmenge = 2 Dosen · 30 g = 60 g
10 % Resorptionsdefizit = 6 g
wirksam gewordene Alkoholmenge A = 54 g
Körpergewicht P = 86 kg; Widmark-Faktor r = 0,7
Verteilungsraum P · r = 86 kg · 0,7 = 60 kg
C = 54 g / 60 kg = 0,90 ‰

Für eine 66 kg schwere, 175 cm große Frau ergibt sich bei gleicher Trinkmenge:

Körpergewicht P = 66 kg; Widmark-Faktor r = 0,6
Verteilungsraum P · r = 66 kg · 0,6 = 40 kg
C = 54 g / 40 kg = 1,35 ‰

Die so mithilfe der Widmark-Formel berechnete Blutalkoholkonzentration ist ein theoretischer Wert, der im realen Trinkverlauf nie erreicht wird. Er geht einerseits von einer abgeschlossenen Resorption des Alkohols aus, die realistisch frühestens einige Minuten nach Trinkende zu erwarten ist. Andererseits lässt er unberücksichtigt, dass bis zu diesem Zeitpunkt Alkohol auch schon wieder aus dem Körper eliminiert worden ist. Die nach Widmark berechnete Konzentration ist sozusagen zeitneutral. Sie spiegelt die Verhältnisse wider, die gegeben wären, wenn der Alkohol schlagartig konsumiert, vollständig resorbiert und vollständig im Körper verteilt würde. Dies entspräche innerhalb eines Trinkverlaufs dem Zeitpunkt 0, weshalb die Konzentration auch als C_0-Konzentration bezeichnet wird. Grafisch dargestellt in der Konzentrationsverlaufskurve ist sie der Schnittpunkt des nach rückwärts verlängerten linearen Eliminationsverlaufs mit der Ordinate (Y-Achse) (vgl. Abb. 1.12). Realistische Werte können nur für Zeitpunkte nach Resorptionsabschluss berechnet werden, wenn gleichzeitig die bis zu diesem Zeitpunkt stattgehabte Elimination berücksichtigt wird.

1.2.3.4 Die Elimination

Die Alkoholelimination umfasst die Exkretion des Alkohols, d. h. die unveränderte Ausscheidung, und die Verstoffwechselung des Alkohols, d. h. den Alkoholabbau. Die Elimination beginnt quasi zeitgleich mit dem Beginn des Alkoholkonsums, wenn der erste Alkohol die Leber durchströmt.

Alkohol ist im Körperwasser gelöst. Damit wird Alkohol überall dort mit ausgeschieden, wo der Körper Wasser oder wässrige Lösungen ausscheidet bzw. verliert oder wo im Bereich von Grenzflächen eine Abdampfung möglich ist. Dies trifft insbesondere auf Urin, aber auch auf Schweiß und die Atemluft bzw. die Lungenbläschen zu. Die durch Exkretion verlorene Menge macht aber nur unter 5 % der gesamten Alkoholmenge aus.

Die Verstoffwechselung des Alkohols erfolgt hauptsächlich in Form einer Oxydation mithilfe verschiedener Enzyme. Dabei entsteht zunächst Acetaldehyd. Beteiligt an dieser ersten Abbaustufe sind die Alkoholdehydrogenase ADH, das gleiche Enzym, das auch im Labor zur Alkoholbestimmung herangezogen wird, und das MEOS (Mikrosomales Ethanol Oxydierendes System). Auch Katalasen können Alkohol abbauen, ihre Bedeutung ist jedoch vernachlässigbar gering.

Die größte Stoffwechselkapazität für den Alkoholabbau wird der ADH (Alkoholdehydrogenase) zugeordnet. Sie setzt im Normalfall ca. 80 % des konsumierten Alkohols um. Es sind mehrere Subtypen des Enzyms bekannt, die in verschiedenem Umfang an der Oxydation beteiligt sind. Sie kommen in mehreren Organen des Körpers vor, teilweise in höherer Konzentration als in der Leber. Nur in der Leber sind aber die Umgebungsbedingungen so gestaltet, dass eine nennenswerte Verstoffwechselung des Alkohol stattfinden kann, sieht man einmal von dem zur Diskussion stehenden Abbau durch ADH in der Magen- und Darm-Wand als Erklärung für das Resorptionsdefizit ab.

Auch das MEOS ist in der Leber lokalisiert. Es setzt die verbleibende Alkoholmenge von etwa 20 % um. Die Besonderheit des MEOS liegt darin, dass es im Gegensatz zur ADH induzierbar ist. Während die Stoffwechselkapazität der ADH von den Alkoholkonsumgewohnheiten unabhängig ist, führt häufiger Alkoholkonsum allmählich zu einer erhöhten Umsatzkapazität des MEOS. Die Abbaugeschwindigkeit steigt bei häufigerem Alkoholkonsum an, bei Alkoholikern kann sie sich verdoppeln.

Der bei der Oxydation des Alkohols entstehende Azetaldehyd wird mithilfe des Enzyms Aldehyddehydrogenase (AlDH) weiter abgebaut in Essigsäure, die schließlich in Kohlendioxyd und Wasser gespalten wird. Azetaldehyd ist eine toxische Substanz, die aber im Körper nicht in höherer Konzentration vorkommt, da sie schneller abgebaut wird, als sie bei der Alkoholoxydation anfällt. Allerdings gibt es insbesondere im asiatischen Raum Personen mit einem Enzymdefekt der AlDH, bei denen es deshalb bereits nach Konsum geringer Alkoholmengen zu einem Rückstau des Azetaldehyds und infolge dessen zu Unverträglichkeitsreaktionen kommt.

Der Abbau körperfremder Substanzen erfolgt normalerweise konzentrationsabhängig. Je höher die Konzentration ist, desto mehr Enzyme werden aktiviert. Die Eliminationskurven verlaufen deshalb in Form von Exponentialfunktionen, bei hohen Konzentrationen schneller, mit fallender Konzentrationen immer langsamer. Nur wenn die Substratmenge die Enzymkapazität übersteigt, d. h. alle Enzyme arbeiten, ist die maximale Umsatzgeschwindigkeit erreicht und die Elimination verläuft linear. Dies ist nur sehr selten der Fall. In diesem Punkt ist Alkoholelimination eine Besonderheit. Bei der Alkoholoxydation ist die vollständige Auslastung der Enzymkapazität bereits bei vergleichsweise geringen Konzentrationen erreicht. Die Alkoholelimination verläuft deshalb in den relevanten Konzentrationsbereichen linear. Erst unterhalb von etwa 0,15‰ ist der Übergang der linearen

Eliminationsfunktion in eine Exponentialfunktion zu erwarten. Die Kurve schmiegt sich dann asymptotisch an die Abszisse (X-Achse) an.

An sich stellt die Oxydation des Alkohols in der Leber einen sehr komplexen, noch nicht in allen Details verstandenen Ablauf dar, der hier aus Gründen des besseren Verständnisses vereinfacht aufgezeigt ist. Vermutlich spielt die Verfügbarkeit des für die Reaktion notwendigen Coenzyms eine begrenzende Rolle für die Umsatzgeschwindigkeit. Wenngleich die Hintergründe der Eliminationsfunktion noch nicht eindeutig geklärt sind, besteht an ihrer Linearität aus der Empirie kein Zweifel.

Die Linearität der Alkoholelimination ermöglicht erst eine in foro praktikable Berechnung von Alkoholkonzentrationen. Zwar können auch Berechnungen mithilfe von Exponentialfunktionen durchgeführt werden. Dabei führen aber die individuell und situativ unterschiedlichen physiologischen Parameter zu Schwankungsbreiten, durch die das Ergebnis unter dem In-dubio-pro-reo-Grundsatz betrachtet ad absurdum geführt würde.

Auch in der linearen Eliminationsgeschwindigkeit des Alkohols ist die Schwankungsbreite vergleichsweise hoch. Abgestützt auf die damals aktuellen wissenschaftlichen Erkenntnisse wurden die Eliminationsraten in den 60er Jahren des vorigen Jahrhunderts auf im Durchschnitt 0,15 ‰/h, mindestens 0,10 ‰/h und maximal 0,20‰/h festgelegt und in der Rechtsprechung des BGH verankert. Sie werden überwiegend auch derzeit noch so angewandt, obwohl sie nicht mehr dem heutigen Stand der Wissenschaft entsprechen. Zum einen berücksichtigen sie nicht die zwischenzeitlich entdeckten Geschlechtsunterschiede; Frau bauen Alkohol signifikant schneller ab als Männer. Zum anderen ist über die letzten Jahrzehnte betrachtet offensichtlich eine gewisse allgemeine Akzelleration bei den Eliminationsraten eingetreten. Eliminationsgeschwindigkeiten von mehr als 0,20 ‰/h sind heute keineswegs mehr eine Seltenheit. Vermutlich hängt dies damit zusammen, dass heute durchschnittlich mehr Alkohol konsumiert wird, als dies noch in den ersten beiden Nachkriegsjahrzehnten der Fall war. Dies dürfte zu entsprechenden Induktionsvorgängen geführt haben. Nach derzeitigem wissenschaftlichen Kenntnisstand ist bei Frauen von Eliminationsraten zwischen mindestens 0,11 ‰/h und maximal 0,26 ‰/h bei einem Durchschnittswert von 0,19 ‰/h, und bei Männern von Eliminationsraten zwischen mindestens 0,10 ‰/h und maximal 0,24 ‰/h bei einem Durchschnittswert von 0,17 ‰/h auszugehen (Dettling et al. 2009). Bei Alkoholikern liegen die Eliminationsraten vorläufigen Abschätzungen zufolge im Durchschnitt bei 0,21 ‰/h, die forensischen Extremwerte sind mit mindestens 0,12 ‰/h und maximal 0,29 ‰/h anzunehmen (Haffner et al. 1992). Über die Größenordnung der Geschlechtsunterschiede bei Alkoholikern gibt es allerdings bislang noch keine ausreichenden Erfahrungen.

Tabelle 1.2 Stündliche Alkoholeliminationsraten

Eliminationsraten in ‰/h	durchschnittlich	minimal	maximal
nach BGH-Rechtsprechung	0,15	0,10	0,20
nach aktuellem wissenschaftlichem Kenntnisstand	Männer: 0,17	Männer: 0,10	Männer: 0,24
	Frauen: 0,19	Frauen: 0,11	Frauen: 0,26

Im Folgenden werden die Berechnungen von Blutalkoholkonzentrationen entsprechend den derzeit überwiegend noch üblichen Gepflogenheiten unter Heranziehung der alten von der BGH-Rechtsprechung genannten Eliminationsraten durchgeführt. Dadurch sollen Missverständnisse durch Diskrepanzen mit den Erfahrungen der täglichen Praxis vermieden werden.

1.2.3.5 Die Berechnung von Blutalkoholkonzentrationen

Mithilfe der Widmark-Formel und unter Berücksichtigung der Eliminationsraten lässt sich die Blutalkoholkonzentration aus Trinkmengenangaben für jeden beliebigen Zeitpunkt nach Abschluss der Resorption abschätzen.

Ein 80 kg schwerer Mann stürzt um 22.00 h mit seinem Motorrad auf nasser Fahrbahn beim Abbiegen in eine Seitenstraße und prallt gegen einen Verkehrsteiler. Er wird zur Versorgung oberflächlicher Schürfwunden ins Krankenhaus gebracht, wo auch eine Blutprobe zur Alkoholbestimmung entnommen werden soll. Dem entzieht er sich jedoch, indem er in einem unbeobachteten Moment das Krankhaus verlässt. Ermittlungen ergeben, dass er sich zwischen 17.00 h und 20.00 h in einer Gastwirtschaft aufhielt und dort 6 Weizenbier à 0,5 L konsumierte.

Konsumierte Alkoholmenge = 6 · 20 g = 120 g

Wirksam gewordene Alkoholmenge = 84 g

(Das Resorptionsdefizit dürfte vermutlich nur 10 % bis 20 % betragen haben, nach dem In-dubio-pro-reo-Prinzip ist jedoch ein Resorptionsdefizit von 30 % nicht sicher auszuschließen.)

Widmark-Formel: $C_0 = 84\,g/(80\,kg \cdot 0{,}7) = 1{,}50\,‰$

Ab Trinkbeginn 17.00 h bis zum Unfallzeitpunkt 22.00 h sind 5 Stunden vergangen, in denen maximal $5\,h \cdot 0{,}20\,‰/h = 1{,}00\,‰$ eliminiert wurden.

(Nach dem In-dubio-pro-reo-Grundsatz ist von der höchsten denkbaren Eliminationsrate auszugehen.)

Die nachweisbare Mindest-BAK zum Unfallzeitpunkt lag somit bei $1{,}50\,‰ - 1{,}00\,‰ = \underline{0{,}50\,‰}$.

Setzt man anstelle der Extremwerte Durchschnittswerte bei der Berechnung ein (Resorptionsdefizit 10 %, Eliminationsrate 0,15 ‰/h), so ergibt sich für die Unfallzeit eine BAK von ca. 1,18 ‰. Dieser Wert stellt eine realistische Größenordnung dar, die aber eben nicht ausschließbar auch unterschritten gewesen sein kann.

Die Gegenüberstellung von nachweisbarem Mindestwert und Erwartungswert macht die Fehlerbreite der Konzentrationsberechnungen deutlich. Unter anderem ist sie umso größer, je längere Rückrechnungszeiträume zu berücksichtigen sind. Andererseits setzen diese Berechnungen voraus, dass die konsumierte Alkoholmenge auch vollständig resorbiert wurde. Dies kann aber nur dann ausreichend sicher unterstellt werden, wenn zwischen Trinkende und Vorfallszeitpunkt mindestens 2 Stunden vergangen sind. Die Formulierung des § 24a StVG „Alkoholmenge im Körper…, die zu einer solchen Atem- oder Blutalkoholkonzentration führt", greift hier nicht. Man kann aufgrund der Berechnungen zwar die Alkoholmenge im Körper ermitteln, weiß aber in einem solchen Fall nicht, zu welcher Blutalkoholkonzentration sie geführt hat. Der Gipfel der Konzentrationsverlaufskurve zwischen Trinkende und Resorptionsende kann aufgrund schneller Resorption schmal und hoch, oder aufgrund langsamer Resorption breit und tief verlaufen sein. Es ist deshalb notwendig, sich bei kürzerem Zeitintervall zwischen Trinkende und Vorfallszeitpunkt trotz allem auf die Konzentration zu beschränken, die für 2 Stunden nach Trinkende – d.h. für den Zeitpunkt nach Resorptionsabschluss – berechnet werden kann. Die Konzentration zum Vorfallszeitpunkt kann, muss aber nicht höher gewesen sein.

Unterstellt man im vorangegangenen Beispiel das Trinkende erst um 21.00 h, so ergibt sich folgende Rechnung:

Widmark-Formel: $C_0 = 84\,g / (80\,kg \cdot 0{,}7) = 1{,}50$ ‰

Eliminationszeit 6 Stunden vom Trinkbeginn um 17.00 h bis zum sicheren Resorptionsabschluss 2 Stunden nach Trinkende 23.00 h = 6 h · 0,20 ‰/h = 1,20 ‰

Nachweisbare Mindest-BAK zum Unfallzeitpunkt liegt bei 1,50 ‰ – 1,20 ‰ = <u>0,30 ‰</u>.

(Um wie viel die BAK zwischen Unfallzeitpunkt und Resorptionsende abgesunken ist, lässt sich außerhalb der linearen Eliminationsphase nicht genau feststellen.)

Die Beispiele zeigen, dass eine Überschreitung von Grenzwerten alleine nach Angaben zum vorangegangenen Alkoholkonsum nur bei extrem hohen Trinkmengen nachweisbar ist.

Widmark-Formel und Eliminationsraten erlauben aber auch, aus gemessenen Blutalkoholkonzentrationen auf die Trinkmenge rückzuschließen. Die Widmark-Formel ist dazu zu transformieren in

$$A = C_0 \cdot P \cdot r.$$

Die theoretische Konzentration C_0 errechnet sich als Summe der gemessenen Blutalkoholkonzentration und dem Eliminationswert, d.h. der Konzentration, die der zwischen Trinkbeginn und Blutentnahmezeitpunkt eliminierten Alkoholmenge entspricht.

Ein 80 kg schwerer Mann weist bei einer Kontrolle um 23.00 h eine BAK von 0,50 ‰ auf. Er gibt an, ab etwa 19.00 h lediglich 2 Bier à 0,33 L getrunken zu haben. Folgende Kontrollrechnung zur Trinkmenge lässt sich aufmachen:

Gemessene Konzentration = 0,50 ‰

Elimination zwischen Trinkbeginn 19.00 h und Kontrollzeitpunkt 23.00 h = 4 h · 0,15 ‰/h = 0,60 ‰

(Bei einer Trinkmengenberechnung ist es gerechtfertigt, bei den Variablen durchschnittliche Erwartungswerte einzusetzen, um möglichst realitätsnahe Ergebnisse zu erreichen.)

$C_0 = 0{,}50\,‰ + 0{,}60\,‰ = 1{,}10\,‰$

$A = 1{,}10\,‰ \cdot 80\,kg \cdot 0{,}7 = 62\,g$

62 g stellt die wirksam gewordene Alkoholmenge dar, die ca. 90 % der konsumierten Menge ausmacht. Als konsumierte Menge errechnen sich:

$62\,g / 90 \cdot 100 = \underline{68\,g}$

Dies entspricht etwa 1,7 L Bier, die Trinkmenge dürfte also mehr als doppelt so hoch gewesen sein (ca. 5 Bier à 0,33 L)

Derartige Berechnungen dienen nicht nur der Überprüfung der Glaubwürdigkeit von Trinkmengenangaben. Sie bieten auch Anhaltspunkte für die Beantwortung der Frage nach Vorsatz und Fahrlässigkeit. Für diese von juristischer Seite zu entscheidende Problematik kann aus verkehrsmedizinischer Sicht die Erfahrung beigetragen werden, dass in der Selbsteinschätzung der Fahrtüchtigkeit für die meisten die konsumierte Trinkmenge mehr Entscheidungskraft hat, als eine bei Fahrtantritt empfundene Trunkenheitssymptomatik, die wegen der zu diesem Zeitpunkt meist schon wieder abfallenden Alkoholkonzentrationen häufig wenig eindrücklich ist. Dabei wird von der überwiegenden Mehrzahl die Trinkmenge, die zum Erreichen der gesetzlichen Grenzwerte führt, bei weitem zu niedrig geschätzt. Viele glauben, je nach körperlicher Konstitution bereits mit einer Konsumeinheit, bspw. einem Glas Bier oder einem Glas Wein, nahe an die 0,50 ‰-Grenze heranzureichen. Wer so viel Alkohol konsumiert hat, dass seine Alkoholkonzentration auch realiter die Grenzwerte überschreitet, ist sich dessen in aller Regel auch uneingeschränkt bewusst.

In der Praxis liegt in den meisten Fällen das Ergebnis einer Blutalkoholbestimmung vor. Die Tatzeitberechnung umfasst dann lediglich die Rückrechnung vom Blutentnahmezeitpunkt auf den Vorfallszeitpunkt, also die Berücksichtigung der zwischenzeitlich stattgehabten Elimination. Die Rückrechnung erfolgt, sofern sie vorgenommen werden darf, durch Addition des Analysenwertes und des Eliminationswertes.

Ein Beschuldigter gibt an, nach Arbeitsende um 16.30 h mit Kollegen noch bis 18.00 h zusammengesessen und Bier getrunken zu haben. Anschließend sei er in der Stadt einkaufen gegangen. Bei der Heimfahrt um 20.00 h wird er von der Polizei kontrolliert, um 21.30 h wird eine Blutprobe entnommen. Ihre Analyse ergibt eine BAK von 0,50 ‰. Die Berechnung der Mindest-BAK zum Vorfallszeitpunkt ergibt:

Analysenwert: 0,50 ‰

Eliminationszeit: 1,5 h (Blutentnahmezeitpunkt 21.30 h zurück bis Vorfallszeitpunkt 20.00 h);

Eliminationswert (Mindestwert): $1{,}5\,h \cdot 0{,}10\,‰/h = 0{,}15\,‰$

Nachweisbare Mindest-BAK zum Kontrollzeitpunkt:

$0{,}50\,‰ + 0{,}15\,‰ = \underline{0{,}65\,‰}$

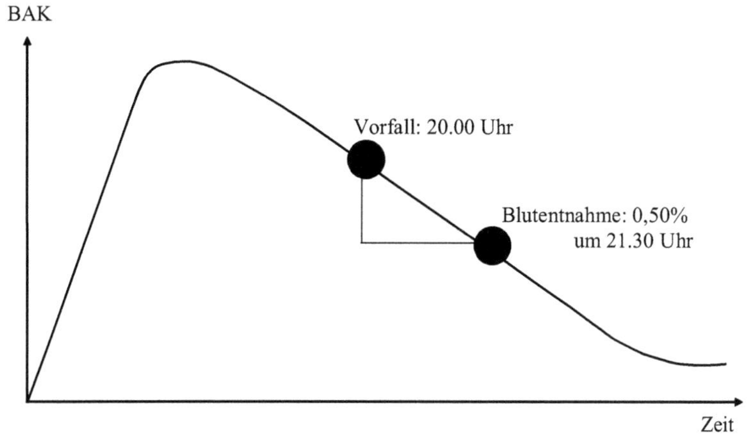

Abb. 1.13 Rückrechnung

Eine Rückrechnung darf allerdings nur innerhalb des linearen Bereichs der Konzentrationsverlaufskurve in der Elimination durchgeführt werden. Deshalb ist zum einen der Gipfelbereich der Konzentrationsverlaufskurve auszusparen. Rechnet man in den Gipfelbereich hinein, weist das Ergebnis eine fälschliche Überhöhung zum Nachteil des Beschuldigten auf, da hier die Konzentration infolge der Nachresorption noch nicht oder weniger steil abfällt. Um diesen Fehler zu vermeiden, schreibt der BGH einen rückrechnungsfreien Zeitraum vor, der in der Regel die ersten zwei Stunden nach Trinkende umfasst.

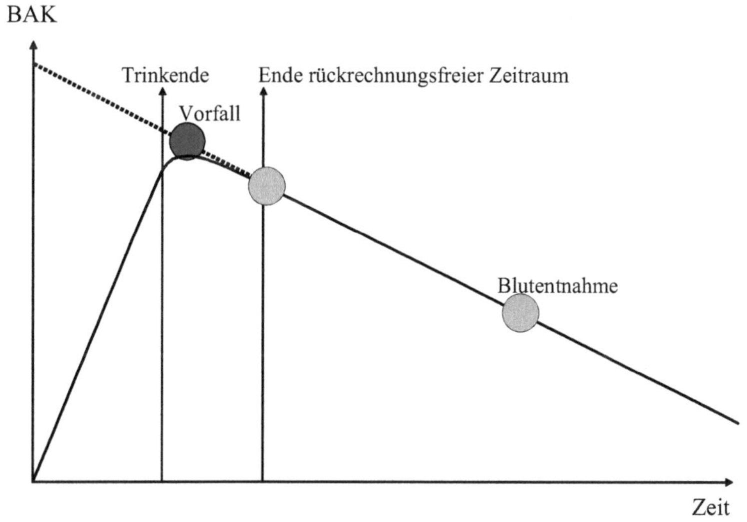

Abb. 1.14 Rückrechnungsfreier Zeitraum

Die Staatsanwaltschaft beantragt einen Strafbefehl mit u.a. folgendem Sachverhalt: „Sie fuhren am 01.04.2010 zwischen 04.15 h und 04.45 h mit dem PKW auf öffentlichen Straßen in R., obwohl Sie infolge vorangegangenen Alkoholgenusses fahruntüchtig waren. Eine bei Ihnen um 07.00 h entnommene Blutprobe ergab eine BAK von 1,46‰. Zur Tatzeit betrug Ihre BAK mindestens 1,68‰."

In einem Begleitschreiben der STA wird angemerkt: „Ausweislich der Angaben des Zeugen B. ist von einem Trinkende spätestens um 03.45 h auszugehen. Bei einer Resorptionsphase von noch einer Stunde ist eine Abbauzeit von noch 2¼ Stunden bis zur Blutentnahme zu berücksichtigen. Bei einem Abbauwert von 0,10‰/h ergibt sich eine BAK zur Tatzeit von jedenfalls über 1,6‰, so dass von vorsätzlichem Handeln auszugehen ist."

Der rückrechnungsfreie Zeitraum ist bis 05.45 h (Trinkende 03.45 h + 2 Stunden) anzunehmen. Daraus ergibt sich eine in die Rückrechnung einzubeziehende Eliminationszeit von 1¼ Stunden (Blutentnahmezeitpunkt 07.00 h zurück bis zum Ende des rückrechnungsfreien Zeitraums um 05.45 h).

Eliminationswert (Mindestwert): $1{,}25\,h \cdot 0{,}10\,‰/h = 0{,}12\,‰$.

Nachweisbare Mindest-BAK zum Vorfallszeitpunkt:
$1{,}46\,‰ + 0{,}12\,‰ = \underline{1{,}58\,‰}$.

Abgesehen von der sicher diskussionswürdigen, aber wenig folgenreichen Problematik Fahrlässigkeit oder Vorsatz lag der junge Mann auf jeden Fall unter der Grenze, die zwangsläufig eine Fahreignungsbegutachtung nach sich zieht.

Liegt der Blutentnahmezeitpunkt noch innerhalb des rückrechnungsfreien Zeitraums, darf gar keine Rückrechnung vorgenommen werden. Der gemessene Wert stellt dann auch den zum Vorfallszeitpunkt nachweisbaren Mindestwert dar.

Die Dauer des rückrechnungsfreien Zeitraums wurde vom BGH 1973 nicht unverrückbar auf 2 Stunden festgelegt. Zwei Stunden sind jedoch bereits für „normale Trinkverläufe" nicht auszuschließen, wobei normale Trinkverläufe als Alkoholbelastungen von bis zu 0,5 g bis maximal 0,8 g Alkohol pro Kilogramm Körpergewicht und Stunde definiert wurden. Nach sachverständiger Beratung kann das Gericht auch von diesem Richtwert der Resorptionsdauer abweichen. Verkürzte Resorptionszeiten und damit verkürzte rückrechnungsfreie Zeiträume lassen sich bspw. durch protrahierte Trinkverläufe mit gleichmäßig geringer Alkoholbelastung begründen. Auch bei biphasischen Trinkverläufen mit einer zuletzt nur noch sehr geringen Alkoholaufnahme kann eine Reduzierung des rückrechnungsfreien Zeitraums gerechtfertigt sein. In der Praxis neigen die Gutachter jedoch dazu, den Richtwert von 2 Stunden gar nicht erst in Frage zu stellen.

Fehler unterlaufen zum anderen aber auch dann, wenn die Rückrechnung ab einem Startpunkt begonnen wird, der bereits im exponentiellen Auslauf der Eliminationskurve liegt. Der Konzentrationsabfall wird hier zunehmend flacher. Eine Rückrechnung würde deshalb auf einer Geraden erfolgen, die zur Geraden der

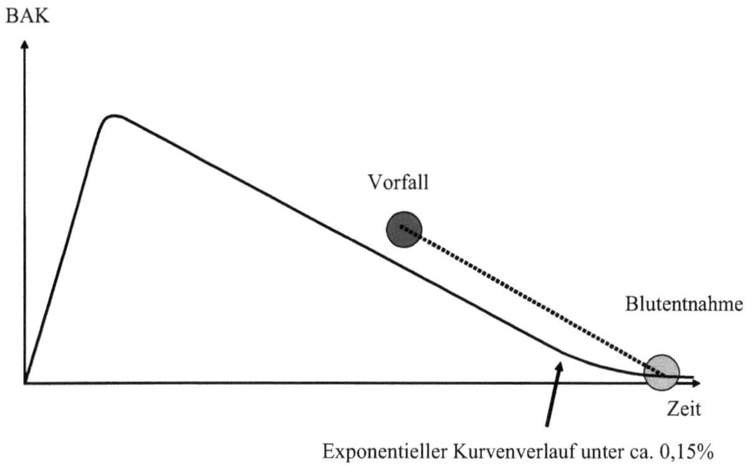

Abb. 1.15 Rückrechnungsverbot bei niedrigen Ausgangskonzentrationen

linearen Eliminationsphase parallel verschoben ist und zu Ungunsten eines Beschuldigten fälschlich überhöhte Werte ergeben.

Der Übergang vom linearen in den exponentiellen Verlauf der Eliminationskurve ist wie die anderen pharmakokinetischen Parameter individuellen und situativen Schwankungen unterworfen. Wo er frühestens anzusetzen ist, ab welcher BAK also nicht mehr zurückgerechnet werden sollte, ist nicht einheitlich festgelegt. Der hierfür in Frage kommende Bereich liegt bei 0,05‰ bis 0,15‰. Unter Berücksichtigung des In-dubio-pro-reo-Grundsatzes erscheint eine Grenzziehung bei 0,15‰ angemessen.

Aus einem Urteil des Amtsgerichts H.:

1. Nachdem der Angeklagte im Verlauf des Abends des 03.08.20XX im Rahmen eines Lokalaufenthalts und diverser Würfelspiele alkoholische Getränke, nämlich mehrere Flaschen Bier sowie ein Whisky-Cola-Mixgetränk zu sich genommen hatte, entschloss er sich am frühen Morgen des 04.08.2004 gegen 01.20 Uhr die Heimfahrt mit seinem PKW Opel Kadett, amtliches Kennzeichen HX-XX-111 anzutreten, obwohl er zu diesem Zeitpunkt aufgrund des voran gegangenen Genusses alkoholischer Getränke, wie er bei gewissenhafter Anstrengung seiner Erkenntniskräfte hätte erkennen können, zum sicheren Fahren eines Kraftfahrzeugs nicht mehr in der Lage war. Seine Fahrunsicherheit hatte zur Folge, dass er im Zuge einer völlig geraden innerörtlichen Straße auf den vor Gebäude Nr. 31 der XY-Straße abgestellten PKW Mazda, amtliches Kennzeichen HY-YY-222 des Geschädigten S. P. auffuhr, wodurch vorhersehbar und vermeidbar Fremdschaden in Höhe von ca. 1100 € entstand.

2. Obwohl der Angeklagte den Auffahrunfall bemerkt hatte, setzte er die Fahrt aus Sorge um seinen Führerschein unmittelbar fort, obwohl er nunmehr erkannt hatte, dass er zum Führen von Kraftfahrzeugen infolge seines Alkoholgenusses offensichtlich nicht mehr in der Lage war. Wie vom Angeklagten vorhergesehen, konnten durch die Flucht von der Unfallstelle die erforderlichen Feststellungen zu seiner Unfallbeteiligung und Person zunächst nicht getroffen werden, im Zuge der späteren Fahndung konnte der Angeklagte schließlich von der Polizei festgestellt und einer Blutprobe unterzogen werden. Die dem Angeklagten um 12.44 Uhr am Tattag entnommene Blutprobe ergab eine Blutalkoholkonzentration von 0,04‰, woraus sich eine Tatzeit-Blutalkoholkonzentration von 1,06‰ ergab.

Eine Rückrechnung ausgehend von einem Messwert von 0,04‰ hätte nicht durchgeführt werden dürfen. Man hätte allenfalls nach Präzisierung der Angaben zum Alkoholkonsum eine Konzentrationsberechnung aus der Trinkmenge vornehmen können. Diese hätte aufgrund des zugunsten des Angeklagten zu berücksichtigenden Resorptionsdefizits von 30% und der hohen Eliminationswerte von 0,20‰/h vermutlich zu einem wesentlich niedrigeren Ergebnis einer nachweisbaren Mindest-BAK geführt.

Offensichtlich wurde zu dem Messwert von 0,04‰ ein Eliminationswert von 1,02‰ addiert. Wie dieser Wert zustande gekommen ist, erschließt sich nicht. Selbst wenn eine Rückrechnung hätte vorgenommen werden dürfen, hätte der Eliminationswert bei maximal 0,94‰ liegen müssen. Bei ungenanntem Trinkende wäre von einer letzten Alkoholaufnahme nicht ausschließbar unmittelbar vor dem Vorfall auszugehen gewesen. Unter Ausschluss eines rückrechnungsfreien Zeitraums bis 03.20 hätte dann die Rückrechnungszeit 9 Stunden 24 Minuten (9,4 Stunden) betragen.

1.2.3.6 Externe Einflüsse und ungewöhnliche Konstellationen

In der Praxis werden immer wieder externe Einflüsse auf Alkoholkonzentration und Pharmakokinetik des Alkohols geltend gemacht und ungewöhnliche Konstellationen im Trinkverhalten und seinem Umfeld als möglicher Weise relevant zur Diskussion gestellt. In den seltensten Fällen kommt dem tatsächlich eine Bedeutung zu.

Endogener Alkohol und intracorporale Gärung

Häufige Einlassungen stellen die Aufnahme von Alkohol generell oder in einem dem gemessenen Alkoholspiegel entsprechenden Maß in Abrede. Grundsätzlich kann aber davon ausgegangen werden, dass Alkohol im Körper im Wesentlichen von außen zugeführt worden sein muss. Im Rahmen des körpereigenen Stoffwechsels kann zwar auch Alkohol neu gebildet werden. Die Menge ist jedoch sehr gering, zumal auch gleichzeitig Eliminationsvorgänge ablaufen. Deshalb liegt die Konzentration dieses sog. endogenen Alkohols meist in einer Größenordnung unterhalb der Nachweisgrenzen der für die forensische Bestimmung angewandten Analysenmethoden. In Ausnahmefällen können Blutalkoholspiegel von bis höchstens 0,02‰ als Folge endogener Alkoholbildung angesehen werden. Auch Gärungsprozesse, wie sie theoretisch nach dem Konsum größerer Obstmengen im Magen-Darm-Trakt ablaufen können, sind nicht geeignet, messbare Alkoholspiegel zu erklären.

Alkoholhaltige Speisen

Flambierte oder mit Alkoholika verfeinerte warme Speisen enthalten nach der Zubereitung meist keine wesentlichen Alkoholmengen mehr. Beim Flambieren verbrennt der Alkohol weitgehend, durch Erhitzen verdampft zugesetzter Alkohol rasch. Bei kalten Speisen entspricht die Alkoholaufnahme dem Umfang des zugegebenen alkoholischen Getränks. Es handelt sich zwar häufig um Spirituosen, allerdings erreichen die pro Portion eingesetzten Mengen kaum einmal die einer Konsumeinheit. Dass diese hinsichtlich entstehender Alkoholkonzentrationen meist weit überschätzt werden, wurde bereits erwähnt. Bereits diese Menge und umso mehr höhere Mengen können in der Regel beim Verzehr nicht unbemerkt bleiben. Pralinen mit flüssiger Alkoholfüllung enthalten etwa 0,5 g Alkohol pro Praline. Um einen nennenswerten Alkoholspiegel aufzubauen, müssten sehr viele Pralinen in sehr kurzer Zeit gegessen werden. Experimente zur Nachstellung angegebener Konsumsituationen mit derart hohen Verzehrmengen mussten häufig vorzeitig abgebrochen werden, da sie bei den Probanden zu Übelkeit und Erbrechen führten. Relevante BAK- oder AAK-Werte wurden nicht gemessen.

Eine gewisse Bedeutung hat diese Fragestellung in Zusammenhang mit dem § 24c StVG. Hier ist von der Aufnahme eines alkoholischen Getränks und der Wirkung eines solchen Getränks die Rede, nicht von Speisen.

Alkoholfreies Bier

Eine vergleichbare Situation liegt beim Konsum alkoholfreien Biers vor. Alkoholfreies Bier darf in geringer Konzentration Alkohol enthalten, ohne dass dies auf dem Getränkeetikett aufgeführt ist. Mit Konzentrationen bis 0,5 Vol.%, d.h. einem Zehntel der Konzentration von alkoholhaltigem Bier, ist zu rechnen. Um relevante Alkoholspiegel zu erreichen, wären aber extreme Konsummengen in kurzer Zeit notwendig, die alleine von der Volumenbelastung her kaum zu bewältigen sind.

Restalkohol

Eine Rolle spielen können u.U. sog. Restalkoholspiegel von vorangegangenen Trinkereignissen. Vormittägliche Alkoholspiegel lassen sich ganz oder teilweise noch auf einen vorabendlichen Konsum zurückführen. Die subjektive Trunkenheitsempfindung kann in solchen Fällen aufgrund der Eliminationsphase weitgehend fehlen. Die Glaubwürdigkeit solcher Einlassungen ist aber von der Höhe der gemessenen Alkoholkonzentration und dem zeitlichen Abstand zu dem vorangegangenen Alkoholkonsum abhängig. Eine Rückrechnung auf das Trinkende des vorabendlichen Trinkereignisses kann leicht zu BAK-Werten führen, die in ihrer Höhe zweifelhaft erscheinen.

Bei einem 80 kg schweren Beschuldigten war um 13.30 h eine Blutalkoholkonzentration von 1,05 ‰ festgestellt worden. Er gab an, im Verlauf des Tages keinen Alkohol konsumiert zu haben; am Abend zuvor habe er jedoch bis gegen 22.30 h 1 Flasche Wein à 1 L getrunken.

Die Rückrechnung auf das Trinkende des Vortages ergibt bei einem Eliminationszeitraum von 13 Stunden (2 Stunden rückrechnungsfreier Zeitraum bis 00.30 h) und einer Eliminationsrate von 0,10 ‰/h eine BAK von mindestens 2,35‰ (1,05‰ + 13 h · 0,10 ‰/h = 2,35‰). Wahrscheinlich, d. h. mit den Erwartungswerten berechnet, müsste die BAK jedoch am Vorabend im Bereich von 3‰ oder höher gelegen haben. Dies wäre zwar nicht sicher ausschließbar, würde aber eine über das normale Maß hinausgehende Alkoholgewöhnung voraussetzen und könnte ggf. als Hinweis auf eine Alkoholkrankheit gewertet werden. In keinem Fall aber reicht die angegebene Trinkmenge aus, die gemessene BAK zu erklären.

Einreiben mit alkoholischen Lösungen/Inhalation von Alkoholdämpfen

Eine andere Aufnahme von Alkohol in den Körper als durch Trinken lässt sich in der Praxis weitgehend ausschließen. Das Einreiben großer Hautflächen mit hochkonzentrierten alkoholischen Lösungen führt schon deshalb nicht zu messbaren Blutalkoholkonzentrationen, weil die Diffusion durch die dicke Haut erschwert ist, die Diffusionsfläche vergleichsweise klein ist und der aufgetragene Alkohol schnell verdampft. Auch das Einatmen von Alkoholdämpfen, etwa am Arbeitsplatz, erklärt keine wesentlichen Alkoholspiegel, zumal Alkoholdämpfe bereits in vergleichsweise geringen Konzentrationen zu Schleimhautreizungen der Atemwege führen.

Erbrechen

Ist der Alkohol erst einmal aufgenommen, gibt es kaum eine Möglichkeit, den Alkoholspiegel zu senken oder die Elimination wesentlich zu beschleunigen. Erbrechen vor Abschluss der Resorption vermindert die Menge des Alkohols im Magen-Darm-Trakt und lässt somit in der Folge die Alkoholkonzentration weniger stark ansteigen. Der aktuelle Alkoholspiegel wird dadurch aber nicht tangiert. In der Eliminationsphase wirkt sich Erbrechen nicht auf den Kurvenverlauf aus.

Kaffee, Wasser, Sport, Sauna, Schlaf

Coffein kann die in der Eliminationsphase dominante sedierende Wirkung des Alkohols in der subjektiven Empfindung zeitweilig antagonisieren, ein wesentlicher Einfluss auf den Verlauf der Konzentrationskurve ist nicht zu erwarten. Durch Wasserverschiebungen im Körper soll zwar kurzzeitig eine kleine Sinus-Zacke im Kurvenverlauf auftreten können. Diese ist aber auf die Zeit unmittelbar nach der Coffeinaufnahme beschränkt und rasch wieder ausgeglichen, so dass keine langfristigen Störeffekte zu befürchten sind. Eine nennenswerte Reduktion des Alkoholspiegels durch das Trinken von großen Mengen Wasser ist nur theoretisch denkbar. Der Verdünnungseffekt durch einen Liter Wasser liegt angesichts des großen Wasservolumens des Körpers grob bei etwa 2%. Die Nierenfunktion kann etwas angeregt werden, sie spielt jedoch wie bereits erwähnt keine wesentliche Rolle für die Alkoholelimination. Auch Sport, Saunagänge oder Schlaf beeinflussen die Eliminationsgeschwindigkeit nicht wesentlich.

Ernüchterungsmittel

In großer Regelmäßigkeit werden immer wieder neue Ernüchterungsmittel propagiert. Eine Wirkung auf die Eliminationsgeschwindigkeit des Alkohols ist jedoch nicht vorhanden oder vernachlässigbar gering. Fruktose kann zwar die Alkoholoxydation geringfügig beschleunigen; dieser Effekt ist aber so gering, dass er in vergleichenden Untersuchungen kaum zu verifizieren ist. Die Eliminationsgeschwindigkeit nimmt allenfalls um etwa 0,01‰/h zu.

Hungerstoffwechsel

Einen etwas größeren, wenngleich ebenfalls forensisch nicht relevanten Effekt kann eine Hungerstoffwechsellage habe. Sie tritt bspw. ein, wenn für 12 Stunden oder länger Nahrungskarenz eingehalten wurde, und auch das dann zugeführte Getränk keine wesentlichen Mengen an Zuckern enthält. Coenzyme, die für die Alkoholoxydation eine geschwindigkeitsbestimmende Bedeutung haben, werden aus dem Glukosestoffwechsel zur Verfügung gestellt. In Hungerzuständen nimmt die Eliminationsgeschwindigkeit deshalb ab; sie liegt dann häufig im unteren Bereich der Spannbreite, die in der BGH-Rechtsprechung für Rückrechnungswerte vorgegeben wird.

Krankheit und Verletzungen

Anlass zu Bedenken sind häufig auch Erkrankungen, Verletzungen und deren Therapie. Funktionsstörungen der Leber schlagen sich in der Eliminationsgeschwindigkeit erst in einem weit fortgeschrittenen Stadium nieder. In diesem Zustand ist nicht mehr damit zu rechnen, dass die Erkrankten am Straßenverkehr teilnehmen, ggf. wäre die Fahrtüchtigkeit schon alleine krankheitsbedingt aufgehoben.

Schwerwiegende Verletzungen und ihre Folgen, wie sie mitunter nach Verkehrsunfällen vorliegen, sind ebenfalls nicht geeignet, forensisch bedeutsame Beeinträchtigungen der Pharmakokinetik des Alkohols zu begründen. Selbst schwere Schockzustände verlangsamen die Eliminationsgeschwindigkeit nicht unter die minimale Eliminationsrate. Der Verlust höherer Blutmengen führt zu keiner Veränderung des Blutalkoholspiegels, da Alkohol im gleichen Konzentrationsverhältnis verloren geht, wie er im Körper vorhanden ist. Werden dann im Rahmen der Therapie alkoholfreie Infusionslösungen zum Volumenersatz gegeben, kommt es allerdings zu einem geringen Verdünnungseffekt. Dieser kann jedoch mithilfe der Widmark-Formel abgeschätzt werden.

Ein 80 kg schwerer Mann erleidet bei einem Verkehrsunfall schwere Verletzungen, verliert nach Schätzung der behandelnden Ärzte ca. 5 L Blut. Im Rahmen der medizinischen Versorgung erhält er 5 L alkoholfreie Infusionslösungen und Bluttransfusionen, bevor ihm eine Blutprobe zur Alkoholbestimmung entnommen wird. Die Analyse der Blutprobe ergibt eine BAK von 1,50 ‰. Der Verdünnungseffekt lässt sich wie folgt abschätzen:

Das Verteilungsvolumen für Alkohol beträgt ursprünglich ca. $80 \cdot 0,7 = 56$ L. Durch den Blutverlust reduziert sich das Verteilungsvolumen auf ca. 51 L; da Alkohol und Wasser in der gleichen Relation verloren gehen, ändert sich die Alkoholkonzentration dadurch nicht. Durch die Zufuhr von 5 L alkoholfreier Flüssigkeit zu 51 L alkoholhaltiger Flüssigkeit tritt eine Verdünnung um etwa 10 % auf. Die ursprüngliche BAK dürfte gerechnet auf den Zeitpunkt der Blutentnahme also bei etwa 1,65 ‰ gelegen haben.

Medikamente

Medikamente können, sofern es sich um zentral wirksame Medikamente handelt, zwar in eine Wechselwirkung mit Alkohol treten, die Trunkenheitssymptome additiv oder gar potenzierend verstärkt. In die Pharmakokinetik des Alkohols greifen die Medikamente von sehr seltenen Ausnahmen abgesehen aber nicht ein. Es ist lediglich von bestimmten Magentherapeutika bekannt, dass sie die Alkoholresorption verlangsamen können. Ein Mittel gegen Tuberkulose soll bei gemeinsamer Einnahme mit Alkohol zu einer vorübergehenden Verzögerung der Distribution des Alkohols führen. Beides erlangt jedoch kein Ausmaß von forensischer Relevanz. Medikamente, die in den Alkoholabbau eingreifen, sind nicht bekannt.

Alkohol kann allerdings mit Medikamenten zugeführt werden. Früher wurde Alkohol selbst als hochkalorische Substanz manchmal im Rahmen einer künstlichen Ernährung Infusionen beigemischt. Auch die Bekämpfung von Entzugserscheinungen bei Alkoholabhängigen wurde als mögliche Indikation für Ethanol genannt. Beides ist heute obsolet und wäre angesichts der zur Verfügung stehenden therapeutischen Alternativen als Kunstfehler zu bewerten. Es sind zwar noch Ampullen mit 95 Vol. % Ethanol erhältlich. Eine medizinisch indizierte Anwendung ist aber in der Praxis nicht zu befürchten.

In manchen flüssigen Darreichungsformen von Medikamenten ist Alkohol als Lösungsmittel für die eigentliche Wirksubstanz enthalten. Mitunter stellt sich die Frage, ob mit diesen wesentliche Alkoholmengen aufgenommen werden können. Dies ist zumindest bei verordnungsgemäßer Dosierung zu verneinen.

Meist ist es schwierig, den Alkoholgehalt von Medikamenten genauer in Erfahrung zu bringen. Die Beipackzettel enthalten zwar Hinweise, diese sind jedoch oft unklar formuliert. Der Hinweis „enthält 20 Vol. % Ethanol" lässt bspw. nicht erkennen, ob 20 Vol. %iger Alkohol zugesetzt wurde oder ob es sich um eine 20 Vol. %ige Alkohollösung handelt. Auch die in Tropfenzahlen angegebenen Dosierungen müssen erst in Volumenangaben umgerechnet werden, wobei die Tropfengröße in Abhängigkeit zum Alkoholgehalt sehr unterschiedlich sein kann. Ungeachtet dessen handelt es sich aber in der Regel um kleinste Mengen, die keine messbaren Alkoholspiegel erklären können.

Ein 80 kg schwerer Beschuldigter gibt an, die bei ihm gemessene BAK von 0,85 ‰ könne nur daher rühren, dass er nach einer erhitzten Diskussion mit seinem Chef zur Beruhigung vor Antritt der Fahrt Baldrian-Tropfen in Form einer 53 Vol. %igen Alkohollösung eingenommen habe. Er habe das Doppelte der empfohlenen Einmaldosis von 20 Tropfen, also 40 Tropfen eingenommen. Unter Berücksichtigung der Tropfengröße entspricht diese Menge ca. 1 g des Medikaments.

Die Alkoholkonzentration von 53 Vol. % entspricht 53 · 0,8 = 42 Gew. %.

In 1 g des Medikaments ist entsprechend ca. 0,42 g Alkohol enthalten.

Selbst unter Vernachlässigung eines Resorptionsdefizits ergibt die Widmark-Formel eine C_0-Konzentration von $C_0 = 0{,}42\,g / 80\,kg \cdot 0{,}7 = 0{,}0075$ ‰.

Die Alkoholkonzentrationen von Medikamenten liegen meist deutlich unter den im vorgestellten Beispiel genannten 53 Vol. %. Eine Ausnahme bildet allerdings Klosterfrau-Melissengeist. Dieses erfahrungsgemäß insbesondere von älteren Damen hoch geschätzte Mittel enthält 79 Vol. % Alkohol, steht in größeren Verpackungseinheiten zur Verfügung und wird, nach oft jahrzehntelang bewährter Anwendung, mitunter nach eigener Erfahrungsbildung sehr großzügig dosiert.

1.2.3.7 Urinalkohol

Wie bereits dargestellt wird Alkohol zu einem geringen Anteil im Urin unverändert ausgeschieden. Dabei steht die Blutalkoholkonzentration zur Urinalkoholkonzentration in einer weitgehend festen Relation, die hauptsächlich durch den unterschiedlichen Wassergehalt der beiden Untersuchungsmaterialien bestimmt wird. Die Alkoholkonzentration des Urins zum Zeitpunkt seiner Produktion durch die Niere ist um den Faktor 1,2 bis 1,4 höher als die gleichzeitig vorliegende Blutalkoholkonzentration. Mithilfe dieses Faktors lässt sich eine Urinalkoholkonzentration in die korrespondierende Blutalkoholkonzentration umrechnen. Wie ebenfalls vorne schon ausgeführt ist jedoch zu berücksichtigen, dass die Konzentration einer aus der Harnblase gewonnenen Urinprobe nicht der aktuellen Konzentration zum Entnahmezeitpunkt, sondern grob der Durchschnittskonzentration des in der Zeit nach der letzten Harnblasenentleerung produzierten Urins entspricht. Dies ermöglicht bei Vorliegen der Ergebnisse zeitgleich entnommener Blut- und Urinproben eine Aussage über die pharmakokinetische Phase, in der sich der Betroffene zu diesem Zeitpunkt befand. In der Anflutungsphase hinkt die Urinkonzentration der Blutkonzentration nach, da sich der aktuell produzierte Urin mit dem bereits in der Harnblase befindlichen früher produzierten Urin geringerer Konzentration vermischt. In der Eliminationsphase ist dies umgekehrt; die Konzentration in der Harnblase fällt durch die Durchmischung mit dem zuvor produzierten höher alkoholhaltigen Urin langsamer ab als die Blutalkoholkonzentration. Die pharmakokinetische Phase kann für die Abschätzung des Trunkenheitsgrades bedeutsam sein, da die Trunkenheitssymptomatik bei gleicher BAK in der Anflutungsphase in der Regel deutlich stärker ist, als in der Eliminationsphase.

1.2.4 Nachtrunk (Haffner, Schmitt)

Von Nachtrunk wird gesprochen, wenn Alkohol nach dem rechtsrelevanten Zeitpunkt aber noch vor der Blutentnahme aufgenommen wurde. Die zum Zeitpunkt der Blutentnahme messbare Blutalkoholkonzentration kann dann alleine oder zumindest teilweise auf den nachträglich konsumierten Alkohol zurückzuführen sein. Das Ergebnis der Blutalkoholanalyse muss um die Nachtrunkmenge korrigiert werden, bevor es Rückschlüsse auf die Konzentration zum Vorfallszeitpunkt zulässt.

1.2.4.1 BAK-Berechnungen bei Nachtrunk

Die BAK-Berechnungen bei Nachtrunkangaben stellen eine Kombination aus Trinkmengenberechnung und Rückrechnung dar. Im ersten Schritt wird mithilfe der Widmark-Formel ermittelt, wie hoch die Konzentration ist, die durch den Nachtrunk alleine hervorgerufen worden sein kann. Nach dem In-dubio-pro-reo-Prinzip ist von der Konzentration auszugehen, die maximal erreicht werden kann. Es ist demnach zu unterstellen, dass zum Zeitpunkt der Blutentnahme bereits die gesamte Nachtrunkmenge resorbiert und im Körper verteilt ist, unabhängig vom Zeitabstand zwischen Nachtrunkende und Zeitpunkt der Blutentnahme. Weiter darf nur von einem geringen Resorptionsdefizit von 10 % ausgegangen werden. Schließlich sollte der sonst sehr standardisiert angewandte Widmark-Faktor bei Übergewichtigen daraufhin überprüft werden, ob er ggf. zu reduzieren ist. Die durch den Nachtrunk erklärliche Konzentration wird vom Analysenwert der Blutprobe abgezogen. Auf der Grundlage des so korrigierten Wertes kann dann in einem zweiten Schritt auf den Vorfallszeitpunkt zurückgerechnet werden, ebenfalls nach dem In-dubio-pro-reo-Prinzip mit der geringsten denkbaren Eliminationsrate.

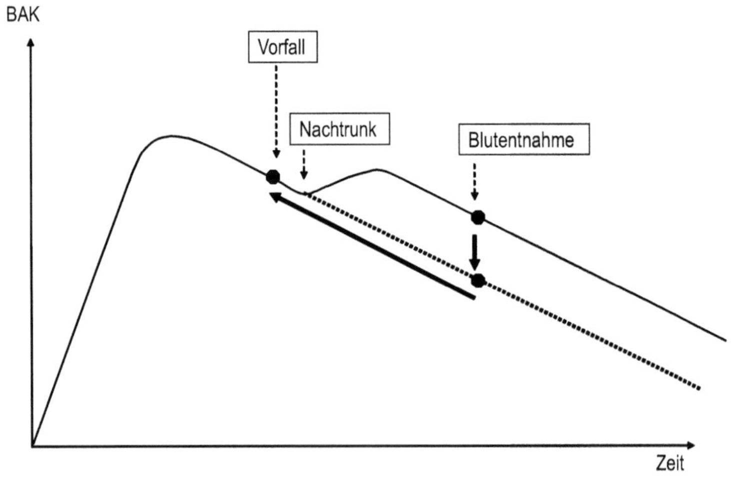

Abb. 1.16 Nachtrunkberechnung

Ein 80 kg schwerer Mann verursacht um 23.00 h einen Verkehrsunfall und begeht Unfallflucht. Gegen 24.00 h wird er zu Hause von der Polizei angetroffen. Um 00.30 h wird eine Blutprobe entnommen, ihre Untersuchung ergibt eine BAK von 1,55 ‰. Er gibt zu seinem Trinkverhalten an, bis gegen 21.00 h in einer Gaststätte Bier in unbekannter Menge konsumiert zu haben. Nach dem Unfall sei er etwa 23.30 h zu Hause eingetroffen und habe, um sich zu beruhigen, noch vor Eintreffen der Polizei etwa 200 mL Weinbrand (40 Vol. %) getrunken. Aus diesen Angaben lässt sich für den Unfallzeitpunkt folgende nachweisbare Mindest-BAK berechnen:

Mit dem Nachtrunk aufgenommene Alkoholmenge:
64 g (40 Vol. % = 32 Gew. %)

Aus dem Nachtrunk wirksam gewordene Alkoholmenge:
58 g (64 g − 10 % Resorptionsdefizit)

Berechnung der aus dem Nachtrunk erklärlichen BAK:
C = 58 g/80 kg · 0,7 = <u>1,04 ‰</u>

Ohne Nachtrunk zum Blutentnahmezeitpunkt nachweisbare Mindest-BAK: 1,55 ‰ − 1,04 ‰ = <u>0,51 ‰</u>

Elimination zwischen Unfallzeitpunkt (23.00 h) und Blutentnahmezeitpunkt (00.30 h): 1,5 h · 0,10 /h = <u>0,15 ‰</u>

Nachweisbare Mindest-BAK zum Unfallzeitpunkt:
0,51 ‰ + 0,15 ‰ = <u>0,66 ‰</u>

Die vordergründige Einfachheit dieser Rechnung birgt die Gefahr einer unkritisch-schematischen Anwendung in Form einer Reduzierung des Berechnungsvorgangs auf die zusammenfassende Formel: Analysenwert − Nachtrunk + Elimination = Tatzeitkonzentration. Nicht selten schleichen sich dabei Fehler ein, weil nicht geprüft wird, ob die pharmakokinetischen Grundlagen für die Berechnung überhaupt gegeben sind. Wesentlich ist die Frage, ob die gemessene Konzentration nicht schon alleine durch die Nachtrunkmenge erklärt werden kann. Ist dies der Fall, so darf nicht auf den Vorfallszeitpunkt zurückgerechnet werden. Es ist dann nämlich nicht auszuschließen, dass der Betroffene zum Zeitpunkt des Beginns der Nachtrunkaufnahme alkoholnüchtern war. Wie lange er vorher schon nüchtern war, kann nicht festgestellt werden, eine Rückrechnung ist damit nicht möglich.

Der gleiche Fehler kann sich auch bei der Bilanzierungsberechnung einer Nachtrunksituation einschleichen, die unter Aspekten der Glaubwürdigkeit durchgeführt wird. Überprüft werden soll damit, ob die Angaben zu Zeit und Umfang der Alkoholaufnahme vor und nach dem rechtsrelevanten Ereignis geeignet sind, den gemessenen Alkoholspiegel zu erklären. Dabei werden Vortrunk und Nachtrunk häufig zusammengefasst. Dies ist aber ebenfalls nur dann fehlerfrei, wenn sichergestellt ist, dass der Vortrunk nicht so gering war, dass vor der Nachtrunkaufnahme eine Phase der Alkoholnüchternheit eingetreten sein kann.

Es reicht für ein Verbot einer Rückrechnung aber auch schon aus, wenn zum Zeitpunkt des Nachtrunkbeginns die Blutalkoholkonzentration nicht sicher über 0,15 ‰ lag, da dann eine Rückrechnung über eine nicht-lineare Eliminationsstrecke und damit eine Benachteiligung des Beschuldigten zu befürchten ist.

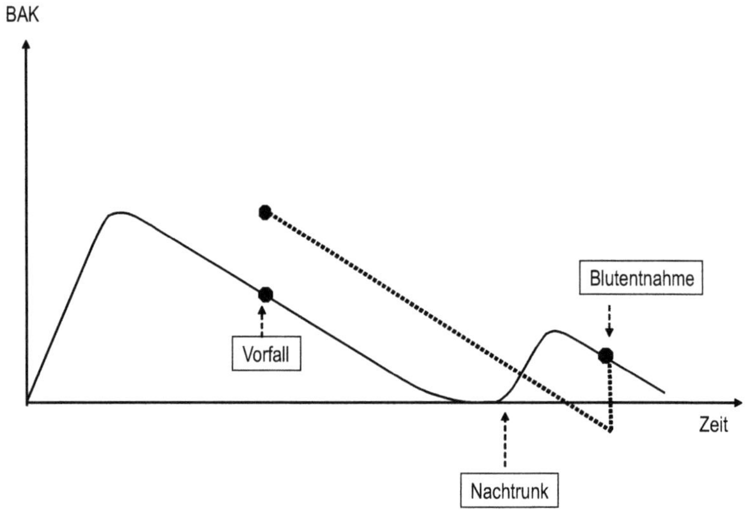

Abb. 1.17 Fehlerhafte Rückrechnung einer Nachtrunkkonstellation

Im oben genannten Beispiel ist die Differenz zwischen Analysenwert und der durch den Nachtrunk erklärbaren Konzentration groß genug, um einen derartigen Fehler schon prima vista ausschließen zu können. Dies wäre aber nicht gegeben, wenn die konsumierte Nachtrunkmenge 300 mL Weinbrand betragen hätte:

Aus dem Nachtrunk wirksam gewordene Alkoholmenge:
86 g (96 g − 10 % Resorptionsdefizit)

Berechnung der aus dem Nachtrunk erklärlichen BAK:
C = 86 g / 80 kg · 0,7 = <u>1,54 ‰</u>

Ohne Nachtrunk zum Blutentnahmezeitpunkt nachweisbare Mindest-BAK: 1,55 ‰ − 1,54 ‰ = <u>0,01 ‰</u>

Elimination zwischen Beginn des Nachtrunks (23.30 h) und Blutentnahmezeitpunkt (00.30 h): 1 h · 0,10 ‰/h = <u>0,10 ‰</u>

Nicht auszuschließende Mindest-BAK zum Zeitpunkt des Nachtrunkbeginns: 0,01 ‰ + 0,10 ‰ = <u>0,11 ‰</u>. Da der Wert unter 0,15 ‰ liegt, darf nicht weiter auf den Unfallzeitpunkt zurückgerechnet werden.

Wie sich aus diesem Beispiel auch ersehen lässt, reicht es für die Bilanzierung unter der Fragestellung, ob eine Rückrechnung überhaupt vorgenommen werden darf, nicht aus, isoliert die Differenz zwischen Analysenwert und Nachtrunk-BAK zu betrachten. Zu berücksichtigen ist zusätzlich die Elimination zwischen Nachtrunkbeginn und Blutentnahmezeitpunkt. Bei langen Intervallen zwischen Nachtrunkbeginn und Blutentnahme ohne Einschluss der zwischenzeitlichen Elimination kann die rein mathematische Differenz Analysenwert – Nachtrunk-BAK sogar negativ werden, ohne dass wegen des hohen zu addierenden Eliminationswerts ein Rückrechnungsverbot eintreten muss.

Ein rückrechnungsfreier Zeitraum nach Ende des Nachtrunks ist nicht auszusparen. Zugunsten des Betroffenen muss unterstellt werden, dass zum Zeitpunkt der Blutentnahme bereits die gesamte Nachtrunkmenge resorbiert ist. In einer solchen gedachten Konstellation kann eine Nachresorption aus dem Magen-Darm-Trakt nicht mehr stattfinden. In der Realität ist natürlich davon auszugehen, dass es auch nach Nachtrunkaufnahme zu Resorptionsverzögerungen mit Plateaubildungen im Gipfelbereich kommt. Diese können sich aber nicht nachteilig auswirken, begünstigen im Gegenteil den Betroffenen. Bei Resorptionsverzögerungen steigt die Konzentrationsverlaufskurve weniger, ihr Gipfel liegt tiefer, als dies in der vorgestellten Berechnungsweise unterstellt wird; es wird also mehr abgezogen, als die Kurve angestiegen ist.

Keine festen Regeln gibt es allerdings hinsichtlich der Berücksichtigung eines rückrechnungsfreien Zeitraums nach Ende des Vortrunks; entsprechend uneinheitlich ist hier die Vorgehensweise der Gutachter. Eine pauschalisierende Aussparung der ersten beiden Stunden nach Vortrunkende von der Rückrechnung scheint aber bei detaillierter Betrachtung der Pharmakokinetik nicht in allen Fällen notwendig. Liegen Unfallzeitpunkt und Beginn des Nachtrunks noch innerhalb der ersten zwei Stunden nach Beendigung des Vortrunks, so ist eine Rückrechnung bis zum Zeitpunkt des Nachtrunkbeginns gerechtfertigt. Zwar ist es durchaus denkbar, dass bei Beginn des Nachtrunks der Vortrunk noch nicht vollständig resorbiert ist. Wenn man aber, wie dies getan wird, eine vollständige Resorption des Nachtrunks unterstellt, kann man auch von einer vollständigen Resorption des Vortrunks ausgehen. Andernfalls würde dies bedeuten, dass der Nachtrunk den Vortrunk im Magen-Darm-Trakt bzw. bei den Resorptions- und bei den Distributionsvorgängen quasi „überholt" hat. Tatsächlich ist davon auszugehen, dass in solchen Fällen auch der Nachtrunk verzögert resorbiert wird, also zu niedrigeren Nachtrunkgipfeln führt. Durch die Unterstellung einer vollständigen Resorption des Nachtrunks entsteht ein Sicherheitspolster, das Benachteiligungen durch eine solche Rückrechnungsweise ausschließt.

Diese Überlegungen gehen davon aus, dass die Resorptionsbedingungen bei der Vortrunkaufnahme und bei der Nachtrunkaufnahme weitgehend gleich sind. Von ihnen abweichen müsste man nur, wenn sich durch die Nachtrunkaufnahme die Resorption beschleunigt haben könnte. Dies ist im Regelfall nicht zu erwarten. Gerade ungewöhnlich hohe Nachtrunkmengen hochkonzentrierten Alkohols, wie sie häufiger vor Gericht angegeben werden, lassen aufgrund möglicher Krämpfe des Magenpförtners und/oder vegetativer Reaktionen eher eine weitere Resorptionsverzögerung als eine Resorptionsbeschleunigung befürchten.

Der Begriff der Resorptionsgeschwindigkeit ist in diesem Zusammenhang in Relation zur aufgenommenen Gesamtmenge des Nachtrunks zu stellen. Absolut gesehen kann es bei hohen Alkoholmengen trotz allem zu raschen Anflutungsgeschwindigkeiten mit hoher Trunkenheitssymptomatik kommen. Das bedeutet aber nichts hinsichtlich der Vollständigkeit der Resorption.

Ginge man im oben aufgeführten Fall davon aus, der Beschuldigte habe nicht bis 21.00 h, sondern bis 22.30 h in der Gaststätte den Vortrunk konsumiert, und unterstellt man ansonsten alle Umstände wie ursprünglich dargestellt (Unfall 23.00 h; Nachtrunk 200 mL Weinbrand (40 Vol.%) zwischen 23.30 h und 24.00 h; Blutentnahme 00.30 h, BAK 1,55 ‰), so könnte folgende Berechnung angestellt werden:

Aus dem Nachtrunk wirksam gewordene Alkoholmenge:
58 g (64 g – 10 % Resorptionsdefizit)

Aus dem Nachtrunk erklärlichen BAK: C = 58 g / 80 kg · 0,7 = 1,04 ‰

Ohne Nachtrunk zum Blutentnahmezeitpunkt nachweisbare Mindest-BAK: 1,55 ‰ – 1,04 ‰ = 0,51 ‰

Rückrechnungsfreier Zeitraum bis zum Nachtrunkbeginn 23.30 h

Elimination zwischen Nachtrunkbeginn (23.30 h) und Blutentnahmezeitpunkt (00.30 h): 1 h · 0,10 ‰/h = <u>0,10 ‰</u>

Nachweisbare Mindest-BAK zum Unfallzeitpunkt:
0,51 ‰ + 0,10 ‰ = <u>0,61 ‰</u>

1.2.4.2 Die Doppelblutentnahme

Nachtrunkbehauptungen stehen in Verdacht, in der Mehrzahl der Fälle Schutzbehauptungen zu sein. Es wurde deshalb schon immer nach Verfahren gesucht, einen Nachtrunk verifizieren oder ausschließen zu können. Das älteste Mittel, das hierfür ersonnen wurde, ist die sog. Doppelblutentnahme. Dabei wird, sofern ein Nachtrunk im Raume steht, nach der Entnahme der ersten Blutprobe im Abstand von etwa einer halben Stunde eine zweite Blutprobe angeordnet. Hinter dieser Verfahrensweise steht die Vorstellung, dass die Blutalkoholkonzentration, sofern tatsächlich ein Nachtrunk stattgefunden hat, zwischen dem ersten Entnahmezeitpunkt und dem zweiten Entnahmezeitpunkt ansteigen müsse. Im Umkehrschluss sei zu folgern, dass ein Nachtrunk ausgeschlossen werden könne, wenn die Doppelblutprobe eine zwischenzeitlich abfallende Konzentration dokumentiere. Diese Schlussfolgerung ist aus verschiedenen Gründen nicht haltbar, worauf von rechtsmedizinischer Seite früh und wiederholt hingewiesen wurde. Die vermeintliche Logik dieses Gedankenganges scheint bei oberflächlicher Betrachtung jedoch so überzeugend, dass es bislang nicht gelungen ist, die einschlägigen Richtlinien der Innenministerien für die Polizeibehörden dauerhaft auszumerzen. Doppelblutentnahmen werden noch immer sehr häufig angeordnet, obwohl ihnen hinsichtlich des Ausschlusses eines Nachtrunks keinerlei Aussagekraft beizumessen ist. In akzentuierter Ausdrucksweise wurde auch schon zur Diskussion gestellt, ob vor diesem Hintergrund die zweite Blutentnahme nicht eine Körperverletzung darstelle.

Zum einen werden bei den Überlegungen zur Doppelblutentnahme die zeitlichen Abläufe in der Praxis ungenügend berücksichtigt. Im günstigsten Fall dauert die Nachtrunkaufnahme bis zum Eintreffen der Polizeibeamten an. Bis diese sich über den Sachverhalt orientiert haben, die richterliche Anordnung für die Entnahme einer Blutprobe eingeholt ist, der blutentnehmende Arzt in der Dienststelle eingetroffen oder der Beschuldigte in ein Krankenhaus gebracht ist, vergehen in aller Regel mindestens 30 bis 45 Minuten. Dann erst kann die erste Blutentnahme durchgeführt werden. Bei normalen Trinkverläufen wird aber der Gipfel der Konzentrationsverlaufskurve bereits wenige Minuten nach dem Trinkende erreicht. Selbst nach hohen Alkoholbelastungen, wie sie in Nachtrunksituationen öfter angegeben werden, ist von Ausnahmen abgesehen davon auszugehen, dass der Kurvengipfel nicht wesentlich später als 1 Stunde nach Trinkende überschritten wird. Daraus folgt, dass die erste der Doppelproben zu einem Zeitpunkt erfolgt, zu dem der Konzentrationsgipfel bereits erreicht oder sogar überschritten ist. Spätestens die zweite Blutprobe, die ca. 30 Minuten nach der ersten durchgeführt ist, liegt fast regelhaft schon im abfallenden Schenkel der Konzentrationskurve. Es ist also bei genauer Betrachtung ein Anstieg zwischen der ersten und der zweiten Blutprobe auch dann nicht zu erwarten, wenn ein Nachtrunk tatsächlich stattgefunden hat. Nur bei ungewöhnlichen Resorptionsverzögerungen könnte die Konzentration in diesem Zeitintervall noch ansteigen, was in der Praxis in extrem seltenen Fällen beobachtet werden kann. Das Ergebnis einer Doppelblutentnahme kann demnach in seltenen Fällen eine Nachtrunkaufnahme bestätigen, nie jedoch mit der erforderlichen Sicherheit ausschließen.

In der Diskussion um die Doppelblutentnahme wird in diesem Zusammenhang mitunter angeführt, dass laut BGH-Rechtsprechung der Resorptionsabschluss mit 120 Minuten nach Trinkende anzusetzen sei. Zum einen handelt es sich dabei jedoch um einen Maximalwert, der bei der Rückrechnung in dubio pro reo nicht auszuschließen ist. Bei der Nachtrunkproblematik ist aber – ebenfalls in dubio pro reo – der gegenseitige Extremwert einer möglichst kurzen Resorptionsdauer anzusetzen. Zum anderen werden in dieser Argumentation der Zeitpunkt des Erreichens der Gipfelkonzentration und der Zeitpunkt des Abschlusses der Resorption fälschlich gleichgesetzt. Der Konzentrationsgipfel wird lange vor dem Resorptionsabschluss erreicht.

Auch eine mathematisch-statistische Überlegung spricht gegen die Verwertbarkeit einer Doppelblutentnahme zumindest bei höheren Blutalkoholspiegeln. Hierzu bedarf es der Differenzierung zwischen dem sog. wahren Wert und dem sog. Messwert. Der wahre Wert bezeichnet die Konzentration, die tatsächlich vorliegt, der Messwert die Konzentration, die gemessen wurde. Da Messungen immer und unvermeidbar mit einer Ungenauigkeit, dem sog. Messfehler behaftet sind, sind wahrer Wert und Messwert nicht gleichzusetzen. Werden mehrere Messungen an demselben Material durchgeführt, schwanken die Messwerte gleichmäßig um den wahren Wert. Wird aus diesen Messwerten ein Mittelwert gebildet, nähert der sich dem wahren Wert umso enger an, je mehr Messwerte für die Mittelwertbildung herangezogen wurden. Aber erst bei einer unendlich großen Zahl von Messungen würde der wahre Wert exakt getroffen. Es lässt sich bei der Mittelwertbildung aus einer endlichen Zahl von Einzelmesswerten lediglich ein Bereich errechnen, in dem mit einer definierten Wahrscheinlichkeit der wahre Wert liegt. Dieser als Vertrauens- oder Konfidenzintervall bezeichnete Bereich ist abhängig von der Präzision der Messmethode, die mithilfe des Variationskoeffizienten angegeben wird. Daneben spielt auch die Höhe des Konzentrationsniveaus eine Rolle.

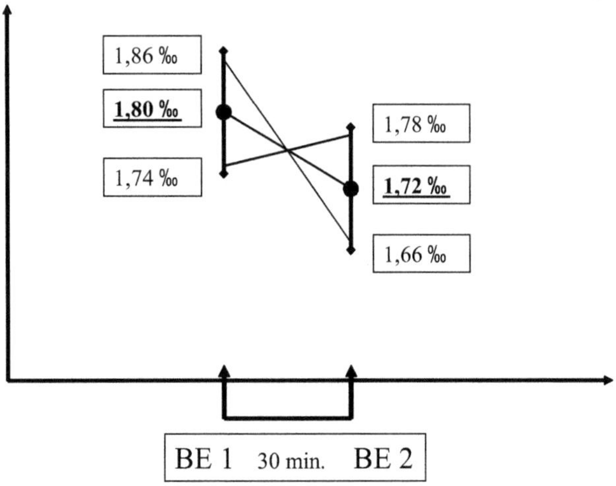

Abb. 1.18 Vertrauensintervalle

Ein realistischer Wert des Variationskoeffizienten für die forensischen Blutalkoholbestimmungen liegt bei etwa 2,5 %. Daraus lässt sich für den Konzentrationsbereich von 1,5 ‰ bis 2,0 ‰ ein 99 %-Vertrauensintervall von ca. ± 0,06 ‰ errechnen. Beträgt der erste Messwert der Doppelblutentnahme 1,80 ‰, so lässt sich mit einer Wahrscheinlichkeit von 99 % davon ausgehen, dass der wahre Wert zwischen 1,74 ‰ und 1,86 ‰ liegt. Die Konzentration der zweiten Probe eine halbe Stunde später mag mit 1,72 ‰ gemessen worden sein, was einem 99 %-Vertrauensintervall von zwischen 1,66 ‰ und 1,78 ‰ entspräche. Vergleicht man nur die Messwerte, so scheint die Konzentration zwischenzeitlich abgefallen zu sein. Unter Berücksichtigung der sich überlappenden Vertrauensintervalle lässt sich aber keineswegs sicher ausschließen, dass der wahre Wert, der letztlich alleine aussagekräftig ist, von 1,74 ‰ auf 1,78 ‰ angestiegen ist.

Die Breite der Vertrauensintervalle ist konzentrationsabhängig, je höher die Konzentration, desto weiter das Vertrauensintervall. Die zu erwartende Differenz in einer unterstellten reinen Eliminationsphase ist aber konzentrationsunabhängig, in 30 Minuten immer in einer Größenordnung von etwa 0,08 ‰ bis 0,09 ‰ zu suchen. Von etwa 1,5 ‰ an aufwärts kommt es deshalb zu Überlappungszonen der Vertrauensintervalle, die mit zunehmender Höhe der Konzentration immer größer werden. Die Wahrscheinlichkeit, dass eine Differenz der Messwerte tatsächlich auch eine gleichgerichtete Differenz der wahren Werte repräsentiert, wird immer geringer. Für die Praxis ist dies deshalb von Bedeutung, weil die Nachtrunk-Fälle sich eher in höheren Konzentrationsbereichen abspielen. Unterhalb von 1,5 ‰ kommt es zwar zu keinen Überlappungen der Vertrauensintervalle; eine einseitige Differenz der Messwerte kann hier qualitativ unterstellt werden. Quantitativ kann aber auch auf diesem niedrigen Konzentrationsniveau keine Eingrenzung stattfinden. Es bleibt somit bspw. ungeklärt, ob ein Unterschied 0,01 ‰ oder 0,10 ‰ umfasst. Damit bleibt auch ungeklärt, ob sich ein Betroffener noch in der Gipfelphase oder schon in der reinen Eliminationsphase befand.

Um diesem Problem der sich überlappenden Konfidenzintervalle entgegenzuwirken, könnte man die Zeitspanne zwischen erster Blutentnahme und zweiter Blutentnahme strecken. Damit würde aber andererseits auch der Abstand der zweiten Blutprobe zum Trinkende verlängert, so dass die Wahrscheinlichkeit, dass diese bereits weit in der Eliminationsphase liegt und deshalb ihre Aussagekraft verliert, weiter erhöht wird.

1.2.4.3 Alkoholbelastung, Anflutungsgeschwindigkeit und Trunkenheitssymptomatik

Zweifel an einer Nachtrunkbehauptung resultieren mitunter aus der angegebenen Nachtrunkmenge in Relation zu der zur Verfügung stehenden Konsumzeit. Dabei geht es seltener um die Volumenbelastung durch das Getränk an sich. Hierfür lassen sich über die Lebenserfahrung hinaus im Einzelfall kaum feste Grenzen bestimmen. Vielmehr geht es um die sog. Alkoholbelastung, zumal in der Regel hochprozentige Getränke als Nachtrunk bevorzugt werden. Auch hierzu ist es aber in der Regel schwierig, fundierte Aussagen über die Verträglichkeit zu machen.

Maßzahl für die Alkoholbelastung ist die aufgenommene Alkoholmenge in Gramm pro Kilogramm Körpergewicht des Konsumenten und Trinkzeit in Stunden. Als eine grobe Orientierungshilfe gelten Angaben, die der BGH 1973 in anderem Zusammenhang gemacht hat (NJW 1974, 246). Danach werden Alkoholbelastungen zwischen 0,3 g/kg/h und 0,5 g/kg/h, bis maximal 0,8 g/kg/h noch als normales gesellschaftliches Trinken, Werte darüber als forciertes Trinken angesehen. Der BGH hat sich jedoch nicht dazu geäußert, wie viel in Extremfällen noch möglich erscheint. Dies hängt zum einen sicher wesentlich von den individuellen Trinkgewohnheiten und der Gewöhnung ab. Aus der Literatur sind in Einzelfällen Alkoholbelastungen von über 2 g/kg/h bekannt (Hoppe, Haffner 1998). Zum anderen muss man in Frage stellen, in wie weit eine Nachtrunksituation generell mit einem gesellschaftlich üblichen Konsumverhalten verglichen werden kann. Problematisch ist in erster Linie die in Nachtrunksituationen in aller Regel nur kurze Konsumzeit. Eine vernünftige Interpretation einer numerischen Angabe der Alkoholbelastung ist aber nur möglich, wenn die Konsumzeiten nicht zu kurz sind. Es ist zu bezweifeln, dass Alkoholbelastungen, die auf weniger als eine Stunde Trinkzeit bezogen werden, sinnvolle Ergebnisse liefern.

Eine Alkoholbelastung von etwa 0,3 g/kg/h bis 0,5 g/kg/h wird erreicht, wenn ein 80 kg schwerer Mann in einer Zeitspanne von 2 bis 3 Stunden eine 0,75 L-Flasche Rotwein konsumiert. Trinkt derselbe Mann 1 Glas Schnaps in einem Zug aus (Trinkzeit 1 Minute), was unzweifelhaft möglich ist, so würde die Berechnung der Alkoholbelastung zu dem absurden Wert von 4 bis 5 g/kg/h führen.

Eine Verbesserung des Aussagewerts wird dadurch zu erreichen versucht, dass die Alkoholbelastung in Relation zur Trunkenheitssymptomatik gesetzt wird. Eine hohe Alkoholbelastung lässt eine steile Alkoholanflutung und entsprechend eine starke, im Idealfall noch ansteigende Trunkenheitssymptomatik erwarten. Gelegentlich wird dies auch von den Polizeibeamten, die den Beschuldigten unmittelbar nach der Nachtrunkaufnahme antrafen, berichtet. Eine Nachtrunkangabe kann dadurch gestützt werden. Der Umkehrschluss, dass das Fehlen einer ansteigenden oder zumindest starken Trunkenheitssymptomatik den Nachtrunk widerlegt, ist aber nicht ohne weiteres zulässig. Alkoholbelastung bzw. Trinkgeschwindigkeit und Anflutungsgeschwindigkeit sind nicht gleichzusetzen. Eine hohe Alkoholbelastung ist zwar die Voraussetzung für eine rasche Anflutung, muss aber, wie oben im Abschnitt ‚Resorption' ausgeführt, nicht auch zwangsläufig zu einer raschen Anflutung führen. Man wird also dem Kriterium Alkoholbelastung in Verbindung mit der Trunkenheitssymptomatik eine gewisse indizielle Bedeutung zumessen können, die aber ebenfalls eher geeignet ist, einen Nachtrunk zu bestätigen, als ihn mit der erforderlichen Sicherheit auszuschließen.

1.2.4.4 Begleitstoffbegutachtung (Schmitt, Haffner)

Nachtrunkeinlassungen können durch eine gezielte Untersuchung der Blutprobe auf Begleitstoffe überprüft werden. Diese Analysenart wurde erstmals von Bonte vor Gericht eingeführt und 1983 von der obergerichtlichen Rechtsprechung (OLG Celle) als objektive Methode zur qualitativen und quantitativen Überprüfung von Nachtrunkangaben anerkannt. Die wissenschaftlichen Grundlagen der Begleitstoffbegutachtung wurden 1987 von Bonte in einem Buch zusammengefasst, das bis heute als Standardwerk der Begleitstoffanalyse gilt. Es enthält neben Angaben zur Analyse Tabellen mit den Begleitstoffkonzentrationen zahlreicher Getränke und Formeln zur Berechnung der Begleitstoffspiegel im Blut. Von der Gesellschaft für Toxikologie und forensische Chemie (GTFCh) wurde 2010 zudem eine spezielle Richtlinie zur Durchführung von Begleitstoffuntersuchungen im biologischen Material erstellt.

Begleitstoffe sind Nebenprodukte der alkoholischen Gärung, die neben Ethanol, dem sog. Trinkalkohol, in alkoholischen Getränken vorhanden sind. Es handelt sich um andere Alkohole, um Aldehyde, Ketone, Carbonsäuren und ihre Ester. Insgesamt konnten ca. 200 bis 250 solcher Substanzen in alkoholischen Getränken nachgewiesen werden. Sie sind für deren charakteristischen Geruch und Geschmack wesentlich verantwortlich. In ihrer unterschiedlichen Zusammensetzung und Konzentration bilden sie ein Spektrum, das für das jeweilige Getränk spezifisch ist.

Das Prinzip der Begleitstoffbegutachtung liegt darin, dass die in einem konsumierten alkoholischen Getränk enthaltenen Begleitstoffe in den Körper aufgenommen werden und sich danach dieses getränkespezifische Spektrum von Begleitstoffen im Blut wiederfindet. Da die Begleitstoffe im Körper unterschiedlich rasch verstoffwechselt und ausgeschieden werden, ändert sich dieses Spektrum in Abhängigkeit zur Zeit. Diese Änderungen können jedoch berechnet werden, sofern man die Pharmakokinetik der einzelnen Begleitstoffe kennt, also weiß, wie sie sich im Körper verteilen und wie rasch sie aus dem Körper wieder ausgeschieden werden. Dies eröffnet die Möglichkeit, Nachtrunkbehauptungen auf ihre Plausibilität hin zu kontrollieren. Kennt man den Zeitpunkt, die Getränkesorte und die Menge des Nachtrunks, so kann berechnet werden, welche Begleitstoffe zum Zeitpunkt der Blutentnahme in welcher Konzentration im Blut noch vorhanden sein müssten. Stimmen das für den Blutentnahmezeitpunkt berechnete und das in der Blutprobe analysierte Spektrum überein, ist der Nachtrunk nicht zu widerlegen. Ergeben sich aber Abweichungen zwischen dem errechneten und dem analysierten Spektrum, die die vorgegebenen Schwankungsbreiten überschreiten, und die sich nicht durch andere Einflüsse wie etwa einen stattgehabten Vortrunk erklären lassen, so kann die Nachtrunkaufnahme zumindest in der angegebenen Form ausgeschlossen werden.

Nicht möglich ist allerdings die Umkehr der Berechnungen, d.h. aus einem analysierten Begleitstoffspektrum kann nicht auf Sorte, Zeit und Menge eines als Nachtrunk konsumierten unbekannten Getränks rückgeschlossen werden.

Die Begleitstoffe liegen in den Alkoholika in sehr niedriger Konzentration vor. Durch die Aufnahme und Verteilung im Körper werden sie weiter sehr stark verdünnt. Die meisten sind dann im Blut so niedrig konzentriert, dass sie analytisch nicht mehr gefunden oder zumindest nicht quantitativ erfasst werden können. Für die praktische Anwendung im Rahmen der Begleitstoffbegutachtung eignen sich deshalb nur sehr wenige, die sog. Begleitalkohole: Methanol, Propanol-1, Butanol-2, Isobutanol und 2- und 3- Methylbutanol-1. Die Biogenese der Begleitalkohole mit mehr als zwei Kohlenstoffatomen wie Propanol-1, Butanol-2, Isobutanol und 2- und 3-Methylbutanol-1 erfolgt im Rahmen der alkoholischen Gärung aus aliphatischen Amino- und Alpha-Keto-Carbonsäuren. Methanol, der Alkohol mit einem Kohlenstoffatom, entsteht aus dem Zerfall der Pektine, eines ubiquitären Pflanzenbestandteils, und ist kein direktes Produkt der alkoholischen Gärung.

Neben den oben genannten Begleitalkoholen wird auch Butanol-1bestimmt, es hat eine besondere Bedeutung. Es kommt in alkoholischen Getränken wenn überhaupt nur in geringen Konzentrationen vor, kann jedoch das Stoffwechselprodukt anaerober Fäulnisbakterien sein und somit Hinweise auf Fäulnisprozesse in einer Blutprobe geben. Da Fäulnis auch die anderen Begleitstoffkonzentrationen verändern kann, lässt die Begleitstoffanalyse einer derart beeinträchtigten Blutprobe keine verlässliche Aussage mehr zu. Tritt also bei der Begleitstoffanalyse Butanol-1 in einer Größenordnung von mehr als 0,3 mg/L auf, ist ihr Ergebnis zu verwerfen.

In der Praxis sollte vor der Durchführung einer Begleitalkoholanalyse zunächst geprüft werden, ob die Bilanz zwischen Trinkangaben insgesamt (Vor- und Nachtrunk) und dem gemessenen Blutalkoholspiegel stimmig ist. Die Spanne möglicher BAK-Werte ist mithilfe der Widmark-Formel unter Anwendung der konträren Extremwerte zu berechnen, also einmal als Mindestwert mit einem Resorptionsdefizit von 30 % und einer Eliminationsrate von 0,20 ‰/h und einmal als Maximalwert mit einem Resorptionsdefizit von 10 % und einer Eliminationsrate von 0,10 ‰/h. Liegt der gemessene BAK-Wert außerhalb dieser Spanne, kann die Trinkeinlassung zwar insgesamt verworfen werden; es lässt sich jedoch meist nicht feststellen, ob die Trinkangaben zum Vortrunk oder die zum Nachtrunk unzutreffend sind.

Weiter sollte geprüft werden, ob als Nachtrunk ausreichend große Mengen angegeben wurden, so dass deren Begleitalkohole bei der Analyse auch erfasst werden können. Als orientierende Mindestmengen gelten 0,1 Liter Schnaps, 0,5 Liter Wein oder 1 Liter Bier. Die von Bonte mit 0,04 bis 0,06 Liter angegebenen Mindestmengen an Spirituosen sind nur unter günstigsten Umständen für eine Beurteilung als ausreichend zu betrachten. Schließlich sollte die Trinkzeit des Nachtrunks eine Zeitspanne von 2 Stunden nicht überschreiten und die Zeit zwischen Trinkende und Blutentnahme maximal 2,5 Stunden betragen. Eingeschränkte Erfolgsaussichten für eine Begleitstoffbegutachtung bieten weiter Konstellationen, in denen als Vortrunk und als Nachtrunk dasselbe Getränke konsumiert wurde, oder in denen als Nachtrunk ein Getränk aufgenommen wurde, das weitgehend begleitstofffrei ist. Bezogen auf die anwendbaren Begleitalkohole lassen sich begleitstoffreiche Getränke wie beispielsweise Weinbrände, Whiskys und Obstwässer, und ausgesprochen begleitalkoholarme bis -freie Getränke wie Wodka, Korn und Gin unterscheiden. Einen mittleren Begleitstoffgehalt weisen Getränke wie Bier, Sekt und Wein auf.

Die eigentliche Begleitstoffbegutachtung beginnt quasi mit der Konkretisierung der Getränkesorte und -marke. In günstig gelagerten Fällen wurde die entsprechende Getränkeflasche, unter optimalen Bedingungen ein Rest des nachgetrunkenen Getränks in einem verschlossenem Gefäß von den vor Ort ermittelnden Polizeibeamten asserviert. Dann kann aus dieser Probe, oder ggf. aus einer neu beschafften Probe der entsprechenden Getränkemarke das Begleitstoffmuster bestimmt werden. Auf Begleitstoffanalyse spezialisierte Laboratorien verfügen häufig über aktuelle Kenntnisse zu den Begleitstoffkonzentrationen in beliebten Getränkemarken aus der Fülle der dort bearbeiteten Fälle. Man kann auch auf die Tabellen in dem Buch von Bonte zurückgreifen, in denen die Begleitstoffkonzentrationen von einigen Hundert der am weitest verbreiteten Getränkemarken aufgelistet sind. Aufgrund der Änderungen von gesetzlichen Bestimmungen sowie hieraus resultierenden Veränderungen in der Herstellungsart spezieller Spirituosen können sich aber insbesondere bei Spirituosen kleinere Abweichungen ergeben. Ursache hierfür sind mehrere zwischenzeitlich in Kraft getretene europäische Verordnungen zur Festlegung der allgemeinen Regeln für die Begriffsbestimmung, Bezeichnung und Aufmachung von Spirituosen. Die Begleitstoffgehalte sind folglich keine Konstanten und können sich über die Jahre, im Extremfall aber auch von Charge zu Charge, geringfügig ändern.

Für Fälle, in denen die Getränkesorte, nicht aber die Getränkemarke bekannt ist, hat Bonte Tabellen zusammengestellt, in denen er Mittelwerte der Begleitstoffkonzentrationen in Bier, Wein und verschiedenen Spirituosen aufführt. Ihre Anwendung kann problematisch sein. Zum einen sind die Erfolgsaussichten für die Widerlegung eines Nachtrunks geringer, da die zu tolerierenden Schwankungsbreiten höher sind. Zum anderen ist auch bei größeren Abweichungen vor einem eventuellen Ausschluss eines Nachtrunks zu berücksichtigen, dass es in den Getränkesorten extreme Ausreißer einzelner Marken geben kann.

Aus der Menge der mit dem Nachtrunk aufgenommenen Begleitalkohole werden dann die Konzentrationen berechnet, die zum Zeitpunkt der Blutentnahme im Blut vorgelegen haben müssten. Hierzu wird zunächst in Analogie zur Widmark-Formel für die Berechnung des Ethanolspiegels die theoretische C_0-Konzentration der Begleitstoffe bestimmt. Die Einheit ist hier aufgrund der geringen in Milligramm zugeführten Mengen mg/L. Ein Resorptionsdefizit muss bei den Begleitalkoholen nicht berücksichtigt werden. Die Begleitalkohole haben jedoch nicht alle einen gleichgroßen Verteilungsraum, weshalb unterschiedliche Verteilungsfaktoren r zu berücksichtigen sind. Die Begleitalkohole werden aber im Gegensatz zu Ethanol nicht linear, sondern konzentrationsabhängig eliminiert. Der Abfall der Konzentration müsste mithilfe von Exponentialfunktionen durchgeführt werden. Zur Vereinfachung stellt Bonte jedoch Formeln zur Verfügung, mit denen für bestimmte Zeitpunkte nach Trinkende Berechnungen vorgenommen werden können. Diese Korrelationsformeln basieren auf 100 Trinkversuchen mit Trinkzeiten von 1–2 Stunden und erlauben eine Schätzung der zu erwartenden Konzentrationen für jeweils 30, 90 und 150 Minuten nach Beendigung des Nachtrunks. Für die Abschätzung der Schwankungsbreite sind die einfachen Standardabweichungen angegeben (Tabelle 1.3). Da die Blutentnahmezeitpunkte selten exakt in diesen Zeitabständen zum Trinkende liegen, wird die Formel für den Zeitpunkt herangezogen, der dem gegebenen am nächsten liegt. Interpolationen sind wegen der nicht-linearen Kinetik schwierig. Im Zweifelsfall sollte man sich deshalb eher darauf beschränken, alternativ für den nächst früheren und für den nächst späteren Zeitpunkt die Konzentrationen zu berechnen.

Dem Methanol kommt in der Interpretation der Begleitalkoholspiegel eine spezielle Bedeutung zu. Es hat im Vergleich zu Ethanol eine 10- bis 30fach geringere Affinität zur Alkoholdehydrogenase (ADH), dem Enzym, das die Alkohole

Tabelle 1.3 Korrelationsformeln von Bonte zur Berechnung von Erwartungskonzentrationen aus der Angabe zur aufgenommenen Trinkmenge (Dosis)

$C_0 = A / (KG \cdot r)$		
für		
C_0	=	theoretische Blutkonzentration in mg/L
A	=	aufgenommene Dosis des Begleitalkohols in mg
KG	=	Körpergewicht in kg
r	=	Reduktionsfaktoren bei mageren, normalgewichtigen und fettleibigen Personen
Methanol		r wie Ethanol
30 min nach TE	$C_{30} = 0{,}79 \cdot C_0 + 0{,}01 \pm 0{,}58$*	
90 min nach TE	$C_{90} = 0{,}89 \cdot C_0 + 0{,}08 \pm 0{,}44$*	
150 min nach TE	$C_{150} = 0{,}95 \cdot C_0 + 0{,}16 \pm 0{,}28$*	
Propanol		r wie Ethanol
30 min nach TE	$C_{30} = 0{,}72 \cdot C_0 \pm 0{,}05$*	
90 min nach TE	$C_{90} = 0{,}59 \cdot C_0 + 0{,}01 \pm 0{,}07$*	
150 min nach TE	$C_{150} = 0{,}48 \cdot C_0 + 0{,}01 \pm 0{,}12$*	
Butanol-2		r wie Ethanol
30 min nach TE	$C_{30} = 0{,}80 \cdot C_0 - 0{,}40 \pm 0{,}56$*	
90 min nach TE	$C_{90} = 1{,}03 \cdot C_0 - 0{,}52 \pm 0{,}44$*	
150 min nach TE	$C_{150} = 0{,}88 \cdot C_0 - 0{,}54 \pm 0{,}46$*	
iso-Butanol		$r_{mager} = 1{,}1$; $r_{mittel} = 1{,}32$; $r_{fettleibig} = 1{,}52$
30 min nach TE	$C_{30} = 0{,}56 \cdot C_0 + 0{,}03 \pm 0{,}11$*	
90 min nach TE	$C_{90} = 0{,}40 \cdot C_0 + 0{,}03 \pm 0{,}09$*	
150 min nach TE	$C_{150} = 0{,}30 \cdot C_0 \pm 0{,}04$*	
3-Methylbutanol-1		$r_{mager} = 1{,}6$; $r_{mittel} = 2$; $r_{fettleibig} = 2{,}4$
30 min nach TE	$C_{30} = 0{,}32 \cdot C_0 \pm 0{,}05$*	
90 min nach TE	$C_{90} = 0{,}15 \cdot C_0 \pm 0{,}04$*	
150 min nach TE	$C_{150} = 0{,}07 \cdot C_0 \pm 0{,}06$*	

* Einfache Standardabweichung

verstoffwechselt. Es wird deshalb erst abgebaut, wenn das Ethanol aus dem Körper weitgehend eliminiert ist, d.h. wieder Alkoholnüchternheit eingetreten ist. Gleichzeitig wird Methanol in geringen Mengen im Körper neu gebildet und kann mit der Nahrung, bspw. mit Obst in den Körper aufgenommen werden. Der Methanolspiegel steigt also im Gegensatz zu den fallenden Konzentrationen der meisten übrigen Begleitalkohole während der Phase eine Alkoholisierung an.

Hohe Trinkmengen, lang anhaltende Trinkverläufe und/oder mehrere Trinkereignisse mit nur kurzen dazwischenliegenden Intervallen von Alkoholnüchternheit führen folglich durch Kumulation zu hohen Methanolspiegeln. Methanolkonzentrationen über 7 mg/L bis 10 mg/L gelten als Hinweis für Alkoholabusus. Darauf wird in den Begleitstoffgutachten häufig verwiesen. Das Ergebnis einer Begleitstoffbegutachtung kann auf diese Weise der Verwaltungsbehörde dazu dienen, die Fahreignung des Betreffenden in Zweifel zu ziehen und eine Fahreignungsbegutachtung zu veranlassen.

Ein 80 kg schwerer Mann verursacht gegen 20.30 Uhr einen Unfall und entfernt sich anschließend unerlaubt vom Unfallort. Gegen 21.00 Uhr wird er von der Polizei zu Hause angetroffen. Zum Vortrunk macht er keine Angaben. Er berichtet jedoch über einen Nachtrunk von 300 mL Brandwein der Marke Asbach Uralt bis zum Eintreffen der Polizei. Die um 22.30 Uhr entnommene Blutprobe ergibt 2,00 ‰. Die Bilanzierungsberechnung zeigt, dass der Nachtrunk alleine die gemessene BAK nicht erklärt, ein Vortrunk stattgehabt haben muss. Für die Berechnung des durch den Nachtrunk zu erwartenden Begleitstoffprofils in der Blutprobe werden die folgenden in den Bonte-Tabellen aufgeführten Begleitstoffkonzentrationen von Asbach Uralt herangezogen:

Methanol:	120 mg/L
Propanol-1	128 mg/L
Butanol-2	2 mg/L
Isobutanol	281 mg/L
3-Methylbutanol-1	565 mg/L

Daraus lassen sich nach den Bonte-Formeln (vgl. Tabelle 1.3) die in der Blutprobe zu erwartenden Begleitalkoholkonzentrationen errechnen:

Beispielhaft für Propanol-1:
Mit dem Nachtrunk aufgenommene Propanol-1-Menge

$A = 0{,}3\,L \cdot 128\,mg/L = 38\,mg$

$C_0 = A/(KG \cdot r) = 38\,mg/80\,kg \cdot 0{,}7 = 0{,}68\,mg/kg\ (mg/L)$

$C_{90} = 0{,}59 \cdot C_0 + 0{,}01 \pm 0{,}07 = 0{,}59 \cdot 0{,}68 + 0{,}01 \pm 0{,}07 = 0{,}41 \pm 0{,}07\,(mg/L)$

Angesichts der Nachtrunkeinlassung 90 Minuten nach Trinkende zu erwartende Propanol-1-Konzentrationen:

0,34 mg/L – 0,48 mg/L (einfache Standardabweichung)
0,27 mg/L – 0,55 mg/L (zweifache Standardabweichung)
0,20 mg/L – 0,62 mg/L (dreifache Standardabweichung)

In Analogie lassen sich für die übrigen Begleitalkohole folgende Konzentrationen als Erwartungswerte berechnen (jeweils mit einfacher Standardabweichung):

Methanol	0,65 ± 0,44 mg/L
Butanol-2	0
Isobutanol	0,35 ± 0,09 mg/L
3-Methylbutanol-1	0,16 ± 0,04 mg/L

Zur Bewertung des berechneten Begleitstoffspektrums wird schließlich die Blutprobe auf ihr tatsächlich vorhandenes Begleitstoffspektrum analysiert. Die Bestimmung kann in Vollblut oder in Serum erfolgen. Im Gegensatz zum Ethanol sind die Unterschiede zwischen Serum/Plasma und Blut nicht relevant, einer Umrechnung bedarf es nicht (Skopp et al. 2005). Die nachzuweisenden Konzentrationen liegen im Bereich zwischen ca. 0,1 mg/L und mehreren Milligramm pro Liter. Als Methode eignet sich die Dampfraum-Gaschromatographie (GC-Verfahren). Das GC-Verfahren entspricht praktisch dem zur Blutalkoholbestimmung, muss aber wesentlich niedriger, um ca. den Faktor 1000, kalibriert werden. Zur Verbesserung der Nachweisempfindlichkeit erfolgt eine Dampfdruckerhöhung durch die Zugabe von Natriumsulfat (sogenanntes „Aussalzen“) in die zu untersuchenden Proben. Die Registrierung der gaschromatographisch aufgetrennten Stoffe erfolgt üblicherweise mit einem Flammenionisationsdetektor. Die Detektion mit Massenspektrometrie ist ebenfalls möglich; allerdings sind diesem Identifikationsverfahren aufgrund der eher niedrigmolekularen und strukturisomeren Verbindungen Grenzen gesetzt.

Die Beurteilung der Nachtrunkeinlassung erfolgt nunmehr anhand des Vergleiches von berechneten Erwartungswerten und gemessenen Analysenwerten. Eine Nachtrunkbehauptung gilt als widerlegt, wenn entweder der Analysenwert eines Begleitalkohols mehr als 3 Standardabweichungen unter dem berechneten Erwartungswert liegt oder die Analysenwerte zweier Begleitalkohole jeweils mehr als 2 Standardabweichungen unter den Erwartungswerten liegen. Liegen die Analysenwerte über den Erwartungswerten, so ist zu prüfen, ob diese ‚Überschüsse‘ aus dem Vortrunk stammen können. Diese Prüfung kann allerdings nur qualitativ vorgenommen werden, genauere Berechnungen sind nicht möglich. Erklärt in solchen Fällen der Vortrunk den Überschuss der Begleitstoffe nicht oder hat bspw. gar kein Vortrunk stattgefunden, so kann zwar nicht der Nachtrunk, evtl. aber die Trinkeinlassung insgesamt widerlegt werden.

Im vorgenannten Beispiel waren in der Blutprobe folgende Begleitstoffkonzentrationen festgestellt und den berechneten Erwartungswerten gegenübergestellt worden:

	Analysenwert	Erwartungswert (einfache Standardabw.)
Methanol	5,0 mg/L	0,65 ± 0,44 mg/L
Propanol-1	0,3 mg/L	0,41 ± 0,07 mg/L
Butanol-1	0	0
Butanol-2	0	0
Isobutanol	0	0,35 ± 0,09 mg/L
3-Methylbutanol-1	0	0,16 ± 0,04 mg/L

Zunächst zeigt der fehlende Nachweis von Butanol-1, dass keine Hinweise auf Fäulnisveränderungen in der Blutprobe gegeben sind. Übereinstimmung ist bei der Propanol-1- und der Butanol-2-Konzentration festzustellen; der Propanol-1-Spiegel liegt nicht mehr als 2 Standardabweichungen unter dem Erwartungswert. Allerdings war weder Isobutanol- noch 3-Methylbutanol-1 in der Blutprobe nachweisbar; auch unter Berücksichtigung von drei Standardabweichungen hätten mindestens 0,08 mg/L Isobutanol und 0,04 mg/L 3-Methylbutanol-1 in der Blutprobe vorliegen müssen. Beide Abweichungen sind schon für sich alleine geeignet, die Nachtrunkeinlassung zu widerlegen. Kein Ausschlusskriterium stellt der hohe Methanolspiegel dar; er ließe sich ggf. durch den Vortrunk, aber auch durch endogene Neubildung und Nahrungsaufnahme erklären.

1.2.5 Alkoholbedingte Fahruntüchtigkeit (Haffner)

Der hauptsächliche Wirkort des Alkohols ist das Gehirn. Hier führt er zu einer komplexen Funktionsstörung, die sich in verschiedensten psychischen und neurologischen Symptomen ausdrückt. Die Wirkung des Alkohols lässt sich im Einzelfall aber weder qualitativ noch quantitativ genau vorhersagen. Zum einen gibt es vermutlich genetisch bedingte, individuelle Unterschiede in der Verträglichkeit. Diese wird zusätzlich durch Gewöhnungseffekte beeinflusst: häufiger Alkoholkonsum in größeren Mengen kann dazu führen, dass Trunkenheitserscheinungen zunehmend erst bei höheren Konzentrationen auftreten. Zum anderen spielen situative Komponenten eine Rolle. Als Beispiel hierfür lässt sich die sog. Situationsernüchterung anführen. Auch ist der Grad der Trunkenheit nicht alleine von der Höhe des Alkoholspiegels abhängig. Große Bedeutung kommt der Richtung und dem Ausmaß der momentanen Konzentrationsänderung zu. So führen auf gleichem Konzentrationsniveau steil ansteigende Alkoholspiegel zu stärkerer Trunkenheit als flach ansteigende, und letztere noch immer zu stärkerer Trunkenheit als abfallende Spiegel. Betrachtet man die Funktionsstörungen im Einzelnen, so sind sie häufig so eng miteinander verzahnt, dass es schwerfällt, sie eindeutig voneinander zu trennen. So ist bspw. beim oft zitierten Tunnelblick nicht klar, ob es sich um ein Defizit im optischen System oder um eine Aufmerksamkeitsstörung oder ein Zusammenspiel von beidem handelt. Festzustellen ist lediglich die Folge, nämlich dass Alkoholisierte auf optische Reize im peripheren Gesichtsfeld schlechter ansprechen als Alkoholnüchterne. Schließlich besteht nicht zwangsläufig eine Linearität in der Korrelation zwischen der Höhe der Alkoholspiegel und auftretenden Defiziten; mit zunehmender Alkoholkonzentration kann es anstelle quantitativer auch oder nur zu qualitativen Veränderungen in den betroffenen Leistungsbereichen kommen.

Vor diesem Hintergrund ist es zum ersten schwierig, in experimentellen Laborversuchen gewonnene Ergebnisse auf die Praxis des Verkehrsverhaltens zu übertragen. Dabei stört zusätzlich, dass Probanden in solchen Versuchen auf eine oder wenige Anforderungen konzentriert und hoch motiviert sind, ihre Leistungsfähigkeit auch unter Alkoholeinfluss zu demonstrieren. Demgegenüber treten die Anforderungen in realen Verkehrssituationen unerwartet aus einer kaum überschaubaren Vielzahl von Möglichkeiten auf. Zum zweiten erscheint es nicht unproblematisch, die Alkoholwirkung in Hinblick auf die Beurteilung der Fahrtüchtigkeit in Einzelsymptome zu zerlegen, ohne die komplexen Wechselwirkungen zu beachten. Für die Darstellung der notwendigen Grundlagen steht aber keine brauchbare Alternative zur Verfügung. Das Einzelsymptom, wie es sich aus Zeugenaussagen und medizinischen Befunden ergibt, kann zwar in der Sicht ex post mit einem mehr oder minder hohen Grad von Wahrscheinlichkeit auf einen Alkoholrausch und ggf. auf eine Einschränkung der Fahrtüchtigkeit hinweisen. Schwieriger ist es aber, aus einem oder mehreren Einzelsymptomen prospektiv theoretisch auf ein komplexes Leitungsdefizit zu schließen, wie dies bspw. in der Interpretation von Fahrweisen und Unfallarten als alkoholbedingt in deduktivem Denkansatz notwendig ist.

1.2.5.1 Pharmakodynamik (Alkoholwirkung)

Es sind in erster Linie die psychischen Veränderungen unter Alkoholeinfluss, die sich auf die Verkehrstüchtigkeit auswirken. Sie treten schon bei relativ geringen Alkoholspiegeln auf, werden aber im Rahmen der hohen gesellschaftlichen Akzeptanz gegenüber leichten Rauschzuständen selten bewusst wahrgenommen. Die bei kleinen und mittleren Konzentrationen anregende Wirkung des Alkohols führt zu einem erhöhten Aktivitätsniveau. Die Stimmung ist meist euphorisch. Es kommt zu einer zunehmenden Extraversion der Persönlichkeit, die vom Betroffenen selbst als angenehm empfunden wird. Hemmungen schwinden, das Sozialverhalten wird freier, distanzgemindert. Selbstsicherheit und Selbstwertgefühl steigen, die Fähigkeit zu einer realistischen Selbst- und Situationseinschätzung lässt nach. Denken und Verhalten werden egozentrisch, Imponiergehabe und Dominanzstreben rücken in den Vordergrund. Die Stimmungslage wird instabil und kippt leicht ins Aggressive.

Im Verkehrsverhalten spiegeln sich diese Persönlichkeitsveränderungen augenfällig in einem rasanten und riskanten Fahrstil wider. Überhöhte Geschwindigkeit und gewagte Fahrmanöver stellen häufige Unfallursachen dar. Sie sind auch der Grund für die überproportional schweren Folgen der Alkoholunfälle. Die Problematik liegt dabei nicht unbedingt schon im Auftreten von objektiven Leistungsdefiziten, sondern vielmehr in der subjektiven Fehleinschätzung des eigenen Leistungsvermögens. Es tritt aber auch eine gewisse Bedenkenlosigkeit und Sorglosigkeit auf, momentane eigene Bedürfnisse werden über die Interessen der Allgemeinheit gestellt. Dadurch schwindet die Regelakzeptanz, es sind vermehrt bewusst begangene Verstöße gegen die Verkehrsvorschriften zu beobachten, z. B. das Nichtbeachten von Ampelsignalen o. ä.

Bei hohen Alkoholspiegeln und insbesondere abfallenden Spiegeln schwenkt die Alkoholwirkung von dem beschriebenen exzitativen Stadium in ein eher sedierendes Stadium um. Im Fahrstil äußert sich dies häufig in unangepasst langsamer

Geschwindigkeit. Dieses Konzentrationsniveau liegt jedoch bereits weit jenseits der Grenzen, innerhalb derer über die Fahrtüchtigkeit noch diskutiert werden kann.

Weiter treten unter Alkoholeinfluss Beeinträchtigungen von Vigilanz und Konzentration auf. In dem in der verkehrsmedizinischen Praxis im Vordergrund stehenden niedrigen und mittleren Konzentrationsbereich sind sie eher qualitativer, erst im höheren Bereich zunehmend auch quantitativer Natur. Insbesondere scheint das Gleichgewicht von Tenazität, der Fähigkeit, seine Aufmerksamkeit auf etwas gerichtet zu halten, und Vigilität, der Fähigkeit die Aufmerksamkeit auf etwas Neues zu lenken, gestört. In komplexen Verkehrskonstellationen wird dadurch nicht mehr alles, was für die Abschätzung der Situation notwendig ist, aufgenommen. Der Alkoholisierte ist durch die Konzentration auf einen Teilaspekt so in Anspruch genommen, dass er wesentliche andere Aspekte nicht wahrnimmt, oder er wird durch eine Vielzahl von Reizen abgelenkt, die aktuell nicht entscheidungserheblich sind. Es droht folglich eine Fehlreaktion durch einen eingeschränkten Informationsfluss zu den entscheidungstragenden Strukturen des Gehirns.

Alkohol beeinträchtigt aber auch die kognitiven Fähigkeiten. Selbst wenn die notwendigen Informationen zur Verfügung stehen, können Fehlreaktionen dadurch auftreten, dass sie in ihrer Bedeutung nicht oder nicht rechtzeitig erkannt und verarbeitet werden und notwendige Handlungen deshalb nicht oder zu spät eingeleitet werden.

Beides, Vigilanz und Kognition, fließen zusammen mit anderen als wesentliche zentrale Faktoren in das Reaktionsvermögen ein, das oft als Prototypus verkehrsrelevanter alkoholbedingter Leistungsdefizite genannt wird. Es stellt jedoch auch ein Beispiel dafür dar, wie viele einzelne Funktionen unterschiedlichster Art an einer Leistung beteiligt sind und wie schwer es in einer solchen Situation ist, für das Ergebnis relevante gestörte Teilleistungen von nicht relevanten oder nicht gestörten Teilleistungen zu differenzieren. So erfordert eine Reaktion zunächst, dass der Reiz am peripheren Rezeptor eines Sinnesorgans, bspw. des Auges aufgenommen wird. Er muss in das zentrale Nervensystem weitergeleitet, dort verarbeitet und in seiner Bedeutung erkannt werden. Es bedarf eines Entscheidungsprozesses, welche Reaktion sinnvoll ist und diese Reaktion muss eingeleitet und motorisch umgesetzt werden. Das Reaktionsvermögen bildet also eine Kette verschiedener Teilleistungen, neben Vigilanz und Kognition sind zumindest sensorische und motorische Funktionen betroffen. Es besteht kein Zweifel, dass das Reaktionsvermögen unter Alkoholeinfluss leidet. Welche Glieder wie und in welchem Ausmaß ursächlich daran mitwirken, lässt sich aber nicht sicher klären.

Betrachtet man die Reaktionsleistungen im Detail, so ist zwischen der Qualität und der Geschwindigkeit zu differenzieren. Eine Alkoholisierung führt relativ früh bereits zu einer Verschlechterung der Reaktionsleistung, im Test zu einer Zunahme von Fehlreaktionen. Dies bestätigt die Vermutung, dass kognitive Prozesse führend beteiligt sind. Die Reaktionsgeschwindigkeit dagegen muss bei niedrigen Spiegeln trotz bereits bestehender Defizite in der Qualität nicht wesentlich beeinträchtigt sein. Bei Probanden mit eher introvertierter gehemmter Persönlichkeit kann sie sich sogar bis etwa 0,3 ‰/0,4 ‰ verbessern, bevor sie dann abnimmt. Die Alkoholwirkung hinsichtlich er Reaktionsgeschwindigkeit nur in einer Verlangsamung eines oder mehrerer Prozessschritte zu sehen, wäre also zu einfach.

Unter den alkoholbedingten Beeinträchtigungen von Sinnesorganen steht das Sehvermögen im Vordergrund. Dabei scheinen weniger die sensorischen als die motorischen Leistungen des Sehapparates und ihre Koordination betroffen, was sich allerdings auch auf das Sehvermögen insgesamt auswirkt. Ob es tatsächlich zu einem allgemeinen Sehschärfeverlust kommt, ist umstritten. Gesichert scheint eine Minderung der Tiefensehschärfe, der Fähigkeit, den Abstand zweier in der Sehachse liegender Objekte zu erkennen. Daraus abgeleitet wird eine Beeinträchtigung des Empfindens für die eigene Geschwindigkeit und für die Geschwindigkeit anderer Verkehrsteilnehmer sowie der Fähigkeit, Entfernungen insbesondere bewegter Objekte abzuschätzen. Die Wahrnehmung im peripheren Gesichtsfeld ist herabgesetzt, ohne dass geklärt wäre, ob dies auf eine Funktionsstörung der peripheren Netzhautzellen oder auf eine Aufmerksamkeitsstörung zurückzuführen ist. Seitlich des fixierten Bereichs liegende optische Reize werden nicht mehr wahrgenommen oder führen nicht mehr zur automatischen Blickhinwendung. Zu den motorischen Beeinträchtigungen mit Auswirkungen auf die Sehfähigkeit gehört die Akkommodationsstörung. Die Scharfstellung der Linse beim Wechsel der Tiefensehebene, etwa beim Blick von der Straße auf die Instrumente, erfolgt verlangsamt. Dies kann die optische Orientierung kurzfristig behindern oder sogar aufheben. Die Fusion, d.h. die Abstimmung der Sehachsen beider Augäpfel auf einen zu fixierenden Punkt kann leiden, im Extremfall bis zum Auftreten von Doppelbildern. Dadurch werden Formen verzerrt, was das Erkennen von Objekten, bspw. von Verkehrsschildern erschwert. Die Blickführung verliert ihre Kontinuität, wird ruckartig, wodurch sich diese Problematik bei bewegten Objekten zusätzlich akzentuiert. Schließlich wird über Störungen der Pupillomotorik berichtet. Unter Alkohol sollen die Pupillen erweitert sein, was die Sehschärfe beeinträchtigen kann. Zudem soll die Pupillenreaktion auf Licht verzögert sein, mit der Folge einer erhöhten Blendempfindlichkeit.

Eine besondere Rolle spielt die Koordination zwischen Auge und Gleichgewichtsorgan im Innenohr. Sie ist dafür verantwortlich, dass trotz aktiv oder passiv bewegtem Kopf durch Ausgleichsbewegungen der Augäpfel ein ruhiges Bild entsteht. Störungen dieses Systems können auch beim Gesunden und Alkoholnüchternen provoziert werden, etwa durch ein rasches Drehen des Körpers bei geschlossenen Augen, wie es im Rahmen der ärztlichen Untersuchung bei der Blutentnahme durchgeführt wird. Es wird dadurch der sog. Nystagmus, eine unwillkürliche Zitterbewegung des Augapfels ausgelöst (vgl. 1.1.2). Unter Alkoholeinfluss wird dieses System erheblich störanfälliger. Kurvenfahrten können dann schon den Nystagmus auslösen. Es kommt zu einer Beeinträchtigung der optischen Orientierung, das wahrgenommene Sehfeld verschiebt sich gegenüber der Realität. In Folge laufen Kraftfahrer Gefahr, von der Fahrbahn abzukommen.

Andere Sinnesleistungen sind durch Alkohol weniger beeinflusst, zumindest in einer Form, die von einer Störung der Aufmerksamkeitsleistung sicher abzugrenzen wäre. Unter den Aspekten der Bemerkbarkeit eines Unfall bei Unfallflucht erwähnenswert sind hier das Hören und das Erschütterungs-/Vibrationsempfinden.

Beim Hörvermögen scheint wenn überhaupt im Wesentlichen nur das Sprachverständnis gestört, was für das Leistungsverhalten im Verkehr keine große Bedeutung hat. Auch beim Vibrationsempfinden sind die Wahrnehmungsschwellen nicht bedeutsam heraufgesetzt. Bei beiden Sinnesleistungen kommt es jedoch möglicherweise unter Alkoholeinfluss zu einer Einschränkung der Differenzierungsfähigkeit, d.h. zu Unsicherheiten in der Zuordnung bei Vorliegen mehrerer möglicher Reizquellen.

Als Trunkenheitssymptome am ehesten allgemein vertraut sind die Störungen der motorischen Koordination. Sie äußern sich in Gang und Standunsicherheit bezüglich der Grobmotorik und als Artikulationsstörung im Sinne von verwaschener oder lallender Aussprache bezüglich der Feinmotorik. Dieses Bild spiegelt allerdings schon den Zustand einer fortgeschrittenen Beeinträchtigung wider. Bereits bei niedrigeren Alkoholspiegeln können Störungen der Bewegungsführung vorliegen, die umso offener zu Tage treten, je höher die Anforderung an die Koordinationsleistung liegt. Das Bewegungsbild wird vergröbert, fahrig und überschießend, so dass in der Zielführung permanente Korrekturen notwenig sind, wobei auch die Korrekturbewegungen ungenau sind. Selbst eingespielte Bewegungsmuster beim Führen eines Kraftfahrzeugs wie bspw. Lenk-, Schalt-, Kupplungs- oder Bremsvorgänge können davon betroffen sein. In Zusammenwirken mit anderen Einflussfaktoren wie Beeinträchtigungen des optischen Systems und der Reaktionsverlangsamung wird es als ursächlich für die als typisch angesehenen Schlangenlinienfahrten angesehen.

1.2.5.2 Fahruntüchtigkeit

Trotz individueller Unterschiede in der Wirkung des Alkohols, trotz pharmakokinetischer Einflüsse auf den Schweregrad der Trunkenheit und trotz des Fehlens streng linearer Korrelationen zwischen Alkoholkonzentration und Trunkenheitssymptomen gibt es einen rein numerisch definierbaren Alkoholpegel, ab dem jeder und unter allen Umständen mit ausreichender Sicherheit als nicht mehr fahrtüchtig angesehen werden muss. Dieser Grenzwert, nach dessen Erreichen oder Überschreiten von einer absoluten alkoholbedingten Fahruntüchtigkeit auszugehen ist, wurde in der BGH-Rechtsprechung mit 1,10‰ festgeschrieben. Er gilt auch für starke Trinker oder Alkoholabhängige, bei denen von einer hochgradigen Toleranzentwicklung auszugehen ist. Auch bei ihnen liegen auf diesem Konzentrationsniveau Leistungsdefizite vor, die mit dem sicheren Führen eines Kraftfahrzeugs im Straßenverkehr nicht mehr zu vereinbaren sind. Wenngleich ihr Unfallrisiko im Vergleich zum sog. sozialen Konsumenten deutlich herabgesetzt ist, ist es gegenüber dem alkoholnüchterner Fahrer gravierend erhöht.

Entsprechend dem Zweifelsgrundsatz beinhaltet dieser Wert – wie im Übrigen auch die Grenzwerte des § 24a StVG – bereits einen Sicherheitszuschlag. Im Detail setzt sich der Grenzwert der absoluten Fahruntüchtigkeit zusammen aus dem Grundwert von 1,00‰ und dem Sicherheitszuschlag von 0,10‰. Gestützt auf das Gutachten „Alkohol bei Verkehrsstraftaten“ (Lundt, Jahn 1966) und unter Berücksichtigung der zwischenzeitlich durch die Veränderungen der Verkehrsverhältnisse gestiegenen Anforderungen wird davon ausgegangen, dass mit Erreichen von

1,00 ‰ absolute Fahruntüchtigkeit eintritt. Da jede analytische Bestimmungsmethode einen sog. Messfehler aufweist, d. h. die Messergebnisse in geringem Umfang gleichmäßig um den sog. wahren Wert schwanken, beweist das Messergebnis von 1,00 ‰ aber nicht, dass im Einzelfall tatsächlich 1,00 ‰ vorlagen. Angesichts der Präzision der Blutalkoholanalyse kann aber unterstellt werden, dass der wahre Wert oder Grundwert von 1,00 ‰ mit an Sicherheit grenzender Wahrscheinlichkeit erreicht wurde, wenn der gemessene Wert mindestens 1,10 ‰ betrug. Die Problematik der unvermeidlichen Messungenauigkeiten ist also schon im festgesetzten Grenzwert enthalten; ein Sicherheitsabschlag vom Messwert ist deshalb nicht erforderlich.

Diese feste Integration des Sicherheitszuschlags in den gesetzlichen Grenzwert anstelle des Abzugs eines Sicherheitsabschlags in jedem Einzelfall führt in der praktischen Handhabung nicht unbedingt zu wissenschaftlich korrekten Ergebnissen. Die Messungenauigkeiten einer Messmethode sind u. a. von der Höhe der gemessenen Konzentration abhängig. Liegt bspw. ein hoher Messwert im Bereich von 2 ‰ oder darüber vor, so reicht der Sicherheitsabstand von 0,10 ‰ nicht mehr aus; um die gleiche Aussagewahrscheinlichkeit zu gewährleisten; es wäre dafür ein Sicherheitsabstand von in etwa doppelter Höhe notwendig. Dies kann sich nachteilig auswirken, wenn aufgrund einer Nachtrunkangabe der hohe Messwert in den Bereich von 1,10 ‰ heruntergerechnet wird. Der integrierte Sicherheitszuschlag müsste dann nämlich etwa 0,20 ‰ betragen. Umgekehrt ist gar kein Sicherheitszuschlag nötig, wenn die BAK mithilfe der Widmark-Formel aus der Trinkmenge berechnet wird. In einem solchen Fall müsste eine BAK von 1,00 ‰ für die Feststellung absoluter Fahruntüchtigkeit ausreichen, da gar keine Messung im Spiel war, deren Ungenauigkeit einer Korrektur bedürfte, und die Ungenauigkeiten der Berechnungsmethode bereits in den Rechenparametern enthalten ist. Genau genommen wäre es also wissenschaftlich korrekt, anstelle des integrierten Sicherheitszuschlags einen relativen, d. h. prozentualen Sicherheitsabschlag festzulegen, der vom Messwert abzuziehen ist.

1.2.5.3 Feststellung relativer Fahruntüchtigkeit

Kann eine BAK von 1,10 ‰ oder mehr zum Vorfallszeit und somit eine absolute Fahruntüchtigkeit nicht nachgewiesen werden, so steht, sofern die BAK bei mindestens 0,30 ‰ lag, eine relative alkoholbedingte Fahruntüchtigkeit zur Diskussion. Eine relative alkoholbedingte Fahruntüchtigkeit liegt vor, wenn sog. zusätzliche Beweisanzeichen ausreichend sicher belegen, dass die Gesamtleistungsfähigkeit des Beschuldigten so gravierend beeinträchtigt ist, dass ihm ein sicheres Führen eines Fahrzeugs über eine längere Strecke und das Beherrschen plötzlich auftretende schwieriger Verkehrssituationen nicht mehr möglich ist. Dies kann aus dem Vorliegen von Trunkenheitssymptomen geschlossen werden, soweit sie für das sichere Führen eines Fahrzeugs relevant sind. Aber auch das Fahrverhalten kann Ausdruck einer relevanten alkoholbedingten Leistungsminderung sein. Grundlage dieser Beurteilung sind die Fahrweise und ggf. Unfallart, allgemeine Schilderungen von Trunkenheitssymptomen in Zeugenaussagen und der Befundbericht des blutentnehmenden Arztes.

Die Erwartungshaltung des Gerichts an den Gutachter geht häufig dahin, dass er eine Beurteilung hinsichtlich der Frage der relativen Fahruntüchtigkeit abgibt. Dies ist allerdings im engeren Sinn nicht seine Aufgabe, da dabei eine nur dem Gericht zustehende Wertung erforderlich ist. Die eigentliche Aufgabe des Gutachters beschränkt sich auf die Feststellung von ggf. alkoholbedingten Auffälligkeiten, auf deren differentialdiagnostische Abgrenzung und damit ihre Zuordnungswahrscheinlichkeit zur vorliegenden Alkoholisierung. Der daraus resultierende Rückschluss auf eine Fahruntüchtigkeit, bedarf der Beantwortung weiterer nicht mehr in sein Fachgebiet fallender Fragen, z.B. wie viele Beurteilungskriterien welcher spezifischen Hinweiskraft im Einzelfall notwendig sind, um den Schluss überzeugend ziehen zu können, wobei die Ansprüche um so höher anzusetzen sind, je niedriger die festgestellte Alkoholkonzentration liegt. Um die Wertigkeit verschiedener zur Verfügung stehende Beurteilungskriterien unter verkehrsmedizinischen Aspekten unzweifelhaft klarzustellen und in der Kommunikation unterschiedlicher Fachgebiete Missverständnissen vorzubeugen, kann es jedoch sinnvoll sein, eine zusammenfassende Einschätzung aus der Sicht des Gutachters abzugeben, ohne dass der richterlichen Wertung vorgegriffen werden soll.

Bei der Suche und Bewertung von Trunkenheitssymptomen generell zu beachten ist das Phänomen der Situationsernüchterung. Die Wirkung des Alkohols auf die Psyche bedingt eine Euphorisierung, in der die Fähigkeit einer ausgewogenen kritischen Situationseinschätzung unter Einschluss denkbarer negativer Aspekte leidet und zu der typischen Sorg- und Bedenkenlosigkeit führt. Das Erleben eines Unfalls oder auch nur einer Polizeikontrolle mit dem plötzlichen Bewusstwerden der drohenden Konsequenzen stellt häufig jedoch einen so starken Reiz dar, dass die Stimmung relativ abrupt auf ein situationsadäquates Maß korrigiert bzw. normalisiert wird. Die psychische Trunkenheitssymptomatik kann dadurch aufgehoben sein und auch die körperlichen Symptome können durch vermehrte Anstrengung und Konzentration zumindest vorübergehend kompensiert werden. Daraus folgt, dass alkoholbedingte Ausfallerscheinungen nur unidirektional und unumkehrbar interpretiert werden können. Sind Ausfallerscheinungen vorhanden, lassen sie Rückschlüsse auf eine alkoholbedingte Beeinträchtigung zu. Lassen sich dagegen keine Trunkenheitssymptome feststellen, kann dies nicht als Beleg für Fahrtüchtigkeit gelten.

Ein weiterer generell wichtiger Aspekt sind die zeitlichen Zusammenhänge zwischen der Feststellung von Ausfallerscheinungen und der Trunkenheitsfahrt, insbesondere auch in Hinblick auf die Möglichkeit einer überholenden Kausalität. Primäre Bedeutung kommt immer den Kriterien zu, die zeitnah zum Vorfallszeitpunkt, evtl. sogar unmittelbar davor beobachtet wurden. Lagen zu diesem Zeitpunkt Trunkenheitssymptome vor, die später weniger ausgeprägt oder nicht mehr festgestellt wurden, stellt dies keine unüberbrückbare Diskrepanz dar. Außer der Situationsernüchterung kommt auch ein zwischenzeitlicher Abfall der BAK als Erklärung in Frage, vor allem, wenn sich der Vorfall noch in der Anflutung oder der Gipfelphase der Alkoholkonzentrationskurve ereignete. Sind aber bspw. eineinhalb Stunden nach dem Vorfall bei der Blutentnahme durch den Arzt noch immer Trunkenheitssymptome vorhanden, so dürften sie in mindestens demselben

Ausmaß auch für den tatrelevanten Zeitpunkt unterstellt werden. Dieser Rückschluss setzt aber voraus, dass zwischenzeitlich kein Nachtrunk erfolgte. Dann nämlich ist das Bild von der Gesamtmenge des aufgenommenen Alkohols geprägt, lässt also keine Rückschlüsse auf den Vorfallszeitpunkt zu. Da dies meist auch für Zeugenaussagen zutrifft, sind Fälle mit nicht widerlegbarer Nachtrunkbehauptung oft sehr arm an verwertbaren Beurteilungskriterien. Auch Unfallverletzungen, in erster Linie Schädel-Hirn-Traumen, können dazu führen, dass Trunkenheitserscheinungen und Verletzungsfolgen nicht mehr sicher zu differenzieren sind.

Das aussagekräftigste Kriterium in der Prüfung auf alkoholbedingte Beeinträchtigungen ist die Fahrweise bzw. der Unfall. Es ist zeitgleich zum relevanten Ereignis und sicher noch nicht durch Situationsernüchterung verdeckt.

Die Erkenntnisse zur Fahrweise alkoholisierter Verkehrsteilnehmer stammen in erster Linie aus der Empirie. Als alkoholtypische Fahrweise gilt die Fahrt in Schlangenlinien. Sie wird erklärt durch ein Zusammenwirken von feinmotorischen Koordinationsstörungen und verzögerter und überschießender Reaktion im Rahmen der Lenkkorrekturen. Über eine längere Fahrstrecke beobachtet gibt es kaum differenzialdiagnostische Abgrenzungsprobleme. Die alkoholbedingten Koordinationsstörungen können auch zu ungleichmäßiger ruckartiger Fahrweise mit offensichtlichen Problemen in der motorischen Handhabung des Fahrzeugs führen. Meist liegen die Alkoholspiegel der Fahrer im eher höheren Bereich. Im Vergleich dazu oft niedrigere Alkoholisierungsgrade münden in Fahrten mit deutlich übersetzter Geschwindigkeit, resultierend aus der exzitativen Wirkung und den psychischen Alterationen. Hier sind dann allerdings schon differenzialdiagnostische Überlegungen angebracht. So gehört die hohe Geschwindigkeit in gleicher Weise in das typische Fahrverhaltensmuster jüngerer Verkehrsteilnehmer. Man spricht in diesem Zusammenhang von dem sog. Jugendlichkeitsrisiko der 18- bis 24jährigen. Auch die nachts abnehmende Verkehrsdichte und geringere Polizeipräsenz auf den Straßen kann auf geeigneten Strecken alle Altersgruppen zu schnellerer Fahrweise verführen. Weiter gelten Auffälligkeiten im Kurvenfahrverhalten als alkoholtypisch, sowohl im Sinne von Kurvenschneiden als auch in Form extrem weit ausholender Lenkbewegungen bei Abbiegevorgängen. Häufig noch als mit einer Alkoholisierung in Zusammenhang stehend diskutiert wird die nächtliche Fahrt ohne Licht. Auf den meist gut ausgeleuchteten innerstädtischen Verkehrswegen scheint dies nach der Lebenserfahrung weniger überzeugend. Dann kann schon eher das bewusste oder in Serie vermehrte Verstoßen gegen Verkehrsregeln als alkoholtypisch angesehen werden.

War der Beschuldigte an einem Unfall beteiligt, so macht es nur dann Sinn, die Frage der Alkoholtypizität des Unfalls aufzugreifen, wenn er den Unfall alleine oder wesentlich mitverursacht hat. Dann gilt jedoch, dass nicht alleine schon das Verschulden eines Unfalls als Hinweis auf alkoholbedingte Leistungsdefizite ausgelegt werden kann. Die großen Studien zur Erhöhung des allgemeinen Unfallrisikos unter Alkohol in dieser Weise zu interpretieren, wäre wissenschaftlich nicht haltbar.

Eine Differenzierung nach verschiedenen Unfallarten und ggf. deren Charakterisierung als alkoholtypisch ist unerlässlich. Hierfür gibt es zwei methodisch unterschiedliche wissenschaftliche Untersuchungsansätze: die deduktive und die induktive Methode. Die Mehrheit der veröffentlichten Ergebnisse stammt aus deduktiven Untersuchungen. Dabei wird aus der Kenntnis der pharmakodynamischen Wirkung des Alkohols rückgeschlossen auf die Unfallart, die durch diese Wirkung verursacht werden müsste. Genereller Nachteil der Methode ist, dass sich bei dieser denktheoretischen Verknüpfung Fehler einschleichen können. Bei monokausalen Zusammenhängen ist dieses Risiko noch relativ überschaubar. Wie aber aufgezeigt ist die Alkoholwirkung ein sehr komplexes multifaktorielles System mit weitgehend unvorhersehbaren Wechselwirkungen. Umso höher ist das Risiko von Fehlschlüssen. Induktive Untersuchungsansätze dagegen versuchen, unbeeinflusst vom Wissen über die Alkoholwirkung epidemiologisch statistisch Zusammenhänge durch den Vergleich der Unfälle zu erfassen, die von alkoholnüchtern und – unter möglichst identischen Umfeldbedingungen – von alkoholisierten Verkehrsteilnehmern verursacht werden. Solche Untersuchungen gibt es nur wenige, da sie aufgrund stark eingeschränkter Möglichkeiten der dazu notwendigen Datenerhebung für Deutschland schwer durchzuführen sind. Neben allgemein aufzuwerfenden Fragen der Repräsentativität der Stichproben stellt ihre relativ geringe Zahl den wesentlichen Nachteil dieser Methode dar.

Ein Dilemma für die Praxis resultiert nun daraus, dass deduktive und induktive Untersuchungsansätze nicht in allen Bereichen im Ergebnis übereinstimmen. Dies mündet mitunter auch in kontroverse Diskussionen unter den Gutachtern. Die Vielfalt und Komplexität der Alkoholwirkung bringt es mit sich, dass letztlich jedes Leistungsversagen theoretisch der Alkoholwirkung angelastet werden kann. Zur Not wird auf eine alkoholbedingte Aufmerksamkeitsstörung abgehoben, was angesichts der Tatsache, dass jeder Unfall Ausdruck einer Aufmerksamkeitsstörung ist, problematisch erscheint. In induktiven Untersuchungsansätzen zweifelsfrei bestätigt werden konnten aber nur die Geschwindigkeitsunfälle und das Abkommen von der Fahrbahn (Tabelle 1.4). Deutliche Hinweise für ein alkoholbedingt erhöhtes Risiko gibt es auch bei Vorfahrtsunfällen, Parallelverkehrsunfällen und Überholunfällen, während bei Auffahrunfällen – nach deduktiver Herleitung einer der charakteristischsten Alkoholunfälle – und bei Park- und Rangierunfällen erhebliche Zweifel angebracht sind. Bei dieser wissenschaftlich nicht eindeutig geklärten Sachlage wird zumindest den letztgenannten beiden Unfallarten vor dem Hintergrund des In-dubio-pro-reo-Grundsatzes für den Nachweis relativer Fahruntüchtigkeit keine Bedeutung beigemessen werden können.

Einfacher ist die Bewertung isolierter Einzelsymptome, wie sie sich ggf. aus Zeugenaussagen und dem ärztlichen Befundbericht im Rahmen der Blutentnahme ergeben können (vgl. auch 1.1.2). Beides kann grob gleichgesetzt werde, der Arzt ist lediglich in der Lage, durch fachliche Erfahrung und die Vornahme von Provokationstest eine feinere und differenziertere Beurteilung abzugeben. Dabei ist aber zunächst schon einmal zu prüfen, ob das aufgeführte Merkmal auch einen Rückschluss auf eine verkehrsrelevante Leistungseinbuße zulässt. Nicht gerechtfertigt ist dies bspw. bei den Symptomen „Alkoholgeruch“, „glasige Augen“ und „gerötete Bindehäute“. Es handelt sich wenn überhaupt um lediglich qualitative Krite-

Tabelle 1.4 Faktor der Risikoerhöhung (gerundet) eines zwischen 0,30‰ und 1,09‰ alkoholisierten Verkehrsteilnehmers gegenüber einem alkoholnüchternen Verkehrsteilnehmer nach Haffner et al. 1995

Unfallart	Risikoerhöhung eines Alkoholisierten gegenüber einem Alkoholnüchternen
Geschwindigkeitsunfälle	9
Abkommen aus der Fahrspur	5
Vorfahrtsunfälle	4
Parallelverkehrsunfälle	3
Überholunfälle	2
Auffahrunfälle	1
Park- und Rangierunfälle	1

rien, die über die Höhe der Alkoholisierung und den Grad der Beeinträchtigung keine Auskunft geben. Darüber hinaus wird von medizinischen Laien allenfalls und häufig erst auf gezieltes Befragen über augenfällige Stand- und Gangunsicherheiten sowie über Artikulationsstörungen berichtet. Dies ist dann schon in Richtung einer relevanten Alkoholbeeinflussung zu werten. Es sollte aber nicht aus den Augen verloren werden, dass vergleichbare Auffälligkeiten auch alkoholunabhängig sein können, was sich ggf. in foro herausstellen kann. Beispielhaft seien der sog. Seemannsgang erwähnt oder vorbestehende Sprachstörungen. Man wird weiter berücksichtigen müssen, dass verschiedene Beobachter subjektiv unterschiedliche Grenzziehungen zwischen noch normal und schon normabweichend vornehmen dürften. Eine zusammenfassende Beurteilung der Alkoholbeeinflussung sollte sich deshalb möglichst nicht nur auf ein einziges Kriterium stützen.

Häufig sind Zeugen sogar lediglich in der Lage eine globale Einschätzung des Trunkenheitsgrades anzugeben, ohne die Grundlagen dieses Eindrucks differenziert darstellen zu können. Dies muss den Wahrheitsgehalt der Aussage keineswegs in Zweifel ziehen. Das menschliche Gehirn kann aufgenommene Wahrnehmungen verarbeiten und schlussfolgernd zu einem Bild zusammenfügen und dieses abspeichern, ohne sich der einzelnen zu diesem Bild führenden Beurteilungskriterien bewusst zu werden. Andererseits lässt sich in diesen Fällen aber auch nicht überprüfen, ob dem Gesamteindruck Einzelsymptome zugrunde liegen, die für die Beurteilung der Leistungsfähigkeit relevant sind. Die gleiche Einschränkung gilt für die ärztliche Einschätzung des globalen Trunkenheitsgrades im Blutentnahmeprotokoll, sofern sie nicht oder nicht ausreichend von der Dokumentation typischer Einzelbefunde getragen wird. Die Einschätzung des Blutentnahmearztes kann zusätzlich davon beeinflusst werden, dass ihm in der Regel zumindest aus dem Blutentnahmeprotokoll das Ergebnis der AAK-Vortestung bekannt ist. Man kann dann leicht verleitet werden zu sehen, was man zu sehen erwartet.

Gravierende psychische Auffälligkeiten werden im Konzentrationsbereich unter 1,10‰ selten berichtet. Sind sie zweifelsfrei festgestellt, muss von einem Grad der Beeinflussung ausgegangen werden, der mit dem sicheren Führen eines Fahrzeugs nicht mehr in Einklang steht. Umso mehr ist eine kritische Prüfung erforderlich. Mitunter berichten Zeugen, ein Beschuldigter habe einen verwirrten Eindruck gemacht. Verwirrt, im engeren und medizinischen Sinne als Ausdruck einer Orientierungsstörung zu interpretieren, hat umgangssprachlich eher die Bedeutung von irritiert oder verunsichert erlangt und ist in den meisten der zu beurteilenden Fälle als situationsadäquat anzusehen. Zu berücksichtigen sind auch die Primärpersönlichkeit und ggf. ethnische Besonderheiten. Hyperthyme und extravertierte Persönlichkeiten geraten leichter unter Verdacht alkoholisiert zu sein und Angehörige bestimmter Volksgruppen wirken in ihrer Mentalität nach hiesigen Maßstäben auch in nüchternem Zustand psychomotorisch verlangsamt.

Gegen einen 20 Jahre alten Mann wurde Anklage erhoben, er sei gegen 17.15 Uhr mit dem PKW Typ BMW auf öffentlichen Straßen gefahren, obwohl er infolge vorangegangenen Alkoholgenusses fahruntüchtig war. Wegen seiner alkoholbedingten Fahrunsicherheit sei er in einer Kurve von der Fahrbahn abgekommen und eine Böschung hinabgestürzt. Eine bei ihm um 17.50 Uhr entnommene Blutprobe habe eine Blutalkoholkonzentration von 0,77‰ ergeben.

Der Angeklagte berichtete, er habe den Führerschein seit 1 Jahr und 10 Monaten. Er habe zunächst kein eigenes Auto besessen, gelegentlich den VW Polo seiner Mutter genutzt, die Gesamtfahrleistung habe bei etwa 5000 km bis 6000 km gelegen. Wenige Tage vor dem Unfall habe er den BMW gekauft. Am Unfalltag habe er ab ca. 16.00 Uhr zu Hause mit seinem Cousin seine bestandene Prüfung gefeiert, 2 bis 3 Bier à 0,5 l getrunken. Gegen 17.00 Uhr habe er seinen Cousin nach Hause gebracht. Für den Rückweg habe er einen geteerten Gemeindeverbindungsweg benutzt. Er sei mit etwa 50 km/h bis 60 km/h gefahren. Es habe viel Laub auf dem Weg gelegen. In einer Kurve habe er bremsen müssen, das Heck des Fahrzeugs sei ausgebrochen und er habe die Kontrolle über das Fahrzeug verloren. Er sei von der Fahrbahn ab auf eine abfallende Böschung gerutscht und dort an einem Baumstumpf hängen geblieben. Das Fahrzeug habe vorne rechts einen Blechschaden, möglicherweise sei auch die Spur verstellt, am Fahrverhalten sei jedoch nichts zu merken gewesen. Da er mit seinem Fahrzeug die Böschung nicht mehr hochgekommen sei, sei über eine Wiese auf die nahegelegene Kreisstraße und auf ihr langsam nach Hause gefahren. Um den Verkehr nicht aufzuhalten, habe er soweit möglich auch Feldwege genutzt.

Ein Zeuge befuhr zur gleichen Zeit die Kreisstraße. Er berichtete, der beschädigte BMW sei ihm im Vorbeifahren aufgefallen. Er sei hinter ihm aus der Wiese auf die Kreisstraße eingebogen und habe dann ihn und ein vor ihm fahrendes Fahrzeug überholt. Er sei gefahren wie auf einer Rallye. Man habe gesehen, dass er die Spur nicht habe halten können, etwas mit der Achse habe nicht gestimmt. Er sei dem BMW nachgefahren, der habe versucht ihn abzuhängen, indem er auf Feld- und Wiesenwege ausgewichen sei. Er habe ihn bis nach Hause verfolgt und dann die Polizei gerufen.

Der sachbearbeitende Polizeibeamte gab an, er habe den Angeklagten zu Hause aufgesucht. Der BMW habe an der Front einen Blechschaden gehabt, das eine Vorderrad habe leicht schräg gestanden. Der Angeklagte habe nach Alkohol gerochen und leicht verwirrt gewirkt. Der Alkoholvortest sei positiv gewesen, weshalb man ihn zur Blutentnahme gebracht habe. Anschließend habe er sich die Unfallstelle zeigen lassen. Seiner Einschätzung nach könne man die Strecke dort mit 40 km/h bis 50 km/h befahren.

Im Blutentnahmeprotokoll waren keine auffälligen neurologischen oder psychischen Auffälligkeiten verzeichnet. Der Gesamteindruck des blutentnehmenden Arztes lautete „leicht unter Alkoholeinfluss stehend".

Auf den ersten Blick scheint es sich um einen Geschwindigkeitsunfall und damit um einen alkoholtypischen Unfall zu handeln. Es können dem aber mehrere andere Faktoren entgegengesetzt werden, die die Verknüpfung zu einem alkoholbedingten Leistungsdefizit zumindest relativieren. Dabei ist nicht nur an das Jugendlichkeitsrisiko zu denken. Der Angeklagte hatte allgemein wenig Fahrerfahrung und insbesondere so gut wie keine Erfahrung mit dem neuen, für ihn noch unbekannten Fahrzeug. Die Feststellungen des Polizeibeamten und des blutentnehmenden Arztes dokumentieren allenfalls qualitativ eine Alkoholisierung, keine verkehrsrelevante Leistungsdefizite. Entscheidende Bedeutung käme somit der Aussage des Anzeigeerstatters zu. Folgt man ihr, so könnte man in der angesichts des Unfallerlebnisses und der Fahrzeugbeschädigungen inadäquaten Fahrweise eine relative Fahrunsicherheit aufgrund der offensichtlichen psychischen Alteration ausreichend überzeugend belegt sehen.

1.2.6 Atemalkohol (Haffner)

Im Jahr 1998 wurde im § 24a StVG die Messung der Atemalkoholkonzentration als gerichtsverwertbar eingeführt. Dem BAK-Gefahrengrenzwert von 0,50 ‰ wurde der AAK-Gefahrengrenzwert von 0,25 mg/L als Alternative zur Seite gestellt. Bislang keine Anerkennung findet die Atemalkoholmessung im Strafrecht, wenngleich hierüber immer wieder Diskussionen aufflammen.

1.2.6.1 Blut- und Atemkonzentration – pharmakologische Grundlagen

Alkohol verteilt sich als eine wasserlösliche Substanz im gesamten Wasserraum des Körpers. Geht man der Einfachheit halber zunächst von einem statischen Denkmodell aus, so ist die Konzentration zu einem bestimmten Zeitpunkt überall gleich. Folglich kann man sie aus allen Probenarten von körpereigenem Material bestimmen, die Wasser enthalten bzw. auf einer wässrigen Basis beruhen. Zu berücksichtigen und für den Vergleich mit Blutalkoholkonzentrationen rechnerisch zu korrigieren ist lediglich der unterschiedliche Wassergehalt der Proben.

Auch die Lunge und das die Lunge durchströmende Blut enthalten Alkohol. Dieser geht an der Grenzfläche, d.h. an der Oberfläche der Lungenbläschen in die Atemluft über. Die Alkoholkonzentration kann also auch in der Atemluft gemessen werden. Allerdings hat sich der Aggregatszustand geändert. Zusätzlich sind deshalb bestimmte chemische und physikalische Eigenschaften wie bspw. der Dampfdruck des Alkohols bei der Umrechnung einzubeziehen. Außerdem ist dadurch einen Wechsel der Maßeinheit erforderlich. Die Konzentration wird nicht mehr in g/kg (g Alkohol in kg Untersuchungsflüssigkeit) oder ‰ angegeben, sondern in mg/L (mg Alkohol in L Atemluft). Landläufig, aber wissenschaftlich nicht korrekt, wird der sog. Konversionsfaktor, der Umrechnungsfaktor der Atemalkoholkonzentration in Blutalkoholkonzentration unter Berücksichtigung all dieser Faktoren mit 1 zu 2 angegeben. Demnach entspräche eine Atemalkoholkonzentration von 0,25 mg/L einer Blutalkoholkonzentration von 0,50 ‰.

Die wissenschaftliche Korrektheit dieses Konversionsfaktors ist deshalb nicht gegeben, weil das zugrunde liegende statische Denkmodell nicht zutrifft. In der Realität verändert sich die Alkoholkonzentration im Körper ständig mit der Folge, dass Konzentrationsgefälle zwischen den Verteilungsräumen und sogar innerhalb der Verteilungsräume auftreten. In der Resorptionsphase fließt permanent Alkohol aus dem Magen-Darm-Trakt in das Blut nach und wird mit dem Blutstrom im Wasserraum des Körpers verteilt. In Flussrichtung des Blutes gesehen hat das vom Magen-Darm-Trakt wegströmende Blut einen vergleichsweise hohen Alkoholgehalt, der entlang der Wegstrecke durch die Weiterverteilung ins Körperwasser allmählich abnimmt, bis sich die Konzentration im Blut und im umgebenden Körperwasserraum einander angeglichen haben. Wie hoch dieses Konzentrationsgefälle entlang der Flussrichtung des Blutes ist, hängt von der Menge des nachströmenden Alkohols, also von der Resorptionsgeschwindigkeit ab. In der Leber dagegen wird Alkohol verstoffwechselt. Die Alkoholkonzentration des in die Leber hineinströmenden Blutes ist folglich höher als die des aus der Leber herausströmenden Blutes. In der Resorptionsphase spielt dies meist nur eine untergeordnete Rolle, da die aus dem Magen-Darm-Trakt anströmende Menge in der Regel deutlich höher ist, als die in der Leber eliminierte Menge. Nach Abschluss der Resorption aber wird das mit geringerer Alkoholkonzentration die Leber verlassende Blut entlang seiner Flussrichtung allmählich wieder aufgesättigt, indem Alkohol aus dem umgebenden Körperwasser in das Blut zurückdiffundiert.

Ausgehend vom Magen-Darm-Trakt durchströmt das Blut zunächst die Leber, fließt dann zum rechten Herzen, anschließend durch die Lungen, wo die Atemalkoholmessung erfolgt. Die Atemalkoholkonzentration korreliert mit der Blutalkoholkonzentration an dieser Stelle; da es sich an diesem Ort um arterialisiertes Blut handelt, entspricht sie der Alkoholkonzentration des arteriellen Blutes. Aus der Lunge fließt das Blut zurück zum linken Herzen, von wo es in einer fächerförmigen Aufzweigung der Arterien parallel durch verschiedene Körperregionen gepumpt wird, z.B. auch durch das Gehirn, das Erfolgsorgan des Alkohols, oder durch die Arme, dem Ort der Blutentnahme, oder durch die Oberbauchregion mit Magen und Zwölffingerdarm, wo ggf. Alkohol neu aufgenommen wird. Nach dem Durchströmen der verschiedenen Versorgungsgebiete fließt das Blut zurück und sammelt und durchmischt sich im rechten Herzen, von wo der Kreislauf neuerlich beginnt. Aus diesem aus einem der Arme zurückfließenden Blut, somit aus venösem Blut, stammt die Probe zur Blutalkoholbestimmung. Blutalkoholkonzentration und Atemalkoholkonzentration werden also an verschiedenen Orten des Blutkreislaufs gemessen, an denen unterschiedliche Konzentrationen vorliegen. Diese regionalen Unterschiede sind nicht konstant, sondern von der pharmakokinetischen Phase abhängig und von der Geschwindigkeit, mit der sich die Konzentration ändert.

Der Konversionsfaktor muss zwangsläufig in gleichen Abhängigkeiten variieren. In der Resorptionsphase ist die Atemalkoholkonzentration in Relation höher als die Blutalkoholkonzentration. Der Konversionsfaktor ist kleiner als 1 zu 2, umso kleiner, je höher die Resorptionsgeschwindigkeit des Alkohols ist. Meist liegt er zwischen 1 zu 1,6 und 1 zu 2,0. In Extremfällen, d.h. bei sehr schneller Anflutung, kann er auch einmal 1 zu 1 oder weniger betragen. In der postresorptiven Eliminationsphase sind die Alkoholkonzentrationen im venösen Schenkel höher als in der Lunge, da auf dem Weg zwischen Leber und Lunge noch nicht sehr viel Alkohol aus dem Körperwasser ins Blut zurückdiffundieren konnte. Da die Eliminationsgeschwindigkeit in der Leber relativ konstant ist, pendelt sich auch der Konversionsfaktor auf einem weitgehend konstanten Niveau ein. Er beträgt in der Regel etwa 1 zu 2,1 bis 1 zu 2,3. Erst wenn die Eliminationsgeschwindigkeit abfällt, d.h. im exponentiellen Schenkel der Eliminationskurve, steigen die Konversionsfaktoren weiter deutlich an.

Als weiterer Faktor hat offensichtlich auch die Höhe der gerade vorliegenden Alkoholkonzentration einen Einfluss auf den Konversionsfaktor. Bei kleineren Konzentrationen ist er größer, bei höheren Konzentrationen kleiner. Im Vergleich zu den Einflussfaktoren ‚pharmakokinetische Phase' und ‚Geschwindigkeit der Konzentrationsänderung' macht die aber weniger aus. So liegt der Konversionsfaktor in der linearen Eliminationsphase bei ca. 0,55 mg/L um etwa 6 % bis 7 % niedriger als bei 0,25 mg/L.

Letztlich zeigen diese Überlegungen, dass eine Konversion von AAK-Werten in BAK-Werte im Einzelfall nicht möglich ist. Dies ist aber nach der Formulierung des § 24a StVG auch nicht erforderlich. Das Erreichen oder Überschreiten eines Grenzwertes alleine, entweder des AAK-Grenzwertes oder des BAK-Grenzwertes reicht aus.

Da sich der Konversionsfaktor im Verlauf der Alkoholkonzentrationskurve ständig ändert, stehen die BAK-Kurve und die AAK-Kurve nicht in Parallelität zueinander, auch nicht in der linearen Eliminationsphase der BAK, da sich zumindest noch der Einfluss des Konzentrationsniveaus auf den Konversionsfaktor auswirkt. Das heißt allerdings nicht, dass die AAK-Konzentrationskurve in dieser Phase nicht auch linear erläuft. Somit können zwar die BAK-Eliminationsraten nicht in AAK-Eliminationsraten umgerechnet werden; die AAK-Eliminationsgeschwindigkeit kann aber sehr wohl auch unter forensischen Aspekten neu experimentell bestimmt werden. Die wissenschaftliche Basis für eine künftige Rückrechnung anhand von AAK-Werten ist auch bereits gelegt, wenngleich eine praktische Umsetzung noch nicht erfolgt ist. (Dettling et al. 2009)

1.2.6.2 Der AAK-Gefahrengrenzwert

Wenngleich im Einzelfall eine Konversion von AAK in BAK und umgekehrt nicht möglich ist, wurde der AAK-Gefahrengrenzwert durch eine Konversion aus dem BAK-Gefahrengrenzwert kreiert. Dabei kam ein Konversionsfaktor von 2 zu 1 (BAK in AAK) zur Anwendung, 0,50‰ wurde zu 0,25 mg/L umgerechnet. Diese Vorgehensweise stützt sich zunächst grundlegend auf die Voraussetzung, dass zum Zeitpunkt der Messung die Resorption weitgehend abgeschlossen ist. Dadurch fallen die niedrigen Konversionsfaktoren der Anflutungsphase nicht mehr ins Gewicht und auch der neben der pharmakokinetischen Phase zweite wesentliche Einflussfaktor, die Geschwindigkeit der Konzentrationsänderung, kann als in engem Rahmen konstant angesehen werden. Unter diesen Bedingungen ist die Schwankungsbreite des Konversionsfaktors relativ klein. Nach dem Gutachten „Beweissicherheit der Atemalkoholanalyse" (Schoknecht 1992) liegt der Faktor bei ca. 2,1 zu 1. Die Reduktion auf 2,0 zu 1 erfolgte unter Berücksichtigung der verbleibenden Schwankungsbreite, um eine Benachteiligung im Rahmen der AAK-Messungen gegenüber den BAK-Messungen zu vermeiden.

Gegen diese Vorgehensweise lässt sich Kritik anbringen (Haffner, Graw 2009). So ist es aus naturwissenschaftlicher Sicht fehlerhaft, einen Grenzwert, der sich aus Grundwert und Sicherheitszuschlag zusammensetzt, als Ganzes umzurechnen. Konvertierbar ist grundsätzlich nur der Grundwert. Da die AAK mit anderen Methoden gemessen wird als die BAK und die Messpräzision von den Bestimmungsmethoden abhängt, hätte der Sicherheitszuschlag für die AAK neu berechnet werden müssen.

Allerdings hat sich im Nachhinein herausgestellt, dass die Messpräzision beider Bestimmungsmethoden auf dem Konzentrationsniveau von 0,25 mg/L respektive 0,50 ‰ zufälliger Weise gleich ist. Deutliche Unterschiede sind erst bei höheren Konzentrationen zu beobachten. Hier zeigt sich die Präzision der BAK-Bestimmungsmethodik der der AAK-Bestimmungsmethodik deutlich überlegen. Sollte zukünftig eine AAK-Grenze der absoluten Fahruntüchtigkeit eingeführt werden, wäre dies zu berücksichtigen. (Haffner et al. 2002)

Auch die Reduktion des angewandten Konversionsfaktors von 2,1 zu 1 auf 2,0 zu 1 erscheint nicht unproblematisch. Der dadurch beabsichtigte Ausschluss einer Benachteiligung der Fälle von AAK-Messungen gegenüber denen von BAK-Messungen verwirklicht zwangsläufig in der Umkehr eine Benachteiligung der Fälle von BAK-Messungen. Dabei ist es den Betroffenen keineswegs immer freigestellt, die für sich günstigere Methode zu wählen. So steht die AAK-Messung bspw. bei Schwerverletzten und bei Lungenkranken nicht zur Verfügung.

Selbst über die Höhe des diesen Überlegungen zugrunde gelegten mittleren Konversionsfaktors von 2,1 zu 1 kann diskutiert werden. Zur Zeit der Erstellung des Gutachtens „Beweissicherheit der Atemalkoholanalyse" (Schoknecht 1992) war noch nicht bekannt, dass der Konversionsfaktor auch konzentrationsabhängig ist. Entsprechend wurde dies bei der Auswertung des Datenmaterials nicht ausreichend berücksichtigt. In späteren Untersuchungen ergaben sich Hinweise darauf, dass im Konzentrationsbereich von 0,25 mg/L der mittlere Konversionsfaktor eher höher anzusetzen wäre (Haffner et al. 2003). Umso gravierender wäre dann das durch die Reduktion entstandene Missverhältnis zwischen den Nachweismethoden.

Nicht bestätigen ließ sich schließlich auch die Grundvoraussetzung, dass zum Zeitpunkt der Messung in der Regel die Resorption weitgehend abgeschlossen ist und deshalb der Konversionsfaktor bei oder über 2 zu 1 liegt. Dies sollte dadurch gesichert werden, dass die AAK-Messungen frühestens 20 Minuten nach Trinkende durchgeführt werden dürfen. Zu diesem Zeitpunkt haben nach experimentellen Überprüfungen aber erst etwa 40 % der Probanden einen Konversionsfaktor von 2 zu 1 oder mehr erreicht (Dettling et al. 2006).

Ein alternativer Weg, einen AAK-Gefahrengrenzwert zu begründen, hätte in der Auswertung von Feldstudien hinsichtlich des Gefährdungsgrades verschiedener Atemalkoholkonzentrationen im Straßenverkehr bestanden. Hier setzt auch die Kritik von Gegnern der gerichtsverwertbaren AAK-Messung an, im Gegensatz zur BAK sei der graduelle Zusammenhang zwischen AAK und Straßenverkehrsgefährdung wissenschaftlich nicht abgesichert. Dies ist allerdings nicht zutreffend. Gerade umfassende Feldstudien wie die bereits erwähnte Borkenstein- oder Grand Rapids-Studie, die wesentliche Grundlage für die Begründung der BAK-Grenzwerte war, wurden mithilfe von AAK-Messungen durchgeführt. Da die Größenordnungen der AAK-Messwerte damals allerdings zu wenig vertraut waren, wurden sie nachträglich in BAK-Messwerte umgerechnet.

Insgesamt kann kein Zweifel daran bestehen, dass die Art der Einführung und die Begründung des AAK-Gefahrengrenzwertes zumindest diskussionswürdig sind. Für die Bewertung des konkreten Falles in der Praxis haben diese grundlegenden Einwände jedoch kaum Relevanz.

1.2.6.3 Das AAK-Messgerät Dräger Alcotest 7110 Evidential

Es gibt eine Vielzahl von Atemalkoholmessgeräten. Die überwiegende Mehrzahl eignet sich nur als Vortestgerät, d. h. zur Beantwortung der Frage, ob überhaupt eine Alkoholisierung vorliegt und ob sie sich grob orientierend in einer verkehrsrechtlich relevanten Größenordnung bewegt. Gerichtsverwertbare Ergebnisse liefert bislang ausschließlich das Dräger Alcotest 7110 Evidential. Es hat eine Bauartzulassung der Technischen Bundesanstalt in Braunschweig und erfüllt die in der DIN VDE 0405 festgeschriebenen Voraussetzungen.

Bezüglich der Details der Funktionsweise des Dräger Alcotest 7110 Evidential ist auf Lagois (2000) zu verweisen. Das Gerät misst die Alkoholkonzentration der Atemluft in zwei in kurzem Abstand nacheinander gegebenen Atemproben mit zwei unterschiedlichen Messmethoden. Aus den beiden so gewonnenen Einzelmesswerten wird ein geschnittener Mittelwert berechnet und als Ergebnis ausgedruckt. Die Messmethode der ersten Atemprobe ist ein elektrochemisches Verfahren. In der Messkammer befinden sich zwei mit einem Katalysator beschichtete Elektroden. Durch den Niederschlag des Alkohols werden Elektronen freigesetzt, die einen Stromfluss bewirken. Das Ausmaß des Stromflusses ist ein Maß für die Höhe der Alkoholkonzentration. Die zweite Messmethode ist ein infrarotoptisches Verfahren. Die Messkammer stellt quasi ein Photometer dar. Bestimmt wird die durch Alkohol bedingte Absorption von Licht der Wellenlänge 9,5 µm. Der Grad der Absorption korreliert mit der Alkoholkonzentration. Eine photometrische Messung wird bereits bei der ersten Atemprobe parallel zum elektrochemischen

Verfahren durchgeführt; das Ergebnis wird aber nur geräteintern zur Überprüfung der Spezifität genutzt und wird nicht angegeben oder ausgedruckt. Für das später ausgedruckte Gesamtergebnis ist nur das photometrische Messergebnis in der zweiten Atemprobe relevant.

Dieses Prinzip der Messung mit unterschiedlichen Analysemethoden, das auch bei der Blutalkoholbestimmung gefordert wird, gewährleistet eine hohe Spezifität der Ergebnisse, schützt also davor, dass das Ergebnis durch andere Substanzen als die Zielsubstanz verfälscht wird. Es ist unwahrscheinlich, dass eine Fremdsubstanz beide Messmethoden in gleichem Umfang erhöht; folglich tritt eine unerlaubt hohe Differenz zwischen den Ergebnissen der unterschiedlichen Methoden auf, was die Verfälschung erkennen lässt.

Auch die Messpräzision des Dräger Alcotest 7110 Evidential ist vergleichsweise hoch, sie steht, wie bereits erwähnt, im Konzentrationsbereich von 0,25 mg/L der der Blutalkoholbestimmungsmethoden nicht nach. Die Befürchtung, die für die Mittelwertbildung herangezogene Zahl von nur 2 Einzelmesswerten müsse im Vergleich zur BAK-Mittelwertberechnung aus 4 Einzelmesswerten eine Minderung der Messpräzision nach sich ziehen, konnte widerlegt werden (Haffner et al. 2002). Die in der Diskussion geforderte zusätzliche Heranziehung des sog. dritten Wertes, der geräteintern lediglich der Spezifitätskontrolle dient, ist nicht unbedingt erforderlich, wenngleich er vermutlich die Messpräzision noch weiter erhöhen würde.

Die ordnungsgemäße Funktion der Dräger Alcotest 7110 Evidential-Geräte wird durch eine amtliche Eichung garantiert. Die Eichgültigkeitsdauer liegt bei einem halben Jahr. Im Vergleich zu anderen technischen Geräten, deren Eichgültigkeitsdauer meist ein Jahr beträgt, ist sie kurz. Dies rechtfertigt jedoch kein Misstrauen gegenüber der Funktionstüchtigkeit, sondern ist eher Ausdruck des Bestrebens, einen hohen Sicherheitsstandard zu gewährleisten. Die Gültigkeit der Eichung wird durch den Eichschein dokumentiert, der in der Regel von den Polizeidienststellen unaufgefordert zu den Akten gegeben wird. Eine sog. Lebensakte, wie sie bei anderen technischen Geräten, etwa bei Geschwindigkeitsmessgeräten üblich ist, wird beim Dräger Alcotest 7110 Evidential nicht geführt. Sie ist nicht nötig, da im Gegensatz zu anderen technischen Geräten am Dräger Alcotest 7110 Evidential Wartungen und Reparaturen ausschließlich vom Hersteller durchgeführt werden. Die Gerätetechnik und die Software sind ohne Verletzung der Eichplomben oder Siegel von außen nicht zugänglich. Allerdings sind die Polizeibehörden gehalten, in sog. Lastenheften Auffälligkeiten oder Unregelmäßigkeiten bei Messungen zu dokumentieren. In der Regel funktionieren die Geräte jedoch so störungsfrei, dass bei den zuständigen Dienststellen meist keine Lastenhefte vorliegen.

1.2.6.4 Messvorgang und Messprotokoll

Zu unterscheiden sind die Durchführung der Messung und der technische Messvorgang. Bei der Durchführung der Messung können Fehler unterlaufen, der geräteinterne technische Messvorgang dagegen stellt ein selbstkontrollierendes System dar, das mit Ausnahme einer fehlerhaften Eingabe von außen nicht beeinflussbar ist. Bei Abweichungen von den Vorgaben wird die Messung ohne Ergebnis abgebrochen. Im Protokollausdruck findet sich stattdessen eine entsprechende Fehlermeldung.

Die Messung darf nur von einem Beamten durchgeführt werden, der in einer eintägigen Schulung mit dem Dräger Alcotest 7110 Evidential und den Durchführungsbestimmungen für die Messung vertraut gemacht wurde. Der Kenntnisstand der Beamten nach der Schulung ist erfahrungsgemäß jedoch höchst unterschiedlich. Vor der Messung ist zu prüfen, ob das Gerät äußerlich erkennbare Beschädigungen aufweist. Eichplombe und Eichsiegel müssen unversehrt sein. Die Messung darf frühestens 20 Minuten nach Trinkende durchgeführt werden. In den letzten 10 Minuten vor der Messung darf zudem nichts mehr in die Mundhöhle aufgenommen werden, es darf nichts mehr gegessen, getrunken oder gelutscht werden, nicht geraucht werden, es dürfen keine Sprays oder Spüllösungen angewandt werden. Selbst Mundspülungen mit Wasser stellen streng genommen einen Verstoß gegen die Durchführungsbestimmungen dar.

Der eigentliche Messvorgang dauert etwa 6 bis 8 Minuten. Auf dem Gerätedisplay wird die jeweilige Phase der Messung angezeigt und bei Zeit zu den notwendigen Bedienschritten aufgefordert. Am Ende der Messung wird ein Protokollstreifen ausgedruckt, der die Angaben zum Gerät sowie den Ablauf der Messung und das Ergebnis dokumentiert (Abb. 1.19).

Im Kopf des Protokolls sind der Gerätetyp, die Seriennummer des Geräts und die Software-Version angegeben. Derzeit aktuell ist die Software-Version 1.7. In der Vergangenheit wurde die Software zweimal geändert. Die erste Änderung betraf einen Fehler in der Mittelwertberechnung, der Mittelwert war ursprünglich kaufmännisch gerundet statt geschnitten worden. Mit der zweiten Änderung wurde lediglich die Formulierung des Protokollausdrucks verbessert. Wesentlich ist weiter der Ausdruck von Monat und Jahr, in dem die Eichfrist abläuft.

Durch diese Angabe erübrigt sich im Grunde die Vorlage des Eichscheins in den meisten Fällen, zumal Messungen nach Ablauf des Monats, in dem die Eichfrist abläuft, durch eine automatische geräteinterne Sperrung verhindert werden. Allerdings stammt dieses Sicherungssystem noch aus der Zeit, in der die Eichfristen auf das Ende des letzten Monats der Eichfrist aufgerundet wurden. Zwischenzeitlich werden die Eichfristen tagesgenau definiert, wodurch während des letzten Eichmonats eine Lücke entstehen kann. Läuft die Eichfrist bspw. zum 15. eines Monats ab, so sind trotz Ablaufs der Eichfrist noch bis zum 30./31. dieses Monats Messungen möglich.

Im Kopf des Protokolls weiter angegeben sind Datum sowie Startzeit und Ende des Messvorgangs. Für die Kontrolle der zeitlichen Abstände zwischen Trinkende und Messung ist jedoch nicht die Startzeit des Messvorgangs, sondern die weiter unten ausgedruckte Zeit der ersten Probengabe relevant.

Nach dem Start des Messvorgangs werden zunächst die Personaldaten des Probanden gefordert. Wesentlich ist dabei, dass Alter und Geschlecht korrekt eingegeben werden. Die Messung ist nur dann verwertbar, wenn die Volumina der Atemproben ausreichend groß sind, da nur so sichergestellt werden kann, dass die Messung korrekt in Luft aus den tiefen Lungenabschnitten erfolgt. Die erforderlichen Atemvolumina sind alters- und geschlechtsabhängig und werden in jedem Einzelfall vom Gerät auf der Basis der Alters- und Geschlechtsangaben kontrolliert. Bei falschen Eingaben können die Mindestanforderungen unterschritten werden, die Messungen ungültig sein, ohne dass die geräteinternen Kontrolleinrichtungen dies erfassen.

Bei einer Messung mit dem Dräger Alcotest 7110 Evidential im Jahr 2010 wurde bei einem 1983 geborenen Mann versehentlich das Geburtsjahr 1938 eingegeben. Das Messprotokoll weist u. a. bei der Probandenmessung 1 ein Atemvolumen von 2,8 Litern aus. Bei der zweiten Probandenmessung lag das Atemvolumen bei 3,0 Litern. Die Einzelmesswerte betrugen 0,296 mg/L und 0,291 mg/L, was zu einem Ergebnisausdruck von 0,29 mg/L führte.

Der Beschuldigte war zum Zeitpunkt der Messung 27 Jahre alt. Um sicherzustellen, dass die Messung in Atemluft aus den tiefen Lungenabschnitten durchgeführt wird, muss das Atemvolumen bei einem 20 bis 30 Jahre alten Mann mindestens 3 Liter betragen (Lagois 2000). Dieser Wert war bei der ersten Probandenmessung unterschritten, so dass die Messung nicht als verwertbar angesehen werden kann. Das Gerät selbst konnte diesen Fehler nicht erkennen, da es aufgrund des Zahlendrehers auf Erfüllung der Messbedingungen kontrollierte, die für einen 72 Jahre alten Mann gelten. Für dieses Lebensalter hätten die Atemvolumina ausgereicht.

Nach einer Warmlaufphase, verschiedenen Spülvorgängen, einer Überprüfung der Umgebungsluft auf Alkohol und einer Null-Wert-Einstellung wird der Proband zweimal hintereinander aufgefordert, eine Atemprobe abzugeben. Diese beiden Probengaben müssen in einem Abstand von mindestens 2 Minuten und maximal 5 Minuten erfolgen. Frühere oder spätere Probengaben werden vom Gerät nicht akzeptiert. Gelingt eine zweite Probengabe nicht auf Anhieb, kann sie wiederholt werden, sofern sie noch innerhalb dieser Zeitspanne durchgeführt werden kann.

Die Abgabe der Atemprobe muss jeweils in einem Zug erfolgen, darf nicht unterbrochen werden, was zum Abbruch der Messung führen kann. Weiter misst das Gerät während der Probengaben jeweils die Volumina der eingeblasenen Luft, die Dauer der Blasvorgänge und die Strömungsgeschwindigkeiten und überprüft, ob sie den Mindestanforderungen entsprechen und ob zwischen der ersten und zweiten Probengabe unzulässig große Differenzen bestehen. Abweichungen führen ebenfalls zum Abbruch der Messung. Diese Messdaten finden sich auch auf dem Protokollausdruck unter den Stichworten „Probandenmessung 1“ und „Probandenmessung 2“. Angegeben sind weiter die Zeitpunkte der Probengaben. Der Zeitpunkt der ersten Probengabe ist der Zeitpunkt des eigentlichen Beginns der Messung. Anhand dieser Zeitangabe ist der erforderliche Abstand zum Trinkende zu kontrollieren; dieser kann selbstverständlich nicht der automatischen Kontrollfunktion des Geräts unterliegen.

Bestimmt und angegeben wird auch die Atemtemperatur. Die Löslichkeit des Alkohols in der Atemluft ist temperaturabhängig, je höher die Temperatur, desto höher die Konzentration. Da die Atemtemperaturen individuell und situativ schwanken, kann dies intraindividuell zu einem Verlust von Messpräzision und interindividuell zu einer Ungleichbehandlung führen. Deswegen wird der Messwert bezogen auf eine Temperatur von 34 °C rechnerisch korrigiert. Diese Bezugstemperatur ist willkürlich gewählt; dies ist letztlich nicht zu beanstanden, da ihre Höhe keine wesentliche Rolle spielt. Wichtig ist lediglich, dass eine Umrechnung auf die gleiche Bezugstemperatur erfolgt. Die ausgedruckten Messwerte stellen bereits rechnerisch korrigierte Werte dar.

Aus den Messwerten der „Probandenmessung 1“ und der „Probandenmessung 2“ wird, sofern das Gerät keine Abweichungen von den Vorgaben festgestellt hat, unter Abrundung der dritten Stelle hinter dem Komma der Mittelwert, sog. geschnittener Mittelwert, berechnet und als Endergebnis der Messung angegeben. Voraussetzung dafür ist jedoch, dass die Differenz der beiden Einzelmessergebnisse nicht zu groß ist; erlaubt sind maximal 0,02 mg/L bzw. 5 % Abweichung der Einzelmesswerte vom Mittelwert.

Abb. 1.19 Messprotokoll einer Atemalkoholanalyse mit dem Dräger Alcotest 7110 Evidential

```
************************
01234 EVIDENTIAL 56789
DRÄGER  ALCOTEST  7110
SERIENNUMMER:  ARPE-0026
SW.:    8315600 REV: 1.7
PROBENNUMMER:       3621
KALIBRIERNR.:      00090
PROTOKOLLNR.:      03532
EICH-ENDE:         03.09

DATUM:          30.09.08
UHRZEIT START:  16:25 S
        ENDE :  16:31 S
************************
DIENSTSTELLE:

************************
NAME PROBAND:
HAFFNER
........................
VORNAME:
HANS-THOMAS
........................
GEBURTSDATUM/GESCHLECHT:
10.05.54        MÄNNLICH
........................
************************
PROBANDENMESSUNG 1
 ATEMVOLUMEN    :  3.6 l
 ATEMZEIT       :  9.3 s
 ATEMTEMPERATUR : 34.6°C
 UHRZEIT        :  16:26
 PROBAND        :  0.098
------------------- mg/l
PROBANDENMESSUNG 2
 ATEMVOLUMEN    :  3.8 l
 ATEMZEIT       : 11.9 s
 ATEMTEMPERATUR : 35.3°C
 UHRZEIT        :  16:29
 PROBAND        :  0.103
------------------- mg/l
************************
*    MESSERGEBNIS      *
*                      *
      0.10 mg/l
************************
      MESSUNG OHNE
     BESONDERHEITEN
************************
DER/DIE UNTERZEICHNENDE
BESTÄTIGT (UNTER-
SCHRIFT),DASS ER/SIE ZUR
ANWENDUNG DES MESSGERÄ-
TES BEFUGT IST,DEM PRO-
BANDEN DAS MESSVERFAHREN
ERLÄUTERT, DIE MESSUNG
NACH GEBRAUCHSANWEISUNG
DURCHGEFÜHRT UND DIE AN-
ZEIGE MIT DEM GEDRUCKTEN
ERGEBNIS AUF ÜBEREIN-
STIMMUNG GEPRÜFT HAT.
************************
BEDIENER/IN  DIENSTBEZ.:
VERKEHRSMED. HEIDELBERG
........................
UNTERSCHRIFT BEDIENER/IN

........................
01234 EVIDENTIAL 56789
************************
```

1.2.6.5 Fehler und Störeinflüsse bei der AAK-Messung

Die häufigsten Fehler bei der AAK-Messung resultieren aus einer Verletzung der Durchführungsbestimmungen. An erster Stelle steht dabei die Unterschreitung der vorgeschriebenen Wartezeit von 20 Minuten nach Trinkende. Da sich gerade in dieser Phase unmittelbar nach Trinkende die Konversionsfaktoren besonders rasch verändern, führt dies immer zu fehlerhaften Ergebnissen, die nicht verwertbar sind. In besonderen Fällen, wenn bspw. nach einer längeren Trinkpause die letzte Konsummenge, durch die die Wartezeit tangiert wird, besonders gering ist, kann man eventuell versuchen, dies durch im Einzelfall zu bestimmende Sicherheitsabschläge zu korrigieren. Diese wären ggf. allerdings vergleichsweise hoch anzusetzen.

Auch das tatsächliche oder nicht auszuschließende Lutschen von alkoholfreien Bonbons oder Pastillen unmittelbar vor oder sogar bei der Abgabe der Atemproben stellt eine häufige Thematik vor Gericht dar. Zweifelfrei ist dies als ein Verstoß gegen die Durchführungsbestimmungen zu betrachten. Einen Einfluss auf das Messergebnis dürfte dies allerdings nicht haben. Theoretisch kann auf die hohe Spezifität der Messung verwiesen werden. Praktisch sind auch schon zahlreiche Substanzen dahingehend überprüft worden, ohne dass sich dabei jemals Anhaltspunkte für eine Verfälschung ergeben hätten.

Nicht ganz ausgeschlossen sind Störeinflüsse durch Mundrestalkohol. Beim Trinken von alkoholischen Getränken oder dem Spülen mit alkoholischen Lösungen bzw. der Anwendung alkoholhaltiger Mundsprays schlägt sich der Alkohol auf den Schleimhäuten des Mund- und Rachenraums nieder. Er verdampft und reichert die vorbeiströmende Atemluft an, was zu erheblichen Verfälschungen führen kann. Dieser Vorgang dauert jedoch nur relativ kurze Zeit an, nach einem raschen exponentiellen Abfall der überhöhten Konzentration ist wieder ein Konzentrationsausgleich hergestellt. Allerdings reicht die sog. Kontrollzeit von 10 Minuten, in der keine fremden Substanzen in die Mundhöhle aufgenommen werden dürfen, dazu häufig nicht aus. Auch die Wartezeit von 20 Minuten kann in seltenen Fällen knapp überschritten werden.

Das Dräger Alcotest 7110 Evidential vermag jedoch große Verfälschungen durch Mundrestalkohol zu erkennen. Zwischen den beiden Einzelmessungen müssen mindestens 2 Minuten vergangen sein. In dieser Zeit hat sich aufgrund des exponentiellen Abfalls der durch Mundrestalkohol überhöhten Konzentrationskurve ein bedeutsamer Teil des den Schleimhäuten aufgelagerten Alkohols weiter verflüchtigt. Die zweite Probandenmessung liegt also im Ergebnis wesentlich niedriger als die erste, so dass das Gerät wegen der unzulässig hohen Differenz zwischen den Einzelergebnissen eine Fehlermeldung anzeigt. Gegen Ende dieses exponentiell abflauenden Überhöhungsprozesses aber können die Differenzen zwischen den Einzelmesswerten so gering sein, dass sie innerhalb des Bereichs liegen, der aufgrund der Messfehlerbreite toleriert werden muss, und deshalb nicht mehr erkannt werden. Da dies jedoch erst gegen Ende des Einflusses durch Mundrestalkohol der Fall ist, können hier keine großen Fehler mehr auftreten.

Eine Zivilstreife der Polizei hatte zufällig einen Kraftfahrer beobachtet, der während der Fahrt mit einer halb leeren Wodka-Flasche in seinem Fahrzeug hantiert hatte. Sie fuhren dem Mann eine längere Strecke hinterher, während sie auf ein über Funk zur Unterstützung herbeigerufenes Streifenfahrzeug warteten. Nach dem Anhalten ergab eine Messung mit einem Vortestgerät 0,35 mg/L. Die 25 Minuten später auf der Wache durchgeführte Messung mit dem Dräger Alcotest 7110 Evidential ergab ebenfalls 0,35 mg/L. Vor Gericht gab der Beschuldigte an, er leide unter einer spastischen Bronchitis, die ihm vom Hausarzt auch attestiert wurde. Er habe sich von dem Zivilfahrzeug der Polizei verfolgt gefühlt und in der Aufregung Atemnot bekommen. Noch während der Fahrt habe er sich deshalb einen Hub des Dosieraerosols Salbutamol zugeführt. Einen zweiten Hub des Medikaments habe er – im Streifenwagen hinten sitzend – auf der Fahrt zur Wache genommen. Dies habe die Messergebnisse verfälscht. Die Polizeibeamten konnten die unbemerkte Einnahme des Medikaments nicht sicher ausschließen.

Salbutamol enthält in geringer Menge Alkohol als Lösungsmittel. Dies kann durchaus eine Mundrestalkoholproblematik hervorrufen. Mit den Vortestgeräten ist Mundrestalkohol nicht zu erkennen. Lag die Zufuhr des Medikaments nicht unmittelbar vor der Messung, sondern in einem Abstand von etwa 10 bis 20 Minuten davor, sind geringe Verfälschungen denkbar, die auch vom Dräger Alcotest 7110 Evidential nicht unbedingt erfasst werden. Eine überhöhende Verfälschung des Messergebnisses ist also nicht auszuschließen. Ausreichend sicher ist aber sehr wohl auszuschließen, dass die Verfälschung unerkannt eine Größenordnung von 0,1 mg/L erreicht, und damit der unverfälschte Wert unter dem Gefahrengrenzwert von 0,25 mg/L gelegen haben könnte. Hätte allerdings der Messwert nur bei 0,26 mg/L oder 0,27 mg/L gelegen, wäre dies anders zu beurteilen gewesen.

Eine bewusste Manipulation der Ergebnisse der AAK-Messung kann durch Hypo- und Hyperventilation, d. h. durch vorhergehendes Atemanhalten oder vorhergehende schnelle und vertiefte Atmung erreicht werden. Durch Hypoventilation sind Überhöhungen bis 19 % des Messwerts möglich, durch Hyperventilation Absenkungen bis 8 %. Sofern solche Atemtechniken in gleichem Maße vor der ersten wie vor der zweiten Probengabe durchgeführt werden, werden sie von den Kontrollsystemen des Messgeräts nicht erkannt. Allerdings dürfte zumindest eine starke Hyperventilation einem aufmerksamen Polizeibeamten bei der Durchführung der Messung nicht entgehen.

Ein Mann fällt abends im Rahmen einer allgemeinen Fahrzeug und Personenkontrolle durch Alkoholgeruch auf. Ein an der Kontrollstelle durchgeführter AAK-Vortest ergibt 0,36 mg/L. Er wird auf das nahe gelegene Polizeirevier gebracht. Dort wird eine Atemalkoholbestimmung mit dem Dräger Alcotest 7110 Evidential durchgeführt. Aus dem Protokollausdruck geht u. a. hervor:

Start der Messung:	21.35 Uhr
Ende der Messung:	21.46 Uhr
1. Probandenmessung:	21.38 Uhr 0,274 mg/L
2. Probandenmessung	21.40 Uhr Fehlversuch
Wiederholung:	21.42 Uhr 0,283 mg/L
Messergebnis:	0,27 mg/L

Im Verfahren wird die in der Anzeige genannte Kontrollzeit 21.20 Uhr in Frage gestellt. Der Polizeibeamte berichtet dazu, üblicher Weise notiere er sich die Kontrollzeit vor Ort in seinem Notizbuch. Eine Nachschau habe jedoch ergeben, dass er es im vorliegenden Fall offensichtlich vergessen habe. Es sei nicht ausgeschlossen, dass die Zeit nachträglich auf der Wache abgeschätzt worden sei. Er halte als Vorfallszeitpunkt normaler Weise den Zeitpunkt fest, zu dem er sich aufgrund eines positiven Vortest-Ergebnisses zur Durchführung der gerichtsverwertbaren AAK-Kontrolle entschließe. Vorher würden aber in aller Regel mit dem angehaltenen Kraftfahrer ein Gespräch geführt und die Papiere überprüft. Dies würde einige Minuten in Anspruch nehmen.

Der Angeklagte legt zur Eingrenzung der zeitlichen Verhältnisse eine Parkquittung vor, ausweislich der er zuvor das Parkhaus 21.19 Uhr verlassen habe. Er schildert, er sei abends bei einem Geschäftsessen in der Altstadt gewesen; dabei sei auch Alkohol getrunken worden, u. a. zum Abschluss ein Cognac unmittelbar vor Verlassen des Restaurants. Sein Auto habe er in unmittelbarer Nähe in der Parkgarage geparkt gehabt. Die Kontrollstelle der Polizei sei nicht mehr als 200 Meter weiter eingerichtet gewesen. Nach dem Alkoholvortest sei er in das nahe gelegene Polizeirevier gebracht worden, wo eine Messung mit dem Dräger-Evidential-Gerät durchgeführt worden sei. Alles sei sehr schnell gegangen.

Der Verteidiger argumentiert, die Messung mit dem Dräger Alcotest 7110 Evidential sei nicht verwertbar. Es sei die erforderliche Wartezeit von 20 Minuten nicht eingehalten, selbst wenn die Kontrollzeit in der Akte korrekt sei, seien allenfalls 16 Minuten vergangen gewesen. Zusätzlich sei von einer Funktionsstörung des Geräts auszugehen, wie die Fehlmessung zeige. Dies werde auch darin deutlich, dass die vor Ort durchgeführte Messung 0,36 mg/L ergeben habe, während schon wenige Minuten später auf dem Polizeirevier nur noch 0,27 mg/L gemessen worden seien. Eine derart hohe Abbaugeschwindigkeit sei nicht realistisch.

Zum einen sind hier die Grenzen der Wartezeit falsch aufgefasst worden. Wesentlich ist das Trinkende, nicht die Kontrollzeit. Nur wenn der Kontrollierte keine Angaben zum Trinkende gemacht hat, sind Kontrollzeit und Trinkende gleichzusetzen, da nicht ausschließbar ist, dass noch unmittelbar vorher eine Alkoholaufnahme erfolgte. Zu ermitteln wäre ggf. noch, welche Zeit für den Weg zum Parkhaus und das Verlassen des Parkhauses benötigt wird.

Auch liegt der Messzeitpunkt, wie offensichtlich angenommen, nicht um 21.35 Uhr, sondern 21.38 Uhr, zum Zeitpunkt der ersten Probengabe. Zum anderen begründet die Fehlmessung nicht die Befürchtung einer Funktionsstörung des benutzten Geräts, eher das Gegenteil; es wurde eine Abweichung von den Vorgaben erkannt und ausgeschaltet. Auch die vordergründig ungewöhnlich hohe Differenz zwischen dem Ergebnis des Vortests und dem der Messung mit dem Dräger Alcotest 7110 Evidential ist kein Hinweis auf eine Funktionsstörung. Die für die Vortestung verwendeten Geräte sind weit störanfälliger und ungenauer als das Evidential, so dass ein Vergleich der zwei mit unterschiedlichen Geräten gewonnenen Werte höchst problematisch ist. Der hohe Wert im Vortest – als richtig unterstellt – wäre darüber hinaus im konkreten Fall ohne weiteres durch das unmittelbar davor liegende Trinkende erklärlich. Er könnte sowohl durch den durch die Anflutung noch kleineren Konversionsfaktor bedingt sein, wie durch nicht erkannten Mundrestalkohol. Zweifel an der Verwertbarkeit des Messergebnisses mit dem Dräger Alcotest 7110 Evidential lassen sich also im vorliegenden Fall nicht aufrechterhalten.

1.3 Drogen (Skopp)

1.3.1 Allgemeiner Überblick

1.3.1.1 Drogenanalytik – Blut

Forensisch-toxikologische Untersuchungen bei Verdacht auf einen aktuellen Drogenkonsum werden unter folgenden Zielsetzungen durchgeführt:

- Ausschluss oder Bestätigung des Verdachts eines Drogenkonsums,
- Feststellung der Konzentration der Droge, evtl. auch der Gehalte wesentlicher Stoffwechselprodukte, mit eindeutig identifizierenden Analysenverfahren,
- Vereinbarkeit des analytischen Befundes mit dem Zustandsbild, das im Rahmen der Verkehrskontrolle, Unfallaufnahme oder bei der Blutentnahme dokumentiert oder von Dritten geschildert wird.

Das Fahren unter Drogeneinfluss wird wesentlich über StGB und StVG sanktioniert; in die Anlage zu § 24a (2) StVG sind explizit verschiedene Drogen aufgenommen worden, deren analytischer Nachweis im Blutserum ab den angegebenen bzw. von der Grenzwertkommission empfohlenen Konzentrationen (sog. analytische Grenzwerte) bei unauffälligen oder folgenlosen Fahrten mit einem Kraftfahrzeug zu einer Ahndung führt (Tabelle 1.5).

Auch wenn ein positiver Nachweis im **Blut** den Schluss auf eine **aktuelle Beeinträchtigung** zulässt, stellt die Untersuchung einer Probe nur eine indirekte Methode dar, um die Konzentration am eigentlichen Zielorgan, den Rezeptoren des Zentralnervensystems, abschätzen zu können. Die Blutentnahme für forensische Zwecke ist landeseinheitlich geregelt; sie erfolgt in der Regel aus den Haut-

Tabelle 1.5 In der Anlage zu § 24a StVG enthaltene, berauschende Mittel, nachzuweisende Substanz und „analytische Grenzwerte" im Blutserum

Berauschendes Mittel	Nachzuweisende Substanz	„Analytischer Grenzwert"
Cannabis	Tetrahydrocannabinol (THC)	1 ng/mL
Heroin	Morphin	10 ng/mL
Morphin	Morphin	10 ng/mL
Cocain	Benzoylecgonin (Abbauprodukt des Cocains)	75 ng/mL
Cocain	Cocain	10 ng/mL
Amfetamin	Amfetamin	25 ng/mL
Designeramfetamin	Methylendioxymethamphetamin (MDMA)	25 ng/mL
Designeramfetamin	Methylendioxyamphetamin (MDA)	25 ng/mL
Designeramfetamin	Methylendioxyethylamphetamin (MDE)	25 ng/mL
Metamfetamin	Metamfetamin	25 ng/mL

venen im Bereich der Ellenbeuge. Hierzu wird meist eine evakuierte Glasvenüle ohne gerinnungshemmende oder stabilisierende Stoffe verwendet; in jüngster Zeit werden bei Verdacht auf Heroin- oder Cocainkonsum auch mit Natriumfluorid versetzte Röhrchen eingesetzt, die die Zersetzung des Cocains oder 6-Acetylmorphins verlangsamen.

Blut besteht aus **flüssigen und zellulären** (Erythrocyten, Leukocyten, Thrombocyten, etc.) **Anteilen**; der Volumenanteil der Blutzellen (Hämatokritwert) beträgt beim Erwachsenen 35–54 %, je nach Geschlecht. Das im Körper zirkulierende Blut besitzt eine in engen Grenzen kontrollierte Zusammensetzung, der pH-Wert liegt bei ca. 7,4. Die flüssige Phase des Blutes enthält u. a. 65–80 g Proteine pro Liter, davon sind ca. 3 % Fibrinogen. Nach Entnahme gerinnt das Blut unter Verbrauch des Fibrinogens, es kommt zu einer Trennung des „Blutkuchens" und der darüberstehenden, gelblich gefärbten Flüssigkeit, dem Blutserum oder Serum. Die Ausbeute an Serum wird durch Zentrifugation optimiert; der Zentrifugationsüberstand wird für forensisch-toxikologische Untersuchungen von der Primärprobe getrennt und, falls die Analyse nicht unmittelbar erfolgt, bei mindestens –20 °C eingefroren. Hierdurch ist eine ausreichende Stabilität für die meisten Drogen und Medikamentenwirkstoffe gewährleistet. Der Blutkuchen wird bei 4 °C gelagert; die Aufbewahrungszeiten sind ebenfalls landeseinheitlich geregelt.

1.3.1.2 Drogenanalytik – Urin

Während für den Nachweis eines aktuellen Konsums vorzugsweise eine zeitnah zum rechtserheblichen Ereignis erhobene Blutprobe als Untersuchungsmaterial eingesetzt wird, gelangen im Rahmen der **Fahreignungsbegutachtung** häufig **Urin**proben zur Untersuchung. Wesentliche Zielsetzungen sind hier:

- Ausschluss (oder Bestätigung) eines Drogenkonsums
- Überwachung des Abstinenzverlaufs.

Für den Nachweis von Suchtstoffen im Urin wird eine spontane Probe unter Sichtkontrolle zum Ausschluss einer Manipulation erhoben, ein Zusatz von Konservierungsmitteln oder eine Sammlung von Mittelstrahlurin ist nicht erforderlich. Für die Asservierung stehen kommerziell erhältliche, dicht verschließbare und bruchsichere Einmalgefäße aus Polyethylen oder -propylen mit Volumina von 10–100 Milliliter zur Verfügung. Urin kann bis zur Analyse 24 Stunden kühl gelagert werden, sollte danach aber tief gefroren werden. Steht eine Probe längere Zeit, steigt ihr pH-Wert an und führt zu einer Präzipitation unlöslicher Phosphate, so dass nachzuweisende Stoffe mit gefällt und dadurch der Analyse entzogen werden können.

Im Gegensatz zu Blut ist die Zusammensetzung des Harns sehr variabel; die Konzentration einer Droge oder eines Arzneistoffs und ihrer Stoffwechselprodukte in einer Spontanurinprobe kann abhängen von:

- der aufgenommenen Menge an Droge
- der Häufigkeit des Konsums
- der Zeit zwischen der Aufnahme und der Erhebung der Urinprobe
- dem individuellen Abbau körperfremder Substanzen
- der Flüssigkeitsaufnahme bzw. der Schweißsekretion
- dem pH-Wert des Urins, insbesondere z. B. bei Methadon und Amphetamin
- der Häufigkeit der Entleerung der Blase.

Der pH-Wert einer frischen Urinprobe schwankt zwischen 4,5–7,5. Ernährung und bestimmte Medikamente beeinflussen pH-Wert und Farbe der Urinprobe, die aufgenommene Trinkmenge und starkes Schwitzen ihren Verdünnungsgrad. Messgrößen, die eine Einschätzung des **Verdünnungsgrades** einer Urinprobe ermöglichen, sind Dichte (Einheit: kg/L) und Kreatininwert (Einheit: mg/dL). Bei starker Verdünnung der Urinprobe mit Kreatininwerten unter 20 mg/dL oder einer Dichte unter 1,007 kg/L sind Substanzen möglicherweise nicht mehr analytisch fassbar. Die Bestimmung des Kreatininwertes bzw. der Dichte sind nicht nur erforderlich, um tageszeitliche Konzentrationsschwankungen auszugleichen, sondern auch um eine Aufnahme erheblicher Flüssigkeitsmengen – oft mehrere Liter – erkennen zu können. Proben mit einer Dichte unter 1,001 kg/L und einer Kreatininkonzentration unter 5 mg/dL Urin sollten nicht in ein Drogenscreening eingesetzt werden, da diese Werte für eine Substitution oder Manipulation der Probe sprechen und allenfalls bei schwer erkrankten Personen vorkommen. Zur Beurteilung von Ausscheidungsverläufen bei rasch aufeinander folgender Probennahme anhand von Spontanurinproben kann der Kreatininkoeffizient herangezogen werden (Formel 1):

Formel 1 : Kreatininkoeffizient = Substanzäquivalente [nmol/L]/Kreatininwert [mmol/L]

Im Hinblick auf die Konsequenzen eines positiven Drogennachweises im Urin darf es nicht verwundern, dass immer wieder **Manipulationen** im Vorfeld oder während der Urinabgabe versucht werden. In der Regel geht es darum, Drogen-

Tabelle 1.6 Empfohlene Maßnahmen zur Erkennung einer Manipulation

Parameter	Normbereich
Temperatur	32–38 °C (innerhalb von 4 min)
pH-Wert	4,5–7,5
Kreatinin	≥20 mg/dL
Dichte	1,007 – 1,035 kg/L
Dokumentation von Farbe, Geruch, Schaum und Niederschlägen der Urinprobe	
Dokumentation auffälliger Verhaltensweisen des Probanden	

freiheit vorzutäuschen. Folgende Manipulationsmöglichkeiten, die auch im Internet propagiert werden, wurden bisher beobachtet:

- Verdünnung durch exzessive Flüssigkeitsaufnahme oder harntreibende Medikamente (Diuretika), kommerzielle Präparate zur „Detoxifikation" (mit Zusätzen von Kreatin oder Kreatinin und B-Vitaminen (z. B. Riboflavin), um durch die Gelbfärbung des Urins eine Verdünnung zu maskieren)
- Abgabe von Fremdurin oder kommerziell erhältlichem „Kunsturin"
- Zugabe von Fremdsubstanzen wie Sanitärreiniger, Seife, Säuren, Laugen, Kochsalz, Chromsalze (Urine Luck), Glutaraldehyd (UrinAid), Nitrite (Klear, Whizzies) oder Enzyme (Protein abbauende Enzyme).

Gemeinsames Ziel aller Manipulationen ist es, die Entscheidungsgrenze (cut-off) im Drogenscreening (1.3.1.4) zu unterschreiten; empfohlene Maßnahmen zur Erkennung einer Verfälschung sind in Tabelle 1.6 aufgeführt.

1.3.1.3 Drogenanalytik – Haare

Haare als Untersuchungsmaterial erlauben die Rekonstruktion einer **Fremdstoffaufnahme über einen weit längeren Zeitraum** hinaus als Urin- oder Blutproben. Je nach Länge können Drogen über mehrere Wochen bis mehrere Monate in Haaren nachgewiesen werden. Die Entnahme von Haaren erfolgt vorzugsweise im Bereich der Hutkrempe, unter Aussparung von Deckhaaren. Hierbei können Verwitterungseffekte wie eine allmähliche Aufhellung und ein Verspröden der Faser in Richtung zur Haarspitze sowie Färbe- und Bleichbehandlungen häufig makroskopisch erkannt werden. Bei ausreichender Länge werden die Haare vor dem Abschneiden mit einem Bindfaden fest zusammengebunden. Eine abschnittweise Untersuchung der Probe ermöglicht z. B. eine grobe Abschätzung der Aufnahmezeiten oder die Feststellung von Änderungen im Konsumverhalten, eine entsprechende Segmentierung in Abschnitte zwischen 0,5 bis 3 cm kann je nach Fragestellung vorgenommen werden. Für die Analyse wird ein knapp Bleistift dickes Bündel benötigt, das unter leichtem Zug direkt an der Kopfhaut abgeschnitten wird. Dieses wird, in Alufolie eingerollt, bei Raumtemperatur gelagert. Die Haare sollten mindestens so lang sein, um die Fragestellung beantworten zu können; im Rahmen einer Überwachung der Drogenfreiheit werden vorzugsweise Proben mit einer Länge von 6 cm, berechnet ab der kopfhautnahen Schnittstelle, in die Analyse eingesetzt. Bei Verlust oder Ungeeignetheit der Haarprobe kann innerhalb eines kurzfristigen Zeitraumes eine

Tabelle 1.7 Wesentliche Unterschiede zwischen den Untersuchungsmaterialien Blut, Urin und Haar bezüglich Analyt (Substanz, die analysiert wird), Indikation, Analyse und Aussagemöglichkeiten, GC[1]: Gaschromatographie, LC[2]: Flüssigkeitschromatographie, MS[3]: Massenspektrometrie, MS/MS[4]: Tandemmassenspektrometrie

	Blutanalyse	Urinanalyse	Haaranalyse
Wesentliche Analyte	Muttersubstanzen, lipophile Metabolite	hydrophile Phase-I-Metabolite, Phase-II-Metabolite	Muttersubstanzen, lipophile Phase-II-Metabolite
Nachweis-fenster	1–2 Tage, abhängig von Substanz und Konsumfrequenz	1–3 Tage, abhängig von Substanz und Konsumfrequenz	mehrere Wochen bis Monate
Asservierung, Lagerung	invasiv, kühl oder tiefgefroren	unter Kontrolle (Sicht, Markersubstanzen) kühl oder tiefgefroren	nicht invasiv, bedingt wiederholbar, bei Raumtemperatur
Manipulation	nicht möglich	möglich	nicht möglich
Proben-charakteristika	8–15 mL, infektiös	10–100 mL, infektiös	20–200 mg, nicht infektiös
Analysen-verfahren	Immunoassay, Bestätigung durch chromatographische Verfahren	Immunoassay, Bestätigung durch chromatographische Verfahren	chromatographische Verfahren: GC[1] oder LC[2], gekoppelt mit MS[3] oder MS/MS[4]
Analysendauer, -kosten	rasch, moderat (Einzelanalyse)	rasch, moderat (Einzelanalyse)	lang, hoch
Information	Einzelbefund, aktuelle Beeinträchtigung	Einzelbefund qualitativ	Kumulativer Befund qualitativ bis semiquantitativ

erneute Probennahme durchgeführt werden, ohne dass ein anderes, abweichendes Ergebnis zu erwarten ist. Dies ist weder für Urin noch für Blut möglich.

Tabelle 1.7 gibt abschließend eine **Übersicht** über wesentliche Unterschiede zwischen den Untersuchungsmaterialien Blut, Urin und Haar.

1.3.1.4 Analysenmethoden

Die Wahl einer Analysenmethode und die Wahl des Untersuchungsmaterials richten sich nach den Vorgaben des Auftraggebers bzw. nach der Fragestellung, wobei folgende Punkte besonders berücksichtigt werden müssen:

- Welche Wirkstoffe bzw. welche Stoffwechselprodukte sind in dem zu untersuchenden Material zu erwarten?
- Welche Analyte müssen bestimmt werden, um die Fragestellung, z. B. eine aktuelle Beeinflussung, eine chronische Belastung oder ein abstinentes Verhalten, ausreichend beantworten zu können?
- Welche analytischen Anforderungen erfüllt die vorgegebene Bestimmungsmethode?
- Ist die vorgesehene Analysenmethode ausreichend validiert und routinemäßig einsetzbar?

Die **Analysenmethoden** zur Bestimmung von Drogen und Medikamenten einschließlich ihrer Stoffwechselprodukte in Blut, Urin und Haaren lassen sich in **immunchemische** und **chromatographische** Methoden gliedern.

Immunchemische Methoden

Immunchemische Methoden (Synonyme: Immunoassay, Schnelltest, Vortest, Drogenscreening) eignen sich zur **orientierenden, raschen** und **kostengünstigen Erkennung** von Drogen und bestimmten Medikamenten in Blut, Serum oder Urin; man unterscheidet hierbei nicht instrumentelle Tests von solchen, die an Analysengeräte gebunden sind (instrumentelle Tests).

Die am häufigsten eingesetzten Immunoassays sind Tests auf folgende

Wirkstoffgruppen	Amphetamine, z. B. Amphetamin und Methamphetamin
	Methamphetamine, z. B. Ecstasy
	Benzodiazepine, z. B. Diazepam, Midazolam, Oxazepam
	Opiate, z. B. Heroin, Morphin, Codein
	trizyklische Antidepressiva, z. B. Trimipramin

bzw. auf folgende

Substanzgruppen	Cannabinoide, Cocain bzw. seine Metabolite, Methadon bzw. sein Abbauprodukt EDDP (2-Ethylidein-1,5-dimethyl-3,3-diphenylpyrrolidion), LSD.

Prinzip aller immunchemischen Testverfahren ist die Bildung eines Antigen-Antikörper-Komplexes. Bei Antikörpern handelt es sich um Proteine, die als Reaktion des Immunsystems beim Menschen oder bei Säugetieren auf spezielle körperfremde Substanzen (Antigene, *anti*body-*gene*rating) gebildet werden; diese erkennen und binden das Antigen. Die Funktionen des „Erkennens“ und „Bindens“ nutzt man auch außerhalb des Körpers für Immunoassays. Antikörper für moderne Drogenassays werden heute meist in speziellen Zellkulturen produziert, wobei das Drogenmolekül, in der Regel sein Hauptmetabolit im Urin, als Antigen fungiert (Abb. 1.20).

Die Bildung des Antikörper-Drogen-Komplexes ist einer direkten Messung nicht zugänglich, daher wird der Antikörper oder auch das Antigen im Testreagenz mit einer nachweisbaren Markierungssubstanz gekoppelt. Als Markierungssubstanzen werden heute vorzugsweise Enzyme, Farbstoffe oder fluoreszierende Substanzen eingesetzt; wegen der erforderlichen Vorkehrungen im Labor und der Abfallproblematik werden radioaktive Nuklide heute nur noch selten als Marker verwendet. Je nach Markierung unterscheidet man:

RIA	Radioimmunoassay
EIA	Enzymimmunoassay, speziell: **CEDIA** cloned enzyme donor immunoassay
FPIA	Fluoreszenzpolarisationsimmunoassay

Immunchemische Tests sind häufig Verdrängungstests (kompetitive Tests), bei denen die markierten Antigene (Testreagenz) mit unmarkierten Antigenen (Drogen-

Abb. 1.20 Immunchemische Reaktion: in vivo – in vitro

in vivo: Antikörper + Antigen ⇌Antikörper-Antigen-Komplex
in vitro: Reagenz (Antikörper) + Droge ⇌Reagenz-Drogen-Komplex

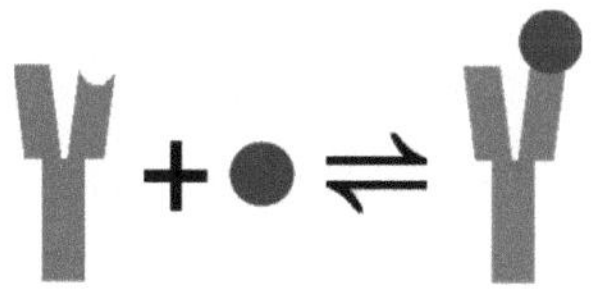

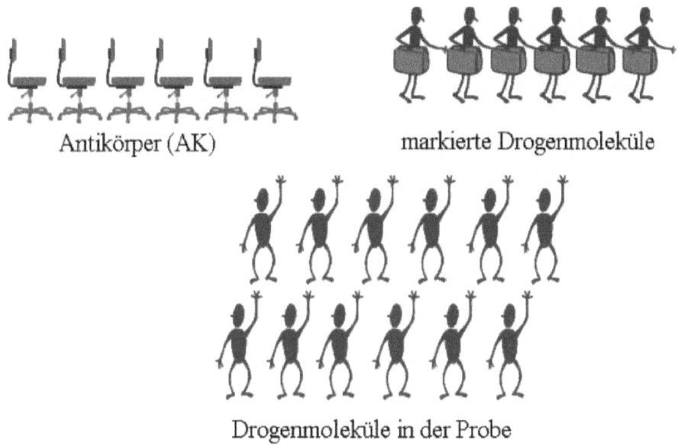

$$AK + Antigen^{*} + Antigen_{Probe} \rightleftharpoons AK\text{-}Antigen^{*} + AK\text{-}Antigen_{Probe}$$

Abb. 1.21 Prinzip eines kompetitiven, instrumentellen Immunoassay: die Drogenmoleküle konkurrieren mit den markierten Antigenen um die Bindungsstellen am Antikörper (AK)

moleküle, z. B. in einer Urinprobe) um die Bindungsstellen an einer limitierten Menge des Antikörpers (Testreagenz) konkurrieren (Abb. 1.21).

Sind keine Drogenmoleküle in der Probe vorhanden, werden die markierten Drogenmoleküle praktisch vollständig gebunden, während bei drogenhaltigen Proben die markierten Antigene nur wenig Chancen haben, einen „Sitzplatz“ zu bekommen. Bei dieser Art von Assays handelt es sich um instrumentelle Testverfahren.

Nichtinstrumentelle Tests wie Teststäbchen oder -kassetten basieren heute häufig auf der sog. GLORIA- (gold labeled optical-read rapid immuno assay) Technologie (Abb. 1.22). Bei diesen Schnelltests konkurrieren Drogen-Protein-Konjugate (Reaktionszone) mit den in einer Probe vorhandenen Drogen um eine begrenzte Anzahl von mit Goldpartikeln markierten Antikörpern. Das Stäbchen oder die Kassette enthält eine Membran mit markierten Antikörpern in der Mischzone sowie immobilisierten Drogen-Protein-Konjugaten und Antikörperfragmenten (Kontrollzone). Wird das Stäbchen in die zu untersuchende Urinprobe getaucht, binden in der Urinprobe vorhandene Drogenmoleküle an die Antikörper in der Mischzone, die gleichzeitig abgelöst und mit dem Urin über die Reaktions- zur Kontrollzone wandern. Sind die Antikörper mit Drogenmolekülen belegt, können sie nicht mehr in der Reaktionszone binden, so dass sich keine rosa gefärbte Bande ausbilden kann (positives Ergebnis). War die Probe jedoch Drogen frei, binden die Antikörper unter Ausbildung einer rosa gefärbten Bande an die Reaktionszone (negatives Ergebnis). Ein Teil der Antikörper – ungeachtet einer Bindung von

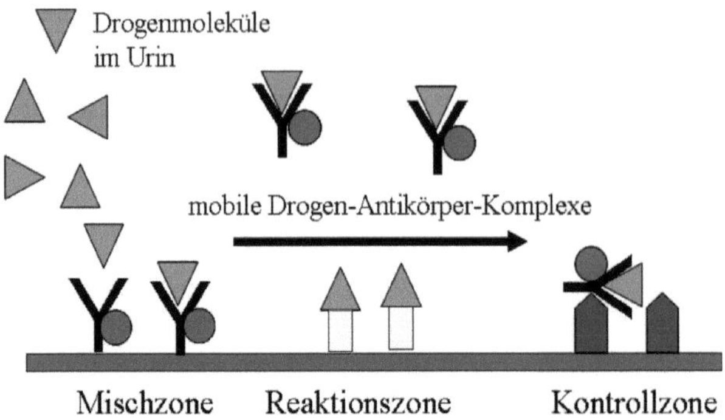

Abb. 1.22 Prinzip der GLORIA-Technologie in Teststäbchen/-kassetten

Drogenmolekülen – wandert bis zur Kontrollzone weiter, wo nach Bindung an Antikörperfragmente eine rosa gefärbte Kontrollbande auftritt. Diese zeigt an, ob der Testablauf korrekt war.

Immunchemische, nichtinstrumentelle Testverfahren liefern ein qualitatives Ergebnis (ja/nein Entscheidung); instrumentelle Tests, bei denen zur Messung der Anteil freier oder gebundener, markierter Antigene herangezogen und die mit Hilfe einer Kalibrierfunktion ausgewertet werden können, ergeben ein semi-quantitatives Ergebnis. Ein quantitatives Ergebnis ist aus dem Zahlenausdruck apparativ durchführbarer Tests nicht ableitbar. Die Geräte zeigen **ng Substanzäquivalente pro mL** (Nanogramm/Milliliter) Probe an, die sich auf die jeweilige Bezugssubstanz – z. B. auf Morphin-3-glucuronid beim Test auf Opiate – beziehen.

Wichtige **Kenndaten** zur Beurteilung des Ergebnisses eines immunologischen Tests sind:

a. Nachweisgrenze
Die Nachweisgrenze ist ein vom Untergrund statistisch sicher unterscheidbares Messsignal. Sie kann z. B. als Mittelwert unter Einschluss der dreifachen Standardabweichung durch Messung von mindestens 6 Drogen freien Proben (Blut, Urin) unterschiedlicher Herkunft ermittelt werden; sie wird meist vom Hersteller und dann in ng/mL, bezogen auf die jeweilige Bezugssubstanz, angegeben.

b. Cut-off-Wert oder Entscheidungsgrenze
Der Cut-off-Wert ist eine Konzentrationsangabe – häufig als ng Substanzäquivalente/mL angegeben – die beim Unterschreiten eines Analysenergebnisses als „negativ", bei Erreichen oder Überschreiten als „positiv" bezeichnet wird.

Der Cut-off-Wert liegt in der Regel deutlich über der Nachweisgrenze; die Festlegung ist an die speziellen Fragestellungen des Auftraggebers geknüpft. Will man einen aktuellen Konsum erfassen, wird man einen höheren Cut-off-Wert wählen als bei der Prüfung Drogen abstinenten Verhaltens. Grundsätzlich gilt jedoch: „Was an Nachweisempfindlichkeit gewonnen wird, geht meistens an Nachweisqualität verloren".

c. Kreuzreaktivität
Die maßgeschneiderten Antikörper eines Immunoassay reagieren auch mit Struktur verwandten Verbindungen; dieses als Kreuzreaktivität bezeichnete Verhalten ist folgendermaßen definiert (Formel 2):

Formel 2: Kreuzreaktivität [%] = gemessene Konzentration · 100/Konzentration der Bezugssubstanz

Die Kreuzreaktivität ist eine konzentrationsabhängige Größe und ein Maß für die Spezifität des Immunoassays. Während ein Test auf Cocain hoch spezifisch sein sollte, ist bei Tests auf Wirkstoffgruppen wie z.B. Benzodiazepine, eine gewisse „Unspezifität" von Vorteil, um die strukturell unterschiedlichen Benzodiazepine zuverlässig erfassen zu können. Grundsätzlich sollten nur Tests verwendet werden, zu denen eine umfangreiche Dokumentation zu Kreuzreaktivitäten zur Verfügung steht. Diese Dokumentation sollte auch Kreuzreaktivitäten für die Ausgangssubstanz (z.B. Heroin oder 6-Acetylmorphin) und ihre wesentlichen Metabolite (z.B. Morphin, Morphin-3- und Morphin-6-glucuronid) enthalten. Bei Urintests müssen grundsätzlich auch die wesentlichen Metabolite und nicht nur die Bezugssubstanz aufgeführt sein.

Es gibt auch eine Reihe von Substanzen, die bei fehlender Strukturverwandtschaft zu einem sog. „**falsch-positiven**" Ergebnis führen können (Tabelle 1.8).

In sehr seltenen Fällen muss eine Kontamination der Probe in Betracht gezogen werden, insbesondere dann, wenn die Probengewinnung nicht durch Qualitätssicherungsmaßnahmen geregelt ist. Diese Fehlerquelle kann durch Bearbeitung nur einer Probe, Verwendung von Einwegmaterial, Einweghandschuhen, Reinigung der Arbeitsflächen und eine Aufteilung der Probe direkt nach Eingang ins Labor in mehrere, kleinere Proben zur Überprüfung des Ergebnisses weitestgehend ausgeschlossen werden.

Es gibt unterschiedliche Ursachen für „**falsch-negative**" Ergebnisse. Direkte, falsch negative Ergebnisse sind für Vortests auf Amphetamine, Cannabinoide, Cocain und seine Stoffwechselprodukte, Methadon und Opiate bisher nicht bekannt geworden. Allerdings wurden z.B. bei bekannter Einnahme entsprechender Präparate, teilweise auch in übertherapeutischen Dosen, keine positiven immunologischen Befunde für die Benzodiazepine Oxazepam, Flunitrazepam, Bromazepam und Lorazepam beobachtet, während die Untersuchung mit chromatographischen Methoden stets einen positiven Nachweis erbrachte. Als Problemlösung kann eine Absenkung der Entscheidungsgrenze, eine Anreicherung der Analyte (diese aufwändige Methode ist speziellen Fällen vorbehalten) oder eine Spaltung von Konjugaten – insbesondere für Oxazepam und Lorazepam, die überwiegend als Glucuronide im Urin vorliegen – vorgenommen werden.

Auch stark verdünnte oder manipulierte Urine können zu falsch-negativen Ergebnissen führen. Bei erstmaliger oder nur gelegentlicher Aufnahme eines Wirkstoffs können kurze Zeit nach Applikation noch keine nachweisbaren Konzentrationen im Urin vorliegen, während im Blut bereits relevante Konzentrationen aufgebaut worden sind. In der Regel beträgt diese „lag time" nicht mehr als 30–60 Minuten.

Tabelle 1.8 Auswahl von Arzneistoffen, die zu einem falsch-positiven Ergebnis im Immunoassay führen können

Immunoassay auf	Interferierende Substanzen	Immunoassay auf	Interferierende Substanzen
Amphetamine	Labetolol (Bluthochdruck) Selegilin (Antiparkinsonmittel) Trimipramin (Antidepressivum) Ephedrin (grippale Infekte) Methylphenidat (Ritalin®) Ranitidin (H2-Antagonist) Diphenhydramin (Antihistaminikum, Schlafmittel) Cyclamat (Süßstoff)	Cannabinoide	Efavirenz (HIV-Medikament) Diclofenac (Antiphlogistikum)
Opiate	Amitriptylin (Antidepressivum) Chlorpromazin (Antidepressivum) Dextromethorphan (Hustenmittel) Chinin (Bitterstoff)	Methadon	Diphenhydramin (Antihistaminikum) Verapamil (Antiarrhythmikum) Quetiapin (Neuroleptikum) Thioridazin (Neuroleptikum)
LSD	Ambroxol (Hustenmittel) Sertralin (Antidepressivum)	Benzodiazepine	Sertralin (Antidepressivum) Metamizol (Schmerzmittel) Indometacin (Antiphlogistikum) Ketoprofen (Antiphlogistikum) Metoclopramid (Magen-/Darmmittel Tilidin (Schmerzmittel)

Bei Teststreifen sind Fehlinterpretationen der Banden oder Ableseungenauigkeiten wesentliche Fehlerquellen. Die Dokumentation des Ergebnisses bei Testkassetten/-streifen ist fotografisch oder in Form einer Kopie möglich. Die Befundmitteilung sollte zur Vermeidung von Missverständnissen neben der Art des Untersuchungsmaterials und wesentlicher Charakteristika auch den verwendeten Test, die Bezugssubstanz und die Entscheidungsgrenze, ab der ein Testergebnis als positiv gewertet wird, enthalten (Abb. 1.23).

Jedes Ergebnis sollte bei fehlender Differenzierung und Bestätigung eines positiven Befundes allenfalls als „unbestätigtes Ergebnis“ an den Auftraggeber bzw. autorisierte Personen weitergeleitet werden.

Chromatographische Verfahren zur Verifizierung immunologischer Befunde

Als chromatographische Verfahren zur Bestätigung immunologischer Befunde werden dünnschichtchromatographische, gaschromatographische (GC, gas chro-

Betrifft: geb. am
Chemisch-toxikologische Untersuchung der Serumprobe
Datum und Uhrzeit der Probennahme:

Auftragsdatum:
Analysendatum:

Im Serum wurden folgende Immunassays als Vortest ausgeführt:

Stoffgruppe	Test	Ergebnis	Bezugssubstanzen mit Entscheidungsgrenzen in ng/mL
Opiate	C	o.B.	Morphin-3-Glucuronid 100
Cannabinoide	C	positiv	11-Nor-delta-9-THC-Carbonsäure 22,5
Cocain-Metabolite	C	o.B.	Benzoylecgonin 25
Benzodiazepine	C	o.B.	Benzodiazepine wie Oxazepam, Diazepam 60
Methamphetamine	M	o.B.	Methamphetamin (MDMA / MDEA) 40
Amphetamine	M	o.B.	Amphetamin 25

Abkürzungen C: Enzymimmunoassay (CEDIA), M: Mikrotiterplattentest, J: Jaffé, o.B.: ohne Befund.

Hinweise zum Ergebnis:

Ergebnisse von immunologischen Tests sind nicht beweisend, weil falschpositive oder falschnegative Befunde nicht auszuschließen sind. Ein positiver Befund bedeutet noch keinen Nachweis einer Substanz im Sinne der Anlage zum § 24 a StVG und muss durch ein beweissicheres / identifizierendes Untersuchungsverfahren bestätigt werden.

☒ Über das Ergebnis weiterer oder bereits in Auftrag gegebener Untersuchungen wird getrennt berichtet.

☐ Zur Durchführung weiterer Untersuchungen empfehlen wir ggf. einen erneuten Auftrag.
(Zutreffendes ist markiert)

Abb. 1.23 Beispiel für die Befundmitteilung eines Vortests an Serum mit positivem Befund für Cannabinoide

matography) und hochdruckflüssigkeitschromatographische (LC, liquid chromatography) Verfahren eingesetzt. Die „Bestätigung" eines immunologischen Befundes mit einem auf einem anderen Prinzip basierenden Immunoassay ist nicht zulässig, da die Bestätigungsanalyse mit einem eindeutig identifizierenden Verfahren erfolgen muss.

Während die Dünnschichtchromatographie heute nur noch selten durchgeführt wird, sind die beiden anderen Trennungsverfahren, gekoppelt mit Massenspektrometrie (MS, mass spectrometry) die bevorzugten Analysentechniken. Die **GC/MS** gilt derzeit als sog. „Goldstandard" bei der Identifizierung und Quantifizierung von Wirkstoffen in biologischem Probenmaterial, wobei die Bedeutung der **LC/MS** oder LC/MS/MS (LC gekoppelt mit Massenspektrometrie bzw. Tandemmassenspektrometrie) für diesen Einsatz in den letzten Jahren stark zugenommen hat. Ein mit GC/MS erhobener Analysenbefund ist in Abb. 1.24 zu sehen.

Das **Prinzip der Chromatographie** beruht auf der Verteilung/Adsorption einer nachzuweisenden Substanz zwischen 2 nicht mischbaren Phasen. Dazu wird die betreffende Komponente in einer mobilen Phase – einem Gas bei der GC und einer Flüssigkeit bei der LC – über eine stationäre Phase, in der Regel eine Trennsäule, bewegt. Auf Grund der Wechselwirkung der in der mobilen Phase gelösten Substanz mit der stationären Phase kommt es zu einer Abtrennung unerwünschter Bestandteile aus dem Untersuchungsmaterial und zu einer bestimmten, charakteristischen Verweildauer (Retentionszeit) der zu analysierenden Substanz auf der Säule.

Betrifft: , geb.
Blutprobe , IdentNr.:
Datum und Uhrzeit der Probennahme:

Auftragseingang:
Analysendatum:

Gutachten

Zur Untersuchung gelangte Serum. Auftragsgemäß wurden chemisch-toxikologische Untersuchungen durchgeführt. Die Probe wurde nach festgelegten Arbeitsverfahren (Standard Operation Procedures) analysiert.

Ergebnis

	Konzentration im Serum in Nanogramm/Milliliter
Tetrahydrocannabinol (THC)*)	9,4
11-Hydroxytetrahydrocannabinol	5,2
THC-Carbonsäure (freie Form)	42

Mit *) gekennzeichnete Substanzen sind in der Anlage zu § 24a II StVG gelistet.

Beurteilung:

Im Serum von wurde mit differenzierender Gaschromatographie bzw. identifizierender Massenspektrometrie die Anwesenheit obiger Substanzen überprüft bzw. nachgewiesen. Falls eine Entscheidung darüber zu treffen ist, ob ein Fall des § 24a StVG vorliegt, kann diese nach den Empfehlungen der Grenzwertkommission vom 22.05.2007 (Blutalkohol 44/2007, S. 311) vorgenommen werden bei folgenden analytischen Grenzwerten in Nanogramm pro Milliliter Serum: **Tetrahydrocannabinol 1; Benzoylecgonin 75; Cocain 10; Morphin 10; Amfetamin 25; Methylendioxymetamfetamin 25, Methylendioxyethylamfetamin 25; Methylendioxyamfetamin 25; Metamfetamin 25**. Für gutachterliche Stellungnahmen und Beurteilungen oder falls zusätzliche Analysen vorgenommen werden sollen, bitten wir um frühzeitige Nachricht bzw. um Übersendung der Ermittlungsakten.

Bemerkung: ---

Abb. 1.24 Beispiel für die Befundmitteilung eines mit GC/MS erhobenen Analysenbefundes für Cannabinoide

Um die von anderen Komponenten abgetrennte Substanz identifizieren und ggf. auch quantifizieren zu können, wird an das Ende der Trennsäule ein Detektor angeschlossen. Die Empfindlichkeit und die Spezifität der Analyse hängen sowohl bei der GC als auch der LC von der Art des eingesetzten Detektors ab. Derzeit werden **Massenspektrometer** (MS) als die am zuverlässigsten, aber auch teuersten Detektoren eingesetzt. Ein MS besteht aus einem Einlasssystem, einer Ionenquelle, dem Massenanalysator sowie einer Registrier- und Auswerteeinheit (Detektor). Wenn eine Substanz am Ausgang der Trennsäule angelangt ist, wird sie durch das im MS bestehende Hochvakuum praktisch in dieses „hineingezogen", dort in Ionen (geladene Teilchen) oder geladene Bruchstücke überführt, die selektiv im Massenanalysator nach ihrem Masse/Ladungs-Verhältnis aussortiert, ggf. weitergeleitet und schließlich registriert werden (Abb. 1.25). Wird das gesamte Massenspektrum einer Substanz aufgezeichnet (full scan mode), dann ist es prinzipiell möglich, aus dem Fragmentierungsmuster Rückschlüsse auf die molekulare Struktur dieser Substanz zu ziehen. Eine rasche Identifizierung unbekannter Substanzen ist heute durch die Verfügbarkeit umfangreicher, für die jeweiligen Aufgabengebiete speziell erstellter Spektrenbibliotheken möglich. Für die quantitative Analyse bekannter Substanzen reicht die Registrierung von 3 charakteristischen Ionen aus (single ion monitoring mode); hierdurch lässt sich eine höhere Empfind-

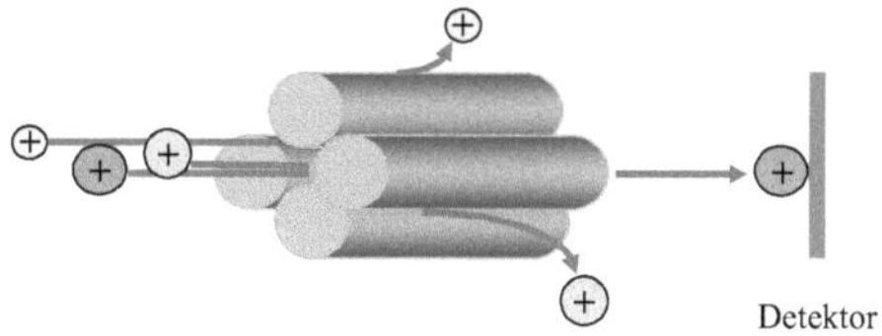

Abb. 1.25 Der Massenanalysator (Quadrupol MS mit dynamischer Ionentrennung). Ein Massenanalysator kann auf 2 Arten betrieben werden: a. im full scan mode zur Strukturaufklärung und Identifizierung (z. B. über elektronische Spektrenbibliotheken) von Substanzen b. im single ion monitoring mode zur Quantifizierung einer Substanz

lichkeit als im full scan mode erzielen, die Messungen im Nano- oder Picogramm/Milliliter-Bereich ermöglicht.

1.3.2 Cannabis

1.3.2.1 Allgemein

Die Cannabispflanze (C. sativa L., C. indica Lamarck, C. ruderalis und Züchtungen) gehört mit der Gattung der Hopfengewächse der Familie der Cannabaceae an. Das Harz der weiblichen Blütenstände enthält neben ätherischem Öl die für die Hanfpflanze typischen und von ihrer Struktur her einzigartigen Phytocannabinoide. Erst im Jahre 1964 wurde die chemische Struktur des 1940 erstmals isolierten Δ^9-Tetrahydrocannabinols (THC), der wesentlichen, psychotrop wirkenden Komponente der Hanfpflanze, aufgeklärt (Abb. 1.26).

Cannabinoide sind lipophile, Stickstoff freie, meist phenolische Monoterpene. Chemotaxonomisch lässt sich Hanf in Drogen- und Faserhanf einteilen, wobei THC das Leitcannabinoid für Drogen- und Cannabidiol (CBD) das für Faserhanf darstellt. CBD und die entsprechenden Carbonsäuren von CBD und THC sind biogenetische Vorläufer des THC; die pharmakologisch inaktiven Carbonsäuren decarboxylieren teilweise erst beim Erhitzen des Pflanzenmaterials. Bei Cannabinol (CBN), das sich in getrocknetem Pflanzenmaterial oder in Haschisch nachweisen lässt, handelt es sich um ein Oxidationsprodukt des THC (Abb. 1.27).

Die aus der Hanfpflanze gewonnenen Drogenprodukte sind Marihuana (der getrocknete oberirdische Spross bzw. die Spitzentriebe mit Anteilen von 0,5–15 % THC), Haschisch (das durch Ausklopfen oder Abschaben der Drüsenschuppen gewonnene Harz mit einem Gehalt von maximal 30 % THC), seltener Haschischöl

Abb. 1.26 Chemische Struktur von Δ^9-Tetrahydrocannabinol

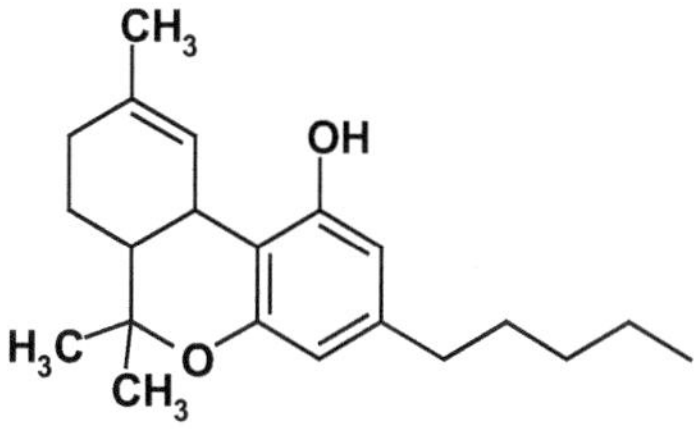

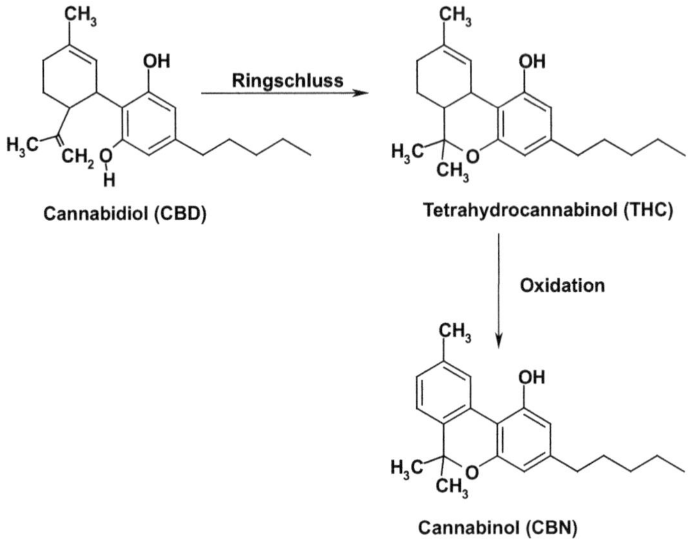

Abb. 1.27 Cannabidiol ist eine Vorläufersubstanz, Cannabinol ein Oxidationsprodukt des psychotrop wirksamen Δ^9-Tetrahydrocannabinols

(Lösemittelextrakt aus Marihuana oder Haschisch mit einem Anteil von bis zu 80 % THC). Diese Zubereitungen unterliegen in Deutschland Anlage I des Betäubungsmittelgesetzes (nicht verkehrsfähige Betäubungsmittel). Bei chronischem Schmerzsyndrom oder Multipler Sklerose konnte z. B. durch Cannabis eine Linderung der Beschwerden erzielt werden. Seit 2009 ist es jetzt möglich, im Rahmen einer medizinisch betreuten und begleiteten Selbsttherapie bei der Bundesopiumstelle einen Antrag auf Erteilung einer Ausnahmeerlaubnis nach § 3 Absatz 2 des Betäubungsmittelgesetzes zum Erwerb von Cannabis zu stellen; hierbei muss plausibel belegt werden, dass es keine geeigneten und verfügbaren Therapienalternativen für das Krankheitsbild gibt.

1.3.2.2 Pharmakokinetik

Reines THC ist eine ölige Substanz, die praktisch wasserunlöslich ist. Unter den natürlich vorkommenden Cannabinoiden ist THC pharmakokinetisch die am besten untersuchte Substanz. Die Pharmakokinetik beschreibt die Gesamtheit aller Prozesse, denen eine Droge oder ein Arzneistoff im Körper unterliegt. Hierzu zählen die Freisetzung aus der Zubereitungsform (z. B. Bildung und Übergang von THC in den Rauch beim Erhitzen, liberation), Resorption aus dem Magen oder über die Lungen in das Blut (absorption), Verteilung in den gesamten Körper (distribution), die strukturellen Veränderungen des Moleküls im Körper (metabolism) und seine Ausscheidung (elimination) mit Urin oder Stuhl. Diese Prozesse kann man unter dem Kürzel LADME zusammenfassen.

Die kinetischen Profile von CBD und von CBN, die in Cannabisprodukten in unterschiedlichen Anteilen vorliegen, gleichen weitgehend denen des THC. THC wird beim Menschen rasch in der Leber, in geringem Umfang auch in den Lungen zu verschiedenen Produkten verstoffwechselt. Bisher hat man beim Menschen mehr als 20 unterschiedliche Abbauprodukte des THC identifiziert. Der primäre Hauptmetabolit des THC, 11-Hydroxy-THC (OH-THC) ist mindestens ebenso psychotrop wirksam wie THC selbst. OH-THC wird über eine Aldehyddehydrogenase unter Beteiligung von Cytochrom-P450-Enzymen zu THC-Carbonsäure (THCCOOH) verstoffwechselt, dem quantitativ bedeutsamsten, aber psychotrop nicht mehr wirksamen Endprodukt der Phase-I-Reaktionen. THC und seine zahlreichen Metabolite werden teilweise mit Glucuronsäure konjugiert, wobei wasserlösliche, besser mit dem Urin ausscheidbare Substanzen entstehen. Nur etwa 15–30 % der aufgenommenen Menge an THC werden als polare Säuren über die Nieren ausgeschieden. Hauptmetabolit im Urin mit einem Anteil von ca. 27 % aller wasserlöslichen Biotransformationsprodukte ist das Glucuronid der THCCOOH (Abb. 1.28). Die mit der Galle ausgeschiedenen Stoffwechselprodukte unterliegen einem ausgeprägten enterohepatischen Kreislauf, der einer Art Recycling entspricht. Der Hauptanteil der Cannabinoide wird über den Stuhl ausgeschieden. Prinzipiell gibt es hinsichtlich der Verstoffwechselung keine Unterschiede zwischen den Geschlechtern oder gelegentlich bzw. häufig konsumierenden Personen.

Die gängigste Konsumform ist der **Rauchkonsum**; selten werden Cannabiszubereitungen als Backwaren oder Tee oral konsumiert, daneben gibt es, ebenfalls selten, auch den Mischkonsum. Die pharmakokinetischen Parameter und damit auch die Ausprägung der Wirkungen hängen u. a. von der Applikationsart ab. Beim Rauchen gelangen nur etwa 2–56 % der tatsächlichen, im Ausgangsmaterial verfügbaren Menge an THC in den Körper; die Schwankungsbreite ist bedingt durch die unterschiedliche Freisetzungsrate und die Zersetzung beim Erhitzen, unvollständige Inhalation und Absorption sowie Metabolisierung in den Lungen.

THC ist bereits Sekunden nach dem ersten Zug am Joint im Blut nachweisbar. Dort verteilt es sich unterschiedlich zwischen den flüssigen (Serum) und zellulären Bestandteilen des Blutes; das Blut/Plasma-Verteilungsverhältnis beträgt durchschnittlich 0,39 (0,28–0,48) für THC, 0,56 (0,43–0,73) für OH-THC, und 0,37 (0,24–0,56) für THCCOOH; die Werte in Klammern geben die Spannbreiten an.

Nach dem Rauchen eines Joints können innerhalb der ersten Minuten in Abhängigkeit von der tatsächlich aufgenommenen Menge Konzentrationen über 250 ng THC/mL Plasma erreicht werden, die innerhalb von 3–4 Stunden auf Werte von 1–4 ng THC/mL Plasma absinken können. Maximale Konzentrationen an OH-THC bzw. THCCOOH werden nach durchschnittlich ca. 15 bzw. 80 Minuten beobachtet. Die Konzentration an THCCOOH steigt nur langsam an und erreicht erst nach ½ bis 4 Stunden ein Maximum (Abb. 1.29).

Im Gegensatz zum Rauchkonsum werden bei **oraler Aufnahme** wesentliche flachere Konzentrations-Zeit-Verläufe beobachtet. Nach oraler Aufnahme wurden maximale Konzentrationen an THC von durchschnittlich 11 ng/mL nach 1–2 Stunden, in einigen Fällen auch erst nach 4–6 Stunden erreicht – bei einer Aufnahmemenge von 20 mg THC. Die Konzentrationen an OH-THC nach oralem Konsum übertreffen die nach Inhalation bei weitem; bereits nach 1–2 Stunden übersteigt die Konzentration an OH-THC die an THC.

Abb. 1.28 Hauptabbauweg des Δ^9-Tetrahydrocannabinols

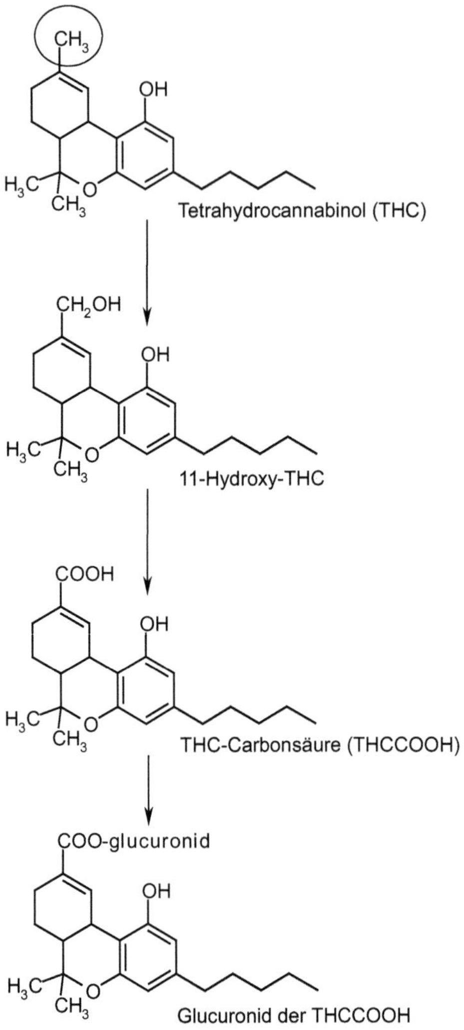

Herr S. fuhr gegen 16:00 von Amsterdam über Düsseldorf und Mannheim zurück nach Bruchsal, wo er seinen PKW vor der Abfahrt geparkt hatte. Im Zug habe er noch einen Hefezopf gegessen, den ihm seine Bekannte in Amsterdam mitgegeben habe. Herr S. wurde am nachfolgenden Tag gegen 02:30 Uhr auf der Fahrt vom Bahnhof nach Hause kontrolliert, gegen 03:00 Uhr erfolgte eine Blutentnahme. Im Serumüberstand ergab sich bei der Analyse mit GC/MS: 6 ng THC/mL, 4 ng OH-THC/mL, 77 ng THCCOOH/mL. Die Müdigkeit wurde mit der langen Bahnfahrt begründet.

Im vorliegenden Fall war die Frage der Plausibilität der Angabe zu prüfen. Oft wird das Verhältnis von THC und OH-THC herangezogen, um die Angabe einer oralen Aufnahme zu prüfen. In den beiden ersten Stunden nach oraler Aufnahme kann das Verhältnis von OH-THC zu THC 1 erreichen oder geringfügig überschreiten; nach 2 Stunden liegt es jedenfalls über 1,5. Vorliegend liegt das Verhältnis deutlich unter 1, bei einer Zeitdifferenz von ca. 3 Stunden, da der letzte Zug kurz vor 24:00 Uhr in Bruchsal eintrifft. Somit wird die Angabe, Cannabiszubereitungen seien oral aufgenommen worden, nicht gestützt.

THC wird aus dem Blut sehr rasch zunächst in gut durchblutete Organe, später auch in das Fettgewebe verteilt. Ungefähr 6 Stunden nach Konsum ist für THC eine Gleichgewichtseinstellung zwischen Blut und Organen/Geweben erreicht. An den initial sehr raschen Abfall für THC im Blut schließt sich eine über viele Stunden andauernde, langsame Rückverteilung der Cannabinoide aus den Organen/Geweben in das Blut an. In dieser Phase fällt die THC-Konzentration im Blut nur noch langsam ab. In der Literatur finden sich sehr unterschiedliche, terminale Plasmaeliminationshalbwertszeiten (Zeitspanne, in der die Blutkonzentration auf jeweils die Hälfte abfällt), die von dem Untersuchungszeitraum, der Analysenmethode, der Art und Menge der eingesetzten Cannabiszubereitung und den Berechnungsmodellen abhängig sind. Als Durchschnittswerte wurden für THC Plasmaeliminationshalbwertszeiten von 1–4 Tagen, für OH-THC von 12–36 Stunden und für THCCOOH von 25–55 Stunden bzw. von bis 6,8 Tagen angegeben. Die Konsumhäufigkeit scheint keine Bedeutung für die terminale Plasmaeliminationshalbwertszeit von THC und THCCOOH zu haben.

Die längste, bisher in der Literatur berichtete Nachweisdauer für Cannabinoide im Urin lag bei 110 Tagen (Enzymimmunoassay, Entscheidungsgrenze: 20 ng THCCOOH-Äquivalente/mL Urin). Nach Aufnahme eines Joints kann die voll-

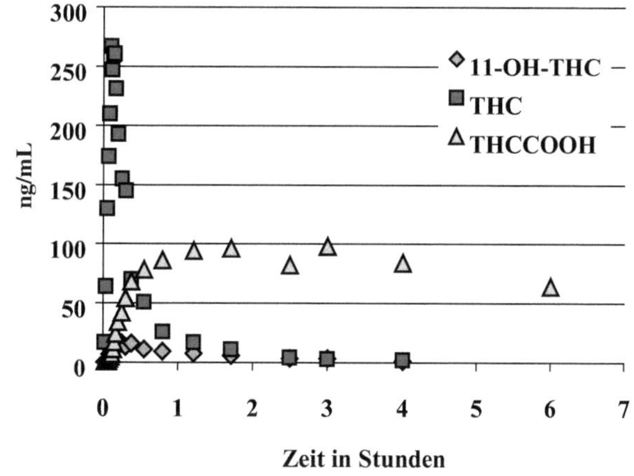

Abb. 1.29 Konzentrations-Zeit-Verlauf für THC, OH-THC und THCCOOH (ng/mL) im Plasma nach Rauchen eines Joints (33,8 mg THC)

ständige Ausscheidung durchaus bis zu 6 Tage andauern; bei häufigerem Konsum wird ein Detektionsfenster von bis zu 30 Tagen angegeben. Um einen erneuten Konsum während der Ausscheidungsphase erkennen zu können, wird empfohlen, ggf. engmaschig zu kontrollieren und die immunologisch oder mittels GC/MS bestimmten Werte auf Kreatinin zu normieren (Formel 1, 1.3.1.1). Bei sehr starken, chronisch konsumierenden Personen konnte innerhalb der ersten 3 Tage nach Abstinenz noch ein Anstieg der Cannabinoidkonzentration im Urin beobachtet werden.

1.3.2.3 Gängige Nachweismethoden und Interpretation

Immunoassays als Hinweis gebende Verfahren werden von verschiedenen Herstellern vorrangig für Urin, aber auch für Serum angeboten; die Antikörper sind primär gegen das Stoffwechselprodukt THCCOOH gerichtet. Andere Cannabinoide werden mit unterschiedlichen, THC regelmäßig mit geringen Kreuzreaktivitäten erfasst. In jüngster Zeit wurden auch Vortests für Speichel entwickelt, die eine höhere Kreuzaktivität für THC besitzen, aber für konventionelles Untersuchungsmaterial wie Serum noch nicht getestet wurden.

GC/MS-Analysen werden seit Jahren erfolgreich für die Quantifizierung von THC, OH-THC und THCCOOH im Serum und für die Bestimmung von THCCOOH im Urin eingesetzt. Im Serum können mit dieser Analysentechnik derzeit Bestimmungsgrenzen für THC deutlich unter 1 ng/mL, und für THCOOH im Urin unter 10 ng/mL erreicht werden. LC/MS wurde eher selten für die Bestimmung von Cannabinoiden in biologischem Material eingesetzt.

Da der Hauptmetabolit im Urin überwiegend in Form des Säureglucuronids vorliegt und dieses gaschromatographisch nicht unzersetzt bestimmt werden kann, wird der Analyse von Urinproben eine Spaltung vorgeschaltet. Hohe Konzentrationen an freier THCCOOH im Urin sprechen für eine nicht sachgerechte Lagerung des Probenmaterials, z. B. bei höheren Temperaturen, oder für längere Aufbewahrungszeiten. Bei der Quantifizierung von THCCOOH im Serum sollte allerdings darauf geachtet werden, dass das Glucuronid der THCCOOH während der Aufarbeitung der Probe und bei der Analyse nicht hydrolysiert wird, da Anteile an freier THCCOOH im Serum, die auf einer spontanen Freisetzung von THCCOOH aus ihrem Glucuronid beruhen, die Interpretation des Messergebnisses bezüglich der Konsumhäufigkeit einschränken.

Auch für die Untersuchung von Haaren ist GC/MS die Methode der Wahl; Analyte im Haar sind THC, CBN und CBD. THCCOOH, das im Haar im Pico- bis Femto-Gramm Bereich/mg Haar vorliegt, ist mit gängigen Methoden kaum nachweisbar. Die Analyse mit GC/MS/MS oder GC/MS mit negativer chemischer Ionisation ist derzeit Speziallabors für besondere Fragestellungen vorbehalten.

Positive, mit GC/MS erstellte Ergebnisse beweisen eine Aufnahme von Cannabispräparaten. Die Nachweisdauer von Cannabinoiden in Blut und Urin ist erheblich von der Dauer und der Intensität des Gebrauchs abhängig (1.3.2.2); weitere Einflussfaktoren wie das Körpergewicht bzw. Fettleibigkeit scheinen eine gewisse Rolle zu spielen. Bei einmaligem oder allenfalls gelegentlichem Konsum waren regelmäßig nach 24 Stunden keine positiven Ergebnisse für THC und OH-THC im Serum mehr zu verzeichnen, während bei chronisch konsumierenden Personen auch nach 5–7 Tagen Abstinenz noch Werte über 1 ng THC/mL Serum beobachtet wurden. Es sollte jedoch bedacht werden, dass auch in experimentellen Studien unter kontrollierten Bedingungen (jüngere Personen mit Normalgewicht, festgelegter THC-Gehalt der Zigarette, Erfahrung mit dem Rauchen von Cannabiszubereitungen, definierte Anzahl der Inhalationen, etc.) die Konzentrations-Zeit-Verläufe von Person zu Person deutlich schwanken.

Cannabinoide sind **instabile** Verbindungen. THC ist in Blut oder Plasma bei Raumtemperatur auch in Glasröhrchen nur wenige Tage stabil, vermutlich wird THC oxidativ abgebaut oder irreversibel an Plasmaproteine gebunden. Die Adsorption an Kunststoffe führt ebenfalls zu einem Abfall der Konzentration. Die Instabilität von OH-THC ist der des THC vergleichbar, während THCCOOH stabiler scheint. Während einer 30-tägigen Lagerung im Kühlschrank konnte keine Abnahme der Konzentration verzeichnet werden. Auf die rasche Freisetzung von THCCOOH aus ihrem Glucuronid wurde bereits hingewiesen. Die Stabilität des Acylglucuronids ist nur bei einer Aufbewahrung der Probe bei –20 °C gewährleistet; ein Zusatz von Fluorid zur Probe kann den Abbau des Glucuronids während der Lagerung verlangsamen, aber nicht aufhalten.

Im Zusammenhang mit dem Rauchkonsum tauchen immer wieder Fragen zu einer **passiven Belastung** und möglichen Rückständen in Blut, Urin oder Haaren auf. Beim Rauchen eines Joints gelangen etwa 6–50 % des freigesetzten THC zusammen mit CBN und CBD in die Umgebungsluft. Wie Nikotin schlagen sich Cannabinoide rasch an Oberflächen – so auch an Haaren – nieder und können zusätzlich über belastete Atemluft in den Körper aufgenommen werden. Es gibt nur wenige Studien, in denen nach passiver Exposition Werte in Blut- oder Plasmaproben bestimmt wurden. Wurden Passivraucher dem Rauch maschinell und damit optimal abgerauchter Joints (4–16 Joints) in einem engen, dicht verschlossenen Raum ausgesetzt, ergaben sich positive Werte von maximal 7,4 ng THC/mL Plasma. Zum Schutz der Augen mussten die Probanden während des Versuchs dicht schließende Brillen tragen. Unter realistischen Bedingungen, wie z. B. einem 3-stündigen Aufenthalt in einem gut frequentierten niederländischen Coffeeshop, konnten im Plasma 1,5 und 3,5 Stunden nach Exposition geringe Mengen an THC unter 1 ng/mL detektiert werden, nach 6 Stunden war THC nicht mehr nachweisbar. THCCOOH konnte in 3 von 8 Plasmaproben bis zu 14 Stunden nach Exposition in Konzentrationen von maximal 1,0 ng/mL bestimmt werden. Keine der wiederholt bis zu 84 Stunden nach Exposition gesammelten Urinproben ergab im Immunoassay einen über der Entscheidungsgrenze von 25 ng THCCOOH-Äquivalenten/mL Urin liegenden Wert; nach Hydrolyse lagen die mit GC/MS bestimmten Werte an THCCOOH bei maximal 7,8 ng/mL.

Bei Haaren gibt es bisher nur eine Untersuchung zur passiven Exposition, wobei Luftkonzentrationen an THC gewählt wurden, die denen früherer, experimenteller Studien und damit unrealistisch hohen Konzentrationen an THC in der Umgebungsluft entsprachen. Bei intaktem, nicht kosmetisch vorbehandeltem Haar waren Antragungen aus dem Rauch mit Methanol und Dichlormethan vollständig waschbar; nach dem Waschen konnte THC nicht mehr in den exponierten Haaren nachgewiesen werden.

Bei einigen Probanden stellt sich manchmal auch die Frage nach einem **regelmäßigen Konsum**. Um einen solchen Verdacht analytisch zu stützen, wurden Untersuchungen an Haaren, Blut und Urin als geeignet erachtet. Positive THC-Befunde im Haar von mindestens 0,03 ng/mg sprechen für einen ein- bis mehrmaligen Konsum pro Woche; ein länger andauernder Konsum lässt sich durch eine geeignete, abschnittweise Untersuchung der Haarprobe gut belegen. Für Anlass bezogene Blutproben werden Konzentrationen an THCCOOH von mindestens 150 ng/mL Serum als Hinweis für einen häufigen Konsum gewertet, in früheren Publikationen sogar bereits ab 50 ng/mL Serum.

Eine geeignete Strategie oder Marker zur **Differenzierung eines Gebrauchs illegaler von legalen Cannabiszubereitungen**, die z. B. bei Auszehrung (Kachexie) unter Tumor- oder HIV-Erkrankungen oder zur Behandlung von Erbrechen unter einer Chemotherapie angewandt werden, konnte bisher nicht etabliert werden. Der vor einigen Jahren vorgeschlagene Marker Tetrahydrocannabiverin, dessen Säuremetabolit im Urin gut nachweisbar ist, ist nach jüngsten Untersuchungen auch in einigen Cannabissorten, die für medizinische Zwecke angebaut werden, vorhanden, bzw. konnte in illegalen Cannabiszubereitungen nicht immer nachgewiesen werden. Somit kann über dieses Cannabinoid keine aussagekräftige Differenzierung vorgenommen werden.

1.3.2.4 Wirkungsweisen

Lange Zeit war unklar, über welche Mechanismen THC und andere Cannabinoide ihren Einfluss auf Verhalten sowie physiologische und subjektive Parameter ausüben. Die Existenz spezifischer Cannabinoidrezeptoren wurde erstmals 1987 nachgewiesen, 1990 folgte die Aufklärung der Struktur des CB1-Rezeptors, 1993 die des CB2-Rezeptors. CB1-Rezeptoren finden sich in besonders hoher Konzentration im zentralen Nervensystem. Das Großhirn, der Hippocampus und die Basalganglien sind reich an CB1-Rezeptoren und erklären die Wirkungen auf Wahrnehmung, Gedächtnis und motorische Funktionen. CB2-Rezeptoren finden sich auf den Zellen des Immunsystems, den weißen Blutkörperchen und der Milz. Über diese Rezeptoren lösen Phytocannabinoide wie z. B. THC, synthetische Verbindungen und endogene Cannabinoide wie z. B. Anandamid, das 1992 als erster, endogener Ligand entdeckt wurde, eine Vielzahl von Effekten aus, die in nachfolgender Tabelle (Tabelle 1.9) zusammengefasst sind.

Zur Erforschung der Mechanismen der Wirkung von Cannabinoiden auf biologischer und zellulärer Ebene wurden für die Grundlagenforschung weit mehr als 100 Verbindungen mit struktureller Ähnlichkeit zu den Phytocannabinoiden synthetisiert, die unter der Bezeichnung Cannabinoidrezeptoragonisten zusammengefasst werden können. Diese synthetischen Cannabinoide sind teilweise um ein Vielfaches potenter als THC, und konnten als Bestandteile in Kräutermischungen wie z. B. Spice nachgewiesen werden, die als Ersatz für Cannabisprodukte gehandelt werden. In verschiedenen Ländern wurde deshalb seit Dezember 2008 ein Verbotsverfahren eingeleitet, unter anderem auch in Deutschland. Zurzeit sind die Substanzen JWH-018, JWH-019, JWH-073 sowie CP47,497 ein-

Tabelle 1.9 Wirkungen von Cannabiszubereitungen bzw. THC und Häufigkeit (%)

	Auswirkung	Häufigkeit
Stimmung	Euphorie	14 %
	„High"-Gefühl	35–84 %
	Dysphorie	13 %
Kognition	Müdigkeit	40–50 %
	Konzentrationsstörungen	49 %
Psyche	Paranoia	5 %
	Halluzinationen	6 %
	Auslösen einer Schizophrenie/Depression	Einzelfälle
Kardiovaskuläres System	Blutdruckabfall	25 %
	Abnahme der Herzfrequenz, kardiale Minderdurchblutung	Einzelfälle
Respiratorisches System	Bronchitis, Krebsleiden	Unbekannt

schließlich der C6-, C8- und C9-Homologen Anlage II zu § 1 Abs. 1 des BtMG (verkehrsfähige, aber nicht verschreibungsfähige Betäubungsmittel) unterstellt worden.

Wechselwirkungen von THC mit anderen, psychotrop wirksamen Verbindungen wurden bisher nur wenig untersucht. Alkohol führt zu einer Verstärkung der Wirkungen des THC im Sinne einer additiven Wirkung, insbesondere zu einer Verstärkung der euphorischen Phase bei Rauscheintritt sowie zu einer nachfolgenden, verstärkten Sedierung, während Stimulanzien wie Amphetamine oder Cocain diese weitgehend antagonisieren. Daher werden Cannabispräparate manchmal nach Applikation von Cocain geraucht, um die unangenehme, dysphorische Phase zu maskieren. Bei kombiniertem Konsum war die Plasmakonzentration an nasal appliziertem Cocain erhöht, vermutlich durch eine weitgehende Aufhebung der durch Cocain bedingten Gefäßverengung der Nasenschleimhaut und einer dadurch vermittelten, besseren Absorption des Cocains.

1.3.2.5 Verkehrsmedizinisch relevante Wirkungen

Da THC aus dem Blut mit einer gewissen zeitlichen Verzögerung auch in das Zentralnervensystem verteilt wird, verlaufen Blutkonzentration und akute Wirkung nicht parallel. Tatsächlich wird das Maximum der THC-Konzentration im Serum deutlich schneller erreicht als das Maximum der Verhaltensbeeinträchtigungen, und typische Auffälligkeiten können auch bei geringen Konzentrationen noch deutlich ausgeprägt sein. Prinzipiell besteht ein breites Spektrum an Wirkungen, wobei ein typischer Rausch geprägt ist durch:

- gehobene Stimmung
- verminderter Antrieb, Passivität

- Denkstörungen mit bruchstückhaftem Denken, Verlust der Erlebniskontinuität, ideenflüchtiges Denken
- Störungen der Konzentration und Aufmerksamkeit mit erhöhter Ablenkbarkeit, Reizoffenheit, abnormer Fokussierung der Wahrnehmung und Ausrichtung auf irrelevante Nebenreize
- Gedächtnis- und Erinnerungsstörungen.

In der akuten Phase nach Konsum, die etwa 1 bis 2 Stunden, evtl. auch länger andauern kann, werden die Fahrer als insgesamt verlangsamt und begriffsstutzig beschrieben. Typische Fahrauffälligkeiten sind grundloses Wechseln der Fahrspur und -geschwindigkeit, leichte Ablenkbarkeit und Konzentrationsschwäche, die z. B. zur Missachtung der Vorfahrt oder dem „Übersehen" einer auf Rot stehenden Lichtanlage führen. In der subakuten Phase, die etwa bis 12 Stunden nach Konsum andauert, zeigt sich eine ausgelassene, unbekümmerte Grundstimmung. An Fahrauffälligkeiten wurde über eine deutlich überhöhte Geschwindigkeit berichtet, ansonsten waren die Auffälligkeiten der der akuten Phase vergleichbar. Als letzte Phase wird eine postakute Phase von ca. 12–24 Stunden nach Konsum mit Konzentrationsschwächen und leichter Ablenkbarkeit beschrieben. Andere Autoren gehen von einer akuten Phase von ca. 8 Stunden und einer Residualphase von bis zu 48 Stunden aus.

Die meisten, konsistent nachgewiesenen Defizite wurden bei gelegentlichen Konsumenten nach akutem Konsum nachgewiesen. Weiterhin wurden bei regelmäßigen Konsumenten keine Hinweise auf stärkere Verhaltensdefizite – sofern vorbestehende, psychische Veränderungen nicht vorlagen – unter akutem Einfluss oder während einer Abstinenzphase erhalten im Vergleich zu gelegentlichen Konsumenten. Bei chronischem Konsum kann teilweise eine Abhängigkeit vom Cannabistyp beobachtet werden, mit Antriebsminderung, Konzentrations- und Gedächtnisstörungen, Nachlassen der Leistung, Kritikschwäche sowie Einstellungs- und Verhaltensänderungen mit Rückzug auf die eigene Person.

In seltenen Fällen oder bei ungewöhnlich hoher Dosierung lassen sich auch untypische Verlaufsformen des akuten Cannabisrauschs mit folgender Symptomatik beobachten:

- Depression, Verstimmung
- gesteigerter Antrieb mit Agitation und motorischer Unruhe
- Angst, Panik
- paranoide Erlebnisproduktion, Wahnerlebnisse
- aggressive Impulse gegen die eigene Person bzw. die Umgebung.

Die toxische Cannabispsychose kann als eine Art Vergiftung angesehen werden, ihre Symptome sind akut jedoch nur schwierig von einer paranoid-halluzinatorischen Schizophrenie zu differenzieren. Es ist gegenwärtig auch ungeklärt, welche Dosis an THC zu einer toxischen Psychose führen kann. Auch der chronische Konsum wurde ursächlich für die Ausprägung schizophrenieähnlicher Psychosen diskutiert, wobei man heute eher davon ausgeht, dass der Konsum bei besonders vulnerablen Personen einen zusätzlichen, aber nicht dominierenden Risikofaktor darstellt.

Es erstaunt nicht, dass die Feststellungen zur Fahruntüchtigkeit unter akutem Cannabiseinfluss uneinheitlicher sind als für Alkohol. So kann z. B. das „Unfallkriterium" als Indiz einer Beeinträchtigung durch Cannabis nicht uneingeschränkt herangezogen werden, da verunfallte Fahrer häufig geringere Serumkonzentrationen an THC aufwiesen und nicht deutlich auffälliger im Vergleich zu nicht verunfallten Fahrern waren. Insgesamt besteht erheblicher Forschungsbedarf, um Aussagen, insbesondere zur postakuten oder Residualphase, gestützt auf Messwerte der Anlass bezogenen Blutproben, eindeutiger treffen zu können.

1.3.3 Morphin/Heroin

1.3.3.1 Allgemein

Opiate wie Morphin sind natürliche, im Milchsaft unreifer Kapseln des Schlafmohns (Papaver somniferum L.) vorkommende Alkaloide. Der fermentierte, eingetrocknete Saft wird als Rohopium bezeichnet, sein Gebrauch für medizinische und nichtmedizinische Zwecke ist mehr als 6000 Jahre alt. Bereits um 100 v. Chr. berichtete Galen über den Missbrauch von Rohopium. Im 18. Jahrhundert entwickelte sich in China das Rauchen der Droge zum sozialen Problem, da diese Konsumform zu einer äußerst schnellen Absorption von Morphin über die Lungen führt. Die Entwicklung der Injektionsspritze und die Isolierung von Morphin aus Rohopium durch Sertürner in den Jahren 1803/1804 führten zu seinem gezielten Einsatz als Schmerzmittel, gleichzeitig traten aber auch die ersten Fälle psychischer und physischer Abhängigkeit auf. Heroin (Synonyme: Diacetylmorphin, Diamorphin) wurde in England 1874 erstmals durch Acetylierung von Morphin hergestellt. Im Jahr 1897 gelang dem Chemiker Hofmann die Darstellung im Labor der Farbenfabriken Bayer; zwei Jahre später wurde Heroin als Arzneistoff bereits in 23 Länder exportiert. Heroin ist das Diacetylderivat des Morphins; als Arzneimittel bzw. Suchtstoff wird es meist in Form des Hydrochlorids verwendet. Heroin wurde 1958 in Deutschland aus dem Handel genommen; es ist heute in Anlage I des Betäubungsmittelgesetzes als nicht verkehrsfähiges Betäubungsmittel eingestuft. Mit dem Gesetz zur Heroin gestützten Substitutionsbehandlung wurden im Juli 2009 das Betäubungsmittelgesetz, die Betäubungsmittel-Verschreibungsverordnung sowie das Arzneimittelgesetz angepasst. Pharmazeutisch hergestelltes Heroin ist im Rahmen der Substitutionsbehandlung von Schwerstopiatabhängigen als verschreibungsfähiges Betäubungsmittel (Anlage III) eingestuft. In England, Belgien, der Schweiz, Canada, Island, Malta und den Niederlanden ist Heroin für medizinische Zwecke zugelassen.

1.3.3.2 Pharmakokinetik

Heroin wird unmittelbar nach Eintritt in die Blutbahn mit einer Halbwertszeit von 3–9 Minuten zu 6-Acetylmorphin (Synonym: Monoacetylmorphin) abgebaut, das mit einer Halbwertszeit von etwa 9–40 Minuten weiter zu Morphin hydrolisiert wird. Die Halbwertszeit des Heroins verlängert sich auch bei Applikation höherer

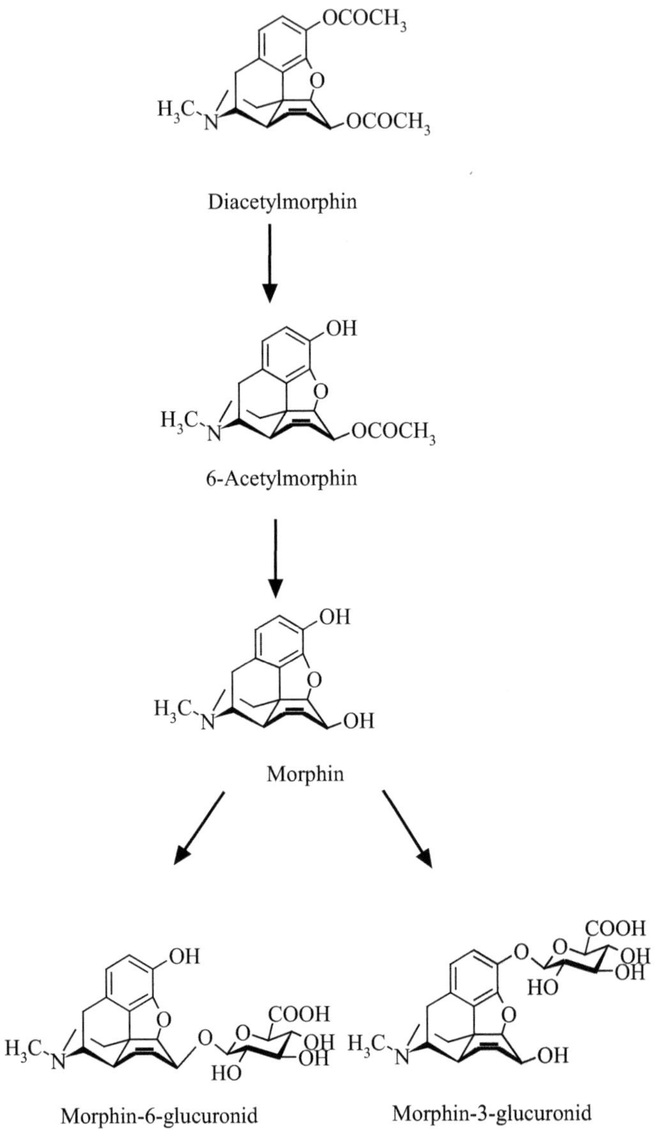

Abb. 1.30 Hauptstoffwechselweg des Heroins über Morphin zu den beiden Morphinglucuroniden

Dosen (bis 220 mg Hydrochlorid) nicht. Neben der direkten Ausscheidung von Morphin über die Nieren wird die Verbindung vor allem in der Leber mit Glucuronsäure zu Morphin-3-glucuronid und Morphin-6-glucuronid, in geringem Umfang auch mit Sulfat, konjugiert (Abb. 1.30). Durch Abspaltung der Methylgruppe am Stickstoffatom des Morphins entsteht Normorphin, das in geringer Konzentration im Blut (ca. 5 %) und in glucuronidierter Form auch im Urin nachgewiesen werden kann.

Für Heroin gibt es im Gegensatz zu Morphin, nicht zuletzt aus rechtlichen und ethischen Gründen, aber auch wegen der Schwierigkeiten zur Stabilisierung und bei der Aufarbeitung des äußerst instabilen Heroins und 6-Acetylmorphins in wässrigem Medium nur wenige Untersuchungen, die Konzentrations-Zeit-Verläufe beim Menschen beschreiben.

Bei intravenöser Aufnahme oder Rauchkonsum werden maximale Konzentrationen an Heroin bereits nach 1–5 Minuten, bei pernasaler oder intramuskulärer Applikation spätestens nach 5 Minuten erreicht. Auch für 6-Acetylmorphin wurden maximale Werte bereits 5–10 Minuten nach Verabreichung von Heroin beobachtet. Nach oraler Aufnahme konnten lediglich Morphin und seine beiden Glucuronide im Blut nachgewiesen werden.

Aus Heroin freigesetztes Morphin wird zunächst rasch mit einer Eliminationshalbwertszeit von 1,1–2,8 Stunden, dann langsamer mit einer terminalen Eliminationshalbwertszeit von bis zu 15 Stunden aus dem Blut ausgeschieden. Der größte Teil des aufgenommenen Morphins wird jedoch in Form von Morphinglucuroniden eliminiert. Ähnlich wie Morphin folgen auch die Glucuronide einer biphasischen Elimination mit einer terminalen Halbwertszeit von 9–17 Stunden.

Codein oder auch Acetylcodein sind regelmäßig als Nebenprodukte in illegalen Proben vorhanden. Acetylcodein wird rasch zu Codein metabolisiert, das im Körper zu einem Anteil von 1–10 % zu Morphin verstoffwechselt wird; das wesentliche Endprodukt des Stoffwechsels von Codein ist sein Glucuronid.

1.3.3.3 Gängige Nachweismethoden und Interpretation

Die Aufarbeitung und Quantifizierung von Heroin in Blut oder Serum ist auf Grund der äußerst raschen, sowohl spontanen als auch enzymatischen Hydrolyse durch Esterasen (Enzyme, die Esterbindungen spalten) problematisch. Ein Zusatz von Natriumfluorid bei der Probennahme kann die Hydrolyse verlangsamen, so dass bei Erhebung einer Blutprobe kurze Zeit nach Applikation von Heroin bei direkter Überstellung der Probe ins Labor, sofortiger Analyse oder Lagerung bei –20 °C vereinzelt 6-Acetylmorphin noch nachgewiesen werden kann. In der Regel kann im Blut oder im Serum nur freies (unkonjugiertes) und konjugiertes, d. h. an Glucuronsäure- oder Sulfatreste gebundenes Morphin detektiert werden. Bei Anwendung der üblichen GC/MS Verfahren, meist nach Extraktion an einer Festphase und Derivatisierung, wird nur das freie Morphin erfasst. Die konjugierten Verbindungen lassen sich für spezielle Fragestellungen direkt mit LC/MS quantitativ bestimmen.

Nach pernasaler Aufnahme von 12 mg Heroinhydrochlorid konnte 6-Acetylmorphin in einer experimentellen Studie bis zu 1,5 Stunden, freies Morphin bis zu 6 Stunden und Morphin-3-glucuronid bis zu 24 Stunden nachgewiesen werden.

Da Urin im Gegensatz zu Blut keine Esterasen enthält, kann bei einem letztmaligen, 1–5 Stunden zurückliegenden Konsum durchaus noch 6-Acetylmorphin in einer Probe vorhanden sein. Der sichere Nachweis von 6-Acetylmorphin im Urin gilt daher als Indikator für einen aktuellen Konsum von Heroin. Ca. 75 % des aus Heroin freigesetzten Morphins werden als Morphin-3-glucuronid im Urin ausgeschieden, neben ca. 10 % freiem Morphin, ca. 5 % Normorphin und etwa 1 %

Morphin-6-glucuronid. Die meisten Immunoassays zeigen auch gegenüber den konjugierten Verbindungen eine hinreichende Kreuzreaktivität; einige Tests sind direkt auf Morphin-3-glucuronid standardisiert. Der Opiattest ist allerdings nicht spezifisch; auch Codein und Dihydrocodein – ein halbsynthetisches Codeinderivat – bzw. ihre Stoffwechselprodukte führen zu positiven Ergebnissen.

Bei einer beweissicheren Analyse mit GC/MS wird der Aufarbeitung der Urinprobe eine Hydrolyse der konjugierten Verbindungen, entweder durch Inkubation mit Glucuronidase/Sulfatase oder – auf Grund der höheren Ausbeute – nach salzsaurer Hydrolyse vorgeschaltet; die nachfolgende Extraktion und Analyse erfolgt dann wie für Serumproben beschrieben. Alternativ kann mit LC/MS eine direkte und simultane Erfassung von konjugierten und nicht konjugierten Verbindungen ohne Hydrolyse erfolgen.

Im Jahr 1979 erschien die erste Publikation über den Nachweis von Opiaten im Haar von Heroinkonsumenten. Der radioimmunologisch erhobene Befund wurde zwar in Frage gestellt; die heute verfügbaren, hoch leistungsfähigen Massenspektrometer ermöglichen zwischenzeitlich einen spezifischen und auch ausreichend empfindlichen Nachweis von Opiaten in Haaren. Mit GC/MS lassen sich Entscheidungsgrenzen von 0,1 ng 6-Acetylmorphin bzw. Morphin/mg Haar gut erreichen.

Hauptmetabolit im Haar ist 6-Acetylmorphin, daneben lässt sich Morphin als weiteres Abbauprodukt des Heroins in erheblich geringerer Konzentration im Haar nachweisen. Bei geeigneter Aufarbeitung der Probe ist im Einzelfall auch eine Detektion von Spuren an Heroin im Haar möglich. Somit stellt Haar das einzige Untersuchungsmaterial dar, in dem eine Aufnahme von Heroin direkt über den Nachweis der Muttersubstanz oder das primäre Stoffwechselprodukt 6-Acetylmorphin belegt werden kann. Die rasche Hydrolyse von Heroin bzw. 6-Acetylmorphin zu Morphin bei der Probenaufarbeitung kann zu Veränderungen der Anteile an Heroin, 6-Acetylmorphin und Morphin, und damit zu unterschiedlichen Ergebnissen führen. Eindeutige Beziehungen zwischen der Dosis und der Opiatkonzentration im Haar konnten bisher nicht gefunden werden. Dennoch gibt es Vorschläge, wonach Konzentrationen an 6-Acetylmorphin von 1 bis 2 ng/mg Haar für einen eher geringfügigen, und Konzentrationen ab 10 ng/mg Haar für einen starken Konsum der Droge sprechen.

Ein Beigebrauch illegalen Heroins bei Patienten, die Morphin oder Heroin aus medizinischen Gründen erhalten, lässt sich durch eine Analyse weiterer, im Rohopium vorkommender Alkaloide in reiner oder acetylierter Form anhand einer Blut- oder Urinprobe aufdecken. Codein ist die häufigste, in illegalen Heroinproben vorkommende Substanz, neben Acetylcodein, das aus dem Syntheseprozess stammt, mit ca. 4 Stunden jedoch eine relativ kurze Eliminationshalbwertszeit besitzt. Noscapin und Papaverin als potentielle Marker eines illegalen Konsums konnten im Urin häufiger nachgewiesen werden als 6-Acetylmorphin oder Acetylcodein; Desmethylpapaverin und sein Glucuronid hingegen waren auch nach Aufnahme mohnhaltiger Speisen noch über 48 Stunden im Urin nachweisbar. Seit der Empfehlung des Bundesinstituts für Risikobewertung, nur noch Mohnsamen mit einem Gehalt von maximal 4 mg Morphin/kg für die Verarbeitung in Lebensmitteln zuzulassen, ist eine Aufnahme von Opiumalkaloiden über Mohn deutlich limitiert und führt nur selten zu positiven Testergebnissen.

Bei der Interpretation eines Analysenergebnisses opiathaltiger Proben ist neben einer nicht gänzlich auszuschließenden Aufnahme von Opiumalkaloiden aus Mohnsamen – sofern 6-Acetylmorphin im Untersuchungsmaterial nicht identifiziert werden konnte – folgendes zu beachten:

- Morphin wird nicht zu Codein, Codein jedoch in Anteilen von 1–10 % zu Morphin verstoffwechselt, so dass bei Einnahme eines Codeinpräparates in der Blutprobe geringe Mengen an Morphin einschließlich seiner beiden Glucuronide neben Codein und Codeinglucuronid nachweisbar sind.
- Da die Eliminationshalbwertszeit des Codeins etwas länger als die des Morphins ist, kann nach der Einnahme eines codeinhaltigen Präparats in der späten Eliminationsphase, d.h. nach mehr als 24 Stunden, im Urin – und nur dort – mehr Morphin als Codein vorhanden sein.
- Illegale Heroinproben enthalten meist auch geringe Anteile an Codein oder Acetylcodein.

1.3.3.4 Wirkungsweisen

Heroin bzw. Morphin sind sehr effektive Schmerzmittel, wobei das lipophilere Heroin rascher als Morphin in das Gehirn übertritt, seine Wirkung jedoch kürzer ist. Weitere typische Effekte sind Sedierung, Hemmung des Atem- und Hustenzentrums sowie eine Engstellung der Pupille (Stecknadelkopf große Pupillen, Miosis), deren Durchmesser sich bei einem Wechsel vom Tageslicht in eine dunkle Umgebung nicht, wie bei unbeeinflussten Personen, entsprechend vergrößert. Bei den meisten Konsumenten stellt sich eine positiv getönte Stimmungslage ein, die durch „Entrücktsein" gut umschrieben werden kann, nur einige Konsumenten erleben einen dysphorischen Rausch. Neben diesen zentral vermittelten Wirkungen kommt es peripher durch eine Tonusminderung der glatten Muskulatur zum Harnverhalt und zu einer Dämpfung der Magen-Darm-Motilität.

Zentrale und periphere Wirkungen aller Opiate und den Opiaten strukturell nahe stehender Schmerzmittel (Opioide wie z. B. Methadon, Buprenorphin, Tramadol, Tilidin, etc., s. 1.4.2.1) kommen durch die Bindung an Opioidrezeptoren zustande. Heroin selbst hat nur eine geringe Affinität zu diesen Rezeptoren und wird daher als „Prodrug" (nicht oder nur gering wirksame Substanz, die erst im Körper durch Verstoffwechselung in eine pharmakologisch wirksame Verbindung überführt wird) eingestuft. Seine Wirkung beruht wesentlich auf seinen Hydrolyseprodukten 6-Acetylmorphin, Morphin und Morphin-6-glucuronid, die die verschiedenen Opioidrezeptoren aktivieren.

Bei fortgesetzter Zufuhr entwickelt sich innerhalb weniger Tage eine Wirkungsminderung, insbesondere hinsichtlich Schmerzhemmung, Euphorie und zentraler Dämpfung, so dass die Stoffmenge zur Erzielung des ursprünglichen Effekts erhöht werden muss. Teilweise wird im Verlauf der Toleranzentwicklung auch auf eine effektivere Konsumform, z. B. von der pernasalen auf die intravenöse Applikation, gewechselt. Die Adaptation an die Opiatwirkung beruht nicht auf einer erhöhten metabolischen Inaktivierung oder rascheren Ausscheidung, sondern auf einer verminderten Ansprechbarkeit an den Rezeptoren. Daten über die zeitliche Toleranzentwicklung beim Menschen fehlen weitgehend. Nach den Erfahrungen aus der Substitutionsbehandlung mit Heroin wird die anfängliche Konsummenge jedoch nicht um ein Vielfaches gesteigert; in den Schweizer Heroinprojekten z.B. war die Maximalwirkung nach ca. 6 Wochen bei intravenöser Verabreichung mit 600 mg Heroin (Reinsubstanz)/Tag erreicht.

Die wiederholte Zufuhr von Opiaten führt letztendlich zu psychischer und körperlicher Abhängigkeit, wobei sich Toleranz und körperliche Abhängigkeit meist parallel entwickeln. Wenn die Konzentration an Opiaten im Körper nicht mehr ausreicht, kommt es zum Auftreten von Entzugserscheinungen. Diese stellen sich etwa 7–8 Stunden nach letztmaliger Drogenzufuhr ein und erreichen nach 1–1,5 Tagen ihren Höhepunkt. Unmittelbare Entzugssymptome sind: Unruhe, unstillbares Verlangen nach der Substanz, Schwitzen, extreme Angst, Depression, Reizbarkeit, Fieber, Kälteschauer, Übelkeit, Krämpfe, intensive Schmerzen und Schlafstörungen.

1.3.3.5 Verkehrsmedizinisch relevante Wirkungen

Die oben beschriebenen Wirkungen von Heroin und Morphin führen in der akuten Rauschphase zu verminderter, geistiger Aktivität, Konzentrationsschwäche, Apathie und Schläfrigkeit, Gleichgültigkeit gegenüber Reizen oder Informationen aus dem unmittelbaren Verkehrsraum und zu einer Verlängerung der Reaktionszeit. Fahrrelevante Einschränkungen bestehen aber auch dann, wenn nur noch geringe Konzentrationen an Opiaten im Blut nachweisbar sind, d.h. bei beginnenden oder bereits eingetretenen Entzugserscheinungen.

Ein seit Jahren Heroin konsumierender Mann ließ sich etwa 6 Stunden nach der letzten Injektion von seiner Freundin in die Stadt fahren, da er fürchtete, während der Fahrt in den Entzug zu geraten und das Fahrzeug nicht mehr steuern zu können. Nachdem er den „Stoff" abgeholt hatte, setzte er sich noch auf dem Parkplatz eine Spritze, und parkte dann das Fahrzeug ordnungsgemäß aus. Wenige Minuten später wurde er von der Polizei kontrolliert, da er beim Spritzen beobachtet worden war.

Da Leistungsmängel während der Fahrt nicht offensichtlich waren und die ärztliche Untersuchung mit Ausnahme einer Engstellung der Pupille keine typischen Ausfallerscheinungen ergab, erfolgte die Verhängung einer Ordnungswidrigkeit bei einem Nachweis von 80 ng Morphin/mL und 10 ng Codein/mL im Serumüberstand der Blutprobe. Bei einer Fahrt unter beginnendem Entzug wäre die Fahrsicherheit erheblich eingeschränkt gewesen.

Rechtlich anders zu bewerten war der nachfolgende Fall eines nur gelegentlich konsumierenden Fahrers:

Herr S. befuhr die BAB 5 mit seinem PKW, wobei er nicht nur offensichtlich ohne Grund häufiger die Fahrspur wechselte, sondern diese dann in weiten Schlenkern befuhr. Bei der polizeilichen Kontrolle und der Blutentnahme fiel er durch einen schleppenden Gang auf. Er wirkte zwar orientiert, aber müde, und hatte offensichtlich Mühe, die ihm gestellten Fragen zu erfassen, da er erst auf Wiederholung der Fragen und nach längeren Pausen antwortete. Er gab an, wegen Schmerzen 2 Tabletten Thomapyrin (Wirkstoffe: Paracetamol, Acetylsalicylsäure, Coffein) eingenommen zu haben. Die Analyse ergab:

29 ng Morphin/mL Serum und ca. 5 ng Codein/mL Serum,

eine Einnahme von Thomapyrin war nicht nachweisbar. Der Befund ist auf einen Konsum von Heroin oder eine höchst ungewöhnliche und auch unwahrscheinliche, kombinierte Einnahme von Morphin und Codein rückführbar.

Die Häufigkeit von Opiatbefunden bei schuldhaft an einem Unfall beteiligten, verletzten oder tödlich verunglückten Fahrern rangiert in allen bisherigen Veröffentlichungen auf den hinteren Plätzen nach Cannabis, Cocain und Benzodiazepinen, so dass geringe Fallzahlen für epidemiologische Erhebungen resultieren. Das relative Risiko, unter Opiateinfluss einen Unfall zu erleiden, war gegenüber nüchternen Fahrern um das 1,0–2,5 fache erhöht, wobei mögliche Entzugsphasen oder das Ausmaß der Toleranz nicht mit in die Berechnungen eingingen. Auf Grund erheblicher ethischer Bedenken gibt es nur wenige, ältere, experimentelle Untersuchungen zum Einfluss des Heroins auf fahrrelevante Parameter. Hierbei zeigten sich Beeinträchtigungen der Informationsverarbeitung und eine generelle Verlangsamung, auch bei motorischen Aufgaben, etwa beim Greifen mit der Hand. Somit muss sich eine Beurteilung wesentlich auf den analytischen Befund, die pharmakologischen Wirkungen, Konsumgewohnheiten und Auffälligkeiten während der Fahrt, bei der Kontrolle und im Rahmen der Blutentnahmen stützen.

1.3.4 Cocain

1.3.4.1 Allgemein

Cocain ist das Hauptalkaloid des Cocastrauchs Erythroxylon coca Lamarck, der aus den Regenwäldern der Andenausläufer stammt und seit Jahrtausenden in Südamerika kultiviert wird. Cocablätter hatten in vielen präkolumbianischen Kulturen eine wichtige Funktion als wirtschaftliches Tauschgut, Medizin, Aphrodisiakum und rituelles Rauschmittel. Das Kauen der getrockneten Cocablätter mit Tabak, später mit gebranntem Kalk war die vorherrschende Konsumform. Im Jahr 1569 brachte der spanische Arzt Monardes die ersten Cocapflanzen mit nach Europa, doch erst 1860 konnte Albert Niemann Cocain als Reinsubstanz aus den Blättern isolieren. Der Gehalt an Cocain in den getrockneten Blättern kann bis zu 2% betragen; zu den wichtigsten Nebenalkaloiden zählen Cinnamoylcocain, das in illegalen Proben zusätzlich zu Cocain nachgewiesen werden kann, die beiden Hydrolyseprodukte Benzoylecgonin und Ecgoninmethylester sowie α- und ß-Truxillin. Norcocain entsteht in geringer Konzentration bei der Aufarbeitung von Cocainpaste aus den Blättern mit Kaliumpermanganat. Endprodukt des Isolierungprozesses ist Cocain in Form des stabilen Hydrochlorids.

Einer der ersten, der die medizinische Brauchbarkeit von Cocain ernsthaft verfolgte, war Sigmund Freud. Zusammen mit Carl Koller führte er Cocain 1884 in die Augenheilkunde ein, ein Jahr später verwendeten Hall und Halstedt die Substanz als Leitungsanästhetikum. Im Jahr 1898 wurde die Konstitution des Cocains aufgeklärt, dessen Totalsynthese 1923 durch den Nobelpreisträger Willstätter gelang.

Die wichtigsten Aufnahmewege für Cocain sind oral (Kauen von Cocablättern), über die Nase oder intravenös in Form des Hydrochlorids oder inhalativ (freie Base oder Crack). Eine Linie zum Schnupfen enthält 20–100 mg Cocainhydrochlorid, wobei sich der Konsum im Extremfall auf mehrere Gramm pro Tag steigern kann.

1.3.4.2 Pharmakokinetik

Cocain ist ein Diester des Ecgonins, der in wässrigem Medium – und damit auch in Blut- und Urinproben – rasch hydrolysiert. In vivo erfolgt eine sehr rasche und effektive Biotransformation durch Esterasen im Blut und in der Leber zum Ecgoninmethylester, durch enzymatische und spontane Hydrolyse entsteht Benzoylecgonin. Diese beiden Verbindungen sind pharmakologisch inaktiv; ihr gemeinsames Abbauprodukt ist Ecgonin. Ca. 1–2% des Cocains werden zum pharmakologisch aktiven Norcocain verstoffwechselt. Wird Cocain als „Crack" geraucht, entsteht als thermisches Abbauprodukt Anhydroecgoninmethylester. Bei gleichzeitiger Aufnahme von Ethanol wird im Körper durch Umesterung das pharmakologisch ebenfalls aktive Cocaethylen gebildet, das direkt oder über seine Metaboliten wie z.B. Norcocaethylen oder Ecgoninethylester in Körperflüssigkeiten nachgewiesen werden kann (Abb. 1.31).

Die minimalen, effektiven Dosen werden bei inhalativer und intravenöser Zufuhr mit 16 mg, bei pernasalem Konsum mit 20 mg Cocain angegeben. Der Wirkungseintritt ist von der Art der Anwendung abhängig: Beim Rauchen dauert es nur einige wenige Sekunden, bei intravenöser Applikation ca. ½–2 Minuten, beim Schnupfen etwa 3 Minuten, bis das Cocain das Gehirn erreicht. Die maximal erreichbaren Konzentrationen im Plasma sind sowohl von der Applikationsart als auch von der Dosis abhängig. Mittlere maximale Konzentrationen nach pernasaler Aufnahme von 106 bzw. 32 mg Cocainhydrochlorid lagen bei 220 bzw. bei ca. 60 ng/mL Plasma, während die Konzentrationen an Benzoylecgonin zeitversetzt nach etwa 2–2,5 Stunden maximale Werte erreichten, die das 2–2,5fache der Peakkonzentrationen an Cocain betrugen. Bei intravenöser Applikation wurden höhere Maximalkonzentrationen an Cocain erreicht; nach 25 bzw. 32 mg Cocainhydrochlorid wurden durchschnittliche Werte um 230 bzw. 300 ng/mL Plasma beobachtet.

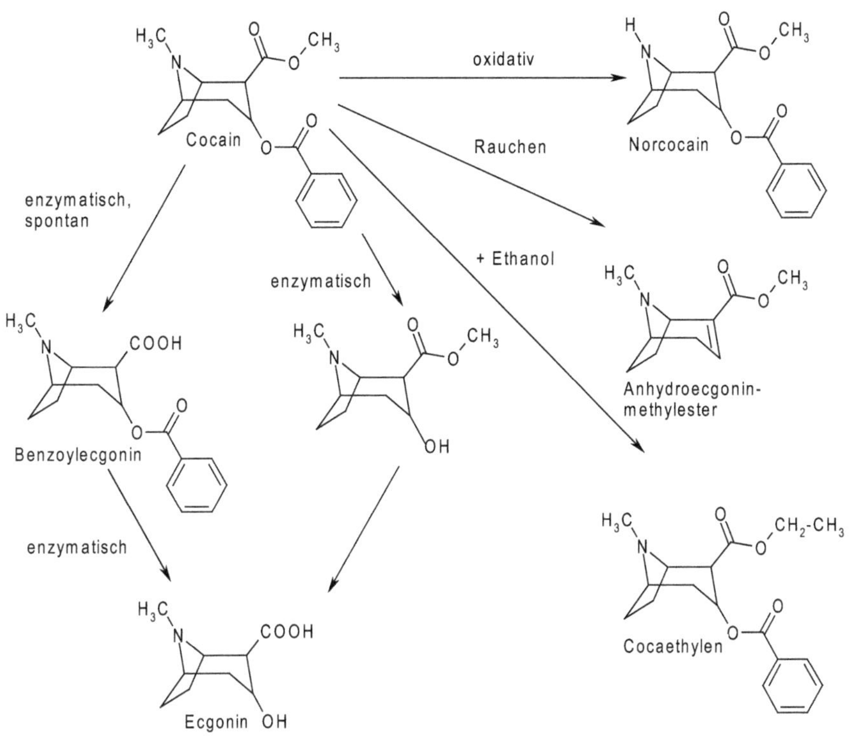

Abb. 1.31 Metabolismus von Cocain im Körper; Anhydroecgoninmethylester bzw. Cocaethylen werden nur beim Rauchen bzw. bei gleichzeitiger Alkoholaufnahme gebildet

Nach intravenöser Applikation von 32 und 40 mg Cocainhydrochlorid betrugen die mittleren Eliminationshalbwertszeiten 41 und 37 Minuten; in einer anderen Studie lag die mittlere Eliminationshalbwertszeit nach intravenöser Gabe von 32 mg Cocain bei 48 Minuten. Bei pernasaler und oraler Applikation ergaben sich keine, zur intravenösen Applikation unterschiedlichen Eliminationshalbwertszeiten. Für Benzoylecgonin und Ecgoninmethylester wurden die mittleren Eliminationshalbwertszeiten zu 7,5 und 3,6 Stunden bestimmt. Für Ecgonin liegen bisher keinerlei pharmakokinetische Daten vor.

Cocain wird zu 1–9 % der konsumierten Dosis, zu 35–54 % als Benzoylecgonin und zu 32–49 % als Ecgoninmethylester in den Urin ausgeschieden, wobei etwa 86 % der Aufnahmemenge bereits in den ersten 24 Stunden zur Ausscheidung gelangen.

1.3.4.3 Gängige Nachweismethoden und Interpretation

Der Nachweis von Cocain und seinen Hauptstoffwechselprodukten ist beim heutigen Stand der Analysentechnik unproblematisch, wenn man von der hohen chemischen Labilität des Cocains absieht. Wie bei Heroin und 6-Acetylmorphin kann ein Zusatz von Natriumfluorid bei der Probennahme die Hydrolyse von Cocain verlangsamen, so dass bei konsumnaher Erhebung einer Blutprobe und raschem Transport in das Untersuchungslabor Cocain in unveränderter Form unter Umständen noch nachgewiesen werden kann. In Abhängigkeit von den Lagerungsbedingungen und der Höhe der ursprünglich noch in der Probe vorhandenen Menge an Cocain kann jedoch eine vollständige Zersetzung auftreten, so dass Cocain in unveränderter Form nicht mehr in der Probe fassbar ist.

Die gängigen, auf dem Markt befindlichen Immunoassays sind auf Benzoylecgonin, den Hauptmetaboliten im Urin, standardisiert und zeigen vergleichsweise geringe Kreuzreaktivitäten mit Cocain, Ecgoninmethylester und Ecgonin. Zur Identifikation und Quantifizierung von Cocain und Benzoylecgonin, seltener auch Ecgoninmethylester, existieren sowohl gaschromatographische als auch hochdruckflüssigkeitschromatographische Methoden. Ecgonin ist auf Grund seiner hohen Wasserlöslichkeit analytisch schwer fassbar und nur über spezielle Aufarbeitungstechniken und LC/MS/MS sicher in Gegenwart von Ecgoninmethylester bestimmbar.

Die bevorzugte Aufarbeitung von Blut und Urin für chromatographische Verfahren ist die Extraktion an einer Festphase nach Zugabe deuterierter, interner Standardsubstanzen zur Probe. Für die GC/MS als der am häufigsten eingesetzten Analysentechnik ist eine Derivatisierung erforderlich. Seit wenigen Jahren werden zunehmend LC/MS oder LC/MS/MS zur Bestimmung eingesetzt, da hier keine Derivatisierung erforderlich ist und die Zeiten für einen chromatographischen Lauf kürzer als bei der GC/MS sind.

Das in die Analyse eingesetzte Probenmaterial hängt in erster Linie von der Fragestellung ab. Hauptanalyt im Blut oder im Serum/Plasma ist Benzoylecgonin, gefolgt von Ecgoninmethylester und Cocain; ggf. sind auch Cocaethylen oder Abbauprodukte bei gleichzeitiger Alkoholaufnahme oder Anhydroecgoninmethylester bei inhalativer Aufnahme fassbar. Nach einmaliger oder sporadischer Aufnahme ist Benzoylecgonin etwa 8–10 Stunden, bei hochdosiertem oder chronischem Konsum bis zu 24 Stunden im Blut nachweisbar.

Im Urin liegt Benzoylecgonin immer in deutlich höheren Konzentrationen als Cocain oder Ecgoninmethylester vor; ein Nachweis von unverändertem Cocain im Urin gelingt nur etwa bis zu 8, maximal 12 Stunden nach Aufnahme. Die Nachweisdauer beträgt etwa 1–2 Tage nach einer Einzeldosis, sie kann auf 3–5 Tage nach hohen Dosen und chronischem Konsum ansteigen.

Anders als in Blut und Urin ist Cocain Hauptanalyt im Haar. Benzoylecgonin liegt in deutlich geringerer Konzentration vor, wobei das Verhältnis der Konzentrationen von Benzoylecgonin zu Cocain in der Regel größer als 0,05 ist. Bei der Aufarbeitung cocainhaltiger Proben muss die Hydrolyse von Cocain, vorrangig zu Benzoylecgonin, weitgehend vermieden werden; allerdings zersetzt sich Cocain offensichtlich bereits in der Haarfaser, da mit zunehmendem Abstand des Haares von der Kopfhaut der relative Anteil an Benzoylecgonin im Vergleich zu Cocain zunimmt. Für Cocain ist eine hohe Affinität zu den Haarpigmenten (Eumelanin/Phäomelanin), die die Haarfarbe bestimmen, bekannt; so ergaben sich in einer Untersuchung bei teilweise ergrauten Personen statistisch signifikante Unterschiede für die Cocainkonzentrationen in den noch pigmentierten und den grauen Kopfhaaren mit einem Verhältnis von ca. 6 : 1.

Da Cocain auch geraucht wird, ist eine externe Antragung grundsätzlich in Betracht zu ziehen. Obwohl die Dekontamination belasteter Haare mehrfach untersucht wurde, gibt es bis heute keinen Konsens für ein bestimmtes und effektives Verfahren; in einer Studie konnte gezeigt werden, dass sich Ethanol gut für eine Entfernung von Antragungen eignet. Auch eine Antragung von Cocain über den Schweiß wird diskutiert. Der Nachweis geringer Mengen an Norcocain und/oder Benzoylecgonin belegt nicht zwingend eine Körperpassage, da beide Substanzen auch in illegalen Zubereitungen vorkommen können. Benzoylecgonin ist dabei als Hydrolyseartefakt anzusehen, während Norcocain bei der Aufarbeitung der Cocainpaste mit Kaliumpermanganat über N-Formylcocain entsteht und in Konzentrationen bis zu 3,7 % in illegalen Proben nachgewiesen werden konnte (s. 1.3.4.1).

Auch für Cocain konnte bisher keine eindeutige Beziehung zwischen der Aufnahmemenge und der Konzentration im Haar erstellt werden. Da Cocain sehr gut in das Haar eingebaut wird, lässt sich bei geeigneter Wahl des Haarsegments (0,5–1,0 cm) im Hinblick auf den vermeintlichen Konsumzeitraum bereits ein einmaliger Konsum belegen. Die durchaus übliche Vorgehensweise, die Haarprobe in voller Länge oder in einer Länge von 6 cm in die Analyse einzusetzen, kann bei der Fragestellung eines einmaligen oder sporadischen Konsums nicht greifen, da durch eine „Verdünnung“ mit unbelastetem Haar möglicherweise die Nachweisgrenze der analytischen Methode unterschritten wird und ein negatives Ergebnis resultiert. Die bei Cocainkonsumenten im Haar bestimmten Werte schwankten von 0,5 bis über 100 ng Cocain/mg Haar. Nach retrospektiver Befragung von Konsumenten sprechen jedenfalls Werte über 20 ng Cocain/mg Haar für einen starken Konsum.

1.3.4.4 Wirkungsweisen

Cocain ist ein starkes Psychostimulanz; es hemmt im Zentralnervensystem die Transportsysteme für die Neurotransmitter Noradrenalin, Dopamin und Serotonin und führt zu einer Anhäufung dieser Substanzen im synaptischen Spalt. Über Serotonin werden z. B. Emotionen, der Schlaf-Wach-Rhythmus, Blutdruck, Körpertemperatur und Hunger kontrolliert; Dopamin wirkt im Wesentlichen zentral stimulierend und Antriebs steigernd, und Dopamin ist für die euphorisierende Wirkung verantwortlich. In höheren Konzentrationen blockiert Cocain auch Ionenkanäle und wirkt dadurch lokalanästhetisch.

Bereits 1924 wurde auf regelhafte Züge beim Ablauf eines akuten Cocainrausches hingewiesen, der häufig in 3 Phasen unterteilt wird. Das anfänglich euphorische Stadium geht mit einem Gefühl des Wohlseins und subjektiv empfundener, erhöhter Leistungsbereitschaft, Intensivierung angenehmer Empfindungen und erhöhtem Selbstvertrauen einher. Dieses Stadium dauert nur wenige Minuten an und wird durch eine länger, evtl. mehrere Stunden andauernde Phase mit milder Euphorie, gemischt mit Unruhe, agitiertem Verhalten und ängstlich-paranoider Gestimmtheit, abgelöst. Der ausklingende Cocainrausch ist durch dysphorische, angstbesetzte Zustände mit Erschöpfung und trauriger Verstimmung gekennzeichnet.

Daneben vermindert Cocain Müdigkeit und Appetit, bewirkt eine Weitstellung der Pupille und führt zu einer Verengung der Blutgefäße bei lokaler Anwendung sowie zu einem Anstieg des Blutdrucks und der Herzfrequenz. In hohen Dosen können visuelle und taktile, d.h. den Tastsinn betreffende Halluzinationen auftreten; es werden kleine Tiere oder Objekte auf der Haut wahrgenommen, die objektiv nicht vorhanden sind. Für die Zeit des Rauschstadiums gibt es keine, zumindest keine schweren Bewusstseinsveränderungen.

Die starke psychostimulierende Wirkung des Cocains und der „Absturz" nach Abklingen der Wirkung führen häufig zu einem starken Verlangen, die Droge erneut zuzuführen. Regelmäßiger Cocainkonsum führt, ungeachtet der Applikationsform, zu identifizierbaren körperlichen und psychischen Schäden. Regelmäßiges Schnupfen führt zu einer Schädigung der Nasenschleimhaut bis hin zur Perforation des knorpeligen Anteils der Nasenscheidewand. Unterdrückung von Appetit und Schlafbedürfnis ziehen einen Gewichtsverlust, Schwächegefühl, Erschöpfung und schwerwiegende Schafstörungen nach sich; weiterhin sind Krampfanfälle beobachtet worden. An psychischen Veränderungen sind beschrieben: Getriebenheit, fahriges und inkohärentes Denken, leichte Ablenkbarkeit, Halluzinationen, paranoide Erlebnisstörungen und aggressives Verhalten.

1.3.4.5 Verkehrsmedizinisch relevante Wirkungen

Die verkehrsmedizinisch relevanten Effekte von Cocain auf die Fahrsicherheit lassen sich aus seinen akuten physischen und psychischen Wirkungen ableiten. Durch die Weitstellung verliert die Pupille ihre Fähigkeit, auf Lichteinfall mit einer Kontraktion zu reagieren; hieraus resultieren eine erhöhte Blendempfindlichkeit und ein unscharfes Bild von Personen oder Objekten aus dem unmittelbaren Verkehrsraum.

Initial besteht eine erhöhte Risikobereitschaft bei erhöhtem Selbstvertrauen und Überschätzung der eigenen Leistungsfähigkeit. Im späteren Rauschverlauf kann es zu aggressivem Fahrverhalten und zu Einbußen der Konzentration kommen; die meisten Unfälle ereignen sich bei abklingender Konzentration im Blut infolge eines Erschöpfungszustandes.

Derzeit gibt es keine aussagekräftigen, experimentellen Studien zu Leistungsbeeinträchtigungen unter akuter Cocainwirkung. Bei chronischen Konsumenten fanden sich allerdings deutliche Einbußen der geistigen Beweglichkeit, des Zeitgedächtnisses, bei Problemlösungen und bei der Umsetzung von Informationen; sie verhielten sich impulsiver. Keine eindeutigen Ergebnisse wurden für Aufmerksamkeit und beim räumlichen Sehen erzielt. Epidemiologische Studien zeigen, dass das Risiko, unter dem Einfluss von Cocain einen Unfall zu erleiden oder zu verursachen, erhöht ist; nach einer kanadischen Studie ergab sich ein 7,2–20,6fach erhöhtes Risiko im Vergleich zu nüchternen Fahrern. Auch eine Kombination mit Cannabis und Alkohol führt zu einer Zunahme des Risikos.

1.3.5 Amphetamine und Designer-Amphetamine

1.3.5.1 Allgemein

Amphetamin besitzt ein Phenylethylamingrundgerüst (Synonyme: (±)-α-Methylphenethylamin, ß-Phenylisopropylamin) und ist im Gegensatz zu den bisher besprochenen Drogen eine rein synthetische Substanz, ebenso wie sein Methylderivat Methamphetamin oder die zur Ecstasygruppe zählenden Verbindungen Methylendioxyamphetamin (MDA, Tenamfetamin), Methylendioxy-N-methylamphetamin (MDMA) oder Methylendioxy-N-ethylamphetamin (MDE); es ist aber strukturverwandt mit dem in Ephedra-Arten vorkommenden Ephedrin (Abb. 1.32).

Bis heute ist nicht geklärt, ob die Synthese von Amphetamin erstmalig dem deutschen Chemiker Leuckart 1880 oder dem rumänischen Chemiker Edeleanu 1887 gelang. Amphetamin kommt am häufigsten als Amphetaminsulfat in Form eines weißen bis hellbeigen, wasserlöslichen, kristallinen Pulvers in den Handel. Methamphetamin, das N-Methylderivat des Amphetamins, wurde zum ersten Mal im Jahr 1919 hergestellt. Ursprünglich wurde Amphetamin als Bronchospasmolytikum und zur Gewichtreduktion verwendet; beide Substanzen wurden im 2. Weltkrieg in der Armee zur Unterdrückung von Müdigkeit und Hunger breit eingesetzt; später auch als Dopingmittel. Amphetamin wird heute – allerdings nur in Einzelfällen – zur Behandlung des Aufmerksamkeitsdefizitsyndrom angewandt, gebräuchlicher für diese Indikation ist der Einsatz des Amphetaminderivates Methylphenidat (Handelsname z. B. Ritalin®) (Abb. 1.32). Methamphetamin ist heute in Anlage II, Amphetamin in Anlage III zu § 1 Absatz 1 des Betäubungsmittelgesetzes eingestuft.

Dass Fritz Haber MDMA 1891 im Rahmen seiner Doktorarbeit synthetisiert haben soll, konnte nicht bestätigt werden. Die Verbindung war aber in der Firma Merck hergestellt und im Jahr 1914 patentiert worden. Aufgrund der psychischen Nebenwirkungen wurde MDMA medizinisch nicht eingesetzt, denselben Werdegang teilte das 1910 erstmalig hergestellte MDA. Erst in den 60iger Jahren rückte MDMA durch Alexander Shulgin, einen amerikanischen Chemiker und Pharmakologen, wieder in das öffentliche Interesse, der es als Hilfsmittel in der Psychotherapie empfahl. In den 90iger Jahren erlebte MDMA eine globale Verbreitung als berauschendes Mittel. Als die Substanz 1985 als illegal eingestuft wurde, erschien fast zeitgleich MDE in der Szene. Die zur Ecstasygruppe zählenden Substanzen gelangen fast ausschließlich in Form von Tabletten in unterschiedlicher Farbe und mit unterschiedlichen Prägungen in den „Handel". Alle Substanzen der

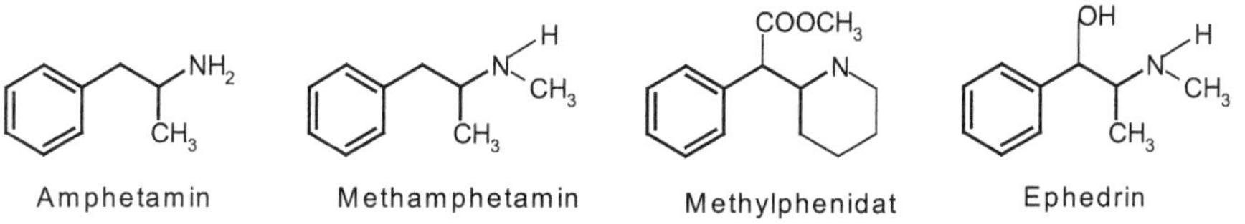

Abb. 1.32 Amphetamin und strukturverwandte Wirkstoffe mit einem Phenylethylamingrundgerüst (gefettet)

Ecstasygruppe sind in Anlage I zu § 1 Abs. 1 des Betäubungsmittelgesetzes eingestuft.

Das sog. „herbal ecstasy“, das als natürliches Surrogat für MDMA vertrieben wird, enthält zumeist eine Mischung aus Coffein, Guarana (coffeinhaltige Samen von Paullinia cupana Kunth ex H.B.K.) und Kräutern, denen eine stimulierende Wirkung zugeschrieben wird, das früher ebenfalls enthaltene Ephedrakraut und Ephedrin (ein Bestandteil sog. Grippemittel) sind in Deutschland rezeptpflichtig geworden. Deutlich von Ecstasy zu unterscheiden ist auch das sog. „liquid ecstasy“, bei dem es sich um gamma-Butyrolacton (GBL), manchmal auch um gamma-Hydroxybuttersäure (GBH) handelt (s. 1.3.7). Dieses wird in flüssiger Form gehandelt und unterscheidet sich in seiner Wirkungsweise gänzlich von den zur Ecstasygruppe zählenden Substanzen.

1.3.5.2 Pharmakokinetik

Amphetamin wird überwiegend oral in Konsumeinheiten von 5–20 mg als Pulver aufgenommen. Infolge der raschen Toleranzentwicklung kann sich die Einzeldosis auf ca. 50 mg Amphetamin steigern, bei schwerer Abhängigkeit wurden Tagesdosen von 1000 mg Amphetamin, in Extremfällen auch darüber, beobachtet. Der Amphetamingehalt illegaler Pulver schwankte 2007 in Europa zwischen 4,3 bis 40 %. Methamphetamin wird oral, häufig auch pernasal, seltener inhalativ oder intravenös konsumiert. Die orale Tagesdosis wird für Methamphetamin mit 5–10 mg angegeben.

Nach oraler Aufnahme von 10 mg Amphetamin, das rasch aus dem Dünndarm absorbiert wird, wurden maximale Plasmawerte von durchschnittlich 20 ng/mL erreicht; als therapeutisch gelten Konzentrationen von 10–100 ng/mL Plasma. Die Plasmaeliminationshalbwertszeit variiert von 4–12 Stunden, in Abhängigkeit vom pH-Wert des Urins. Amphetamin wird zu einem Teil unverändert im Urin ausgeschieden, wobei die Menge an ausgeschiedenem Amphetamin und die Ausscheidungsdauer vom pH-Wert des Urins abhängig sind. Bei einem pH-Wert von 8 wurden innerhalb von 16 Stunden nur 2,4 %, bei einem pH-Wert von 5 dagegen 60 % der Dosis ausgeschieden. Amphetamin wird zu Phenylaceton verstoffwechselt, das nachfolgend zu Benzoesäure oxidiert wird. Nur ein geringer Teil wird zu Hydroxyamphetamin, Norephedrin und Hydroxynorephedrin umgewandelt, wobei die hydroxylierten Verbindungen nach Konjugation mit Glucuronsäure ausgeschieden werden (Abb. 1.33). Diese 3 Metabolite sind pharmakologisch aktiv. Bei leicht saurem pH-Wert des Urins sind Amphetamin und seine Metabolite in Abhängigkeit von der aufgenommenen Menge innerhalb von 2–4 Tagen vollständig ausgeschieden.

Für Methamphetamin wurden ca. 3,5 Stunden nach oraler Aufnahme von 0,125 mg/kg Körpergewicht maximale Werte um 20 ng/mL beobachtet. Bei Tagesdosen von 5–10 mg Methamphetamin liegen die entsprechenden Plasmaspiegel bei 10–50 ng/mL. Die Plasmaeliminationshalbwertszeit beträgt etwa 9–10 Stunden. Wesentlicher, pharmakologisch aktiver Metabolit ist Amphetamin, der weitere Stoffwechselweg des Methamphetamins verläuft analog zu dem des Amphetamins (Abb. 1.33).

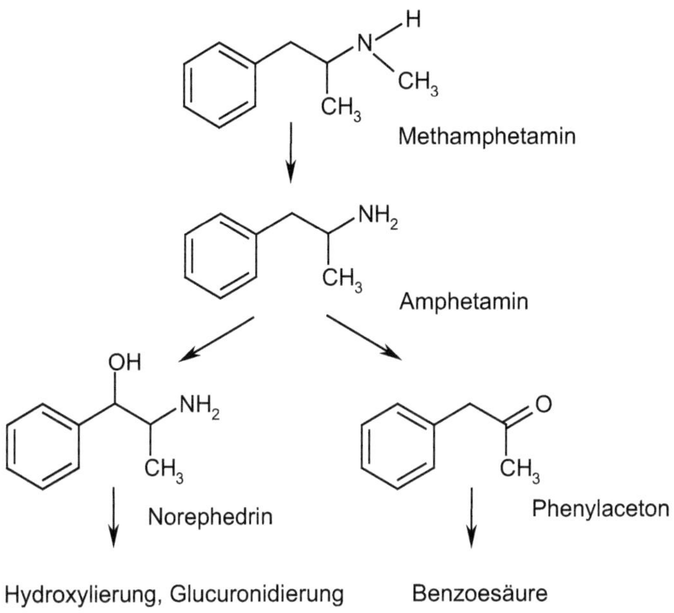

Abb. 1.33 Wesentliche Biotransformationswege für Methamphetamin bzw. von Amphetamin

MDMA wird überwiegend in Form des Hydrochlorids in Einzeldosen zu 50–150 mg aufgenommen. Nach Konsum von 150 mg MDMA ergaben sich nach 1,5–2,0 Stunden maximale Plasmakonzentrationen von 465 ng/mL, während das Stoffwechselprodukt MDA maximale Werte von 33 ng/mL erst nach 4–10 Stunden erreichte (Abb. 13). Die Plasmaeliminationshalbwertszeit wird mit 6–7 Stunden angegeben. Neben der Demethylierung am Stickstoff entstehen durch Öffnung des Methylendioxyrings mono- und dihydroxylierte Verbindungen (Abb. 1.34). MDA ist auch Metabolit des MDE.

1.3.5.3 Gängige Nachweismethoden und Interpretation

Für Amphetamin und andere Phenylethylaminabkömmlinge stehen Immunoassays für einen Vortest und Standardverfahren wie GC/MS und LC/MS zur Identifizierung und Quantifizierung zur Verfügung. Bei den immunochemischen Vortests sind die oft unterschiedlichen Kreuzreaktivitäten für Amphetamine und Verbindungen aus der Ecstasygruppe zu berücksichtigen; nicht alle Assays für Amphetamine besitzen eine ausreichende Reaktivität gegenüber z. B. MDMA und dessen Stoffwechselprodukten. Tests, die primär mit Methamphetamin reagieren, erfassen Verbindungen aus der Ecstasygruppe generell besser. Methylphenidat und Ephedrin können in manchen Tests zu positiven Ergebnissen führen.

Die Verbindungen lassen sich aus alkalischer Lösung mit geeigneten Lösemitteln extrahieren, vor einer gaschromatographischen Trennung muss eine Derivatisierung des Extrakts erfolgen. Mit modernen Analysegeräten lassen sich Nachweisgrenzen im Bereich von 2–10 ng/mL für Serum und Urin erzielen. Hauptanalyte

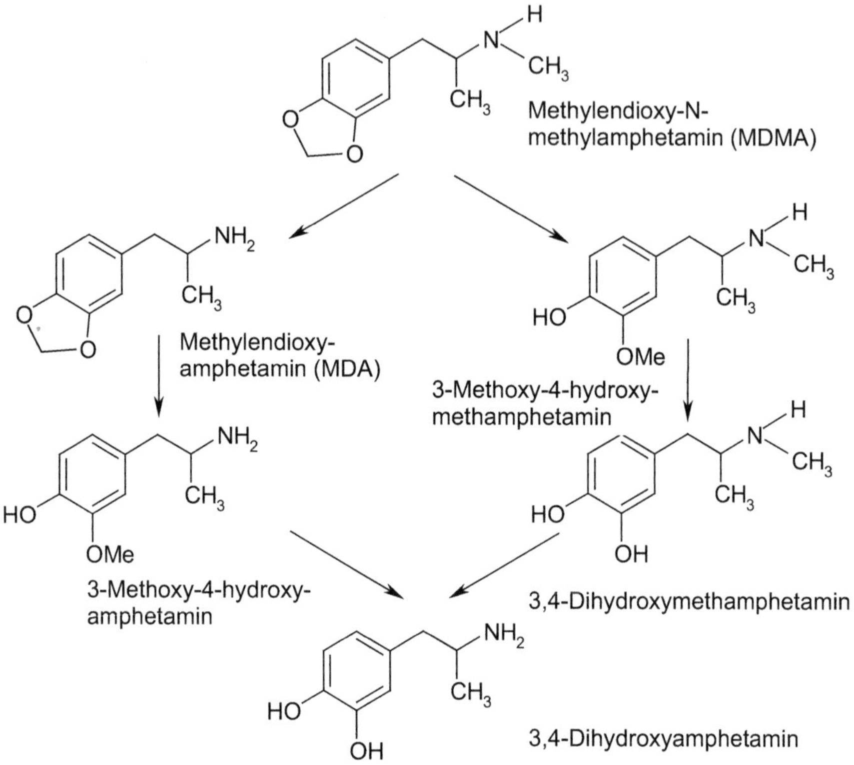

Abb. 1.34 Wesentliche Biotransformationswege für Methylendioxy-N-methylamphetamin (MDMA)

sind Amphetamin, Methamphetamin einschließlich seines Stoffwechselproduktes Amphetamin, MDMA, MDA und MDE; daneben lassen sich z.B. Ephedrin und Norephedrin simultan miterfassen, während eine Bestimmung der zahlreichen Stoffwechselprodukte (Abb. 1.33, 1.34) nicht üblich ist. Phenylethylaminderivate sind im Gegensatz zu Heroin und Cocain stabile Verbindungen, so dass Lagerungs- und Aufarbeitungsartefakte nicht zu erwarten sind. Eine Ausnahme ist Methyphenidat, das im Körper, während der Lagerung und bei der Aufarbeitung einer Blutprobe rasch in Ritalinsäure überführt wird. Während Methyphenidat keine Vorläufersubstanz für Amphetamin bzw. Methamphetamin ist, werden in der Literatur z.B. Amphetaminil, Benzphetamin, Clobenzorex, Famprofazon, Fenethyllin, Fenproporex, Furfenorex, Prenylamin und Selegelin als Amphetamin bzw. Methamphetamin freisetzende Verbindungen aufgeführt. Tatsächlich ist nur noch Selegilin, ein Arzneistoff zur Behandlung der Parkinson-Krankheit, in Deutschland auf dem Arzneimittelmarkt erhältlich; Präparate mit den Wirkstoffen Fenethyllin und Amphetaminil wurden aus dem Handel gezogen.

Auch wenn Konzentrationsbereiche nach therapeutischer Anwendung zumindest für Amphetamin und Methamphetamin in der Literatur angegeben werden, ist eine Abgrenzung therapeutischer von toxischen Konzentrationen bei einem Gebrauch als berauschendes Mittel nur schwer möglich. So besteht einerseits eine individuelle Vulnerabilität gegenüber den Effekten der Phenylethylaminderivate, andererseits werden bei bestehender Toleranz die üblichen Konsumeinheiten um ein Vielfaches überschritten.

Für die Aufarbeitung von Haarproben existieren zahlreiche Aufarbeitungsvorschläge, wobei eine Aufarbeitung aus alkalischem Medium und eine Bestimmung mit GC/MS am häufigsten eingesetzt werden. Hauptanalyte sind Amphetamin, Methamphetamin, MDMA, MDA und MDE. Bei positiven Methamphetamin- bzw. MDMA- oder MDE-Befunden lassen sich häufig die Stoffwechselprodukte Amphetamin bzw. MDA ebenfalls bestimmen. MDMA wird im Vergleich zu Amphetamin zu einem höheren Anteil in das Haar aufgenommen; bereits nach Konsum einer Tablette können bei der Untersuchung eines geeigneten, eng umschriebenen Haarabschnitts Werte von bis zu 1 ng/mg Haar fassbar sein. Für andere Substanzen aus der Gruppe der Phenylethylamine gibt es keine entsprechenden Angaben. Da die entsprechenden Substanzen auch mit dem Schweiß ausgeschieden werden, ist eine retrospektive Einschätzung der Konsumgewohnheiten nur eingeschränkt möglich. Diese „Verschleppung“ führt in Haarabschnitten, die einer Abstinenzperiode zuzuordnen sind, jedoch allenfalls zu äußerst niedrigen Konzentrationen. Eindeutige Beziehungen zwischen der Aufnahmemenge und der Konzentration im Haar konnten bisher nicht gefunden werden.

1.3.5.4 Wirkungsweisen

Amphetamin interagiert mit Transportsystemen in den Zellmembranen dopaminerger und noradrenerger Neurone und in den Membranen der dortigen Speichervesikel. Hierdurch kommt es zu einer vermehrten Freisetzung von Noradrenalin und Dopamin mit einer Anhäufung im synaptischen Spalt. Der Effekt unterscheidet sich letztendlich nicht von dem des Cocains, auch wenn der Freisetzung unterschiedliche Mechanismen zugrunde liegen. Nach wiederholtem Amphetaminkonsum nimmt die Wirkung durch Entleerung der Speichervesikel ab, es kommt zu einer raschen Steigerung der Aufnahmemenge und ebenso zu einer raschen Toleranzentwicklung (Tachyphylaxie). Amphetamin ist weniger potent als Methamphetamin, qualitativ gibt es aber keine Unterschiede zwischen den beiden Substanzen.

Amphetamin führt wie Cocain zu einem erhöhten Selbstvertrauen, zu Redseligkeit, Antriebssteigerung, zu einem überhöhten Wachheitszustand sowie zur Unterdrückung von Hunger und Schlaf. Körperliche Effekte sind Leistungssteigerung, Schwitzen, Erhöhung der Körpertemperatur und ein Anstieg von Blutdruck und Puls. Bei oraler Aufnahme setzt die Wirkung nach ca. 30 Minuten ein und kann viele Stunden andauern. Bei sinkendem Blutspiegel fühlen sich die Konsumenten irritiert, ruhelos, ängstlich, depressiv und erschöpft. Sehr hohe Dosen von Amphetamin setzen im Zentralnervensystem massiv Dopamin frei mit der Folge akut psychotischer Zustände mit Wahn und Halluzinationen. Nach chronischem Missbrauch sind aggressives Verhalten und Psychosen beobachtet worden.

MDMA und strukturverwandte Verbindungen konkurrieren um den Serotonintransporter, so dass Serotonin freigesetzt wird. Dadurch besitzt MDMA etwas andere, im Vergleich zu Amphetamin leicht halluzinogene Effekte. Typisch sind Glücksgefühl, Selbstakzeptanz, Introspektionsfähigkeit, Angstfreiheit, Kontaktfreudigkeit, verminderte Kritikfähigkeit sowie veränderte Sinnes- und Zeitwahrnehmung. Die körperliche Symptomatik ist ähnlich wie für Amphetamin, jedoch insgesamt geringer ausgeprägt. Bei akuten, hohen Dosen können Zähneknirschen und Grimassieren auftreten; unabhängig von der Dosis scheint das Auftreten lebensbedrohlicher Komplikationen wie schwere Lebererkrankungen und eine erhöhte Körpertemperatur bis zu 42 °C zu sein.

1.3.5.5 Verkehrsmedizinisch relevante Wirkungen

Die stimulierende Wirkung dieser Substanzgruppe birgt die Gefahr einer Überschätzung der eigenen Leistungsfähigkeit und einer Fehleinschätzung von Situationen. Teilweise können Realitätsverlust und Verwirrtheit auftreten. Deutliche Leistungseinbußen sind vor allem in der abklingenden Rauschphase zu beobachten, wenn sich Müdigkeit, Erschöpfung, Reizbarkeit und Antriebsarmut einstellen.

In experimentellen Studien wurde unter der akuten Wirkung von Amphetamin teilweise eine Abnahme der Reaktionszeit registriert, wobei bei hoher Informationsflut das Vermögen, relevante Stimuli zu filtern, abnahm. In einer Fahrsimulatorstudie zeigten sich Probleme beim Signalgeben, beim Anhalten an einer auf Rot stehenden Ampel und bei den Reaktionszeiten. Für Methamphetamin konnte unter akutem Einfluss in experimentellen Studien keine (5–10 mg Methamphetamin) oder eine (0,42 mg Methamphetamin/kg Körpergewicht) Steigerung der Aufmerksamkeit sowie eine Verbesserung der psychomotorischen Leistungsfähigkeit und der Wahrnehmungsgeschwindigkeit gezeigt werden.

Für MDMA haben experimentelle Studien widersprüchliche Auswirkungen auf die Fahrsicherheit ergeben. Teilweise ergaben sich Beeinträchtigungen bei der Einschätzung der Bewegung eines Objekts oder des Abstandes sowie des Kurzzeitgedächtnisses. In einem Fahrsimulatortest mit Ecstasykonsumenten kurz nach Einnahme und mehrere Stunden später ergab sich, dass diese in bewohnten Gebieten schneller fuhren und die Geschwindigkeit häufiger wechselten, aber keine Schwierigkeiten mit der seitlichen Bahnführung und dem Abstand zum vorausfahrenden Fahrzeug hatten. Die Unfallhäufigkeit war unter akutem Einfluss im Vergleich zu nüchternen Fahrern doppelt so hoch.

Experimentelle Untersuchungen bei chronischen Amphetaminkonsumenten zeigten Einbußen im Entscheidungsverhalten, bei der Aufmerksamkeit und Gedächtnisleistung, die mit der Schwere und Dauer des Konsums zunahmen. Bei chronischem Methamphetaminkonsum ergab sich darüber hinaus eine erhöhte Impulsivität.

Bis heute gibt es eine epidemiologische Studie aus Kanada, bei der ausreichend hohe Fallzahlen vorlagen, um das relative Risiko, unter dem Einfluss von Amphetamin oder strukturverwandten Psychostimulanzien im Vergleich zu aktuell nicht beeinträchtigen Personen einen Unfall zu erleiden, berechnen zu können. Danach ergab sich eine Risikoerhöhung um das 3–54fache (Mittelwert: 12,8).

1.3.5.6 Weitere, natürlich vorkommende und Designerdrogen mit Amphetamin-ähnlicher Wirkung

Khat – Catha edulis Forsk. – wird hauptsächlich in Ostafrika und der arabischen Halbinsel als berauschendes Mittel verwendet; dort ist der Konsum weit verbreitet und akzeptiert. Beim Kauen der frischen Zweigspitzen und jungen Blätter wird Cathinon, zusammen mit dem weniger psychotrop wirksamen Cathin (Norpseudoephedrin) über die Mundschleimhaut und über den Magendarmtrakt aufgenommen (Abb. 1.35). In Deutschland ist Cathinon der Anlage I zu § 1 Abs. 1 des Betäubungsmittelgesetzes unterstellt worden.

Die Wirkung von Cathinon ähnelt der des Amphetamins, ist jedoch deutlich schwächer. Cathinon und sein Stoffwechselprodukt Norephedrin sowie Cathin lassen sich mit den für Amfetamin etablierten Methoden in Urin-, Blut- und auch in Haarproben nachweisen. Nach dem Kauen werden maximale Plasmawerte an Cathinon etwa nach 2 bis 3 Stunden erreicht, zeitgleich mit Cathin. Die Plasmaeliminationshalbwertszeit liegt bei etwa 1,5 Stunden, so dass Cathinon nur etwa bis zu 10 Stunden im Blut detektiert werden kann. In Plasmaproben von PKW-Führern wurden Cathinonkonzentrationen von bis zu 173 ng/mL festgestellt.

In den letzten Jahren sind eine Reihe neuer Designerdrogen, die sog. beta-keto (bk) Designerdrogen wie z. B. Butylon, Ethylon, Methylon und Mephedron auf dem illegalen Markt erschienen (Abb. 1.36).

Aufgrund ihrer strukturellen Ähnlichkeit mit Amphetamin bzw. MDMA (Abb. 1.32 und 1.33) wird den bk-Drogen eine ähnliche Wirkung unterstellt.

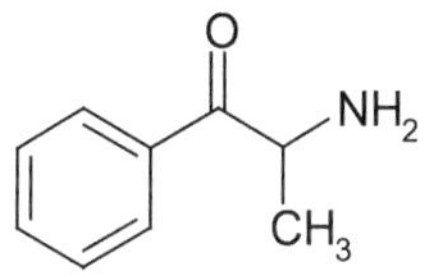

Abb. 1.35 Cathinon, der wesentliche, psychotrope Inhaltsstoff frischer Khatblätter

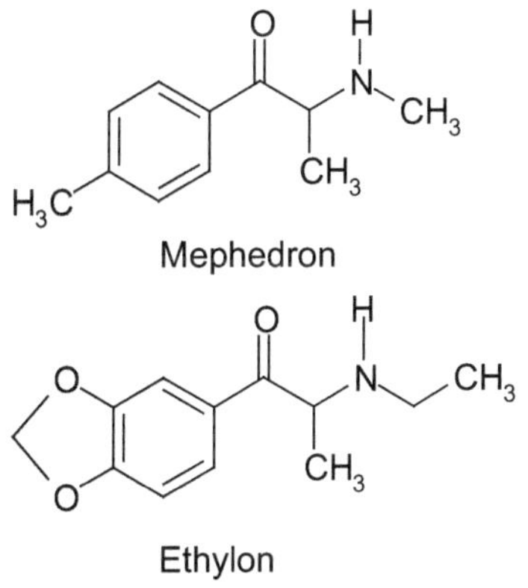

Abb. 1.36 Chemische Strukturen der beta-keto (bk) Designerdrogen Mephedron, Methylon, Ethylon und Butylon

Für Methylon konnte eine erhöhte Freisetzung von Serotonin und Noradrenalin aus den Nervenzellen bei der Ratte und damit ein dem MDMA vergleichbarer Mechanismus auf molekularer Ebene gezeigt werden. Der Nachweis dieser Verbindungen und möglicher Stoffwechselprodukte ist derzeit noch Gegenstand wissenschaftlicher Forschung. Mephedron ist in Anlage I zu § 1 Abs. 1 des Betäubungsmittelgesetzes aufgeführt.

Seit 2004 sind in Europa „Ecstasytabletten" auf dem illegalen Markt aufgetaucht, die Piperazine enthalten, wobei 1-Benzylpiperazin (BZP), 1-(3-Chlorphenyl)piperazin (mCPP) und 1-(3-Trifluormethylphenyl)piperazin (TFMPP) am häufigsten vertreten sind. Teilweise werden die Substanzen auch als Pulver gehandelt; Pulver oder Tabletten werden oral konsumiert.

BZP war ursprünglich als Antidepressivum entwickelt worden; die Substanz wurde Anlage II zu § 1 Abs. 1 des Betäubungsmittelgesetzes unterstellt. BZP ist nur etwa ein Zehntel so potent wie Amphetamin; Effekte wie ein Anstieg des Blutdrucks und der Pulsfrequenz sowie eine Erweiterung der Pupille wurden nach Aufnahme von 50–100 mg beobachtet; nach Konsum von 150 mg BZP wurden maximale Konzentrationen von 600 ng/mL im Plasma nach etwa 6,5 Stunden erreicht. Wirkungs- und Nebenwirkungsspektren bei einmaliger und chronischer Zufuhr sind denen des Amphetamins weitgehend vergleichbar.

Spürbare Effekte – ähnlich wie nach einer Aufnahme von MDMA – wurden 1 bis 2 Stunden nach Konsum von mCPP beobachtet, die Wirkung hielt etwa 4 bis 8 Stunden an bei stark unterschiedlichen Plasmaspiegeln. Die Eliminationshalbwertszeit wird mit 2,6–6,1 Stunden angegeben.

BZP zeigt – im Gegensatz zu mCPP – eine gewisse Kreuzreaktivität in immunchemischen Vortests auf Methamphetamine; beide Substanzen lassen sich problemlos mit GC/MS differenzieren und quantifizieren. Allerdings können die isomeren Verbindungen oCPP und pCPP massenspektrometrisch nicht von mCPP unterschieden werden.

1.3.6 Halluzinogene

Halluzinogene sind strukturell und von ihrer Wirkungsweise her eine sehr heterogene Gruppe; es gibt natürlich vorkommende und synthetische Substanzen (Tabelle 1.10). Bekannte Halluzinogene sind Lysergsäurediethylamid (LSD) und psilocybinhaltige Pilze, deren Bedeutung in den letzten Jahren allerdings zurückging; aktuell in der Partyszene aufgetaucht sind das von Alexander Shulgin bereits in den 80iger Jahn synthetisierte 4-Brom-2,5-dimethoxyphenylethylamin (2C-B) und weitere 2C-Verbindungen sowie das in der Notfallmedizin gebräuchliche Kurznarkotikum Ketamin (Tabelle 1.10).

Bis auf Ketamin, das injiziert wird, werden alle Halluzinogene oral konsumiert.

LSD wurde 1938 von Albert Hofmann bei der Aufarbeitung von Alkaloiden des Mutterkorns (Claviceps purpurea Tul.), eines auf Getreidearten schmarotzenden Pilzes, hergestellt. LSD wird in Form von Trips gehandelt, die durch

Tabelle 1.10 Übersicht über die wichtigsten Halluzinogene

Gruppe	Einzelsubstanz	Natürlich/ synthetisch	Wirkdauer
Indolderivate	Lysergsäurediethylamid (LSD)	halbsynthetisch	4–8 Stunden
	Psilocybin, Psilocin	Pilze (ca. 50 Arten)	3–6 Stunden
Phenyl-ethylamin-derivate	Mescalin	Kakteen	8–12 Stunden
	4-Brom-2,5-dimethoxyphenyl-ethyamin (2C-B)	synthetisch	4–8 Stunden
	2,5-Dimethoxy-4-methylamphetamin (DOM)	synthetisch	14–20 Stunden
dissoziative Anästhetika	Ketamin	synthetisch	1–3 Stunden
Tropan-alkaloide	Atropin, Hyoscyamin, Scopolamin	Nachtschatten-gewächse	einige, wenige Stunden

Auftragen einer Lösung auf perforiertes, bedrucktes Papier, oft mit Comic- oder Popartmotiven, hergestellt werden. Übliche Konsumenteneinheiten liegen bei 50–200 Mikrogramm; maximale Plasmakonzentrationen an LSD von 2–9 ng/mL werden innerhalb von etwa 1 Stunde erreicht; die Plasmaeliminationshalbwertszeit liegt bei durchschnittlich 3,6 Stunden. Bei wiederholter Anwendung stellt sich rasch eine Toleranz ein.

Halluzinogen wirkende Pilze gibt es frisch, als Tiefkühlware, getrocknet oder pulverisiert. Die psychedelische Dosis schwankt von 1–5 g bei getrocknetem Material und 10–50 g bei frischen Pilzen; sie liegt bei etwa 10 mg Psilocybin. Psilocybin ist der Phosphorsäureester des Psilocins, das im Körper freigesetzt wird und den eigentlichen Wirkstoff darstellt. Psilocin ist in Anlage I zu § 1 Abs. 1 des Betäubungsmittelgesetzes aufgeführt. Gewöhnlich treten erste Effekte nach ca. 30 Minuten auf, die Wirkung ist dosisabhängig.

Mescalin wurde 1886 aus Lophophora williamsii Coult. isoliert; es wurde nachfolgend in zahlreichen weiteren Kakteen nachgewiesen und auch synthetisch hergestellt. Eine Konsumeinheit entspricht etwa 10–25 g getrocknetem oder 50–200 g frischem Pflanzenmaterial, entsprechend etwa 200 bis 400 mg Mescalinsulfat. Mescalin ist heute vor allem Modellsubstanz für eine praktisch unüberschaubare Anzahl synthetischer Phenylethylamine mit halluzinogener Wirkung wie 2C-B oder DOM (Tabelle 1.10).

Ketamin ist ein kurz wirksames Narkotikum mit einer Wirkdauer von 5,5 bis 18 Minuten, das intravenös, intramuskulär oder subkutan gespritzt wird.

Die wichtigsten, in Europa vorkommenden Nachtschattengewächse sind die Alraune (Mandragora officinarum L.), Bilsenkraut (Hyoscyamus niger L.), Stechapfel (Datura stramonium L), Tollkirsche (Atropa belladonna L.) und der in vielen Gärten anzutreffende Engelstrompetenbaum (Brugmansia arboreta L).

Lediglich LSD kann durch einen Vortest auf immunchemischer Basis im Urin erfasst werden. Der Nachweis halluzinogener Verbindungen gelingt in der Regel nur mit aufwändigen, gezielten Analysenmethoden wie GC/MS oder LC/MS, wobei letztere die beste Option für LSD und seine Stoffwechselprodukte darstellt. Bei der Aufarbeitung des Untersuchungsmaterials muss darauf geachtet werden, dass LSD unter Lichteinfluss und bei erhöhter Temperatur instabil ist, und in saurer Lösung an Glasoberflächen bindet. Ein Nachweis ist im Blut höchstens 12 Stunden, im Urin bis zu einem Tag nach Konsum möglich.

Bei den klassischen Halluzinogenen – den Indol- und Phenylethylaminderivaten – ist das Zeiterleben verändert, Umwelt und eigene Person werden wie im Traum erlebt. Die Affektivität ist stark verändert, mit Gefühlen von Lust und Glück, aber auch von Gefühlsarmut und Angst. Insbesondere hohe Dosen führen zu unangenehmen Halluzinationen. Optische und akustische Wahrnehmungsstörungen, ein verändertes Körpergefühl und Halluzinationen gehören zum Spektrum der Rauschs. Bei unkompliziertem Verlauf bleiben trotz der tiefgreifenden Veränderungen die kognitiven Funktionen zumindest grob erhalten bei weitgehend intakter Bewusstseinslage. Diese Halluzinogene beeinflussen vor allem serotonerge und dopaminerge Übertragungsprozesse im Zentralnervensystem.

Bei atypischen Halluzinogenen – Ketamin und Tropanalkaloiden – sind die Effekte drastischer und tiefgreifender. Agitiertheit bzw. Dämpfung können dosisabhängig in ein Delir mit Verwirrtheit übergehen; der Rauschverlauf wird anfänglich noch als euphorisch, dann aber häufig als unangenehm und quälend empfunden. Ketamin zählt zu den Dissoziativa, d.h. es unterbindet dosisabhängig die Signalübertragung vom Gehirn in die verschiedenen Körperpartien und umgekehrt. In experimentellen Studien mit Ketamin wird teilweise von bizarren Körperschemastörungen, psychomotorischer Verlangsamung und mimischer Starre berichtet, wobei die Probanden sich von der Umwelt „entkoppelt" in teilweise alptraumartigen Szenen erfuhren. Die psychotropen Effekte sind nicht nur von der Dosis, sondern auch vom Setting abhängig; bei akustischen Reizen kann eine kritische Distanz zum Rauscherleben oft nicht mehr aufrecht erhalten werden, so dass Erregungszustände resultieren.

Bei experimentellen Studien zur Untersuchung fahrrelevanter Einzelleistungen nach intravenöser oder intramuskulärer Verabreichung subanästhetischer Dosen an Ketamin ergaben sich etwa 2,5 Stunden später kognitive und psychomotorische Einbußen. Bei chronischen Usern zeigten sich im Vergleich zu sporadischen Konsumenten Einbußen bei der Speicherung persönlich erlebter Ereignisse und von Fakten im Gehirn. Diese Auswirkungen können auch nach Abstinenz noch viele Monate andauern.

Halluzinogene werden selten mehr als einmal oder allenfalls gelegentlich konsumiert; das Abhängigkeitspotential ist gering. Bei wiederholtem Konsum können allerdings Psychosen von mehrwöchiger Dauer auftreten, die schwer von schizophrenen oder schizoaffektiven Störungen abzugrenzen sind.

Generell sind die durch Halluzinogene hervorgerufenen, tiefgreifenden Veränderungen der Sinneseindrücke sowie täuschende Wahrnehmungen und psychische Alterationen in der akuten Phase mit dem sicheren Führen eines Kraftfahrzeuges im Straßenverkehr nicht vereinbar.

1.3.7 Gamma-Hydroxybutyrat (GHB) und Vorläufersubstanzen

1.3.7.1 Allgemein

Gamma-Hydroxybutyrat (Synonyme: 4-Hydroxybutyrat, GHB) ist eine natürliche, im Zentralnervensystem vorkommende Substanz, die aus dem Abbau des Neurotransmitters gamma-Aminobuttersäure (GABA) herrührt (Abb. 1.37). GHB wurde 1960 synthetisch hergestellt; das Natriumsalz wird in Deutschland klinisch zur Narkose eingesetzt (Somsanit®, 4-Hydroxybutansäure, Natriumsalz); in den Vereinigten Staaten und Canada ist es zur Behandlung der Narkolepsie zugelassen (Xyrem®, sodium oxybate), und in Italien wird es unter der Handelsbezeichnung Alcover® beim Opioid- und Alkoholentzug verwendet. Daneben werden GHB bzw. seine Vorläufersubstanzen gamma-Butyrolacton (Synonyme: liquid ecstasy, GBL) und 1,4-Butandiol (1,4-BD) als Nahrungsergänzungsmittel im Versandhandel und über das Internet angeboten. Die Präparate sollen stärkend, Muskel bildend, Stress mindernd und Schlaf fördernd wirken – wissenschaftlich sind diese „Versprechungen" nicht belegt. GHB und seine Vorläufersubstanzen sind seit den 80iger Jahren als Partydroge und sog. K.o.-Mittel weit verbreitet.

GBL ist das Lacton von GHB und als Lösungsmittel in der Industrie und zur Herstellung von Pharmazeutika und Chemikalien weit verbreitet. In Deutschland werden jährlich mehr als 1000 Tonnen GBL verbraucht. 1,4-BD ist wie GBL eine farblose und fast geruchlose Flüssigkeit, die für die Industrie ein wichtiges Ausgangsprodukt für die Herstellung von Kunststoffen darstellt. Als industriell breit eingesetzte und nicht durch andere Chemikalien zu ersetzende Substanzen wurden GBL und 1,4-BD nicht dem Betäubungsmittelgesetz unterstellt.

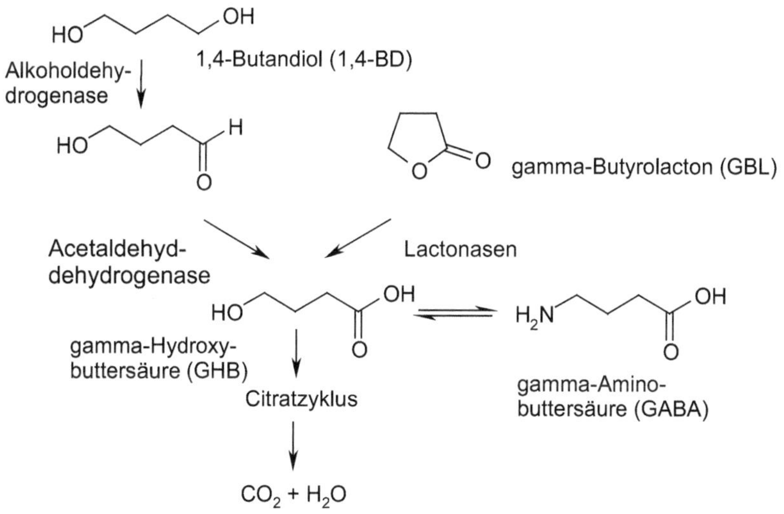

Abb. 1.37 Bildung von gamma-Hydroxybuttersäure (GHB) aus den chemischen Vorläufern 1,4-Butandiol (1,4-BD) und gamma-Butyrolacton (GBL) sowie aus dem endogenen Neurotransmitter gamma-Aminobuttersäure (GABA) und Abbau über den Citratzyklus zu Kohlendioxid und Wasser

1.3.7.2 Pharmakokinetik

GHB, GBL und 1,4-BD werden überwiegend oral, meist in Getränken verdünnt, aufgenommen. Die Dosierung der Flüssigkeiten erfolgt häufig mit Tropfenzählern oder Pipetten.

GBL, das schneller als GHB absorbiert wird und zu etwas höheren, maximalen Blutspiegeln führt, wird nach Aufnahme in das Blut durch Enzyme (Lactonasen) innerhalb von Sekunden zu GHB hydrolisiert. Etwa 5 Minuten nach Konsum liegen nur noch ca. 3 % der aufgenommenen Droge als unverändertes GBL vor.

1,4-BD wird durch die beiden Alkohol abbauenden Enzyme Alkohol- und Acetaldehyddehydrogenase über gamma-Hydroxybutyraldehyd zu GHB verstoffwechselt (Abb. 1.37). Seine Wirkung setzt nach ca. 5 bis 20 Minuten ein und hält ca. 2–3 Stunden an. GHB selbst wird hauptsächlich zu Bernsteinsäure abgebaut und in den Citratzyklus eingeschleust; die Plasmaeliminationshalbwertszeit beträgt nur 20 bis 45 Minuten.

1.3.7.3 Gängige Nachweismethoden und Interpretation

Der Nachweis von GBL bzw. GHB ist in Blut und Urin mit identifizierenden Methoden wie GC/MS oder LC/MS (nach Derivatisierung der Carboxylgruppe des GHB) leicht möglich; Vortestverfahren gibt es nicht.

Nachweis und Interpretation von GHB-Befunden sind durch die rasche Ausscheidung und endogene Bildung erschwert. Im Blut ist GHB nach 6 Stunden, im Urin spätestens nach 12 Stunden nicht mehr nachweisbar. Endogene Konzentrationen an GHB im Plasma wurden zu 0,01 bis 0,04 mg/L bestimmt; in älteren Literaturstellen wurden teilweise höhere Werte bis zu 4 mg/L angegeben, wobei die Unterschiede vermutlich auf die Messmethoden und ungünstige Einflüsse während der präanalytischen Phase rückführbar sind. Eine *ex vivo* Neubildung von GHB in Blutproben kann durch Sterilität bei Abnahme und Lagerung sowie durch Einfrieren der Probe weitgehend verhindert werden. Auch in Urinproben wurde während der Lagerung ein Anstieg der GHB-Konzentration beobachtet. Physiologisch erhöhte Spiegel an GHB finden sich bei bakteriellen Erkrankungen und der äußerst seltenen Stoffwechselerkrankung Succinnatsemialdehyddehydrogenase-Defizienz.

1.3.7.4 Wirkungsweisen

Die Wirkungen von GHB und seinen Vorläufersubstanzen sind dosisabhängig. Aufgrund der rascheren Anflutung und der etwas höheren Bioverfügbarkeit ist GBL potenter als GHB; für 1,4-BD sind aufgrund seiner Struktur zusätzlich dem Alkohol ähnliche Wirkungen zu vermuten, klinisch überwiegen jedoch die für GHB typischen Effekte. Bereits 1 mL 1,4-BD soll zu deutlich spürbaren Effekten führen. Bei niedrigen Dosen (12,5–25 mg/kg Körpergewicht) können enthemmende, aphrodisierende, euphorisierende sowie die Wahrnehmung und den Antrieb intensivierende Effekte beobachtet werden. Eine häufige Nebenwirkung ist Brechreiz. Regelmäßig tritt eine starke Beeinträchtigung der Bewegungskoordination ein. Höhere Dosen führen zu Schläfrigkeit, Bewusstseinseintrübung und -verlust; wird die Dosis weiter erhöht, kommt es zu komatösen Zuständen. Die Wirkung kann individuell unterschiedlich sein.

Chronischer Gebrauch von GHB oder seinen Vorläufersubstanzen führt zu einer Verminderung der Anzahl GABAerger Rezeptoren im Zentralnervensystem. Hierdurch kommt es zur Entwicklung einer Toleranz und bei Unterbrechen der Zufuhr zu Entzugserscheinungen, die weniger lebenswichtige als mentale Funktionen betreffen. Beschrieben sind Verwirrtheit, Erregung, angstbesetzte Zustände, Schlaflosigkeit, taktile, visuelle und akustische Halluzinationen bei geringfügiger Erhöhung von Herzfrequenz und Blutdruck. Die Entzugserscheinungen treten bereits innerhalb weniger Stunden nach letztmaliger Einnahme auf.

1.3.7.5 Verkehrsmedizinisch relevante Wirkungen

In experimentellen Studien traten bei niedriger Dosierung (12,5 bis 25 mg GHB/kg Körpergewicht) Schwindel und Trägheit auf, die etwa 60 Minuten anhielten. Dosen von 50 mg GHB/kg Körpergewicht führten bereits zu einer Verlangsamung bei Aufgaben zur Prüfung von Aufmerksamkeit und Gedächtnisleistung. Dosen von 2–18 g GHB (subtherapeutisch) waren hinsichtlich kognitiver und psychomotorischer Beeinträchtigungen der Wirkung von 0,5 bis 1,0 mg Triazolam (Wirkstoff aus der Gruppe der Benzodiazepintranquilizer zur Behandlung von Schlafstörungen, Einzeldosis: 0,125–0,25 mg) vergleichbar.

Bei Kraftfahrern, die durch Fahren in Schlangenlinien, Ausbrechen des Fahrzeugs und Übersehen von Straßenschildern aufgefallen waren und bei der Kontrolle verwirrt, weitgehend ohne Reaktion, mit verwaschener Sprache und gestörtem Gleichgewichtssinn imponierten, konnten Konzentrationen an GHB im Plasma von 26–155 mg/L festgestellt werden. Eine Abgrenzung zu anderen sedierend wirkenden Substanzen war bei der Kontrolle im Straßenverkehr äußerst schwierig, auf Grund uneinheitlicher und wenig charakteristischer Symptomatik.

Aus den pharmakologischen Wirkungen, Ergebnissen experimenteller Studien und Beobachtungen im realen Straßenverkehr lässt sich schließen, dass Fahrsicherheit unter akutem Einfluss von GHB bereits bei geringen Dosen nicht mehr gegeben ist. Nach chronischem Gebrauch ist die Fahrsicherheit in der Entzugsphase, die bis zu 15 Tagen andauern kann, ebenfalls beeinträchtigt.

1.4 Medikamente (Skopp)

1.4.1 Allgemeiner Überblick

Etwa 20 % aller zugelassenen Arzneimittel können nach Angaben der Hersteller die Fahrsicherheit beeinträchtigen, wobei es sich überwiegend um Substanzen mit Wirkung auf das Zentralnervensystem handelt. Man schätzt, dass jeder vierte Unfall Arzneimittel bedingt ist, und dass bei jedem 10. Unfalltod der Fahrer unter dem Einfluss eines Psychopharmakons steht. Tatsächlich werden Medikamenteneinflüsse häufig erst nach einem Unfallereignis evident. Im nachfolgenden Fall konnte der Fahrer noch rechtzeitig angehalten werden:

Herr K. fuhr mit seinem PKW in Schlangenlinien mit einer Abweichung von bis zu 1,5 m; er übersah eine auf Rot stehende Lichtzeichenanlage. Beim Aussteigen fielen ein unsicherer Gang, verzögerte Reaktion, Schläfrigkeit, stumpfes Verhalten und ein starrer Blick auf. Da er bei der Blutentnahme weiterhin ein verlangsamtes Verhalten und starke Einschränkungen der Motorik zeigte, wurde er der Obhut seiner Angehörigen übergeben. Herr K. gab an, an Depressionen und Hepatitis C zu leiden; er werde aktuell mit Interferon-alpha sowie Citalopram und Trimipramin, zwei antidepressiv wirkenden Medikamenten, behandelt. Die Konzentrationen an Citalopram und Trimipramin in der Blutprobe lagen jeweils in den als therapeutisch erachteten Bereichen. Die Fahrfehler und Auffälligkeiten sprechen für Sehstörungen und Einbußen von Konzentration und Aufmerksamkeit, wobei die Beobachtungen gut zu einer medikamentösen Behandlung mit Interferon und Trimipramin passen, während Citalopram, das derselben Arzneimittelgruppe wie Trimipramin angehört, keinen oder einen allenfalls vernachlässigbaren Einfluss auf die Fahrsicherheit hat. Ursache der Auffälligkeiten können die teilweise erheblichen Nebenwirkungen der Medikation, aber auch die der Medikation zugrunde liegenden Erkrankungen sein. Im vorliegenden Fall wurde freiwillig auf den Führerschein verzichtet.

Der Fall zeigt deutlich, dass Fahrunsicherheit prinzipiell im Spannungsfeld Mensch, Krankheit und Medikation bzw. ihren wechselseitigen Beziehungen zu beurteilen ist (Abb. 1.38).

Hieraus erklären sich auch die großen, individuellen Unterschiede, so dass das Ausmaß einer Beeinträchtigung der Fahrsicherheit unter Medikamenteneinfluss oft nur abgeschätzt werden kann, und jeder Einzelfall genau analysiert werden muss. Diesem Sachverhalt tragen auch die Begutachtungsleitlinien der Bundesanstalt für Straßenwesen mit folgender Formulierung Rechnung: „Die Beurteilung der Anpassung- und Leistungsfähigkeit eines Kraftfahrers im Zusammenhang mit einer Arzneimittelbehandlung muss in jedem Fall sehr differenziert gesehen werden".

Abb. 1.38 Abhängigkeit der Fahrsicherheit von Mensch, Erkrankung und Medikament bzw. ihren wechselseitigen Beziehungen

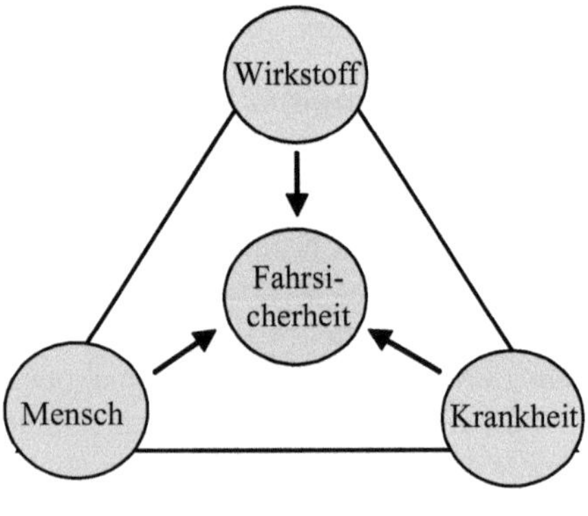

Bleibt eine Fahrt unter Medikamenteneinfluss nicht folgenlos oder zeigt der Fahrer in unmittelbarem Zusammenhang mit der Fahrt, etwa im Rahmen einer Straßenverkehrskontrolle fahrsicherheitsrelevante Auffälligkeiten, greifen die Straftatbestände § 315c StGB oder § 316 StGB mit den Folgen Führerscheinentzug, Geld- oder Freiheitsstrafe. Vor einer Verurteilung müssen folgende Voraussetzungen erfüllt sein:

- Feststellung der Konzentration des Medikamentes in der Anlass bezogenen Blutprobe zum Nachweis einer akuten Beeinflussung,
- Nachweis eines erheblichen Fahrfehlers oder einer erheblichen psychophysischen Leistungsminderung
- und deren Rückführung auf die erwünschten oder unerwünschten Wirkungen des Medikamentes.

Nachfolgend soll vor allem die Beziehung zwischen Wirkstoff und Fahrsicherheit unter Berücksichtigung der pharmakologischen Wirkungen behandelt werden. Medikamente können bereits auf Grund ihrer erwünschten Wirkung – z. B. der Schlafanbahnung durch ein kurzwirksames Benzodiazepin – oder aufgrund ihres Nebenwirkungsspektrums einen negativen Einfluss auf die Fahrsicherheit erwarten lassen. Die Ableitung des Gefahrenpotenzials aus experimentellen Studien, Fahrsimulatorversuchen oder Realfahrten ist nicht nur auf Grund der „dünnen" Datendecke schwierig, sondern auch deshalb, weil derartige Untersuchungen oft an gesunden Personen nach Gabe einer Einzeldosis durchgeführt wurden.

Die auf internationalem Expertenkonsens beruhende ICADTS (International Council on Alcohol, Drugs and Traffic Safety)-Kategorisierung, die drei Gefahrenkategorien unterscheidet, kann für Arzt und Patient zur einer ersten Bewertung des Gefährdungspotentials durch ein bestimmtes Medikament herangezogen werden Sie basiert auf der pharmakologischen Wirkung sowie auf experimentellen Untersuchungen und Realfahrten mit Patienten (www.icadts.nl/report/medicinaldrugs/pdf). Wertvolle Hinweise ergeben sich aus der Metaanalyse von Berghaus (1997), in der 812 Studien mit Hypnotika/Sedativa, Psychopharmaka, Tranquilizern und starken Schmerzmitteln analysiert wurden. Hinreichende Risikoberechnungen aus epidemiologischen Studien wie für Alkohol gibt es für Medikamente jedoch bisher nicht. Tabelle 1.11 gibt einen Überblick über Arzneimittelgruppen mit Relevanz für die Fahrsicherheit. Die in der ersten Spalte aufgeführten Arzneistoffgruppen werden unter 1.4.2, die in der zweiten Spalte unter 1.4.3 besprochen.

Tabelle 1.11 Arzneimittelgruppen mit Relevanz für die Fahrsicherheit

Wesentliche Gruppen	Weitere Gruppen
Starke Schmerzmittel	Antihypertonika
Medikamente in der Substitutionsbehandlung	Ophthalmika
Psychopharmaka	Antiepileptika
Antihistaminika	Antidiabetika

1.4.2 Medikamente mit ‚berauschender Wirkung'

1.4.2.1 Starke Schmerzmittel

Starke Schmerzmittel bezeichnet man auch als narkotische Analgetika; zu ihnen zählen die Opiate (s. 1.3.3) und Opioide, d.h. Stoffe mit morphinähnlicher Wirkung. Opioide greifen wie Opiate an den Opioidrezeptoren im Zentralnervensystem, aber auch in der Peripherie an, und vermitteln so ihre schmerzlindernde Wirkung (Tabelle 1.12). Sie werden vor allem zur Behandlung von Schmerzen nach Operationen, schweren Verletzungen und bei Krebserkrankungen eingesetzt. Auswahl, Applikation und Dosierung hängen vor allem von der Stärke der Schmerzen ab und davon, ob ein rascher, kurzfristiger Einsatz, etwa bei Unfallverletzungen, oder eine lang andauernde Therapie, z.B. bei Tumor bedingten Schmerzen erforderlich ist. Bei kurzzeitiger Anwendung wird das Opioid in der Regel injiziert. Bei langzeitiger Anwendung wird die orale Aufnahme als Tablette oder Kapsel (Retardformen) bevorzugt; bei Patienten mit konstantem Schmerzmittelbedarf haben sich die kontinuierliche, subkutane Zufuhr mittels einer Dosierpumpe (z.B. Morphin, Hydromorphon) und die Zufuhr über die Haut aus einem Pflaster (z.B. Fentanyl, Buprenorphin), aus dem der Wirkstoff über mehrere Tage freigesetzt wird, bewährt.

Für Opiate wie Morphin oder Codein gibt es Gruppentests auf immunchemischer Basis, durch die die Opioide jedoch nicht erfasst werden; für Buprenorphin und Levomethadon gibt es jeweils Stoff spezifische immunchemische Vortests.

Alle Opioide einschließlich ihrer wirksamen Abbauprodukte können nach Substanz spezifischer Probenaufarbeitung mit modernen Analysentechniken wie z.B. Hochdruckflüssigkeitschromatographie gekoppelt mit Massenspektrometrie in Blutproben zuverlässig quantifiziert werden. Noch vor wenigen Jahren war dies z.B. für Fentanyl und Buprenorphin bei therapeutischen Konzentrationen von 0,5–3 ng/mL Serum noch nicht möglich, weil entsprechende Nachweisgrenzen nicht erreicht werden konnten.

Morphin, Pethidin und Tilidin bilden aktive Metabolite. Tilidin, Tramadol und Codein sind sog. „Prodrugs", d.h. sie werden erst durch Verstoffwechselung in aktive Verbindungen umgewandelt (Tabelle 1.12). Morphin-6-glucuronid und Norpethidin haben längere Eliminationshalbwertszeiten als die entsprechenden Ausgangssubstanzen, so dass sich die Einschätzung der Wirkdauer auch auf die Metabolite erstrecken muss. Generell sollte sich die Analyse nicht nur auf die Ausgangssubstanzen, sondern auch auf wesentliche Stoffwechselprodukte erstrecken.

Auch wenn es Angaben zu therapeutischen Bereichen in der Literatur gibt, sind diese mit entsprechender Zurückhaltung zu bewerten. Einerseits gibt es oft erhebliche Unterschiede zwischen den Publikationen; andererseits sind die in der Schmerztherapie eingesetzten Dosen individuell unterschiedlich, d.h. ohne obere Dosisbegrenzung und den jeweiligen Bedürfnissen des Patienten angepasst. Die zentral ausgelösten Wirkungen unterliegen einer teilweisen Toleranz, so dass bei längerfristiger Therapie eine Dosisanpassung vorgenommen werden muss.

Tabelle 1.12 Häufig zur Therapie starker Schmerzen eingesetzte Opiate und Opioide mit Plasmaeliminationshalbwertszeiten (Stunden) bei Arzneiformen mit nicht retardierter Freisetzung und Handelsnamen (Beispiele),*: maximale Eliminationshalbwertszeiten (Stunden) in Klammern, **: aktive Metabolite

Wirkstoff	Plasmaeliminationshalbwertszeit (Stunden)	Handelsname (Beispiel)
Opiate		
Morphin	2–3 (9)*	MST Mundipharma
Morphin-6-glucuronid**	4	
Hydromorphon	ca. 2,5	Dilaudid
Codein	3–5	codiOPT
Morphin**	2–3 (9)	
Opioide		
Buprenorphin	27–42	Temgesic
Pethidin	3 (8)	Dolantin
Norpethidin**	8–12	
Fentanyl	3,5	Fentanyl Janssen
Tramadol	6	Tramal
O-Desmethyl-Tramadol**	9,5	
Tilidin	5	Valoron N
Nortilidin**	5	
Levomethadon	ca. 20 (12–72)	L-Polamidon

Tabelle 1.13 Wichtige Wirkungen der Opiate und Opioide; die wesentlichen, die Fahrsicherheit betreffenden Effekte sind gefettet

zentral dämpfend	zentral aktivierend	peripher
Schmerzhemmung	**Euphorie**	verzögerte Entleerung von
Atemdepression	Engstellung der Pupille	Magen, Darm und Blase
Sedierung	Abnahme des Herzschlags	**Blutdruckabfall**
Angsthemmung	**Muskelsteifigkeit**	(Histaminausschüttung)
Hustenreiz stillend		

Opioide zeigen trotz wesentlicher Unterschiede in ihrer chemischen Struktur einige gemeinsame physiko-chemische Charakteristika und daher ein ähnliches Wirkungs- und Nebenwirkungsspektrum (Tabelle 1.13).

Ein entscheidendes Kriterium für Fahrsicherheit ist die optimale und stabile Einstellung des Patienten auf das Schmerzmittel. Insbesondere die durch starke Schmerzmittel bedingte Sedierung beeinträchtigt Prozesse, die zwischen der Aufnahme von Informationen und dem Verhalten vermitteln. Obstipation und Übelkeit als typische Nebenwirkungen beeinträchtigen ebenfalls das Wohlbefinden und hierdurch die aktuelle Leistungsfähigkeit.

Neben den erwünschten und unerwünschten Wirkungen der Medikamente können folgende Faktoren die Fahrsicherheit ebenfalls oder zusätzlich beeinträchtigen und sogar Fahreignung ausschließen:

- Grunderkrankung(en) und deren Begleiterscheinung(en), wie z. B. Schwächegefühle und Schlafstörungen
- Komorbidität
- Rest-, Durchbruchschmerzen oder ungenügende Einstellung/Stabilität der Medikation, insbesondere bei Therapiebeginn sowie bei Änderung der Dosis oder des Medikamentes
- Komedikation, z. B. Antidepressiva
- Beigebrauch weitere, psychotroper Substanzen wie z. B. Alkohol
- Lebensalter
- Fahrpraxis
- Motivation und Risikoverhalten.

1.4.2.2 Medikamente zur Substitution

Die Zahl Heroinabhängiger in Deutschland wird auf 2–300.000 geschätzt, 68.000 von ihnen befinden sich in einer Substitutionsbehandlung. Die Mehrzahl wird mit Methadon (Razemat bzw. Gemisch aus links- und rechtsdrehendem Methadon) behandelt; Mittel erster Wahl sind zusätzlich Levomethadon (linksdrehendes Methadon, eigentliche Wirkform) und Buprenorphin, während Codein und Dihydrocodein eine untergeordnete Rolle spielen. Methadon wird bereits seit den 60er Jahren in der Substitutionsbehandlung eingesetzt, im Jahr 2000 wurde Buprenorphin in Form des Fertigarzneimittels Subutex® zugelassen; seit dem Jahr 2007 ist es in fixer Kombination mit Naloxon als Suboxone® auf dem Markt.

Methadon bzw. Levomethadon werden oral in Form einer viskosen Lösung verabreicht, um ein Spritzen des Wirkstoffs weitgehend zu verhindern. Levomethadon ist etwa doppelt so wirksam wie Methadon. Die Wirkung setzt nach 1–2 Stunden ein und hält bei Einmalgabe 6–8 Stunden an. Bei der Aufdosierung steigt die Wirkdauer auf 22–48 Stunden an, so dass eine einmalige Gabe pro Tag ausreichend ist. Für die den Entzug verhindernde, opioide Sättigung wird ein Blutspiegel von 400 ng Methadon/mL (200 ng Levomethadon/mL) für erforderlich erachtet, der mit Tagesdosen von 60–100 mg Methadon (30–50 mg Levomethadon) erreicht werden kann. Methadon wird nach Demethylierung zu EDDP (2-Ethyliden-1,5-dimethyl-3,3-diphenylpyrrolidin) – hauptsächliches Stoffwechselprodukt im Urin – und nach einem weiteren Demethylierungsschritt zu EMDP (2-Ethyl-5-methyl-3,3-diphenylpyrrolin) verstoffwechselt; beide Metabolite sind pharmakologisch inaktiv. Die in geringen Mengen gebildeten und aktiven Stoffwechselprodukte Methadol und Normethadol sind von untergeordneter Bedeutung.

Immunchemische Vortests erfassen meist EDDP; für eine Unterscheidung von links- und rechtsdrehendem Methadon ist eine chirale Trennung bei chromatographischen Analysen erforderlich.

Buprenorphin wird in der Substitutionstherapie als Sublingualtablette verabreicht. Der Zusatz von Naloxon in Suboxone® soll das Risiko einer intravenösen oder pernasalen, missbräuchlichen Anwendung vermindern. Üblich sind Dosierungen von 8–32 mg Buprenorphin pro Tag; die Plasmaspiegel liegen bei 0,5–5,0 ng Buprenorphin/mL. Nach sublingualer Gabe hat Buprenorphin sehr variable, lange Plasmaeliminationshalbwertszeiten von bis zu 42 Stunden. Buprenorphin wird zu Norbuprenorphin (terminale Eliminationshalbwertszeit: 57 Stunden) verstoffwechselt, das schwächer analgetisch als Buprenorphin sein soll, allerdings atemdepressive Effekte zeigt. Endprodukte des Stoffwechsels sind die Glucuronide von Buprenorphin und Norbuprenorphin, die deutlich länger als die unkonjugierten Verbindungen im Blut und im Urin nachgewiesen werden können. Bei Substitutionspatienten liegt die Norbuprenorphinkonzentration häufig über der des Buprenorphins, wobei Norbuprenorphinglucuronid Hauptmetabolit in Blut und Urin ist.

Für den vorläufigen Nachweis von Buprenorphin gibt es Immunoassays, die für Urin eingesetzt werden können. Chromatographische Verfahren sind im Hinblick auf die erzielbaren Nachweisgrenzen deutlich überlegen, wobei Werte von 0,05 ng/mL für eine zuverlässige Bestimmung erreicht werden müssen. Da Buprenorphin häufig nicht nachweisbar ist, sollte Norbuprenorphin, ggf. auch die beiden Glucuronide, bei der Analyse mit berücksichtigt werden.

Erwünschte und unerwünschte Wirkungen von Methadon und Buprenorphin entsprechen den unter 1.4.2.1 besprochenen Effekten für starke Schmerzmittel. Polytoxikomanie und Morbidität stellen bei Opiatabhängigen regelmäßig anzutreffende Probleme dar, so dass sich neben der Frage zur Fahrsicherheit auch die zur Fahreignung ergeben kann bei:

- einem Beigebrauch anderer Drogen – unter einer Methadontherapie wird z. B. häufiger Cocain konsumiert –,
- einer Einnahme weiterer psychoaktiver Medikamente wie z. B. von Benzodiazepinen oder Antidepressiva,
- erhöhter Morbidität durch Erkrankungen wie Hepatitis, HIV-Infektion,
- psychischer Komorbidität, z. B. infolge klinisch relevanter Depressionen oder von Angststörungen.

In den meisten experimentellen Studien zu fahrrelevanten Leistungen wurden bei stabil eingestellten Substitutionspatienten ohne Beigebrauch jedoch annähernd gleichwertige Ergebnisse für die Testverfahren wie bei gesunden Probanden erzielt. Vergleichende Studien sprechen für ein besseres Abschneiden bei einer Substitution mit Buprenorphin im Vergleich zu Methadon. Auch hier steht wie bei Schmerzpatienten die Beurteilung des Einzelfalles im Vordergrund.

1.4.2.3 Beruhigungsmittel

Unter Beruhigungsmitteln (Synonyme: Tranquillanzien, Anxiolytika) versteht man Medikamente, bei denen die Dämpfung von Angst, Erregung und Spannung im Vordergrund der therapeutischen Wirkung steht und Sedierung, Senkung des Muskeltonus und krampflösende Effekte als Begleitwirkungen hinzukommen. Zu den Beruhigungsmitteln zählen:

- die große Gruppe der Benzodiazepine,
- die „z compounds" Zolpidem, Zopiclon und Zaleplon,
- Buspiron,

- Clomethiazol,
- Chloralhydrat,
- und die Antihistaminika Diphenhydramin und Doxylamin.

Benzodiazepine zählen zu den am häufigsten verordneten Arzneimitteln. Der gemeinsame Wirkmechanismus besteht in einer Bindung an $GABA_A$-Rezeptoren, wobei das Benzodiazepin zu einer Verstärkung der Effekte durch den Neurotransmitters GABA führt. Die Benzodiazepine werden häufig nach ihrer Wirkdauer unterschieden in:

- kurz wirksame Substanzen mit Eliminationshalbwertszeiten von 2–5 Stunden: Triazolam, Midazolam
- mittellang wirksame Verbindungen mit Eliminationshalbwertszeiten von 6–24 Stunden: Oxazepam, Temazepam, Lorazepam, Lormetazepam, Bromazepam
- lang wirksame Stoffe mit Eliminationshalbwertszeiten der Ausgangssubstanzen/aktiver Stoffwechselprodukte von mehr als 24 Stunden: Chlordiazepoxid/Desmethyldiazepam, Diazepam/Desmethyldiazepam, Flurazepam/Desalkylflurazepam, Nitrazepam.

Kurz wirksame Benzodiazepine wie Midazolam werden vorzugsweise bei diagnostischen oder operativen Eingriffen bzw. in der Notfallmedizin intravenös gegeben. Schlafstörungen sind ein breites Anwendungsgebiet für mittellang wirksame Benzodiazepine, vor allem deshalb, weil sie keine lang wirksamen, aktiven Metabolite bilden. Benzodiazepine mit langer Eliminationshalbwertszeit werden als Beruhigungsmittel eingesetzt, Tetrazepam auf Grund seiner ausgeprägten Wirkung auf die Muskulatur auch als krampflösendes Mittel.

Bei den Benzodiazepintranquilizern besteht kein prinzipieller Unterschied zwischen Angst lösender und beruhigender Wirkung, in entsprechend hoher Dosierung wirken alle Benzodiazepine Schlaf anstoßend. Bei den Angststörungen steht die Behandlung mit Antidepressiva (s. 1.4.2.4) im Vordergrund, und Benzodiazepine werden lediglich zur Überbrückung der Wirklatenz der Antidepressiva eingesetzt. Wegen einer möglichen Toleranz- und Abhängigkeitsentwicklung soll die Behandlung mit Benzodiazepinen auf wenige Wochen beschränkt bleiben; auch bei niedrigen Dosen kann sich eine Abhängigkeit entwickeln. Bei plötzlichem Absetzen kann es teilweise zu schweren Entzugserscheinungen kommen.

Erwünschte und unerwünschte Wirkungen wie Benommenheit, Müdigkeit, verlängerte Reaktionszeit, Verschlechterung der geistigen und psychomotorischen Funktionen sowie Störungen der Koordination beeinträchtigen die Fahrsicherheit. Bei einigen Verbindungen dieser Substanzklasse, z. B. bei Triazolam oder Midazolam, kann eine anterograde Amnesie auftreten; d. h. dass sich der Betreffende im Nachhinein nicht mehr an Ereignisse unter der akuten Wirkung erinnern kann, wenngleich hieraus nicht auf eine Erinnerungslücke während der Geschehnisse geschlossen werden kann. Besonders ausgeprägt ist die Verstärkung der Alkoholwirkung unter der Medikation. Bei hirnorganisch vorgeschädigten Patienten, hohen Dosen oder auch in Verbindung mit Alkohol kann es paradoxerweise zu Erregung, Verwirrtheit und Orientierungsstörungen kommen.

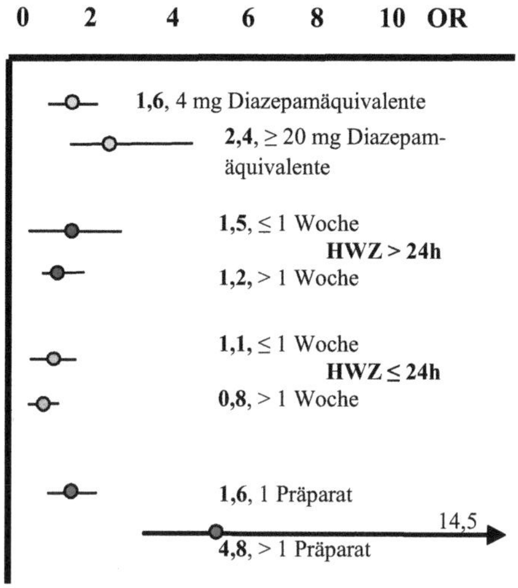

Abb. 1.39 Benzodiazepingebrauch (bezogen auf Diazepamäquivalente) und relatives Unfallrisiko (OR: Odds ratio, Mittelwert und Schwankungsbreite) in Abhängigkeit von Dosis, Wirk- (HWZ: Eliminationshalbwertszeit in Stunden (h)) und Behandlungsdauer sowie bei Kombination mit weiteren zentral nervös wirksamen Medikamenten

Das relative Risiko, unter akuter Wirkung einen Unfall zu erleiden, steigt mit steigender Dosis und ist bei lang wirksamen im Vergleich zu kürzer wirksamen Wirkstoffen erhöht. Eine höhere Unfallrate ergab sich insbesondere in der 1. Woche nach Beginn der Behandlung, und eine deutliche Steigerung des relativen Risikos bis auf das 14,5fache wurde bei einer Kombination mit weiteren psychoaktiven Stoffen beobachtet (Abb. 1.39).

An die Benzodiazepinrezeptoren docken auch die strukturell anderen z-Verbindungen Zopiclon, Zolpidem und Zaleplon an, die ausschließlich zur kurzfristigen Behandlung von Schlafstörungen eingesetzt werden; ihr Wirkungs- und Nebenwirkungsspektrum unterscheidet sich nicht von dem der mittellang wirksamen Benzodiazepine.

Buspiron wirkt selektiv nur angst- und spannungslösend durch Hemmung der bei Angst gesteigerten serotoninergen Neurotransmission, jedoch kaum sedierend und stellt damit einen neuartigen Typ eines Beruhigungsmittels dar, das sich von Benzodiazepinen und auch von Psychopharmaka deutlich unterscheidet. Die erwünschte Wirkung tritt verzögert sein und ist nicht verlässlich belegt; Nebenwirkungen wie Kopfschmerzen, Schwindel und extrapyramidal motorischen Störungen (nicht willentlich beeinflussbare Störung von Bewegungsabläufen) führten häufig zum Therapieabbruch.

Clomethiazol wird vor allem stationär als Mittel der Wahl beim Alkoholentzugsdelir und nur in Ausnahmefällen bei agitierten und deliranten Patienten eingesetzt, die nicht auf Benzodiazepine oder Neuroleptika (s. 1.4.2.4) ansprechen.

Chloralhydrat wurde bereits 1869 als Schlafmittel eingeführt und wird heute noch sporadisch eingesetzt; pharmakologisch wirksam ist der Metabolit Trichlorethanol.

Diphenhydramin und Doxylamin sind Antihistaminika der 1. Generation (s. 1.4.2.5), die überwiegend sedativ und Brechreiz hemmend wirken. Diphenhydramin und Doxylamin unterliegen nicht der Rezeptpflicht; teilweise traten Überdosierungen, auch in suizidaler Absicht, auf.

Während Benzodiazepine immunchemisch als Substanzgruppe erfasst werden können, ist ein Gruppennachweis für die anderen Beruhigungsmittel nicht verfügbar. Alle Substanzen einschließlich wesentlicher, pharmakologisch aktiver Stoffwechselprodukte, lassen sich mit GC/MS oder hochdruckflüssigkeitschromatographischen Methoden in Blut und Urin quantifizieren.

1.4.2.4 Psychopharmaka

Psychopharmaka sind Wirkstoffe, die durch Einwirkung auf bestimmte Strukturen im Gehirn krankhaft veränderte seelische Abläufe, Denkprozesse, kognitive Leistungen und Verhaltensweisen beeinflussen können. Die Mechanismen, über die diese Wirkungen zustande kommen, sind nicht eng auf bestimmte Hirnregionen eingegrenzt, so dass auch andere Bereiche im Zentralnervensystem und körperliche Funktionen durch erwünschte und unerwünschte Wirkungen betroffen sind. Arzneistoffe mit antipsychotischer Wirkung lassen sich einteilen in (Tabelle 1.14):

- Neuroleptika bei Psychosen mit Wahn, Halluzinationen und Erregung
- Antidepressiva bei depressiven Erkrankungen mit pathologisch gesenkter Stimmungslage, Panik oder vermindertem Antrieb
- Phasenprophylaktika zur Stabilisierung.

Neuroleptika werden nicht nur bei akuten Krankheitssymptomen, sondern auch zur Langzeitprophylaxe affektiver Erkrankungen eingesetzt. Man unterscheidet typische von atypischen Neuroleptika, wobei letztere ein geringeres Auftreten extrapyramidaler Störungen (nicht willentlich beeinflussbare Störung von Bewegungsabläufen), eine weniger deutliche kognitive Beeinträchtigung und

Tabelle 1.14 Auswahl von Wirkstoffen und Präparaten gängiger Psychopharmaka

Wirkstoff	Handelsname (Beispiel)	Bemerkung
Neuroleptika		
Haloperidol	Haldol®	Butyrophenon, Prototyp, stark antipsychotisch
Perazin	Taxilan®	Phenothiazin
Clozapin	Leponex®	atypisches Neuroleptikum, aktiver Metabolit: Norclozapin
Antidepressiva		
Amitriptylin	Saroten®	trizyklisches Antidepressivum, aktiver Metabolit: Nortriptylin
Citalopram	Fluoxetin®	selektiver Serotoninwiederaufnahmehemmer
Phasenprophylaktika		
Lithium	Quilonum®	geringe, therapeutische Breite → regelmäßiges Monitoring der Serumspiegel, Dosisanpassung

eine bessere Wirksamkeit bei Therapieresistenz zeigen. Ihre Anwendung geht jedoch mit anderen Risiken wie z. B. einer schweren Veränderung des Blutbildes einher. Typische Nebenwirkungen sind Müdigkeit, Antriebsmangel, Abfall des Blutdrucks sowie Beeinträchtigungen der Koordination und der Motorik. Prinzipiell ist neben den teilweise schweren Nebenwirkungen, insbesondere zu Behandlungsbeginn, auch die Auswirkung der Grunderkrankung auf die Fahrsicherheit mit zu berücksichtigen.

Auch die Gruppe der Antidepressiva kann in weitere Untergruppen eingeteilt werden, wobei die trizyklischen Verbindungen und die selektiven Serotoninwiederaufnahmehemmer (Synonyme: selective serotonin reuptake inhibitors, SSRIs) wesentliche Untergruppen sind. Einige trizyklische Substanzen wie Amitriptylin, Trimipramin und Doxepin besitzen ausgeprägte, sedierende Effekte, die auch nach längerer Therapie noch Leistungseinbußen nach sich ziehen. Andere Antidepressiva wie Clomipramin, Imipramin oder Maprotilin wirken weniger sedierend, so dass Defizite vor allem in Abhängigkeit von der Dosis auftreten. Teilweise können eine Akkommodationsstörung der Augen und eine Erweiterung der Pupille auftreten; daneben sind Blutdruckabfall und Herzrhythmusstörungen sowie delirante Zustände, insbesondere zu Therapiebeginn, beobachtet worden. Bei den SSRIs entfällt die sedierende Komponente; bisher konnten in experimentellen Untersuchungen keine Leistungseinbußen beobachtet werden.

Zur Stabilisierung affektiver Erkrankungen werden Lithium und krampflösende Wirkstoffe wie z. B. Valproinsäure und Lamotrigin (s. 1.4.3.3) eingesetzt. Wesentliche Nebenwirkungen der Lithiumtherapie sind Zittern und Muskelschwäche.

Während trizyklische Antidepressiva immunchemisch als Substanzgruppe erfasst werden können, ist ein Gruppennachweis für die anderen Psychopharmaka nicht verfügbar. Alle Substanzen einschließlich wesentlicher, pharmakologisch aktiver Stoffwechselprodukte, lassen sich mit GC/MS oder hochdruckflüssigkeitschromatographischen Methoden in Blut und Urin quantifizieren.

1.4.2.5 Antihistaminika

Histamin ist ein zentraler Botenstoff, der wesentlich allergische Erkrankungen über sog. H_1-Rezeptoren vermittelt. Antihistaminika (Synonyme: Hemmstoffe der Histaminwirkung, H_1-Rezeptorantagonisten) wurden ab 1940 entwickelt; die Vertreter der 1. Generation wie z. B. Diphenhydramin oder Doxylamin, wirken so stark sedierend, dass sie heute nur noch bei Schlafstörungen eingesetzt werden (s. 1.4.2.3). Dimenhydrinat (Vomex®, ein Salz aus Diphenhydramin und 8-Chlortheophyllin) findet Anwendung bei der sog. „Reisekrankheit", wenn zusätzlich eine Sedierung erwünscht ist. Die neueren Verbindungen passieren die Blut-Hirn-Schranke kaum, so dass unter den empfohlenen Dosierungen – Cetirizin ausgenommen – nur selten oder nur gering ausgeprägte, sedierende Effekte auftreten (Tabelle 1.15). Terfenadin (Terfenadin AL®) wird auf Grund von Störungen der Erregungsleitung am Herzen heute nur noch niedrig dosiert eingesetzt. Die Wirkung aller in Tabelle 1.15 aufgeführten Verbindungen setzt nach oraler Einnahme nach ca. 2 Stunden ein und hält ca. 24 Stunden an. Die klinische Wirksamkeit korreliert nicht mit den Blutspiegeln.

Tabelle 1.15 Gängige, orale Antihistaminika der 2. Generation

Wirkstoff	Handelsname (Beispiel)	Plasmaeliminations-halbwertszeit (Stunden)	Bemerkung
Cetirizin	Zyrtec®	6,5–10	Racemat
Levocetirizin	Xusal®	7,0+/–1,5	linksdrehende Verbindung des Cetirizins
Loratadin	Lisino®	7,8+/–4,2	
Desloratadin	Aerius®	27	Metabolit des Loratadins
Fexofenadin	Telfast®	14,4	Metabolit des Terfenadins
Mizolastin	Mizollen®	12,9	

1.4.3 Andere Medikamente mit potentiell verkehrsrelevanten Auswirkungen

1.4.3.1 Blutdruckmittel (Antihypertensiva)

Ein über den Normbereich erhöhter Blutdruck birgt ein erhöhtes Risiko, Angina pectoris, Myokardinfarkt, Vorhofflimmern oder einen plötzlichen Herztod durch Herzrhythmusstörungen zu erleiden. Eine wesentliche Säule der Behandlung des erhöhten Blutdrucks ist die medikamentöse Therapie. Heute wird bereits auf der 1. Behandlungsstufe meist eine Medikamentenkombination eingesetzt, um Nebenwirkungen zu minimieren. Man unterscheidet folgende wesentliche Medikamentengruppen: Diuretika, ß-Rezeptorenblocker, Calciumkanalblocker, ACE-Hemmer (Hemmstoffe des Angiotensinkonversionsenzyms), AT_1-Rezeptorenblocker (Angiotensin-II-Rezeptorantagonisten). Eine Auswahl der gängigsten Medikamente zur Therapie des Bluthochdrucks ist in Tabelle 1.16 zusammengefasst.

Die Präparate können je nach Arzneimittelgruppe zu unerwünscht starkem Blutdruckabfall, zu Schwächegefühlen infolge Wasser- und Elektrolytverlust sowie zu Sedierung führen. Bis zu einer stabilen, medikamentösen Einstellung ist mit fahrrelevanten Leistungseinschränkungen zu rechnen.

1.4.3.2 Augenmedikamente (Ophthalmika)

Die uneingeschränkte visuelle Wahrnehmung ist wesentliche Voraussetzung für die sichere Teilnahme am Straßenverkehr. Bei der Therapie von Augenerkrankungen werden die Arzneistoffe überwiegend lokal appliziert, anschließend im Tränenfilm gelöst und gelangen über die Hornhaut in das Augeninnere. Da die Bindehäute gut durchblutet sind, erfolgt auch ein Übertritt des Medikaments in den Blutkreislauf, so dass unter Umständen mit systemischen, unerwünschten Wirkungen gerechnet werden muss.

Eine medikamentöse Therapie am Auge ist vor allem bei Glaukom (erhöhter intraokularer Druck mit der Gefahr einer Schädigung des Sehnervs), Benetzungs-

Tabelle 1.16 Auswahl der gängigsten Medikamente zur Behandlung des Bluthochdrucks und wesentliche, fahrrelevante unerwünschte Wirkungen

Wirkstoffgruppe Vertreter	Handelsname (Beispiel)	Fahrrelevante, unerwünschte Wirkung(en)
Diuretika		
Hydrochlorothiazid	Esidrix®	Schwächegefühl (Wasser- und Elektrolytverlust), Anstieg des Blutzuckerspiegels
Furosemid	Lasix®	
ß-Rezeptorenblocker		
Nebivolol	Nebilet®	Müdigkeit, Schwindel, gestörte Wahrnehmung eines Blutzuckerabfalls bei Diabetes mellitus
Metoprolol	Beloc-Zok®	
Calciumkanalblocker		
Nifedipin	Adalat®	Schwindel, Müdigkeit, Herzklopfen
Verapamil	Isoptin®	
ACE-Hemmer		
Enalapril	Xanef®	starker Blutdruckabfall
Ramipril	Delix®	
AT_1-Rezeptorenblocker		
Candesartan	Blopress®	wie ACE-Hemmer
Irbesartan	Aprovel®	

störungen, Infektionen und entzündlichen Erkrankungen erforderlich; unter verkehrsmedizinischen Gesichtspunkten sind Medikamente mit Auswirkungen auf die Funktion des Auges besonders kritisch. Hierunter fallen vor allem Ophthalmika zur Behandlung des Glaukoms und Entzündungen der Aderhaut sowie zur Pupillenerweiterung für therapeutische und diagnostische Zwecke (Tabelle 1.17).

Augen sind für eine Schädigung durch Arzneimittel besonders anfällig; so können z. B. bei einer länger andauernden Therapie mikrokristalline Ablagerungen in der Hornhaut und eine Anreicherung durch Bindung an die Farbpigmente in der Netz- und Aderhaut auftreten. Tabelle 1.18 gibt einen Überblick über fahrsicherheitsrelevante, unerwünschte Wirkungen systemisch verabreichter Arzneimittel.

1.4.3.3 Mittel gegen Epilepsie (Antikonvulsiva oder Antiepileptika)

Epilepsien sind chronische Erkrankungen mit wiederholten Anfällen; sie gehören mit einer Prävalenz von 0,5–1,0 % zu den häufigsten Erkrankungen des Zentralnervensystems und erfordern eine längere, oft lebenslange medikamentöse Therapie. Antikonvulsiva setzen die zentral-nervöse Krampfschwelle herab mit dem Ziel der Anfallsfreiheit. Tatsächlich erleiden 20–30 % der Patienten trotz einer medikamentösen Behandlung weiterhin Anfälle. Ein inkorrektes Einnahmeverhalten, das bei 20–50 % der Patienten nach längerer Anfallsfreiheit unter medikamentöser Therapie beobachtet wurde, begünstigt ebenfalls einen erneuten Anfall.

Tabelle 1.17 Ophthalmika (Auswahl) mit verkehrsmedizinisch relevanten Nebenwirkungen; *: Arzneistoffe zur diagnostischen Pupillenerweiterung (Mydriasis), Miosis: Pupillenverengung

Wirkstoffgruppe Vertreter	Handelsname (Beispiel)	Anwendung (Beispiel)	Fahrrelevante unerwünschte Wirkung(en)
Parasympathomimetika			
Pilocarpin	Pilomann®	Steigerung des Tränenflusses, Glaukom	Miosis, unscharfes Sehen in der Ferne
Carbachol	Isopto-Carbachol®		
Sympathomimetika			
Dipivefrin	Glaucothil®	Glaukom	Mydriasis, systemisch: Müdigkeit, Blutdruckanstieg
Clonidin	Isoglaucon®		
Parasympatholytika			
Atropin	Atropin POS®	therapeutische Pupillenerweiterung, Erkrankungen der Aderhaut	Mydriasis, Akkomodationsschwäche, Lichtscheu, systemisch: Tachykardie
Scopolamin	Boro Scopol N®		
Tropicamid*	Mydriaticum Stulln®		
ß-Rezeptorenblocker			
Timolol	Chibro Timolol®	Glaukom	„trockenes" Auge, systemisch: Herzrhythmusstörungen
Betaxolol	Betaoptima®		
Sympathomimetika			
Tetryzolin	Berberin®	Erkrankungen der Binde- und Aderhaut	Mydriasis, verschwommenes Sehen
Tramazolin	Biciron®		
Phenylephrin*	Visadron®		
Carboanhydratasehemmer			
Dorzolamid	Trusopt®	Glaukom	Reizung, Sehstörung
Brinzolamid	Azopt®		

Tabelle 1.18 Fahrsicherheitsrelevante, unerwünschte Effekte ausgewählter Arzneistoffe (Beispiel) nach systemischer Anwendung

Digitalisglykoside	Mydriasis, Lichtscheu, Akkommodationsschwäche
Statine zur Senkung des Cholesterins, z. B. Simvastatin	Trübung der Augenlinse, verschwommenes Sehen (reversibel)
Phenothiazinderivate, z. B. Levomepromazin Antidepressiva, z. B. Amitriptylin	Netzhautschäden durch Pigmentanlagerungen bei hohen Dosierungen Weitstellung der Pupille, „trockenes" Auge
Chemotherapeutika, z. B. Sulfonamide, Chloroquin	vorübergehendes, verschwommenes Sehen in der Ferne Hornhauttrübung, Lichtscheu, Gesichtsfeldausfälle, Störung des Farbensehens und der Dunkeladaptation
Vitamin A	Unscharfes Sehen, Doppeltsehen bei Überdosierung, reversibel

Herr D. prallte während der Fahrt zur Arbeit plötzlich und ohne Reaktion mit seinem PKW versetzt frontal auf ein auf der Gegenfahrbahn regelrecht fahrendes Fahrzeug auf. Ein Zeuge berichtete, der Unfallverursacher sei mit der Stirn auf dem Lenkrad aufgelegen. Herr D. gab an, sich an nichts mehr erinnern zu können; es bestand eine Amnesie für etwa 2 Stunden nach dem Vorfall. Er war seit der Kindheit an Epilepsie erkrankt, medikamentös mit Valproinsäure und Lamotrigin eingestellt und seit Jahren anfallsfrei gewesen. Die behandelnden Ärzte schlossen – bei Fehlen anderer Gründe – aktuell einen zerebralen Anfall als Ursache der Bewusstlosigkeit nicht aus. Die Untersuchung der anlässlich des Vorfalles erhobenen Blutprobe ergab für Valproinsäure eine Konzentration unterhalb des therapeutischen Bereichs, während Lamotrigin gerade noch im wirksamen Bereich lag. Der niedrige Valproinspiegel legt eine nicht korrekte Einnahme des Medikamentes nahe.

Die Antikonvulsiva bilden eine sehr heterogene Arzneimittelgruppe. Die Dosisfindung erfolgt individuell; neben der Monotherapie mit einem Medikament werden auch Kombinationen verschiedener Antikonvulsiva verordnet. Auch die Benzodiazepintranquilizer Clonazepam und Clobazam sind zur Kombinationsbehandlung gebräuchlich (s. 1.4.2.3), wobei Clonazepam die Fahreigenschaft auch bei längerer Anwendung beeinträchtigen soll. Die Monotherapie geht meist mit geringeren Leistungseinbußen als eine Kombinationstherapie einher. Tabelle 1.19 enthält Antikonvulsiva der älteren und neueren Generation; danach wirken fast alle Medikamente zumindest sedierend und sind prinzipiell geeignet, die Fahrsicherheit einzuschränken. Wie bei fast allen Arzneimittelgruppen ist bei Therapiebeginn, Wechsel der Dosierung oder des Medikamentes oder bei Verordnung eines weiteren Medikamentes die Fahrsicherheit zu hinterfragen; das Beenden einer antiepileptischen Therapie bedingt eine Fahrpause in den letzten Monaten der Therapie bei ausschleichender Dosierung und in den ersten 3 medikamentenfreien Monaten, da hier das größte Rezidivrisiko besteht.

Im klinisch-chemischen Bereich stehen z. B. für das sog. therapeutic drug monitoring (Überprüfung der Blutspiegel) von Phenobarbital, Phenytoin, Primidon und Valproinsäure Tests auf immunchemischer Basis zur Verfügung; in forensisch-toxikologischen Labors werden für die Bestimmung ausschließlich identifizierende Verfahren wie LC/MS/MS oder GC/MS eingesetzt. Bei Carbamazepin sollte sein Epoxid, ein aktives Stoffwechselprodukt, das unter Dauertherapie kumulieren kann, mitbestimmt werden.

1.4.3.4 Diabetes Medikamente (Antidiabetika)

Unter Diabetes mellitus versteht man eine Regulationsstörung des Blutzuckerhaushaltes mit relativem oder absolutem Insulinmangel im Blut und/oder einer Resistenz der Zielorgane gegenüber den Insulinwirkungen. Unbehandelt führt die Erkrankung zu einem akut lebensbedrohlichen Zustand. Typ-1-Diabetes tritt bevorzugt in jüngeren Lebensjahren auf und ist durch eine Zerstörung Insulin produzierender Zellen der Bauchspeicheldrüse gekennzeichnet; eine Substitution mit Insulin

Tabelle 1.19 Antikonvulsiva zur medikamentösen Therapie von Epilepsien einschließlich wesentlicher, fahrrelevanter, unerwünschter Wirkungen

	Handelspräparat (Beispiel)	Wesentliche, fahrrelevante, unerwünschte Wirkungen
Antikonvulsiva der älteren Generation		
Carbamazepin	Tegretal®	Schwindel, Doppelbilder, Benommenheit
Phenobarbital	Luminal®	sedativ, hypnotisch
Phenytoin	Zentropil®	sedativ
Primidon	Mylepsinum®	sedativ, hypnotisch, aktiver Metabolit: Phenobarbital
Valproinsäure	Ergenyl®	Störungen des Muskeltonus und von Bewegungsabläufen
Antikonvulsiva der neueren Generation		
Gabapentin	Neurontin®	Schwindel, sedativ, hypnotisch, Bewegungsstörungen
Lamotrigin	Lamictal®	sedativ, Schwindel
Levetiracetam	Keppra®	sedativ, Schwächegefühl
Oxcarbazepin	Trileptal®	wie Carbamazepin
Pregabalin	Lyrica®	Benommenheit, Schwindel
Tiagabin	Gabitril®	Schwindel, Schwäche, Somnolenz
Topiramat		Schwindel, Müdigkeit, psychomotorische Verlangsamung
Vigabatrin	Sabril®	Müdigkeit, Benommenheit, Einschränkung des Gesichtsfelds

durch subkutane Injektion oder über eine Dosierungspumpe ist daher unumgänglich. Beim Typ-2-Diabetes liegen häufig eine verminderte Sekretion von Insulin und eine gesteigerte Glucoseproduktion in der Leber neben einer reduzierten Aufnahme von Glucose in Insulin abhängige Organe vor. Die Erkrankung manifestiert sich meist im Erwachsenenalter; die Behandlung erfolgt neben einer Änderung des Lebensstils mit oralen Antidiabetika, oder, falls damit keine ausreichende Blutzuckerregulation erzielbar ist, mit Insulin. Zu den oralen Antidiabetika zählen:

- Metformin
- Sulfonylharnstoffe
- Thiazolidindione
- α-Glucosidasehemmer (Absorptionsverzögerer als Zusatztherapie in Kombination mit Diät oder anderen, oralen Antidiabetika)

wobei Metformin und Sulfonylharnstoffe am häufigsten verordnet werden.

In der nachfolgenden Tabelle (Tabelle 1.20) sind die wichtigsten, unerwünschten Wirkungen für wesentliche Vertreter dieser Stoffgruppen genannt:

Tabelle 1.20 Orale Diabetika (Auswahl) und wesentliche, unerwünschte Wirkungen

Wirkstoffgruppe Vertreter	Handelsname (Beispiel)	Wesentliche, unerwünschte Wirkungen und Interaktionen, verkehrsmedizinisch relevante Effekte sind gefettet hervorgehoben
Biguanidderivat		
Metformin	Glucophage®	Übelkeit, Durchfall, Gefahr der **Lactatazidose** (selten), insbesondere in Verbindung mit **Alkohol**
Sulfonylharnstoffe		
Glibenclamid	Euglucon®	**Unterzuckerung**, insbesondere bei länger wirksamen Arzneistoffen wie z. B. Glibenclamid, Beeinträchtigung des **Alkohol**abbaus auf der Stufe des Acetaldehyds
Glimepirid	Amaryl®	
Thiazolidindione		
Pioglitazon	Actos®	Zunahme des Körpergewichts, Luftweginfekte
Rosiglitazon	Avandia®	
α-Glucosidase-inhibitoren		
Acarbose	Glucobay®	Bauchschmerzen, Blähungen, Durchfall
Miglitol	Diastabol®	

Die Fahrsicherheit ist weniger durch die Medikation als durch eine Über- oder Unterzuckerung gefährdet, wobei akut eine hypoglykämische gefährlicher als eine hyperglykämische Reaktion ist. Durch eine Hypoglykämie gefährdet sind vor allem Diabetiker, die mit Insulin oder einer Kombination aus Insulin und Sulfonylharnstoffen behandelt werden. Kritisch ist die medikamentöse Einstellungsphase bzw. die Wiedereinstellung nach Stoffwechseldekompensation. Bei guter medikamentöser Einstellung, nachgewiesener, ausgeglichener Stoffwechsellage, problembewusstem Umgang mit der Erkrankung und Fehlen Diabetes typischer Komplikationen wie z. B. Einbußen des Sehvermögens infolge krankheitsbedingter Veränderungen der Netzhaut oder von Durchblutungsstörungen der Extremitäten gibt es keine Einwände gegen die Teilnahme am Straßenverkehr.

Bis heute gibt es keine verbindlichen Empfehlungen, den Blutzucker *in situ* im Rahmen der Blutentnahme bei Verdacht auf eine Entgleisung des Blutzuckerspiegels zu bestimmen; eine Bestimmung nach Eingang der Probe ins Labor führt in der Regel nicht mehr zu zuverlässigen Ergebnissen. Bei Hinzuziehung eines Notarztes wird allerdings regelmäßig eine Blutzuckerbestimmung durchgeführt.

1.4.4 Wechselwirkungen Alkohol – Medikamente

Man schätzt, dass etwa die Hälfte aller medikamentös behandelten Personen gelegentlich oder regelmäßig Alkohol trinkt. Die Wechselwirkungen zwischen Alkohol und Medikamenten oder auch Drogen können in seltenen Fällen die Aufnahme,

Verteilung und den Stoffwechsel betreffen (pharmakokinetische Interaktion), häufiger ist eine Wirkungsverstärkung oder -abschwächung (pharmakodynamische Interaktion).

1.4.4.1 Pharmakokinetische Wechselwirkungen

Hoch konzentrierte Alkoholika verzögern die Magenentleerung und damit auch den Übertritt verschiedener, oral aufgenommener Medikamente über den Gastrointestinaltrakt in das Blut. Alkoholmissbrauch führt zur Aktivierung eines weiteren Enzymsystems, dem *microsomal ethanol oxidizing system* (MEOS), das wesentlich aus dem als CYP2E1 bezeichneten Enzymsystem besteht. Bei kurzfristiger Zufuhr hoher Alkoholmengen kommt es infolge einer Konkurrenz um das Enzym zu einem verminderten Abbau von z. B. Diazepam, Propranolol oder Methadon und damit zu höheren Konzentrationen im Blut. Bei länger andauerndem Missbrauch wird das Enzym vermehrt gebildet, so dass die betreffenden Medikamente schneller abgebaut werden und niedrigere Konzentrationen im Blut resultieren. Weiterhin gibt es Hinweise darauf, dass Ethanol die Bildung von Morphinglucuroniden, und damit auch die des aktiven Morphin-6-glucuronids, modifiziert. Auf die Bildung des aktiven Cocaethylens bei gleichzeitiger Alkoholaufnahme wurde in 1.3.4.2 bereits hingewiesen. Während bei gleichzeitiger Aufnahme von Cocain und Alkohol erhöhte Cocainspiegel resultierten, wird die Pharmakokinetik des Alkohols durch Cocain nicht beeinflusst.

1.4.4.2 Pharmakodynamische Wechselwirkungen

In der Regel können additive Wechselwirkungen im Sinne einer Wirkungsverstärkung zwischen Alkohol und Medikamenten beobachtet werden, seltener sind überadditive Effekte. Diese Interaktionen lassen sich überwiegend auf die psychotropen Wirkungen von Alkohol wie Enthemmung oder zentrale Dämpfung, aber auch auf seine Effekte auf die Blutgefäße im Sinne einer Weitstellung und den Blutzuckerhaushalt zurückführen.

Bei Cannabinoiden war bei kombiniertem Alkoholeinfluss eine Verstärkung seiner Wirkungen auf Kognition und Psyche (s. 1.3.2.4) und damit eine zusätzliche Einschränkung der Fahrsicherheit zu beobachten.

Für Interaktionen zwischen Opiaten und Alkohol liegen aus ethischen Erwägungen keine Studien am Menschen vor; die vermehrte Bildung von Morphin-6-glucuronid bei Anwesenheit geringer Mengen an Alkohol könnte auf eine Wirkungsverstärkung des Morphins hindeuten. Höhere Alkoholkonzentrationen wirken wie Opiate atemdepressiv, so dass das Risiko von Komplikationen bei kombinierter Aufnahme erhöht ist.

Ein Grund für die häufiger auftretende Kombination von Alkohol und Cocain ist eine Verstärkung und Verlängerung der berauschenden Wirkung, wobei oft auch eine Zunahme der Gewaltbereitschaft beobachtet wurde. Alkohol führt zu einer Erhöhung der kardiovaskulären Gefährdung durch Cocain, und damit zu einem erhöhten Risiko für Gehirnblutungen und Schlaganfall.

Bei Ecstasykonsum verstärkte Alkohol das Gefühl der Euphorie; die sedierende Wirkung von Ethanol wurde als geringer eingeschätzt, wobei dies jedoch nicht zu einer Verbesserung der Leistungsfähigkeit führte.

Antidepressiva mit beruhigenden Eigenschaften wie z. B. die trizyklischen Verbindungen zeigen eine additive Verstärkung der Sedation und eine erhöhte psychomotorische Beeinträchtigung. Auch unter therapeutischer Dosierung ist das Risiko von Herzrhythmusstörungen erhöht. Weiterhin kann bei einer kombinierten Aufnahme von Alkohol und Antidepressiva der Blutdruck stark abfallen, so dass Müdigkeit, Abgeschlagenheit, Schwindel und sogar Bewusstseinseintrübungen auftreten können. Für Serotonin-reuptake-Hemmer und Hemmstoffe der Monoaminoxidase konnten keine signifikanten Wechselwirkungen beobachtet werden. Das z. B. in Rotwein enthaltene Tyramin kann in Kombination mit Hemmstoffen der Monoaminoxidase zu einem kritischen Anstieg des Blutdrucks führen mit Symptomen wie z. B. nervöser Unruhe, Atemnot, Schwindel und Kopfschmerzen. Interaktionen von Neuroleptika mit Alkohol sind weniger gut untersucht.

Alkohol verstärkt die psychotropen Effekte von Benzodiazepinen, wobei von einer additiven Einschränkung der psychomotorischen Leistungsfähigkeit ausgegangen werden muss. Bei therapeutischen Dosen kommt es meist zu einer stärkeren Sedierung im Sinne einer additiven Interaktion (1.4.2.3). Benzodiazepine haben eine große therapeutische Breite, d. h. sie wirken auch bei Überdosierung nicht toxisch; allerdings können bereits unkritische Dosen in Verbindung mit Alkohol gefährliche Auswirkungen im Sinne einer Atemdepression nach sich ziehen.

Fahreignungsbegutachtung

2

Andrea Dettling, Hans-Thomas Haffner,
Peter Strohbeck-Kühner, Christiane Thieme

2.1 Begutachtungsgrundlagen (Haffner, Thieme)

Unter dem im Strafrecht gebräuchlichen Begriff der Fahrtüchtigkeit bzw. Fahruntüchtigkeit oder auch Fahrsicherheit bzw. Fahrunsicherheit versteht man die aktuelle Fähigkeit oder Unfähigkeit zum sicheren Führen eines Kraftfahrzeugs im Straßenverkehr. Sie wird meist retrospektiv zeitlich beschränkt auf eine bestimmte Situation beurteilt. Davon abzugrenzen ist der im Verwaltungsrecht relevante Begriff der Fahreignung. Er bezeichnet die auf absehbare Zeit dauerhaft vorhandene Fähigkeit zum sicheren Führen eines Kraftfahrzeugs im Straßenverkehr, unterliegt also keiner zeitlichen Beschränkung und umfasst insbesondere auch die zukünftige Entwicklung. Eine Fahruntüchtigkeit kann einen kurzfristig vorübergehenden, nicht wiederkehrenden Charakter haben; dann hat sie keine Auswirkung auf die Fahreignung. Ist die Einschränkung jedoch längerfristig andauernd, oder ist sie zwar zeitlich begrenzt, kann aber jederzeit unvorhersehbar und unabwendbar wieder eintreten, ist die Fahreignung aufgehoben. Somit stellt sich bei jedem Fall einer Fahruntüchtigkeit die Frage der Fahreignung.

Werden im Rahmen von polizeilichen Ermittlungen relevante Auffälligkeiten eines Fahrerlaubnisinhabers oder -bewerbers bekannt, wird dies nach § 2 Abs. 12 StVG an die zuständige Verwaltungsbehörde gemeldet. Es kann sich sowohl um Erkenntnisse aus verkehrsrechtlichen als auch aus anderen Ermittlungsverfahren handeln. Die Meldung erfolgt unabhängig von der rechtlichen Bewertung. Begründet die Auffälligkeit Bedenken an der Fahreignung, kann die Verwaltungsbehörde nach § 2 Abs. 8 StVG anordnen, dass der Betroffene seine Fahreignung durch Vorlage eines Gutachtens belegt. Nach § 2 Abs. 4 StVG kann die Fahreignung unterstellt werden, wenn die notwendigen körperlichen und geis-

A. Dettling (✉), H.-T. Haffner (✉), P. Strohbeck-Kühner (✉), C. Thieme (✉)
Institut für Rechtsmedizin und Verkehrsmedizin, Universität Heidelberg,
Voßstr. 2, 69115 Heidelberg, Deutschland
E-Mail: andrea.dettling@med.uni-heidelberg.de, hans.haffner@med.uni-heidelberg.de,
peter.strohbeck@med.uni-heidelberg.de, thieme.heidelberg@googlemail.com

H.-T. Haffner, G. Skopp, M. Graw, *Begutachtung im Verkehrsrecht*,

DOI 10.1007/978-3-642-20224-7_2, © Springer-Verlag Berlin Heidelberg 2012

tigen Anforderungen erfüllt sind und nicht erheblich oder wiederholt gegen verkehrsrechtliche Vorschriften oder gegen Strafgesetze verstoßen wurde.

Darauf basierend haben sich umgangssprachlich die etwas unscharfen und unkritisch verwendeten Begriffe der körperlichen, der geistigen und der charakterlichen Eignung eingebürgert. Insbesondere der Begriff der charakterlichen Eignung ist unglücklich gewählt, da er den zugrundeliegenden Verhaltensstörungen pauschal einen Krankheitswert abspricht. Mitunter wird fälschlich sogar die Diagnose eines Alkohol- oder Drogenmissbrauchs in den Kontext der charakterlichen Eignung gestellt.

Die Verwaltungsbehörde legt anlassbezogen die Fragestellung fest, die in dem angeforderten Gutachten beantwortet werden soll. Damit verbunden ist die Auswahl der Begutachtungsart und der fachlichen Spezialisierung des oder der Gutachter. In Frage kommen medizinische Gutachten verschiedener Fachrichtungen und medizinisch-psychologische Gutachten.

Medizinische Gutachter bedürfen einer besonderen verkehrsmedizinischen Qualifikation. Sie kann von Fachärzten für ihr Fachgebiet durch Teilnahme an einer von den Ärztekammern angebotenen Fortbildung erworben werden. Der behandelnde Arzt sollte allerdings nicht als Gutachter tätig werden, selbst wenn er über die entsprechende Zusatzqualifikation verfügt. Ohne zusätzliche Fortbildung wird die verkehrsmedizinische Qualifikation vorausgesetzt bei Ärzten mit den Gebiets- oder Zusatzbezeichnungen ‚Arbeitsmedizin', ‚Betriebsmedizin' und ‚Rechtsmedizin' sowie bei Ärzten der Gesundheitsämter und der öffentlichen Verwaltung, ferner bei Ärzten amtlich anerkannter Begutachtungsstellen für Fahreignung, soweit sie die in Anlage 14 der FeV genannten Voraussetzungen (Facharzt oder mindestens zweijährige klinische Tätigkeit, zusätzlich mindestens einjährige Erfahrung in der Fahreignungsbegutachtung) erfüllen.

Medizinisch-psychologische Gutachten dürfen nur von amtlich anerkannten Begutachtungsstellen für Fahreignung erstellt werden. Die Voraussetzungen für die amtliche Anerkennung sind ebenfalls in der Anlage 14 der FeV aufgelistet. U. a. müssen sie von der Bundesanstalt für Straßenwesen akkreditiert sein. Die Träger der Begutachtungsstellen dürfen nicht in Vorbereitung auf die Untersuchung therapeutisch tätig sein, etwa im Rahmen der Veranstaltung von Vorbereitungskursen, und dürfen keine Kurse zur Wiederherstellung der Fahreignung (nach § 70 FeV) durchführen.

Innerhalb der von der Behörde gesetzten fachlichen Rahmenbedingungen kann der Betroffene den medizinischen Gutachter bzw. die medizinisch-psychologische Gutachtenstelle frei wählen. Er ist Auftraggeber des Gutachtens, damit zur Übernahme der Kosten verpflichtet. Für medizinische Gutachten gibt es keine bindenden Gebührenvereinbarungen. Die Kosten für medizinisch-psychologische Gutachten sind dagegen nach Fragestellung gestaffelt festgelegt; für die häufigsten Fragestellungen (Punkte/Alkohol/BtM jeweils alleine oder in wechselnden Kombinationen) liegen sie derzeit im Bereich zwischen 350,– € und 750,– €. Der Gutachter darf nur dem Auftraggeber, also dem Begutachteten das Gutachten aushändigen und unterliegt ansonsten der Schweigepflicht. Eine Übersendung des Gutachtens an die Verwaltungsbehörde ist nur mit ausdrücklichem Einverständnis des Begutachteten zulässig.

Inhaltlich müssen sich die Untersuchung und das Gutachten auf die behördliche Fragestellung beschränken, sie dürfen nicht darüber hinaus ausgeweitet werden. Selbst fahreignungsrelevante Befunde dürfen nicht angeführt oder verwertet werden, wenn sie außerhalb der behördlichen Fragestellung liegen.

Das Gutachten muss die objektive Verkehrsvorgeschichte berücksichtigen, sonst wird es nur als Privatgutachten gewertet. Hierzu wird dem vom Probanden ausgewählten und gegenüber der Behörde benannten Gutachter die Führerscheinakte mit der Fragestellung übersandt. In die Begutachtung einbezogen werden müssen alle noch nicht getilgten Vorfälle (vgl. § 29 StVG Tilgung der Eintragungen). Allerdings sind die übersandten Akten in aller Regel nicht um die Unterlagen über alte verjährte Fälle bereinigt, so dass auch diese dem Gutachter zur Kenntnis gelangen, was zwangläufig die Gefahr einer unbewussten Beeinflussung mit sich bringt. Außerdem ist es für den Gutachter nicht immer einfach zu durchschauen, welche Tilgungsfristen anzuwenden sind. Verjährte Fälle dürfen u.U. verwerten werden, wenn der Proband sie ungefragt selbst anspricht.

Die Beurteilung muss unter Berücksichtigung der „Begutachtungsleitlinien zur Kraftfahrereignung“ (BLL) (Bundesanstalt für Straßenwesen 2000) erfolgen, die auch in kommentierter Form vorliegen (Schubert et al. 2005). Eine sukzessive Überarbeitung der Begutachtungsleitlinien ist derzeit in Arbeit. Die Begutachtungsleitlinien legen Mindestanforderungen fest, die im Regelfall bei bestimmten eignungsrelevanten Erkrankungen und Leistungsdefiziten erfüllt sein müssen. Dabei werden für verschiedene Fahrerlaubnisklassen unterschiedliche Anforderungen gestellt. Differenziert wird zwischen den Fahrerlaubnisklassen der Gruppe 1 (A, A1, B, BE, M, L und T, grob zusammengefasst PKW und Zweiräder) und den Fahrerlaubnisklassen der Gruppe 2 (C, C1, CE, C1E, D, D1, DE, D1E, grob zusammengefasst LKW und Fahrgastbeförderung). Abweichungen von den Vorgaben der Begutachtungsleitlinien sind in Einzelfällen durchaus möglich, müssen dann aber ausführlich begründet werden.

Neben den Begutachtungsleitlinien gibt es die sog. Beurteilungskriterien (BK) (Schubert, Mattern 2009). Sie betreffen die medizinisch-psychologischen Begutachtungen, dort die am häufigsten vorkommenden Fragestellungen ‚Alkohol‘, ‚Drogen‘ und ‚verkehrsrechtliche Auffälligkeiten‘. Sie stellen eine Art Verfahrensanleitung für die Durchführung der Untersuchung und die Beurteilung dar und sollen einer überregionalen und überinstitutionellen Vereinheitlichung dienen.

Den ‚Beurteilungskriterien‘ wird in Nachordnung zu den ‚Begutachtungsleitlinien‘ zunehmend richtungweisende Bedeutung beigemessen. Allerdings ist eine gewisse kritische Distanz durchaus angebracht. Einerseits wird der Versuch unternommen, die Begutachtung in engen Grenzen zu schematisieren, was einer individuellen Beurteilung des Einzelfalles entgegenläuft. Andererseits wäre es wünschenswert, wenn ein Werk dieses Anspruchs unter der Mitwirkung neutraler Institutionen und nicht allein aus Kreisen der Begutachtungsstellen heraus entstanden wäre. Es entbehrt nicht einer gewissen Absurdität, dass die Kriterien, nach denen die Arbeit der Gutachter überprüft werden soll, von den Gutachtern alleine aufgestellt werden. Insofern wird die Bedeutung der ‚Beurteilungskriterien‘ von einigen Behörden bereits wieder relativiert.

Das Gutachten muss wissenschaftlich fundiert, in einer für medizinische und psychologische Laien verständlichen Sprache abgefasst, logisch konsistent nachvollziehbar und nachprüfbar sein. Das bedeutet, dass die erhobenen Befunde aufgeführt, erklärt und unter Berücksichtigung auch differentialdiagnostischer Überlegungen interpretiert werden müssen.

Weit verbreitet ist der Einsatz von Textbausteinen in der Abfassung von Gutachten. Gang und Gäbe ist ihre Anwendung als Einleitung und Darstellung der wissenschaftlichen Beurteilungsgrundlagen, häufig gespickt mit Literaturzitaten. Sie sollen dem Gutachten einen Anschein der Wissenschaftlichkeit verleihen, was dadurch alleine natürlich nicht gewährleistet ist. Tolerabel sind Textbausteine in der Darstellung des Prinzips von Untersuchungsmethoden. Höchst problematisch ist dagegen ihre Anwendung in der Beurteilung. Von einer individuellen Bewertung des Einzelfalles kann dann kaum mehr ausgegangen werden. Auch die Gefahr von Verwechselungen oder von Speicherfehlern bei der Anpassung von Textbausteinen bestehen. So tauchen bspw. gelegentlich in den Textpassagen falsche Namen auf. In einem besonders krassen Fall eines Probanden, der sich nach zwei Autofahrten mit 0,9 ‰ und 1,3 ‰ einer Eignungsbegutachtung unterziehen musste, war in der Beurteilung ausgeführt worden, die Straßenverkehrsteilnahme auf einem Fahrrad mit 2,4 ‰ ohne grobe Trunkenheitszeichen zeige in besonderer Weise die normabweichende Alkoholgewöhnung des Probanden.

Zur Nachprüfbarkeit gehört eine eindeutige Diagnosestellung, am besten unter Hinweis auf das zugehörige Kapitel der Begutachtungsleitlinien. Nur so ist es dem Auftraggeber und der Verwaltungsbehörde möglich, eine Orientierung an den Begutachtungsleitlinien nachzuvollziehen. Es ist eine weit verbreitete Unart in den medizinisch-psychologischen Gutachten, eine exakte Diagnosestellung wortreich zu vermeiden, insbesondere bei Alkohol- und Drogenfragestellungen. Die Nachprüfbarkeit des Gutachtens ist nur gegeben, wenn aus den Ausführungen hervorgeht, aufgrund welcher einzelnen, in den Begutachtungsleitlinien klar definierten Kriterien welche Diagnose gestellt wurde. Die Diagnose ist die unabdingbare Voraussetzung für die Stellung einer Prognose, die in der Beantwortung der behördlichen Fragestellung verlangt wird. Auch die Maßstäbe für die prognostische Beurteilung sind in den Begutachtungsleitlinien für jede Diagnose unterschiedlich vorgegeben.

Im Ergebnis kann das Gutachten zu einer positiven, einem bei medizinischen Gutachten auch bedingt positiven, oder zu einer negativen prognostischen Einschätzung kommen. Eine bedingt positive Beurteilung bedeutet, dass eine verkehrsrelevante Beeinträchtigung besteht, diese aber durch Auflagen oder Beschränkungen kompensiert werden kann. Auflagen richten sich an den Verkehrsteilnehmer und können medizinischer Art sein (Brille, Hörgerät, regelmäßige Nachuntersuchungen usw.), Beschränkungen betreffen Art und Umfang der Verkehrsteilnahme (Umkreisbeschränkung, Nachtfahrverbot, Geschwindigkeitsbegrenzung usw.) oder die Fahrzeugtechnik (Getriebeautomatik, zusätzliche Spiegel, Lenkhilfe).

Früher war es auch bei Alkohol- und Drogenfragestellungen für den Gutachter möglich, Auflagen zu empfehlen, mit denen überprüft werden sollte, ob sich eine gestellte günstige Prognose bestätigt. In der Regel handelte es sich um Maßnahmen zur Kontrolle einer dauerhaften Abstinenz oder der Beibehaltung der Reduktion des Alkholkonsums. Die Möglichkeit einer solchen durchaus sinnvollen weil stabilitätsfördernden Auflage ist jedoch nach der Änderung der Anlage 15 FeV 2008 in Frage gestellt. Derzeit werden in diesen Fällen Auflage-Empfehlungen nur noch in Ausnahmefällen von den Führerscheinstellen akzeptiert.

Die Möglichkeit, ein Obergutachten eines amtlich anerkannten Obergutachters einzuholen, gibt es derzeit regelhaft nur in den Bundesländern Baden-Württemberg, Bayern und Nordrhein-Westfalen. In den übrigen Bundesländern greifen die Behörden nur in extrem seltenen Ausnahmen bspw. aufgrund ungewöhnlicher Fallkonstellationen auf dieses Instrument zurück. Eine Oberbegutachtung kommt von Seiten der Verwaltungsbehörde in Frage, wenn ein vorgelegtes Gutachten als Grundlage für die zu treffende Entscheidung nicht für ausreichend erachtet wird oder wenn mehrere einander widersprechende Gutachten vorliegen. Auch ein im betreffenden Fall tätig gewordener Gutachter kann von sich aus eine Oberbegutachtung anregen. Beides kommt so gut wie nicht vor. In der Praxis sind es fast ausschließlich die Begutachteten, die wegen erheblich erscheinender Einwendungen gegen eine erste Begutachtung eine Oberbegutachtung beantragen. Häufig stimmen die Verwaltungsbehörden nur dann zu, wenn die Einwände ausführlich begründet werden.

Auch für Obergutachten gibt es keine Gebührenordnung. Sie sind in der Regel teurer als die medizinisch-psychologischen Gutachten. Ggf. können die Kosten bei dem in Frage kommenden Obergutachter erfragt werden.

2.2 Epidemiologie (Haffner)

In Deutschland werden pro Jahr ca. 100.000 bis 110.000 Begutachtungen an amtlich zugelassenen Begutachtungsstellen für Fahreignung durchgeführt, hauptsächlich konzentriert auf die Begutachtungsstellen einzelner großer Trägerorganisationen. Die Fahreignungsbegutachtung stellt somit einen beachtlichen Wirtschaftszweig mit allen charakteristischen Begleiterscheinungen dar, die sich nicht unbedingt positiv auf den Ablauf der Begutachtungen auswirken. Die Zahlen der rein medizinischen Begutachtungen, die von niedergelassenen Ärzten oder in Klinikambulanzen durchgeführt werden, werden nicht zuverlässig erfasst.

Thematisch liegen den statistisch erfassten Begutachtungen in gut 50% der Fälle Alkoholauffälligkeiten zugrunde. Drogenfragestellungen, überwiegend auf Cannabis- oder Amphetaminkonsum bezogen, machen ca. 20% aus. Verkehrs- oder strafrechtliche Fragestellungen bewegen sich etwa in der gleichen Größenordnung. Der Rest verteilt sich auf andere Themen, darunter etwa 2% bis 3% körperliche und suchtunabhängige psychische Erkrankungen, die aber im Klientel der Begutachtungsstellen deutlich unterrepräsentiert sind. Je nach Fragestellung liegen die Anteile negativer Beurteilungen bei etwa 40% bis 50%.

Die Zahl der jährlich erstatteten Obergutachten liegt in den drei o. g. Bundesländern, in denen Obergutachten akzeptiert werden, zusammen im niedrigen dreistelligen Bereich. In etwa 40% der zuvor negativ begutachteten Fälle kommt das Obergutachten zu einer positiven Prognose. Dies betrifft insbesondere ungewöhnliche, aus dem üblichen Rahmen fallende Konstellation; die in den eher schematisiert und unter Zeitdruck ablaufenden primären Begutachtungen häufig nicht erkannt werden. In einem Großteil der Fälle beruht das positive Ergebnis der Oberbegutachtung auch in Veränderungen, die sich als Konsequenz aus dem negativen Ergebnis der Vorbegutachtung bei dem Betroffenen ergeben haben.

2.3 Die medizinisch-psychologische Untersuchung

2.3.1 Die medizinische Untersuchung (Dettling, Haffner)

Die Durchführung der medizinischen Untersuchung ist anlassbezogen. Umfang und Ablauf der Untersuchung müssen sich primär an der oder den Fragestellungen orientieren, die durch die Verwaltungsbehörde aufgeworfen wurden. Ergeben sich im Rahmen der Untersuchung Anhaltspunkte für weitere eignungsrelevante Befunde oder Erkrankungen, die nicht in unmittelbarer Beziehung zur Fragestellung stehen, ist der Proband über deren Bedeutung hinsichtlich seiner Fahreignung aufzuklären. Diese Befunde können aber allenfalls mit Zustimmung des Probanden in das Gutachten aufgenommen werden. Sie dürfen jedoch auch dann ohne eine Erweiterung der Fragestellung durch die Behörde nicht gewertet werden. Tauchen derartige Befunde allerdings im Gutachten erst einmal auf, wird die Fragestellung von der Behörde häufig im Nachhinein erweitert.

Im Grundsatz handelt es sich um eine allgemeine medizinische Untersuchung, die je nach Notwendigkeit und Fragestellung zielgerichtet spezialisiert und ausgedehnt wird. So reicht bspw. bei gehäuften verkehrsrechtlichen und/oder strafrechtlichen Auffälligkeiten eine grob orientierende allgemeinmedizinische Untersuchung aus, soweit sich dabei keine Besonderheiten ergeben. Bei den häufigen Alkohol- oder Drogenfragestellungen dagegen wird eine internistisch-neurologische Untersuchung durchgeführt, die unter Einschluss von Laboruntersuchungen eine Abstinenzangabe und insbesondere auch Folgeschäden eines Substanzmissbrauchs bzw. einer Substanzabhängigkeit aufdecken soll. Dabei ist allerdings zu beachten, dass organische Folgeschäden auch noch lange nach Beginn einer Abstinenz nachweisbar sein können und einer Abstinenzbehauptung deshalb keineswegs entgegenstehen. Bei rein internistischen (z.B. Herzrhythmusstörungen) oder neurologischen (z.B. Krampfleiden) Fragestellungen können apparative Zusatzuntersuchungen erforderlich sein. Verweigert der Proband notwendige Zusatzuntersuchungen, kann das Gutachten nicht zu einem ausreichend verlässlichen Ergebnis führen. Werden bei der anlassbezogenen Untersuchung irreversible, eignungsausschließende Befunde oder Erkrankungen festgestellt, erscheint bspw. der Proband alkoholisiert oder unter dem Einfluss anderer berauschender Mittel zur Untersuchung, kann die Untersuchung vorzeitig abgebrochen werden.

Die Untersuchung beginnt in der Regel mit der Erhebung der Eigenanamnese. Sie umfasst zunächst Fragen zur aktuellen Befindlichkeit, wodurch auch mögliche Auswirkungen auf das aktuelle im Rahmen der testpsychologischen Untersuchung zu prüfende Leistungsvermögen ausgeschlossen werden sollen. Daran anschließend wird in der Regel eine Liste der am häufigsten vorkommenden Erkrankungen abgefragt, wobei der Schwerpunkt auf verkehrsmedizinisch relevanten Erkrankungen wie z. B. Diabetes mellitus, Herz- oder Lungenerkrankungen oder neurologischen Erkrankungen liegt. Nach Fragen über vegetative Funktionen schließt sich die orientierende Erfassung von Konsumgewohnheiten bezüglich Alkohol und Drogen an. Bei Alkohol- und Drogenfragestellungen erfolgt eine ausführliche Erörterung dieser Thematik im Rahmen der Exploration; dabei wird dann auch geprüft, in wie weit die Angaben in den verschiedenen Begutachtungsschritten deckungsgleich sind. Es folgen Fragen zu ggf. therapeutisch notwendiger Medikamenteneinnahme, die einerseits Rückschlüsse auf vorliegende Erkrankungen zulassen, andererseits per se über mögliche verkehrsrelevante Nebenwirkungen Bedeutung erlangen können. Die Frage nach einer eventuellen Exposition durch gewerbliche Gifte kann für differentialdiagnostische Abgrenzungen bei einer Erhöhung der Leberwerte relevant sein.

Als Quelle fremdanamnestischer Angaben dienen mitunter Hausärzte oder Therapeuten. Es kann sich günstig auswirken, Atteste oder Therapiebescheinigungen zu der Untersuchung mitzubringen. Eine direkte Kontaktaufnahme mit den behandelnden Ärzten oder nicht-ärztlichen Therapeuten ist nur mit Einverständnis des Probanden möglich.

Die eigentliche körperliche Untersuchung umfasst zunächst eine Messung von Körperlänge und Körpergewicht sowie Feststellungen zum Konstitutionstyp und allgemeinen Ernährungs- und Kräftezustand. Eine Gynäkomastie (Schwellung der Brustdrüsenkörper beim Mann) kann Zeichen eines erhöhten Alkoholkonsums sein. Es werden Zeichen erfasst, die auf eine besondere vegetative Labilität hinweisen, eine allgemeine Schweißneigung bzw. Handschweißbildung, Ruhe- und Intentionstremor sowie ein allgemeines Körperzittern oder Lidflattern. Beurteilt werden Haut- und Schleimhäute. Von Bedeutung sind etwa frische oder ältere Einstichstellen oder sog. Narbenstraßen über dem Verlauf von oberflächlichen Venen bei Drogenfragestellung. Leberhautzeichen (weiblicher Behaarungstyp bei Männern, Teleangiektasien, sog. Spider Naevi, Rötung von Handfläche und Fußsohle, Weißnägel) können auf Lebererkrankungen durch chronische Alkoholbelastung hinweisen. Reizzustande der Schleimhäute können von nasaler Drogenapplikation herrühren.

Blutdruck und Pulsfrequenz werden gemessen. Herz und Lungen werden abgehört (auskultiert) und abgeklopft (perkutiert). Die Bauchdecken werden zur Beurteilung von Leber, Milz und Nieren abgetastet und perkutiert. Dabei gilt bei Alkoholfragestellungen vornehmlich der Leber ein besonderes Augenmerk. Es folgt eine Beurteilung der Beweglichkeit von Wirbelsäule und Extremitäten.

Die neurologische Untersuchung beginnt mit einer orientierenden Überprüfung der Hirnnerven. Hierzu gehört ein Sehtest zur Beurteilung der Tagessehschärfe, ggf. auch des Farbsehens, soweit nicht eine aktuelle Sehtestbescheinigung vorliegt. An Körperstamm und Extremitäten werden die grobe Kraft und die Muskeleigenreflexe beurteilt. Es werden Tests zur Überprüfung von Koordinationsfähigkeit und Gleichgewichtssinn durchgeführt und die Sensibilität überprüft. So können sich bspw. Anhaltspunkte für periphere neurologische Störungen ergeben, die u.a. auch Folge eines erhöhten Alkoholkonsums sein können.

Schließlich gehört auch eine grob orientierende psychiatrische Beurteilung schon zum Grundstock der Untersuchung, die sich ohne besondere Fragestellung auf grundlegende psychische Qualitäten beschränken kann.

2.3.2 Klinisch-chemische und chemisch-toxikologische Untersuchungen (Dettling, Haffner)

Klinisch-chemische Laborbefunde können im Rahmen der medizinischen Untersuchung unverzichtbar sein. Die Auswahl der zu bestimmenden Laborwerte hängt von der speziellen Fragestellung ab. Das Ergebnis ist ggf. unter differenzialdiagnostischen Aspekten zu bewerten, d. h. unter Berücksichtigung möglicher anderer Erkrankungen, die ebenfalls zu Normabweichungen der untersuchten Laborparameter führen können. Soweit vorhanden können früher etwa vom Hausarzt erhobene Laborbefunde zum Zwecke einer Verlaufsbeurteilung einbezogen werden und so die Interpretation erleichtern.

Entscheidend bei der Interpretation ist ein Über- oder Unterschreiten der Normwertgrenze. Die Normwertgrenze ist abhängig von der angewandten Bestimmungsmethode und deshalb nicht bei allen Laboratorien identisch; sie muss in den Befundmitteilungen angegeben sein. In der Längsschnittbeobachtung festzustellende Veränderungen der Messwerte innerhalb der Normwertgrenzen sind ohne Bedeutung. Ein weit unter der oberen Normgrenze liegender Wert ist ebenso normal wie ein dicht unterhalb der oberen Normgrenze liegender Wert. Auch Veränderungen der Laborparameter außerhalb der Normgrenzen lassen in den meisten Fällen nur dann Rückschlüsse auf das quantitative Ausmaß eines Gesundheitsschadens zu, wenn sie entsprechend groß sind.

Die obere Normgrenze der γGt für Männer liegt bspw. bei 60 U/L. Steigt der Messwert zwischen zwei Kontrollterminen von 10 U/L auf 50 U/L an, kann das nicht unbedingt als Hinweis auf einen zwischenzeitlich wieder vermehrten Alkoholkonsum gewertet werden, wenngleich das der Grund sein könnte. Steigt er dagegen von 50 U/L auf 70 U/L an und ist eine andere Krankheitsursache ausgeschlossen, ist eine solche Interpretation durchaus zulässig.

Bei der Anlassgruppe ‚Alkohol' dienen die Laborparameter einerseits der Diagnose von Alkoholfolgeerkrankungen und andererseits der Überprüfung einer Abstinenzbehauptung oder der Angabe eines zwischenzeitlich auf ein vertretbares Maß reduzierten Alkoholkonsums. In erster Linie erfolgt die Bestimmung der spezifischen Leberenzyme, der Transaminasen γGT (Gamma-Glutamyltransferase), GOT (Glutamat-Oxalacetat-Transaminase/synonym Aspartat-Aminotransferase ASAT) und GPT (Glutamat-Pyruvat-Transaminase/synonym Alanin-Aminotransferase ALAT). Die γGT wird durch chronischen Alkoholkonsum induziert, d. h. sie steigt schon an, ohne dass bereits Leberzellschäden vorliegen müssen. Kommt es durch übermäßigen Alkoholkonsum zu einer Leberzellschädigung, sind zusätzlich auch GOT und GPT erhöht. Zur differenzialdiagnostischen Abgrenzung einer möglichen Leberwerterhöhung durch andere Erkrankungen ist eine Bestimmung der alkalischen Phosphatase und des Gesamt-Bilirubins empfehlenswert.

Als weiterer alkoholsensitiver Marker kann das CDT (Carboanhydrat defizientes Transferrin) bestimmt werden. Es erklärt sich durch eine unter Einfluss von Alkohol fehlerhafte Synthese von Transferrin in der Leber. Die Korrelation zwischen der Höhe des CDT und der Menge des regelmäßig konsumierten Alkohols ist enger als bei den anderen Laborparametern, so dass sich hier im Längsschnitt steigende oder fallende Werte eher in Richtung einer Veränderung der durchschnittlichen Trinkmengen interpretieren lassen. Das erschwert aber, eine obere Normgrenze zu definierten, da sich noch soziale von schon pathologischen Trinkmengen nicht scharf abgrenzen lassen. Deshalb wird häufig oberhalb der Normgrenze zusätzlich ein sog. Graubereich angegeben, der noch nicht zwingend als pathologisch angesehen werden muss. Allerdings sind CDT-Werte innerhalb dieses Graubereichs zumindest nicht mit einer Abstinenzbehauptung in Einklang zu bringen.

Als drittes kann eine Bestimmung des MCV (mittleres corpusculäres Volumen = durchschnittliche Größe der roten Blutkörperchen) erfolgen. Damit kann ein möglicher Einfluss des Alkoholkonsums auf die Blutbildung im Knochenmark erkannt werden.

Nicht immer führt ein erhöhter Alkoholkonsum zu einem Anstieg der einschlägigen Laborparameter. In jeder der 3 genannten Gruppen gibt es einen kleinen Prozentsatz sog. Non-responder. Da die Parameter jedoch auf unterschiedlichen pathophysiologischen Mechanismen beruhen, gibt es selten Fälle, die in keinem der genannten Systeme reagieren. Gerade die Kombination dieser unterschiedlichen Parameter birgt das hohe Maß an diagnostischer Sicherheit (Haffner, Dettling 2008). In diesem Zusammenhang kann es für den Probanden durchaus vorteilhaft sein, wenn er aus früheren Trinkphasen einschlägige Laborbefunde mit pathologischen Werten vorlegen kann. Sie belegen nämlich, dass er in dem betreffenden System mit einer Erhöhung reagiert. Das kann einem im Rahmen der Begutachtung zur Überprüfung der Alkoholabstinenz bestimmten normalen Wert eine höhere Interpretationssicherheit geben.

Es ist kaum nachvollziehbar und mit einer Begutachtung nach bestem Wissen und Gewissen nicht zu vereinbaren, dass sich die Begutachtungsstellen üblicherweise auf die Bestimmung der Transaminasen, teilweise sogar nur der γGT beschränken. Dies hängt vermutlich damit zusammen, dass nur die Kosten für die Transaminasen in den Begutachtungsgebühren enthalten sind. Das Spektrum der Laboruntersuchungen kann mit Einverständnis des Probanden zwar erweitert werden, ginge aber auf seine Kosten und die sind insbesondere für eine CDT-Bestimmung nicht unerheblich. Dies würde bei der an sich erforderlichen Regelhaftigkeit aber einen Wettbewerbsnachteil gegenüber konkurrierenden Anbietern von Fahreignungsbegutachtungen darstellen, die sich mit den Transaminasen begnügen.

Reduziert ein Proband in Anbetracht der bevorstehenden Begutachtung seinen Alkoholkonsum oder hält er sogar Alkoholkarenz ein, sinken in der Regel die zuvor erhöhten Laborwerte wieder ab. Sie können sich innerhalb weniger Wochen normalisiert haben (Haffner et al. 1989). Insofern können am Tag der Begutachtung normale Laborparameter zwar die Angabe einer Änderung der Konsumgewohnheiten stützen, belegen aber nicht deren langfristige Dauer. Zur Vorbereitung einer Fahreignungsbegutachtung unter der Fragestellung ‚Alkohol' ist es deshalb sinnvoll, bereits möglichst früh im Vorfeld regelmäßig die aussagekräftigen Laborwerte bspw. vom Hausarzt bestimmen zu lassen und bei der Begutachtung vorzulegen. Angemessen sind Intervalle von ca. 6 Wochen.

Der Nachweis einer kompletten Abstinenz kann auch durch die Bestimmung von Ethylglucuronid (EtG) im Urin erfolgen. Ethylglucuronid ist ein Stoffwechselprodukt des Ethanols, das im Harn noch bis zu 2 bis 3 Tage nach dem letzten Konsum eines alkoholischen Getränks nachweisbar ist. Dieser Parameter hat den Vorteil, dass er auch relativ geringe Konsummengen relativ zuverlässig anzeigt. Die Empfindlichkeit ist aber so hoch, dass die Einnahme alkoholhaltiger Arzneimittel, der Konsum alkoholfreien Biers und sogar der Konsum von vergorenem Obst und Gemüse (z. B. Sauerkraut) oder deren Säften zu einem falsch positiven EtG-Nachweis führen können (Musshoff et al. 2010). Der Nachteil der EtG-Bestimmungen ist, dass nur eine Aussage über wenige Tage möglich ist. Dies kann jedoch durch unangekündigte kurzfristige Einbestellungen (<24 Stunden) zur Urinabgabe unter kontrollierten Bedingungen (Identitätsprüfung, Urinabgabe unter Sicht, Kreatininbestimmung) im Rahmen eines Abstinenzkontrollprogramms wettgemacht werden. Sinnvoll sind 4 bis 6 Kontrollen in einem Zeitraum von 6 bis 12 Monaten.

Alkoholabstinenzkontrollen durch EtG-Bestimmungen werden in den sog. ‚Beurteilungskriterien' gegenüber den anderen Laborparametern favorisiert. Abstinenzkontrollprogramme werden gegen entsprechendes Honorar von den großen Trägern der Fahreignungsbegutachtung angeboten. Man kann sich aber auch unmittelbar an eines der klinisch-chemischen Laboratorien wenden, die dieses Programm häufig auch direkt anbieten. Allerdings muss man darauf achten, dass diese Laboratorien die geforderten Qualitätsstandards einhalten können. Die wurden in der zweiten Auflage der ‚Beurteilungskriterien' soweit angehoben, dass sie nur noch von wenigen Laboratorien unter vertretbarem Aufwand gewährleistet werden können.

Ein relativ neues Verfahren ist der EtG-Nachweis in Haaren. Seine Wertigkeit einzuschätzen, ist derzeit noch etwas schwierig. Der Nachteil eines nur kurzen Zeitfensters der Beurteilung bei den EtG-Bestimmungen im Urin wird im Haar zwar wettgemacht, ein Überblick über einige Wochen bis wenige Monate ist möglich. Demgegenüber leidet jedoch die Empfindlichkeit der Methode. Ein regelmäßiger hoher Alkoholkonsum lässt sich problemlos nachweisen. Ein nur gelegentlicher Alkoholkonsum ist von einer Alkoholabstinenz nicht sicher zu unterscheiden. Zudem gibt es Möglichkeiten der Verfälschungen, hinsichtlich eines falsch positiven Nachweises bspw. durch die Verwendung alkoholhaltiger Haarwasser, hinsichtlich eines falsch negativen Ergebnisses durch die Anwendung von Haarwaschmitteln und Bleichmitteln.

Auch bei einer Drogenfragestellung erfolgt eine Entnahme einer Blutprobe. Hier wird die Untersuchung auf die Bestimmung der Transaminasen zur Feststellung einer drogenbedingten Leberentzündung (Hepatitis) beschränkt. Die Hepatitiden verlaufen sehr häufig chronisch, also über den Zeitpunkt des Abstinenzbeginns hinaus, so dass ein Rückschluss auf einen aktuellen Drogenkonsum daraus allerdings nicht möglich ist.

Wichtiger sind die chemisch-toxikologischen Untersuchungen, die bereits im Kap. 1.3 ausführlich vorgestellt wurden. Die Untersuchung einer Urinprobe auf Drogen und deren Abbauprodukte ist fester Bestandteil der Begutachtung. Aussagekräftig ist eine Urinprobe nur, wenn sie zum Ausschluss von Manipulationen unter Sicht gegeben wurde und ausreichend konzentriert ist, was mithilfe des Kreatininspiegels überprüft wird. Liegt der Kreatininspiegel unter der Norm, kann ein negatives Analysenergebnis die Drogenabstinenz nicht belegen. Unzulässig wäre aber, dies im Umkehrschluss als einen Anhaltspunkt für fortbestehenden Drogenkonsum zu werten.

Um Drogenfreiheit zu dokumentieren reicht ein negatives Ergebnis in einem immunchemischen Analysenverfahren aus. Ein positives Ergebnis dagegen muss in einem chromatographischen Analysenverfahren bestätigt werden. Verfälschungen können auftreten durch Konsum von Hanf- oder Mohnprodukten, sowie durch die Einnahme bestimmter Medikamente.

Die Nachweisdauer der Drogen im Urin ist unterschiedlich. Am längsten nachweisbar sind die Abbausubstanzen des Cannabis, zusammengefasst unter dem Begriff Cannabinoide. Sie haben zum Teil sehr lange Eliminationshalbwertszeiten, so dass sie je nach vorangegangenen Konsumgewohnheiten noch ein bis zwei Wochen und länger nach dem letzten Konsum im Harn gefunden werden können. Bei den übrigen gängigen illegalen Drogen liegt die Nachweisdauer dagegen bei etwa 1 bis 4 Tagen. Das bereits bei der Alkoholfragestellung aufgeworfene Problem der nur zeitlich begrenzten Aussagekraft akzentuiert sich hier also noch zusätzlich. Umso sinnvoller ist es, auch bei Drogenfragestellungen möglichst frühzeitig nach der anlassgebenden Auffälligkeit an einem Drogenabstinenzprogramm teilzunehmen. Die Anbieter sind meist die gleichen wie die für Alkoholabstinenzprogramme.

Einen gewissen Ersatz für einen fehlenden Nachweis der Drogenabstinenz durch Teilnahme an einem Drogenabstinenzprogramm kann eine Haaranalyse bieten. Je nach Haarlänge ist eine Aussage über einen längeren Zeitraum möglich, grob etwa über einen Monat pro Zentimeter. Dabei kann durch Fraktionierung auch eine Aussage über verschiedene Zeiträume getroffen werden. Allerdings bedarf es eines mehrmaligen Drogenkonsums, bevor ein positiver Nachweis erwartet werden kann. Regelmäßiger Konsum dagegen ist erfassbar. Auch an dieser Stelle sei noch einmal auf das Kap. 1.3 Drogen verwiesen.

Ein 21 Jahre alter Mann hatte sich nach einer Verkehrsteilnahme unter Einfluss von Cannabis in Vorbereitung der Fahreignungsbegutachtung einem Drogenabstinenzprogramm mit insgesamt 6 Kontrollen in 9 Monaten unterzogen. Eine Einbestellung hatte er jedoch mit der Begründung abgesagt, er werde an dem genannten Tag von seinem Arbeitgeber nicht freigestellt. Stattdessen hatte er einen Ersatztermin wahrgenommen. Alle Urinanalysen waren negativ gewesen, bei 5 von 6 hatte der Kreatininwert jedoch jeweils nur knapp über der erforderlichen Mindestschwelle gelegen. Am Tag der Begutachtung hatte er spontan keinen Urin lassen können. Laut eigener Aussage war er nach einer vergeblichen Wartezeit von 2 ½ Stunden nach Hause geschickt worden, was möglicherweise auf einem Missverständnis beruhte. Nachdem man ihm deshalb ein negatives Gutachten angekündigt hatte, reichte der Proband noch vor Abschluss des Gutachtens eine Haaranalyse nach (Länge der Haarprobe ca. 3,5 cm), die ebenfalls negativ war.

Im Gutachten wurden vom Psychologen aus seiner Sicht keine Einwände gegen eine positive Eignungsprognose erhoben. Im medizinischen Teil des Gutachtens wurde jedoch ausgeführt, die Absage eines Einbestellungstermins im Rahmen des Abstinenzprogramms und das Vermeiden einer Urinprobe am Begutachtungstag belege, dass der Proband zumindest noch gelegentlich Drogen einnehme. Das Ergebnis der Haaranalyse widerspreche dieser Auffassung nicht, da damit seltener Konsum nicht ausgeschlossen werden könne.

Die Formulierung, dass ein fortbestehender gelegentlicher Drogenkonsum belegt sei, ist sicher nicht haltbar. Allenfalls könnte diskutiert werden, ob die Drogenkarenz ausreichend dokumentiert ist. Dies würde aber eine einseitig negativierende Interpretation der Befunde erfordern. Man darf vor der Gesamtkonstellation der Befunde nicht völlig außer Acht lassen, dass der abgesagte Kontrolltermin nachgeholt wurde. Auch die möglicherweise wegen eines Missverständnisses fehlende Urinprobe am Begutachtungstag darf nicht überbewertet werden. Ein gezieltes Vermeidungsverhalten des Probanden würde nur bei vorausgegangenem Drogenkonsum Sinn machen. Drogenkonsum unmittelbar vor dem Begutachtungstermin ließe aber auf einen Kontrollverlust schließen, der wiederum mit den sonst negativen Befunden auch der nachgereichten Haaranalyse nicht ohne weiteres in Einklang zu bringen wäre. Die Oberbegutachtung führte dann auch nach nochmaliger Untersuchung einer Urin- und einer Haarprobe zu einem positiven Ergebnis.

2.3.3 Die testpsychologische Untersuchung (Strohbeck-Kühner)

2.3.3.1 Psychophysische Leistungsfähigkeit

Das Führen eines Fahrzeugs stellt eine multi-dimensionale Aktivität dar, die neben Kenntnissen, Fertigkeiten, sinnesphysiologischen Grundvoraussetzungen und Eigenschaften auch eine Vielzahl von Fähigkeiten voraussetzt. In seinem Modell der zum Fahren notwendigen Voraussetzungen ordnet Michon diese in einem hierarchischen Modell mit drei Ebenen (operationale Ebene, taktische Ebene, strategische Ebene) an, wobei Fähigkeiten auf den höheren Ebenen bis zu einem gewissen Grad Defizite auf den niedrigeren Ebenen kompensieren können.

Auf der untersten, der operationalen Ebene, finden sich grundlegende psychophysische Leistungsfunktionen wie Aufmerksamkeit und Konzentration, Reaktionsgeschwindigkeit, räumliche Wahrnehmung und Orientierung, visuell-motorische Koordination, die Fähigkeit zur Beobachtung und zur Erfassung räumlicher Beziehungen, Informationsverarbeitungsgeschwindigkeit, Entscheidungsgeschwindigkeit, motorische Koordination sowie weitere neuropsychologische Fähigkeiten, die wichtig zum Führen eines Fahrzeugs sind. Von zentraler Bedeutung sind hier insbesondere die verschiedenen Aufmerksamkeits- und Informationsverarbeitungsfunktionen. So muss ein Fahrer ständig dazu in der Lage sein, aus der Fülle von Informationen und Signalen, die auf ihn einströmen, die relevanten Informationen herauszufiltern und seine Aufmerksamkeit auf diese zu richten. Neben dieser gerichteten Aufmerksamkeit muss er auch dazu in der Lage sein, seine Aufmerksamkeit auf verschiedene relevante Bereiche zu verteilen. Insbesondere noch unerfahrene Fahrer, bei denen die Handlungsabläufe noch nicht ausreichend automatisiert sind, müssen ihre Aufmerksamkeit gleichzeitig auf die Bedienung des Fahrzeugs und die Fahrumgebung richten. Geteilte Aufmerksamkeit ist immer auch dann notwendig, wenn der Fahrer einer konkurrierenden und aufmerksamkeitsablenkenden Aufgabe, wie der Unterhaltung mit Mitinsassen, dem Telefonieren oder dem Radiohören nachgeht. Viele monotone Fahrsituationen stellen Anforderungen an die Daueraufmerksamkeit und Vigilanz. So erfordert das Fahren hinter einem anderen Fahrzeug, Daueraufmerksamkeit um immer einen genügenden Sicherheitsabstand einzuhalten. Gleichzeitig ist in einer solchen Situation auch Vigilanz notwendig, um bei einem unvorhergesehenen Bremsmanöver des Vordermanns noch reagieren zu können. Die Relevanz der neuropsychologischen Leistungsfunktionen wird insbesondere in Konfliktsituationen deutlich. Um die Situation, dass ein Kind plötzlich auf die Straße rennt, meistern zu können, bedarf es zunächst der Aufmerksamkeit, um die Situation überhaupt wahrnehmen zu können. Danach muss eine schnelle Entscheidung erfolgen, ob ein Ausweichen oder ein Bremsen erfolgversprechender ist. Hierzu bedarf es Informationsverarbeitungsgeschwindigkeit, räumlicher Orientierung und sowohl einer Abschätzung der Entfernung als auch der eigenen Geschwindigkeit. Ist die Entscheidung erfolgt, muss die gewählte Reaktion schnell umgesetzt werden, was neben Reaktionsgeschwindigkeit auch motorische Koordination voraussetzt.

Die zweite, die taktische Ebene, beinhaltet Verhaltensweisen, Fertigkeiten und Entscheidungen, die mit dem Fahren assoziiert sind. Hierzu gehört z. B. das Anpassen der Geschwindigkeit an die Verkehrssituation und die Fahrumgebung, das Einhalten von Sicherheitsabständen und Entscheidungen, ob in der aktuellen Situation überholt werden soll oder nicht. Auf der dritten, der strategischen Ebene, finden sich übergeordnete Entscheidungen und Planungsfähigkeiten. Dies beinhaltet die Planung der Fahrt und der Pausen, die Wahl der Route und der Zeit, in der die Fahrt unternommen werden soll. Hierzu wird eine generelle Bewertung der Risiken einer bestimmten Fahrt vorgenommen und es sind deshalb vorausschauende Planungsfähigkeiten notwendig, um das angestrebte Ziel möglichst effizient und sicher zu erreichen.

Defizite auf der operationalen Ebene können durch Kompetenzen auf der taktischen und strategischen Ebene bis zu einem bestimmten Grad kompensiert werden. So stellt ein zurückhaltender und defensiver Fahrstil niedrigere Anforderungen an die psychophysischen Leistungsfunktionen als ein offensiver und tempoorientierter Fahrstil. Beispielsweise können durch eine geringere Fahrgeschwindigkeit und einen höheren Sicherheitsabstand leichtere Defizite im Bereich der Reaktions- und Konzentrationsleistung kompensiert werden. Vor allem ältere Kraftfahrer kompensieren häufig sehr effektiv auf der strategischen Ebene, in dem sie es bspw. vermeiden, zu Hauptverkehrszeiten oder bei schlechten Wetterbedingungen zu fahren. Sie vermeiden auch häufiger Fahrten auf Autobahnen und

Schnellstraßen und legen mehr Pausen ein. Generell ist jedoch anzumerken, dass die Kompensation von Defiziten auf der operationalen Ebene nur bis zu einem bestimmten Grad möglich ist und nicht mehr bei sehr schwerwiegenden Defiziten geleistet werden kann. Eine Überprüfung der Leistungsfähigkeit von Kraftfahrern sollte deshalb möglichst auf allen drei Ebenen erfolgen.

Eine Überprüfung der Leistungsfähigkeit ist in den meisten Fällen fester Bestandteil der MPU. Die ‚Begutachtungsleitlinien zur Kraftfahrereignung' führen hierzu aus, dass sich Zweifel an der Leistungsfähigkeit ergeben können, wenn eine Minderung der optischen Orientierung, der Konzentrationsfähigkeit, der Aufmerksamkeit, der Reaktionsfähigkeit und der Belastbarkeit vorliegt. Diese vorgegebenen Leistungsbereiche weisen eine gewisse Beliebigkeit auf und sind auch nur sehr ungenau bezüglich der zu prüfenden Leistungsfunktionen. Es werden auch keine Vorgaben gemacht, mit welchen Testverfahren diese Leistungsfunktionen zu prüfen sind. Auch sind die vorgegebenen Begrifflichkeiten wie „Belastbarkeit", „Aufmerksamkeit" etc. nicht spezifiziert und nur wenig eindeutig. So bleibt unklar, welche Art von Belastbarkeit (psychisch, physisch, motorisch, körperlich) geprüft werden soll. Auch in der wissenschaftlichen Fachliteratur taucht der Begriff „Belastbarkeit" i. d. R. nicht in Zusammenhang mit der psychophysischen Leistungsfähigkeit auf. „Aufmerksamkeit" und „Konzentration" werden in der Literatur teilweise synonym verwendet, teilweise wird Aufmerksamkeit auch als Oberbegriff verschiedener Aufmerksamkeitsfunktionen verwendet, wobei in diesem Fall Konzentration synonym mit gerichteter Aufmerksamkeit verwendet wird. Welche Aufmerksamkeitsfunktionen tatsächlich geprüft werden sollen, geht aus den Bestimmungen nicht hervor.

In der Praxis der Fahreignungsbegutachtung ergibt sich die Notwendigkeit einer Leistungsprüfung aus der jeweiligen Fragestellung der Verwaltungsbehörde. So wird in der Regel sowohl bei Alkohol- als auch bei Drogenfragestellungen angefragt, ob die Betreffenden auch über die ausreichenden körperlichen Voraussetzungen zum Führen eines Kraftfahrzeugs verfügen. Dies resultiert aus dem Umstand, dass ein langjähriger Alkohol- und Drogenkonsum auch zu einer Einschränkung der psychophysischen Leistungsfähigkeit führen kann. Bei der behördlichen Frage, ob bei einem zu Untersuchenden zu erwarten ist, dass er zukünftig wiederholt oder in verstärktem Maße verkehrsrechtlich auffällig werden wird, der sogenannten Punktefragestellung, ergibt sich ein Auftrag zur Leistungsüberprüfung nicht explizit. Da als Ursache einer Vielzahl verkehrsrechtlicher Auffälligkeiten neben Persönlichkeitseigenschaften, Einstellungen und momentanen Befindlichkeiten auch generelle Leistungsmängel in Frage kommen, können ohne eine Leistungstestung nicht alle Facetten diese Fragestellung geprüft werden.

Eine zentrale Bedeutung kommt der Leistungstestung bei verschiedenen Erkrankungen und Medikamenten zu. Viele Erkrankungen gehen einher mit einer Beeinträchtigung des Leistungsvermögens. Zudem wirken sich auch viele Medikamente einerseits leistungsbeeinträchtigend aus, in anderen Fällen kann erst durch die Einnahme von Medikamenten Fahreignung erreicht werden, diese Medikamente können sich teilweise aber auch negativ auf die Leistungsfähigkeit und damit die Fahreignung auswirken. Der Leistungstestung kommt ebenfalls eine zentrale Bedeutung bei älteren Kraftfahrern zu. Mit zunehmendem Alter nimmt die psychophysische Leistungsfähigkeit ab und zudem geht ein höheres Lebensalter auch häufig einher mit verkehrsrelevanten Erkrankungen und mit einem verstärkten Konsum von Medikamenten.

Die Überprüfung der psychophysischen Leistungsfunktionen (operationale Ebene) im Rahmen von Medizinisch-Psychologischen Fahreignungsuntersuchungen erfolgt in aller Regel mit Hilfe computergestützter standardisierter Testsysteme. Zum Einsatz kommen hier vor allem die für diesen Zweck zugelassenen Testsysteme Action-Reaction-Testsystem (ART2020) des Kuratoriums für Verkehrssicherheit (KfV) in Wien, das Testsystem Corporal der Firma Vistec AG sowie das Wiener Test System der Firma Schuhfried AG. Diese Testsysteme, bestehend aus vier bis fünf Subtests, erfassen die einzelnen vorgegebenen Leistungsbereiche.

Entsprechend den Begutachtungs-Leitlinien kann das Leistungsvermögen für eine Fahrerlaubnis der Gruppe 1 als ausreichend angesehen werden, wenn in allen eingesetzten Leistungstests ein auf altersunabhängige Normwerte bezogener Prozentrang von 16 oder mehr erreicht wird. Für eine Fahrerlaubnis der Gruppe 2 gilt zudem, dass in der Mehrzahl der eingesetzten Tests ein Prozentrang von 33 erreicht werden muss. Ein Prozentrang von 16 bedeutet, dass der Betreffende in dem jeweiligen Test eine bessere Leistung erzielt als 16% aller Kraftfahrer. Diese Festlegung der Anforderungen erfolgte dabei lediglich apodiktisch und orientiert sich nicht an empirisch ermittelten Kriterien, sondern nimmt lediglich Bezug auf die Standardabweichungen der Normalverteilung. Dieses Entscheidungsmodell impliziert, dass alleine bei Vorgabe eines einzigen Tests mit nur einer Zielgröße schon 16% der Getesteten das Kriterium nicht erreichen würden. Im Umkehrschluss würde das bedeuten, dass wenn alle Kraftfahrer getestet werden würden, schon bei Verwendung eines einzigen Testverfahrens 16% als ungeeignet eingeschätzt werden würden. Da bei fünf zu überprüfenden Funktionsbereichen auch fünf Testverfahren eingesetzt werden müssen, würde die Ablehnungsquote bei einer erwünschten Unabhängigkeit der Verfahren die Ablehnungsquote auf über 50% ansteigen. In der Praxis ist dieser Anteil etwas niedriger, da die einzelnen Testverfahren interkorreliert sind. Da die entsprechenden Handbücher auf Korrelationskoeffizienten verweisen, die in der Regel nur zwischen $r=0{,}15$ und $r=0{,}25$ liegen, muss aber trotzdem von einer Ablehnungsquote ausgegangen werden, die mit der Realität nicht in Einklang zu bringen ist. Insofern kommt der Überprüfung der Kompensationsmöglichkeiten eine entscheidende Bedeutung zu.

In den „Begutachtungs-Leitlinien zur Kraftfahrereignung" wird aufgeführt, unter welchen Bedingungen die Zweifel an der Leistungsfähigkeit ausgeräumt werden können, falls die Bewerber um eine Fahrerlaubnis nicht die vorgegebenen Entscheidungsgrenzen bei den einzelnen Testverfahren erreichen, bzw. wie in einem solchen Fall vorzugehen ist (vgl. Tabelle 2.1).

Diese Empfehlungen sind aber häufig nicht anwendbar und teilweise auch nicht nachvollziehbar. So sollte die Rückführung von Testwertunterschreitungen auf situative Bedingungen wie Müdigkeit, Testangst oder Unwohlsein im Rahmen einer fachgerechten Testung nicht vorkommen, da, wie dies auch in den „Beurtei-

Tabelle 2.1 Zweifel an der Leistungsfähigkeit können als ausgeräumt gelten wenn... (entsprechend der „Begutachtungs-Leitlinien zur Kraftfahrereignung")

Grenzwertunterschreitungen situationsbedingt sind
Grenzwertunterschreitungen durch stabile Leistungen in anderen Verfahren ausgeglichen werden
im Rahmen von Ergänzungsverfahren oder Wiederholungsuntersuchungen sich ein ausreichendes Kompensationspotential nachweisen lässt
in einer Fahrverhaltensprobe nachgewiesen werden kann, dass die festgestellten Minderleistungen sich auf das Fahrverhalten nicht entscheidend negativ auswirken

lungskriterien" angeführt wird, eine korrekte Leistungstestung voraussetzt, dass solche situativen Bedingungen im Vorfeld der Testung zu erheben sind und gegebenenfalls die Testung zu verschieben ist. Bei a posteriori geltend gemachten situativen Einschränkungen, wie z. B. Testangst, handelt es sich häufig um Erklärungsversuche, das schlechte Abschneiden bei den Leistungstests auf andere Ursachen als das eigene Leistungsvermögen zurückzuführen. So zeigen verschiedene wissenschaftliche Untersuchungen, dass sich Testangst nicht auf die Ergebnisse der Leistungstests bei einer MPU auswirkt.

Empfehlungen zur Testwiederholung entsprechen nicht den wissenschaftlichen Kriterien zur Leistungstestung. Bei nahezu allen Leistungstests sind Testwiederholungseffekte bekannt und bei komplexen Testverfahren, wie sie in der Fahreignungsbegutachtung Verwendung finden, sind Testwiederholungseffekte ausgeprägter als bei einfachen Funktionsprüfungen. Falls ein zu Testender nach einer oder mehreren Testwiederholungen den notwendigen Prozentrang erreicht, so spricht dies allenfalls für seine Trainierfähigkeit, nicht jedoch für ein ausreichendes Leistungsvermögen. Zudem bezieht sich die Normierung der Testverfahren auf die Ersttestung und nicht auf Wiederholungsuntersuchungen. In den „Begutachtungs-Leitlinien zur Kraftfahrereignung" wird zudem auf die Möglichkeit verwiesen, durch Ergänzungsverfahren oder Verhaltensbeobachtung Kompensationspotential, wie vorausschauendes Denken, Risikobewusstsein oder eine sicherheitsbetonte Grundhaltung, zu erfassen. Abgesehen davon, dass eine valide Erfassung dieser Merkmale einen erheblichen diagnostischen Aufwand mit sich bringt, fehlt es auch noch an dem entsprechenden Wissen, bis zu welchem Grad Leistungsdefizite auf der operationalen Ebene auf der taktischen und strategischen Ebene durch Risikobewusstsein oder vorausschauendes Denken kompensiert werden können.

Sinnvoll erscheinen demgegenüber die Empfehlungen, zu prüfen, ob Leistungsdefizite durch stabile Leistungen in anderen Verfahren kompensiert werden können oder ob die Betreffenden durch eine Fahrverhaltensprobe zeigen können, dass sie die festgestellten Leistungsdefizite in der Fahrroutine kompensieren können. Bezüglich Ersterem fehlt es jedoch an einem kompensatorischen Entscheidungsmodell, welches festlegt, welche Funktionen kompensiert werden können und welches Leistungsniveau in anderen Bereichen vorliegen muss, um Leistungsdefizite tatsächlich auch kompensieren zu können. Dies setzt eine Hierarchisierung voraus, die empirisch zu ermitteln wäre. In Anbetracht des Fehlens eines kompensatorischen Entscheidungsmodells unterliegt die Entscheidung über ein ausreichendes Kompensationspotential einzig und allein der subjektiven Entscheidung des Gutachters und somit auch dessen individuellem Wissen und Erfahrung.

Die Durchführung von Fahrverhaltensproben liefert sicherlich eine Vielzahl von relevanten Informationen über das Fahrverhalten der zu Untersuchenden. Gleichzeitig unterliegt diese Methode auch einigen Beschränkungen. So ist auch bei einer standardisierten Strecke die Verkehrssituation nicht standardisierbar. Im Unterschied zu den Leistungstests können in einer Fahrverhaltensprobe Leistungsgrenzen nicht ausgetestet werden. Somit liefert die Fahrverhaltensprobe auch keine Informationen darüber, ob der zu Untersuchende in einer Grenz- und Belastungssituation über das notwendige operationale Leistungsvermögen verfügt, um solche Situationen meistern zu können. Sie liefert jedoch Informationen darüber, ob die Betreffenden einen nur wenig risikoorientierten, vorausschauenden und defensiven Fahrstil haben, der die Gefahr solcher Grenzsituationen minimiert. Solche Leistungen auf der taktischen Ebene können Defizite auf der operationalen Ebene allerdings nur bis zu einem bestimmten Grad kompensieren. Es gilt deshalb, entsprechende Entscheidungsgrenzen, bei denen die Durchführung einer Fahrverhaltensbeobachtung sinnvoll erscheint, zu ermitteln und festzulegen. Daran knüpft sich die Notwendigkeit einer integrativen Beurteilung von Leistungstests und Fahrverhaltensprobe. So muss sich die Beurteilung des Kompensationspotentials immer an dem Ausmaß der festgestellten Defizite der funktionalen Leistungsausstattung orientieren.

2.3.3.2 Intellektuelle Leistungsfähigkeit

Neben der psychophysischen Leistungsausstattung erfordert das Führen eines Kraftfahrzeugs auch eine intellektuelle Mindestausstattung. In den „Begutachtungs-Leitlinien zur Kraftfahrereignung“ und den „Beurteilungskriterien“ ist angeführt, dass die Mindestanforderungen zum Führen eines Kraftfahrzeugs der Gruppe 1 bei einem Intelligenzquotienten (IQ) von 70 liegt, was einem Prozentrang von 3 entspricht. Zum Führen eines Kraftfahrzeugs der Gruppe 2 sollte wegen der größeren Gefahren und Risiken, die mit dem Führen solcher Kraftfahrzeuge verbunden sind, ein Mindest-IQ von 85 (Prozentrang 16) vorhanden sein.

Die Festlegung eines Mindest IQ von 70 erscheint in zweierlei Hinsicht nicht unproblematisch. Zum Einen spricht man bei einem IQ von 70 bis 85 von Lernbehinderung und ein IQ von 70 stellt die Grenze zur Intelligenzminderung (geistige Behinderung) dar, die einhergeht mit einer erschwerten Anpassung an die Anforderungen des alltäglichen Lebens. Dies gilt in geringerem Ausmaß auch für Personen mit Lernbehinderung, die je nach Schweregrad in ihrer Unabhängigkeit, in der Selbstversorgung, im Erlernen schulischer und beruflicher Fertigkeiten, in ihrer emotionalen und sozialen Entwicklung aufgrund von Lernschwierigkeiten beeinträchtigt sein können. Im Hinblick auf die Komplexität des modernen Straßenverkehrs und die ständig steigenden Anforderungen, die an Kraftfahrer gestellt werden, erscheint es fraglich, ob ein Mindest-IQ von 70 nicht als zu niedrig anzusehen ist.

Zum Anderen stellt die diagnostische Abklärung der Mindestanforderungen an die Intelligenz ein Problem dar. Diese Abklärung erfolgt im Rahmen der MPU zumeist durch sogenannte Matrizentests (z.B. MAT, SPM). Hierbei handelt es sich um sprachfreie und weitestgehend kultur-unabhängige Testverfahren zur

Erfassung des schlussfolgernden Denkens. Diese Tests haben den Vorteil, dass jeder Klient sie, unabhängig von seinen Sprachkenntnissen und seinem kulturellen Hintergrund bearbeiten kann und dass eine selbständige und deshalb ökonomische Durchführung des Tests möglich ist. Der Nachteil dieser Verfahren besteht jedoch darin, dass sie primär im mittleren Bereich der Intelligenz differenzieren und weniger im niedrigen Bereich, was für den Einsatz in der MPU relevanter wäre. Es kann dadurch auch zu einer Über- oder Unterschätzung der Intelligenz im unteren Bereich kommen. So ist gelegentlich zu beobachten, dass ein Klient das Mindestkriterium nicht erreicht, er in Anbetracht seiner schulischen, beruflichen und sozialen Entwicklung sowie des Gesamteindrucks im Rahmen der Untersuchung aber über ein ausreichendes Intelligenzniveau verfügen müsste. In solchen Fällen wäre dann eine Fahrverhaltensbeobachtung durchzuführen, um zu prüfen, ob er konkrete Fahrsituation meistern kann.

Sollte der Verdacht auf Intelligenzdefizite der primäre Zuweisungsgrund für eine MPU sein, was nur sehr selten vorkommt, müsste eine wesentlich aufwändigere Intelligenzdiagnostik, z.B. mit dem HAWIE-R oder dem I-S-T 2000 R durchgeführt werden. Diese Verfahren sind wesentlich umfangreicher und erfassen unterschiedliche Intelligenzdimensionen. Sie sind deshalb auch besser dazu in der Lage, im unteren Intelligenzbereich zu differenzieren. Da diese Verfahren in Einzeltestung durchzuführen sind und sich über mehrere Stunden erstrecken können, sind sie für den Routineeinsatz in der MPU nicht geeignet.

2.3.4 Die Exploration (Haffner)

In allen Fällen ist eine mehr oder weniger ausführliche Exploration erforderlich. Sie stellt zum einen ein diagnostisches Element dar. Zum anderen dient sie aber der Beurteilung des Probanden hinsichtlich Krankheitseinsicht, Kenntnissen über die Erkrankung und Zuverlässigkeit im Umgang mit der Erkrankung. Sie ist damit entscheidend für die prognostische Einschätzung. Gerade in den häufigsten Fragestellungen ‚Alkohol', ;Drogen' und ‚verkehrs- oder strafrechtliche Auffälligkeiten' bildet sie den Kern der gesamten Untersuchung.

Die Exploration wird je nach Fragestellung und Organisationsstruktur der Begutachtungsstelle vom Arzt oder vom Psychologen durchgeführt. Inhaltlich richtet sie sich nach der zu beurteilenden Problematik. Auf eine kurze biographische Anamnese sollte nicht verzichtet werden. Es geht dabei nicht nur um das soziale und familiäre Umfeld, das für die Beurteilung einer Persönlichkeit unabdingbar ist. Einschneidende lebensgeschichtliche Ereignisse sind auch nicht selten mit eher verhaltensbedingten Verkehrsauffälligkeiten in zumindest mit ursächlichem Zusammenhang zu sehen. Im Mittelpunkt steht die sog. Verkehrsanamnese. Sie soll ein orientierendes Bild der bisherigen Fahrpraxis einschließlich früherer, nicht mit der aktuellen Fragestellung verbundener Verkehrsverstöße und Unfälle vermitteln. Ausführlich besprochen werden die zur Begutachtung führenden Auffälligkeiten. Beleuchtet werden die konstellativen Bedingungen im Vorfeld, das eigentliche

Geschehen und seine Folgen. Die Darstellung des Probanden wird mit dem verglichen, was nach Aktenlage bekannt ist, Diskrepanzen werden diskutiert. Überprüft wird die aktuelle Bewertung des Geschehens durch den Probanden. Gefragt wird weiter nach Veränderungen, die sich seither eingestellt haben, und Verhaltensstrategien, die künftige Wiederholungen von Verkehrsauffälligkeiten vermeiden helfen sollen. Schließlich wird bei entsprechender Fragestellung eine ausführliche Alkohol- und/oder Drogenanamnese erhoben.

Die Bewertungs- und Gewichtungsstrukturen des Explorationsergebnisses werden von den Probanden häufig falsch eingeschätzt. Sie befürchten aus ihrer Sicht die hauptsächliche Bedrohung aus der Diagnose bzw. aufgeworfenen Eignungsproblematik heraus und versuchen diese zu verharmlosen oder völlig zu negieren. Daran bestehen aber häufig schon aus der Verkehrsvorgeschichte und anderen diagnostischen Kriterien kaum Zweifel. Übersehen wird dabei, dass es sich in der Fahreignungsbegutachtung um eine Längsschnittbeurteilung handelt. Die Diagnosestellung bezieht sich auf den Zeitpunkt der Verkehrsauffälligkeiten. Geprüft wird, inwieweit sich seither bis zum Zeitpunkt der Begutachtung Veränderungen ergeben haben, die es erlauben, die früheren offensichtlichen Eignungsmängel aktuell und für die Zukunft als überwunden zu betrachten. Wird die den Verkehrsauffälligkeiten zugrunde liegende Problematik aber nicht eingesehen, so kann auch die für eine günstige Prognose notwendige Veränderung nicht eintreten. Das Negieren der Diagnose führt somit zwangsläufig zu einer negativen Eignungsprognose.

Manche Gutachter weisen aus diesem Grund die Probanden im Rahmen der Aufklärung vor der Exploration darauf hin, dass es zwar verständlich ist, wenn sie sich in der Untersuchungssituation möglichst positiv darstellen wollen, dass sie andererseits aber die Kriterien nicht kennen, an denen die Beurteilung festgemacht wird. Es könne so leicht passieren, dass sie sich in ihrem Bemühen, ein positives Bild abzugeben, in Wirklichkeit selbst schaden. Insofern stellt eine vorbehaltlose Offenheit die beste Strategie dar. Sie garantiert zwar kein positives, verhindert aber ein selbst verschuldetes negatives Ergebnis.

Gerade weil der Inhalt der Exploration für das Ergebnis der Begutachtung in vielen Fällen von entscheidender Bedeutung ist, ist er häufig Thema in der Anfechtung negativer Gutachten. Eingewandt wird, entscheidungsrelevante Passagen seien missverstanden worden oder falsch dargestellt. Viele Gutachter sind deshalb dazu übergegangen, die wesentlichen Angaben des Probanden wörtlich zu protokollieren und nach der Exploration gegenzeichnen zu lassen. Auch Tonbandaufzeichnungen werden gelegentlich mitgeschnitten. Im Ergebnis stützt sich eine Begutachtung aber nicht auf nur ein Kriterium, sondern auf das Zusammenspiel mehrerer Kriterien. Insofern wird, auch wenn es in einzelnen Punkten zu Missverständnis gekommen sein sollte, die Gesamteinschätzung des Gutachters schwer zu erschüttern sein.

Andererseits kann die Exploration allen gegenteiligen Beteuerungen zum Trotz nicht als ein objektivierbares Instrument angesehen werden. Dem stehen schon alleine die unvermeidbaren und teils unbewusst ablaufenden persönlichen Wechselwirkungen zwischen Untersucher und Untersuchtem entgegen. Untersuchern, die sie negieren, sollte man mit äußerster Zurückhaltung begegnen. Auch unter diesem Aspekt kann eine Zweitbegutachtung u. U. in Betracht kommen.

2.4 Spezielle Fragestellungen

2.4.1 Alkohol (Haffner, Thieme)

2.4.1.1 Die Diagnosen Alkoholabhängigkeit und Alkoholmissbrauch

Alkoholauffälligkeiten bilden den weitaus häufigsten Grund einer Zuweisung zu einer Fahreignungsbegutachtung. Dabei ist zu unterscheiden zwischen den Diagnosen Alkoholmissbrauch und Alkoholabhängigkeit. Daneben kommen aber auch Fälle vor, in denen Straßenverkehrsdelikte unter Alkoholeinfluss mit häufig nicht allzu hohen Konzentrationen eingebettet sind in eine Vielzahl anderer Verkehrsdelikte. Dann ist zu prüfen, in wie weit es sich nicht eher um sog. charakterliche Mängel handelt. Eine mangelnde Regelakzeptanz, die die Grundlage gehäufter Verkehrsdelikte darstellt, kann sich nicht nur in Geschwindigkeits- oder Rotlichtverstößen, sondern auch in Trunkenheitsfahrten abbilden. Diesbezüglich ist ggf. auch auf den Abschn. 2.4.3 zu verweisen. Selten können auch andere psychische Erkrankungen zu einem vermehrten Alkoholkonsum führen; unbehandelte Psychotiker bspw. nutzen gelegentlich Alkohol oder Drogen zur Beruhigung im Rahmen einer Art Selbsttherapie. Auch hier steht die Beurteilung der ursprünglichen Erkrankung im Vordergrund.

Die Diagnosen Alkoholabhängigkeit und Alkoholmissbrauch werden schon in den Zuweisungskriterien des § 13 FeV differenziert. Bei Verdacht auf Vorliegen einer Alkoholabhängigkeit wird ein medizinisches Gutachten gefordert. Steht die Diagnose Abhängigkeit dagegen schon fest, bspw. aufgrund einer früheren Begutachtung, und geht es nur noch um die Frage, ob zwischenzeitlich eine stabile Abstinenz besteht, erfolgt die Zuweisung zu einer medizinisch-psychologischen Untersuchung. Gleiches gilt für Fälle, in denen im medizinischen Gutachten die Abhängigkeitsdiagnose nicht bestätigt werden konnte, sich aber der Verdacht auf eine Missbrauchsdiagnose ergab. Generell mündet die feststehende oder vermutete Diagnose Missbrauch in eine medizinisch-psychologische Begutachtung.

§ 13 FeV nennt auch unabhängig von den Diagnosen Abhängigkeit oder Missbrauch Kriterien, die die Zuweisung zu einer Eignungsbegutachtung rechtfertigen. Diese bilden in der Praxis die häufigste Grundlage, Zweifel an der Eignung zu begründen. Es sind wiederholte Straßenverkehrsdelikte unter Alkoholeinfluss oder auch einmalige Verkehrsdelikte mit einer Blutalkoholkonzentration von mehr als 1,6 ‰ oder einer Atemalkoholkonzentration von mehr als 0,8 mg/L. Sie sind ähnlich, aber nicht gleich den diagnostischen Kriterien, die in den Begutachtungsleitlinien für die Diagnose Missbrauch verlangt werden. Grundsätzlich stellt es einen Fehler dar, aufgrund der Zuweisungskriterien in der Begutachtung ungeprüft eine Diagnose zu unterstellen. Die Zuweisungskriterien rechtfertigen höchstens eine Verdachtsdiagnose, die sich, wenngleich nur in seltenen Fällen, auch einmal nicht bestätigen kann.

Wie die Diagnose zu stellen ist, wird in den Begutachtungsleitlinien vorgegeben. Hinsichtlich der Diagnose Abhängigkeit wird auf die Kriterien verwiesen, die im

ICD 10 (International Classification of Diseases), dem allgemein anerkannten Diagnoseschlüssel der Weltgesundheitsorganisation, aufgelistet sind. Um die Diagnose Abhängigkeit zu rechtfertigen, müssen mindestens 3 der insgesamt 6 Kriterien erfüllt sein. Schlagwortartig zusammengefasst handelt es sich bei diesen 6 Kriterien um ‚süchtiges Verlangen oder Craving', ‚Kontrollverlust oder -minderung', ‚Entzugssymptome', ‚Toleranzbildung', ‚Interessenseinengung' und ‚anhaltender Konsum trotz Folgeschäden'. Die Beschränkung auf 3 Kriterien rechtfertigt sich aus dem heterogenen Bild der Alkoholabhängigkeit, das von Spiegeltrinken über Rauschtrinken bis zum Quartalstrinken reicht und alle möglichen Mischformen umfasst. Dass alle 6 Kriterien erfüllt sind, ist deshalb eher selten.

Der Begriff ‚süchtiges Verlangen' bezeichnet die psychische Komponente der Abhängigkeit. Die Betroffenen empfinden einen starken, kaum beherrschbaren Drang nach dem Konsum von Alkohol und dem Spüren seiner Wirkung. Ihre Gedanken kreisen dauerhaft oder auch nur periodisch um dieses für sie beherrschende Thema. Mitunter fühlen sie sich nicht mehr in der Lage, bestimmte, insbesondere als belastend erlebte Situationen ohne Alkohol durchzustehen.

Von ‚Kontrollverlust' spricht man, wenn der Betroffene nicht mehr in der Lage ist, die Menge des Alkoholkonsums zu steuern. Im Extremfall wird, hat er einmal angefangen, getrunken, bis Volltrunkenheit eintritt. Relevant können aber auch schon Zustände sein, in denen selbst gesetzte Vorgaben nicht mehr eingehalten werden können. So berichten Probanden mitunter, dass sie sich zwar ganz bewusst vorgenommen hätten, nur ein Glas zu trinken, da sie mit dem Auto unterwegs gewesen seien; letztendlich sei es dann aber doch immer mehr geworden, ein Vielfaches der ursprünglich geplanten Menge.

Entzugssymptome sind Ausdruck körperlicher Abhängigkeit. Der Stoffwechsel des Körpers hat sich infolge des hohen Alkoholkonsums umgestellt, so dass es bei Fehlen des Alkohols oder Reduzieren des Spiegels bereits nach wenigen Stunden zu vegetativen Reaktionen kommt. Sie bestehen bspw. in motorischer Unruhe, Zittern, Schwitzen, Blutdruck- und Pulsanstieg, Übelkeit, Brechreiz und Durchfällen. In schweren Fällen drohen Krampfanfälle oder Delirien, schwere organisch bedingte Psychosen. Entzugssymptome sind die Ursache dafür, dass Alkoholabhängige mitunter schon morgens direkt nach dem Aufwachen zu Alkohol greifen. Zur Abwehr eines Entzugssyndroms muss der während der Schlafphase abgesunkene Spiegel rasch wieder angehoben werden.

Unter dem Begriff ‚Toleranzentwicklung' versteht man das Phänomen, dass mit fortschreitender Dauer eines regelmäßigen Alkoholkonsums die Trunkenheitssymptomatik nachlässt, bzw. zum Erreichen desselben Niveaus der Trunkenheit immer höhere Alkoholspiegel erforderlich sind. Unter Umständen wird dies von Betroffenen berichtet. In der Begutachtungssituation wird aber häufiger die Höhe der gemessenen Alkoholspiegel für die Abschätzung der Toleranzentwicklung herangezogen. Es gibt es keine allgemeingültig definierte Grenzkonzentration, ab der von einer erhöhten Toleranz ausgegangen werden kann, wenngleich eine BAK von 2,0 ‰ am häufigsten in der Literatur genannt wird. Dem Gutachter steht hier ein gewisser Interpretationsspielraum zur Verfügung, den er auch unter Berücksichtigung der zeitgleich erhobenen Trunkenheitssymptome nutzen wird. So lässt sich eine über 2,0 ‰ liegende BAK mit hochgradiger Trunkenheitssymptomatik nicht zwingend als Hinweis auf eine Toleranzbildung ansehen, während dies andererseits bei Konzentrationen unter 2,0 ‰ mit fehlender Symptomatik durchaus angebracht sein kann. Als Beurteilungsgrundlage hierfür stehen meist die Schilderungen in den polizeilichen Strafanzeigen, leider nur sehr selten auch die ärztlichen Befunde des Blutentnahmeprotokolls zur Verfügung.

Die Interessenseinengung ist ein Merkmal der allmählich eintretenden suchtspezifischen Persönlichkeitsänderung. Der Konsum des Suchtmittels nimmt immer mehr den Lebensmittelpunkt der Betroffenen ein. Andere Interessen, insbesondere frühere Freizeitbeschäftigungen werden demgegenüber zunehmend hintangestellt. Die Probanden berichten in diesem Zusammenhang mitunter über die Aufgabe aktiver Mitarbeit in Vereinen oder die Vernachlässigung sportlicher Betätigungen oder Hobbys oder ähnliches.

Schließlich sind die Abhängigen u. U. bereits soweit von ihrem süchtigen Konsumverhalten geprägt, dass sie trotz schädlicher Folgen nicht mehr in der Lage sind, ihren Alkoholkonsum zu reduzieren oder gar einzustellen. In erster Linie ist hier an gesundheitliche Folgeerscheinungen zu denken, etwa aufgetretene Leberschäden, Entzündungen der Bauchspeicheldrüse oder alkoholassoziierte Erkrankungen des Magen-Darm-Trakts. Voraussetzung ist, dass der Proband sich des Zusammenhangs mit dem erhöhten Alkoholkonsum bewusst werden konnte, etwa durch die Warnungen und Abstinenzempfehlungen seines Hausarztes. Auch notfallmäßige Krankenhausaufnahmen wegen hochgradiger Rauschzustände wären in diese Kategorie einzuordnen. Soziale Folgen sind in ihrer Wertigkeit umstritten. Der Verlust der Fahrerlaubnis alleine wäre wohl gerade in diesem Kontext nicht ausreichend, auch nicht wenn dadurch etwa der Arbeitsplatz verloren gegangen ist. Probleme am Arbeitsplatz durch eine Verschlechterung der Leistungsfähigkeit dagegen wären schon eher in dieser Richtung zu werten. Auch familiären Konflikten, die aus der Problematik des Alkoholkonsumverhaltens hervorgehen, kann eine gewisse diagnostische Bedeutung zugemessen werden. Zu differenzieren ist aber Ursache und Wirkung; Probleme am Arbeitsplatz oder im familiären Umfeld können nicht nur Folge, sondern auch Ursache eines pathologischen Alkoholkonsums sein.

Mit Ausnahme der ‚Toleranzbildung' sind die für die Diagnose einer Abhängigkeit erforderlichen Kriterien in der Begutachtungssituation kaum objektivierbar und ohne Mitwirkung des Probanden nicht festzustellen. Dies kann die Diagnosestellung nicht nur erschweren, weil es aus der Sicht des Probanden vordergründig nachteilig erscheint, die Symptome der Abhängigkeit einzuräumen. Es ist auch pathognomonisch, d. h. es gehört zu den Symptomen der Erkrankung dazu, sich selbst die Problematik nicht einzugestehen oder zumindest stark zu verharmlosen. Ein nicht therapierter Alkoholabhängiger wird im Vollbild der Erkrankung diese nicht einräumen. Im Umkehrschluss ist das Eingeständnis der Erkrankung ein Zeichen dafür, dass er bereits eine selbstkritische Distanz aufgebaut hat, oft eines von mehreren Zeichen einer erfolgreichen begonnenen oder gar abgeschlossenen Therapie. Gelingt es also, die Abhängigkeitsdiagnose mithilfe des Probanden in der Exploration zu stellen, ist dies bereits ein prognostisch gutes Zeichen. Gelingt es allerdings nicht, mindestens drei der Diagnosekriterien zweifelsfrei festzustellen, darf die Diagnose Abhängigkeit nicht gestellt werden, es sei denn, es liegen kompetente Informationen aus der Fremdanamnese vor, etwa über eine Entzugs- und/oder Entwöhnungstherapie in einer Fachklinik. Ggf. muss die Diagnose subsidiär auf den leichter fassbaren Alkoholmissbrauch zurückgestuft werden.

In der Praxis kommt es nicht selten vor, dass man in der Begutachtungssituation in der Gesamtschau die Überzeugung gewinnt, einen Abhängigen vor sich zu haben, ohne die ausreichende Zahl diagnostischer Kriterien belegen zu können. Es ist schwierig, im Konflikt mit eigenen, aber nicht beweisbaren Überzeugungen zu urteilen, insbesondere wenn man sich mangels gutachterlicher Erfahrung oder Distanz persönlich ‚belogen' und ‚genarrt' fühlt. In der Folge stehen oft unklar formulierte Zwischendiagnosen wie hochgradiges Alkoholproblem oder Alkoholproblem mit Abstinenzbedürftigkeit oder eine Diagnose wird gänzlich zu vermeiden. Solche Gutachten sind wenig überzeugend, insbesondere wenn dann auch die Prognosekriterien vermischt werden oder keiner der beiden definierten Diagnosen zuzuordnen sind.

Die Diagnose Missbrauch orientiert sich nicht an ICD 10 oder einem anderen anerkannten Diagnoseschlüssel, da dies im Umfeld der Begutachtung nicht praktikabel wäre. Statt dessen wird in den Begutachtungsleitlinien als eigenständige sach- und situationsbezogene Definition ausgeführt, Missbrauch liege vor, wenn der Betroffene nicht in der Lage sei, das Führen eines Kraftfahrzeugs und einen die Fahrsicherheit beeinträchtigenden Alkoholkonsum zu trennen. Diese allgemein gehaltene Formulierung wird dann konkretisiert, indem 3 beispielhafte Konstellationen aufgeführt werden. Sie gelten als eigenständige diagnostische Kriterien, von denen jedes für sich alleine die Diagnose Missbrauch rechtfertigt; zwei sind den Zuweisungskriterien des § 13 FeV nachempfunden.

Inhaltlich identisch mit den Ausführungen des § 13 FeV ist das Diagnosekriterium der wiederholten Verkehrsauffälligkeit unter unzulässig hoher Alkoholwirkung. Die unzulässig hohe Alkoholwirkung beginnt bei 0,5 ‰ bzw. 0,25 mg/L. Gerade bei niedrigen Alkoholspiegeln und in Kombination mit anderen Verkehrsverstößen kann allerdings – wie bereits erwähnt – auch eine differentialdiagnostische Abgrenzung gegenüber einer Anpassungsstörung (vgl. 2.4.3.) notwendig sein. Dies würde die Fragestellung und damit auch die Prognosekriterien verändern.

Das zweite Kriterium betrifft die einmalige Fahrt mit hoher Alkoholkonzentration ohne weitere Anzeichen einer Alkoholwirkung. Der Begriff der hohen Alkoholkonzentration ist hier im Gegensatz zur Formulierung des § 13 FeV in den Begutachtungsleitlinien nicht definiert. Diese Lücke wird durch den Kommentar zu den Begutachtungsleitlinien (Schubert et al. 2005) geschlossen. Es wird ausgeführt, dass schon ab einer BAK von 1,3 ‰ von einer hohen Konzentration gesprochen werden könne, und die Wahrscheinlichkeit eines Missbrauchs um so höher ist, je weiter diese Grenze überschritten wird. Es wird allerdings in den Begutachtungsleitlinien ausdrücklich auch auf die Bedeutung der begleitenden Trunkenheitssymptomatik verwiesen. So kann eine starke Trunkenheitssymptomatik selbst bei höheren Konzentrationen durchaus die diagnostische Wertigkeit dieses Kriteriums untergraben.

Die Definition des Begriffs ‚hohe Alkoholkonzentration' war bei der Erstellung des entsprechenden Kapitels des Kommentars zu den Begutachtungsleitlinien der am strittigsten diskutierte Punkt, der erlangte Kompromiss wurde von einigen Koautoren nur mit Bedenken gestützt. Gegen eine überwertige Interpretation der numerisch genannten Konzentrationen ohne ausreichende Berücksichtigung der Trunkenheitssymptomatik selbst in höheren Bereichen wurden insbesondere von Seiten der beteiligten Rechtsmediziner Vorbehalte geltend gemacht. Dies mag aus der praktischen Erfahrung der in diesem Fachbereich häufig durchgeführten wissenschaftlichen Trinkversuche resultieren, die die gesamte Breite der individuell höchst unterschiedlichen Reaktionsweisen eher zu berücksichtigen vermag und der Möglichkeit einer schematischen Katalogisierung entgegensteht.

Das dritte Kriterium wird begrifflich etwas unglücklich als ‚Kontrollverlust' bezeichnet. Der Begriff Kontrollverlust ist eigentlich aus der Abhängigkeitsdiagnostik geläufig und charakterisiert hier die Unfähigkeit, einen Trinkvorgang zu einem beliebigen Zeitpunkt abzubrechen. Im vorliegenden Zusammenhang ist allerdings mehr die Unfähigkeit gemeint, eine vor Trinkbeginn erstellte Verhaltensplanung insbesondere hinsichtlich einer sich anschließenden Verkehrsteilnahme konsequent beizubehalten und umzusetzen. So kann bspw. der zunächst gefasste Entschluss, das Auto stehen zu lassen, nicht umgesetzt werden, was immer wieder und oft in ähnlich gestalteten Situationen zu Trunkenheitsfahrten führt. Man würde begrifflich wohl besser von einem Verlust der Handlungskontrolle sprechen.

Eine in Deutschland lebende und aufgewachsene 32 jährige Französin, Kunsthistorikerin, wurde nachts um 02.00 Uhr mit einer BAK von 1,65 ‰ auf dem Fahrrad im Rahmen einer stationären Alkoholkontrolle der Polizei auffällig. Der Beamte berichtete, die Kontrollstelle sei an sich nur für den motorisierten Verkehr eingerichtet gewesen. Die Fahrradfahrerin sei jedoch schon von weitem sichtbar in leichten Schlangenlinien fahrend auf dem die Straße begleitenden Fahrradweg dahergekommen. Beim Anhalten habe sie einen Ausfallschritt machen müssen, um nicht zu stürzten. Sie habe beim Stehen deutlich geschwankt und einen leicht unsicheren Gang gehabt. Im Blutentnahmeprotokoll wurden erhebliche neurologische Ausfälle und ein insgesamt deutlicher Trunkenheitsgrad attestiert. Von der Fahrerlaubnisbehörde wurde unter Fristsetzung eine medizinisch-psychologische Untersuchung angeordnet. Der Versuch, fristgerecht einen Begutachtungstermin zu bekommen, gelang zunächst nicht und endete bei mehreren Begutachtungsstellen mit dem Hinweis, dass sie ohne Therapie sowieso keine Aussicht auf ein positives Ergebnis habe. In einem auf Vermittlung der Führerscheinstelle schließlich doch noch zustande gekommenen Begutachtungstermin berichtete sie, sie trinke nur um zu feiern; dann lege sie sich allerdings keine Beschränkungen auf, sie sei dann nämlich ganz gezielt nicht mit dem Auto, sondern mit dem Fahrrad oder zu Fuß unterwegs. Es könne schon sein, dass sie nach solchen Abenden am Ende deutlich angetrunken sei und nehme das auch in Kauf. Während der Studentenzeit sei dies häufiger gewesen, seit sie im Berufsleben stehe, komme es nur noch etwa 3 bis 4 Mal im Jahr vor. An dem Vorfallstag sei sie von einer Einladung bei Freunden zurückgekommen.

Die Fahrt mit dem Fahrrad sei einigermaßen gut gegangen, nur beim Anfahren und Anhalten habe sie Schwierigkeiten gehabt. Sie habe von weitem schon die Kontrollstelle der Polizei gesehen. Sie habe sich dabei aber nichts gedacht, da sie nicht gewusst habe, dass es auch für Fahrradfahrer eine Promillegrenze gebe.

Im Rahmen des Fahreignungsgutachtens wurde von einem Alkoholmissbrauch ausgegangen mit dem Argument, wer mit einer derart hohen Alkoholkonzentration Fahrrad fahre, belege damit seine pathologische Alkoholtoleranz.

Bereits die Vorgeschichte der Begutachtung belegt, wie kritiklos häufig das Zuweisungskriterium in eine feststehende Diagnose umgemünzt wird. Im Gutachten selbst ist die Diagnose eines Alkoholmissbrauchs nicht ausreichend klar und differenziert begründet. Man könnte zwar wohlwollend davon ausgehen, dass der Gutachter das Kriterium einer Verkehrsteilnahme mit hoher Blutalkoholkonzentration erfüllt sah. Außer Acht gelassen ist dabei aber, dass bei einer zwar hohen Alkoholkonzentration durchaus deutliche Trunkenheitssymptome vorhanden waren. Dies trifft genau den Unterschied zwischen dem Zuweisungskriterium des § 13 FeV und dem diagnostischen Kriterium der Begutachtungsleitlinien. Darüber hinaus kann durchaus diskutiert werden, ob der erforderliche Bezug zum Straßenverkehr ohne weiteres als gegeben unterstellt werden kann. Die Begutachtungsleitlinien sprechen von einem Unvermögen, Fahren und Trinken zu trennen. Dies würde aber im vorliegenden Fall voraussetzen, dass die Frau sich des Verbots einer Fahrradfahrt in alkoholisiertem Zustand bewusst war. Ansonsten lässt ihr Verhalten gar keinen Rückschluss auf ihr Trennungsvermögen zu. Deshalb kann auch das dritte diagnostische Kriterium eines Kontrollverlusts nicht zweifelsfrei greifen. Dass sich das Verbot einer Verkehrsteilnahme auch auf Radfahrer erstreckt, ist nur einem kleinen Teil der Bevölkerung geläufig; ihre Aussage über diesen Punkt kann deshalb keineswegs einfach als unglaubwürdig abgetan werden.

Die Definition des Missbrauchs in den Begutachtungsleitlinien ist ganz generell auf das Trennungsvermögen von relevant beeinträchtigendem Alkoholkonsum und Führen eines Kraftfahrzeugs abgestellt, beinhaltet also genau genommen immer den Verkehrsbezug. Gerade weil diese Definition der Erkrankung – wenngleich auch nur aus Gründen der Praktikabilität – explizit für diese Thematik der Fahreignungsbegutachtung formuliert wurde, kann man sich darüber streiten, ob – anders als bei der Diagnose Alkoholabhängigkeit – einschlägige Auffälligkeiten außerhalb des Straßenverkehrs die Diagnosestellung überhaupt rechtfertigen. Abgesehen von einer solchen mehr formalen Problematik kann allerdings aus medizinisch-psychologischer Sicht letztlich kein Zweifel daran bestehen. Dies betrifft jedoch nur Fälle, in denen der Alkoholkonsum ein Ausmaß erreichte, in dem trunkenheitsbedingt die Handlungskontrolle weitestgehend beeinträchtigt oder aufgehoben war, etwa bei Straftaten außerhalb des Verkehrs, für die zumindest die Voraussetzungen des § 21 StGB oder gar ein Vollrauschzustand angenommen wurde.

2.4.1.2 Die prognostische Beurteilung bei Alkoholabhängigkeit

Für den Fall, dass die Diagnose einer Alkoholabhängigkeit gestellt wurde, sind die prognostischen Beurteilungskriterien relativ eindeutig formuliert. Gefordert sind für eine positive prognostische Einschätzung der erfolgreiche Abschluss einer Entwöhnungstherapie sowie der Nachweis einer sich anschließenden stabilen Abstinenz für mindestens 1 Jahr.

Notwendig ist die Differenzierung zwischen einer Entgiftungs- oder Entzugstherapie einerseits und einer Entwöhnungstherapie andererseits. Die Entgiftung geht der Entwöhnung voran. Sie dauert einige Tage und begleitet die Umstellung der Stoffwechselprozesse des Körpers nach dem Absetzen des Alkohols. Es handelt sich um eine ggf. medikamentöse Behandlung auftretender Entzugssyndrome, die lebensbedrohlich werden können. Die Entgiftung reicht als Kriterium für eine günstige Prognose alleine nicht aus. Notwendig ist eine erfolgreiche Entwöhnungstherapie, in der die psychischen Aspekte der Erkrankung im Zentrum stehen. Durch psychotherapeutische, soziale und medizinische Maßnahmen soll die Bindung an das Suchtmittel Alkohol gelöst werden und so eine dauerhafte Abstinenz gesichert werden.

Es stehen verschiedene Formen einer Entwöhnungstherapie zur Verfügung, die in Abhängigkeit zur individuellen Ausprägung der Erkrankung zum Einsatz kommen. Insofern lassen sich keine unverrückbaren Bedingungen an die Form der geforderten Entwöhnungsbehandlung stellen. Die entsprechende Fachkompetenz der Therapeuten sollte jedoch gesichert sein. Meist handelt es sich um stationäre Therapien für 3 bis 4 Monate (Langzeittherapie) oder 4 bis 6 Wochen (Kurzzeittherapie) mit ambulanter Nachbehandlung. In selteneren Fällen mit guter sozialer Integration können auch ambulante Therapieformen erfolgreich sein. Sie sollten mindestens über ein halbes Jahr in einer Frequenz von ein bis zwei Therapiestunden pro Woche andauern. Häufig folgt auch noch eine Phase der Nachsorge mit gelegentlichen Kontroll- oder Bedarfsterminen. Die Teilnahme an Selbsthilfegruppen kommt in der Regel als stützendes Element in der Nachsorge in Frage, nicht als alleinige Therapiemaßnahme.

Für die Begutachtung ist eine Bescheinigung über die erfolgreich durchlaufene Therapie unerlässlich. Sie sollte vom Probanden bei der Begutachtung vorgelegt werden. Ggf. kann der Gutachter mit Einverständnis des Probanden einen Abschlussbericht der Therapieeinrichtung anfordern. Erfahrungsgemäß verzögert dies den Abschluss des Gutachtens allerdings nicht unerheblich. Die Bescheinigung sollte den Aufnahmebefund, die Diagnose, Dauer und Intensität sowie Art und Verlauf der Behandlung und schließlich den erfolgreichen Abschluss erkennen lassen. Hausärztliche Atteste, in denen die Diagnose aufgeführt und eine stabile Alkoholabstinenz versichert wird, ersetzen diese Therapiebescheinigungen nicht.

Generell wird ein Gutachter sich mit einer Therapiebescheinigung alleine nicht zufrieden geben. Der Therapieerfolg wird in der Exploration überprüft. Wesentliche Kriterien sind Krankheitseinsicht, Wissen um die Charakteristika der Erkrankung, insbesondere um die fortdauernde Rückfallgefährdung, Kenntnis evtl. mitbedingender Faktoren für das Trinkverhalten, Motivation zur Aufrechterhaltung der Abstinenz, Vermeidungsstrategien in rückfallgefährdenden Situationen und

Handlungsstrategien nach einer eventuellen Rückfälligkeit. Prognostisch günstig kann sich die weitere Teilnahme an unterstützenden therapeutischen Maßnahmen der Rezidivprophylaxe wie etwa Selbsthilfegruppen auswirken.

Die nachzuweisende einjährige Abstinenzphase beginnt nach den Ausführungen der Begutachtungsleitlinien mit dem Ende der Entwöhnungstherapie. Dieses ist bei den stationären Langzeittherapien noch vergleichsweise einfach mit dem Entlasstermin zu bestimmen. Schwieriger wird es bei den stationären Kurzzeittherapien, bei denen streng genommen auch die meist einjährige ambulante Nachbehandlung mit wöchentlichen Gruppensitzungen in die Therapiephase einzurechnen wäre. Auch bei den ambulanten Therapieformen stellt sich dieses Problem. In der Regel kann man die Kern-Therapie als abgeschlossen ansehen, wenn die anfängliche Frequenz der Behandlungstermine gelockert wird und in eine begleitende Nachsorge übergeht. Dem Gutachter steht hier ein gewisser Interpretationsspielraum offen, der auch unter den individuellen Gegebenheiten genutzt wird. Gegen rein schematische Auslegungen lässt sich aber nur schwer argumentieren.

Gerade vor diesem Hintergrund ist es empfehlenswert, den Abstinenznachweis möglichst früh zu beginnen und ihn ggf. auch über ein Jahr hinaus bis zum Begutachtungstermin auszudehnen. Selbst nach einer negativen Begutachtung sollte er möglichst in Vorbereitung eines Obergutachtens oder eines später angestrebten neuen Gutachtens nicht unterbrochen werden. Der Ein-Jahres-Zeitraum für den Abstinenznachweis stellt das Minimum dar. Innerhalb des ersten Jahres nach Therapieabschluss ist die Prävalenz eines Rückfalls auch am höchsten. Die Rückfallgefährdung wird danach zwar allmählich geringer, dauert aber in abnehmender Häufung quasi bis zum Lebensende an. Je länger die Abstinenz nachgewiesen werden kann, desto überzeugender wirkt dies auch auf den Gutachter.

Der Abstinenznachweis kann durch regelmäßige Kontrollen der einschlägigen Laborwerte erfolgen oder durch Teilnahme an einem Abstinenzprogramm mittels EtG-Bestimmungen (vgl. 2.3.2). Noch überzeugender wirkt die Kombination von beidem. Die Laborwertkontrollen können beim Hausarzt veranlasst werden. Sie sollten alle zur Verfügung stehenden Parameter umfassen und in streng regelmäßigen Abständen durchgeführt werden, um dem Vorwurf einer Steuerung der Kontrollen auf vorübergehende Abstinenzzeiträume entgegenzuwirken.

Die Hausärzte neigen dazu, sich auf die Transaminasen und das MCV zu beschränken, möglicherweise weil diese Laborwerte im Rahmen der hausärztlichen Betreuung eher gegenüber den Krankenkassen gerechtfertigt werden können. Bei der deutlich kostenintensiveren CDT-Bestimmung ist dies nicht der Fall. Trotzdem sollte dieser Parameter einbezogen werden, auch wenn die Kosten zulasten des Probanden gehen.

Wie häufig nach der Einführung neuer Methoden wird die EtG-Bestimmung derzeit relativ unkritisch als überwertiges Instrument angesehen. Auch wirtschaftliche Aspekte von Seiten der Anbieter der Abstinenzprogramme mögen vielleicht eine Rolle spielen. Es erscheint deshalb auch jenseits wissenschaftlicher Gründe opportun, auf EtG-Bestimmungen derzeit möglichst nicht zu verzichten.

Die medizinische Untersuchung im Rahmen der Begutachtung dient im Wesentlichen der Bestätigung einer anhaltenden Alkoholabstinenz. Die außerhalb der Laborwerte zu erhebenden Befunde sind jedoch nicht sehr aufschlussreich. Zwar gibt es eine ganze Reihe von Begleiterkrankungen der Alkoholabhängigkeit. In erster Linie sind dies Lebererkrankungen, die sich in einer tastbaren Lebervergrößerung, in sog. Leberhautzeichen (Gefäßzeichnung der Gesichtshaut/Teleangiektasie, Gefäßspinnen der Haut von Schulter und Brust/Spider Naevi, Rötung der Handteller/Palmarerythem) und in einer Feminisierung bei Männern zeigen können. Mitunter liegen Gefühlsstörungen an den Beinen vor. Magenschleimhautentzündungen bis zum Magen- oder Zwölffingerdarmgeschwür und Bauchspeicheldrüsenentzündungen sind gehäuft zu beobachten. Der Blutdruck ist oft erhöht, das Herz kann vergrößert sein. Selbst vegetative Symptome wie Schweißneigung und Schlafstörungen können mit der Alkoholabhängigkeit in Verbindung gebracht werden. Keine dieser Erkrankungen ist jedoch sicher ausschließlich der alkoholtoxischen Wirkung zuzuschreiben; manche wie der Bluthochdruck sind sogar in ihrem Auftreten so unspezifisch gehäuft, dass sie als Volkskrankheiten gelten. Andere sind zwar eher dem Alkohol zuzuordnen, bilden sich aber in der Alkoholabstinenz nicht oder nur langsam und unvollständig zurück, so dass sie keinen Rückschluss auf einen aktuellen Alkoholkonsum zulassen.

In den Begutachtungsleitlinien nicht ausdrücklich angesprochen wird das verkehrsrelevante psychophysische Leistungsvermögen. In rein medizinischen Begutachtungen wird es nicht speziell geprüft, es sei denn, es ergeben nach dem Eindruck des Gutachters Hinweise für eine Einschränkung. Dann wird er eine ergänzende testpsychologische Untersuchung empfehlen. Wird ein medizinisch-psychologisches Gutachten verlangt, umfasst dies natürlich die testpsychologische Untersuchung. Langjähriger übermäßiger Alkoholkonsum kann zu nicht unerheblichen Defiziten in der Leistungsfähigkeit führen. Diese sind in der Regel aber auf die längere Dauer zumindest zum Teil reversibel. Eine im Rahmen einer medizinisch-psychologischen Untersuchung festgestellte intolerable Leistungsminderung kann sich nach einem halben Jahr so weit gebessert haben, dass sie alleine keinen Hinderungsgrund mehr für eine positive Beurteilung darstellt.

2.4.1.3 Die prognostische Beurteilung bei Alkoholmissbrauch

Als Voraussetzungen für eine günstige Prognose bei der Diagnose Alkoholmissbrauch werden insgesamt 4 Anforderungen gestellt: eine ausreichende Änderung des Alkoholtrinkverhaltens, deren Stabilität und motivationale Festigung, das Fehlen von Hinweisen auf missbräuchlichen Alkoholkonsum bei der medizinischen Untersuchung und das Fehlen von Hinweisen auf ein durch den früheren Alkoholmissbrauch beeinträchtigtes verkehrsrelevantes Leistungsvermögen.

Die Änderung des Trinkverhaltens kann entweder in einer Reduktion des früher überhöhten Alkoholkonsums bestehen, die sowohl eine sichere Kontrolle der Trinkmenge ermöglicht, als auch eine Verkehrsteilnahme in alkoholisiertem Zustand zuverlässig verhindert, oder in einer Alkoholabstinenz. Die Forderung nach einer Alkoholabstinenz ist nur dann berechtigt, wenn die Fähigkeit zu einem kontrollierten Umgang mit Alkohol in Zusammenhang mit einer Verkehrsteilnahme aufgrund der Vorgeschichte in Zweifel steht (Verlust der Handlungskontrolle). Ob im speziellen Fall nur eine Reduktion des Alkoholkonsums oder eine Alkoholabstinenz zu fordern ist, unterliegt einem relativ weiten Interpretationsspielraum. Derzeit ist ein verstärkter Trend zur Abstinenzforderung zu beobachten. Diese muss aber in jedem Fall im Gutachten ausreichend begründet sein.

An einen Verlust der Handlungskontrolle ist einerseits zu denken, wenn die festgestellten BAK-Werte so hoch waren, dass bereits von einer rauschbedingt nicht unerheblichen Einschränkung intellektueller Fähigkeiten ausgegangen werden muss. In solchen Fällen, in denen im Strafverfahren dann häufig schon die Voraussetzungen der §§ 20/21 StGB zu diskutieren sind, können die aktuell für eine Entscheidung notwendigen differenzierenden Abwägungen dem Betroffenen schon nicht mehr möglich sein und/oder zumindest hinter den im alltäglichen Leben eingefahrenen Verhaltensweisen zurückstehen. Dabei werden zu recht nicht nur hohe Alkoholisierungsgrade in Zusammenhang mit Verkehrsdelikten gewertet, sondern – soweit vorhanden – auch Informationen über rauschbedingte Auffälligkeiten außerhalb des Verkehrs. Ist es durch den Rauschzustand erst einmal zu einer Störung der Handlungskontrolle gekommen, ist es mehr oder weniger dem Zufall überlassen, wo und wie sie sich äußert.

Hinweise auf einen Verlust der Handlungskontrolle können sich aber auch schon alleine daraus ergeben, dass es zu einer ungewöhnlichen Häufung von Alkoholdelikten im Verkehr gekommen ist, wobei oft nach den ersten Auffälligkeiten noch eine positive Begutachtung erfolgt war. Teilweise lässt sich aus den jeweiligen Geschehensabläufen erkennen, dass ein ursprünglich vorgesehenes Handlungskonzept zur Verhinderung einer Verkehrsteilnahme in alkoholisiertem Zustand nicht beibehalten und konsequent umgesetzt oder an unvorhergesehene Ereignisse nicht angepasst werden kann.

Ein 25 Jahre alter Medizin-Student war im Abstand von 3 ½ Jahren zweimal im Rahmen von Routinekontrollen der Polizei mit Blutalkoholwerten von 0,95 ‰ und 1,23 ‰ aufgefallen. Im Rahmen der Exploration berichtete er zunächst allgemein, dass er sich eigentlich zum festen Vorsatz gemacht habe, wenn er mit dem Auto unterwegs sei, höchstens 2 Glas Bier zu trinken. Im Nachhinein könne er sich auch nicht erklären, wie ihm das jeweils habe passieren können.

Bei der ersten Auffälligkeit habe er in seinem Heimatort samstags abends an einer Mitgliederversammlung seines Sportvereins in der Sportgaststätte teilgenommen und in deren Verlauf 1 großes Bier getrunken. Beim Verlassen des Lokals sei er an der Theke auf ehemalige Schulkameraden getroffen, die dort Bier getrunken und um Runden Jägermeister gewürfelt hätten. Er habe sich kurz zu ihnen gestellt und noch ein zweites Bier bestellt. Trotzdem er zunächst nicht mitgewürfelt habe, sei ihm nach der nächsten Runde auch ein Jägermeister hingestellt worden, den habe er getrunken; er habe gedacht, den könne er sich vielleicht auch noch erlauben, wenn er mit der Heimfahrt noch ein bisschen warte. Sein Fehler sei aber gewesen, dass er sich habe verleiten lassen, dann doch mitzuwürfeln und dabei noch den einen oder anderen Jägermeister zu trinken. Er habe noch überlegt, ob er sich von einem

Freund mitnehmen lassen solle; zur Not hätte er sogar nach Hause laufen können. Am Ende seien aber alle in ihre Autos gestiegen und weggefahren, er auch, ohne noch viel darüber nachzudenken.

Beim zweiten Vorfall sei er in seiner Universitätsstadt wie häufiger am Wochenende mit vier Freunden zu einer Diskothekentour unterwegs gewesen. Bei solchen Gelegenheiten sei immer einer als Fahrer ausgewählt worden, der dann keinen Alkohol getrunken habe. Der Wagen des damals bestimmten Fahrers sei jedoch beim vorgesehenen Wechsel in die nächste Diskothek nicht mehr angesprungen. Sie seien deshalb etwa eine halbe Stunde zu ihm nach Hause gelaufen, da er am nächsten gewohnt habe, um von dort mit seinem Wagen weiterzufahren. Er lasse nicht gerne jemand anderen mit seinem Fahrzeug fahren, deshalb habe er sich selbst ans Steuer gesetzt. Zu diesem Zeitpunkt habe er auch noch nicht so viel getrunken gehabt. Er habe dann in der nächsten Diskothek aber weiter Alkohol getrunken; irgendwie sei ihm gar nicht richtig bewusst gewesen, dass er jetzt der Fahrer war. Kurz habe er zwischenzeitlich auch überlegt gehabt, ob er nicht ausnahmsweise doch einmal den als Fahrer ausgewählten Freund fahren lasse. Dann habe er aber gesehen, dass der zwischenzeitlich auch Alkohol getrunken habe. Deshalb habe er sich auch auf der Rückfahrt wieder selbst ans Steuer gesetzt.

Der Proband verfügte zwar über ein allgemeines Handlungskonzept für die Problematik Alkoholkonsum und Verkehrsteilnahme, wie auch über eine Planung für konkrete Situationen. Er war aber nach Beginn der Alkoholwirkung jeweils nicht mehr in der Lage, dieses Konzept gegen unvorhergesehene Änderungen der Situation beizubehalten bzw. entsprechend anzupassen. Unter dem Einfluss momentaner Bedürfnisse wurde es Schritt für Schritt aufgeweicht, bis es schließlich seine handlungsleitende Kompetenz völlig eingebüßt hatte. Die auslösenden Störfaktoren stellten dabei keine Ausnahmesituation dar; mit derartigen Konstellationen muss immer gerechnet werden. Insofern ist in diesem Fall die Forderung einer Alkoholabstinenz durchaus nachvollziehbar.

Von einem Verlust der Handlungskontrolle ist nicht unbedingt auszugehen, wenn die Trunkenheitsfahrt infolge einer Unkenntnis der gesetzlich festgeschriebenen Grenzwerte oder der pharmakokinetischen Zusammenhänge zwischen Trinkmenge und dadurch erreichbaren Konzentrationen erfolgte. Hierbei dürfte es sich aber um Einzelfälle handeln. Die Kenntnis insbesondere der 0,5 ‰-Grenze ist weit verbreitet; die Trinkmenge, durch die sie erreicht wird, wird allgemein eher unter- als überschätzt. Schwierig kann die Abschätzung allerdings manchmal bei Restalkohol vom Vorabend oder nach zwischenzeitlichen Schlaf- oder Ruhephasen sein, zumal dadurch die empfundene Trunkenheitssymptomatik sehr stark nachlassen kann. Häufiger wird die Trunkenheitsfahrt bewusst in Kauf genommen, da den Betroffenen die daraus resultierende Gefährdung nicht ausreichend bewusst ist.

Auch in dem Beispiel aus Abschn. 2.4.1.1 wäre eine Abstinenzforderung nicht überzeugend zu begründen. Es gibt hier keinerlei Anhalt für einen Verlust der Handlungskontrolle. Die Verkehrsteilnahme erfolgte bewusst, wenngleich in Unkenntnis des Verbots.

Ob eine Änderung des Trinkverhaltens in Form einer ausreichenden Reduktion des Alkoholkonsums oder in Form einer Alkoholabstinenz eingetreten ist, lässt sich aus der Sicht des Gutachters im Wesentlichen nur anhand der Angaben des Probanden beurteilen. Insofern spielt grundsätzlich die Glaubwürdigkeit des Probanden eine Rolle, wenngleich es wenige Möglichkeiten gibt, diese zuverlässig zu überprüfen. Konkrete Zweifel sind in erster Linie nur dann angebracht, wenn sich die Angaben zum aktuellen Alkoholkonsum nicht mit den medizinischen Befunden, insbesondere den differenzialdiagnostisch abgeklärten Laborwerten in Einklang bringen lassen. Umgekehrt wirkt eine Reduktions- oder Abstinenzbehauptung überzeugender, wenn sie nicht nur durch die Befunde am Begutachtungstag, sondern auch durch vom Probanden mitgebrachte Laborbefunde aus der Zeit davor gestützt wird. Ggf. kann auch die Teilnahme an einem Abstinenzprogramm nützlich sein. Kann eine Reduktion des Alkoholkonsums oder eine Abstinenz für einen längeren Zeitraum glaubhaft gemacht werden, so bietet das Anhalt dafür, dass die Veränderung nicht nur kurzfristig erfolgte, sondern das frühere problematische Verhaltensmuster durchbrochen bzw. durch ein neues ersetzt wurde. Das wirkt sich auch auf die Einschätzung der Stabilität der Verhaltensänderung positiv aus.

In manchen Gutachten wird der Abstinenznachweis für mindestens ein halbes bis ein Jahr bereits vor der ersten Begutachtung als conditio sine qua non für eine positive Beurteilung gefordert. In Extremfällen wird dabei nicht einmal oder lediglich mit allgemein gehaltenen Floskeln die Abstinenzforderung für diesen konkreten Fall begründet. Die Lauterkeit eines solchen Procedere ist in Frage zu stellen. Es wird eine Forderung an den Probanden gestellt, noch bevor entschieden ist, ob diese Forderung in seinem Fall überhaupt gerechtfertigt ist. Es ist also nicht nur Ausdruck einer unangebrachten Pauschalisierung, sondern auch des allgemeinen Usus, die von der Führerscheinbehörde gestellte Verdachtsdiagnose ungeprüft zu übernehmen und sich weder um die Diagnose noch um die erst daraus resultierenden Prognosekriterien Gedanken zu machen. Nicht zu beanstanden sind dagegen Empfehlungen in negativen Gutachten, in Hinblick auf angestrebte künftige Begutachtungen die aus anderen Gründen angezweifelte Behauptung einer als notwendig angesehenen Abstinenz durch regelmäßige Laborwertkontrollen oder die Teilnahme an einem Abstinenzprogramm zu dokumentieren.

Eine gewisse Skepsis ist gerechtfertigt, wenn sich die Angaben zum derzeitigen Trinkverhalten bei der medizinischen Untersuchung und in der Exploration gravierend unterscheiden oder während des Explorationsgesprächs wechseln, z. B. auf detaillierte Nachfrage erweitert werden. Selbst der Begriff der Alkoholabstinenz ist zu hinterfragen, da er sich im Verständnis mancher Probanden durchaus noch mit einem gelegentlichen Konsum zu besonderen Anlässen verträgt. Die Glaubwürdigkeit in Zweifel ziehen können auch Schilderungen, den Alkoholkonsum schlagartig komplett und ohne weitere Schwierigkeiten nach dem Vorfall abgesetzt zu haben. Es müssen zwar nicht unbedingt klassische Entzugserscheinungen auftreten. Häufig ist in solchen Fällen das Alkoholtrinken aber derart in die Lebensführung integriert, dass es schwer fällt, den Automatismen zu widerstehen, die in bestimmten, früher mit Alkoholkonsum verbundenen Situationen impulshaft auftreten.

Allerdings ist es kaum möglich, mithilfe solcher eher weicher Kriterien die Glaubhaftigkeit einer Änderung des Trinkverhaltens mit ausreichender Überzeugungskraft zu erschüttern und daraus alleine eine negative Prognose zu begründen. Die Skepsis der Gutachter äußert sich dann gelegentlich in Formulierungen, die behauptete Änderung des Trinkverhaltens könne nicht widerlegt werden oder ähnlichen.

Eine derartige negative formulierte Aussage ist inhaltlich völlig korrekt, da sich eine Befundkonstellation, die keinen Hinweis auf die Fortdauer eines problematischen Alkoholkonsums ergibt, nicht unbedingt in Umkehrung als objektivierbarer Beleg für eine ausreichende Änderung des Trinkverhaltens heranziehen lässt. Sie zeigt jedoch sehr deutlich die Grundstruktur der Begutachtungssituation. Von keinem Probanden kann ernsthaft erwartet werden, dass er sich nicht in bestem Licht darstellt oder gar aus seiner Sicht prognostisch negative Kriterien freimütig preisgibt. Der Gutachter muss nach Lücken in dieser positiven Selbstdarstellung suchen, die ihr zuwider eine negative Beurteilung begründen könnten. So ähnelt das Ganze einem Spiel, in dem der Proband auch entgegen der objektiven Sachlage umso bessere Chancen hat, je intelligenter und fachlich informierter er ist. Der Gutachter läuft dagegen Gefahr, die erforderliche Distanz und damit seine Objektivität zu verlieren. Mehr intuitiv gewonnene Überzeugungen, die keineswegs falsch sein müssen, werden dann unbewusst erst sekundär argumentativ untermauert. Das ist gerade auf einem Gebiet, auf dem die Grenzen der Entscheidungskriterien oft eher fließend sind und Interpretationsspielräume zulassen, vergleichsweise leicht möglich.

Die Stabilität einer ggf. zu unterstellenden Änderung des Trinkverhaltens erfordert das Eingeständnis der Problematik, einen offenen und selbstkritischen Umgang mit ihr und evtl. das Erkennen auslösender Ursachen. Dass jemand seine Alkoholdelikte im Verkehr als völlig normal darstellt, ist sicher sehr selten. Häufig sehen die Probanden jedoch einen Ausweg in der Interpretation der Vorkommnisse als Ausnahmesituation, in der sie unglücklicher Weise prompt erwischt worden seien. In die gleiche Richtung zielen Fragen der Gutachter, ob es denn in der Vergangenheit außerhalb der behördlich bekannten Trunkenheitsdelikte schon bei anderen Gelegenheiten zu einer Verkehrsteilnahme unter nach eigener Einschätzung unerlaubt hoher Alkoholwirkung gekommen sei. Angesichts der Dunkelziffern unerkannter Trunkenheitsfahrten von etwa 1 zu 250 bis 300 (vgl. 1.2.1) wird man davon ausgehen müssen, dass der erfassten Trunkenheitsfahrt in aller Regel eine Vielzahl von Trunkenheitsfahrten vorausgegangen sein müssen, die unentdeckt geblieben sind. Der Darstellung als Ausnahmesituation lässt sich also leicht die Glaubwürdigkeit absprechen, schon bei einem einzelnen und umso mehr bei mehreren erfassten Delikten. Als Konsequenz muss daraus geschlossen werden, dass sich der Proband mit der Problematik nicht offen und selbstkritisch auseinandersetzt, sich der Problematik nicht ausreichend bewusst ist. Dies ist mit einer positiven Prognose nicht zu vereinbaren.

Auch Kontrollrechnungen, in denen die vom Probanden für den Tag der Auffälligkeit angegebenen Alkoholtrinkmengen mit den gemessenen Alkoholkonzentrationen verglichen werden, dienen der Überprüfung der Offenheit des Probanden. Sollen in der Darstellung eines 80 kg schweren Mannes 3 Flaschen Bier über den Abend verteilt zu einer BAK von 1,6 ‰ geführt haben, so lässt sich dies rechnerisch widerlegen und spricht für erhebliche Bagatellisierungstendenzen. Allerdings ist bei solchen Kontrollrechnungen zu berücksichtigen, dass es beträchtliche Schwankungsbreiten bei den einzelnen in die Formel einfließenden Parametern gibt (vgl. 1.2.3.5). Die Differenzen zwischen den errechneten Werten und den gemessenen Werten müssen sehr groß sein, um als sicher widerlegbar gelten zu können. Von in der Konzentrationsberechnung unerfahrenen Gutachtern wird dies nicht selten erheblich unterschätzt. Häufig sind Trinkmengenangaben allenfalls unwahrscheinlich, aber nicht ausschließbar. Das Kriterium sollte auch deshalb insgesamt nicht überbewertet werden, weil die Trinkmengenangaben wohl eher nachträgliche Schätzungen der Probanden sein dürften. Es erscheint fraglich, ob man in derartigen Situationen tatsächlich auf eine detaillierte Erinnerung vertrauen darf.

Auch Abschätzungen der vom Probanden berichteten früheren Alkoholkonsumgewohnheiten werden auf der Basis der gemessenen Alkoholkonzentrationen vorgenommen. Aus dem Erreichen einer höheren Alkoholkonzentration alleine auf eine erhöhte Alkoholtoleranz zu schließen, ist nicht immer unproblematisch. Lagen trotz hoher Alkoholkonzentration ausweislich des Polizeiberichts und ggf. des Blutentnahmeprotokolls jedoch nur geringe oder keine Ausfallerscheinungen vor, kann dieser Rückschluss auch unter Berücksichtigung der individuell grundsätzlich unterschiedlichen Verträglichkeit gerechtfertigt sein; zumindest bei Konzentrationen im mittleren Bereich ist allerdings die Möglichkeit einer Situationsernüchterung in Erwägung zu ziehen. Kann eine erhöhte Alkoholtoleranz unterstellt werden, so setzt sie regelmäßigen Alkoholkonsum in entsprechendem Umfang voraus. Angaben des Probanden über nur gelegentlichen Konsum von einem Glas Bier oder Wein sind vor diesem Hintergrund als Bagatellisierung zu werten.

Einfach strukturierte Probanden befürchten, bei realistischer Bezifferung ihres früher hohen Alkoholkonsums keine Chance auf die Wiedererlangung der Fahrerlaubnis zu haben. Diese Einschätzung erfolgt vor dem Hintergrund des sicher zutreffenden generellen Mottos, dass sich übermäßiger Alkoholkonsum und Verkehrsteilnahme nicht miteinander vereinbaren lassen. Dabei wird außer Acht gelassen, dass eine zeitliche Differenzierung in die Zeit vor und die Zeit nach der Alkoholauffälligkeit vorzunehmen ist. Dass das Trinkverhalten vor der Auffälligkeit problematisch war, ist schon im Vorfall selbst dokumentiert und lässt sich weder leugnen, noch hat es irgendeine Bedeutung für die Beurteilung des Ist-Zustandes bei der Begutachtung. Das heißt aber keineswegs, dass der Gutachter mit solchen Fragen dem Probanden eine Falle stellt; ihm geht es primär um die Ausgangssituation bei der Überprüfung einer Änderung der Trinkgewohnheiten.

Ein selbstkritischer Umgang des Probanden ist aber nicht nur hinsichtlich seines Alkoholkonsumverhaltens, sondern auch hinsichtlich des deliktbezogenen Geschehens zu fordern. Wesentlich ist dabei, dass der Proband nicht nur den Gesetzesverstoß eingesteht, sondern auch die Verantwortung dafür übernimmt. Fatalistische Einstellungen (sog. Pechvogel-Argumente) oder gar Schuldabwälzungen auf andere Beteiligte oder widrige Umstände sprechen für eine unzureichende Problemeinsicht.

Ein 48 jähriger selbständiger Handwerker war gegen 22.30 h wegen eines defekten Rücklichts einer Kontrolle unterzogen worden. Auffälligkeiten in der Fahrweise waren im Polizei-Protokoll ausdrücklich verneint worden. Aufgrund von Alkoholgeruch in der Atemluft war eine Blutprobe angeordnet worden, die eine BAK von 1,73 ‰ ergeben hatte. Im Blutentnahmeprotokoll hatte der Arzt im Einzelnen keine Ausfallerscheinungen festgestellt, im Gesamteindruck leichten Alkoholeinfluss angekreuzt.

Im Rahmen der Begutachtung berichtete der Proband, er gehe einmal pro Woche zum Stammtisch, meist um ca. 19.00 h von der Arbeit aus mit dem Auto. Er essen dann zu Abend, trinke 1 Glas Bier dazu, danach vielleicht noch ein oder zwei weitere. Mehr werde es nicht, da er anschließend ja noch fahren müsse. Zu Hause trinke er keinen Alkohol, höchstens am Wochenende ein bis zwei Gläser zum Essen. Harte Alkoholika konsumiere er generell nicht.

Am Abend des Vorfalls habe er wie üblich am Stammtisch 2 oder 3 Glas Bier getrunken. Einer der Bekannten habe jedoch Geburtstag gehabt und alle zu zwei Runden Schnaps eingeladen. Der Betreffende sei sehr empfindlich, er habe die Einladung nicht abschlagen können. Deshalb sei schließlich die ganze Sache passiert. Er vertrage einfach keinen Schnaps. Auf den Hinweis, dass er angesichts der gemessenen BAK mehr getrunken habe müsse, erklärte der Proband, zunächst, dass er sich das auch nicht erklären könne. Dann ergänzte er, die Schnapsflasche habe den ganzen Abend auf dem Tisch gestanden. Vielleicht hätte man ihm unbemerkt davon etwas in Bier geschüttet. Dies sei bei einem anderen früher auch schon einmal passiert.

Man wird in einem solchen Fall kaum von einem offenen und selbstkritischen Umgang mit der Problematik ausgehen können. Das geschilderte Alkoholkonsumverhalten erklärt nicht die Toleranz, die angesichts weitgehend fehlender Trunkenheitssymptomatik bei 1,73 ‰ unterstellt werden muss. Die für den Vorfallsabend berichtete Trinkmenge ist bei weitem nicht geeignet, die gemessene BAK zu erklären. Entscheidend ist aber die Rolle, die sich der Proband zuordnet. Die Übernahme der Verantwortung ist allenfalls oberflächlich. Eine wesentliche Mitschuld liegt seiner Meinung in der Situation, in der er zum Schnapstrinken genötigt wurde. Schließlich geht er sogar soweit, die eigene Verantwortlichkeit komplett zu negieren, in dem er seine Stammtischgenossen beschuldigt. Das hier offensichtliche Fehlen der Problemeinsicht verhindert zwangsläufig auch die Möglichkeit einer weiteren Bearbeitung. Selbst wenn man hier eine Änderung des Trinkverhaltens unterstellen würde, könnte diese nicht als stabil angesehen werden, da es aus der Sicht des Probanden gar keinen nachhaltigen Grund gibt, sein Trinkverhalten zu verändern. Schließlich hat er ja nichts falsch gemacht, sondern war nur Opfer widriger Umstände oder gedankenloser Trinkspiele seiner Stammtischgenossen.

Als Motiv für die Änderung des Alkoholkonsumverhaltens und ihre künftige Beibehaltung wird von den Probanden auf Frage häufig die Wiedererlangung der Fahrerlaubnis benannt. Es stellt dies sicherlich eine ehrliche, aber von den meisten Gutachtern wenig honorierte Antwort dar. Diese Motivation wird als unzureichend erachtet, da sie in dem Moment wegfalle, in dem dem Probanden die Fahrerlaubnis wieder ausgehändigt werde. Dies erscheint überzogen, die Motivation kann nämlich danach in die einer künftigen Bewahrung der Fahrerlaubnis übergehen. Für viele spielt die Fahrerlaubnis eine derart bedeutsame Rolle im sozialen und beruflichen Umfeld, dass ihr Erhalt auch langfristig ein sehr starkes Motiv darstellen kann. Zweifellos überzeugender sind aber Motive, die über die Fahrerlaubnisproblematik hinausgehend sich auch auf die allgemeine Lebensführung erstrecken. Zumindest in gravierenden Fällen eines Alkoholabusus wird den Betroffenen nach der Reduktion oder dem Verzicht auf Alkohol häufig bewusst, wie sehr sie ihr Alkoholkonsumverhalten bereits schleichend in ihrer Leistungsfähigkeit und in ihrem Sozial- und Freizeitverhalten eingeengt hat. Sie erleben eine neue Lebensqualität, deren Erhalt ein starkes präventives Motiv sein kann. Dies allerdings auf Frage in Worte zu fassen, bedarf einer höheren intellektuellen Differenzierung, die nicht immer erwartet werden darf. Mitunter wird aber in der Exploration spontan über solche Erfahrungen berichtet, dass sich etwa familiäre oder berufliche Konflikte entschärft haben oder vernachlässigte Hobbys wieder aufgenommen wurden oder dergleichen.

Als stabilisierender Faktor ist weiter zu werten, wenn sich der Proband über persönliche Hintergründe seines früher erhöhten Alkoholkonsums bewusst ist. Nicht immer treten hier konkrete Bedingungsgefüge zu Tage. Es kann sich auch lediglich um eine schleichende Gewohnheitsbildung handeln. Nicht selten berichten jedoch die Probanden bspw. über Entlastungstrinken zur Stressbewältigung, insbesondere jüngere Probanden über gruppendynamische Prozesse oder über eine positiv empfundene Stärkung der eigenen in der Grundstruktur häufig selbstunsicheren Persönlichkeit. Eine derartige Selbsterkenntnis bedarf einer gewissen Introspektionsfähigkeit, die nicht immer vorausgesetzt werden kann. Andererseits handelt es sich hierbei wie auch bei der Motivationsbildung um zentrale Ziele therapeutischer Interventionen. Wurde im Vorfeld der Begutachtung therapeutische Hilfe in Anspruch genommen, so lässt sich deren Erfolg an solchen Fragen bemessen.

Gelegentlich sind es lebensphasische Krisen, die den Hintergrund eines Alkoholmissbrauchs bedingen, etwa Ehescheidungen, Verlust des Arbeitsplatzes, Tod eines nahen Angehörigen oder ähnliches. Die belastenden Ereignisse selbst, in jedem Fall aber die Zusammenhänge zum Alkoholkonsum werden von den Probanden nicht unbedingt spontan angesprochen. Hinweise, die dann vertieft werden müssen, können sich aus der biographischen Anamnese ergeben, soweit sie sich nicht wie leider häufig üblich auf ein Minimum beschränkt. Differentialdiagnostisch ist jedoch die Richtung der Kausalität zu prüfen: Familiäre und berufliche Probleme können Alkoholabusus bedingen, Alkoholabusus kann aber auch die familiären und beruflichen Probleme bedingen. Insbesondere muss ein geordneter zeitlicher Zusammenhang erkennbar sein. Zu beobachten sind oft langfristig unauffällige Verkehrsanamnesen, an die sich in zeitlicher Koinzidenz zu einem Ereignis in rascher Folge teilweise exzessive Alkoholauffälligkeiten anschließen. Die prognostische Ausgangslage ist in solchen Fällen vergleichsweise günstig, wenn der zugrundeliegende Konflikt gelöst ist und sich der soziale Kontext wieder stabilisiert hat. Andererseits darf man nicht außer Acht lassen, dass es sich um ein pathologisches Reaktionsmuster auf Konflikte handelt, das jederzeit in anderem Zusammenhang wieder wirksam werden kann.

Die medizinischen Befunde treten gegenüber dem Ergebnis der Exploration deutlich in den Hintergrund. Aufgrund des im Vergleich zur Abhängigkeit meist auch quantitativen Unterschieds sind hier über die Laborwerte hinaus selten bedeutsame Befunde zu erheben. Werden sie festgestellt, gelten hinsichtlich ihrer Wertigkeit und Interpretation die Einschränkungen, die bereits im vorherigen Kapitel dargestellt wurden (vgl. 2.4.1.2).

Auch relevante Einschränkungen im psychophysischen Leistungsvermögen kommen bei der Diagnose Alkoholabusus so gut wie nicht vor.

2.4.2 Drogen (Strohbeck-Kühner)

2.4.2.1 Indikationen für die medizinisch psychologische Begutachtung

Die „Begutachtungs-Leitlinien zur Kraftfahrereignung" führen aus, dass wer Betäubungsmittel im Sinne des Betäubungsmittelgesetzes (BtMG) nimmt oder von ihnen abhängig ist, nicht in der Lage ist, den gestellten Anforderungen zum Führen von Kraftfahrzeugen gerecht zu werden. Eine Einschränkung findet dahingehend statt, dass diese Aussage nicht gilt, wenn eine entsprechende Substanz für einen konkreten Krankheitsfall ärztlich verordnet und bestimmungsgemäß eingenommen wird.

Diese Leitlinie zeigt, dass im Unterschied zum Alkohol, alleine schon der Konsum von Drogen Bedenken an der Fahreignung begründet und eine Eignungsbegutachtung rechtfertigt. Lediglich bezüglich Cannabis wird dahingehend eine Einschränkung vorgenommen, dass wer nur gelegentlich Cannabis konsumiert, den gestellten Anforderungen zum Führen von Kraftfahrzeugen beider Gruppen gerecht wird, wenn er Konsum und Fahren trennen kann, wenn kein zusätzlicher Gebrauch von Alkohol oder anderen psychoaktiv wirkenden Stoffen und wenn keine Störungen der Persönlichkeit und kein Kontrollverlust vorliegen. Die Teilnahme am Straßenverkehr unter dem Einfluss von Cannabis begründet deshalb auch dann Bedenken an der Fahreignung, wenn sich bei der betreffenden Person keine Hinweise auf einen regelmäßigen Konsum ergeben. Dies gilt auch für diejenigen Personen, die bei einem nur gelegentlichen Konsum von Cannabis zu kontrollverlustigem Handeln neigen. Die Forderung nach einem Verzicht auf den Konsum von Alkohol bei einem gelegentlichen Konsum von Cannabis spiegelt demgegenüber sicherlich nicht die Realität eines weitverbreiteten Lebensstils insbesondere bei jungen Menschen wider. Im Kommentar zu den „Begutachtungs-

Leitlinien" wird hierzu insbesondere die kombinierte Einnahme von Alkohol und Cannabis angeführt, die zu problematischen Wechselwirkungseffekten der beiden Substanzen führen kann. Problematisch, weil nur unzureichend beschrieben, erscheint die Forderung, dass bei einem gelegentlichen Konsum von Cannabis keine Störung der Persönlichkeit vorliegen darf. Zum einen ist sicherlich nicht jede Persönlichkeitsstörung, ob mit oder ohne Cannabiskonsum, relevant für die Fahreignung. Zum anderen kann die Diagnose einer Persönlichkeitsstörung nur durch einen Fachmann erfolgen.

Die Praxis der Fahreignungsbegutachtung zeigt, dass auch die Zuweisung zu einer Medizinisch-Psychologischen Untersuchung (MPU) von Personen, die außerhalb des Straßenverkehrs durch den Konsum oder den Besitz von Betäubungsmitteln aufgefallen sind, keinen Einzelfall darstellt. Den Regelfall bilden jedoch Personen, bei denen eine Fahrt unter dem Einfluss von Betäubungsmitteln bekannt geworden ist. Im Vordergrund stehen dabei Fahrten unter dem Einfluss von Cannabis oder Amphetaminen bzw. Methamphetaminen wie Ecstasy. Häufig findet sich auch ein kombinierter oder sequentieller Konsum von Cannabis und Amphetamin bzw. Methamphetamin. Deutlich seltener finden sich in der MPU Personen, die durch den Konsum von Heroin oder Cocain auffällig geworden sind. Andere Drogen spielen in der MPU eine weitgehend untergeordnete Rolle.

Die behördliche Fragestellung lautet zumeist: „Kann der Betreffende trotz der Hinweise auf früheren Drogenmissbrauch ein Kraftfahrzeug sicher führen und ist insbesondere nicht zu erwarten, dass er (auch) in Zukunft ein Kraftfahrzeug unter dem Einfluss von Drogen oder deren Nachwirkungen führen wird?". Wenn sich aus der Vorgeschichte nur Hinweise auf einen gelegentlichen Konsum von Cannabis ableiten lassen, fragt die Behörde dann auch gelegentlich an, ob der Betreffende dazu in der Lage sein wird, Konsum und Fahren zu trennen.

Die Fragestellung macht deutlich, dass die Behörde zum einen wissen will, ob der Betreffende noch über die ausreichenden körperlichen und geistigen Voraussetzungen (psychophysische Leistungsfähigkeit, Intelligenz, Persönlichkeit) verfügt, und zum anderen wird eine Verhaltensprognose gefordert.

2.4.2.2 Die diagnostische Einordnung der Drogenproblematik (Strohbeck-Kühner)

Welche Voraussetzungen gegeben sein müssen, um zu einem positiven Gutachtenergebnis gelangen zu können, ist in den „Begutachtungs-Leitlinien zur Kraftfahreignung" und wesentlich ausführlicher in den „Beurteilungskriterien" ausgeführt. Die „Begutachtungs-Leitlinien" beschränken sich in ihren Forderungen weitgehend auf die Voraussetzungen, die gegeben sein müssen, wenn eine Drogenabhängigkeit vorliegt. In diesem Falle wird gefordert, dass sich die Betreffenden einer erfolgreichen Drogenentwöhnungsbehandlung unterzogen haben, die stationär oder im Rahmen anderer Einrichtungen für Suchtkranke erfolgen sollte. Nach der Entwöhnungsbehandlung wird eine mindestens einjährige Abstinenz gefordert, die durch geeignete Kontrolluntersuchungen dokumentiert sein muss.

Entsprechend den „Beurteilungskriterien" ist bei Drogenfragestellungen zunächst zu differenzieren, ob bei den Betreffenden eine Drogenabhängigkeit, eine fortgeschrittene Drogenproblematik, eine Drogengefährdung oder ein nur gelegentlicher Cannabiskonsum vorliegt. Hierzu wäre anzumerken, dass es sich um nicht eindeutig von einander abzugrenzende Diagnosekategorien handelt, sondern dass hier auch fließende Übergänge existieren. Die Diagnose einer Drogenabhängigkeit ist im Rahmen einer MPU nur in den seltensten Fällen zu stellen, da es hierzu der Mitarbeit des Untersuchten bedarf. In den meisten Fällen handelt es sich um externe Diagnosen, zumeist von Suchtmedizinern oder Suchttherapeuten, wenn sich die Betreffenden schon einer Entgiftungs- und/oder Entwöhnungsbehandlung unterzogen haben. Als problematisch gestalten sich gelegentlich von einem Gericht ohne eine entsprechende psychiatrische Begutachtung getroffene „Abhängigkeitsdiagnosen". Es ist des Öfteren zu beobachten, dass ein Angeklagter, um ein milderes Urteil zu bekommen, bei Gericht angibt, abhängig zu sein, obwohl die Kriterien für eine Abhängigkeit nicht gegeben sind. Mit solchen Diagnosen sollte in der Begutachtung deshalb sehr vorsichtig umgegangen werden.

Als Kriterien für eine Abhängigkeit wären folgende Kriterien zu nennen:

- Ein starker Wunsch oder der Zwang, psychotrope Substanzen zu konsumieren.
- Verminderte Kontrollfähigkeit bezüglich des Konsums psychotroper Substanzen.
- Körperliche Entzugssymptome bei Beendigung oder Reduzierung des Konsums bzw. die Aufnahme verwandter Substanzen zur Milderung der Entzugssymptomatik.
- Toleranzentwicklung.
- Fortschreitende Vernachlässigung anderer Vergnügen und Interessen sowie ein erhöhter Zeitaufwand für Beschaffung und Konsum von Drogen.
- Anhaltender Substanzkonsum trotz des Nachweises eindeutig schädlicher Folgen und des Wissens um diese Folgen.

Von einer Abhängigkeit kann nur dann ausgegangen werden, wenn mindestens drei dieser Kriterien gleichzeitig vorhanden sind.

Eine fortgeschrittene Drogenproblematik liegt vor, wenn ein Substanzmissbrauch nach DSM-IV vorliegt, dem Drogenkonsum eine problematische Motivation zu Grunde liegt und/oder ein grundsätzliches Bedürfnis fehlt, zu einer angemessenen Verhaltens- und Wirkungskontrolle zu kommen, oder wenn eine polyvalente Drogenproblematik vorliegt bzw. wenn der Betreffende Drogen mit einem hohen Suchtpotential (z. B. Heroin) einnimmt.

Von einer Drogengefährdung ist auszugehen, wenn der Betreffende häufig oder gewohnheitsmäßig ausschließlich Cannabis und/oder nur gelegentlich eine Droge mit einem höheren Suchtpotential und Gefährlichkeit als Cannabis konsumiert. Zudem muss der Betreffende noch über die Kompetenz verfügen, auf negative Konsequenzen seines Drogenkonsums angemessen zu reagieren. Von einem gelegentlichen Cannabiskonsum kann nur dann ausgegangen werden, wenn keines der oben genannten Kriterien vorliegt und als illegale Droge ausschließlich und nur gelegentlich Cannabis konsumiert wird.

Im Rahmen der Begutachtung ist es nicht immer möglich eine valide Einordnung der zu Untersuchenden in diese Diagnosekategorien vorzunehmen, da es oft an entsprechenden externen Informationen mangelt und die Betreffenden nicht immer in ausreichendem Maße offen über ihren Drogenkonsum berichten. Vielmehr muss auch hier, wie auch bei anderen Fragestellungen in der MPU, mit Bagatellisierungs- und Dissimulationstendenzen gerechnet werden. Viele Klienten sind bemüht, ihren Drogenkonsum als seltenes bzw. als einmaliges Ereignis darzustellen. Hier kommt deshalb auch den bei den Auffälligkeiten festgestellten Serumwerten der jeweiligen Droge eine wichtige Bedeutung zu. Hohe Werte der aktiven Substanzen sprechen zumeist gegen einen seltenen oder einen reinen Probierkonsum, insbesondere wenn bei den Betreffenden nur geringe oder keine Ausfallerscheinungen festgestellt werden. Bei Cannabis kann der Serumwert des nicht-aktiven Metaboliten THC-Carbonsäure als Marker für die Konsumgewohnheiten herangezogen werden (vgl. Kap. 1.3.2.3). Dabei ist immer auch zu beachten, dass im Falle der drogenbeeinflussten Teilnahme am Straßenverkehr ein seltener oder einmaliger Konsum von Drogen sehr problematisch zu werten ist. Wenn jemand ohne Erfahrung mit der Droge und deren Wirkungsweise ein Fahrzeug führt, so spricht dies für eine ausgesprochene Unbedenklichkeit und ein sehr geringes Risikobewusstsein. Ebenfalls ist in Betracht zu ziehen, dass einzelne Betroffene dazu tendieren, ihre Konsumgewohnheiten problematischer darzustellen als sie tatsächlich sind, um damit deutlich zu machen, dass man sich der Problematik des eigenen Drogenkonsums bewusst ist. So bezeichnen sich viele Klienten im Rahmen der MPU als abhängig, obwohl die Kriterien für eine Abhängigkeit nicht gegeben sind.

2.4.2.3 Prognostische Kriterien und Prognosestellung (Strohbeck-Kühner)

Der eigentliche Begutachtungsprozess gliedert sich in die Phase der Diagnose der Einsicht in die Problematik des Drogenkonsum und zumeist des daraus resultierenden Fehlverhaltens, die Phase der Diagnose des Veränderungsprozesses und schließlich die Phase der Prognose zukünftigen Verhaltens.

Bei den Personen, die sich einer Eignungsbegutachtung unterziehen müssen, entstanden Bedenken an ihrer Fahreignung durch ihr bisheriges Verhalten oder Fehlverhalten. Eine günstige Prognose setzt deshalb voraus, dass bei den Betreffenden inzwischen ein Veränderungsprozess stattgefunden hat, der dazu führt, dass sich dieses Verhalten geändert hat und sie dann wieder zum Führen eines Kraftfahrzeugs geeignet sind.

Eine grundlegende Bedingung zur Erreichung einer stabilen Verhaltensänderung ist bei nahezu allen Veränderungsprozessen die Einsicht in die Problematik des früheren Verhaltens. Verhaltensänderungen, die lediglich auf der Grundlage des Wunsches nach Wiedererlangung der Fahrerlaubnis erfolgen, sind zumeist nicht sehr zeitstabil, zumal im Falle einer Wiedererteilung der Fahrerlaubnis die zentrale Motivation für die Verhaltensänderung sehr häufig entfällt. Im Rahmen des psychologischen Explorationsgesprächs gilt es deshalb zu prüfen, ob bei den Betreffenden eine solche Problemeinsicht besteht und sie sich mit der Problematik auseinandergesetzt haben. Die Problematik kann dabei sehr vielgestaltig sein. Bei Vorliegen einer Drogenabhängigkeit oder eines fortgeschrittenen Drogenmissbrauchs mit den damit einhergehenden negativen körperlichen, sozialen und psychischen Folgen ist die Problematik evident. Die Praxis der Begutachtung zeigt, dass diese Personen, vorausgesetzt sie sind bereit, sich offen über ihren Drogenkonsum zu äußern, diese Problematik auch erkennen. Bei Vorliegen einer Drogengefährdung oder eines nur gelegentlichen Cannabiskonsums muss dagegen nicht zwingend vorausgesetzt werden, dass die Problematik des eigentlichen Drogenkonsums von den Betreffenden hinterfragt wird. So ist beispielsweise ein gelegentlicher Konsum von Cannabis durchaus Teil des Lebensstils von Jugendlichen, der bei vielen auch nicht zu größeren negativen Begleiterscheinungen führt. Hier ist jedoch zu fordern, dass die Betreffenden zumindest erkannt haben, dass ein weiterer Drogenkonsum dem Wunsch nach einer Fahrerlaubnis entgegensteht. In all den Fällen, in denen eine Fahrt unter Drogeneinfluss bekannt geworden ist, gilt es zu prüfen, ob diesen Personen die Gefährlichkeit ihres Verhaltens bewusst ist. Es ist durchaus nicht zu verkennen, dass es auch zu Verurteilungen nach § 24a bei Personen kommt, die sich um eine Trennung von Drogenkonsum und Fahren bemühen, bei denen aber noch teilweise sehr niedrige Serumkonzentrationen festgestellt wurden, bei denen die Betreffenden subjektiv keine Wirkung mehr verspürt haben und auch objektiv keine Einschränkungen nachzuweisen waren. In diesen Fällen besteht die Problematik darin, dass es an ausreichenden Kenntnissen über den Zusammenhang von Konsummenge und Abbauzeiten mangelt.

In dem zweiten Schritt gilt es zu prüfen, ob bei den Klienten hinsichtlich des problematischen Verhaltens, hier des Drogenkonsums, inzwischen eine Veränderung eingetreten ist. Welche Veränderungen hier zu fordern sind, ist detailliert den „Beurteilungskriterien" zu entnehmen. Abgesehen von einem nur gelegentlichen Cannabiskonsum ist hier die zentrale Forderung die nach einer dauerhaften und stabilen Abstinenz. Der Zeitraum der geforderten Abstinenz ist dabei abhängig von dem Schweregrad der Drogenproblematik. Bei Vorliegen einer Abhängigkeit von Drogen oder einer fortgeschrittenen Drogenproblematik ist ein mindestens 1-jähriger dokumentierter Abstinenzzeitraum nach erfolgreicher Beendigung der Therapie zu fordern. Liegt eine Drogengefährdung vor, darf zum Zeitpunkt der Begutachtung die Dauer des Drogenverzichts nicht weniger als drei Monate betragen. Lag in der Vergangenheit ein längerer, über Jahre dauernder Drogenkonsum vor, ist ein dokumentierter Abstinenzzeitraum von mindestens sechs Monaten zu fordern. Die Dokumentation der Abstinenz sollte durch Einbindung in ein Drogenkontrollprogramm oder durch eine Haaranalyse erfolgen. Die Anforderungen an die Durchführung eines Drogenkontrollprogramms oder einer Haaranalyse sind in den Beurteilungskriterien genau geregelt. Solche Untersuchungen dürfen nur durch nach DIN ISO EN 17025 für forensische Zwecke akkreditierte Labors durchgeführt werden. Die Einbestellung zur Urinabgabe für die Durchführung eines Drogenscreenings muss kurzfristig erfolgen und die Urinabgabe muss unter Aufsicht erfolgen. Die Betreffenden müssen im Vorfeld des Drogenkontrollprogramms über zu meidende Substanzen belehrt werden und es muss eine Befragung zu Störsubstanzen erfolgen. Die Einbestellung darf nicht vorhersehbar sein und Fehltermine müssen dokumentiert werden. Sowohl bei Urinkontrollen als auch bei Haaranalysen muss die Identität des zu Untersuchenden überprüft werden. Der Befundbericht muss Angaben zu den Cut-offs enthalten sowie Name und Anschrift des Labors, den Namen des Untersuchten und des verantwortlichen Untersuchers sowie Eingangs- und Untersuchungsdatum. Drogenscreenings und Haaranalysen, die diese Kriterien nicht erfüllen, sind zur Abstinenzdokumentation ungeeignet. Da sich Drogenbestandteile bei starker Verdünnung des Urins, z. B. durch eine sehr hohe Flüssigkeitszufuhr, einem Nachweis entziehen können, ist bei Urinuntersuchungen eine Bestimmung des Kreatininwertes als Maß für den Verdünnungsgrad unabdingbar. Ergebnisse eines Drogenscreenings mit erniedrigten Kreatininwerten können deshalb nicht verwertet werden. Dabei ist zu beachten, dass bei sehr schlanken Personen erniedrigte Kreatininwerte auftreten können, die nicht unbedingt auf Täuschungsversuche zurückzuführen sein müssen (vgl. Kap. 1.3 und 2.3.2).

Zum Nachweis eines einjährigen Abstinenzzeitraums sind sechs unauffällige Drogenscreenings innerhalb dieses Jahres durchzuführen, zur Dokumentation eines halbjährigen Abstinenzzeitraums sind vier Einzeluntersuchungen notwendig. Alternativ kann die Abstinenz auch durch Haaranalysen dokumentiert werden, wobei die analysierte Haarlänge den entsprechenden Zeitraum abdecken sollte. Auch im Falle eines nur gelegentlichen Cannabiskonsums, wenn keine vollständige Abstinenz von Cannabis zu fordern ist, können unauffällige Drogenscreenings oder Haaranalysen hilfreich für die Diagnose und Prognose sein, da sie zeigen, dass die betreffenden Personen dazu in der Lage sind, ihren Cannabiskonsum zu kontrollieren.

Unauffällige Drogenscreenings oder Haaranalysen sind alleine noch keine Gewähr, dass tatsächlich vollständige Abstinenz eingehalten wurde. So entzieht sich ein seltener oder gelegentlicher Drogenkonsum zumeist dem Nachweis durch eine Haaranalyse. So kommt es auch durchaus gelegentlich vor, dass es in dem Zeitraum zwischen zwei Einbestellungsterminen zu einem Drogenkonsum kommt, der bei der nächsten Untersuchung nicht entdeckt wird. Neben der Dokumentation durch Laborkontrollen kommt deshalb auch den Angaben der Untersuchten im Explorationsgespräch eine zentrale diagnostische Bedeutung zu. Hier gilt es zu prüfen, ob die Angaben zum Abstinenzentschluss und zur Umsetzung bzw. Beibehaltung der Abstinenz glaubhaft und nachvollziehbar sind. Mit zunehmender Konsumintensität nimmt der Drogenkonsum einen immer größeren Stellenwert in nahezu allen Lebensbezügen ein und erfüllt eine Vielzahl von Funktionen. Bei Vorliegen eines problematischen Drogenkonsums beschränkt sich die Umstellung auf eine abstinente Lebensführung deshalb nicht lediglich auf das Weglassen der Droge, sondern führt fast zwangsläufig zu einer Veränderung nahezu aller Bereiche des Lebens. Die Umstellung auf eine abstinente Lebensführung erfordert deshalb eine Vielzahl von Anstrengungen in unterschiedlichen Bereichen, insbesondere wenn eine länger dauernde und ausgeprägte Drogenproblematik vorliegt. Über diese Anstrengungen und die damit einhergehenden Veränderungen können die Betreffenden auch berichten, zumal sich eine Vielzahl von Anstrengungen und Veränderungen auf einer sehr konkreten Ebene abspielen.

Eine einmal erreichte Abstinenz ist nicht notwendiger Weise ein dauerhafter Zustand. Vielmehr muss immer auch die Möglichkeit eines Rückfalls in Betracht gezogen werden. Die Erfahrung in der Eignungsbegutachtung zeigt zudem, dass die Abstinenz des Öfteren lediglich funktional, im Hinblick auf die anstehende Begutachtung eingehalten wird und, wenn das primäre Ziel erreicht ist, es sehr schnell zu einem Rückfall in alte Drogenkonsumgewohnheiten kommt. Ein vordringliches Ziel der Fahreignungsbegutachtung stellt deshalb die Prognose zukünftigen Verhaltens, hier des Drogenkonsumverhaltens, bzw. im Falle eines nur gelegentlichen Cannabiskonsums, des Konsumverhaltens im Zusammenhang mit der Teilnahme am Straßenverkehr dar. Generell kann eine Verhaltensänderung als umso stabiler angesehen werden, je motivierter eine Person ist, diese Verhaltensänderung beizubehalten und zu stabilisieren. Die Motivation hängt dabei in hohem Maße von den Verstärkungen ab, die die Betreffenden durch das neue Verhalten bekommen und/oder dem Wegfall negativer Konsequenzen durch das frühere Verhalten. Eine Motivation zur Änderung der Drogenkonsumgewohnheiten setzt deshalb zunächst voraus, dass sich die Betreffenden mit ihrem Drogenkonsum auseinandersetzen und sich sowohl der positiven als auch der negativen Konsequenzen ihres Drogenkonsums bewusst werden. Insbesondere bei Vorliegen eines langjährigen und problematischen Drogenkonsums bedarf dieser Prozess sehr häufig der professionellen Unterstützung eines Psychotherapeuten, um die Fixierung und Einengung auf den Drogenkonsum aufzubrechen. Deshalb wird in den „Beurteilungskriterien" auch gefordert, dass bei Vorliegen einer Drogenabhängigkeit bzw. einer fortgeschrittenen Drogenproblematik eine günstige Prognose nur dann gestellt werden kann, wenn sich die Betreffenden einer Drogenentwöhnungsbehandlung (bei Drogenabhängigkeit) oder einer suchttherapeutischen oder Beratungsmaßnahme bei einer Suchtberatungsstelle oder einem niedergelassenen Therapeuten unterzogen haben.

Gelingt es, einen Veränderungsprozess in Gang zu setzen und die Betreffenden entschließen sich zu einer Änderung ihres Drogenkonsums, so erleben sie nach einiger Zeit auch die positiven Konsequenzen ihrer Abstinenz. Eine Drogenabstinenz kann nur dann als stabil angesehen werden, wenn für die Betreffenden die mit der Abstinenz einhergehenden Veränderungen als positiver erlebt werden als die Wirkung der Droge und des damit einhergehenden Lebensstils. Im Rahmen der Begutachtung gilt es deshalb zu prüfen, ob sich die Bertreffenden einerseits des Wegfalls der negativen Begleiterscheinungen ihres Drogenkonsums (z. B. negatives Rauscherleben, Reduzierung der Interessen, Einengung auf den Drogenkonsum, Verlust von sozialen Beziehungen, familiäre, berufliche und gesundheitliche Probleme, risikoreiches Verhalten im Straßenverkehr, Einschränkung der Leistungsfähigkeit und Leistungsbereitschaft, Probleme mit der Fahrerlaubnis, rechtliche Sanktionen) bewusst geworden sind. Parallel dazu gilt es zu erfragen und zu prüfen, welche Änderungen (positive und negative) die Betreffenden durch die Abstinenz erlebt haben und wie sie die Änderungen bewerten. Die Erfahrung in der Fahreignungsbegutachtung zeigt, dass sich durch die Abstinenz Änderungen in nahezu allen Lebensbereichen ergeben können. Positiv wird in aller Regel bewertet, dass sich die familiären Beziehungen sowie die Leistungsfähigkeit im Beruf und die körperliche Fitness verbessern. Eine stabile Abstinenz setzt zudem voraus, dass es den Betreffenden gelingt, die Lücke, die der Drogenkonsum hinterlassen hat, mit neuen Interessen und Aktivitäten auszufüllen. Es gilt deshalb auch zu erfragen, ob es gelungen ist, nicht nur den alten sozialen Bezugsrahmen in der Drogenszene aufzugeben, sondern auch neue Sozialkontakte zu knüpfen.

Ein zum Zeitpunkt der Untersuchung 20-jähriger Mann nahm innerhalb eines Monats zweimal unter Cannabiseinfluss am Straßenverkehr teil, wobei die dabei festgestellten THC-Werte im mittleren bzw. unteren Bereich angesiedelt waren und die Werte der THC-Carbonsäure in einem eher niedrigen Bereich lagen. Der Umstand der wiederholten Auffälligkeit ist prognostisch sehr problematisch zu werten, da dies zeigt, dass sich der Betreffende von der ersten Auffälligkeit und den zu erwartenden Konsequenzen nicht hat beeindrucken lassen.

Im psychologischen Untersuchungsgespräch wurde deutlich, dass bei dem Betreffenden ein funktionaler Cannabiskonsum vorgelegen hat und dass der Konsum für ihn ein Mittel zur Problembewältigung dargestellt hat. So hat er sich von seinen Eltern nicht angenommen gefühlt, da er den Eindruck hatte, beruflich zu versagen, da er nach der Schule arbeitslos war. In dieser Situation hat er den Kontakt zu einer Drogenclique gesucht, von der er sich angenommen gefühlt hat. Fortan hat er, immer wenn er Kontakt mit dieser Clique hatte, Cannabis konsumiert. Bedingt durch den (ansteigenden) Drogenkonsum kam es dann tatsächlich zu Problemen mit seinen Eltern bei denen er noch wohnte.

Zwar war ihm nach der ersten Auffälligkeit die Notwendigkeit des Cannabisverzichts klar, er konnte diese Absicht aber nicht umsetzen, da er nach wie vor Kontakt mit seinem damaligen Freundeskreis hatte und dieser ihn zu dem Konsum von Cannabis animierte. Erst nach der zweiten Auffälligkeit kam der Betreffende dann zu der Erkenntnis, dass er die Umstellung auf die Abstinenz alleine nicht erreichen kann und hat deshalb Kontakt zu einer Drogenberatungsstelle aufgenommen. Dadurch gelang es ihm, abstinent zu leben, wobei die Abstinenz zunächst noch instabil war, da er seine sozialen Randbedingungen nicht verändert hat und er insbesondere den Kontakt zu seiner Clique aufrechterhalten wollte. Erst nachdem er erkannt hat, dass er als Nicht-Konsument für seine Clique uninteressant ist und es deshalb zum Streit kam, hat er erkannt, dass diese Clique ihm nicht die Heimat bietet, die er gesucht hat. Mit Hilfe der Suchtberatungsstelle und durch die weitere Abstinenz kam er dann zu der Einsicht, dass sowohl seine beruflichen als auch seine familiären Probleme vor allem durch den Cannabiskonsum und den damit einhergehenden Interessen- und Aktivitätsverlust entstanden. Dies führte zum einen zu einem verstärkten Bemühen, sich einen Arbeitsplatz zu suchen, was ihm dann auch gelang und zum anderen zu einer deutlichen Verbesserung des Kontaktes zu seiner Familie. Beides erlebte er als positiv und entlastend und führte bei ihm zu dem Aufbau neuer Perspektiven und Interessen. Prognostisch günstig war in diesem Fall zudem zu bewerten, dass er bei der Suchtberatungsstelle adäquate Problembewältigungsstrategien erarbeitet hat um in zukünftigen Problemsituationen einem Rückfall in den funktionalen Cannabiskonsum entgegenwirken zu können. Da er seine Abstinenz durch ein Drogenkontrollprogramm auch dokumentiert hat, konnte bei ihm von einer positiven Prognose ausgegangen werden.

Auch wenn sichergestellt ist, dass ein zu Untersuchender abstinent lebt, er motiviert ist, abstinent zu bleiben und sich auch die Randbedingungen sowie sein Umfeld günstig entwickelt haben, muss trotzdem immer die Gefahr eines Rückfalls in Betracht gezogen werden. Insbesondere dann, wenn der Drogenkonsum funktional zur Problembewältigung und Entlastung gedient hat, ist bei erneuten Konfliktsituationen die Gefahr gegeben, dass es zu einer Wiederaufnahme des Drogenkonsums kommen kann. Es gilt deshalb zu prüfen, über welche Strategien zur Rückfallprophylaxe ein zu Untersuchender verfügt. Prognostisch problematisch ist grundsätzlich zu werten, wenn die Betreffenden subjektiv die Gefahr eines Rückfalls nicht sehen und sich deshalb im Vorfeld keine Gedanken machen, wie sie in Zukunft solchen Situationen begegnen können. Als sehr erfolgreich haben sich hier regelmäßige Besuche von Selbsthilfegruppen erwiesen.

Im Falle eines nur gelegentlichen früheren Cannabiskonsums und wenn die zu Untersuchenden auch beabsichtigen, in Zukunft weiterhin gelegentlich Cannabis konsumieren zu wollen, was in der Praxis der Fahreignungsbegutachtung nur äußerst selten vorgebracht wird, gilt es zum einen zu prüfen, ob ausreichende Kenntnisse über Wirkung und Wirkungsdauer des Cannabis vorliegen und zum anderen, ob sie über geeignete Strategien verfügen, um Cannabiskonsum und die Teilnahme am Straßenverkehr sicher zu trennen. Zudem muss sichergestellt sein, dass sich die Betreffenden um die Gefahren, die eine Cannabis beeinflusste Teilnahme am Straßenverkehr mit sich bringt, bewusst sind und gleichzeitig motiviert sind, Konsum und Fahren zu trennen. In den Fällen, bei denen sich auf der Einstellungsebene keine Eignungsbedenken ergeben, sich aber Wissensdefizite bezüglich des Cannabis und seiner Wirkweise und/oder Defizite hinsichtlich geeigneter Strategien zur Trennung von Konsum und Fahren nachweisen lassen, bietet sich die Möglichkeit der Teilnahme an einer nach § 70 FeV zugelassenen Nachschulungsmaßnahme für drogenauffällige Kraftfahrer an, um diese Defizite zu beheben (vgl. auch 2.5).

Eine Besonderheit stellt die Begutachtung von Drogenabhängigen dar, die an einem Substitutionsprogramm teilnehmen. Diese Personen sind in der Regel nicht geeignet, ein Kraftfahrzeug zu führen. In den „Begutachtungs-Leitlinien zur Kraftfahrereignung“ ist ausgeführt, dass bei diesen Fällen nur in seltenen Ausnahmefällen eine positive Beurteilung erfolgen kann. Voraussetzungen hierfür sind unter anderem eine mehr als 1-jährige Substitution, eine stabile psychosoziale Integration und die Freiheit von Beigebrauch anderer Drogen und Alkohol über mindestens ein Jahr. Die praktische Erfahrung zeigt, dass diese Voraussetzungen nur selten erreicht werden. Erfahrungsgemäß mangelt es zumeist an dem Nachweis der Freiheit eines Beigebrauchs. In der Praxis kann eine günstige Prognose zumeist nur bei Personen gestellt werden, welche die Substitutionsbehandlung längerfristig zur Erreichung einer vollständigen Abstinenz nutzen wollen und deshalb mit Unterstützung des substituierenden Mediziners die Dosierung schrittweise reduzieren.

2.4.2.4 Überprüfung der verkehrsrelevanten Leistungsfunktionen (Strohbeck-Kühner)

Zumeist wird von den Behörden in Zusammenhang mit der Drogenfragestellung auch nach den körperlichen und geistigen Voraussetzungen zum sicheren Führen eines Kraftfahrzeugs gefragt. Diesbezüglich soll auf das Kap. 2.3.3 verwiesen werden. Anzumerken wäre hier, dass die praktische Erfahrung in der Fahreignungsbegutachtung zeigt, dass sich bei Drogenkonsumenten nur selten Leistungsdefizite finden. Drogenkonsumenten sind zumeist jünger und weisen ein gutes Leistungsvermögen auf. Selbst in den Fällen, in denen drogenbedingt Leistungsdefizite und hier insbesondere Defizite im Bereich der Aufmerksamkeit und der Konzentration entstanden sind, sind in Folge des hohen Ausgangsniveaus der Leistungsfähigkeit jüngerer Personen nur selten Leistungen festzustellen, die den Anforderungen zum Führen eines Kraftfahrzeugs nicht genügen.

2.4.2.5 Medizinische Untersuchung/ärztliche Begutachtung (Haffner)

Nach § 14 FeV ist bei Verdacht auf Betäubungsmittelabhängigkeit, auf Einnahme von Betäubungsmitteln oder auf missbräuchliche Einnahme von psychoaktiv wirkenden Substanzen zur Klärung der Eignungsfrage ein ärztliches Gutachten ausreichend. Die Beibringung einer MPU dagegen ist nur erforderlich, wenn aufgrund der vorgenannten Gründe die Fahrerlaubnis bereits einmal strafrechtlich oder verwaltungsrechtlich entzogen war, wenn bei schon zuvor gestellter Diagnose einer Abhängigkeit oder eines Missbrauchs zu klären ist, ob diese aktuell noch bestehen, oder wenn gehäufte Verstöße gegen § 24a StVG begangen wurden. In der Praxis dominieren bei weitem die Anordnungen einer medizinisch-psychologischen Begutachtung. Dies resultiert zum einen daraus, dass die meisten Betroffenen durch Straßenverkehrsdelikte auffällig werden. Andererseits werden die Anforderungen von den Behörden regional sehr unterschiedlich und für einen Außenstehenden nicht immer nachvollziehbar umgesetzt. Für einen in beiden Bereichen tätigen Gutachter ist es nicht ungewöhnlich, dass trotz nahezu identischer Ausgangssituation in einem Fall eine MPU, im anderen Fall eine ärztliche Untersuchung verlangt wird.

Zwischen der medizinischen Untersuchung, wie sie im Rahmen der medizinisch-psychologischen Untersuchung durchgeführt wird, und der ärztlichen Begutachtung nach § 14 FeV besteht inhaltlich kein wesentlicher Unterschied. Bei der Befunderhebung wird in erster Linie auf Spuren eines aktuellen (z. B. frische Nadeleinstichstellen, Reizungen der Nasenschleimhäute) oder früheren Drogenkonsums (z. B. sog. Narbenstraßen über oberflächlichen Venen, Nasenscheidewanddefekte) geachtet. In aller Regel ist der körperliche Befund jedoch unauffällig, zumal Fälle fortgeschrittener Drogenproblematik eher selten im Klientel der Fahreignungsbegutachtung anzutreffen sind. Allenfalls sind unspezifische Befunde (z. B. Zeichen einer vegetativen Labilität) festzustellen, die kausal nicht eindeutig zuzuordnen sind. Am ehesten ist von den chemisch-toxikologischen Untersuchungsergebnissen der bei der Untersuchung entnommenen Urin- oder Haarprobe eine Aussage zu erwarten. Hinsichtlich der Bewertung der chemisch-toxikologischen Befunde wird auf die Abschn. 1.3 und 2.3.2 verwiesen.

2.4.3 Charakterliche Eignung (Strohbeck-Kühner)

Unter der Überschrift „Charakterliche Eignung“ werden in der Regel Personen subsumiert, bei denen Bedenken an der Fahreignung auf Grund von verkehrsrechtlichen und/oder strafrechtlichen Auffälligkeiten entstehen. Hierbei handelt es sich um eine starke Vereinfachung, da, wie weiter unten auszuführen sein wird, insbesondere verkehrsrechtliche Auffälligkeiten auch medizinische Ursachen haben können. Zudem ist diese Begrifflichkeit auch nicht dazu geeignet, diese Personen von der Gruppe derjenigen Kraftfahrer abzugrenzen, die durch Alkohol, Drogen oder Medikamente im Straßenverkehr auffällig werden, da auch bei diesen Auffälligkeiten die charakterliche Eignung oder Nichteignung eine zentrale Rolle spielt. Die Überschrift lässt sich wohl am ehesten dadurch erklären, dass diese Fragestellungen hauptsächlich von psychologischer Seite bearbeitet werden und sich die Psychologie, historisch betrachtet, mit Fragen des „Charakters“ beschäftigt. In der wissenschaftlichen Literatur findet der Begriff „Charakter“ seit Jahrzehnten keine Verwendung mehr und entspricht auch inhaltlich nicht mehr dem Wissensstand. Die Frage nach der charakterlichen Eignung zielt vielmehr auf die Begriffe „Persönlichkeit“, „Einstellungen“ und „Lernerfahrung“ ab. So versteht man unter „Persönlichkeit“ eine relativ überdauernde Verhaltensdisposition, die sich über verschiedene Situationen und einen längeren Zeitraum hinweg manifestiert. Im Unterschied zu dem starren „Charakter-Konzept“ sind die „Persönlichkeit“ ebenso wie die Einstellungen aber veränderbar, beispielsweise durch Psychotherapie.

2.4.3.1 Verkehrsauffällige Kraftfahrer

Zunächst wäre festzustellen, dass bei Fahrern, die wiederholt oder erheblich gegen verkehrsrechtliche Bestimmungen verstoßen, nicht grundsätzlich davon ausgegangen werden kann, dass „charakterliche“ Mängel für diese Auffälligkeiten verantwortlich sind. In allerdings eher selteneren Fällen können hierfür auch generelle Leistungsmängel oder Wissensdefizite eine Rolle spielen. Des Weiteren ist auch daran zu denken, dass Verkehrsverstöße oder Unfälle auch direkte oder indirekte Folge einer Erkrankung oder Störung sein können. So gehen viele Erkrankungen mit einer Einschränkung der verkehrsrelevanten Leistungsfunktionen einher oder werden mit Medikamenten behandelt, die sich ungünstig auf die Fahrtüchtigkeit auswirken können. Deshalb ist auch bei Verkehrsauffälligkeiten, die nicht in Verbindung mit Alkohol oder Drogen erfolgten, eine medizinische Untersuchung zum Ausschluss eignungsrelevanter Krankheiten und Störungen grundsätzlich indiziert. In den meisten Fällen liegt der Schwerpunkt der Begutachtung verkehrsauffälliger Kraftfahrer oder sogenannter „Punktetäter“ auf der psychologischen Untersuchung.

Eine Besonderheit der Begutachtung verkehrsauffälliger Kraftfahrer liegt im Unterschied zu der Begutachtung von alkohol- und drogenauffälligen Kraftfahrern darin, dass die Diagnose und Prognose fast ausschließlich auf der Einstellungsebene der Untersuchten erfolgt. Während bei alkohol- und drogenauffälligen Kraftfahrern die Diagnose von schon erfolgten Änderungen auf der Verhaltensebene (Änderung des Konsumverhaltens) eine zentrale Rolle spielt, haben die meisten verkehrsauffälligen Kraftfahrer, da zumeist ohne Fahrerlaubnis, wesentlich weniger die Möglichkeit, positive Veränderungen auf der konkreten Fahrverhaltensebene umzusetzen und darüber zu berichten.

Die behördliche Fragestellung bei Fahrern mit verkehrsrechtlichen Auffälligkeiten lautet zumeist „Ist zu erwarten, dass der Untersuchte auch in Zukunft in verstärktem Maße oder wiederholt gegen verkehrsrechtliche Bestimmungen verstoßen wird?“. Eine für den zu Untersuchenden positive Beantwortung dieser Frage setzt zunächst voraus, dass sich der Betreffende seines Fehlverhaltens und insbesondere der Ursachen dieses Fehlverhaltens, die in ihm selbst zu suchen sind, bewusst geworden ist. Weiterhin muss sichergestellt sein, dass er sich mit den Ursachen dieses Fehlverhaltens auseinander gesetzt hat und dass es über diese Auseinandersetzung mit seinem Fehlverhalten und dessen Ursachen zu einer Einstellungsänderung gekommen ist. Drittens ist dann noch zu prüfen, ob zu erwarten ist, dass der Betreffende seine veränderte Einstellung in Zukunft auch auf der Verhaltensebene umsetzen und angepasst am Straßenverkehr teilnehmen kann.

In einem ersten Schritt der Begutachtung gilt es, die Problemeinsicht zu überprüfen. So kann bei dem „klassischen Punktetäter“, der mit 18 oder mehr Punkten beim Kraftfahrtbundesamt belastet ist, davon ausgegangen werden, dass festverwurzelte Fehleinstellungen und Fehlverhaltensweisen vorliegen. Bei der bekannt hohen Dunkelziffer von Verkehrsverstößen ist das Erreichen von so vielen „Punkten“ nicht durch lediglich isolierte Fehlverhaltensweisen erklärbar. Es gilt deshalb zu prüfen, ob sich die Betreffenden eines solchen Zusammenhangs bewusst sind. Sie müssen erkannt haben, dass das einzelne Fehlverhalten in einer bestimmten Situation, welches dann zu den „Punkten“ geführt hat, Ausdruck eines Fahrstils oder einer Grundhaltung war, die auch in anderen Fahrsituationen wirksam war. Der Psychologe darf sich deshalb nicht darauf beschränken, die bekannt gewordenen Auffälligkeiten „abzufragen“, sondern sollte vielmehr verstärkt auf die Gemeinsamkeiten der Verkehrsauffälligkeiten sowie die gemeinsamen Ursachen, die hinter den Auffälligkeiten standen, eingehen.

Die Ursachen für regelmäßige und wiederholte Verkehrsauffälligkeiten sind vielfältig und stehen in Zusammenhang mit der Persönlichkeit und dem Lebensstil der Betreffenden. Verdeutlichen lässt sich dies anhand zweier Risikogruppen, die als Punktetäter gehäuft in Erscheinung treten. Zum Einen sind dies insbesondere die Gruppe der jungen männlichen Kraftfahrer und zum Anderen die Gruppe der Geschäftsleute. In einer Vielzahl von Untersuchungen konnte gezeigt werden, dass Persönlichkeitsmerkmale wie z. B. erhöhte Risikoneigung, Aggressivität und Feindseligkeit, external Kontrollüberzeugungen, Impulsivität und Sensationseeking einhergehen mit einem riskanten Fahrstil, vermehrten Unfällen und verstärktem Missachten von Verkehrsregeln. Bei jungen Kraftfahrern mit solchen Persönlichkeitsmerkmalen ist die Gefahr, dass diese Merkmale im Straßenverkehr wirksam werden, wesentlich größer als bei älteren Kraftfahrern, da es ihnen oft noch an dem nötigen Erfahrungslernen mangelt und die Ausrichtung des eigenen Verhaltens an längerfristigen Konsequenzen noch nicht sehr ausgeprägt ist. Zudem ist inzwischen aus der Hirnforschung bekannt, dass in diesem Alter Hirnareale, die z. B. für das Angsterleben oder die Antizipation von Gefahren zuständig sind, oft noch nicht vollständig ausgereift sind. Hinzu kommt die verstärkte Abhängigkeit junger Fahrer von den Normen ihrer jeweiligen sozialen Bezugsgruppe, die oft als relevanter erachtet werden als rechtliche Normen. Einzelne soziale Bezugsgruppen messen dem Fahrzeug eine hohe Bedeutung zu und ein schnelles Fahrzeug sowie ein risikoorientierter Fahrstil besitzen hier auch einen hohen Prestigewert. Ein risikoreicher und tempoorientierter Fahrstil reflektiert in dieser Altersgruppe das oft gehörte Motto „life fast, die young". Einerseits ganz anders, andererseits aber doch nicht unähnlich sind die Ursachen von Verkehrsauffälligkeiten bei zum Teil sehr erfolgreichen Geschäftsleuten. Auch hier spielen vergleichbare Persönlichkeitsmerkmale eine nicht unerhebliche Rolle. Merkmale wie Risikobereitschaft, Impulsivität, die Bereitschaft zum schnellen Handeln sowie ein sehr enger Zeitplan gelten häufig als Schlüssel zum beruflichen Erfolg. Auf den Straßenverkehr übertragen führen diese Merkmale dagegen verstärkt zu Konflikten und Verkehrsverstößen. Eine weitere Gemeinsamkeit dieser Gruppe mit der Gruppe der jungen Kraftfahrer liegt darin, dass auch diese Gruppe verstärkt die Bereitschaft aufweist, eigene Normen und Ziele über die Belange der Verkehrssicherheit und allgemeinverbindliche Normen und Gesetze zu stellen.

Einem 47-jährigen Chirurgen wurde die Fahrerlaubnis wegen Nötigung in vier Fällen (er wurde dabei von der Polizei gefilmt) entzogen. In den Jahren davor fiel er zudem drei Mal durch Überschreiten der Höchstgeschwindigkeit sowie durch Nichteinhalten des Mindestabstandes und durch Missachten des Rotlichts auf. Er gab an, sich an die Vorfälle zumeist noch gut erinnern zu können. Zu der ersten Geschwindigkeitsübertretung erklärt er, dass er eine breit ausgebaute Straße gefahren sei und das 70er Schild auch gesehen habe, er aber gedacht habe, „dass das doch nicht sein kann" und er es deshalb ignoriert habe. Die anderen Auffälligkeiten durch Überschreiten der Höchstgeschwindigkeit begründete er damit, dass er damit ja niemanden geschädigt habe und dass er immer gedacht habe, dass er selbst entscheiden könne, wie schnell er fahre. Hinsichtlich der Nötigung wird von dem Untersuchten angegeben, dass er immer gedacht habe, dass Nötigung ein aggressives Verhalten voraussetze. Er sei nicht aggressiv gewesen und auch nicht im Stress oder in Eile. Er habe sich zuvor einen Traum erfüllt und habe sich ein schnelles Fahrzeug gekauft, welches er einfach mal habe „laufen" lassen wollen. Er habe keine Lichthupe gegeben und auch nicht geblinkt, sondern sei nur dicht aufgefahren um dem Vordermann zu zeigen, dass er überholen wolle. Wenn das vordere Fahrzeug dann nach rechts gefahren sei, sei er auch schon am Überholen gewesen. Bezüglich des Überfahrens einer roten Ampel gab er an, dass er diese Ampel kenne und dass sie bis dato immer „grün" angezeigt habe, weshalb er auch nicht groß darauf geachtet habe.

Diese Schilderung macht deutlich, dass die Verkehrsauffälligkeiten nicht lediglich Folge einer augenblicklichen Unaufmerksamkeit oder ein isoliertes Fehlverhalten waren, sondern dass den Auffälligkeiten eine fest verwurzelte egozentrische Haltung zugrunde liegt, die dazu geführt hat, dass der Betreffende seine Interessen über allgemein verbindliche Normen und Verkehrsregeln stellt bzw. diese in seinem Sinne uminterpretiert. Um eine solche Grundhaltung aufzubrechen bedarf es zumeist der Unterstützung eines Verkehrstherapeuten, was der Betreffende im Vorfeld der Untersuchung auch erkannt hatte.

Im Rahmen des psychologischen Untersuchungsgesprächs gilt es zu prüfen, ob sich die Betreffenden inzwischen dieser Zusammenhänge bewusst sind und ob sie erkannt haben, dass ihr Punktekonto kein Zufallsprodukt darstellt. Dabei muss der Gutachter das intellektuelle Leistungsniveau des jeweiligen Klienten beachten und bei eher einfach strukturierten Personen keine allzu hohen Anforderungen an das Abstraktionsvermögen stellen. Die Erfahrung zeigt aber, dass auch einfach strukturierte Klienten, die sich über die Ursachen ihrer Verkehrsauffälligkeiten Gedanken gemacht haben, diesen Prozess durchaus auf der konkreten Sach- und Handlungsebene darstellen können.

Häufig findet sich bei den Klienten, die sich einer MPU unterziehen, eine Tendenz, Verkehrsauffälligkeiten auf äußere ungünstige Umstände oder auf das reale oder vermeintliche Fehlverhalten anderer Verkehrsteilnehmer zurückzuführen. Bei solchen Angaben kann es sich um reine Schuldabweisungstendenzen von Personen handeln, die sich mit ihrem Fehlverhalten noch nicht in ausreichendem Maße auseinandergesetzt haben. Es kann sich hierbei aber auch um Attribuierungsstile oder Kontrollüberzeugungen (locus of control) handeln. Hierbei handelt es sich um Persönlichkeitsmerkmale, die im Hinblick auf die Fragestellung sehr ungünstig zu bewerten sind. So neigen Personen mit einem externalen Attribuierungsstil dazu, eigenes Fehlverhalten und Misserfolge external zu erklären. Personen mit externalen Kontrollüberzeugungen nehmen positive oder negative Ereignisse nicht als Konsequenz des eigenen Verhaltens wahr. Sie führen sie vielmehr auf mächtigere andere Personen oder das Schicksal zurück. Viele verkehrsauffällige Kraftfahrer sehen sich vom Pech oder auch von der Polizei verfolgt und sind der Überzeugung, dass sie, egal wie sie sich verhalten, diesen Verfolgungen nicht entgehen können. Solche Attribuierungsstile und Kontrollüberzeugungen gelten als prognostisch sehr ungünstig, da die Betreffenden dadurch auch nicht gezwungen sind, über ihr eigenes Verhalten und dessen mögliche Konsequenzen nachzudenken. Da es sich hierbei um relativ stabile Persönlichkeitsmerkmale handelt, bedarf es professioneller therapeutischer Unterstützung, um diese Überzeugungen aufzubrechen.

Tatsächlich können sich natürlich auch ungünstige äußere Umstände auf das Fahrverhalten und den Fahrstil auswirken. Viele Klienten führen im Rahmen der Begutachtung ihre Auffälligkeiten auf Belastungen oder „Stress“ zurück. Hierzu wäre anzumerken, dass solche Erklärungsversuche häufig lediglich Ausdruck eines externalen Erklärungsversuch darstellen und diese Erklärungen oft in stereotyper Weise und ohne dass die Betreffenden dazu in der Lage sind, diese Belastungen genauer darzustellen, vorgebracht werden. Es finden sich jedoch auch Fälle, bei denen die Belastungssituationen für den Gutachter durchaus evident werden. Belastungen, insbesondere auch berufliche Belastungen, können sich, bedingt durch

Zeitdruck, direkt auf den Fahrstil auswirken und führen oft zu Geschwindigkeitsdelikten. Belastungen mit einer starken emotionalen Komponente haben oft indirekte Auswirkungen auf das Fahren, wenn diese Belastungen in den Straßenverkehr hinein getragen werden. So führen starke emotionale Belastungen dazu, dass die Aufmerksamkeit dieser Personen häufig auf das zu Grunde liegende Problem gerichtet ist und deshalb für den Straßenverkehr nicht mehr zur Verfügung steht. Oft ist auch zu beobachten, dass bei solchen Problemen und Belastungen eine ausgeprägte Einengung auf diese Probleme erfolgt, die dazu führt, dass diese Personen Aspekten der Verkehrssicherheit oder der Einhaltung von Gesetzen oder Regeln nur eine untergeordnete Bedeutung zumessen. Häufig treten bei solchen Personen, nachdem sie über eine lange Zeit unauffällig am Straßenverkehr teilgenommen haben, plötzlich gehäuft und regelmäßig Verkehrsverstöße auf. In diesen Fällen ist im Rahmen der Begutachtung nicht nur zu prüfen, ob die Betreffenden den Zusammenhang zwischen den subjektiv erlebten Belastungen und den Verkehrsauffälligkeiten erkannt haben, sondern dass ihnen auch bewusst geworden ist, dass sie auf ihre Probleme und Belastungen mit den falschen Mitteln reagiert und ungünstige Problembewältigungsstrategien entwickelt und umgesetzt haben.

Da, wie oben angeführt, die Ursachen von regelmäßigen Verkehrsauffälligkeiten auch in der Persönlichkeitsstruktur der zu Untersuchenden zu suchen sind, gilt es, entsprechende relevante Persönlichkeitsmerkmale zu identifizieren. In der Psychologie erfolgt dies traditionell mit standardisierten Persönlichkeitstests in Fragebogenform. In der Fahreignungsdiagnostik finden diese Verfahren zumeist keine Verwendung und die Persönlichkeitsdiagnostik beschränkt sich auf das psychologische Untersuchungsgespräch. Die Ursachen hierfür liegen zum Einen in der Geschichte der MPU begründet und zum Anderen in der Verankerung des Persönlichkeitsbegriffs in den juristischen Randbedingungen. So wurden in den 70er Jahren teilweise rein klinische Tests in der Fahreignungsbegutachtung verwendet, die beispielsweise auch psychotische Symptomatik erfassten. Unter dem Druck der öffentlichen Kritik entschloss man sich, anstatt geeignete Verfahren zu entwickeln, auf Persönlichkeitsfragebogen fast ganz zu verzichten. In der Anlage 15 der FeV findet sich der Hinweis, dass im Rahmen der Fahreignungsbegutachtung Gegenstand der Begutachtung nicht die gesamte Persönlichkeit des Betroffenen ist, sondern nur solche Eigenschaften, Fähigkeiten und Verhaltensweisen, die für die Kraftfahrereignung von Bedeutung sind. Eine solche Einschränkung ist in Anbetracht der oben angeführten Vorgehensweise in den 70er Jahren durchaus verständlich, ist in der Praxis aber nur schwerlich umzusetzen. Ein Individuum handelt, auch im Straßenverkehr, als Gesamtpersönlichkeit und trennt nicht je nach Situation einzelne Persönlichkeitseigenschaften ab. Eine Reduzierung der zu prüfenden Persönlichkeitseigenschaften auf wenige, offenkundig für die Fragestellung relevante Merkmale würde das Individuum seiner Individualität entheben und wäre auch nur schwer mit der in der Begutachtung geforderten Einzelfallbezogenheit in Einklang zu bringen.

In der zweiten Auflage der „Beurteilungskriterien" wird, allerdings nur an einer Stelle und eingebettet in die Empfehlungen hinsichtlich der Durchführung von Leistungstests, auf den Einsatz von Persönlichkeits- und Einstellungstests eingegangen. Hier wird angeführt, dass ein eventuell zusätzlich eingesetztes Testverfahren zur Erfassung verkehrsspezifischer Persönlichkeits- und Einstellungsfaktoren einen eindeutigen Bezug zu dem Verhalten im Straßenverkehr aufweist und sich nicht ausschließlich auf allgemeine Persönlichkeitsfaktoren ohne diesen Bezug bezieht. Die Forderung nach einem Bezug der Persönlichkeits- bzw. Einstellungsfaktoren zur Fragestellung ist im Hinblick auf die Anlassbezogenheit sicherlich nachvollziehbar. Gelegentlich wird in diesem Zusammenhang jedoch die Forderung erhoben, dass sich der direkte Bezug zur Fragestellung auch in jeder

Frage und in jedem Statement eines Fragebogens niederschlagen soll. Eine solche Forderung mag sinnvoll sein bei der Überprüfung von Einstellungen, nicht jedoch bei Persönlichkeitsfaktoren. Eine solche Vorgehensweise widerspricht der gesamten wissenschaftlichen Persönlichkeitsforschung, die Persönlichkeitsfaktoren als situationsübergreifende Konstrukte begreift. Aus diesem Grund existieren auch keine „fahrspezifischen" Persönlichkeitstests, was dann häufig zum Anlass genommen wird, auf eines der wichtigsten psychologischen Instrumentarien ganz zu verzichten.

Im zweiten zentralen Schritt der Begutachtung gilt es zu prüfen, ob sich bei den Klienten inzwischen Veränderungen auf der Einstellungs- und Verhaltensebene ergeben haben, die hinsichtlich der Fragestellung positiv zu werten sind. Wie schon oben angeführt, handelt es sich im Hinblick auf die Fragestellungen dabei zumeist um Änderungen, die sich auf der Einstellungsebene abgespielt haben, da konkrete Verhaltensänderungen im Sinne einer angepassten und umsichtigen Fahrweise infolge einer fehlenden Fahrerlaubnis nicht eingeübt werden konnten. Gleichwohl gilt es in vielen Fällen auch zu prüfen, ob sich bestimmte Randbedingungen, wie z. B. berufsbedingter Stress und daraus resultierender Zeitdruck, verändert haben oder ob der Betreffende gelernt hat, mit den Randbedingungen adäquater umzugehen.

Grundsätzlich gilt es zu prüfen, ob die Betreffenden die Notwendigkeit erkannt haben, sich zukünftig regelkonform im Straßenverkehr zu verhalten und sich auch verantwortlich für den sicheren Zustand des Fahrzeugs zu fühlen. Hierbei spielt die Motivation für ein regelkonformes Verhalten eine entscheidende Rolle. Die Motivation, keine eigenen Nachteile, wie Punkte oder Geldbußen zu bekommen, ist alleine nicht ausreichend, da eine derartige Motivation nur selten zu einer stabilen Verhaltensänderung führt. Vielmehr muss der Betreffende den Zusammenhang zwischen dem eigenverantwortlichen Fahrverhalten und den Sicherheitsinteressen anderer Verkehrsteilnehmer sowie dem System „Straßenverkehr" erkannt haben. Auch müssen die zu Untersuchenden in der Lage sein Alternativen zu ihrem früheren Fehlverhalten aufzuzeigen. Alleine gute Vorsätze, bisheriges Fehlverhalten nicht mehr zu zeigen, sind nicht ausreichend um eine positive Prognose begründen zu können.

Insbesondere bei jungen Fahrern, bei denen ein sportlicher Fahrstil und eine sorglose, wenig an Regeln orientierte Grundhaltung Ausdruck des eigenen Lebensstils und des Lebensstils ihres Freundeskreises ist, gilt es zu prüfen, ob es ihnen gelungen ist, sich bezüglich der Einhaltung von Regeln eine andere Grundhaltung anzueignen und dass sie die Sinnhaftigkeit eines solchen Regelwerks internalisiert haben. In all den Fällen, bei denen Verkehrsverstöße Ausdruck des Zeitdrucks sind, dem die Betreffenden unterliegen, muss geprüft werden, ob es ihnen gelungen ist, ein anderes Zeitmanagement zu entwickeln und wie sie das neue Zeitmanagement umsetzen wollen. Entsprechende Strategien können zum Einen auf der praktischen Ebene erfolgen, was sich in einer besseren und sorgfältigeren Planung der Fahrt niederschlägt, es kann aber auch notwendig sein, dass eine kognitive Umstrukturierung und der Erwerb von sozialer Kompetenz notwendig sind, um dem selbst auferlegten oder von fremder Seite entgegengebrachten Druck etwas entgegenzusetzen.

In all denjenigen Fällen, in denen externe Probleme in den Straßenverkehr hineingetragen werden und zu Verkehrsauffälligkeiten geführt haben, ist zudem zu prüfen, ob sich die äußeren Randbedingungen inzwischen günstig entwickelt haben und/oder ob die Betreffenden gelernt haben, mit den ungünstigen äußeren Bedingungen besser und adäquater umzugehen. Insbesondere in den Fällen, in denen es in der Vergangenheit immer wieder phasenweise zu Verkehrsauffälligkeiten gekommen ist, die von den Betreffenden als Folge von Belastungen geschildert werden, ist daran zu denken, dass bei den Betreffenden ungünstige Problembewältigungsstrategien vorliegen. Hier ist alleine der Wegfall der belastenden Bedingung nicht ausreichend, um zu einer positiven Prognose gelangen zu können. Vielmehr ist hier in der Regel professionelle therapeutische Unterstützung notwendig, um geeignete Problembewältigungsstrategien zu erarbeiten, welche die Betreffenden dann auch zukünftig bei anderen Problem- und Belastungssituationen umsetzen können.

Im letzten Schritt der Begutachtung ist eine Prognose des zukünftigen Verhaltens vorzunehmen. Problemeinsicht und Änderungen auf der Einstellungsebene stellen eine notwendige, aber noch keine hinreichende Bedingung für die Vorhersage eines verkehrsangepassten Verhaltens dar. Es muss zudem sichergestellt sein, dass es den Betreffenden gelingt, die Veränderungen auf der Einstellungsebene auch auf der Verhaltensebene umzusetzen und in Zukunft angepasst am Straßenverkehr teilzunehmen. Bei Personen, die verstärkt durch Fehlverhalten im Verkehr aufgefallen sind, liegt oft ein automatisiertes Fahrverhalten vor. Verkehrsverstöße stellen oft keine bewussten Entscheidungen des Fahrers dar, sondern ereignen sich zumeist auf der Grundlage eines problematischen überdauernden Fahrstils. Die Anpassung an die Verkehrsregeln erfordert deshalb, dass der alte Fahrstil verlernt und ein grundsätzlich neuer Fahrstil entwickelt werden muss.

In der Begutachtung gilt es deshalb zu prüfen, ob sich die Betreffenden dieser Notwendigkeit bewusst sind und wie sie eine Änderung ihres Fahrstils erreichen wollen. Alleine das Äußern guter Vorsätze, in Zukunft sich an die Verkehrsregeln zu halten, ist sicherlich nicht ausreichend.

Bei der Begutachtung der Fahreignung verkehrsauffälliger Kraftfahrer liegt in Anbetracht der Fragestellung der Schwerpunkt der Begutachtung bei der Psychologie. Gleichwohl gilt es zu berücksichtigen, dass die Ursachen von Verkehrsauffälligkeiten nicht grundsätzlich in Einstellungen, der Persönlichkeit oder der Lernerfahrung, also der psychologischen Domäne, zu suchen sind, sondern dass Verkehrsauffälligkeiten auch medizinische Ursachen haben können. So wirken sich eine Vielzahl von Erkrankungen oder Medikamenten, die zur Behandlung der Erkrankung verordnet werden, ungünstig auf die Fahreignung aus. Deshalb ist auch bei dieser Fragestellung eine medizinisch-psychologische Untersuchung erforderlich, um eventuelle Krankheiten als Ursache der Auffälligkeiten ausschließen zu können. Verschiedene Erkrankungen oder Medikamente haben auch negative Auswirkungen auf die Leistungsfähigkeit. Insbesondere Aufmerksamkeits- und Konzentrationsdefizite können zu Unfällen, aber auch zu anderen Verkehrsauffälligkeiten führen, so dass auch eine Überprüfung der Leistungsfähigkeit notwendig erscheint. Jedoch auch ohne Vorliegen einer Erkrankung können verkehrsrelevante Leistungsdefizite die Ursache von Verkehrsauffälligkeiten sein. So weisen teilweise auch gesunde Personen ein eingeschränktes Leistungsbild auf. Das Argument, dass diese Personen bei der Fahrerlaubnisprüfung gezeigt hätten, dass sie über das notwendige Leistungsvermögen und die Fähigkeiten verfügen, ist nur bedingt richtig. In den meisten Fällen findet die Fahrerlaubnisprüfung in einer Zeit statt, in der das individuelle Leistungsvermögen ein Maximum erreicht hat. Mit zunehmendem Alter sinkt die Leistungsfähigkeit stetig ab. In der Regel kann das niedrigere Leistungsniveau durch die Erfahrung und Fahrroutine kompensiert und oft auch überkompensiert werden. Bei Personen, deren Leistungsvermögen von vornherein auf einem niedrigen Niveau lag, kann dieses mit zunehmendem Alter auf einen Bereich reduziert werden, in dem eine Kompensation nicht mehr möglich oder schwierig wird.

2.4.3.2 Strafrechtlich auffällige Kraftfahrer

Die Fahreignung kann auch bei strafrechtlich auffällig gewordenen Kraftfahrern in Frage gestellt und eine Begutachtung gefordert werden. Voraussetzung hierfür ist, dass die Straftat in Zusammenhang mit dem Straßenverkehr steht oder Anhaltspunkte für ein erhöhtes Aggressionspotential liefert. Neben Straftaten, wie Unfallflucht, Nötigung oder Gefährlicher Eingriff in den Straßenverkehr, die in direktem Zusammenhang mit dem Straßenverkehr stehen und bei denen die Frage des Zusammenhangs mit der Fahreignung evident ist, kann eine Begutachtung auch angeordnet werden, wenn das Fahrzeug zur Begehung einer Straftat benutzt wird, beispielsweise um Diebesgut abzutransportieren. Der Hintergrund hierfür ist, dass verschiedene, allerdings zumeist ältere Untersuchungen einen Zusammenhang zwischen der Begehung von Straftaten und allgemein verkehrsrechtlichen Auffälligkeiten aufzeigen konnten und angenommen wird, dass allgemein strafrechtliche und verkehrsrechtliche Auffälligkeiten einen gemeinsamen Hintergrund und gemeinsame Ursachen haben. In diesem Zusammenhang sind deshalb viele kleinere strafrechtliche Auffälligkeiten prognostisch wesentlich relevanter als beispielsweise ein einzelnes Kapitalverbrechen.

Die Praxis der Begutachtung zeigt, dass verschiedene kleinere strafrechtliche Auffälligkeiten von den Behörden nur selten zum Anlass genommen werden, eine MPU zu fordern, wenn nicht auch verkehrsrechtliche Auffälligkeiten vorliegen. Liegen diese vor, wird jedoch von den Behörden erfragt, ob auch in Zukunft in verstärktem Maße oder wiederholt mit verkehrs- bzw. strafrechtlichen Auffälligkeiten zu rechnen ist. Anzumerken wäre hier, dass eine Kriminalprognose in vielen Fällen die Möglichkeiten einer MPU überschreitet. Vielmehr gilt es hier, analog zu der Vorgehensweise bei Verkehrsauffälligkeiten, zu prüfen, ob die Betreffenden die gemeinsamen Ursachen von verkehrs- und strafrechtlichen Auffälligkeiten erkannt und aufgearbeitet haben.

In vielerlei Hinsicht problematisch ist die Begutachtung von Personen, die durch eine Straftat auffällig wurden, die Hinweise auf eine erhöhte Aggressionsneigung liefert. Die behördliche Fragestellung hierzu lautet: „Ist trotz der Anhaltspunkte für eine erhöhte Aggressionsneigung zu erwarten, dass die untersuchte Person die körperlichen und geistigen Anforderungen an das sichere Führen eines

Kraftfahrzeugs im Verkehr erfüllt?“ Diese Fragestellung, die gestellt wird, wenn eine Person beispielsweise in eine körperliche Auseinandersetzung verwickelt war, stellt eine klassische Aufgabe der Persönlichkeitsdiagnostik dar. Zum Einen ist bei dieser Fragestellung zu prüfen, ob bei dem Betreffenden tatsächlich eine erhöhte Aggressionsneigung vorliegt, da eine einzelne körperliche Auseinandersetzung dies noch nicht belegt und aggressiv erscheinenden Handlungen im Einzelfall auch andere Motive und Ursachen zugrunde liegen können. Zum Anderen wäre zu prüfen, ob zu erwarten ist, dass eine gegebenenfalls erhöhte Aggressionsneigung auch im Straßenverkehr wirksam wird. Von einer erhöhten Aggressionsneigung kann nur dann ausgegangen werden, wenn sich Hinweise dafür ergeben, dass der Untersuchte auch in anderen Situationen bei gewissen Randbedingungen aggressiv agiert oder reagiert und diese Verhaltensdisposition ausgeprägter ist als bei einem Großteil der anderen Personen.

Diese diagnostische Fragestellung lässt sich, allerdings nur sehr aufwändig, im psychologischen Untersuchungsgespräch klären, wesentlich ökonomischer und oft auch effizienter wäre jedoch die Vorgabe eines standardisierten Persönlichkeitsfragebogens, der verschiedene Aspekte der Aggression erfasst. Ein solches Verfahren bietet zudem durch seine Normierung auch die Möglichkeit, den Betreffenden hinsichtlich seiner Aggressionsneigung mit anderen Personen zu vergleichen.

Auch im Falle des Vorliegens einer erhöhten Aggressionsneigung muss nicht zwangsläufig erwartet werden, dass diese Neigung auch im Straßenverkehr wirksam wird. Viele Menschen mit hoher Aggressionsneigung werden nie durch Aggressionshandlungen auffällig, da sie entweder ihren aggressiven Impulsen etwas entgegensetzen können oder über eine geringe Impulsivität und Erregbarkeit verfügen. Solche protektiven Merkmale gilt es deshalb ebenso zu erfassen wie die Aggressionsneigung selbst. Ob aggressive Neigungen im Straßenverkehr wirksam werden, hängt oft auch von anderen Persönlichkeitsmerkmalen ab, die auf den ersten Blick nur wenig mit der Fragestellung zu tun haben. Die Erfahrung in der Begutachtung zeigt, dass insbesondere diejenigen Personen durch aggressives Verhalten im Straßenverkehr auffällig werden, bei denen neben einer erhöhten Aggressionsneigung auch eine erhöhte Gehemmtheit vorliegt. Diese Personen, die zu gehemmt sind, um ihre Aggressionen offen auszuleben, nutzen dazu oft den Schutz und die Anonymität des Fahrzeugs, während diejenigen, die ihre Aggressivität offen, auch körperlich, austragen, diese direkte offene Aggressionshandlung zur Aggressionsabfuhr brauchen und deshalb nicht unbedingt zu erwarten ist, dass die Aggression im Straßenverkehr wirksam wird.

Die Begutachtung von Klienten mit Aggressionsdelikten stellt erhöhte Anforderungen an das Abstraktionsvermögen des Gutachters, da er nicht die moralische Verwerflichkeit der Tat zu beurteilen hat – dies ist an anderer Stelle schon geschehen – sondern dass er zu begutachten hat, ob die der Tat zu Grunde liegenden Ursachen und Hintergründe auch beim Führen eines Kraftfahrzeugs wirksam werden. Zumeist kann davon nur dann ausgegangen werden, wenn bei den Betreffenden auch Verkehrsauffälligkeiten vorliegen, die mit einer möglicherweise gegebenen erhöhten Aggressionsneigung korrespondieren.

2.4.4 Verhaltensmodifizierende Maßnahmen im Umfeld verkehrsauffälligen Verhaltens (Thieme)

Die verhaltensmodifizierenden Maßnahmen haben das Ziel, durch beratende, pädagogische oder therapeutische Interventionen eine Einstellungs- und Verhaltensänderung zu erreichen, durch die die Betreffenden in die Lage versetzt werden, in Zukunft verkehrsangepasstes Verhalten im Straßenverkehr zu praktizieren und nicht erneut durch Verkehrsverstöße, Alkohol oder Drogen beeinflusste Fahrten aufzufallen. Zu den in der StVG und FEV verankerten Maßnahmen gehören:

- Kurse für alkohol- und drogenauffällige Kraftfahrer,
- Allgemeine Aufbaukurse für verkehrsauffällige Kraftfahrer,
- Besondere Aufbaukurse für alkohol- oder drogenauffällige Fahrer,
- Verkehrspsychologische Beratungen.

Die Gemeinsamkeit dieser Maßnahmen liegt darin, dass ihnen neben der gesetzlichen Verankerung ein wissenschaftlich begründetes Seminarkonzept zugrunde liegt, das durch ein wissenschaftliches Gutachten übergeprüft wurde, dass der Kursleiter über eine entsprechende Ausbildung und Qualifikation verfügt, um die Kurse durchzuführen und dass die Wirksamkeit der Kurse nachgewiesen ist. Das bedeutet, die Rückfallquote darf einen bestimmten Grenzwert nicht übersteigen.

Neben diesen Kursen gibt es noch zahlreiche verkehrspsychologische Rehabilitations- und Therapiemaßnahmen, die keiner gesetzlichen Regelung oder externen Kontrolle unterliegen. Hierbei handelt es sich zum einen um Kurse zur Abkürzung von Sperrfrist nach § 69, 69a StGB, die in einigen Bundesländern zu einer Verkürzung der Sperrfrist führen können. Daneben gibt es verschiedene Formen von Beratungen, Therapie, Coaching oder Testtraining in der Vorbereitung auf die MPU. Diese Maßnahmen sollten im Grunde dazu dienen, eine Einstellungs- und Verhaltensänderung zu erreichen. Oft sind diese Maßnahmen jedoch nur daraufhin ausgerichtet, eine positive Beurteilung bei der medizinisch-psychologischen Begutachtung zu erreichen und nicht auf stabile und tragfähige Veränderungen. Der Erfolg dieser Maßnahmen wird, abweichend von den gesetzlich verankerten Kursen, jedoch im Rahmen einer Begutachtung an einer Begutachtungsstelle für Fahreignung durch einen Sachverständigen überprüft.

2.4.4.1 Kurse zur Wiederherstellung der Kraftfahrereignung (§ 70 FeV)

Die Bundesanstalt für Straßenwesen veröffentlicht jedes Jahr die Anzahl der medizinisch-psychologischen Untersuchungen und gibt die Verteilung der Untersuchungsanlässe sowie die Untersuchungsergebnisse bekannt. Danach hatten 2009 nach Auffassung der Gutachter ca. 51 % der Begutachteten eine günstige Prognose, ca. 36 % erfüllten die notwendigen Voraussetzungen für eine günstige Prognose noch nicht und ca. 13 % wurden als nachschulungsfähig eingestuft. Das sind

13.700 Nachschulungsempfehlungen. Bei der Nachschulung handelt es sich um eine inzwischen allgemein akzeptierte Maßnahme mit Rechtsfolge, die seit 1999 in der FeV im §§ 70 und 72 verankert ist. Die Teilnahme an einem solchen Kurs bedarf einer Empfehlung durch ein medizinisch-psychologisches Gutachten und einer Zustimmung der Verwaltungsbehörde, die das Gutachten überprüft hat und aufgrund dieser Prüfung zu der Überzeugung gekommen ist, dass die Empfehlung der Gutachter nachvollziehbar ist. Die Zulassung zu einem Kurs zur Wiederherstellung der Fahreignung setzt bestimmte Kriterien voraus, aufgrund derer ein Gutachter zu dem Ergebnis kommt, dass die festgestellten Defizite, die zu einer negativen Begutachtung führen, durch die Kursteilnahme an einem Kurs nach § 70 FeV kompensiert werden können. Diese Kriterien finden sich in den Begutachtungs-Leitlinien zur Kraftfahrereignung bzw. den Beurteilungskriterien, dort differenziert nach den Bereichen Alkoholmissbrauch und Drogenkonsum.

In den Begutachtungs-Leitlinien zur Kraftfahrereignung wird ausgeführt, dass die Wiederherstellung der Fahreignung dann angenommen werden kann, wenn die noch feststellbaren Defizite durch einen anerkannten und evaluierten Rehabilitationskurs für alkoholauffällige Kraftfahrer beseitigt werden können. Die Begutachtungs-Leitlinien unterscheiden dabei drei Gruppen von Alkoholauffälligen, bei denen eine Kursempfehlung erfolgen kann:

Zum einen solche Fälle, bei denen die Verhaltensänderung bereits erfolgt ist, aber noch einer Stabilisierung und Systematisierung bedarf. Bei diesen Personen ist die erforderliche Verhaltensänderung durch eine selbstkritische Auseinandersetzung mit dem eigenen Verkehrs- und Trinkverhalten bereits erfolgt und auf der Verhaltensebene umgesetzt worden. Durch die Kursteilnahme soll die vollzogene Änderung noch weiter systematisiert und dadurch auch stabilisiert werden.

Zum zweiten umfasst sie solche Fälle, bei denen die Änderung bereits eingeleitet, jedoch noch unvollständig ist und deshalb der Vertiefung und Unterstützung durch eine Systematisierung und Stabilisierung bedarf. Diese zweite Gruppe hat insofern eine Verhaltensänderung vorgenommen, in dem der Umgang mit Alkohol zurückhaltender und die Anzahl der Trinkanlässe geringer geworden ist. Es zeigen sich Veränderungen wie bei der ersten Gruppe, jedoch sind diese noch nicht so weitgehend.

Zum dritten: Wenn die notwendige Verhaltensänderung bei den Betreffenden noch nicht stattgefunden hat, aber erkennbar ist, dass Einsicht in die Notwendigkeit einer Verhaltensänderung besteht, sowie die Fähigkeit und Bereitschaft zur Selbstkritik und Selbstkontrolle vorliegt, um eine tiefgehende stabile Verhaltensänderung zu erreichen. Dieser eher problematischen Gruppe sind diejenigen Verkehrsauffälligen zuzuordnen, bei denen in der Vergangenheit kein problematischer Alkoholkonsum mit einer ausgeprägten Toleranzbildung vorlag, sondern bei denen vorwiegend ein adäquates Risikobewusstsein und die Motivation zum Trennen von Konsum und Fahren nicht vorhanden war.

Die Beurteilungskriterien ergänzen diese Kriterien der Nachschulbarkeit noch durch weitere Anforderungen. Der Betreffende, der an einer solchen Maßnahme teilnimmt, muss über eine ausreichende Fähigkeit zur Selbstreflexion und ein ausreichendes Durchsetzungsvermögen verfügen, um eine stabile Änderung einleiten und aufrecht erhalten zu können. Zudem müssen die entsprechenden kommunikativen Voraussetzungen vorliegen, um an einem entsprechenden Kurs auch erfolgreich teilnehmen zu können.

Bei Drogenkonsumenten kann eine Nachschulungsmaßnahme nur dann durchgeführt werden, wenn ein gelegentlicher Cannabiskonsum vorlag, bei dem ausschließlich und nur gelegentlich, d. h. seltener als wöchentlich, Cannabis konsumiert wurde und Alkoholkonsum oder Beigebrauch anderer berauschender Mittel nicht stattfand. Auch bei einer Drogengefährdung, die durch einen gewohnheitsmäßigen bis zu täglichen Cannabiskonsum und einen höchstens seltenen gelegentlichen Konsum anderer Partydrogen beschrieben wird, ist zu überprüfen, ob eine Kursempfehlung möglich ist. Dies setzt jedoch voraus, dass keine fortgeschrittene Drogenproblematik vorliegt, die spezifische suchttherapeutische oder psychotherapeutische Maßnahmen erfordert. Ausschlusskriterien sind neben generellen Fehleinstellungen Verhaltensprobleme oder Persönlichkeitsstörungen. Da das Ziel dieses Kurses ein stabiler Drogenverzicht ist, ist es erforderlich, dass der Entschluss für eine dauerhafte Abstinenz bereits vorliegt und die Drogenabstinenz auch ausreichend lange nachgewiesen wurde. Ansonsten gelten hinsichtlich der Fähigkeit zur Selbstreflexion und des Durchsetzungsvermögens sowie der kommunikativen Voraussetzungen die gleichen Anforderungen wie für die alkoholauffälligen Kraftfahrer.

Im Anschluss an die erfolgreiche Kursteilnahme gilt die Eignung der Kursteilnehmer als wieder hergestellt. Als erfolgreich wird in diesem Zusammenhang gewertet, dass der Teilnehmer alkohol- und drogenfrei regelmäßig und pünktlich aktiv und vollständig am Kurs teilnahm und die gestellten Aufgaben erfüllte. Nach Vorlage der Teilnahmebescheinigung bei der Fahrerlaubnisbehörde erhält der Teilnehmer ohne erneute medizinisch-psychologische Begutachtung die Fahrerlaubnis zurück.

In Deutschland gibt es derzeit 10 verschiedene Anbieter von Kursen für alkohol- und drogenauffällige Kraftfahrer, die durch die Bundesanstalt für Straßenwesen begutachtet und von den zuständigen obersten Landesbehörden anerkannt wurden. Für die Anerkennung war erforderlich, dass

- den Kursen ein auf wissenschaftlicher Grundlage entwickeltes Konzept zugrunde liegt,
- die Geeignetheit der Kurse durch ein unabhängiges wissenschaftliches Gutachten bestätigt wurde,
- die Kursleiter spezielle Qualifikationen nachweisen,
- die Wirksamkeit der Kurse durch ein Bewertungsverfahren nachgewiesen wurde,
- ein Qualitätssicherungssystem gemäß § 72 FeV vorgelegt wird.

Die Wirksamkeit eines Kurses ist nach 15 Jahren erneut zu überprüfen. Sollte diese Überprüfung an der Legalbewährung ergeben, dass die Rückfallquote der Verkehrsteilnehmer über den Rückfallquoten der Vergleichsstichproben bzw. den wissenschaftlich festgelegten Referenzwerten liegen, so gilt diese Maßnahme nicht mehr als wirksam, weshalb hier die Anerkennung zu entziehen ist. Dies ist im letzten Jahr bei den Kursen für verkehrsauffällige Kraftfahrer festgestellt worden, weshalb sie seit Dezember 2010 nicht mehr als Maßnahme mit Rechtsfolgen gemäß § 70 FeV anerkannt sind. Die Liste der akkreditierten Träger von Stellen, die Kurse zur Wiederherstellung der Kraftfahreignung durchführen (§ 70 FeV) findet man auf der Homepage der Bundesanstalt für Straßenwesen BASt (http://www.bast.de/cln_007/nn_39740/DE/Qualitaetsbewertung/Begutachtung/pdf/kurse-kraftfahreignung,templateId=raw,property=publicationFile.pdf/kurse-kraftfahreignung.pdf).

2.4.4.2 Aufbauseminare

Mit der Reform des Straßenverkehrsgesetzes und der FeV 1999 wurden die bisher im Modellversuchen durchgeführten Aufbauseminare rechtsverbindlich eingeführt, um die damals sehr hohe Zahl der Verkehrsauffälligkeiten zu reduzieren und somit die Verkehrssicherheit zu verbessern. Aufbauseminare unterscheiden sich hinsichtlich der Vorgeschichte der Teilnehmer, des Seminarkonzeptes sowie der Qualifikation der Seminarleiter. Ein weiteres Unterscheidungskriterium stellt die Dauer des Führerscheinbesitzes des Teilnehmers dar. So gibt es besondere Kurse für Fahranfänger. Die Teilnahme kann durch die Fahrerlaubnisbehörde angeordnet werden, kann aber auch freiwillig erfolgen und führt entsprechend zu unterschiedlichen Folgen.

Die Teilnahme an einem allgemeinen Aufbauseminar wird von der Fahrerlaubnisbehörde angeordnet, wenn ein Führerscheininhaber durch Verkehrsverstöße auffällig wurde, die mit 14 bis 17 Punkten bewertet wurden. Auch bei einer geringeren Punktezahl ist der freiwillige Besuch dieser Seminare möglich. Es handelt sich um ein Gruppenseminar, das auf Antrag aber auch als Einzelmaßnahme stattfinden kann.

Die Seminare werden an Fahrschulen von dafür besonders qualifizierten Fahrlehrern mit dem Ziel einer Einstellungsänderung durchgeführt. Nach dem Seminarkonzept soll dies durch die Förderung des Risikobewusstseins und der Gefahrenerkennung erreicht werden.

Das Aufbauseminar, das mit 6 bis 12 Teilnehmern durchgeführt wird, dauert 4 mal 135 Minuten und soll innerhalb von 2 bis 4 Wochen durchgeführt werden. Zwischen der ersten und der zweiten Sitzung soll eine mehr als 30 Minuten dauernde Fahrprobe stattfinden, bei der zwei Seminarteilnehmer das Fahrverhalten des fahrenden Teilnehmers beobachten. Sie sollen die Fahrweise später kommentieren, um so Fehler zu erkennen und Fehlverhaltensweisen zu verändern. Die Gebühr unterliegt keiner gesetzlichen Regelung, beträgt oft 250,– bis 300,– €.

Nach Abschluss des Seminars erhält der Teilnehmer eine Bestätigung, die er innerhalb des von der Fahrerlaubnisbehörde angeordneten Zeitraums der Behörde vorlegen muss. Bei einer freiwilligen Teilnahme muss diese Bescheinigung innerhalb von 6 Monaten vorgelegt werden, um eine Punktegutschrift zu erhalten. Bei einer Punktezahl bis 8 Punkten erhält der Teilnehmer eine Gutschrift von 4 Punkten, bei 9 bis 13 Punkten beträgt die Gutschrift 2 Punkte. Bei angeordneten Seminaren erfolgt keine Punktegutschrift, jedoch besteht dann die Möglichkeit der

Teilnahme an einer verkehrspsychologischen Beratung, die zu einem Nachlass von 2 Punkten im VZR führt.

Das besondere Aufbauseminar wird von der Führerscheinstelle dann angeordnet, wenn eine Person 14–17 Punkte durch Verkehrsauffälligkeiten erreicht hat und unter diesen Auffälligkeiten sich ein Delikt mit Alkohol und/oder anderen berauschenden Mitteln in Verbindung mit dem Autofahren befunden hat. In der Regel handelt es sich um eine Verurteilung nach § 315c, 316 oder 323 StGB oder eine OWI nach § 24a StVG.

Die besonderen Aufbauseminare werden von dafür speziell ausgebildeten und behördlichen anerkannten Dipl.-Psychologen durchgeführt. Da es sich hierbei weder um Rehabilitationsmaßnahmen noch um Maßnahmen in Vorbereitung einer MPU handelt, können diese Kurse sowohl von Psychologen, die in einer Begutachtungsstelle für Fahreignung beschäftigt sind, als auch von denen in Instituten, die für die Durchführung von § 70 Kursen amtlich anerkannt sind, stattfinden. Es gibt in verschieden Bundesländern auch Psychologen, die über die dafür notwendige Qualifikation und räumliche Ausstattung verfügen, um diese Kurse in ihrer Praxis durchführen zu können. Die Führerscheinstellen geben Auskünfte über die anerkannten Anbieter dieser besonderen Aufbaukurse.

Der Kurs wird üblicherweise in einer Gruppe von 6–12 Teilnehmern durchgeführt, da gruppendynamische Prozesse für den Erfolg als relevant angesehen werden. Es besteht aber auch mit einer behördlichen Genehmigung die Möglichkeit, dieses Seminar als Einzelmaßnahme durch zu führen, was insbesondere sich dann anbietet, wenn der Betreffende nicht über die notwendigen Sprachkenntnisse verfügt und ein Dolmetscher erforderlich ist, oder andere Verpflichtungen einer Teilnahme an einer Gruppe entgegenstehen. Der zeitliche Umfang des Kurses beträgt 4 mal 180 Minuten und soll innerhalb von 2 bis 4 Wochen abgeschlossen werden. Zwischen 2 Sitzungen müssen Hausaufgaben erledigt werden. Im Hinblick auf die Kundenfreundlichkeit werden diese Kurse meistens am Wochenende oder abends durchgeführt.

Ziel des Seminars ist eine Einstellungsänderung hin zu mehr verkehrsangepasstem Verhalten. Dazu werden in der Gruppe die Ursachen der Auffälligkeiten, die Anlass zur Anordnung des Seminars gaben, kritisch hinterfragt und Möglichkeiten der Beseitigung erörtert. Dazu wird das Trinkverhalten der Teilnehmer analysiert und verkehrsrelevantes Alkoholwissen vermittelt. Darüber hinaus werden Strategien erarbeitet, um den Alkoholkonsum und das Autofahren zu trennen.

Auch das besondere Aufbauseminar kann freiwillig von Betreffenden, die mit 4 bis 13 Punkte bei KBA eingetragen sind, besucht werden. Ist ein Teilnehmer mit 8 Punkten im VZR eingetragen, dann erhält er nach Vorlage der Teilnahmebescheinigung eine Gutschrift von 4 Punkten. Bei 8–13 Punkten im VZR werden diese um 2 Punkte reduziert.

Ein besonderes Aufbauseminar kann wie die allgemeinen Aufbauseminare nur einmal in 5 Jahren besucht werden. Sollte der Betreffende innerhalb dieses Zeitraumes erneut 14 Punkte erreichen, so wird er nur verwarnt und die Führerscheinstelle verweist auf den Entzug der Fahrerlaubnis beim Erreichen von 18 Punkten.

2.4.4.3 Verkehrspsychologische Beratung

Die freiwillige Teilnahme an einer verkehrspsychologischen Beratung ergänzt die allgemeinen Aufbaukurse für Fahrer mit 14 bis 17 Punkten. Wurden im Aufbauseminar in der Gruppe mit pädagogischen Methoden die Auffälligkeiten der Gruppenmitglieder erörtert, ein neues Problembewusstsein vermittelt, praktische und auch technische Hinweise zur Vermeidung weiterer Verkehrsdelikte gegeben, über Gesetze und Regeln informiert und Folgen des möglichen Führerscheinverlustes aufgezeigt, so findet die Verkehrspsychologische Beratung in Interaktion zwischen einem Berater und dem zu Beratenden statt. Die Zielrichtung der Maßnahme ist beratende und nicht therapeutische Intervention auf der Grundlage der Verkehrsvorgeschichte. Dabei sind die einzelnen Auffälligkeiten und der Kontext, in dem sich die Auffälligkeiten ereigneten, Grundlage für die Beratung. Deshalb ist es wichtig, dass zu der Beratung ein umfassender, aktueller Auszug aus dem Verkehrszentralregister vorliegt, der neben der Art der Auffälligkeit auch Informationen über das genaue Datum und die Uhrzeit der Tat sowie den Tatort enthält.

Um als verkehrspsychologischer Berater tätig zu werden, muss eine amtliche Anerkennung vorliegen, wozu mehrere Voraussetzungen erfüllt sein müssen. Der Berater muss über ein Diplom oder einen gleichwertigen Masterabschluss, eine verkehrspsychologische Ausbildung und mehrjährige Berufserfahrung in der Verkehrspsychologie sowie verkehrsrechtliche Kenntnisse verfügen und seine persönliche Zuverlässigkeit nachweisen. Zudem muss er sich kontinuierlich fortbilden.

Die verkehrspsychologische Beratung besteht aus 3 bis 4 Einzelgesprächen und umfasst bei Bedarf eine Fahrprobe. Die Dauer beläuft sich auf drei Zeitstunden zuzüglich einer Stunde Vor- und Nachbereitung. Die Beratung sollte innerhalb eines Zeitraumes von 2 bis 4 Wochen erfolgen. Es gibt keine festgelegte Gebühr für verkehrspsychologische Beratungen, sie beträgt ca. 300,00 €.

Ziel der verkehrspsychologischen Beratung ist die Analyse der Bedingungen und Gründe, die zu den vorliegenden Eintragungen geführt haben, sowie die Erarbeitung von Verhaltensmustern zur Vermeidung künftiger Übertretungen. Dies soll durch wertneutrale Aufarbeitung der Motivationslage, eine Verbesserung der Problemeinsicht sowie Änderungsmotivation erreicht werden. Lässt die Problemanalyse Wissensdefizite erkennen, so sollte die Beratung Informationen über gesetzliche Bestimmungen, Fahrphysik und Gefahrenlehre einschließen. Ein weiteres wichtiges Kriterium der Veränderung stellt Selbstreflexion im Rahmen der Beratung dar. Der Beratene soll dahin geleitet werden, seine Aufmerksamkeit auf das eigene Verhalten und die steuernden Bedingungen zu lenken, um so die Zusammenhänge mit den persönlichen Hintergründen besser zu erkennen. Ergänzend werden durch die Gegenüberstellung von subjektiven Überzeugungen und objektiven Tatsachen wie z. B. Zusammenhang von Zeitersparnis und Fahrgeschwindigkeit oder Fahrzeugbeherrschung und Fahrphysik, Risikopotenziale dargestellt und Lösungsmöglichkeiten erarbeitet.

Nach einer erfolgreichen Telnahme erhält der Betreffende eine Bescheinigung, die er innerhalb von 3 Monaten der Fahrerlaubnisbehörde vorlegen muss, um die

Punktereduktion von zwei Punkten zu erhalten. Die Teilnahme an der verkehrspsychologischen Beratung führt nur ein Mal innerhalb von 5 Jahren zu einer Punktereduktion.

Die Liste der verkehrspsychologischen Berater findet sich unter der Adresse http://bstage.bdponline.de/backstage2/ver/documentpool// onlineregister_berater_version2a.htm.

2.4.5 Weitere eignungsrelevante Erkrankungen (Dettling, Haffner)

Außer den Sucht- und Missbrauchserkrankungen und den Persönlichkeitsstörungen, die gelegentlich auch Krankheitswert erlangen können, gibt es eine Reihe weiterer fahreignungsrelevanter Erkrankungen. Sie sind aber eher selten Thema einer Fahreignungsbegutachtung. In der Regel klären die diagnostizierenden und therapierenden Ärzte über die fehlende Fahreignung auf und treffen auf einsichtige Patienten. Nur wenn sich eine Erkrankung im Rahmen einer Verkehrsauffälligkeit manifestiert, wird die Problematik den Fahrerlaubnisbehörden bekannt; selten intervenieren bereits vorher besorgte Angehörige.

Auswirkungen auf die Fahreignung können sich aus den Symptomen der Erkrankungen ergeben, etwa einer mangelnden optischen Orientierungsfähigkeit bei Sehfehlern oder plötzlichem Bewusstseinsverlust bei neurologischen oder Herz-Kreislauferkrankungen. Eine suffiziente Therapie vermag in vielen Fällen die Einschränkungen zu kompensieren. Wesentlich ist dann, dass der Patient eine gute Compliance aufweist, d.h. zuverlässig ist in der Befolgung der therapeutischen Anweisungen. Allerdings kann auch die Therapie, insbesondere eine medikamentöse Therapie, zwar einerseits die krankheitsbedingten Defizite kompensieren, andererseits jedoch durch unerwünschte Nebenwirkungen die Fahreignung an anderer Stelle in Frage stellen. Dabei wird der behandelnde Arzt, sofern keine alternative Therapie zur Verfügung steht, selbstverständlich dem Therapieziel zulasten der Fahreignung Vorrang einräumen. Nicht in jedem Fall lässt sich die Fahreignung durch die Therapie wiederherstellen.

Die im Folgenden aufgelisteten Erkrankungen bedürfen primär einer ärztlichen Begutachtung. Dabei gelten die bereits in den Abschn. 2.1 und 2.3.1 ausgeführten Grundsätze für die Wahl des Gutachters und die Durchführung der Untersuchung. Überprüfungen der psychophysischen Leistungsfähigkeit können zusätzlich notwendig sein und werden ggf. von den begutachtenden Ärzten angeregt. Objektiv notwendig ist dies häufig bei alten Menschen, bei psychischen Erkrankungen und bei Verordnung von zentralwirksamen Medikamenten; Gebrauch gemacht wird von dieser Möglichkeit eher selten. Bei der Überprüfung eignungsrelevanter unerwünschter Nebenwirkungen sollte die testpsychologische Untersuchung jedoch erst nach einer gewissen Latenzzeit nach Beginn oder Änderung der Medikation durchgeführt werden, da die Nebenwirkungsrate zunächst meist relativ hoch ist, mit der Zeit jedoch deutlich abnehmen kann.

2.4.5.1 Störungen des Sehvermögens

Für das Sehvermögen sind die Mindestanforderungen in § 12 der FeV gesetzlich festgelegt. Demnach muss die zentrale Tagessehschärfe für die Fahrerlaubnisklassen der Gruppe 1 mit oder ohne Sehhilfe mindestens 0,7 betragen. Bei Unterschreiten dieser Grenze müssen in einem augenärztlichen Gutachten die Mindestanforderungen an Gesichtsfeld und Augenbeweglichkeit geprüft werden. Die Tagessehschärfe muss auch in diesen Fällen mindestens 0,5/0,2, bei Einäugigkeit mindestens 0,6 betragen. Für die Fahrerlaubnisklassen der Gruppe 2 hat in jedem Fall eine augenärztliche Begutachtung mit Prüfung von Sehschärfe, Gesichtsfeld, Augenbeweglichkeit und Farbsehen zu erfolgen. Die zentrale Tagessehschärfe darf dabei 0,8/0,5 nicht unterschreiten.

2.4.5.2 Störungen des Hörvermögens und Gleichgewichts

Bei den Anforderungen der Fahrerlaubnisklasse der Gruppe 1 spielen Störungen des Hörvermögens bis hin zur Gehörlosigkeit alleine keine Rolle. Sie werden jedoch relevant, wenn gleichzeitig schwere Mängel des Sehvermögens, des Gleichgewichtes oder intellektuelle Leistungseinschränkungen vorliegen. Bei beidseitiger Gehörlosigkeit oder beidseitiger hochgradiger Schwerhörigkeit ist jedoch die Eignung für die Zulassung zur Fahrgastbeförderung aufgehoben. Die hochgradige Schwerhörigkeit wird als ein Hörverlust von 60 % oder mehr in der Luftleitungskurve des Tonaudiogramms bei 1000 und 3000 Hz ohne Hörhilfe definiert. Für die übrigen Fahrerlaubnisklassen der Gruppe 2 kann eine Eignung unterstellt werden, wenn eine Bewährung in dreijähriger Fahrpraxis mit einem Fahrzeug der Klasse B (Kraftfahrzeuge bis 3,5 t) nachgewiesen wurde.

Bei ständiger oder anfallsweise auftretenden Gleichgewichtsstörungen ist die Fahreignung generell aufgehoben.

2.4.5.3 Bewegungsbehinderungen

Bewegungsbehinderungen, z. B. infolge eines teilweisen oder vollständigen Ausfalls einer oder mehrerer Extremitäten, müssen die Fahreignung nicht zwangsläufig aufheben. Entscheidend ist die Frage, ob sie durch prothetische Hilfsmittel oder technische Umbauten am Fahrzeug kompensierbar sind. Medizinische Stellungnahmen sind in der Regel zu Prothesenverträglichkeit, Stumpfverhältnissen, Belastbarkeit betroffener Gliedmaßen oder angepasster Prothesen erforderlich. Umbauten am Fahrzeug fallen in das Gebiet des technischen Sachverständigen; detaillierte Ausführungen des TÜV zu Bewegungsbehinderungen sind in den Begutachtungsleitlinien im Anhang abgedruckt (BAST 2000).

2.4.5.4 Herz-Kreislauferkrankungen

Die für die Fahreignung bedeutendsten Herzerkrankungen stellen Störungen des Herzrhythmus dar. Bei Herzrhythmusstörungen, die zu Beeinträchtigungen des Bewusstseins führen können, besteht keine Fahreignung. Wird die Rhythmusstörung erfolgreich medikamentös oder durch Implantation eines Herzschrittmachers behandelt, kann die Eignung für die Fahrerlaubnisklassen der Gruppe 1 wieder unterstellt werden. Voraussetzung ist eine dauerhafte Normalisierung des Herzrhythmus in einer Beobachtungszeit von drei Monaten. Für die Fahrerlaubnisklassen der Gruppe 2 wird in den Begutachtungsleitlinien kein definierter Beobachtungszeitraum genannt. Grundsätzlich ist daher die Eignung für die Fahrerlaubnisklassen der Gruppe 2 nicht ausgeschlossen. Wurde ein Kardioverter/ Defibrillator (ICD) implantiert, kann frühestens nach sechs Monaten Beobachtungszeit die Eignung für die Fahrerlaubnisklassen der Gruppe 1 wieder angenommen werden. Ausnahmen hiervon stellen prophylaktische ICD-Implantationen dar. Für die Fahrerlaubnisklassen der Gruppe 2 besteht nach Implantation eines ICD in der Regel keine Fahreignung mehr. Bei komplexen ventrikulären Herzrhythmusstörungen, einer Synkope oder einem Zustand nach Reanimation ist die Fahreignung für mindestens sechs Monate nicht gegeben. Regelmäßige kardiologische Kontrollen sind in allen Fällen Voraussetzung.

Bei einem Bluthochdruck ist eine Fahreignung generell bei dauerhafter Überschreitung eines diastolischen Drucks von 130 mmHg ausgeschlossen. Bei einem diastolischen Blutdruck über 100 mmHg und gleichzeitig vorliegenden Folgeschäden wie Linksherzhypertrophie, Augenhintergrundveränderungen, Nierenschäden oder einer neurologische Restsymptomatik nach Hirndurchblutungsstörungen kann die Eignung für die Fahrerlaubnisklassen der Gruppe 1 nur unter der Auflage bejaht werden, dass regelmäßige internistische Kontrollen bzw. Nachbegutachtungen in Abständen von 2 Jahren stattfinden. Eine Eignung für die Fahrerlaubnisklassen der Gruppe 2 ist in diesen Fällen ausgeschlossen. Bei einem diastolischen Blutdruck, der dauerhaft über 100 mmHg liegt, ohne dass Folgeschäden nachgewiesen werden konnten, sind internistische Nachuntersuchungen in Abständen von längstens 3 Jahren zu fordern.

Ein niedriger Blutdruck hat dagegen in der Regel keinen Krankheitswert und somit keine verkehrsmedizinische Relevanz. Die Ausnahme stellen anfallsweise auftretende Bewusstseinsstörungen dar.

Nach einem Herzinfarkt ist die Eignung zum Führen von Fahrzeugen der Fahrerlaubnisklassen der Gruppe 1 bei komplikationslosem Verlauf nach drei Monaten, ansonsten nach sechs Monaten wieder gegeben, wenn nach dem Ergebnis der internistischen Untersuchung keine andere Beurteilung erfolgen muss. Insbesondere dürfen keine gefährlichen und/oder prognostisch bedeutsamen Herzrhythmusstörungen vorliegen. Für die Fahrerlaubnisklassen der Gruppe 2 dürfen nach einer Beobachtungszeit von 3 bis 6 Monaten darüber hinaus keine gefährlichen oder prognostisch ungünstigen Herzrhythmusstörungen, keine Zeichen einer Herzinsuffizienz, kein Herzwandaneurysma und keine Angina pectoris Grad III und IV nach NYHA vorliegen. Zudem muss nach einem Jahr, bei Erlaubnis zur Personenbeförderung nach einem halben Jahr, eine Nachuntersuchung erfolgen. Nach einem zweiten Herzinfarkt ist die Eignung für die Fahrerlaubnisklassen der Gruppe 2 in der Regel nicht mehr zu gegeben. Für die Fahrerlaubnisklassen der Gruppe 1 kann sie bei prognostisch günstigem Verlauf u. U. noch bejaht werden.

Bestehen schon im Ruhezustand Zeichen einer Herzinsuffizienz (z. B. Luftnot), ist die Fahreignung zu verneinen. Liegt eine Belastungsinsuffizienz vor, kann die Eignung für die Fahrerlaubnisklassen der Gruppe 1 noch gegeben sein. Sie muss ggf. mit Auflagen verbunden werden.

2.4.5.5 Diabetes mellitus

Ein Diabetiker, der zu schweren Stoffwechselentgleisungen mit Hypoglykämien (Unterzuckerungen) mit Kontrollverlust, Verhaltensstörungen oder Bewusstseinsbeeinträchtigungen oder Hyperglykämien (Überzuckerungen) mit ausgeprägten Symptomen wie Übelkeit, Erbrechen oder Bewusstseinsbeeinträchtigungen neigt, ist generell nicht fahrgeeignet.

Mit einer Diät und/oder oralen Antidiabetika (Tabletten) behandelte Diabetiker sind in der Regel zum Führen von Fahrzeugen aller Fahrerlaubnisklassen geeignet. Bei Behandlung mit Antidiabetika vom Sulfonylharnstofftyp können selten Hypoglykämien auftreten. Deshalb ist in diesen Fällen für die Fahrerlaubnisklassen der Gruppe 2 ein vorangegangener Beobachtungszeitraum mit zufriedenstellender Stoffwechsellage von drei Monaten notwendig; weiter sind regelmäßige Nachuntersuchungen erforderlich. Ein mit Insulin behandelter Diabetes mellitus schließt die Fahreignung für die Fahrerlaubnisklassen der Gruppe 2 aus. Ausnahmen sind nur in außergewöhnlichen Fällen und unter strengsten Kontrollen denkbar und müssen ausführlich begründet werden. Liegt eine Neigung zu Stoffwechselentgleisungen vor, ist die Fahreignung generell zu verneinen.

Nach einer Stoffwechseldekompensation oder bei einer Neueinstellung ist die Fahreignung so lange nicht gegeben, bis eine ausgeglichene Stoffwechsellage erreicht ist.

2.4.5.6 Nierenerkrankungen

Die Fahreignungsfrage stellt sich insbesondere bei Dialysepatienten und Patienten nach Nierentransplantation. Bei ständiger Dialysebehandlung ist die Eignung für die Fahrerlaubnisklassen der Gruppe 2 in der Regel aufgehoben, die für die Fahrerlaubnisklassen der Gruppe 1 kann erhalten sein. Voraussetzung ist eine ausreichende psychophysische Leistungsfähigkeit und das Fehlen relevanter Komplikationen oder Begleiterkrankungen. Regelmäßige ärztliche Betreuung und Kontrolle sowie eine positive Begutachtung durch einen Nephrologen werden vorausgesetzt. Nach einer erfolgreichen Nierentransplantation kann auch die Eignung für die Fahrerlaubnisklassen der Gruppe 2 wiederhergestellt sein.

2.4.5.7 Lungen- und Bronchialerkrankungen

Lungen- und Bronchialerkrankungen können durch Gasaustauschstörungen oder Auswirkungen auf die Herz-Kreislauf-Dynamik verkehrsmedizinisch relevant werden. Als Beispiele für solche möglicherweise verkehrsrelevante Erkrankungen werden in den Begutachtungsleitlinien die chronische Bronchitis, das Emphysem, das Asthma bronchiale und Lungenfibrosen genannt. Bei schweren Ausprägungsgraden ist die Fahreignung zu verneinen. Gleiches gilt für die sog. Hustensynkopen, bei denen es aufgrund hämodynamischer Auswirkungen nach Hustenanfällen kurzzeitig zum plötzlichen Bewusstseinsverlust kommen kann, ohne dass dies dem Patienten bewusst wird. Zunehmende praktische Bedeutung gewinnt das Schlaf-Apnoe-Syndrom, bei dem die beeinträchtigte nächtliche Schlafqualität zu Tagesschläfrigkeit führt. Unbehandelt sind diese Patienten wegen der drohenden Vigilanzminderung nicht fahrgeeignet. Bei erfolgreicher Therapie und regelmäßiger Kontrolle auf Tagesschläfrigkeit z. B. durch Pupillometrie dagegen kann selbst die Eignung für die Fahrerlaubnisklassen der Gruppe 2 inklusiv der Erlaubnis zur Personenbeförderung gegeben sein.

2.4.5.8 Neurologische Erkrankungen

Unter den neurologischen Erkrankungen sind epileptische Anfälle, anfallsartig auftretende Bewusstseinsstörungen, hirnorganische Störungen und periphere motorische Funktionsstörungen verkehrsmedizinisch relevant.

Persistierende epileptische Anfälle führen wie auch anfallsartig auftretende Bewusstseinsstörungen anderer Genese zu einer Aufhebung der Fahreignung für die Fahrerlaubnisklassen beider Gruppen. Bei den Fahrerlaubnisklassen der Gruppe 1 kann die Fahreignung wieder bejaht werden, wenn sich nach einem unprovozierten erstmaligen Anfall nach einer Beobachtungszeit von 6 Monaten keine Anhaltspunkte für ein erhöhtes Anfallsrisiko ergeben. Gleiches gilt nach einer Beobachtungszeit von 3 Monaten, wenn der Anfall eine plausible auslösende Bedingung wie z. B. Schlafentzug hatte. Bei der Diagnose einer Epilepsie wird eine Anfallsfreiheit von mindestens 1 Jahr gefordert. Eine Ausnahme besteht bei persistierenden Anfällen dann, wenn die Anfälle ausschließlich im Schlaf auftreten, oder es sich um einfache fokale Anfälle handelt, die ohne eine Beeinträchtigung des Bewusstseins und ohne für das Führen eines Kraftfahrzeugs relevante motorische, sensorische oder kognitive Behinderungen einhergehen. Allerdings darf es hier zu keiner Veränderung der Symptomatik oder zu keinem Übergang in komplex-fokale oder generalisierte Anfälle kommen. Dies muss über ein Jahr beobachtet werden, in dem die Fahreignung nicht gegeben ist. Auch bei ausschließlich an den Schlaf gebundenen Anfällen muss eine Verlaufsbeobachtung von mindestens drei Jahren eingehalten werden, in denen keine Fahreignung gegeben ist. Bei einer Therapie mit antiepileptischen Medikamenten darf diese die psychophysische Leitungsfähigkeit nicht beeinträchtigen.

Für die Fahrerlaubnisklassen der Gruppe 2 ist die Fahreignung nur dann gegeben, wenn keine medikamentöse Therapie vorgenommen werden muss. Bei einem erstmaligen Anfall kann nach einer anfallsfrei gebliebenen Beobachtungszeit von 2 Jahren die Fahreignung wieder bejaht werden. War der Anfall an eine plausible anfallauslösende Bedingung geknüpft, ist die Fahreignung wieder gegeben, wenn die Auslöser ausgeschaltet werden konnten und während einer Beobachtungszeit von 6 Monaten keine neuen Anfälle aufgetreten sind. Wird die Diagnose einer Epilepsie gestellt, bleibt die Fahreignung dauerhaft ausgeschlossen. Als Ausnahme gilt eine 5-jährige Anfallsfreiheit ohne antiepileptische Therapie.

Charakteristische EEG-Veränderungen können je nach Art und Ausprägung Hinweis auf eine erhöhte Rezidivneigung sein. Sie schließen eine positive Beurteilung der Fahreignung jedoch nicht zwingend aus. Vorsicht geboten ist bei Änderungen, insbesondere bei Reduktion oder Absetzen der medikamentösen Therapie. Ein Verzicht auf das Führen eines Kraftfahrzeugs für 3 Monate ist ggf. anzuraten.

Zweifel an der Fahreignung können sich auch bei neurologischen Erkrankungen mit peripher motorischen Funktionsstörungen ergeben. In den Begutachtungsleitlinien werden zum Beispiel Rückenmarksläsionen, Erkrankungen der neuromuskulären Peripherie (myopathischer Muskelschwund, myasthenisches Syndrom, myotonisches Syndrom, neuropathische Schädigungen) und extrapyramidale Störungen aufgeführt. Da diese Erkrankungen individuell sehr unterschiedlich ausgeprägt sein können, gibt es keine einheitliche Normierung, vielmehr ist die Begutachtung vom Einzelfall abhängig. Gemeinsam ist diesen Erkrankungen, dass die Eignung für die Fahrerlaubnisklassen der Gruppe 2 in der Regel nicht mehr gegeben ist. Die Eignung für die Fahrerlaubnisklassen der Gruppe 1 ist in Abhängigkeit vom Grad der motorischen Behinderung, ihrer therapeutischen Beeinflussbarkeit und bei periodischen Verläufen in Abhängigkeit von der Vorhersehbarkeit und der Geschwindigkeit des Einsetzens der Symptome zu beurteilen. Gegebenenfalls sind technische Hilfsmittel am Fahrzeug zu fordern. In allen Fällen ist Voraussetzung, dass eine ausreichende Therapie der Erkrankung durchgeführt wird. Bei progressiven Verläufen sind regelmäßige Nachuntersuchungen durch einen Facharzt für Neurologie erforderlich.

Kommt es infolge von Hirnblutungen oder -mangelversorgungen zu relevanten neurologischen und/oder neuropsychologischen Ausfällen, ist die Fahreignung für beide Gruppen nicht mehr gegeben. Nach einer erfolgreichen Therapie kann die Fahreignung für die Gruppe 1 wieder gegeben sein. Allerdings werden in der Regel Nachuntersuchungen gefordert.

Bei Schädel-Hirn-Traumata und Zustand nach Hirnoperationen ist die Fahreignung im Allgemeinen für 3 Monate nicht mehr gegeben. Bei diesen Erkrankungen wie auch bei angeborenen oder frühkindlich erworbenen Hirnschäden verwiesen die Begutachtungsleitlinien jeweils auf die hierzu gesondert ausgeführten Leitsätze. Mit entscheidend ist häufig das psychophysische Leistungsvermögen.

2.4.5.9 Psychische Störungen

Unter psychischen Störungen werden in den Begutachtungsleitlinien organisch-psychische Störungen, dementielle Erkrankungen sowie affektive und schizophrene Psychosen aufgeführt. Diese stellen Erkrankungsgruppen dar, bei denen am häufigsten kognitive und emotionale Beeinträchtigungen erwartet werden können, die fahreignungsrelevant werden können.

In den Begutachtungsleitlinien werden unter den organischen Psychosen das Delir (Verwirrtheitszustand), das amnestische Syndrom (Korsakow Syndrom), der Dämmerzustand und die organische Psychose mit paranoider, manischer oder depressiver Symptomatik zusammengefasst. Bei diesen Störungen ist in der akuten Phase der Erkrankung die Fahreignung für beide Gruppen nicht gegeben. Nach Abklingen der organischen Psychose kann die Fahreignung wieder gegeben sein, sie hängt aber von der Art und vor allem der Prognose der Grunderkrankung ab. In der Regel sind Nachuntersuchungen in bestimmten Abständen erforderlich. Allerdings kann bei einem einmaligen Ereignis und kurzer Krankheitsdauer die Nachuntersuchung entfallen.

Bei leichten Formen von Demenz kann nach den Begutachtungsleitlinien die Fahreignung für die Fahrerlaubnisklassen der Gruppe 1 noch vorhanden sein. Allerdings ist das stark von den vorliegenden Einschränkungen abhängig. Wenn über eine Fremdanamnese geklärt werden kann, dass der Proband noch in der Lage ist, sich selbständig zu versorgen, kann normalerweise auch die Fahreignung für die Gruppe 1 bejaht werden. Allerdings wird man bei Vorliegen von organischen Wesensänderungen mit mangelnder Impulskontrolle, Affektinkontinenz oder einer emotionalen Verflachung mit der prognostischen Einschätzung sehr vorsichtig sein. Selbst für die Gruppe 2 wird nach den Begutachtungsleitlinien in Ausnahmefällen die Fahreignung für möglich gehalten, wenn infolge der Demenzerkrankung nur geringfügige Einschränkungen der psychischen Leistungsfähigkeit vorliegen, und/oder bei sehr leichten, qualitativ für das Führen eines Kraftfahrzeugs unbedeutenden Wesensänderungen. Allerdings muss nach den Begutachtungsleitlinien bei einer ausgeprägten senilen oder präsenilen Demenz (Altersdemenz) oder bei schweren altersbedingten Persönlichkeitsveränderungen die Fahreignung für beide Gruppen verneint werden. Von praktischer Bedeutung ist in erster Linier die Erfassung des psychophysischen Leistungsvermögens in einer testpsychologischen Untersuchung. Bei Vorliegen eines ausreichenden psychophysischen Leistungsvermögens wird man dann für die Beurteilung der Prognose den vermutlichen weiteren Krankheitsverlauf abschätzen. Vorschläge für Zeitintervalle zwischen den einzelnen Untersuchungen existieren nicht. Sie werden individuell vom Gutachter festgelegt und in der ersten Zeit nach der akuten Erkrankung sicher in engeren Zeitintervallen gelegt.

Gerade die altersbedingten dementiellen Entwicklungen sind selbst für einen Arzt, umso mehr für einen medizinischen Laien, oft schwer auf Anhieb zu erkennen. Auch bei schweren örtlichen, zeitlichen und situativen Orientierungsstörungen verfügen die Betroffenen über eine Fassade an konventionellen Verhaltensweisen und durch Allgemeinplätze und Floskeln geprägter Kommunikation, die die Defizite kaschiert. Eine konkrete Antwort ist auf selbst einfache Fragen mitunter nicht zu erlangen.

Bei den schizophrenen Psychosen und manischen Erkrankungen ist die Fahreignung im akuten Stadium nicht gegeben. Auch bei Depressionen muss die Fahreignung bei schwer ausgeprägten Formen mit wahnhaften oder stupurösen Symptomen und einer akuten Suizidalität verneint werden. Dagegen sind bei leichten oder mittelschweren depressiven Phasen die kognitiven Leistungen eher selten erheblich beeinträchtigt. Wenn bei diesen episodisch verlaufenden Erkrankungen wieder eine völlige bzw. bei depressiven Störungen eine weitgehende Symptomfreiheit vorliegt, kann die Eignung für die Fahrerlaubnisklassen der Gruppe 1 wieder gegeben sein. Es dürfen allerdings keine Restzustände mit schweren Leistungsbeeinträchtigungen vorliegen und das Risiko eines erneuten Ausbrechens der Erkrankung muss kalkulierbar sein. Nach schweren Erkrankungsphasen sollte daher eine Zeitlang abgewartet werden. Bei wiederholten Schüben ist das Stellen einer positiven Prognose schwierig. Grundvoraussetzungen sind eine gute Compliance des Probanden und regelmäßige Kontrolluntersuchungen, die sorgfältig dokumentiert werden müssen.

Auch bei einer andauernden Medikation kann die Fahreignung gegeben sein, oftmals stellt diese sogar die Grundvoraussetzung dar. Allerdings dürfen unter der Medikation keine Leistungseinschränkungen auftreten. Bei Neueinstellungen und Umstellungen oder Änderungen der Dosierung muss das beachtet werden und die Fahreignung ggf. für eine beschränkte Zeit verneint werden, bis wieder eine stabile Leistungsfähigkeit vorliegt. Wird eine Langzeitprophylaxe mit Lithium oder

Carbamazepin durchgeführt, müssen die Ergebnisse regelmäßiger Blutspiegelbestimmungen vorliegen.

Die Eignung für die Fahrerlaubnisklassen der Gruppe 2 wird nur in seltenen Ausnahmefällen bei besonders günstigen Verläufen gegeben sein. Voraussetzung ist eine völlige Symptomfreiheit.

2.4.5.10 Intellektuelle Minderbegabung

Auch Einschränkungen der intellektuellen Leistungsfähigkeit können zu einer Aufhebung der Fahreignung führen. In Übereinstimmung mit den gebräuchlichen Klassifikationen wird die Grenze der intellektuellen Minderbegabung bei einem IQ von 70 angesetzt. Allerdings stellt diese Grenze keine Mindestvoraussetzung dar, dagegen schließen die Begutachtungslinien einen Zweifel an der Fahreignung aufgrund intellektueller Leistungseinschränkungen bei Überschreiten eines IQ von 70 sogar aus. Dies gilt generell für die Fahrerlaubnisklassen der Gruppe 1. Für die Fahrerlaubnisklassen der Gruppe 2 sollen die mit intellektuellen Leistungseinschränkungen verbundenen Risiken und Gefahren bei der Begutachtung zwar besonders berücksichtigt werden, aber nur für Bus- und Taxifahrer (Personenbeförderung) ist mit einem IQ von 85 eine Mindestanforderung festgelegt.

Der Intelligenzquotient alleine stellt jedoch kein entscheidendes Kriterium dar. Von Bedeutung ist auch die psychophysische Leistungsfähigkeit, die nicht gleichzeitig unter die vorgegebenen Grenzen beeinträchtigt sein darf. Daneben spielt auch die Primärpersönlichkeit eine entscheidende Rolle, wobei ein ausgeprägtes Risikobewusstsein und eine sicherheitsbetonte Grundeinstellung kompensatorisch wirksam sein können.

2.4.5.11 Ältere Verkehrsteilnehmer

Die Anzahl älterer Verkehrsteilnehmer nimmt im Klientel der Fahreignungsbegutachtung immer mehr zu. Sie stellen nosologisch keine einheitliche Gruppe dar, wenngleich eine gewisse Häufung bestimmter altersabhängiger Erkrankungen zu beobachten ist. Grundsätzlich sind die im Einzelfall vorliegenden Erkrankungen nach den Beurteilungskriterien zu bewerten, die in den Begutachtungsleitlinien dafür vorgesehen sind. Die eignungsrelevante Problematik liegt aber in der Regel zum einen im gleichzeitigen Auftreten mehrerer Erkrankungen, wobei krankheitsbedingte und durch die notwendige Therapie bedingte Einschränkungen kumulieren können. Selbst für sich alleine noch nicht relevante Erkrankungen können dann im Zusammenspiel mit weiteren Bedeutung erlangen. Zum anderen lässt im Alter schon physiologisch das psychophysische Leistungsmögen nach, wodurch sich krankheitsbedingte Einschränkungen umso gravierender bemerkbar machen können. Dem steht lediglich die häufig langjährige Fahrpraxis entgegen, der mitunter eine gewisse kompensatorische Wirkung zugeordnet werden kann.

Erfahrungsgemäß die größte Bedeutung in der Fahreignungsbegutachtung älterer Menschen haben zwei nosologische Komplexe. Zum einen stellen sich im Alter mehr oder weniger stark ausgeprägte hirnorganische Veränderungen ein, die sich im Anfangsstadium nicht einmal unbedingt als schon krankheitswertig definieren lassen. Hierzu gehört oft eine Abnahme der Eigenkritikfähigkeit. In der Folge können die Betroffenen ihre Einschränkungen nicht mehr wahrnehmen und in ihrer Bedeutung erkennen und verarbeiten und lassen somit auch die erforderliche Problemeinsicht vermissen. Dies kann sich sogar auf die Compliance bei der erforderlichen Therapie vorliegender Erkrankungen auswirken. Zum anderen liegen häufig nicht kompensierte Sehfehler vor. Die Veränderungen der Sehkraft verlaufen schleichend, so dass sie nicht bemerkt oder als unveränderliche Alterserscheinungen hingenommen werden. Brillen sind oft viele Jahre nicht mehr angepasst worden. Ein im Alter nahezu regelmäßig auftretender grauer Star (Katarakt) erhöht die Blendempfindlichkeit und ruft häufig eine nahezu vollständige Nachtblindheit hervor. Deshalb empfiehlt sich bei älteren Menschen auch, vor der Durchführung der testpsychologischen Untersuchung die Sehfähigkeit zu überprüfen; mangelndes Sehvermögen kann zu einer Verschlechterung der Ergebnisse führen.

Im Grenzbereich liegende testpsychologische Ergebnisse können ggf. durch eine Fahrverhaltensbeobachtung ergänzt werden. Letztlich ist nur so zu überprüfen, in wie weit testpsychologisch objektivierte Einschränkungen durch Fahrerfahrung kompensiert werden kann. Auch machen sich die Leistungsdefizite alter Menschen besonders bemerkbar, wenn die Leistungsanforderung über das normale und gewohnte Maß hinausgeht, etwa bei Fahrten in unbekannter Umgebung, bei Nacht, schlechter Witterung oder erhöhter Verkehrsdichte. Sie stellen deshalb eine der hauptsächlichen Zielgruppen für die Empfehlung von Auflagen wie Tageszeit-, Umkreis- oder Geschwindigkeitsbeschränkungen dar.

2.4.5.12 Medikamentöse Behandlung (Strohbeck-Kühner)

Hinsichtlich der Medikamentenfragestellung gilt es zu differenzieren, ob ein missbräuchlicher Konsum von Medikamenten, insbesondere von Benzodiazepinen, oder eine dauerhaft notwendige ärztlich indizierte Einnahme von Medikamenten vorliegt, welche die Fahrtüchtigkeit beeinträchtigen können. Im Falle eines missbräuchlichen Medikamentenkonsums gelten im Prinzip dieselben Kriterien wie im Falle von Drogen (vgl. Kap. 2.4.2).

In den „Begutachtungs-Leitlinien zur Kraftfahrereignung" wird ausgeführt, dass eine Dauerbehandlung mit Arzneimitteln Bedenken an der Fahreignung begründen kann und dass bei nachgewiesener Intoxikation und anderen Wirkungen von Arzneimitteln, die die Leistungsfähigkeit zum Führen von Kraftfahrzeugen beeinträchtigen, bis zu deren völligem Abklingen die Voraussetzungen zum Führen von Kraftfahrzeugen nicht gegeben sind. Des Weiteren wird angeführt, dass in dem Falle, dass Krankheiten und Krankheitssymptome mit höheren Dosen psychoaktiver Substanzen behandelt werden, sich unter Umständen Auswirkungen auf das sichere Führen eines Kraftfahrzeugs ergeben können und zwar unabhängig davon, ob das Grundleiden sich noch auf die Anpassungs- und Leistungsfähigkeit auswirkt. So können sich sedierende Medikamente direkt auf die zentralen verkehrsrelevanten Leistungsfunktionen, insbesondere die Aufmerksamkeitsfunktionen und die Reaktionsfähigkeit auswirken. Diese Medikamente können sich aber auch über eine Veränderung der Stimmungslage oder durch Auswirkungen auf die Motivationslage negativ auf die Fähigkeit zum Führen eines Kraftfahrzeugs auswirken. Aktivierende Medikamente können Selbstüberschätzung und eine eingeschränkter Kritikfähigkeit bewirken und dadurch zu Konfliktsituationen im Straßenverkehr führen. Problematisch für die Sicherheit im Straßenverkehr sind auch all diejenigen Medikamente zu werten, bei denen es als unerwünschte Nebenwirkung zu Schwindel und Ohnmachtgefühlen kommen kann oder die zu Sehstörungen führen können.

Trotz der Häufigkeit der ärztlichen Verordnung psychoaktiver Medikamente ist die Zuweisung zu einer MPU alleine auf Grund von Bedenken, die aus dem Konsum von Medikamenten entstanden, ein eher seltenes Ereignis. Bei einer Vielzahl von verkehrsmedizinisch relevanten Erkrankungen, die Bedenken an der Fahreignung begründen, wie beispielsweise Psychosen oder Epilepsie, werden regelmäßig Medikamente verordnet, die das Leistungsvermögen beeinträchtigen können. Die behördlich angeordnete Überprüfung der Fahreignung von Personen, die chronisch Medikamente einnehmen müssen, wird vor allem im Rahmen von verkehrsmedizinischen Eignungsuntersuchungen durch Fachärzte mit verkehrsmedizinischer Zusatzqualifikation durchgeführt. Obwohl zweifellos sinnvoll und auch notwendig, ist bei fachärztlichen Eignungsuntersuchungen eine testdiagnostische Überprüfung der Leistungsfähigkeit nicht regelhaft vorgesehen. Nur in eher seltenen Fällen und zumeist auch nur, wenn die Leistungsmängel für den Gutachter evident sind, wird in fachärztlichen Gutachten eine Leistungsüberprüfung im Rahmen einer MPU angeregt. Fahreignungsrelevante Leistungsdefizite können sich aber der Beobachtung entziehen und sind auch subjektiv für den Betroffenen nicht immer zu erkennen.

In all den Fällen, in denen wegen chronischer Erkrankungen und hier insbesondere auch wegen Erkrankungen, welche die Fahreignung beeinträchtigen können, Medikamente eingenommen werden, ist dem im Rahmen von Fahreignungsbegutachtungen Rechnung zu tragen. Dabei ist zu berücksichtigen, dass Medikamente sich auch günstig auf eine fahreignungsrelevante Erkrankung auswirken können und die Betroffenen häufig erst durch die Medikation in die Lage versetzt werden, ein Kraftfahrzeug zu führen, dass aber andererseits geprüft werden muss, ob die Betreffenden trotz oder wegen der Medikation über ein zum Führen von Kraftfahrzeugen ausreichendes Leistungsvermögen verfügen. So ist insbesondere bei vielen psychiatrischen Erkrankungen eine Dauerbehandlung mit sedierenden Psychopharmaka notwendig, um eine Remission der Symptome zu erreichen, bzw. eine Wiedererkrankung zu verhindern.

Im Kommentar zu den Begutachtungs-Leitlinien zur Kraftfahrereignung ist hierzu ausgeführt, dass von dem Gutachter zu prüfen ist, ob:

- die Medikamenteneinnahme überwacht und ärztlich indiziert ist,
- in welcher Phase der Medikamenteneinnahme sich der Untersuchte befindet,
- Compliance besteht,
- psycho-physische Leistungseinbußen oder Nebenwirkungen mit verkehrsrelevanten Auswirkungen vorliegen,
- gegebenenfalls festgestellte Leistungsdefizite kompensiert werden können.

Hier gilt es deshalb, die Betreffenden sehr eingehend zu ihrem Medikamentenkonsum, der subjektiv erlebten Medikamentenwirkung und ihrem Umgang mit dieser Wirkung zu befragen. Bezüglich der Indikation der Medikamenteneinnahme und der Überprüfung der Zuverlässigkeit der Medikamenteneinnahme empfiehlt sich zudem die Hinzuziehung der Krankenunterlagen des behandelnden Arztes.

Die Überprüfung der Leistungsfähigkeit bei Personen mit Dauermedikation stellt erhöhte Anforderungen an die Leistungsdiagnostik. Alleine der Einsatz der in der Fahreignungsbegutachtung üblichen Testbatterien wird den Anforderungen dabei nicht immer gerecht (vgl. 2.3.3), da diese Testverfahren allesamt einen hohen Aufforderungscharakter haben und kontinuierlich Aktivität erfordern. Eine dadurch ausgelöste Aktivierungssteigerung, die in der normalen Fahrroutine aber nicht zu erwarten ist, kann zumindest zeitweilig Leistungsdefizite kompensieren. Bei sedierenden Medikamenten ist aber zu erwarten, dass vor allem in monotonen Situationen, mit sehr geringem Aufforderungscharakter Aufmerksamkeitsdefizite im Sinne einer verminderten Vigilanz auftreten. Bei solchen Fragestellungen sollten deshalb auch Vigilanztests eingesetzt werden. Vor allem bei Medikamenten mit kurzer Halbwertszeit liefert eine Leistungsüberprüfung immer nur eine Momentaufnahme, so dass eine Generalisierung der Leistungsbefunde nicht unproblematisch ist. Aus ausreichenden Leistungsbefunden bei abklingender Medikamentenwirkung kann noch nicht zwingend auf ein ausreichendes Leistungsbild kurz nach der Medikamenteneinnahme geschlossen werden und umgekehrt.

Da bei verschiedenen Medikamenten die verkehrsrelevanten Nebenwirkungen wie Sedierung vor allem und teilweise ausschließlich nur in der Anfangsphase einer Behandlung auftreten, sollte eine Begutachtung bei solchen Fragestellungen erst dann erfolgen, wenn sich die Betreffenden an das Medikament gewöhnt haben. Anzumerken wäre hier jedoch, dass es nicht immer und nicht bei allen Leistungsfunktionen zu einer solchen Toleranzentwicklung kommt. Insbesondere bei Benzodiazepinen, der von der Verordnungshäufigkeit und den Auswirkungen auf die verkehrsrelevanten Leistungsfunktionen wichtigsten Medikamentengruppe, wird eine solche Toleranzentwicklung oft nicht beobachtet. Dabei treten auch nach längerem Medikamentenkonsum noch Leistungsdefizite auf, die vor allem komplexe Funktionsleistungen betreffen. Andere Leistungsdefizite, wie Einschränkungen der optischen Orientierung und der visuo-motorischen Koordination lassen sich nicht in der Anfangsphase einer Behandlung mit Benzodiazepinen nachweisen, sondern zeigen sich erst bei längerer Anwendung.

In Testverfahren festgestellte Leistungsdefizite können bis zu einem gewissen Grad kompensiert werden. Voraussetzung hierfür ist, dass sich die Untersuchten ihrer Leistungsgrenzen bewusst sind und sie ihr Leistungsvermögen realistisch abschätzen können. Liefert die Vorgeschichte, beispielsweise durch häufige Unfälle, Anhaltspunkte dafür, dass die festgestellten Leistungsdefizite auch im Straßenverkehr wirksam werden, kann nicht angenommen werden, dass ausreichendes Kompensationspotential vorhanden ist. Ansonsten kann eine Überprüfung des Kompensationspotentials durch praktische Fahrproben bzw. Fahrverhaltensbeobachtungen erfolgen.

Hat sich auf Grund einer Medikamenteneinnahme schon eine Verkehrsauffälligkeit ereignet, so begründet dies auch immer Zweifel an der Zuverlässigkeit des Untersuchten. So zeigt die Auffälligkeit, dass die Betreffenden entweder nicht bereit oder nicht dazu in der Lage waren, ihre Fahrtüchtigkeit zu prüfen oder korrekt einzuschätzen bzw. dass sie sich möglicherweise im Bewusstsein ihrer fehlenden Fahrtüchtigkeit darüber hinweggesetzt haben. Wird im Rahmen der Begutachtung deutlich, dass es sich um eine Fehleinschätzung der Medikamentenwirkung gehandelt hat, ist zum Einen zu prüfen, ob sich bezüglich der Medikation eine Änderung ergeben hat, die im Hinblick auf die Teilnahme am Straßenverkehr als weniger problematisch zu werten ist und zum Anderen, ob sich die Untersuchten in der Zwischenzeit in verstärktem Maße mit der Wirkung des Medikaments vertraut gemacht haben und ob sie gelernt haben, ihre Befindlichkeit unter der Wirkung des Medikaments richtig einzuschätzen. War sich der Betreffende seiner Fahruntüchtigkeit bewusst, setzt eine günstige Prognose zudem voraus, dass er sich inzwischen der Problematik seines Fehlverhaltens bewusst geworden ist und dass er sich damit kritisch auseinandergesetzt hat. Der Gutachter hat hier immer auch zu prüfen, ob bei dem Untersuchten inzwischen ein Änderungsprozess stattgefunden hat, der es ihm in Zukunft ermöglicht, sich auch unter Medikamenteneinfluss angepasst und verantwortungsbewusst im Straßenverkehr zu verhalten.

3 Verkehrsunfallanalyse

Jiri Adamec, Thomas Gilg, Matthias Graw, Wolfram Hell,
Steffen Peldschus, Sylvia Schick, Markus Schönpflug,
Erich Schuller

3.1 Straßenverkehrsunfälle

3.1.1 Epidemiologie (Hell)

3.1.1.1 Allgemeine Daten

Auf den Straßen der 27 EU Staaten forderten 2009 Straßenverkehrsunfälle mehr als 35.000 Menschenleben, was einem Rückgang seit 2001 von 40% entspricht. Rein statistisch betrachtet, kämen auf ein Todesopfer im Straßenverkehr vier Menschen, die bei Unfällen schwere Verletzungen erlitten. Die volkswirtschaftlichen Kosten der Unfälle beziffert die EU-Kommission auf jährlich 130 Milliarden Euro. Die sichersten Straßen in Europa bietet Großbritannien. Dort beträgt die Zahl der Verkehrstoten pro eine Million Einwohner 38 im Jahr 2009. Dahinter folgen Schweden und Niederlande (jeweils 39 Tote je ein Million Einwohner) sowie Deutschland und Malta (jeweils 51 Tote). Über dem EU Durchschnittswert von 90 Todesopfern je eine Million Einwohner rangierten insbesondere Rumänien (130) und Polen (120).

In Deutschland wurden 2009 bei 2,3 Mio. polizeilich erfassten Verkehrsunfällen im Straßenverkehr 4154 Personen getötet. Es kam im Jahr 2009 zu 68.500 Schwerverletzten und zu 330.000 Leichtverletzten. Den größten Anteil an den Getöteten im Jahr 2009 haben die PKW-Insassen mit rund 51 %, motorisierte Zweiräder mit 16 % und an dritter Stelle Fußgänger mit 14 %.

J. Adamec (✉), T. Gilg (✉), M. Graw (✉), W. Hell (✉), S. Peldschus (✉), S. Schick (✉),
E. Schuller (✉) Institut für Rechtsmedizin, LMU München,
Nußbaumstraße 26, 80336 München, Deutschland
E-Mail: Jiri.Adamec@med.uni-muenchen.de, Thomas.Gilg@med.uni-muenchen.de,
Matthias-Graw@med.uni-muenchen.de, Wolfram.Hell@med.uni-muenchen.de,
Steffen.Peldschus@med.uni-muenchen.de, Sylvia.Schick@med.uni-muenchen.de,
Erich.Schuller@med.uni-muenchen.de
M. Schönpflug (✉), Ing. Büro Dr. Schönpflug,
Helene-Weber-Allee 17, 80637 München, Deutschland
E-Mail: schoenpflug@unfall-analytik.de

H.-T. Haffner, G. Skopp, M. Graw, *Begutachtung im Verkehrsrecht*,
DOI 10.1007/978-3-642-20224-7_3,

2009 ereigneten sich etwa zwei von drei Unfällen mit Personenschaden (68 %) innerhalb von Ortschaften, rund 1/4 (26 %) ereigneten sich auf Landstraßen (Außerortsstraßen) hier starben jedoch 59 % die meisten im Straßenverkehr getöteten Personen. Auf Autobahnen kamen im Jahr 2009 mit ca. 11 % Getöteten deutlich weniger Menschen ums Leben als in beiden anderen Ortslagen.

Je 100.000 Einwohner starben in diesem Jahr 2,6 Frauen und 7,6 Männer im Straßenverkehr. Damit wurden bezogen auf die Einwohner fast dreimal so viele Männer wie Frauen im Straßenverkehr getötet. Geschlechtsspezifische Unterschiede zeigen sich ab dem 15. Lebensjahr, somit Beginn der Teilnahme am motorisierten Straßenverkehr (zunächst mit Mofas). Die am stärksten gefährdete Altersgruppe sind junge Männer im Alter zwischen 18 und 24 Jahren. Auch bei den Frauen sind die 18- bis 24-Jährigen deutlich stärker gefährdet als weibliche Verkehrsteilnehmer anderer Altersklassen.

Als Hauptunfallursache bei Unfällen mit Personenschaden wurde im Jahr 2009 Fehler beim Abbiegen, Wenden, Rückwärtsfahren sowie Ein- und Anfahren festgestellt. Zweithäufigste Unfallursache war eine nicht angepasste Geschwindigkeit. Alkoholunfälle sind durch eine überdurchschnittlich hohe Schwere gekennzeichnet: Während bei allen Unfällen mit Personenschaden 13 Getötete und 221 Schwerverletzte auf 1000 Unfälle kamen, waren es bei den entsprechenden Alkoholunfällen 25 Getötete und 353 Schwerverletzte je 1000 Unfälle.

Im längerfristigen Vergleich hat sich die Verkehrssicherheit in Deutschland deutlich erhöht: Gemessen an dem Jahr 1970, in dem mit 21.332 die bisher höchste Zahl an Unfalltoten (einschl. dem Gebiet der ehemaligen DDR) gezählt wurde ist die Zahl der Verkehrstoten um über 80% gesunken. Im gleichen Zeitraum sank die Zahl der Verletzten um fast ein Drittel (31%).

Das bestandsbezogene Risiko in einem PKW tödlich zu verunglücken ist von 21 Getöteten je 100.000 Fahrzeuge auf 5 Getötete deutlich gesunken, hier sind vor allem verbesserte Crashsicherheit der Fahrzeuge aber auch Sicherheitsgurte und Airbags zu nennen. Motorradfahrer haben hingegen 2009 noch ein Risiko von 18 Getöteten pro 100.000 Fahrzeuge, aber auch hier ist ein leichter Rückgang zu verzeichnen 2001 waren es noch 25 Getötete pro 100.000 Fahrzeuge.

Andererseits sind mittelfristig (seit 1991) die Anteile von getöteten Fußgängern etwas zurückgegangen (von 17% auf 14%), dafür haben Fahrradfahrer von 8 auf 11% einen höheren Anteil.

3.1.1.2 Prävention durch Rückhaltesysteme

Der Begriff Rückhaltesysteme beschreibt die Gesamtheit der Vorrichtungen der passiven Sicherheit, die dazu geeignet sind, Fahrzeuginsassen auf ihrem Sitz zu fixieren und bei einem Unfall mit der Fahrzeugstruktur zu koppeln (Gurt, Gurtstraffer, Gurtkraftbegrenzer, Airbag). Diese Systeme sind aufeinander abgestimmt.

Sicherheitsgurt

In Deutschland gurten sich immer noch mindestens 5 % der Autoinsassen auf den Vordersitzen nicht an. Auf dem Rücksitzen ist die Quote noch schlechter. Insgesamt gehen die Angurtquoten wieder etwas zurück. Gerade innerorts sind deutlich rückläufige Quoten auszumachen, wo gerade hier die Effizienz des Gurtes am größten ist. Bei Unfällen mit Todesfolge sind mehr als 25% der Fahrzeuginsassen nicht angegurtet (s. u.).

Mit dem Sicherheitsgurt wird der Fahrzeuginsasse an die Fahrzeugstruktur gekoppelt und zurückgehalten. Damit können schwere Verletzungen an Kopf, Hals und Rumpfbereich vermieden werden. Hingegen wird ein nicht angegurteter Insasse mit voller Wucht nach vorn geschleudert. Dabei treten extreme Belastungen auf. Hier drohen schwerste Kopf-, Hals- und Rumpfverletzungen, oft mit tödlichem Ausgang.

Nicht angegurtete Rücksitzpassagiere sind für Frontinsassen gefährlich. Wie Crashtests zeigen, gefährden nicht angeschnallte Insassen auf dem Rücksitz nicht nur sich selbst, sondern auch andere Passagiere, z. B. angegurtete Vordersitzinsassen. Der Rücksitzinsasse wird mit dem 30- bis 50-fachen seiner Gewichtskraft auf den Vordersitzinsassen geschleudert. Ein z. B. 30 kg schweres ungesichertes Kind auf dem Rücksitz entwickelt beim Aufprall von 50 km/h eine Belastung von 1,2 Tonnen, ein Erwachsener mit 70 kg sogar eine Kraft von ca. 3 Tonnen. Hieraus resultieren dann deutlich schwerere Verletzungen bei den Frontinsassen, auch Todesfälle, die durch Angurten des Rücksitzinsassen vermeidbar gewesen wären. Im Extremfall kann es durch einen nichtangegurteten Rücksitzinsassen bei einem angegurteten Frontinsassen nach Frontalkollision zu einer vermeidbaren Aortenruptur mit Todesfolge kommen.

Airbag

Die Hauptaufgabe der inzwischen multiplen Airbags ist eine flächige Insassenabstützung durch gezielte Energieaufnahme. Airbags bilden nur im Zusammenhang mit dem Sicherheitsgurt einen elementaren Anteil der modernen Sicherheitskonzepte. Ab einer delta v von ca. 25 bis 30 km/h (= Auslöseschwelle von Frontairbags) reduziert der Airbag maßgeblich die Insassenbelastung. Unterhalb dieser Auslöseschwelle bieten herkömmliche Sicherheitsgurte mit Gurtstraffern einen ausreichenden Insassenschutz.

Ein nicht mit Gurt gesicherter Fahrzeuginsasse hat demnach ein sehr hohes Risiko, sich bei einer mittelschweren bis schweren Kollision ernsthaft zu verletzen oder nicht zu überleben, da das Sicherheitssystem hierfür nicht abgestimmt ist. Zahlen der Unfallforschung belegen, dass der Gurt immer noch Lebensretter Nr. 1 darstellt. Mit Sicherheitsgurt ließen sich ca. 50 % der Verkehrsunfälle mit Todesfolge im PKW verhindern. Kommt ein Fahrerlenkradairbag hinzu, wird die Quote auf ungefähr 60 % erhöht.

3.1.2 Unfallursache Alkohol (Gilg)

Auswirkungen einer Alkoholisierung sind durch zahllose Untersuchungen belegt. Insgesamt sind verkehrsmedizinisch relevante, psychophysische Leistungsminderungen und Ausfallerscheinungen unter Alkohol grundsätzlich ab 0,3 ‰ möglich und ab 0,5–0,8‰ regelhaft in inter- und intraindividuell unterschiedlicher Ausprägung zu beobachten. Entsprechende psychische und physische Wirkungen kommen als Unfallursachen in Betracht (Details in Kap. 1, ferner Gilg 2005, Madea et al. 2011).

Alkoholwirkungen sind in hohem Maße abhängig von der individuellen Alkoholgewöhnung, d.h. einer Toleranz des ZNS („funktionelle Alkoholtoleranz“). Auch intraindividuell bestehen Unterschiede in Abhängigkeit von der Gesamtbefindlichkeit, der psychischen Ausgangssituation, den Trinkmodalitäten u.a. Bei jüngeren Personen sind Enthemmung und riskante Fahrweise eher schon bei niedrigeren Alkoholisierungsgraden zwischen etwa 0,5‰ und 1‰ zu beobachten, ebenso treten auch bei älteren Personen Leistungsdefizite bei altersbedingt reduzierter Leistungsfähigkeit und Verträglichkeit bei eher niedrigeren Promillegraden auf. Entscheidend ist, dass Wirkungen in der Anflutungsphase, also bei (rasch) steigender BAK in der Trinkphase, generell stärker ausgeprägt sind als bei vergleichbarer BAK in der Eliminationsphase.

Alkoholbedingte Unfälle mit Kraftfahrzeugen zeichnen sich typischerweise aus durch überdurchschnittliche Schwere, ereignen sich häufig zur Nachtzeit, häufiger als Alleinunfall und häufig junge FahrerInnen betreffend.

Der Begriff „alkoholtypisches Fahrverhalten“ hat juristischen Bezug, verkehrsmedizinisch sind bestimmte Unfallabläufe unter Alkoholeinfluss häufiger – jedoch nicht ausschließlich – zu beobachten (Beispiele in Tabelle 3.1).

Zur Beurteilung eines „alkoholtypischen“ Fahrfehlers oder Fehlverhaltens ist zunächst die Tatzeit-BAK entscheidend, je höher die BAK und je ungünstiger die objektiven und subjektiven Bedingungen der Fahrt sind, desto geringer sind die an konkrete Ausfallerscheinungen zu stellenden Anforderungen. Naturgemäß gibt es

Tabelle 3.1 Unter Alkoholeinfluss gehäuft zu beobachtende Unfallabläufe

Alleinunfälle mit Abkommen von der geraden Fahrbahn oder in Kurven, z.B. Kurvenunfälle mit zentrifugalem Abkommen nach außen ohne Überschreiten der Kurvengrenzgeschwindigkeit und ohne Spurzeichnung, ohne überschießende Lenkkorrektur ein- oder ausgangs der Kurve, wie „Geradeausfahren in Kurven“
Auffahrunfälle in oder auf gut sichtbare, beleuchtete Hindernisse und Baustellen
Auffahrunfälle auf verkehrsbedingt stehende Fahrzeuge
Unfälle infolge riskantem Überholen an unübersichtlicher Stelle und/oder unverhältnismäßige Geschwindigkeit
Fußgängerunfälle mit zu spätem Erkennen oder fehlender Reaktion
Rangierunfälle auf Parkplätzen
Streifkollisionen im Gegenverkehr o. im ruhenden Verkehr (Tunnelblick)
Unfälle nach dichtem Auffahren ohne Nutzung der Antizipation oder erhöhten Sichtweite bei seitlich versetzter Fahrweise
Unfall nach Blendung
Unfall nach Fehleinschätzung von Entfernungen und Geschwindigkeiten im räumlichen Bezug
Unfall und Unfallflucht (wohl in hohem Prozentsatz mit Alkoholisierung verbunden)

kaum ein Fahr(fehl)verhalten, das nicht auch durch andere Umstände bedingt oder mitbedingt sein kann. Unter Alkoholeinfluss sind jedoch gehäuft Fahrfehler zu beobachten wie:

Schlangenlinienfahren, Geradeausfahren in Kurven, Auffahren auf stehende Fahrzeuge oder Hindernisse, inadäquate und falsche Reaktionen auf überraschende und komplexere Verkehrssituationen, ferner auch auffällig langsames Fahren (meist bei höheren BAK-Werten) oder riskante, enthemmte Fahrweise (z. B. bei jüngeren Fahrern und eher niedrigeren BAK-Werten).

Ein verlängerter optokinetischer Nystagmus (Drehnachnystagmusprobe), entsprechend einer Stellhemmung der Augen beim Fixationsversuch, bedeutet beispielsweise, dass bewegte Objekte nicht ausreichend schnell fixiert werden können, was zusammen mit qualitativen und quantitativen Reaktionseinbußen Einfluss v. a. auf das Kurvenverhalten hat (Fehleinschätzung von Kurven, in der Regel wird – neben zu hoher Ausgangsgeschwindigkeit – der Scheitelpunkt zu spät erkannt und verspätet darauf reagiert, mit der Folge eines „Geradeausfahren“ und Abkommen zur Kurvenaußenseite, oder der Scheitelpunkt scheint in die Kurve zu wandern, darauf zu frühes Lenken und Abkommen in den inneren Kurvenradius). Eine alkoholbedingte Einschränkung des peripheren Gesichtsfeldes reduziert oder verhindert die rechtzeitige Bemerkbarkeit peripherer Objekte.

Eine Alkoholtypizität bei Unfällen mit überhöhter Geschwindigkeit und Abkommen von der Fahrspur liegt von vorneherein nahe. Vorfahrtunfälle und Parallelverkehrsunfälle sind ebenso mit alkoholbedingten Leistungsminderungen in Verbindung zu bringen. Rangierunfälle und Auffahrunfälle im langsamen Verkehr sind häufigere allgemeine Fahrfehler, jedoch auch alkoholvermittelt.

Entscheidend bei der differenzialdiagnostischen Abgrenzung und Feststellung einer alkoholischen Kausalität ist das Fehlen anderer, ausreichender Erklärungsmöglichkeiten sowie die Tatsache, dass gerade in diesem Fall und unter der entsprechenden Alkoholisierung ein sonst nicht zu erwartendes Fehlverhalten auftrat. Zwar erfordern schwierigere Verkehrssituationen wie Nebel, Regen, Dunkelheit von vorneherein erhöhte Konzentration und Aufmerksamkeit und sind insofern eher unfallträchtig, allerdings ist auch zu berücksichtigen, dass die Kompensationsfähigkeit im Hinblick auf Aufmerksamkeit und Konzentration sowie Sehvermögen gerade und zusätzlich in dann ggf. entscheidender Weise unter Alkohol reduziert ist. Beispielsweise erfordert das Anzünden einer Zigarette mittels Streichholz durch einen jugendlichen Fahrer eines PKW von vorneherein erhöhte Aufmerksamkeit und ist per se unfallträchtig, eine gleichzeitige Alkoholisierung auch im relativen Bereich kann dann letztlich unfallauslösend sein (und weist auch auf eine alkoholbedingt erhöhte Risikobereitschaft hin).

Nach den Erfahrungen der täglichen Gutachtenspraxis und statistisch sind real auf Alkoholeinfluss zurückzuführende Unfälle oder Fahruntauglichkeitsfälle im Bereich von 0,5 ‰ sehr selten, nach Angaben des Statistischen Bundesamtes liegt der Durchschnittswert von Trunkenheitsfahrern seit Jahren im Bereich von 1,6 ‰.

Wird Nachtrunk bzw. eine postdeliktische Alkoholaufnahme behauptet, sind polizeiliche Ermittlungen als Grundlage zur Beurteilung wesentlich, z. B. genaue Feststellungen über Marken, Alkoholgehalte und Volumen von Alkoholika, am besten mit Asservierung konkreter Getränke im Hinblick auf eine Durchführung von Begleitstoffanalysen. Möglichst detaillierte Zustandsbeschreibungen durch Zeugen, Polizei und Blutentnahmearzt ermöglichen ggf. bereits eine Beurteilung über die Symptomatik, z. B. bei angegebenem Nachtrunk großer Alkoholmengen vor allem in konzentrierter Form und kürzerer Zeit bei Fehlen adäquater Ausfallerscheinungen bzw. entsprechender Anflutungssymptomatik, dies auch unter Berücksichtigung einer eventuellen Alkoholtoleranz. Ein „Sturztrunk" z. B. mit 0,5 oder mehr Gramm Alkohol pro kg Körpergewicht in bis zu 15 Minuten oder beispielsweise der Aufbau von 2 ‰ über/in 1 Stunde mit Anstiegsgeschwindigkeiten bis zu 2,7 ‰/h ist zwar möglich, geht jedoch meist mit entsprechenden, zunehmenden massiven Ausfallerscheinungen einher.

Die Aussagekraft von Doppelblutentnahmen (Zeitintervall typischerweise 20–30 min) ist begrenzt. Nur unter bestimmten Kriterien (ausreichende Trinkmenge etc.) und bei günstigen zeitlichen Verhältnissen sind Nachtrunkangaben eventuell zu bestätigen, kaum je sicher auszuschließen. Problemloser ist eine Zweifachentnahme mit einer zweiten, ggf. nach Lagerung noch sterilen Probe für nachfolgende Untersuchungen wie Begleitstoffanalyse.

Eine (freiwillige! und nicht erzwingbare) Urinprobe zur Beurteilung einer Ab- oder Aufbauphase ist in der Aussagekraft ebenfalls begrenzt. Rückschlüsse auf einen Nachtrunk setzen u. a. voraus, dass keine (weitere) Blasenentleerung zwischen Vorfall und Blutentnahme erfolgte. Über eine Begleitstoffanalyse im Blut bzw. Serum ist eine Beurteilung zumindest konkreter Angaben über eine Alkoholaufnahme möglich.

Die Beurteilung einer akustischen, optischen oder taktilen Bemerkbarkeit eines Unfallgeschehens unter Alkohol erfordert meist ein unfallanalytisches Gutachten zur Frage, inwieweit eine situationsbezogene Bemerkbarkeit bei gesunden, unbeeinflussten vergleichbaren Personen anzunehmen ist. Neben der Frage einer Beeinträchtigung der peripheren Perzeption unter Alkoholeinfluss ist vor allem zu beurteilen, wie und inwieweit entsprechende Wahrnehmungen interpretiert und verarbeitet werden und ob nach einer entsprechenden Einsicht dann eine Handlungsfreiheit bzw. das Steuerungsvermögen erheblich beeinträchtigt oder aufgehoben ist (vgl. Kap. 3.2.2.4).

3.1.3 Unfallursache Drogen (Gilg)

Eine Aufnahme berauschender Stoffe führt zu reversibler, verminderter bis aufgehobener Fahrunsicherheit bzw. Fahruntüchtigkeit. Berauschende Stoffe sind diejenigen, die das Hemmungsvermögen sowie intellektuelle und motorische Fähigkeiten beeinträchtigen. Eindeutige Befunde zu möglichen Dosis-Wirkungsbeziehungen fehlen, weshalb derzeit keine wissenschaftlich akzeptierten Grenzwerte zur Annahme einer absoluten Fahrunsicherheit analog einer BAK von mindestens 1,10 ‰ existieren. Deshalb kann nur eine relative Fahrunsicherheit nach § 315c/316 StGB angenommen werden, wenn nachgewiesen ist, dass substanzbedingte

Leistungseinbußen das sichere Führen des Fahrzeugs nicht mehr erlauben und ein positiver, kausaler, chemisch-toxikologischer Befund vorliegt.

Bei entsprechend positivem Nachweis sind (verkehrsmedizinisch) relevante Wirkungen und mögliche unfallauslösenden oder -begünstigenden Wirkungen im chemisch-toxikologischen Ergebnisbericht gutachterlich zu würdigen und zu dokumentieren, am Besten in Kenntnis und bei kritischer Würdigung von Polizeibericht und ärztlichem Untersuchungsbericht.

Im Folgenden sind charakteristische verkehrsrelevante Drogenwirkungen und typische Unfallabläufe gegenübergestellt (vgl. Kap. 1.3).

3.1.3.1 Opiate (Heroin, Morphin, u. a.)

Wirkung:
Euphorie, Schmerz- und Konfliktfreiheit, nach außen und im Verlauf feststellbar, dann zentrale Dämpfung, Sedierung, Schläfrigkeit, Apathie, Gleichgültigkeit, Motivationsverlust, Wesensveränderung, verlangsamte Motorik, verlängerte Reaktionszeit, Konzentrationsstörungen, Selbstüberschätzung; ausgeprägte Pupillenverengung (Miosis), mit reduzierter oder fehlender Hell-Dunkel-Adaptation und Dämmerungssehen.

Im Entzug: Reizbarkeit, Krämpfe, Unruhe, Blutdrucksteigerung, Craving (Substanzverlangen).

Unfälle/Unfallursachen:
Durch die Pupillenverengung Gefahr vor allem von Unfällen in der Dämmerung, bei Dunkelheit, in Tunneln. Ansonsten durch reduzierte geistige Aktivität sowie v. a. durch Konzentrationsschwäche, Apathie und Schläfrigkeit bedingte Unfälle.

> Ein 22 jähriger PKW-Fahrer kommt um 2.10 Uhr in einer Kurve von Fahrbahn ab, kollidiert mit 3 PKW und begeht Unfallflucht. Bei Festnahme durch die Polizeibeamten enge Pupillen, verzögerte Reaktion auf Ansprache. Blutentnahme 4.02 Uhr: Morphin 17 ng/mL, Codein 6 ng/mL, wie nach Heroinaufnahme, zusätzlich THC 1,8 ng/mL, THC–COOH 23 ng/mL. Im ärztlichen Befund bei der Blutentnahme geringe Gang- und Standunsicherheit, Bewusstsein benommen, Stimmung fröhlich.
>
> Fazit: fahruntüchtig auf Grund zeitnaher Heroinaufnahme mit der Folge von Koordinationsstörungen, psychomotorischer Verlangsamung und Affektstörung.

3.1.3.2 Cocain

Wirkung:
Steigerung der motorischen Fähigkeiten, subjektives Gefühl der Leistungssteigerung, nachlassende Konzentration, Pupillenerweiterung (Mydriasis), verminderte Aufmerksamkeit, Reizbarkeit und Aggressivität.

Unfälle/Unfallursachen:
z. B. durch erhöhte Blendempfindlichkeit bei Pupillenerweiterung, durch Konzentrationsstörungen bei Antriebssteigerung, mangelnde zielgerichtete Aufmerksamkeit, Fahrigkeit, erhöhte Risikobereitschaft mit riskanter Fahrweise; indirekte Spätwirkung über Leistungsabfall („Reboundeffekt") mit Müdigkeit, allgemeinen Aufmerksamkeits- und Konzentrationsdefiziten.

3.1.3.3 Cannabis

Wirkung:
Akutphase (1–2 h): euphorische Grundstimmung, aber auch initial zentral dämpfend, Motorik, Sprache und Sehvermögen reduziert, allgemeine Verlangsamung, reduzierte Kritikfähigkeit, Überschätzung des eigenen Leistungsvermögens, motivlose Heiterkeit, Störung des Zeitgefühls und Kurzzeitgedächtnis,

Subakut (4–6 h): ggf. noch euphorische Grundstimmung mit reduzierter Kritikfähigkeit und Überschätzung des eigenen Leistungsvermögens, im Verlauf reduzierter Antrieb, Passivität, Apathie, Abnahme von Konzentration, Leistungsbereitschaft und -vermögen, Denkstörungen, Pupillenweite nicht/kaum betroffen, jedoch Pupillenreaktion verlangsamt,

verkehrsrelevante Wirkungen: Störungen von Fahrkoordination, Tracking im Fahrsimulator gestört, Konzentrationsschwäche, Aufmerksamkeitsstörungen, Verlängerung der Reaktionszeit, möglicherweise erhöhte Blendempfindlichkeit durch verringerte Pupillenreaktion, eingeschränktes Wahrnehmungsvermögen, riskante Fahrweisen/erhöhte Risikobereitschaft, (Pseudo-)Halluzinationen („Märchenwald").

Unfallabläufe:
Abkommen von der Fahrbahn in Kurven, z. B. durch zu schnelles Fahren, zu spätes Erkennen der Kurve und zu langsame Reaktion, Abdriften von gerader Fahrlinie, Kollisionen bei zu spätem Erkennen von Objekten, Menschen und Verkehrssituationen durch riskante und enthemmte Fahrweise, andererseits auch durch verzögerte Reaktion bei Vigilanzreduktion in der späteren Wirkphase.

Als PKW-Fahrer um 14.30 Uhr beim Abbiegen Kollision mit entgegenkommendem Motorradfahrer, offenbar Situation nicht erkannt und realisiert, reagiert schläfrig, inadäquate Reaktion auf Fragen etc. Cannabis angeblich zuletzt vor 10 Tagen. Blutprobe 16.40 Uhr: THC 3,1 ng/mL, THC–OH 1,3 ng/mL, THC–COOH 68 ng/mL. „Berauschtes" Verhalten durch direkte Cannabiswirkung zu erklären, Cannabisaufnahme zeitnah zum Unfall anzunehmen, obwohl ein „CIF" rechnerisch mit etwa 6,5 unter 10 liegen würde (s. u.). Bei einem Zeitintervall von etwas über 2 Stunden zwischen Unfall und BE ist ein höherer Wirkspiegel zum Unfallzeitpunkt anzunehmen.

23 jähriger PKW-Fahrer, gerät um 10.10 Uhr in einer Linkskurve weit an den rechten Fahrbahnrand, erfasst Fußgänger, der kurz darauf im Krankenhaus verstirbt. Nach eigenen Angaben in der Nacht zuvor gefeiert und bis 07.00 Uhr

Bier getrunken, am Vorabend einen Joint geraucht, am Vortag Amphetamin genommen. Vom Schwimmen gekommen und fit gefühlt, mit moderater Geschwindigkeit gefahren, Unfall wegen Blendung durch die Sonne. Blutprobe 11:47 h, Analysenwerte: BAK 0,97 ‰; THC 3,7 ng/mL; THC–OH 2,6 ng/mL; THC–COOH 69 ng/mL („CIF" rechnerisch bei etwa 9,1), Amphetamin 0,012 mg/L. Laut technischem Gutachten bereits vor Kollision nach rechts abgekommen; Kollisionsgeschwindigkeit ca. 58 km/h, keine Blendung da Sonne links vom Fahrer stand. Begutachtung: absolut fahruntüchtig allein wegen Alkoholwirkung bei rückgerechneter Mindest-BAK von 1,13 ‰, allerdings in Verbindung mit akuter Drogenwirkung und Übermüdung.

3.1.3.4 Amphetamine/Designerdrogen (Ecstasy u. a.)

Wirkung:

Überschätzung der Leistungsfähigkeit, übersteigertes Selbstwertgefühl, Fehleinschätzung von Situationen, Handlungsdrang, Enthemmung, Unruhe, erweiterte, reaktionsträge Pupillen, Ideenflucht, Realitätsverlust, Verwirrtheit. Überhitzung, Erschöpfungszustände, Aggressivität ggf. massiver Leistungsabfall in der Abklingphase („Reboundeffekt"), mit Müdigkeit, allgemeinen Aufmerksamkeits- und Konzentrationsdefiziten.

Unfallabläufe:

Ergeben sich aus den Wirkungen.

3.1.3.5 Halluzinogene (LSD, Psilocibin, Mescalin, PCP (Phencyclidin))

Wirkung:

Verwirrtheit, Störung bis völliger Verlust der Aufmerksamkeit, Koordinationsstörungen, Gleichgewichtsstörungen, Halluzinationen, Panik, Verfolgungswahn, Situationsverkennungen, Omnipotenzreaktionen, nicht kontrollierbarer Realitätsverlust, bis zu psychoseartigen Zustandsbildern und Psychosen.

Unfallabläufe:

Ergeben sich aus den Wirkungen.

3.1.3.6 Schnüffelstoffe (Flüchtige Lösungsmittel, Aerosole, Äther, Chloroform, Lachgas, Amylnitrit, Butylnitrit, Isobutylnitrit (sog. „Poppers"), auch γ-Hydroxy-Butyrat (GHB, „Liquid Ecstasy") oder dessen Vorstufen γ-Butyro-Lacton oder 1-4 Butandion)

Wirkungen:

Euphorie, Selbstüberschätzung, Leichtsinn, Konzentrations- und Aufmerksamkeitsstörungen, verspätete Reaktionen, Benommenheit, Schwindel, Schläfrigkeit, gestörtes Raum-Zeit-Gefühl, Halluzinationen.

Schnüffelstoffe haben im Straßenverkehr eine nur geringe Bedeutung bzw. werden kaum nachgewiesen/beobachtet, sie sind eher im Bereich der Sucht- und Sexualmedizin und -delinquenz relevant. Eine insbesondere missbräuchliche Aufnahme kann allerdings auch verkehrsmedizinische Bedeutung erlangen.

Jüngerer Mann kommt gegen 7 Uhr mit seinem PKW nach rechts aufs Bankett, gerät dann nach Zurücklenken in Rechtskurve geradeaus auf die Gegenfahrbahn, hier Kollision mit entgegenkommendem PKW; kein Hinweis auf Brems-, Lenk- oder Ausweichmanöver, polizeilicherseits wird nach dem Spurenbild und Sachverhalt (zunächst) Sekundenschlaf angenommen. In der Blutprobe dann Nachweis von 250 mg/L GHB, einer missbrauchstypisch hohen Konzentration. Bei kurzer Nachweisbarkeit Aufnahme allenfalls wenige Stunden zuvor. Die im Ermittlungsverlauf angegebene Aufnahme der Vorstufe γ-Butyro-Lacton (typisches Verdünnungsmittel, gilt im Gegensatz zu GHB nicht als Betäubungsmittel, nach Aufnahme entsteht daraus unmittelbar GHB) über die Haut im Rahmen einer Tätigkeit als Maler etwa 9 Stunden zuvor ist bei der kurzen Halbwertszeit unrealistisch. GHB in niedrigen Konzentrationen oder initial verursacht zwar Rausch, in höheren Konzentrationen und nachfolgend wie im vorliegenden Fall jedoch eine starke Sedierung, was den Unfallablauf schlüssig erklären kann. Dieser Fall unterstreicht eindrücklich die Bedeutung des Beweismittels Blutprobe.

3.1.4 Unfallursache Krankheit und Medikamente (Gilg, Graw)

In den Begutachtungs-Leitlinien und dem entsprechenden Kommentar sind grundsätzlich nahezu sämtliche Krankheiten aufgelistet, welche für die Fahreignung bzw. (allgemeine) Fahrtauglichkeit relevant sind bzw. sein können. Die in den entsprechenden Kapiteln und Krankheitsbildern beschriebenen, möglichen psycho-physischen Defizite können auch die aktuelle Fahrtüchtigkeit beeinträchtigen oder aufheben und als Unfallursachen in Betracht kommen.

Krankheitsbedingte Einschränkungen der Leistungsfähigkeit haben ggf. unterschiedliche Auswirkungen, in Abhängigkeit von der Verkehrssituation und von zusätzlichen Belastungen wie Hitze, Nahrungs- und Flüssigkeitsdefiziten, Fahren bei Nacht und Er-/Übermüdung. Auch Körperbehinderungen und Beweglichkeitseinschränkungen, beispielsweise bei Ruhigstellung durch Gipsverbände oder Verletzungen, können adäquate Reaktionen verhindern und im Einzelfall zu Unfällen führen. Unfälle können also allgemein durch reduzierte Leistungsfähigkeit auf Grund von Erkrankungen ausgelöst oder mit verursacht werden.

Gefährlich und unfallträchtig sind vor allem akute Beeinträchtigungen mit Bewusstseinsstörungen und Bewusstseinsverlust, die in Form von Synkopen/synkopalen Störungen, hauptsächlich im Rahmen von Herz- und Kreislauferkrankungen, (über Zirkulationsbeeinträchtigungen des ZNS bzw. Gehirns), Stoffwechselerkrankungen wie Diabetes (v. a. durch Unterzucker), Anfallskrankheiten bzw. Epilepsien, neurologischen Erkrankungen (z. B. Narkolepsie, Multiple Sklerose, Morbus Parkinson).

Nach unseren Begutachtungserfahrungen sind vor allem relevant:

- Herzerkrankungen mit akuten Störungen der Pumpfunktion (Herzrhythmusstörungen, Infarkt)
- Sykopen
- Unterzuckerungszustände bei meist insulinpflichtigem Diabetes
- epileptische Anfälle
- psychiatrische Erkrankungen.

Insgesamt ist der Anteil medizinisch bzw. krankheitsbedingter Verkehrsunfälle im Vergleich zu anderen Ursachen wie Alkoholeinfluss u. a. nach verfügbaren Informationen eher gering einzuschätzen, z. B. im Bereich von 0,1–0,15 pro 100 Unfälle und zwischen 1,5–3,4% tödlicher Unfälle. Eindeutige, detaillierte und einzelne Erkrankungen differenzierende, bundesweite statistische Angaben über krankheitsbedingte tödliche oder sonstige Verkehrsunfälle stehen kaum zur Verfügung. Vom Statistischen Bundesamt werden lediglich Zahlen für „sonstige körperliche und geistige Mängel" aufgeführt, wobei zumindest auffällt, dass beispielsweise für Oktober 2010 bundesweit immerhin 12 bei Verkehrsunfällen Getötete mit dieser Ursache aufgeführt sind, gegenüber 20 Getöteten auf Grund von Alkoholeinfluss. Nach Unfallstatistiken der Versicherungswirtschaft werden jährlich rund 200 schwere Unfälle, bei denen rund 100 Menschen sterben, mit Ohnmachtsanfällen, Bewusstlosigkeit oder Herzinfarkt am Steuer in Verbindung gebracht.

Literaturangaben wie von Parsons 1986 erlauben zumindest eine Einschätzung dergestalt, dass von 2000 Verkehrsunfällen mit medizinischer Ursache 38% auf eine Epilepsie, 21% auf eine Synkope, 18% auf einen Diabetes mellitus bei Insulintherapie, 8% auf eine Herzattacke, 7% auf einen Schlaganfall und 7% auf andere Ursachen zurückzuführen seien.

Ein Herzinfarkt am Steuer kann naturgemäß erhebliche Folgen haben, worauf auch Presseberichte speziell über spektakuläre Fälle hindeuten. Solche immer wieder erscheinenden Mitteilungen könnten auf größere Fallzahlen und eine Dunkelziffer hinweisen. In Betracht zu ziehen sind wohl vor allem weniger gravierende Unfälle verantwortlicher Fahrzeugführer mit leichteren, im Verlauf kompensierten Beeinträchtigungen in Form von Aufmerksamkeits- und Konzentrationsstörungen bei krankheitsbedingter Reduzierung der Leistungsfähigkeit, jedoch ohne akute Bewusstseinsstörungen und -verluste.

Insgesamt sollen nur etwa 1–5% plötzlicher Herztodesfälle während des Führens eines Kraftfahrzeugs auftreten und eine plötzlich am Steuer auftretende Bewusstlosigkeit wird nur in etwa 0,9–2,1 von 1000 Verkehrsunfällen als ursächlich angenommen. Nach einer Mitteilung von Prof. J. Senges als Leiter verschiedener kardiologischer Register sei es sehr selten bis extrem selten, dass ein Herzinfarkt tatsächlich Unfallursache sei. Das sei eine allgemeine Floskel, die die Polizei gegenüber der Presse verwende, wenn ein Fahrer am Steuer das Bewusstsein verliere. Recherchiere man genau nach, lasse sich weder eine Herzrhythmusstörung noch ein Infarkt nachweisen (Cardio News 2004, 11–12:6). Andererseits ergab die

Auswertung eines Myokardinfarktregisters über mehr als 2 Jahre, dass die (bloße) Teilnahme am Straßenverkehr eine Stunde zuvor ein wichtiger Auslöser für nachfolgende Herzinfarkte war, 8% der Infarkte werden damit in Verbindung gebracht, ein Infarktgeschehen am Steuer wurde allerdings nicht berichtet (Peters 2004).

3.1.4.1 Herz-/Kreislauferkrankungen

(Stress)Belastungen und komplexe Verkehrssituationen können bei herzkranken Fahrern allgemein zur Überschreitung von sonst noch kompensierten Leistungsdefiziten führen. Hauptgefahren stellen allerdings rasch eintretende Bewusstseinsstörungen in Form von Synkopen dar, z. B. durch:

Herzrhythmusstörungen:

Mögliche Folge:
Reduzierte Pumpfunktion und Auswurfleistung mit Gefahr der Einschränkung oder Unterbrechung der Blutzufuhr zum Gehirn mit der Folge einer Bewusstseinstrübung bis zum Bewusstseinsverlust. Bei therapeutisch implantierten Kardioverter-Defibrillatoren (ICD) wird im Übrigen nach Verlaufsbeobachtung über 6 Monate von einem sehr geringen Risiko ausgegangen.

Ein 76jähriger, fettleibiger Mann mit bekanntem Diabetes I kommt auf zweispuriger Straße nach Zeugenaussagen allmählich reaktionslos nach links ab und prallt gegen einen Ampelmast. Der kurz darauf eingetroffene Notarzt stellt den Tod fest. Nach dem Obduktionsbericht keine todesursächlichen Verletzungen, keine Unterzuckerung belegbar. Herzvergrößerung (Cardiomyopathie) mit einem Herzgewicht von knapp 600 g. Der Herzbefund erklärt zwanglos einen plötzlichen Tod aus natürlicher innerer Ursache.

KHK (koronare Herzkrankheit) und Herzinfarkt

Mögliche Folgen:
Angina Pectoris Anfälle, mit schweregradabhängigen, unfallrelevanten Symptomen wie z. B. Schwindel, Engegefühl, Angst, Schweißausbrüchen, Übelkeit, Erbrechen, Atemnot, Bewusstseinsstörung.

Ein Herzinfarkt am Steuer ist relativ selten, Einzelbeobachtungen sind bekannt. Häufig ist noch ein Abbremsen und Halten möglich. Im Akutfall kann es bei Tonusverlust der Muskulatur zu reaktionsloser, ungesteuerter Weiterfahrt kommen.

PKW-Fahrer wird etwa 5 Tage nach stationärer Therapie wegen Herzinfarkt ausdrücklich entgegen ärztlichem Rat nach Unterschrift entlassen und fährt mit seinem PKW vom Klinikparkplatz weg. Nach kurzer Fahrstrecke reaktionsloses Abkommen von der Fahrbahn auf Gehsteig und Ausrollen. Erfolglose Reanimation. Obduktionsbefund: Ruptur eines Herzwandaneurysmas im Bereich eines Hinterwandinfarkts („Myelomalazie“).

Herzleistungsschwäche (Herzinsuffizienz)

Mögliche Folgen:
Allgemeine Leistungsdefizite und chronische Beeinträchtigung, aber auch akute Rhythmusstörungen mit Synkopen möglich (s. u.).

Bluthochdruck (Hypertonie)

Mögliche Folgen:
Hypertone Krisen mit Kopfschmerzen und Aufmerksamkeitsstörungen; Hirnmassenblutung („blutiger Schlaganfall").

Hypotonie (niedriger Blutdruck)

Mögliche Folgen:
Ein zu niedriger Blutdruck kann Folge einer zu starken medikamentösen Blutdrucksenkung sein und über Durchblutungsstörungen des Gehirns zur Fahruntüchtigkeit führen.

Arterielle Verschlusskrankheit

Mögliche Folgen:
Von besonderer Bedeutung sind Stenosen der Halsschlagadern mit Durchblutungsmangel des Gehirns und Störungen des Bewusstseins, z. B. im Sinne eines Schlaganfalls oder in minder schwerer Form einer transitorischen ischämischen Attacke (TIA). Darunter versteht man eine Durchblutungsstörung des Gehirns, die zu regionalen, vorübergehenden Funktionsausfällen mit Aufmerksamkeits- und Konzentrationsstörungen, geistiger Abwesenheit, Gesichtsfeldausfällen führt.

PKW-Fahrer orientiert sich auffallend nach links an der Fahrbahnmitte, im weiteren Verlauf kommt es zu einer Streifkollision mit einem entgegenkommenden Fahrzeug. Nach eingehender klinischer Untersuchung werden Gesichtsfelddefizite rechts nach nicht ganz frischen Gefäßverschlüssen in der Sehrinde festgestellt, die das auffällige Fahrverhalten zwanglos erklären.

3.1.4.2 Synkopen

Eine Synkope ist keine eigenständige Krankheit, sondern ein Krankheitssymptom und definiert als plötzlicher, abrupter, spontan reversibler Bewusstseins- und Muskeltonusverlust, teils umgangssprachlich auch als Kollaps bezeichnet. Synkopen sind letztlich durch vorübergehende Minderdurchblutungen oder plötzliche Funktionsstörungen des Gehirns bedingt, ausgelöst durch verschiedene Erkrankungen (vgl. auch 3.1.4.1).

Neurale/neurokardiogene (vasovagale) und rhythmogene Synkope:

Die vasovagale Synkope wird häufig durch Schreck, Angst oder Hysterie hervorgerufen und durch ein Ungleichgewicht im autonomen Nervensystem ausgelöst.

Beim Karotissinussyndrom kommt es zu einem Blutdruckabfall bei Druckeffekten auf die Halsschlagader am Aufteilungsbereich, v. a. bei Verkalkung.

Als häufigste Ursachen für Synkopen während des Autofahrens sind vasovagale Synkopen und Tachyarrhythmien anzunehmen, d. h. schneller, unrhythmischer Herzschlag mit ineffektiver Herzauswurfleistung, ferner höhergradige AV-Blockbildungen (Abfall der Herzfrequenz durch reduzierte Erregungsweiterleitung vom Vorhof zur Kammer). Mögliche kardiogene Ursachen sind auch Aortenstenose und Herzvergrößerung.

Orthostatische Synkope:
Risiko und Auftreten v. a. bei Personen mit niedrigem Blutdruck und nach längerem Stehen oder schnellem Aufstehen, wenn „das Blut in den Beinen versackt". Hitze und Flüssigkeitsmangel können begünstigend wirken. Eventuell als Nebenwirkung von Blutdrucksenkern bzw. bei zu starker medikamentöser Blutdrucksenkung, bei entsprechenden Warnhinweisen im Beipackzettel. Häufige Vorboten sind Übelkeit, Schwäche- oder Kältegefühl, Sehstörungen, Schwindel, Bewusstseinstrübung, bis zum Bewusstseinsverlust. Kreislaufnormalisierung möglich durch Gegenregulation oder „Autotransfusion" über Hochlagerung der Beine etc.

Sonstige, seltenere nicht kardiovaskuläre synkopale Reaktionen (zerebral, metabolisch, psychogen) und unklare Ursachen:
Sonderformen der überschießenden Reaktion des parasympathischen Nervensystems treten beim Urinieren als Miktionssynkope, beim Lachen als Lachsynkope und beim Husten als Hustensynkope auf. Hustensnykopen werden v. a. bei obstruktiven Lungenerkrankungen und Lungenemphysem beschrieben. Dabei kommt es zu Kollapserscheinungen bei anfallsartigem, heftigen Husten teils mit bläulich verfärbtem Gesicht mit Umverteilung des Blutvolumens und Durchblutungsminderung des Gehirns, sie kommen wie andere Synkopen als Unfallursache ggf. in Betracht (Haffner und Graw 1990).

Auch das spontane Platzen von Lungenemphysemblasen, auch bei jüngeren Personen im Rahmen eines juvenilen Lungenemphysems, kann ggf. durch heftige Schmerzen und Entwicklung einer Luftbrust (Pneumothorax) zu Fahrauffälligkeiten und Fahrfehlern führen.

3.1.4.3 Diabetes mellitus (Zuckerkrankheit)

Von Diabetes mellitus sind in Deutschland mehr als 5 Millionen Menschen betroffen, unter Einbezug einer Dunkelziffer von 40–50% unerkannten Diabetikern tatsächlich bis 7–8 Millionen. Betroffen ist also etwa jeder 10. Bundesbürger. Dementsprechende Bedeutung kommt dem Diabetes insofern auch im Straßenverkehr zu. Unfall- oder Gefährdungszahlen liegen kaum vor, teilweise wird berichtet, dass eine höhere Inzidenz von Kfz-Unfällen gegenüber der allgemeinen Bevölkerung nicht festgestellt werden konnte, wobei allerdings eine Dunkelziffer anzunehmen sei. Einerseits sind Unfälle Folge einer reduzierten Leistungsfähigkeit auf Grund sekundärer Gesundheitsschäden insbesondere an den Augen. Gefährlich und folgenschwer sind jedoch vor allem akut eintretende Zustände mit

Reaktions- und Bewusstseinsverlust bei Unterzucker. Der Diabetes Typ I ist die juvenile Form und insulinpflichtig, der Diabetes Typ II (Altersdiabetes) ist zumindest anfänglich mit Diät und/oder oralen Medikamenten zu behandeln, evtl. kann auch hier eine Insulingabe notwendig werden.

Die verkehrsmedizinischen Probleme ergeben sich aus akuten Störungen wie Unterzuckerung (Hypoglykämie) oder Überzuckerung (Hyperglykämie), aber auch aus Folge-/Begleiterkrankungen, z. B. bzgl. des Sehvermögens mit z. T. schleichender Entwicklung und damit reduzierter Bemerkbarkeit und Realisation.

Bei Unfällen oder Fahrauffälligkeiten ist initial meist eine differentialdiagnostische Abwägung erforderlich, da u. U. ein Diabetes nicht bekannt ist und sich Betroffene bei Unterzucker nicht selten wie betrunken oder unter Drogen präsentieren. Meist – insbesondere bei Bewusstlosigkeit – erfolgt über Rettungsassistenz oder Notarzt eine klärende Blutzuckermessung und Gabe von Kohlenhydraten. Bei Unterzucker an der Grenze zur Bewusstlosigkeit und noch ausreichender, hormoneller Gegenregulation kann auch eine Selbstaufnahme von Kohlenhydraten erfolgen, mit auffälliger, rascher Symptombesserung. Dies ist quasi ex juvantibus letztlich auch ohne Blutzuckermessung als Nachweis einer Unterzuckerung anzusehen.

Ansonsten erfolgt häufig nach negativem Atemalkoholtest eine Blutentnahme mit üblichen Röhrchen und dem Auftrag zur chemisch-toxikologischen Untersuchung auf Drogen, falls Hinweise bestehen auch auf Medikamente. Möglicherweise kommt erst nach Tagen oder Wochen der gerichtliche Auftrag zu einer Blutzuckerbestimmung. Aufgrund eines enzymatischen Abbaus von Glukose/Zucker zu Laktat/Milchsäure im Verhältnis 1 zu 2 Mol im Blut in vitro bzw. im Röhrchen (wie im Übrigen auch post mortem) ist eine Beurteilung ex post dann schwierig.

Dieser Glucoseabbau von etwa 13 mg/dL pro Stunde Lagerung wäre nur durch spezielle Entnahmeröhrchen wie mit Na-Fl (vgl. Nachweis von Cocain) zu verhindern. Allerdings kann eine zusätzliche Lactat-Bestimmung ggf. auch bei einer gelagerten Blutprobe nach entsprechender molarer Umrechnung eine Hyper- oder auch Hypoglykämie verifizieren (Kernbach-Wighton et al. 2001), wie eigene Erfahrungen in einer Reihe von Fällen belegen.

Hypoglykämie

Eine Unterzuckerung – in der Regel bei <50 mg/dL Blutzucker, mit individuellen Unterschieden – ist häufige Begleiterscheinung bei der Insulinbehandlung, seltener auch beim Diabetes Typ II speziell bei direkt blutzuckersenkenden Medikamenten wie Sulfonylharnstoffen. Erkennbar ist sie an 2 Typen von Symptomen:

Autonome Symptome: Warnsymptome, die typischerweise durch hormonelle Gegenregulation zur Blutzuckersteigerung über Adrenalin vermittelt werden, klassisch wie Heißhunger, Schwitzen, Zittern, Herzklopfen u. a.

Neuroglukopenische Symptome: ausgelöst durch Absinken der Glukoseversorgung des Gehirns, mit Konzentrationsschwäche, Denkverlangsamung, Sprachstörungen, Verwirrtheit, Benommenheit, motorischen Unsicherheiten, bis zu Bewusstseinstrübung, Krampfanfällen und Bewusstlosigkeit, bei fehlender Therapie u. U. mit Hirnschädigung oder Todesfolge.

In der Regel ist eine beginnende Unterzuckerung über die Warnsymptome bemerkbar, ausgenommen es liegt eine krankheitsbedingte Schädigung des autonomen Nervensystems vor.

Die Selbsteinschätzung kann problematisch sein, bei unterschiedlichen Wahrnehmbarkeitsschwellen, die bei häufigen Unterzuckerungen niedriger werden können.

Bei fehlender Bemerkbarkeit einer Unterzuckerung oder entsprechender Behauptung sollte wegen der damit verbundenen, erheblichen Eigen- und insbesondere Fremdgefährdung Mitteilung an die Führerscheinbehörde erfolgen, die dann entsprechende Maßnahmen in die Wege leiten wird. Beispielsweise kann die Bemerkbarkeit durch ein Wahrnehmungstraining deutlich verbessert werden. Teilweise wird bei instabilem oder schwer einstellbarem Diabetes mellitus und häufigeren Hypoglykämien eine Blutzuckermessung vor Fahrtantritt gefordert.

Insulinpumpensysteme werden v.a. bei instabilem oder schwer einstellbarem Diabetes angewendet, mit inzwischen komplexer Programmierung und Bedienung. Typischerweise erfolgt eine kontinuierliche Basisabgabe an Insulin und ein Abruf definierter Bolusmengen an Insulin bei Bedarf wie bei Mahlzeiten. Ggf. können umfangreiche elektronisch gespeicherte Daten ausgelesen und beurteilt werden. Mögliche Komplikationen sind Fehllagen u.a. von insulinzuführenden Kanülen in der Bauchhaut oder Bedienungsfehler, wie z.B. eine Bolusabgabe ohne Kohlenhydrataufnahme oder eine nicht ausreichende Kohlenhydrataufnahme, was dann wie bei einem aktuellen Gutachtensfall zu einer Hypoglykämie führen kann. Die Systeme sind insgesamt ziemlich sicher, verkehrsmedizinisch relevante technische Störungen oder Ausfälle sind bisher wohl nicht bekannt geworden, wohl aber wie bei Spritzentherapie Unterzuckerzustände, auch im Straßenverkehr.

Die gutachterliche Beurteilung kann schwierig sein. Grundsätzlich erfolgt die Diagnose über Blutzuckerbestimmungen oder oben genannte Kriterien, eine zusätzliche Bestimmung von Insulin und C-Peptid kann hilfreich sein. Bei gutachterlicher Beurteilung entsprechender Unfälle ist von vorneherein auf vorangegangene ärztliche Aufklärung einschließlich der Richtlinien für insulinspritzende Kraftfahrer zu verweisen. Dort ist u.a. ausgeführt, dass vor Fahrtantritt übliche Insulininjektionen eingehalten werden und niemals weniger Kohlenhydrate gegessen werden als sonst. Im Kfz sollen immer Kohlenhydrate griffbereit sein, bei Verdacht auf eine Hypoglykämie während der Fahrt ist sofortiges Anhalten und eine Aufnahme von Kohlenhydraten angezeigt.

Für eine Beurteilung der Qualität der Einstellung und Handhabung durch den Patienten sind ein Blutzuckertagebuch und Krankenblattunterlagen erforderlich, zumindest wünschenswert die Kenntnis von HbA1c-Werten als Ausdruck der Qualität der Einstellung der vorangegangenen etwa 4–6 Wochen.

Hauptursache für Unfälle und Fahruntüchtigkeiten sind nach unseren praktischen Erfahrungen Unterzuckerungen aufgrund relativer Insulinüberdosierungen, d.h. eine übliche Insulingabe bei reduzierter und nicht ausreichender Nahrungs-/Kohlenhydrataufnahme, ggf. auch erhöhter Kohlenhydratverbrauch durch körperliche Belastung oder Infekte.

56 Jahre alter, seit 15 Jahren insulinpflichtiger Diabetiker fährt in Schlangenlinien auf der BAB, berührt Leitplanke, fährt nach rechts und auf PKW auf, weiter auffällige Fahrweise über einige Kilometer, dann zum Anhalten bewegt, nach Zeugen apathisch, Ersteindruck stockbesoffen, geistig nicht anwesend. Auf der Polizeiinspektion ca. eine Stunde später AAK 0,00 mg/L, eine Blutzuckerselbstmessung ergibt 37 mg/dL, Aufklaren nach Kohlenhydrataufnahme. Letzte Nahrungsaufnahme nach eigener Angabe etwa 6 Stunden vor dem Vorfall bei üblicher Insulingabe. Diagnose: protrahierte, teilkompensierte Unterzuckerung durch relative Insulinüberdosierung bzw. Diätfehler, mit erheblichen Leistungsdefiziten und Bewusstseinsstörung.

Der PKW eines Taxifahrers mit Fahrgast rollt reaktionslos am Straßenrand aus, der Taxifahrer ist bewusstlos. Sanitäter stellen Unterzucker fest, nach Kohlenhydratgabe rasches Aufklaren. In der Hauptverhandlung wird angegeben, dass Warnsymptome bzw. eine nahende Unterzuckerung bemerkt wurden, der Betroffene aber dachte, ein paar Hundert Meter bis zum Fahrtziel des Fahrgastes noch fahren zu können. Diagnose: Unterzuckerkoma.

Ein Akademiker touchiert am frühen Morgen mit seinem PKW 2 geparkte PKW, rollt aus, wird bewusstlos vorgefunden. Sanitäter und Notarzt stellen massiven Unterzucker fest, Aufklaren nach Kohlenhydratgabe. Im Lauf des Verfahrens wird angegeben, dass – wie immer – nach üblicher Insulindosis zu Hause ohne Frühstück die Fahrt zur einige km entfernten Arbeitsstelle angetreten wurde, um dort zu frühstücken. Diagnose: Unterzuckerkoma bei relativer Insulinüberdosierung.

3.1.4.4 Lebererkrankungen

Leberzirrhosen mit verminderter Entgiftungsfunktion und auch minimaler hepatischer Enzephalopathie (durch Leberfunktionsstörung bedingte Hirnfunktionsstörung) erhöhen das Unfallrisiko, bei jedem Patienten mit bekannter Leberzirrhose sollte nach einer minimalen hepatischen Enzephalopathie gefahndet und im positiven Fall auf das erhöhte Unfallrisiko hingewiesen werden. Fortgeschrittene Leberzirrhosen gehen meist mit Krankheitsfolgen einher, die eine Teilnahme als Führer eines Kraftfahrzeugs u. a. ohnehin limitieren.

3.1.4.5 Neurologische Erkrankungen

Epilepsie

Bei der Prävalenz einer manifesten Epilepsie von 0,5–1% der Bevölkerung, entsprechend etwa 40.000 bis 800.000 Personen in Deutschland ist auch im Straßenverkehr mit dem Auftreten verkehrsmedizinisch relevanter Anfälle zu rechnen, abhängig in erster Linie von der Anfallshäufigkeit, der Art des Anfallsleidens und der Effektivität einer eventuellen, medikamentösen Therapie. Ein Anfallsleiden ist mit der erheblichen Gefahr jederzeit auftretender Anfälle verbunden, die einen körperlichen oder geistigen Mangel i. S. d. § 315c Abs. 1 Nr. 1b StGB darstellen.

Empfehlungen und Regelungen im Straßenverkehr und im Erwerbsleben finden sich in der Fahrerlaubnisverordnung bzw. den Begutachtungsleitlinien sowie in berufsgenossenschaftlichen Regelungen. Ärztliche Aufklärung über das Verbot des Führens eines Kfz im Straßenverkehr ist geboten. Eine Meldepflicht für den Arzt besteht nicht, jedoch ein Melderecht außerhalb der Schweigepflicht bei uneinsichtigen Patienten und Gefährdung eines höheren Rechtsgutes (§ 34 StGB).

Genauere Unfallzahlen liegen nicht vor, nach eigenen Erfahrungen sind in unserem Einzugsgebiet pro Jahr immer wieder einige Fälle zu beobachten.

Eventuell tritt ein Anfall aus dem epileptiformen Kreis als Erstmanifestation und erstmals im Straßenverkehr auf, was für die Schuldfrage insofern von Bedeutung ist, als dass für den Anfall in aller Regel strafrechtlich keine Verantwortung zugeschrieben werden kann. Bei diagnostizierten und behandelten Epilepsien sind die Begutachtungsleitlinien hinsichtlich der Fahrtauglichkeit mit entsprechenden Auflagen zu beachten, eventuelle Verstöße durch einen Betroffenen mit nachweisbaren Folgen für einen Anfall im Straßenverkehr können eine Schuld begründen.

Beim konkreten Unfall bestehen u. U. Probleme, einen Anfall als Ursache zu erkennen, wenn es sich beispielsweise nicht um einen großen Krampfanfall (Grand mal) mit typischen Erscheinungen wie klonischen Krämpfen, Bewusstlosigkeit, Zungenbiss u. a. handelt, sondern um einen psychomotorischen Anfall, eine Schläfenlappenepilepsie oder Absencen (Petit mal).

Bei Verdachtsmomenten sollten immer chemisch-toxikologische Blutuntersuchungen speziell auch auf Antiepileptika erfolgen, z. B. um die Compliance bzw. tatsächliche Medikamenteneinnahme zu überprüfen. Für Beurteilung und Bewertung ist von Bedeutung, ob z. B. trotz regelrechter Medikamenteneinnahme ein nicht zu erwartender Anfall auftrat (im Hinblick auf die Schuldfrage), oder inwieweit anfallfördernde oder auslösende Bedingungen vorlagen ((Flacker-)Lichtreiz, Schlafmangel/Er- oder Übermüdung, Alkohol, Fieber u. a.).

Bei der großen Gefahr und den möglichen gravierenden Folgen von Anfällen im Straßenverkehr durch die Bewusstseinstrübung bis zum Bewusstseinsverlust ist bei bekannter Epilepsie eindringlich auf die Prävention durch striktes Vorgehen entsprechend der Begutachtungsleitlinien hinzuweisen.

Ein jüngerer Mann kommt mit PKW ohne Anlass von der Straße ab und fährt in eine Hecke. Anschließend auffälliges Verhalten wie Geistesabwesenheit u. a., in der Folge Blutentnahme wegen Hinweisen auf möglichen Cannabiskonsum. Nachweis relevanter THC-Spiegel, jedoch bei Klinikbehandlung Hinweis auf einen epileptischen Anfall. Fragestellung war dann, ob Cannabis epileptische Anfälle fördern oder gar auslösen kann, was nach der Literatur nicht der Fall ist; Cannabinoide sollen eher anfallhemmend wirken. Letztlich war der Unfall nicht der Cannabiswirkung zuzuschreiben, sondern einem epileptischen Anfall (bei vorbekannter psychomotorischer bzw. Schläfenlappenepilepsie).

Ein 41 jähriger PKW-Fahrer fährt mehrfach dicht auf, kollidiert letztlich mit vorausfahrendem PKW und entfernt sich von der Unfallstelle. Fahrer reagiert nach Zeugenangaben nicht auf den Auffahrunfall, starrer Blick. Nach Antreffen Vorgang schwach erinnerlich. Anamnestisch: Hirntumor (Oligodendrogliom II), häufig mit epileptischen Anfällen oder fokalen neurologischen Ausfällen einhergehend. Erstdiagnose und Operation, danach 2 Jahre anfallsfrei; regelmäßige neurologische Nachuntersuchungen mit Kernspinuntersuchungen (MR) und Hirnstromkurvenableitung (EEG) ohne Befund. Verordnetes Medikament: Carbamazepin, mit 12 mg/L wirksam, im therapeutischen Bereich (vgl. Schulz und Schmoldt 2002) im Blut nachgewiesen. Nach sachverständiger Beurteilung hirnfokaler Krampfanfall, der auch bei regelrechter Therapie nie absolut sicher ausgeschlossen werden kann. Keine Hinweise auf eine Medikamentenintoxikation. Als Ursache des aktuellen Anfalls kann ein jetzt festgestelltes Tumorrezidiv angenommen werden.

Eine 32 Jahre alte Mutter kommt ohne erkennbare Ursache mit PKW links ab, fährt ungebremst über den Gehweg, durch Büsche gegen Straßenlaterne. Schwere Verletzungen. 2 Monate altes Baby unverletzt. Klinisch epileptischer Anfall diagnostiziert. Vor einigen Jahren 1–2× pro Jahr epileptische Anfälle, seit 4 Jahren kein Anfall unter Therapie mit Lamotrigin. Nach dem Unfall Lamotriginblutspiegel im unteren therapeutischen Bereich festgestellt. Fazit: Anfall möglicherweise durch untertherapeutischen Antiepileptikaspiegel provoziert, allerdings Anfälle nicht ausschließbar auch bei regelrechter Therapie möglich. Zu klären wäre ggf. die Frage, ob das Absinken des Antiepileptikaspiegels schleichend bei beibehaltener Dosierung, oder infolge einer unzuverlässigen Einnahme des Präparats eingetreten ist.

Multiple Sklerose (MS):
Die Multiple Sklerose ist wie einzelne andere neurologische Erkrankungen in den Begutachtungsleitlinien nicht aufgeführt, soll jedoch wie ähnliche Erkrankungen begutachtet werden. Entmarkungsherde im ZNS bei MS in unterschiedlicher Ausprägung und ggf. bei schubweisem Verlauf können beispielsweise zu folgenden Beeinträchtigungen als mögliche Unfallursachen führen: Gestörte Sehfunktion mit Doppelbildern, Farbsehstörungen, Defizite im peripheren Gesichtsfeld, Sensibilitäts- und Koordinationsstörungen sowie Muskelschwächen, Versteifungen und Spasmen von Armen und Beinen mit möglichen Problemen beim Betätigen von Pedalen, bspw. ein Nicht-Lösen-Können vom Gaspedal, ferner allgemeine Aufmerksamkeits- und Konzentrationsstörungen.

Statistisch wird teilweise ein erhöhtes Risiko für Verkehrsunfälle angegeben, eine andere Untersuchung stellte zwar ein erhöhtes Risiko für tödliche allgemeine Unfälle gegenüber der Normalbevölkerung fest, jedoch kein signifikant erhöhtes Risiko für Straßenverkehrsunfälle. Nebenwirkungen von Medikamenten können ebenso eine Rolle spielen, andererseits kann eine 24-monatige Gabe von Interferon zu einer deutlichen Verbesserung der Fahrtüchtigkeit führen.

Eine 51 jährige Fahrerin stößt beim Rückwärtsausparken mit ihrem PKW gegen ein am Straßenrand abgestelltes KFZ, entfernt sich vom Unfallort und wird dann von einem Zeugen angehalten, der sie für medikamenten- oder alkoholbeeinflusst hält. Sie habe angeblich den Unfall nicht bemerkt. Alkohol- und Medikamententests verlaufen negativ. Nach Angaben und Ermittlungen besteht seit Jahren eine Multiple Sklerose (MS) die aktuell mit Interferon-1α behandelt wird. Dabei können je nach Stadium und Lokalisation der akuten Erkrankungsherde Gesichtsfeldausfälle, taktile Ausfälle und Störungen der Feinmotorik resultieren, was die Bemerkbarkeit einschränken oder aufheben kann. Generell stellt sich die Frage nach der Fahreignung. Eine Unfallgefahr bei MS ist letztlich abhängig von Art und Ausmaß der Krankheitssymptome, und die Beurteilung der Fahrtüchtigkeit ist individuell vorzunehmen.

Morbus Parkinson

Betroffen sind vor allem Bewegungskontrolle, Kontrolle der Willkürmotorik und Koordination, im klassischen Fall mit Verlangsamung von Bewegungen (Hypobis Akinese), Erhöhung des Muskeltonus (Rigor) und Muskelzittern im Ruhezustand (Tremor). Bei Fahrsimulatortests wurden signifikant schlechtere Leistungen z. B. beim Trail Making Score in Fällen von selbst mäßig fortgeschrittenem M. Parkinsons festgestellt. Unfälle können in Abhängigkeit von der Ausprägung der einzelnen Symptome auftreten, beispielsweise durch Probleme bei der Pedalbetätigung, Reaktionsverlangsamung, beeinträchtigte Entfernungsschätzungen, allgemeine Aufmerksamkeitsstörungen. Unter dopaminergen Anti-Parkinson-Medikamenten wie Ropinirol wurden teilweise anfallsartige Einschlafattacken am Tage mit Verkehrsunfällen beobachtet.

Auch sonstige Erkrankungen wie Migräne, Kopfschmerzen, periphere Muskelerkrankungen oder Zustände nach Hirnverletzungen können mit Leistungsdefiziten einhergehen.

Alter und Demenzerkrankungen

Alter allein ist nicht zwangsläufig ein Risikofaktor für die Fahrsicherheit (und Fahrtauglichkeit), auch wenn Autofahrer jenseits des 65. Lebensjahres häufiger in Verkehrsunfälle verwickelt sind (Püllen 1999). Zentrales Problem ist die häufige Multimorbidität und Multimedikation, speziell mit Psychopharmaka. Deutlich kritischer ist das Vorliegen einer Demenz oder organischen Persönlichkeitsveränderung zu sehen, mit verminderter Reaktionsleistung, Einschränkung sensorischer Funktionen und vor allem mangelnder Einsicht (Altersstarrsinn), reduziertem Kritikvermögen und Selbstüberschätzung sowie emotionaler Labilität und reduzierter Impulskontrolle. Auch wenn dies dann mehr ein Problem der Fahreignungsbeurteilung darstellt, sind letztliche Auslöser häufig Unfälle ohne andere Erklärungen bei entsprechend schlechter Verfassung von Fahrzeugführern. Insbesondere kann es krankheitsimmanent durch Uneinsichtigkeit und in der Anfangsphase von Demenzerkrankungen zu Unfällen kommen, die die Problematik erst aufdecken. Nach Literaturangaben aus USA besteht für Demenzkranke auch bei beginnender und mäßiger Symptomatik bereits ein erhöhtes Unfallrisiko, bei deutlicher Symptomatik dann ein siebenfach höheres Risiko in Verkehrsunfälle verwickelt zu werden als für eine vergleichbare gesunde Altersgruppe, ferner stoppten 58% dieser Betroffenen erst nach einem Unfall eine Fahrtätigkeit. Bei Alzheimer-Erkrankungen soll das Unfallrisiko vor allem ab dem 3. Erkrankungsjahr erheblich zunehmen (Friedland et al. 1998, Carr 1997).

Psychische/psychiatrische Erkrankungen

Bei organisch-psychischen Störungen (Delir, amnestisches Syndrom, Dämmerzustand, organische Psychose), bei Demenz und organischen Persönlichkeitsveränderungen, affektiven Psychosen depressiver oder manischer Form und schizophrenen Psychosen ist die Fahreignung individuell zu überprüfen und insbesondere bei Erstdiagnose im Regelfall nicht anzunehmen. Als Unfallursachen kommen dabei Situationsverkennungen, illusionäre Verkennungen u. a. in Betracht. In entsprechenden Fällen sollten Blutwirkspiegel entsprechender Medikamente bestimmt werden, zur Beurteilung, ob ein therapeutischer Wirkspiegel vorlag oder durch fehlende Medikation ein Krankheitsschub ausgelöst oder begünstigt wurde.

Ein Zeuge bestellt sich am 22.12. gegen 02.00 Uhr ein Taxi, um nach einer Weihnachtsfeier nach Hause zu fahren. Der Taxifahrer stellt sich mit Namen und Handschlag vor. Auf der Fahrt kommt ein Gespräch zustande, in dem der Taxifahrer über sehr persönliche, teilweise intime Dinge berichtet. Außerdem hantiert er während der gesamten Fahrt ständig an seiner Jacke herum.

Die Fahrweise des Taxifahrers ist sehr auffällig, auf langen geraden Strecken sehr langsam, vor Kurven teilweise mit Vollgas beschleunigend. Er murmelt immer wieder vor sich, dass es „arschglatt" oder „scheißglatt" sei, bei unauffälligen Straßenverhältnissen. An den Kreuzungen hält er an, passiert sie dann langsam mit eingeschalteter Warnblinkanlage, unabhängig von der Ampelschaltung. Auf einer gut ausgeleuchteten gerade verlaufenden Ausfallstraße fährt er schließlich mit etwa 50 km/h ungebremst auf ein beleuchtet am Straßenrand abgestelltes Auto auf. Direkt nach dem Aufprall geäußert er: „Dem habe ich's jetzt gezeigt". Bei Eintreffen der Polizei kam er den Beamten verwirrt vor. Er äußert jetzt, dass er sich von dem Fahrgast beobachtet gefühlt habe.

Das höchst auffällige Gesamtbild entspricht dem einer akuten Psychose.

In jüngster Zeit werden vermehrt Diagnosen einer ADHS (Aufmerksamkeitsdefizit-/Hyperaktivitätsstörung) gestellt. Dies betrifft typischerweise Jugendliche. Sie kann die Fahrtüchtigkeit beeinflussen, wobei eine Therapie ggf. mit Weckaminen bzw. Amphetaminderivaten stabilisierend wirken kann, andererseits jedoch über Nebenwirkungen wie bei entsprechendem Drogenkonsum zur Fahruntüchtigkeit und zu Unfällen führen kann.

Auch Suizide im Straßenverkehr werden beobachtet. Suizid ist zwar keine Krankheit im engeren Sinn, häufiger bestehen aber Zusammenhänge mit depressiven Erkrankungen oder schweren somatischen Erkrankungen. Sie geschehen teilweise in sehr ungewöhnlichen Formen und sind häufig nicht so einfach festzustellen, insbesondere bei Verzicht auf eine Obduktion und Untersuchung durch technische Sachverständige. Wenn kein Abschiedsbrief oder andere deutliche Hinweise wie anderweitig unerklärliches Fahren gegen feste Hindernisse u. a. vorliegen, handelt es sich oft um eine Ausschlussdiagnose bei Fehlen von Alkohol-, Drogen- oder Medikamenteneinfluss, technischen Defekten oder sonstigen widrigen Umständen als Erklärung. Meist handelt es sich in der Literatur um Einzelbeobachtungen mit teils ungewöhnlichen Umständen, Schätzungen gehen jedoch davon aus, dass ein nicht unbeträchtlicher Teil von 1–2% oder bis zu 5% tödlicher Verkehrsunfälle in Selbsttötungsabsicht herbeigeführt werden.

Seltener noch dürften nach wenigen Falldarstellungen Tötungsdelikte im Straßenverkehr sein, z. B. durch An/Überfahren, oder kaschierte Tötungsdelikte durch Ablegen und Überfahrenlassen bereits Getöteter, im Einzelfall ist jedoch auch daran zu denken.

Krankheitsbedingte/-vermittelte Ermüdung (vgl. Kap. 3.1.5)

Neben allgemeinen psychophysischen Belastungen können krankhafte Störungen wie Herz-Kreislauf-Erkrankungen, Pickwick-Syndrom, hormonelle Störungen, akute Infekte oder nicht erholsamer Schlaf, Alkohol, Drogen und Medikamente eine Ermüdung fördern. Eine Erkennbarkeit ist in solchen Fällen generell anzunehmen. Ein Schlaf-Apnoe-Syndrom (rezidivierende, nächtliche Atemstillstände $>10\times$ pro Stunde für >10 sec., vor allem bei Atemobstruktion) kann als „nicht erholsamer Schlaf" zu Tagesmüdigkeit führen, die jedoch ebenfalls in der Regel erkennbar ist. Lediglich seltene Krankheiten wie Narkolepsie („anfallartiges Einschlafen") können eine Bemerkbarkeit limitieren oder aufheben.

Husten- und Niesattacken

Durch Husten- oder Niesattacken ausgelöste Unfälle sind gar nicht so selten, der Nachweis beruht jedoch in aller Regel auf Angaben des Betroffenen. Versicherungsgesellschaften sind derartige Unfälle offenbar neu oder kaum bekannt, teils wurde angegeben, im Zweifel müsse man den Einzelfall prüfen – auch ob der kranke Unfalllenker fahrtüchtig war oder nicht. Der Mensch schließt beim Niesen reflexartig für etwas über 1 bis zu 2 Sekunden die Augen. Bei einer Fahrtgeschwindigkeit von 50 km/h werden dann rechnerisch etwa 30 Meter im Blindflug zurückgelegt. Bei Husten – ohne Hustensynkope – sind es immerhin 20 Meter. Bei Husten und Schnupfen ist insofern entsprechende Vorsicht und vor allem Konzentration angezeigt, bis zur Empfehlung für kranke oder kränkelnde Fahrzeuglenker, ihren Wagen am besten stehen zu lassen.

3.1.4.6 Medikamente

Diagnostizierte Krankheiten führen oft zu einer regelmäßigen Medikamenteneinnahme; eine erfolgreiche Therapie kann zur Sicherung der Fahreignung beitragen.

Bei zahlreichen Medikamenten ergibt sich allerdings ein Warnhinweis hinsichtlich des Reaktionsvermögens und einer Einschränkung der Verkehrstüchtigkeit, gerade bei Neuverordnungen. Darüber wird oft hinweggesehen, auch ist die Aufklärung seitens der verordnenden Ärzte unzureichend. Unklar ist mangels systematischer Überprüfung, wie häufig ärztlich verordnete Medikamente einen VU bedingen. Eine aktuelle Studie aus Frankreich benennt 3–4% der Unfälle als medikamentenbedingt, hier führen Benzodiazepine (wie z. B. Valium) und andere zentralwirksame Substanzen (Orriols et al. 2010).

Der verordnende Arzt ist gehalten, beim Patienten das Fahrverhalten zu erfragen und Überlegungen über eine allfällige Leistungsminderung durch das zu verordnende Präparat und mögliche Alternativen anzustellen. Die Dosierung soll einschleichend erfolgen und es dürfen keine weiteren psychoaktiven Substanzen eingenommen werden. Über die Risiken ist der Patient immer aufzuklären, beim nächsten Besuch ist nach Wirkung und Verträglichkeit des Medikamentes zu fragen. Für den Patienten hat der BGH auf die Pflicht zur Selbstprüfung hingewiesen. Dazu gehört die Information durch den Beipackzettel und die Eigenbeobachtung. Teilweise erfolgen Hinweise und Aufklärung über Risikoprofile klassischer Medikamentengruppen auch durch die Medien.

Die mögliche Verursachung eines Verkehrsunfalls durch Medikamentenwirkung ergibt sich aus dem Wirkprofil und eventuellen Neben- und Kombinationswirkungen. Verkehrsmedizinisch relevant sind v. a. folgende Medikamente:

Lokalanästhetika
lokale Betäubung bei meist ambulanten, chirurgischen/zahnärztlichen Eingriffen; in der Regel mit kurzfristigen Leistungsminderungen, u. U. Herzrhythmusstörungen/Synkopen möglich.

Narkosemittel
relevant sind in der Regel Kurznarkosen bei ambulanten Eingriffen, Wirkung wenige Stunden, in Kombination mit Beruhigungsmitteln wie Benzodiazepinen ggf. länger; verkehrsrelevante Wirkungen ergeben sich aus protrahierter Reaktionsverlangsamung, Benommenheit u. a.

Sedativa und Hypnotika
verwendet als Beruhigungs- und Schlafmittel zur symptomatischen Behandlung, zur Dämpfung erregter und nervöser Patienten, werden ggf. auch tagsüber eingenommen; z. T. mit sehr langen Wirkzeiten (über 1d); Dämpfung des ZNS mit Verlängerung der Reaktionszeit, Störung von Aufmerksamkeit und Konzentration.

Antidepressiva
zur Behandlung von Depressionen; Koordinations- und Reaktionsverlangsamung zumindest in der Einleitungsphase der Therapie.

Neuroleptika
Behandlung von Psychosen und anderen psychiatrischen Erkrankungen; Gleichgültigkeit gegenüber äußeren Reizen, Beeinträchtigung des Reaktionsvermögens;

bei gutem Therapieerfolg sind Patienten u. U. erst durch die Medikation fahrgeeignet.

Eine 57 jährige PKW-Fahrerin fuhr ohne Reaktion bei Rotlicht in und über eine Kreuzung, prallte hier gegen ein stehendes Fahrzeug. Bei Eintreffen der Polizei fielen extrem laute klassische Musik sowie ein extrem verwirrter und aufgeregter Eindruck auf. Sie müsse seit mehreren Jahren täglich früh und abends 1 Tablette Amisulprid nehmen (z. B. Solian, Neuroleptikum bzw. starkes Psychopharmakon, mit Warnhinweis im Beipackzettel), habe die Dosierung von sich aus jedoch halbiert. Hyperaktiv und starker Redefluss, keinerlei Auffassungsgabe und Zeitempfinden, sie lebe in ihrer Welt, Gedankenablauf langsam und schwerfällig, dann extrem ruhig und schläfrig. Bei der toxikologischen Untersuchung: 45 µg/L Amisulprid (Neuroleptikum; sehr niedriger, praktisch subtherapeutischer Bereich). Der Zustand entspricht nicht einer Medikamentennebenwirkungen, sondern einem Schub einer Erkrankung aus dem psychiatrischen Formenkreis (Psychose) bei Unterdosierung eines antipsychotisch wirkenden Arzneistoffs. Überprüfung der Fahreignung ist angezeigt.

Antiepileptika/Antikonvulsiva

Mittel gegen das Auftreten von Krampfanfälle; Sedierung; trotz Medikation u. U. Auftreten von Krampfanfällen möglich!

Antihistaminika/Antiallergika

symptomatische Behandlung allergischer Reaktionen; Dämpfung des ZNS (Sedierung), vor allem bei den älteren Wirkstoffen.

Analgetika

einfache (nicht-opioide) Schmerzmittel mit Wirkung v. a. im peripheren Gewebe am Ort der Schmerzentstehung; z. T. fiebersenkend; meist keine verkehrsrelevante Wirkung, Einschränkungen eher durch die zugrunde liegende Erkrankung.

starke Schmerzmittel (Opioide)

zentral am Ort der Schmerverarbeitung wirksame Schmerzmittel; verkehrsrelevante Wirkung: Sedierung, verlängerte Reaktionszeiten, Beeinträchtigung von Reaktionsvermögen, Aufmerksamkeit und Konzentration.

Psychostimulanzien/Weckamine

symptomatische Behandlung bei Erschöpfung, Antriebsarmut, Leistungs- und Konzentrationsschwäche, ADHS (Aufmerksamkeitsdefizit-Hyperaktivitätssyndrom); verkehrsrelevante Wirkungen: Antriebssteigerung, Enthemmung, Unruhe, übersteigertes Selbstwertgefühl, Gefahr durch Selbstüberschätzung.

Antihypertonika

Blutdrucksenkende Medikamente, ca. 3–4 Millionen Autofahrer betroffen; verkehrsrelevante Wirkung: je nach Stoffgruppe unterschiedlich, meist gering (deutlich bei alpha-Blockern); Schwindel und Ohnmachtsneigung, v. a. bei zu starkem Blutdruckabfall in der Einleitungsphase, Adaptation nach Eingewöhnungsphase.

Antidiabetika

gegen Zuckerkrankheit (s. o.); verkehrsrelevante Wirkung: Gefahr der Unterzuckerung, v. a. in der Einstellungs- und Umstellungsphase, bei Tabletten ist die Gefahr geringer als bei Insulin.

Ophthalmika

speziell zur diagnostischen oder therapeutischen Pupillenerweiterung oder -verengung, diagnostisch meist ambulant, Regulierung des Augeninnendruckes; verkehrsrelevante Wirkung: bei Weit- und Engstellung der Pupille Veränderung der Sehschärfe und der Anpassung an die Lichtverhältnisse mit Störung der Hell-/Dunkeladaptation und erhöhter Blendempfindlichkeit.

Daneben können auch andere Medikamente wie Mittel gegen Parkinson oder Krebsmedikamente zu einer Verminderung oder Aufhebung der Fahrtüchtigkeit führen und unfallursächlich wirken. Antikoagulantien (Gerinnungshemmer) können bei fehlerhafter Einstellung zu Blutungen z. B. im Gehirn mit entsprechenden Ausfällen führen. Melatoninpräparate (in USA frei verkäuflich) zur Jetlag-Prophylaxe und Behandlung können wegen der schlafanregenden Wirkung ebenso Bedeutung erlangen.

Die Einnahme von Medikamenten dient entweder der kausalen Behandlung einer Erkrankung oder ihrer Symptome. Generell sollen und können Medikamente eine durch eine Erkrankung hervorgerufene Beeinträchtigung der Fahrtüchtigkeit kompensieren bzw. aufheben, teilweise kann aber auch ihr bestimmungsgemäßer Gebrauch mit einer Einschränkung oder Aufhebung der Fahrtüchtigkeit verbunden sein, z. B. auf Grund nicht vermeidbarer Nebenwirkungen. Dies trifft vor allem für die zentral wirksamen Medikamente zu. Ein Teil dieser Mittel wird darüber hinaus nicht nur bestimmungsgemäß sondern auch missbräuchlich verwendet. Auch bei adäquater symptomatischer oder kausaler Therapie sind Auswirkungen auf die Sicherheit beim Führen von Kraftfahrzeugen möglich, v. a. auf Grund von Nebenwirkungen. Die Wirkung ist abhängig von der Anpassungs- und Leistungsfähigkeit des Betroffenen, bezogen auf seine Grundkrankheit.

Grenzwerte für eine eventuelle medikamentenbedingte Fahruntüchtigkeit gibt es nicht. Der gemessene Wirkstoffgehalt ist zwar die wesentliche Grundlage einer Beurteilung, in Verbindung mit dem Vergleich und der Beurteilung therapeutischer Wirkstoffspiegel im Blut. Eine allein darauf gestützte gutachterliche Äußerung ist in aller Regel nicht ausreichend; eventuelle Toleranzentwicklungen und die realen Umstände und Wirkfolgen sind zu berücksichtigen, ferner mögliche additive oder potenzierende Kombinationswirkungen mit anderen Medikamente und insbesondere auch Alkohol oder Drogen.

Ein 34 Jahre alter PKW-Fahrer fällt gegen 0.50 Uhr durch deutliches Schlangenlinienfahren und geringe Fahrgeschwindigkeit bei freier Straße auf, er streift ein geparktes Fahrzeug. Angabe, dass am Vortag gegen 20.00 Uhr ein „Beruhigungsmittel" bzw. eine Tbl. Dolestan eingenommen wurde (Wirkstoff 25 mg Diphenhydramin, Warnhinweis v. a. in Verbindung mit Alkohol, eigentlich Ein- und Durchschlafmittel, vor dem Schlafengehen einzunehmen, HWZ im Bereich von 10–20 Stunden, auch als Antihistaminikum angewendet). Danach ab 0.00 Uhr 1/2 Fl. Wein, im Vernehmungsverlauf korrigiert auf 2 Fl. Wein zu dritt ab 21.00 Uhr. Mit > 0,4 mg/L deutlich übertherapeutische Konzentration an Diphenhydramin im Blut. Die Wirkkonzentration ist auf die Einnahme von deutlich mehr als einer Tabletten am Vorabend zurückzuführen. Zusätzlich wirksame Mindest-BAK von 0,76 ‰, insgesamt sind Fahrauffälligkeit und Unfall auf die Kombinationswirkung von Alkohol und Medikament zurück zu führen (relative Fahruntüchtigkeit).

Drogensubstitution

Aus verkehrsmedizinischer Sicht sind mit Methadon, Subutex oder Heroin substituierte Drogenabhängige zunächst grundsätzlich als Abhängige nicht fahrtauglich und insofern auch als fahruntüchtig anzusehen. Nach einigen Studien scheint allerdings die psychophysische Leistungsfähigkeit von zumindest definierten und ausgewählten Substituierten im Vergleich zum Durchschnitt annähernd gleichwertig, insofern kann eine Fahrtauglichkeit unter bestimmten Voraussetzungen wie z. B. nachgewiesenes Fehlen von Beigebrauch angenommen werden. Gleichwohl gelangen immer wieder Substitutionsfälle als Verursacher von Unfällen oder wegen Auffälligkeiten zur Begutachtung, in den meisten Fällen mit Beigebrauch, d. h. anderen Rauschmitteln oder missbrauchten Medikamenten.

Es gilt daher, dass ein Methadonsubstituierter nur in eher seltenen Fällen eine Fahrerlaubnis (FE) erhalten kann, z. B. wenn die Substitution bereits mehr als ein Jahr lang andauert, eine psychosoziale stabile Integration vorliegt und eine Freiheit von Beikonsum (einschließlich Alkohol) seit mindestens einem Jahr durch geeignete, regelmäßige, zufällige Kontrollen nachgewiesen werden kann.

Fahrtüchtigkeit bei chronischen Schmerzpatienten

Alle Kombinationen von Schmerzmitteln, die bei chronischen Schmerzzuständen eingesetzt werden, zeigen bei Therapiebeginn fahrrelevante Leistungseinbußen. Die Studienergebnisse hierzu sind teilweise widersprüchlich. Aus der Langzeitbehandlung von Schmerzpatienten stammt die klinische Erfahrung, dass fahrrelevante Nebenwirkungen im Verlauf der Therapie abnehmen. Dosiserhöhungen führen nach anfänglichen Leistungsverschlechterungen innert einer Woche wieder zur Ausgangsleistung. Für dieses Patientenkollektiv gelten keine allgemein gültigen Schlüsse sondern individuelle Fallbeurteilungen.

3.1.5 Unfallursache Ermüdung/Sekundenschlaf (Hell)

Müdigkeit am Steuer ist als Unfallursache in der Vergangenheit deutlich unterschätzt worden. Es ist davon auszugehen, dass viele Fehleinschätzungen und menschliches Versagen bei Unfällen mit Müdigkeit korrelieren. Wissenschaftliche Untersuchungen zeigen, dass ein Schlafentzug von 28 Stunden ca. mit der Wirkung von 1 ‰ Alkohol vergleichbar ist (Zulley 2005).

Untersuchungen von Autobahnunfällen mit Todesfolge im Freistaat Bayern haben ergeben, dass ca. 24 % aller tödlichen Unfälle durch Müdigkeit/Sekundenschlaf verursacht worden sind. Eine Studie der Bundesanstalt für Straßenwesen, in der eine Vollerfassung von schweren Autobahnunfällen mit LKW-Beteiligung durchgeführt wurde, kam auf eine Inzidenz von 19 %. Untersuchungen in Frankreich, Großbritannien und USA kommen bei tödlichen Unfällen ebenfalls zu ähnlichen Zahlen, während in der amtlichen Statistik bei Unfällen mit Personenschäden nur ca. 4 % als Müdigkeitsunfälle dokumentiert wurden. Typischerweise kommt es nach langen monotonen Geraden häufig bei geringer Verkehrsdichte zu einem Abkommen von der Fahrbahn.

Die Müdigkeit (lateinisch: Defatigatio) ist ein Missbehagen aufgrund einer vergangenen Anstrengung, einer Krankheit oder des unterdrückten Schlafbedürfnisses.

Tagesschläfrigkeit (Hypersomnie) ist definiert als die Unfähigkeit wach und aufmerksam zu bleiben während der hauptsächlichen Wachepisoden des Tages, die in nicht unabsichtlichem Einschlafen oder Müdigkeit besteht. Tagesschläfrige Patienten sind meist abgeschlagen, matt, schläfrig, erschöpft, schwach, antriebslos, schwunglos und müde. Prinzipiell ist das Unfallrisiko hier 1,5- bis 4-mal erhöht (Aldrick 1989, Haraldson et al. 1990). Ohne ausreichende Therapie ist eine Fahrfähigkeit nicht gewährleistet.

Eine Fragebogen zur Tagesschläfrigkeit kann mit Epworth Sleepiness-Scale (Epworth Sleep-Center, Epworth Hospital Melborne/Australia von M. Jones) erfolgen. Eine deutsche Version findet sich unter www.dgsm.de.

Sekundenschlaf ist die Bezeichnung für Müdigkeitsattacken. Hierbei handelt es sich ungewolltes Einnicken für mehrere Sekunden. Sekundenschlaf ist vor allem im Straßenverkehr relevant und das Auftreten in der Regel vorher für den Betroffenen erkennbar (Tabelle 3.2). Ein besonderes Risiko besteht bei Zurücklegen langer Strecken bei Nacht oder monotoner Strecken, die die Aufmerksamkeit nicht zwingend fordern (Tabelle 3.3).

Tabelle 3.2 Symptome einer drohenden Müdigkeitsattacke

schwer werdende Augenlider
brennende oder schmerzende Augen
trockene Mundschleimhaut
Gähnen, das sich kaum mehr unterdrücken lässt
das Bedürfnis, sich die Nasenwurzel zu massieren
leichtes Frösteln
wiederholtes Aufschrecken aus Unaufmerksamkeit

Tabelle 3.3 Ursachen für Müdigkeit

zu lange Wachdauer
zu kurze Schlafdauer
Erschöpfung/Erkrankung
pathologische Schlafstörung
Monotonie
Medikamente, Alkohol, Drogen

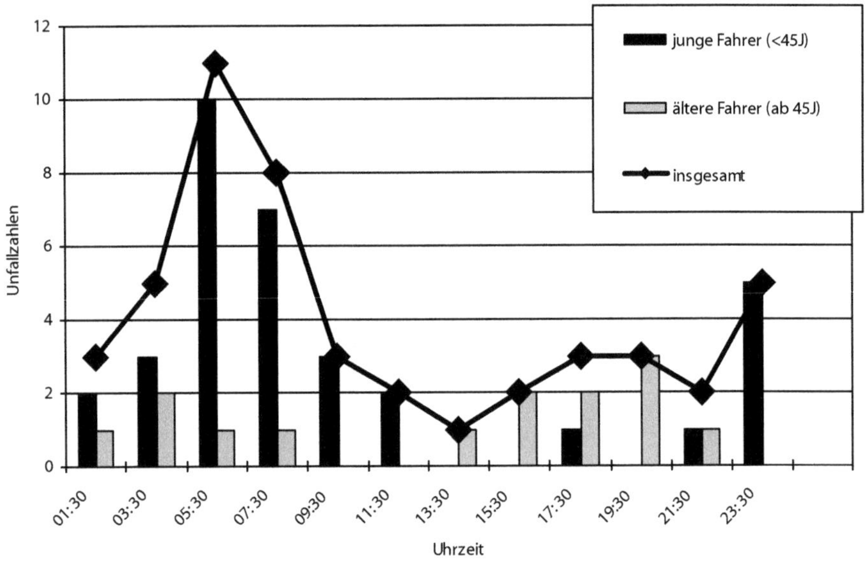

Abb. 3.1 Tageszeitverteilung von Einschlafunfällen

Über den Tag verteilt geschehen in den frühen Morgenstunden die meisten Einschlafunfälle (Abb. 3.1). Insgesamt ereignen sich in den 10 Stunden der Nacht genauso viele Unfälle bei deutlich geringerer Verkehrsdichte wie in den 14 Stunden tagsüber. Die Unfallanalyse zeigt weiterhin einen interessanten Alterszusammenhang. Die meisten Unfälle älterer Fahrer (d.h. Alter über 45 Jahre) ereignen sich tagsüber, besonders in den Nachmittagsstunden mit einem Maximum um 19.30 Uhr abends, die der jungen Fahrer dagegen überwiegend nachts. Ältere kommen nachts mit weniger Schlaf aus, kompensieren dies aber am Tag durch sog. Tagschlafepisoden („Nickerchen"). Im Alter findet eine Gleichverteilung der Schlafepisoden statt. Dies führt dann zu vermehrter Unfallhäufigkeit am Tag, da ältere Kraftfahrer nicht mehr die Kapazität haben, über den Tag hinweg gleichbleibend wach zu sein (Zulley 2005).

3.1.5.1 Übermüdung und Erkrankungen

Die meisten Unfälle sind durch Schlafdeprivation (negatives Schlafkonto) bedingt. Ein deutlich geringerer Anteil ist durch pathologische Schlafstörungen zurückzuführen. Im Schlaflabor gilt es die Fahrfähigkeit von Berufskraftfahrern bei unbehandelter Schlafstörung mit Tagesschläfrigkeit und behandelter Schlafstörung mit Tagesschläfrigkeit zu beurteilen. Es ist keine oder nur eine bedingte Fahreignung auszusprechen, wenn eine messbare auffällige Tagesschläfrigkeit vorliegt.

3.1.5.2 Störungen im circadianen Rhythmus Tagesschläfrigkeit

Hierzu gibt es standardisierte Tests, die bei spezialisierten Schlafmedizinern/Zentren die Tagesmüdigkeit objektiv messen

3.1.5.3 Schlafstörungen

Schlafstörungen treten häufig in fortgeschrittenem Lebensalter auf und werden teilweise erst spät erkannt. Sie sollten in dafür spezialisierten Medizinischen Zentren diagnostiziert werden, viele von Ihnen sind behandelbar und eine Rückkehr zum Beruf z. B. als Berufskraftfahrer ist bei konsequenter Diagnostik und Therapie möglich.

3.1.5.4 Insomnie

Insomnie (Häufigkeit 6 %) ist der Sammelbegriff für Ein- und Durchschlafstörungen. Diese Patienten können schlecht abschalten, neigen zum Grübeln, fürchten sich vor Schlaflosigkeit und bemühen sich übertrieben endlich einzuschlafen. Tagsüber sind viele verstimmt, klagen über Kopf- und Magenschmerzen und fühlen sich müde und erschöpft.

3.1.5.5 Schlafapnoe

Das Erkennungsmerkmal der Schlafapnoe (Häufigkeit 4 %) ist, dass die Betroffenen laut und unregelmäßig schnarchen und dass im Schlaf immer wieder die Atmung aussetzt. Diese Atemaussetzer führen dazu, dass der Sauerstoffgehalt im Blut sinkt und dass Blutdruck, Herzfrequenz und Muskelspannung ansteigen. Das Gehirn löst eine Aufweckreaktion aus: Der Schlafende erwacht, meist mit einem explosionsartigen Schnarchlaut. Diese Aufweckreaktion ist meistens sehr kurz, der Betroffene nimmt sie selber oft gar nicht wahr. Alkohol kann die Symptomatik verstärken. Ein unbehandeltes Schlafapnoesyndrom erhöht das Risiko für einen Herzinfarkt oder einen Schlaganfall deutlich. Tagsüber klagen Apnoepatienten häufig über Kopfschmerzen, Konzentrationsprobleme und ausgeprägte Schläfrigkeit. Das Unfallrisiko bei Schlafapnoe liegt ca. 2- bis 6-mal höher als das der Allgemeinbevölkerung. Besonders häufig sind über 50-jährige, übergewichtige Männer betroffen. Mit einer NCPAP-Therapie (nasaler kontinuierlicher positiver Atemwegsdruck; Hilfsgerät für die Nacht) kann die Fahrfähigkeit für Berufskraftfahrer in Einzelfällen wieder hergestellt werden.

3.1.5.6 RLS Restless-Legs-Syndrom (Unruhige-Beine-Syndrom)

Kernsymptom des Restless-Legs-Syndroms (Häufigkeit 10%) ist ein unbezwingbarer Bewegungsdrang in den Beinen und selten auch in den Armen; verbunden damit sind fast immer quälende Empfindungen. Diese können sehr unterschiedlich sein, wie Kribbeln, Brennen, Zucken, Ziehen, Hitze- oder Kältegefühl und Schmerzen. Die Symptome treten vor allem gegen Abend in Ruhe und beim Liegen auf, selten auch in Ruhephasen tagsüber. Durch Bewegung kann die Missempfindung sehr schnell beendet werden, aber meist nicht für längere Zeit. Bald machen sich die „unruhigen Beine" wieder bemerkbar. Die Betroffenen können deshalb nur schwer einschlafen und wachen nachts oft auf. Als Folge kommt es zu einer erhöhten Tagesmüdigkeit.

3.1.5.7 Zirkadiane Rhytmusstörungen

Die besten Schlafbedingungen finden sich zu den chronobiologisch individuell festgelegten Zeiten im 24 Stunden Rhythmus. Schlafstörungen können aus Veränderungen der zirkadianen Rhythmik des Organismus oder aus einer Diskrepanz zwischen der individuellen Schlafbereitschaft (endogene Bedingungen) und externen, sozialen oder physikalischen Schlafbedingungen resultieren (Häufigkeit 1,5%).

3.1.5.8 Narkolepsie

Charakteristisch für die Narkolepsie (Häufigkeit 0,08%) sind übermäßige Schläfrigkeit, ungewolltes Einschlafen am Tage, vor allem in Ruhesituationen. Die Schläfrigkeit setzt oft sehr rasch ein, und der Patient kann dem Drang zum Einschlafen nicht lange widerstehen. Als zusätzliches Symptom können bei dieser Erkrankung Episoden von kurzem, plötzlichem Verlust der Muskelkraft bei voller Wachheit vorkommen, die durch starke, überraschende Emotionen ausgelöst werden.

3.1.5.9 Gegenmaßnahmen

Wegen der großen Risiken gerade auch im Berufskraftverkehr werden diverse technische Gegenmaßnahmen zum Einschlafen am Steuer vorgeschlagen, z. T. auch realisiert. Wichtiger ist allerdings die individuelle Prävention, das Fahren in ausgeruhtem Zustand. Populäre Gegenmaßnahmen (frische Luft, laute Musik, viel Kaffee trinken etc.) während der Fahrt sind nur sehr kurz wirksam.

3.1.5.10 Rechtliche Aspekte des Sekundenschlafs

Einschlafen am Steuer wird im Bereich der Fahrzeugversicherung (Vollkasko) als „das sich dem Sekundenschlaf überlassen" als „grob fahrlässige Herbeiführung des Versicherungsfalls" gewertet. Ob in den Fällen von Übermüdung der Tatbestand der Straßenverkehrsgefährdung verwirklicht werden kann, ist weitgehend auch davon abhängig, ob auf subjektiver Ebene der Fahrer die Müdigkeit erkennen konnte.

OLG Brandenburg vom 16.03.1999, Az. 2 U 87/98
Wer nach einem langen körperlich anstrengenden Arbeitstag auf der Heimfahrt seine aufkommende Müdigkeit missachtet und weiterführt, obwohl er mehrmals für kurze Zeit die Kontrolle über das Fahrzeug verloren hat und es

infolgedessen zu Schlingerbewegungen gekommen ist, handelt grob fahrlässig.

BGH vom 29.10.03, Az. IV ZR 16/03
Soll ein Unfall auf einen sog. Sekundenschlaf infolge einer bis dahin nicht erkannten Schlafapnoe ohne vorausgehende Anzeichen für eine Leistungseinbuße eingetreten sein, so hat der Versicherungsnehmer die Beweislast dafür, dass diese bewusstseinseinschränkende Krankheitsfolge im Unfallzeitpunkt vorgelegen hat.

Bayer. Oberstes Landesgericht vom 18.08.2003, Az. 1 St RR 67/2003
Fährt der LKW-Fahrer, der seine Übermüdung erkannt hat, infolge eines Sekundenschlafs ungebremst in ein Stauende, werden dabei andere Verkehrsteilnehmer getötet und verletzt, so kann eine Freiheitsstrafe von mehr als 1 Jahr nicht mit der Erwägung ausgeschlossen werden, eine derart hohe Strafe komme in der Regel nur bei Unfällen aufgrund alkoholbedingter Fahruntüchtigkeit in Betracht.

3.1.6 Unfallursache Aufmerksamkeitsstörung und Ablenkung (Schick)

3.1.6.1 Aufmerksamkeit

Der Mensch ist ständig äußeren Reizen ausgesetzt, die visuell, auditiv, taktil, olfaktorisch oder gustatorisch wahrgenommen werden können. Aufmerksamkeit ist die zielgerichtete Filterung, die nur die wesentlichen (für die Situation notwendigen) Informationen ins Bewusstsein dringen lässt. Sie ist die Bedingung für bewusstes Wahrnehmen von Information.

Vigilanz beschreibt zum einen den Wachheitsgrad des Organismus und zum anderen damit auch die Fähigkeit zur Daueraufmerksamkeit. Vigilanz ermöglicht Aufmerksamkeit; wobei niedrige Vigilanzniveaus die Aufmerksamkeitsfähigkeit vermindern. Im optimalen Vigilanzzustand ist der Mensch in der Lage, adäquat auf plötzliche Reize der Umwelt zu reagieren, und ist in diesem Sinne voll funktionsfähig.

Informationen können leistungsbedingt nicht schneller verarbeitet werden, als es das menschliche Gehirn zulässt. Im Alter von ca. 15 bis 25 Jahren ist die Informationsverarbeitungsgeschwindigkeit, die auch den Intelligenzquotienten mit zu definieren scheint, im Bevölkerungsdurchschnitt am höchsten.

Laut „Erlanger Schule der Informationspsychologie“ ist die Kapazität des menschlichen Kurzzeitgedächtnisses C (gemessen in Bit) das Produkt aus der Informationsverarbeitungsgeschwindigkeit S (in Bit pro Sekunde) und der Gedächtnisspanne D (in Sekunden), also: $C\ (\text{Bit}) = S(\text{Bit/sec}) \times D\ (\text{sec})$. Die Informationen im Kurzzeit- oder Arbeitsgedächtnis stehen jeweils aktuell zur weiteren Verarbeitung zur Verfügung.

Der Informationsgehalt einer Entität folgt einer logarithmischen Kurve; dabei beträgt er genau 1 Bit, wenn die Wahrscheinlichkeit des Inhalts genau ½, d.h. 50%, beträgt. Der Informationsgehalt von 0 Bit liegt vor, wenn der Inhalt zu 100% so erwartet wurde und damit sozusagen keine „Neuigkeit" darstellt.

Im Straßenverkehr ist der Fahrer einer hohen Informationsdichte von bis zu 1 MBit/s ausgesetzt, die es sinnvoll zu selektieren gilt, wobei der Sehsinn der maßgebliche Informationsempfänger ist. Die Informationsfülle steht im Ultrakurzzeitgedächtnis bis zu 50 ms für visuelle Reize und bis zu 2 Sekunden für auditorische Reize zur Verfügung, um ins Kurzzeitgedächtnis aufgenommen zu werden. Laut TVA („Theory of visual attention") von Bundesen et al. (2005) „treten während des Filterns alle im visuellen Feld befindlichen Objekte in einer Art Wettlauf gegeneinander an; das sich durchsetzende Objekt kann daraufhin erst kategorisiert werden. Eine solche Kategorisierung bedeutet gleichzeitig, dass das Objekt in das visuelle Kurzzeitgedächtnis … enkodiert wurde. Ist in diesem kein Platz vorhanden, kann das Objekt nicht kategorisiert werden und wird daher nicht bewusst verarbeitet." Der Aufmerksamkeitsumfang beträgt beim Erwachsenen im Durchschnitt 7 (±2) Informationseinheiten (Millersche Zahl); das ist die Menge, die im Kurzzeitgedächtnis gleichzeitig zur Verfügung gestellt werden kann. Ungefähr 10 Bit/s können ins Kurzzeitgedächtnis gelangen, wenn dort die Kapazität geschaffen wird. Insgesamt verbleiben einzelne Informationen nur bis zu 30 Sekunden im Kurzzeitspeicher.

Bei der Verteilung von Aufmerksamkeit und der Selektion von relevanter Information spielen zwei Dinge eine Rolle: Zunächst wird Neues und Unbekanntes wahrgenommen, um mögliche Gefahren zu erkennen oder auszuschließen. Danach wird die Selektion individuell durch aktuelle Bedürfnisse, bestimmte Motivationen, spezielle Interessen und persönliche Einstellungen und Werte bestimmt; außerdem durch Gefühle, die mit manchen Informationen verbunden sind. Der visuelle Aufmerksamkeitsumfang ist auch von der Art, der Bekanntheit, der Leuchtintensität und dem Kontrast der Gegenstände abhängig.

Im Extremen wird mittels selektiver Aufmerksamkeit so fokussiert Information ausgeblendet, dass auch (im Nachhinein) wichtige Informationen „übersehen", „überhört", bzw. „nicht wahrgenommen" werden. Dadurch entsteht auch der so genannte „Tunnelblick" beim Telefonieren während der Steuerung eines Fahrzeugs. Hier wird das periphere Gesichtsfeld „ausgeblendet" um nur die scheinbar wichtigsten visuellen Eindrücke während des Fahrens und dafür zusätzlich die Informationen aus dem Telefonat verarbeiten zu können. Bei Alkoholkonsum entsteht eine ähnliche Situation, in der versucht wird die Informationsmenge aus der Umwelt auf ein Minimum zu beschränken. Hier liegt der Grund in der herabgesetzten Verarbeitungsgeschwindigkeit.

Der Fokus der Aufmerksamkeit wird auch durch die räumliche Verteilung der Reize (nahe und ferne Information, z. B. Reize für Sehsinn – Tastsinn) bestimmt. Richard Pauli (1914) zeigte, dass die Beurteilung eines optischen und eines taktilen Reizes fast unmöglich gleichzeitig geschehen kann. Nahe Reize bergen ein höheres potentielles Risiko als Reize, die vom „Fernsinn Sehen" wahrgenommen werden und werden daher bevorzugt verarbeitet. Für den Straßenverkehr bzw.

zukünftige aktive Sicherheitssysteme konnte gezeigt werden, dass bei Ablenkung, egal ob durch einfache oder durch komplexe Gespräche, die Reaktionszeit auf taktile Warnungen vor visuell wahrnehmbaren Ereignissen, z.B. durch Lenkradvibration („Nahsinn“), deutlich kürzer als bei auditorischen Warnungen oder gar keinen Warnungen („Fernsinne“) zu sein scheint (Mohebbi et al. 2009).

Aufmerksamkeit kann sich immer nur einem Inhalt zuwenden. Mehrfachleistungen bedingen einen schnellen Wechsel zwischen den Inhalten, was anstrengend und ermüdend ist. Unter Multitasking wird heute die Fähigkeit bezeichnet, mehrere Tätigkeiten gleichzeitig bzw. wechselnd in kleinen Zeitspannen auszuführen; dieses scheint jedoch weniger effizient als die serielle Bearbeitung zu sein und das Unfallrisiko zu erhöhen (Paridon 2010). So können Basisfunktionen wie Aufmerksamkeitsrichtung auf den Spurwechsel mit gleichzeitiger Lenkradbewegung noch relativ einfach „gleichzeitig“ bearbeitet werden. Schon komplexer stellt sich die Situation bei hoher Verkehrsdichte und der Abschätzung einer passenden Lücke mit dazu nötiger Beschleunigung dar; falls zusätzlich Konversation betrieben wird, ist die Kapazitätsgrenze bald erreicht. Übung, Erfahrung und das Können und Beherrschen einer Tätigkeit erhöht die Fähigkeit und Möglichkeit auch eine weitere Tätigkeit „parallel“ durchzuführen (vgl. Lee and Taatgen 2002). Ein typisches Beispiel für gelungene Aufmerksamkeitssteuerung ist das Ausschalten des Radios, falls z.B. bei Dunkelheit und Regen in einer unbekannten Umgebung nach einer Adresse gesucht wird.

3.1.6.2 Aufmerksamkeitsdefizite als Unfallursachen

Daueraufmerksamkeit mit Konzentration auf eine Tätigkeit scheint im Schnitt für 20 bis 60 Minuten möglich zu sein. Das Gehirn fordert gewissermaßen Abwechslung. Allerdings kann der Mensch auch danach seine Aufmerksamkeit wieder bewusst erneut auf die gleiche Tätigkeit richten. Aufmerksamkeitsdefizite können in drei Arten unterteilt werden.

Unaufmerksamkeit

Hier wird insbesondere die interne Ablenkung durch Gedanken oder das automatische Fahren repräsentiert, bei dem entweder monotone oder bekannte Strecken gefahren werden oder wenig äußerer Anspruch an die Aufmerksamkeit (niedrige Verkehrsdichte, mangelnde Kontraste bei Dunkelheit) gestellt wird. Da der Informationsgehalt der Umwelt niedrig ist oder aufgrund interner Gedanken ausgeblendet wird, werden keine großen Anforderungen an das Gehirn gestellt hochkonzentriert die äußeren Reize zu filtern und zu selektieren. Bei Müdigkeit oder Alkoholisierung und demnach verlangsamter Informationsverarbeitungsgeschwindigkeit bestehen hier die Gefahr des Tunnelblicks und auch die Gefahr des Einschlafens. Bei dieser Art des Aufmerksamkeitsdefizits kommt es insbesondere zum Übersehen von Objekten, Hindernissen oder anderen Verkehrsteilnehmern.

Ablenkung

Ablenkung ist passiv durch externe Ereignisse und Objekte oder auch durch nicht visuell wahrgenommene Sinneseindrücke (z.B. Kommunikation des Beifahrers,

Radio) oder aktiv durch selbst gewählte andere Tätigkeiten oder Gespräche bedingt. Sie entsteht bei Unterschätzung des Anspruchs der Fahraufgabe an die Informationsverarbeitung und damit verbundenem mangelndem Interesse, oder durch hohe Anziehungskraft (z. B. Farbe, Kontrast, Attraktivität, Intensität, Neuheit) des Ablenkungsgegenstands. Werbetafeln am Straßenrand zielen darauf, ungewollt ziehen auch Personen und Unfälle die Aufmerksamkeit des Fahrers weg von der Fahrsituation, wodurch typischerweise Auffahrunfälle bedingt sein können. Das Telefonieren am Steuer als aktiv gewählte Ablenkung kann in diese Art des Aufmerksamkeitsdefizits eingeordnet werden.

Konkurrenz um Aufmerksamkeit – Unaufmerksamkeitsblindheit

Zwei oder mehr Ereignisse/Objekte/Zustände, die jeweils mit der Fahraufgabe zu tun haben, fordern die Teilung der Aufmerksamkeit, z. B. Achten auf Wegweiser und zugleich Achten auf andere Verkehrsteilnehmer und ggf. Verkehrsleitsysteminformationen oder Lichtzeichenanlagen. Zwar auffällige, aber unerwartete Ereignisse können nicht mehr wahrgenommen werden, da die Aufmerksamkeit selektiv auf die momentan relevanten Informationen, die für die Fahraufgabe nötig sind, gerichtet ist. Auch der unbeeinflusste Verkehrsteilnehmer erreicht in diesen Situationen die Grenzen der Verarbeitungskapazität. Als Beispielunfall aufgrund Unaufmerksamkeitsblindheit kann die Kollision zwischen PKW und Fahrradfahrer beim Linksabbiegen betrachtet werden. Der Fahrer analysiert Dichte und Geschwindigkeit des Gegenverkehrs um eine Lücke zu wählen, die bei seinerseits passend zu wählender Anfahrtsgeschwindigkeit ausreichend ist, um die Gegenfahrbahn rechtzeitig wieder zu räumen. Verkehrsschilder, andere Verkehrsteilnehmer, Lichtzeichenanlagen in der einzubiegenden Straße, die visuellen Eindrücke aus dem Schulterblick und Rückspiegel erfordern beim Abbiegevorgang erneute Informationsfilterung, die im hier geschilderten ungünstigen Fall dazu führt, den Fahrradfahrer zu übersehen.

Insbesondere unerfahrene/junge Fahrer unterliegen eher den Problemen der Unaufmerksamkeitsblindheit oder Ablenkung. Bestimmte Fahraufgaben funktionieren noch nicht automatisch und ihre Strategie der Wahrnehmung im Straßenverkehr ist noch nicht eingeübt. Mit mehr Erfahrung im Straßenverkehr wird Relevantes effektiver erkannt. Ein kurzer Schulterblick reicht dann zum Beispiel, um den visuellen Eindruck nach bekannten und gezielt gesuchten „Gefahren" (andere Verkehrsteilnehmer) zu scannen. Ein unerfahrener Fahrer muss sich den rückwärtigen Raum länger betrachten, um die verschiedenen Bildeindrücke nach Relevanz zu kategorisieren. Generell ist für den unerfahrenen Fahrer die Verkehrsteilnahme daher anstrengender und mit erhöhter Anforderung an Aufmerksamkeit im Sinne von nötiger Informationsverarbeitung, Selektion und Filterung verbunden.

3.1.6.3 Ablenkungen als Unfallursache

Studien seit dem Jahr 2000 zeigen, dass bis zu 40% aller Unfälle auf Aufmerksamkeitsdefiziten beruhen. Dabei ist eine Ablenkung von außen (durch Objekte und Ereignisse) weit häufiger maßgeblich als selbst gewählte Ablenkungen, Unaufmerksamkeit und konkurrierende Aufmerksamkeit.

Laut einer Umfrage (DGUV 2010) lassen sich tatsächlich während des normalen Fahrens über 80% der Fahrer (m/w) durch „Reden mit dem Beifahrer“ und „Einstellen des Radios“ ablenken. Ein Viertel der Fahrzeugführer bedient das Navigationsgerät während des Fahrens und 20% benutzen das Handy. Insbesondere die unter 40 jährigen geben im Vergleich zu denjenigen über 40 Jahre häufiger an „am Steuer zu telefonieren, Kurznachrichten zu schreiben oder das Navigationsgerät zu bedienen“.

Zu den oben genannten Problemen des Multitaskings, Filterns und selektiver Wahrnehmung ergibt sich bei selbst gewählter visueller Ablenkung eine zusätzliche Konsequenz bezüglich des nötigen Sicherheitsabstands:

Bei einer Geschwindigkeit von 50 km/h legt ein Fahrzeug in einer Sekunde eine Strecke von 13,88 Metern zurück. Ist der Fahrer für eine Sekunde abgelenkt und nimmt dann erst z. B. die Notwendigkeit einer Vollbremsung wahr, braucht er diese knapp 14 Meter zusätzlich, um zum Stehen zu kommen. Bei einer Geschwindigkeit von 200 km/h und 2 Sekunden Ablenkung, z. B. durch Blick auf ein Display, wird eine Strecke von 111 m quasi blind und ohne Reaktionsmöglichkeit zurückgelegt. Die Abstandsempfehlung „halber Tacho“ kalkuliert sich aus Reaktionsweg und Bremsweg mit einem gewissen Puffer (z. B. für ungünstige Straßenverhältnisse) bei störungsfreiem Längsverkehr. Bei einer visuellen Ablenkung von einer Sekunde und damit verlängertem Reaktionsweg reicht dieser Puffer nicht mehr aus.

Telefonieren bzw. Handy am Steuer

Jegliche Form des Telefonierens (egal welcher Modus) und Gespräche mit Mitfahrern beeinflussen deutlich das Fahrverhalten und die Reaktionsgeschwindigkeit. In Gesprächen (mit Beifahrern oder beim Telefonieren) sind für die möglicherweise entstehenden Aufmerksamkeitsdefizite wieder die Informationsverarbeitungsgeschwindigkeit und die Komplexität der Information wesentliche Einflussfaktoren. Es wurde gezeigt, dass „einfache“ Gespräche, z. B. reine Informationsweitergabe, wesentlich weniger das Fahrverhalten beeinflussen als komplexe Gespräche und Diskussionen (Horrey and Wickens 2006, Lin and Chen 2006).

Genauso wird die räumliche Verteilung der Reize als Faktor für die Aufmerksamkeit deutlich. Ein Telefonat, das mit einem Handy, das am Ohr gehalten wird, oder per Headset geführt wird, lenkt deutlich mehr von der Fahraufgabe ab als ein Gespräch über Freisprecheinrichtung oder mit dem Beifahrer (Ferlazzo et al. 2009).

Beim Telefonieren scheinen weniger das Spurhaltevermögen (wie unter Alkohol) beeinflusst zu werden, als eher Geschwindigkeit, Abstand und Bremsreaktion und Auffahrunfälle begünstigt zu werden (Lin and Chen 2006). Der Fahrer verringert z. B. die Geschwindigkeit und wechselt ggf. auf die rechte Spur, wenn er sich dessen bewusst ist; oder er fährt im Stadtverkehr typischerweise mit ungenügendem Abstand einem anderen Fahrzeug „hinterher“, um visuelle Informationen aus dem dadurch verkleinerten Blickfeld zu verringern. Niedrigere Reaktionsgeschwindigkeiten und langsamere motorische Umsetzung wurden für alle Arten des Telefonierens gefunden. Beim Telefonieren (egal welcher Modus) ist die Reaktionszeit um 0,25 s verlängert (Caird et al. 2008).

Wie jede andere Ablenkung auch, vermindert die zusätzliche Informationsverarbeitung des Handygebrauchs und Telefonats, die nichts mit der Verkehrssituation zu tun hat, die Menge an aufnehmbarer relevanter Information aus der Umwelt. Weiter konnte gezeigt werden, dass sich das Schreiben von Kurznachrichten oder das Eintippen einer Telefonnummer deutlich gravierender auf das Fahrverhalten auswirkt als das Telefonat allein (Drews et al. 2009).

Unfälle während des Handygebrauchs
Aufgrund von Studien aus den 90er Jahren bis 2006 wird derzeit davon ausgegangen, dass das Unfallrisiko beim Telefonieren für Unfälle mit Sachschaden und/oder Personenschaden viermal höher ist als ohne Telefonat. Eine neuere Studie fand allerdings, dass Unfälle nicht häufiger während des Telefonierens (und 20 Minuten nach dem Telefonat) auftraten als in den Zeiten ohne Telefonat (Young and Schreiner 2009). Nicht erhöhte Unfallzahlen werden andernorts (de Waard et al. 2010) damit begründet, dass eine langsamere Fahrgeschwindigkeit gewählt wird und durch das reduzierte Gesichtsfeld und durch die eigene Bewertung als riskante und erhöhte Aufmerksamkeit fordernde Situation das Risiko kompensiert wird.

Da das Forschungsfeld Mobiltelefon im Straßenverkehr noch neu ist, die Zahlen der Handynutzer am Steuer sich erst seit ca. 10 Jahren zu einem Thema entwickelt hatten und schon ein Handyverbot am Steuer besteht (seit 01.04.2004, § 23 StVO, Absatz 1a), herrscht immer noch Unsicherheit bezüglich des effektiven Unfallrisikos. Auch wenn neuere Studien kein erhöhtes Unfallrisiko während des Telefonierens finden konnten, so sind Belege für die Einschränkungen im Fahrverhalten vorhanden. Im Vergleich zur Einschränkung durch Alkohol kann das Aufmerksamkeitsdefizit durch Ablenkung aufgrund des Gesprächs jedoch jederzeit bewusst aufgehoben werden, in dem man das Gespräch unterbricht.

Aufmerksamkeit und ihre Defizite sowie deren Folgen sind vielfach durch normale menschliche Grenzen im Informationsverarbeitungsvermögen bedingt. Allerdings sind selbst gewählte Ablenkungen im Straßenverkehr, und damit eine zusätzliche Erhöhung der zu verarbeitenden Informationsmenge, durch Aufklärung und Abschreckung vermeidbar. Dann stände im Fall eines unerwarteten Ereignisses die gesamte Verarbeitungskapazität des Gehirns zur Verfügung und Unfälle könnten vermieden werden. Da trotz Verbots ein Fünftel aller Fahrer zugibt während des Steuern eines Fahrzeugs zu telefonieren, muss möglicherweise über eine Verschärfung und Ausweitung des Paragraphen nachgedacht werden, auch wenn das postulierte erhöhte Unfallrisiko letztendlich bisher nicht klar belegt werden kann.

3.1.7 Technische Unfallursachen (Schönpflug)

In diesem Kapitel können nur wenige beispielhafte technische Unfallursachen dargestellt und diskutiert werden. Die große Vielzahl möglicher unterschiedlicher technischer Ursachen eines Unfalls macht eine vollständige Auflistung nahezu unmöglich. Es ist jedoch anzumerken, dass – im Vergleich zu früheren Jahren – eine „isolierte technische Unfallursache" im Vergleich zu menschlichen Fehlerquellen im Straßenverkehr nur geringe Häufigkeit besitzt.

Es könnte sogar darüber diskutiert werden, ob die meisten technischen Fehler nicht sogar als Ursache eines vorangegangenen, vielleicht sogar latenten menschlichen Fehlers zu identifizieren sind – sei es im Versagen eines ungenügend auf Dauerbelastung ausgelegten Bauteils oder in einem mangelhaft durchdachten Bedienkonzept der Mensch-Maschine-Schnittstelle.

Nachfolgend werden nur einige mögliche technische Verkehrsunfallursachen genannt:

- plötzlicher oder schleichender Druckverlust eines Reifens und dadurch bedingtes Verlassen des ursprünglichen Fahrkanals in Verbindung mit möglicher Instabilisierung des Fahrzeugs
- Ausfall der Bremsanlage (evt. aufgrund mangelnder Fahrzeugwartung)
- Versagen von Bauteilen wie Bruch von Bauteilen der Radaufhängung oder der Lenkung – hier können bereits wieder konstruktive (menschliche) Fehler diskutiert werden.
- Schleudern eines Fahrzeugs aufgrund Aquaplaning – auch in diesem Fall ist die Ursache primär weniger im technischen Bereich zu suchen; oft ist in solchen Fällen mangelnde Profiltiefe oder nicht angepasste Geschwindigkeit als Unfallursache zu identifizieren.
- Bruch eines Kanaldeckels bei Überfahren.

3.2 Unfallrekonstruktion

3.2.1 Einleitung (Graw, Adamec)

Die Verkehrsunfallrekonstruktion ist forensisch wie politisch aus mehrfacher Hinsicht relevant. Aus strafrechtlichem Blickwinkel muss ein entsprechender Tatvorwurf begründet bzw. ein Tatnachweis geführt werden. Zivilrechtlich bleibt zu erklären, wer der Unfallverursacher war und ob gegebenenfalls eine Unfallversicherung leistungspflichtig ist. In sozialrechtlicher Hinsicht sind insbesondere Arbeitsunfälle und Wegeunfälle von Bedeutung. Über diese Einzelfallbetrachtung hinaus kommt der Unfallrekonstruktion erhebliche präventive Bedeutung zu. Nur dann, wenn klar ist, wodurch ein Unfall bedingt und eine entsprechende Verletzung hervorgerufen worden war, können Maßnahmen ergriffen werden, die zukünftig Verletzungen vermeiden oder Verletzungsschweren mildern können. An Beispielen der jüngsten Vergangenheit seien hier Veränderungen an den Leitplanken hinsichtlich der Motorradunfälle, Seitenschutzbeplankungen an LKWs zur Vermeidung von Überfahrungen/-rollungen der an-/umgestoßenen Fußgänger sowie Veränderungen der Fahrzeugfront zur Reduktion der Verletzungsschwere bei durch PKW angestoßenen Fußgängern genannt.

Derartige Rekonstruktionen müssen im Regelfall interdisziplinär durchgeführt werden, technische, medizinische und biomechanische Fachkompetenz ist hierbei im Zusammenspiel gefragt. Dieser Erkenntnis folgend, hat der BGH 2008 beispielsweise entschieden, dass zur Klärung einer Kausalität zwischen Unfall und Halswirbelsäulenverletzung neben dem biomechanischen auch der medizinische Sachverstand in die Gesamtbeurteilung einzubeziehen sei (VI ZR 235/07).

Bei der Rekonstruktion können verschiedene Ansätze verfolgt werden. Bei der inszenierten Rekonstruktion wird das von einem Beteiligten beobachtete Geschehen nach seinen Anweisungen von „Schauspielern" nachgestellt, es handelt sich also um eine bildhafte Umsetzung des Erlebten, ergänzend zur Zeugen- bzw. Beschuldigtenaussage. Der Fahrzeugführer demonstriert an der Unfallstelle z. B., wie der Fußgänger zwischen zwei geparkten Kleinlieferwägen auf die Fahrbahn gelaufen war.

Bei der experimentellen Rekonstruktion wird versucht, das Unfallgeschehen oder Teile daraus experimentell nachzufahren. Hierbei können beispielsweise Crashversuche oder Freiwilligenversuche zur Anwendung kommen. Derartige Versuche sind z. B. aus der ADAC-Motorwelt allgemein bekannt.

Es liegt nahe, dass solche Rekonstruktionsversuche in der Praxis nur sehr limitiert verwendet werden können.

Eine logische Fortentwicklung der experimentellen Rekonstruktion ist der Ansatz, das Geschehen auf den Rechner bzw. den Bildschirm zu verlagern, also den Vorfall virtuell zu rekonstruieren. Voraussetzung hierfür ist das Vorliegen entsprechender technischer und menschlicher Modelle, wie sie im Kap. 3.2.2.2 erläutert werden.

Die Schwierigkeit bei der Rekonstruktion liegt darin, dass man aus dem statischen Bild der Befundaufnahme nach dem Vorfall auf das eigentliche Unfallgeschehen, also auf einen dynamischen Prozess, rückschließen muss. Dieses gelingt über einen spurentechnischen Ansatz.

Eine Spur ist definiert als Differenz zwischen Ausgangs- und Endzustand. Dies subsumiert heterogene Befunde wie zum Beispiel die Beule am zuvor unbeschädigten Fahrzeug, die Schmutzantragung an der Hose des verletzten Fußgängers, Haar- und Gewebsantragungen an der A-Säule des Fahrzeugs, Reifenabriebspuren auf der Fahrbahn, Lackantragungen an der Hauswand oder eben Verletzungen der beteiligten Personen. Für die Rekonstruktion gilt, dass alle diese relevanten Spuren in das Geschehen umfänglich integriert werden müssen; eine erfolgreiche Rekonstruktion bietet eine Zuordnung aller Spuren an. Die Einzelbefunde werden in einer sog. Spurenmatrix hinsichtlich Lokalisation und Verursachung zusammengestellt, über die Diagonale ergeben sich die Kontaktpartner (vgl. Tabelle 3.4).

In die Unfallrekonstruktion fließen Kenntnisse mehrerer Fachdisziplinen ein. Medizinisch sind hierbei zum einen unfallursächliche Vorbedingungen wie Erkrankungen oder Einschränkungen der Leistungsfähigkeit und Vorerkrankungen mit ihren Auswirkungen aufzuzeigen, zum anderen die Unfallfolgen, also Verletzungen mit eventuellen Dauerfolgen zu diagnostizieren. Traumatomechanisch sind die Verletzungen im Hinblick auf die möglichen Formen der Gewalteinwirkung und letztlich hinsichtlich der tatsächlichen, auf den konkreten Vorfall bezogenen

Tabelle 3.4 Für einen PKW/Fußgänger-Unfall wird hier eine einfache Spurenmatrix mit den Elementen Fußgänger/PKW/Unfallstelle beispielhaft aufgezeigt; im Regelfall werden mehr Elemente berücksichtigt werden müssen (v. a. auch die Kleidung)

von/an	→ F	→ P	→ U
F →	–	Verformung	Blut/Haare
P →	Unterschenkelfraktur	–	Bremsspur
U →	Schürfung	Schmutz	–

Fußgänger (F), PKW (P), Unfallstelle (U)

Ursache zu beziehen. Aus technischer Hinsicht sind die äußeren Bewegungen der beteiligten Fahrzeuge, deren Beschädigungen sowie die Spuren an Unfallstelle und Bekleidung aufzunehmen und zu interpretieren.

3.2.2 Technische Unfallrekonstruktion (Adamec, Graw)

In diesem Kapitel werden die technischen Grundlagen der Unfallrekonstruktion dargestellt. Die technische Rekonstruktion hat zum Ziel, die zeitlichen und räumlichen Aspekte des Unfallgeschehens zu klären, die Geschwindigkeiten und Bewegungsbahnen der beteiligten Fahrzeuge (evtl. Fahrzeugteile, Motorräder, Fußgänger) sowie die Anstoßkonstellationen zu ermitteln. Dies ist wichtig für die Eingrenzung der biomechanischen Belastung, für Vermeidbarkeitsbetrachtungen wie für forensische Fragestellungen. Außer den technischen Spuren sind bei Verkehrsunfallrekonstruktionen auch die rechtsmedizinisch-biomechanischen zu berücksichtigen, d. h. die Verletzungen der Unfallbeteiligten. Diese werden im Kap. 3.2.3 abgehandelt.

3.2.2.1 Technische Spurenanalyse

Jede Rekonstruktion beginnt mit einer Datenerhebung. Dabei müssen alle Spuren und Parameter der Beteiligten sowie der gesamten Situation dokumentiert und analysiert werden, die einen Informationsgehalt betreffend das Unfallgeschehen tragen. Die aus technischer Sicht relevanten Spuren lassen sich je nach Träger in drei Bereiche einteilen – vom Fahrzeug, vom Unfallort und von den Unfallbeteiligten stammend; eine Übersicht der wichtigsten Spuren bietet Tabelle 3.5. Von den Spuren als Informationsträgern über das Unfallgeschehen sind äußere Rahmenbedingungen und Eigenschaften der Unfallbeteiligten zu unterscheiden, die ebenfalls forensisch relevant sein können – die Licht- und Sichtverhältnisse, die Witterung, der Zustand der Fahrbahn, die geometrischen Daten der Unfallstelle, die anthropometrischen Daten der beteiligten Personen, Fahrzeugkenngrößen, usw.

Für die technische Rekonstruktion können auch Aussagen von Unfallbeteiligten oder Zeugen wichtige Anhaltspunkte liefern, hier muss jedoch auf die Problematik der Subjektivität hingewiesen werden. Insbesondere quantitative Angaben (Schätzungen) sind bekanntlich potentiell sehr stark fehlerbehaftet.

Tabelle 3.5 Die Einteilung der für die Unfallrekonstruktion relevanten Spuren

Spuren am Unfallort	Spuren am Fahrzeug (K-Rad)	Spuren an den beteiligten Personen
Reifenspuren • Fahrspuren • Walkspuren • Bremsspuren • Blockierspuren • Driftspuren • Schleuderspuren • Reifenabdrücke • Unstetigkeiten	Beschädigungen (am sowie im Fahrzeug) • Verformungen • Kratzer • Abrisse • Brüche • Einrisse • Verbrennungen	Spuren an der Bekleidung • Einrisse • Abrisse • Schleifspuren • Anhaftungen • Verbrennungen • Abriebe (Schuhsohlen)
Schleif- und Kratzspuren, Schlagspuren, Verformungen usw.	Wischspuren (am sowie im Fahrzeug)	Verletzungen*
Lage von Fahrzeugteilen, Gegenständen, Körperteilen usw.	Spuren an den Sicherheitssystemen (Sicherheitsgurt, Kraftbegrenzer, Airbag usw.)	Befunde am Körper (Anhaftungen usw.)
Anhaftungen (Flüssigkeiten, Schmutz, Gewebe usw.)	Lage von Gegenständen und Personen im Innenraum	
Schuhspuren (Abriebspuren usw.)	Anhaftungen (Schmutz, Gewebe usw.)	
Endlagen von Fahrzeugen und Personen	Diagrammscheiben, Unfall-Datenspeicher, Fehlerspeicher usw.	

* Verletzungen gehören primär nicht zu den technischen Spuren; sie werden im Kap. 3.2.3 (rechtsmedizinisch-biomechanische Unfallrekonstruktion) behandelt.

In manchen Situationen sind ergänzende spezielle Untersuchungen an den Fahrzeugen notwendig – Überprüfung der Funktionsfähigkeit von Bremsanlagen und weiteren Fahrzeugsystemen, Untersuchung des Funktionszustandes von Glühlampen usw.

Die Spuren an Fahrzeugen und/oder am Unfallort sind manchmal primär für den unfallanalytischen Sachverständigen nicht auswertbar, nach einer Analyse und Interpretation durch Experten in anderen Bereichen können jedoch forensisch relevante Informationen gewonnen werden. Als Beispiele sind eine DNA-Analyse von Gewebeantragungen, eine Blutspurenmuster-Verteilungsanalyse, eine biomechanische Analyse mit Zuordnung der Verletzungen dem Spurenbild am Fahrzeug bzw. am Unfallort oder eine lacktechnische Untersuchung zu nennen. Deshalb ist eine sorgfältige Dokumentation sämtlicher Spuren geboten, die dann in ihrer Gesamtheit interdisziplinär beurteilt werden müssen.

3.2.2.2 Computergestützte Verkehrsunfallrekonstruktion

Bei Verkehrsunfallrekonstruktionen werden anhand bekannter Spuren unter Anwendung von physikalischen Gesetzen Erkenntnisse über den Unfallablauf (Bewegungen der Fahrzeuge, der beteiligten Personen vor und nach dem Unfall, die Richtung und Intensität von Kollisionen usw.) gewonnen. Quantitative Angaben sind dabei Ergebnisse von Berechnungen, die je nach Unfallart, Spurenlage und Ausstattung des Sachverständigen sehr einfach und mit einem Taschenrechner innerhalb weniger Minuten durchführbar, aber auch sehr komplex sein können und selbst bei Verwendung modernster Technik und Programmpakete mit hohem Zeitaufwand assoziiert sind.

Allen Berechnungen zu Grunde liegen physikalische Modelle der Realität, d. h. die wesentlichen Elemente der untersuchten Situation und ihre relevanten Eigenschaften werden dargestellt und ihr physikalisches Verhalten entsprechend der Gesetzmäßigkeiten beschrieben (Gleichungen bzw. Gleichungssysteme – diese können „von Hand" geschrieben oder auch in einem Computerprogramm je nach Benutzereingaben automatisch generiert werden).

Die Eingangsdaten der Berechnungen werden anhand der Spuren eruiert oder abgeschätzt. Beim Letzteren können sich die Sachverständigen auf Expertensysteme stützen – auf Datenbanken mit Kenndaten von Fahrzeugen, Crash-Tests, Materialeigenschaften usw. Bei der Ermittlung der Eingangsdaten tritt immer die Erfahrung und Sachkunde des Sachverständigen in den Vordergrund, selbst die beste rechnerische Ausstattung kann Schätz- oder gar Denkfehler nicht korrigieren. Aus diesem Grund bleibt auch bei hochentwickelten Softwarepaketen die Zuverlässigkeit und Aussagekraft einer Unfallrekonstruktion primär von der Kompetenz des Sachverständigen abhängig. Weiterhin ist zu berücksichtigen, dass nicht das Verhalten der realen Objekte, sondern das Verhalten der Modelle durch Ergebnisse von Berechnungen beschrieben wird. Es gehört zu der Aufgabe des Sachverständigen, bei der Interpretation der Ergebnisse auf potentielle Abweichungen der Modelle von deren realen Vorbildern hinzuweisen. Der große Vorteil von Simulationsprogrammen ist die Möglichkeit, die Ergebnisse mit einem begrenzten Aufwand übersichtlich und verständlich darzustellen (mit Hilfe von Grafiken, Bildsequenzen, evtl. Videos).

Die meisten Softwarepakete, die spezifisch für die Rekonstruktion von Straßenverkehrsunfällen entwickelt wurden – im deutschsprachigem Raum sind PC-Crash, CARAT und Analyzer Pro die gängigsten – erlauben die Nutzung verschiedener Berechnungsmodi, deren Wahl primär von der Fragestellung und der Spurenlage abhängig ist. Die wichtigsten Typen von Berechnungen werden im Folgenden kurz erläutert.

Kinematische Berechnungen

Bei kinematischen Berechnungen stehen die Bewegungen der Fahrzeuge im Fokus ohne Berücksichtigung der auf sie einwirkenden Kräfte. Die zeitlichen und räumlichen Aspekte des Unfalls werden unter Verwendung physikalischer Größen untersucht, die die Bewegungen beschreiben – Weg, Zeit, Geschwindigkeit, Beschleunigung usw.

Kinetische Berechnungen

Auch die kinetischen Berechnungen dienen zur Rekonstruktion von Fahrzeugbewegungen, diese stellen jedoch hier die Folge einwirkender Kräfte dar – berücksichtigt werden die Schwerkraft, die Interaktion der Reifen mit der Fahrbahn, die

Beladung der Fahrzeuge, der Luftwiderstand und weitere physikalische Einflussfaktoren. Die zugrunde liegenden physikalischen Modelle sind viel komplexer und die Anforderungen an die Eingangsdaten höher (hier helfen jedoch in den Softwarepaketen enthaltene interne Datenbanken mit Kennwerten für Reifen, Fahrwerke, Fahrbahn usw.).

Eine Vollbremsung eines Fahrzeugs wird im kinematischen Modell als eine lineare, gleichmäßig verzögerte Bewegung dargestellt mit einer konstanten (negativen) Beschleunigung, deren Höhe je nach Fahrbahnbeschaffenheit und -zustand (trocken, nass, vereist usw.) vom Sachverständigen abgeschätzt und festgelegt wird. Im kinetischen Modell werden die wichtigen physikalischen Gegebenheiten, d. h. die Eigenschaften der Fahrbahn (räumliche Form, Beschaffenheit, Zustand), des Fahrzeugs (Massenverteilung und Form, Fahrwerk, Reifen, usw.), aber auch die Höhe der Erdbeschleunigung und die für die Berechnung des Luftwiderstands relevanten Eigenschaften der Luft definiert und die Verzögerung in einem beliebigen Zeitpunkt wird unter Berücksichtigung des aktuellen Zustandes berechnet.

Rückwärtsanalyse

Als Rückwärtsanalysen bezeichnet man Vorgehensweisen, bei denen die Bewegungsabläufe ausgehend vom bekannten Endzustand anhand physikalischer Gesetze rückwärts in der Zeit rekonstruiert werden. Meist geschieht dies schrittweise und interaktiv, sodass alle aus dem Spurenbild bekannten Tatsachen (durch Reifenspuren belegte Bewegungsbahn des Fahrzeugs, durch Splitterfelder bekannter Kollisionsort usw.) berücksichtigt werden können. Die Voraussetzung für die Anwendung dieser Methode ist eine gute Datenlage, also eine umfassende Spurenfeststellung.

Vorwärtsanalyse

Unter einer Vorwärtsrechnung versteht man eine Berechnung des Unfallablaufs (d. h. des Zeitverlaufs von physikalischen Größen, die den Unfallablauf charakterisieren) ausgehend von einem definierten Anfangszustand. Bei Vorwärtsrechnungen müssen nicht nur alle Systeme (Fahrzeuge) und die deren Verhalten determinierenden Eigenschaften (u. a. Deformationsverhalten) definiert werden, sondern auch der Bewegungszustand am Anfang des zu beurteilenden Zeitfensters. Die bekannten Spuren, Fahrzeugendlagen usw. werden mit den Ergebnissen der Simulation verglichen, bei ungenügender Übereinstimmung müssen die Anfangsbedingungen modifiziert und die Berechnung wiederholt werden.

Kollisionsanalyse

Die Kollisionsanalyse, d. h. eine Berechnung des eigentlichen Stoßvorgangs, kann Teil einer umfangreichen Unfallrekonstruktion sein (d. h. auch die Einlauf- und Auslaufphase werden analysiert) aber auch selbstständig stehen. Da eine Kollision Insassenbelastungen nach sich zieht, sind die Ergebnisse einer Stoßanalyse für die Beurteilung der Belastung und damit der Verletzungsgefahr von Insassen sehr wichtig. Physikalisch basiert eine rechnerische Kollisionsanalyse entweder auf einer Kraftrechnung oder auf einer Stoßrechnung. Sehr häufig wird das sog. EES-Verfahren angewendet. Dabei wird die bei der Kollision verrichtete Deformationsarbeit eingegrenzt und als sog. EES-Wert als Berechnungsgrundlage verwendet. EES bedeutet Energy Equivalent Speed und ist mit einer Ausgangsgeschwindigkeit eines vollkommen plastischen Stoßes gegen eine starre Barriere gleichzusetzen, der das gleiche Schadensbild verursachen würde. Die EES-Werte werden anhand von Vergleichslichtbildern abgeschätzt (Datenbanken mit Ergebnissen von Crash-Tests mit bekannten Parametern für verschiedene Fahrzeug- und Kollisionstypen) oder bei ausgemessenem Maß der Verformung (Breite, Tiefe) berechnet.

Insassen-, Aufsassen-, Fußgängersimulationen

Bei vielen Verkehrsunfällen sind nicht nur die Bewegungen von Fahrzeugen, sondern auch die der beteiligten Personen von Bedeutung; u. a. gilt dies immer dann, wenn Verletzungen zu begutachten sind. Für eine rechnerische Analyse der Bewegungsabläufe muss nicht nur eine entsprechende Repräsentation des menschlichen Körpers (ein Modell) vorhanden sein, zusätzliche Anforderungen werden auch an die Fahrzeugmodelle gestellt – Darstellung der äußeren Fahrzeugform (bei Fußgängersimulationen), detaillierte Innenraumdarstellung evtl. mit Airbag, Sicherheitsgurt usw. (bei Insassensimulationen). Manche Unfallrekonstruktionsprogramme (PC-Crash) beinhalten integrierte Modelle von Insassen/Fußgängern/Aufsassen, die für bestimmte typische Situationen verwendet werden können. Die Berechnungen werden immer als Vorwärtsanalyse realisiert, d. h. der Anfangszustand des den Menschen repräsentierenden Modells wird definiert und seine Bewegung als Auswirkung der auf den Körper einwirkenden Kräfte im Verlauf der Zeit berechnet. Bei Insassen wird typischerweise zunächst die Kinematik des betroffenen Fahrzeugs rekonstruiert und die Fahrzeugbewegungen als Vorgabe für ein anderes Modell (das des Innenraumes und des Insassen) verwendet.

Grundsätzlich werden bei Verkehrsunfallrekonstruktionen sogenannte Mehrkörpersegmentmodelle verwendet, d. h. die einzelnen Systeme, z. B. der Insasse oder der Fußgänger, bestehen aus mehreren miteinander durch Gelenke verbundenen starren Körpern (diese stellen die einzelnen Körpersegmente dar – Oberarm, Unterarm, Hand usw.); geometrisch werden sie als einfache Formen dargestellt – Ellipsoide usw. Ein Beispiel eines Insassenmodells aus dem Programm PC-Crash ist in Abb. 3.2 dargestellt. Die Bewegungen in den Gelenken sind eingeschränkt, sodass die Bewegungsumfänge einzelner Körperteile deren eines Menschen entsprechen. Bei Interaktionen mit der Umgebung (sowie zwischen zwei Körpersegmenten) werden Kontaktkräfte berechnet.

Die Verwendung von Menschmodellen ermöglicht eine qualitative sowie quantitative Analyse ihrer Bewegungen während eines Verkehrsunfalls und darüber hinaus ihre sehr anschauliche Darstellung. Die Ergebnisse von numerischen Simulationen müssen jedoch kritisch bewertet werden, insbesondere unter folgenden Gesichtspunkten:

- Repräsentation des Individuums. Bei Rekonstruktionen von Verkehrsunfällen müssen immer die Besonderheiten der Unfallbeteiligten berücksichtigt werden – Körpermaße, aber auch Körperhaltung, biomechanische Belastbarkeit usw. Die bei Verkehrsunfallrekonstruktionen verwendeten Modelle stellen jedoch in aller Regel eine „Durchschnittsperson" dar.

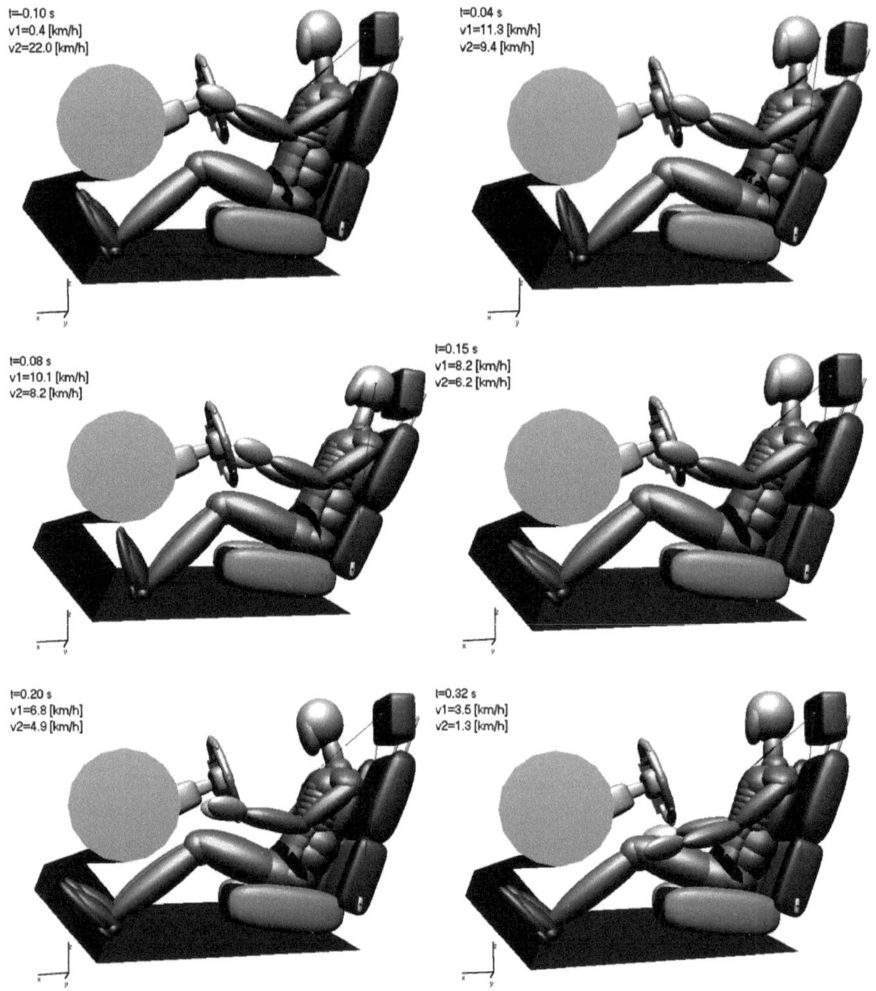

Abb. 3.2 Insassensimulation – der Bewegungsablauf eines angegurteten Fahrers bei einer Heckkollision (Bildsequenz von links nach rechts, von oben nach unten). Die grobe Bewegungsmechanik wird vom Modell zufriedenstellend wiedergegeben. Einzelne Körperstrukturen (Muskeln, Bänder usw.) und somit auch deren Verletzungen werden nicht dargestellt, das Verletzungsrisiko kann nur anhand der berechneten Ausgabegrößen (wie z. B. die Höhe der Kraft an der Kopf-Hals-Verbindung) abgeschätzt werden

- Validität des Modells. Nur diejenigen Modelle können zuverlässige Informationen liefern, deren Verhalten für den konkreten Situationstyp (Frontalaufprall, Fußgängeraufprall, Heckkollision, Seitenaufprall usw.) überprüft (validiert) wurde.
- Passivität des Modells. Bei intensiven Kollisionen werden innerhalb einer sehr kurzen Zeit derart hohe Kräfte auf den menschlichen Körper eingeleitet, dass die aktive Muskelkraft vernachlässigbar ist. Werden aber Situationen mit nur

geringer auftretender Belastung untersucht (z. B. Einlaufphase einer Kollision), können reflexive und/oder willkürliche Muskelkontraktionen die Bewegungen oder die Haltung des Körpers wesentlich beeinflussen.
- Out of Position (OOP). Die meisten bei Unfallrekonstruktionen verwendeten Modelle sind für ihren Einsatz in Standardsituationen gut vorbereitet, die Darstellung von Besonderheiten (eine vom Normalfall abweichende Körperhaltung usw.) kann sich dagegen schwierig gestalten. Es ist darauf zu achten, dass tatsächlich die konkrete Situation, und nicht ein generalisierter Standardfall untersucht wird. Beispiel: Körperhaltung des Beifahrers mit Füßen auf dem Armaturenbrett.

Dank steigender Leistungsfähigkeit der Computertechnik werden die numerischen Simulationen auch im Bereich Verkehrsunfallrekonstruktion immer komplexer. Auch die Menschmodelle werden weiterentwickelt, und für spezifische Fragestellungen kann in der Zukunft auch die Verwendung von sog. Finite-Elemente-Modellen (FEM) sinnvoll sein. Die Bezeichnung Finite-Elemente bezieht sich auf die entsprechende Modellierungsmethode, die darin besteht, die Objekte in eine (allerdings endlich große) Vielzahl kleiner Elemente zu zerlegen und anhand bekannter Materialeigenschaften auch ihre Verformungen abzubilden. Prinzipiell sind mit dieser Methode auch detaillierte Fragestellungen betreffend z. B. die Entstehung von Verletzungen konkreter Körperstrukturen oder die Verformungen von Fahrzeugen analysierbar. Die Erstellung eines validen Modells ist aber derart aufwendig, dass in einer absehbaren Zukunft eine Verwendung von FEM bei Verkehrsunfallrekonstruktionen nicht zu erwarten ist.

3.2.2.3 Vermeidbarkeit von Unfällen (Schönpflug)

Die Güte des Rekonstruktionsergebnisses und der darauf aufbauenden Vermeidbarkeitsbetrachtung hängt wesentlich von der Qualität der zur Rekonstruktion zur Verfügung stehenden harten technischen Anknüpfungstatsachen ab. Exakt vermessene und photographisch dokumentierte Spuren und detaillierte Dokumentation der Schäden an den unfallbeteiligten Fahrzeugen bilden dabei eine sehr gute Grundlage.

Die Realität sieht jedoch leider allzu oft ganz anders aus, besonders in Zivilprozess-Fällen, die oft nur noch nach Akteninhalt bearbeitet werden können, da weder die unfallbeteiligten Fahrzeuge einer Nachbesichtigung zur Verfügung stehen, noch Spuren im Fahrbahnverlauf in der Retrospektive ca. 2 Jahre nach einem Unfallereignis beweissicher zugeordnet werden können (falls überhaupt vorhanden). Auch die unfallbedingten Endlagen der Fahrzeuge sind oft aufgrund mangelnder oder auch offensichtlich fehlerhafter Dokumentation nicht beweissicher zu ermitteln. Meist sind keine Spuren in der direkten Annäherung der Unfallbeteiligten aus den zur Verfügung stehenden Anknüpfungstatsachen abzuleiten.

Vermeidbarkeit

Bei der Unfallvermeidung ist grundsätzlich zu unterscheiden zwischen örtlicher Vermeidbarkeit (Stillstand eines Unfallbeteiligten unmittelbar vor dem Kollisionsort) und zeitlicher Vermeidbarkeit (zeitversetztes Erreichen bzw. Durchlaufen des

Kollisionsorts). Als Basis für eine beweissichere Bewertung der tatsächlichen Vermeidbarkeit des Verkehrsunfalls muss immer der rekonstruierbare Unfallablauf herangezogen werden. Nur wenn eine Bewertung der Zusammenhänge der Bewegungen der Unfallbeteiligten über Grund im Weg-Zeitgefüge möglich ist, lässt sich auch bestimmen, ab welcher Reaktionsaufforderung der Unfallbeteiligten unter Berücksichtigung der Geschwindigkeit und Bewegungsrichtung der Unfallbeteiligten eine Unfallvermeidung rein theoretisch möglich sein kann. Dies bedeutet, dass bei nicht exakt fixierbarem Kollisionsort oder bei unbekannter tatsächlicher Reaktion aufgrund Fehlen von zuordenbaren Spuren in der gegenseitigen Annäherung nur noch rein theoretische Modellvarianten der möglichen gegenseitigen Annäherung darzustellen sind, in welchen eine zeitliche bzw. örtliche Vermeidbarkeit – in weiten Grenzen – diskutiert werden kann. Ohne direkte Vorgabe des Gerichts ist eine Vielzahl möglicher Varianten theoretisch darstellbar und eine „realitätsnahe" Vermeidbarkeitsbetrachtung gestaltet sich als extrem schwierig.

Reaktionszeit

Neben dem Kollisionsort spielt eine weitere wichtige Rolle bei der Rekonstruktion von Unfällen im Straßenverkehr die Frage nach der Veranschlagung der Reaktionszeit von Verkehrsteilnehmern, da sich der Anhalteweg eines Fahrzeugs bei einer Vollbremsung sowohl aus dem Bremsweg als auch aus der Wegstrecke ergibt, die ein Fahrzeug während der Reaktionszeit des Fahrers ungebremst zurücklegt. Der Anhalteweg ist die Summe aus der während der Reaktionszeit zurückgelegten Wegstrecke und dem Bremsweg.

Der Bremsweg ergibt sich aus $v^2/2a$, wobei v [m/s] die Geschwindigkeit des Fahrzeugs beim Beginn der Vollbremsung, und a die Bremsverzögerung [m/s^2] darstellt.

Die Reaktionszeit, die vom Moment des Auftauchens eines Gefahrenobjekts bis zum Einsatz der motorischen Bremsreaktion verstreicht, ist eine viel diskutierte Einflussgröße im Rahmen der Vermeidbarkeitsbetrachtung von Verkehrsunfällen. Welche Zeitspanne man dem Kraftfahrer für diese Reaktion zubilligen muss, ist immer vom Einzelfall abhängig. Eine einfache Rechnung ergibt beispielsweise eine Verlängerung des Anhaltewegs um etwa 7 m bei einer Ausgangsgeschwindigkeit von 50 km/h, wenn man dem Fahrzeuglenker anstatt 1 s eine Reaktionszeit von 1,5 s zugesteht. Bei Tempo 100 km/h verlängert sich der Anhalteweg bereits um knapp 14 m.

Nach Untersuchungen von Burckhardt (1985) besteht die Reaktionszeit aus einzelnen Teilzeiten, wobei für die Identifikation des Objekts durch die visuelle Wahrnehmung 0,22 bis 0,58 s angenommen werden. Zu dieser „Wahrnehmungszeit" wird die Umsetzzeit des Fußes vom Gas- auf das Bremspedal (0,15–0,21 s) und die Schwelldauer der Bremsanlage (0,17–0,24 s, siehe hierzu weiter unten) dazugezählt. Insgesamt beträgt demnach die Basisreaktionszeit 0,54–1,03 s, die man dem Kraftfahrer zugestehen muss, wenn das Gefahrenobjekt im zentralen Gesichtsfeld (foveales Sehen) lokalisiert ist. Muss der Kraftfahrer aber zur Seite blicken, um das Gefahrenobjekt zu erkennen, so benötigt er nach Untersuchungen von Burckhardt eine zusätzliche „Blickzuwendungszeit" von 0,32–0,55 s, falls sich das Objekt innerhalb von 5° Sehwinkel um die fovea centralis herum befindet, bzw. weitere 0,09–0,15 s, falls es noch peripherer gesehen wird. Es ist davon auszugehen, dass Exzentrizitäten von mehr als 5° Sehwinkel nicht mit einem einzigen Blicksprung erreicht werden sondern eine Korrektursakkade des Auges benötigen. Bei stark peripherem Sehen kann demnach eine maximale Reaktionszeit von 0,95 bis 1,73 s berücksichtigt werden.

Nachfolgende Tabelle 3.6 zeigt die angenommenen Teilzeiten einer Bremsreaktion, aus Ergebnissen des Feldversuchs von Burckhardt (1985).

Tabelle 3.6 Teilzeiten einer Bremsreaktionsdauer [sec] nach den Ergebnissen von Burckhardt (1985). Die Zahlenwerte kennzeichnen jeweils das 2%-Perzentil der statistischen Reaktionszeitverteilung, sowie das 50%-Perzentil (Median) und das 98%-Perzentil

	2%	50%	98%
Blickzuwendung	0.32	0.48	0.55
Korrektursakkade	0.09	0.13	0.15
Informationsverarbeitung	0.22	0.45	0.58
Umsetzen des Fußes	0.15	0.19	0.21
Schwelldauer der Bremsanlage	0.17	0.22	0.24
Basisreaktionsdauer	0.54	0.86	1.03
+ Blickzuwendung < 5°	0.86	1.34	1.58
+ Blickzuwendung > 5°	0.95	1.47	1.73

Hinzu kommt die Frage nach der Erkennbarkeit eines möglichen Gefahrenobjekts, für das eine Reaktion seitens des Verkehrsteilnehmers erfolgen soll, um eine Kollision zu vermeiden. Die Erkennbarkeit ist im Wesentlichen von dem Leuchtdichteunterschied zur Umgebung (Kontrast) abhängig und davon, ob sich das Objekt zum Zeitpunkt der Erkennung bewegt und sich im fovealen oder peripheren Blickfeld befindet. Dies ist vor allem bei Dunkelheitsunfällen relevant.

Ein weiteres Problem bei der Reaktionszeitbestimmung besteht in der Einschätzung der notwendigen Zeit zur Verifikation der tatsächlichen Krisensituation im Sinne einer deutlichen Reaktionsaufforderung. Bei Kreuzungsunfällen muss der Zeitpunkt des Beginns des tatsächlichen Einfahrvorgangs des Unfallgegners als solcher unter bestimmten Umständen erst erkannt und als krisenrelevant bewertet werden, falls der Kraftfahrer überhaupt in der Lage ist, die bevorstehende Krisensituation aufgrund eines beispielsweise aus dem Stand einfahrenden Fahrzeugs in der ersten erkennbaren Phase zu realisieren.

Dabei ist eine „harte Reaktionsaufforderung“ umso leichter nachvollziehbar, je schneller sich ein Unfallgegner in den eigenen Fahrkanal hinein bewegen wird. Wird demgegenüber ein zunächst im Stillstand befindliches Objekt betrachtet, kann die bevorstehende Krisensituation auch bei gesteigerter Aufmerksamkeit unter Umständen geringer eingestuft werden, da das Objekt innerhalb von wenigen Zentimetern wieder anhalten könnte. Auch bei Gefahrenobjekten, die sich zunächst im selben Fahrkanal befinden (bspw. Spurwechsel), ist eher von einer zusätzlich benötigten Zeit zur Verifikation der tatsächlich bevorstehenden Krisensituation auszugehen. Die üblicherweise zugrunde gelegte Reaktionszeit von ca. 0,8 sec. für Einfachreaktionen kann unter bestimmten Bedingungen noch um eine weitere „Verlustzeit" erhöht werden.

Anhalteweg

Die Bremsverzögerung eines Fahrzeugs ist neben anderen Faktoren hauptsächlich von der Paarung Reifen/Untergrund abhängig. Nachfolgend sind typische Verzögerungswerte dargestellt, die üblicherweise bei der Rekonstruktion von Verkehrsunfällen zugrunde gelegt werden, wenn keine genaue Information über die tatsächliche Verzögerung zu erhalten ist (Tabelle 3.7).

Innerhalb der Ansprechzeit liegt die Schwellzeit. Unter Schwellzeit des Bremssystems wird die Zeit definiert, welche das Bremssystem vom Beginn des Druckanstiegs bis zum Erreichen des Vollbremsdruckes benötigt. Sie beträgt bei

- PKW 0,1 bis 0,3 sec
- LKW 0,2 bis 0,4 sec
- Lastzug/Sattelzug 0,4 bis 1,0 sec
- Motorrad (Fußbremse) 0,1 bis 0,3 sec
- Motorrad (Handbremse) 0,2 bis 0,3 sec.

Tabelle 3.7 Verzögerungswerte

Trockene Asphaltfahrbahn/Schwarzdecke 7,5–8,0 m/s²
Nasse Asphaltfahrbahn/Schwarzdecke 6,0 m/s²
Trockene Betonfahrbahn 7,5 m/s²
Nasse Betonfahrbahn (neue Bauart) 7,0 m/s²
Nasse Betonfahrbahn (alte Bauart) 5,0 m/s²
Trockenes Pflaster (Verbundsteine) 7,0 m/s²
Nasses Pflaster (Verbundsteine) 5,5 m/s²
Trockenes Kopfsteinpflaster 6,0 m/s²
Nasses Kopfsteinpflaster 5,0 m/s²
Trockener Sand/Kies: 5,5 m/s²
Nasser Sand/Kies 4,5 m/s²
Schneebedeckte Fahrbahn 2,0–3,0 m/s²
Eis (abhängig von der Eistemperatur) 0,5–2,0 m/s²
Bremsverzögerungen bei Straßenbahnen/Stadtbahnen) 2,5–3,0 m/s²
LKW, unbeladen, trockene Fahrbahn 5,0 m/s²
Motorrad (nur Hinterrad wird abgebremst) 4,0 m/s²
Motorrad (nur Vorderrad wird abgebremst) 6,5 m/s²
Motorrad (optimaler Bremseinsatz) 10 m/s²

Abb.3.3 **a)** Endlagen von Krad und PKW in Fahrtrichtung des Kradfahrers gesehen, **b)** die nach links ziehende Bremsspur im linken Fahrbahndrittel

Die Schwellzeit wird bestimmt durch die Ausführung der Bremsanlage sowie durch die Fußkraft und Fußgeschwindigkeit des Fahrers. Im Normalfall wird die Schwellzeit mit 0,2 Sekunden angenommen. Bei einer Notbremsung aus einer Geschwindigkeit von über 100 km/h oder bei kritischen Witterungs- bzw. Fahrbahnbedingungen (Nässe, Glätte usw.) ist die Annahme einer doppelt so langen Schwellzeit realistisch, durchschnittlich etwa 0,4 sec.

Somit ergibt sich der Anhalteweg aus der Summe aus Reaktionsweg, Schwellweg und Bremsweg oder die Anhaltezeit aus der Summe von Reaktionszeit, Schwellzeit und Bremszeit.

Im Folgenden wird anhand eines Unfalls zwischen einem PKW und einem Motorrad dargestellt, wie in Abhängigkeit von der Anzahl und Qualität der zur Verfügung stehenden Ausgangsparameter das Ergebnis – die zu berechnende Ausgangsgeschwindigkeit des Motorrades und die Vermeidbarkeit seitens des Motorradfahrers – zustande kommt und wie streuungsbehaftet dieses Ergebnis sein kann.

Die Beschuldigte hat im hier vorliegenden Fall an einer Einmündung zur Hauptstraße die Absicht gehabt, in diese nach links abzubiegen. Dabei habe sie den geschädigten Kradfahrer, welcher mit seinem Motorrad aus ihrer Sicht von links gekommen ist, nicht die Vorfahrt gewährt. Bei der Kollision beider Fahrzeuge ist der Geschädigte über die Motorhaube des PKW gestürzt und auf der Fahrbahn zum Liegen gekommen (Abb. 3.3).

Aufgrund des Akteninhalts (vgl. Laserscans Abb. 3.4a, 3.4b) ist davon auszugehen, dass die Beschuldigte den Anfahrvorgang von der südlichen Begrenzungslinie zur vorfahrtberechtigten Hauptstraße begonnen hatte. Beweissicherheit über die tatsächliche Anfahrposition und Anfahrintensität der Beschuldigten konnte jedoch nicht erreicht werden.

Aus technischer/sinnesphysiologischer Sicht ist aufgrund der Sichtverhältnisse im Unfallbereich davon auszugehen, dass die Beschuldigte zumindest soweit zum Fahrbahnrand vorgefahren war, bis ein Einsehen in den nach Osten führenden Fahrstreifen der vorfahrtberechtigten Straße möglich war.

a)

b)

Abb. 3.4 **a)** 3D Laserscan der Unfallstelle; **b)** aus dem 3D Laserscan errechnete Aufsicht

Dabei ist aus technischer/geometrischer Sicht eine Startposition des PKW der Beschuldigten etwa 2 m vor der tatsächlichen Kollisionsstelle mit einer etwa an der Begrenzungslinie befindlichen Fahrzeugfront des PKW nachvollziehbar. Aufgrund stoßmechanischer Überlegungen, auf die hier nicht näher eingegangen wird, ist davon auszugehen, dass zum Zeitpunkt des Kontakts der unfallbeteiligten Fahrzeuge das Motorrad des Geschädigten in einer Zugunstenbetrachtung für die Beschuldigte noch etwa 35 km/h schnell gewesen ist, während der PKW der Beschuldigten eine Kollisionsgeschwindigkeit von nahe Null besessen haben wird.

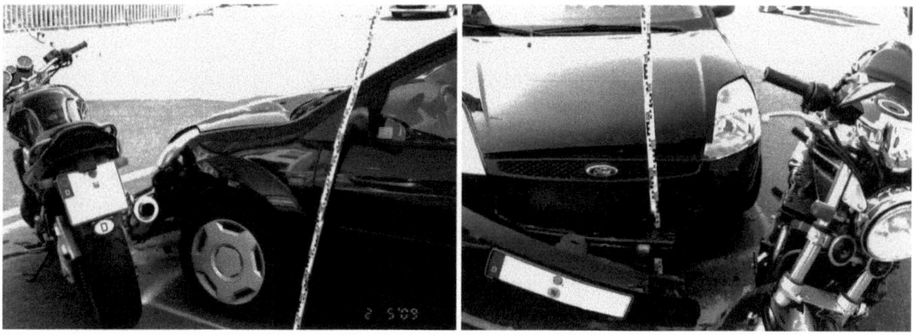

Abb. 3.5 Schäden an den Fahrzeugen

Aus technischer Sicht ist im hier vorliegenden Fall eine etwa 15,5 m vor dem Kollisionsort befindliche ca. 4,5 m lange Bremsspur von dem Motorrad des Geschädigten gezeichnet worden. Durch das Einleiten des Notbremsvorgangs ist von einer Instabilisierung des Motorrades mit entsprechendem Wegrutschen des Vorderrades nach links auszugehen, was im weiteren Verlauf zu einem Schlingern und Ziehen des Motorrades nach rechts in Richtung der linken Frontecke des PKW der Beschuldigten geführt haben wird (vgl. Beschädigungen des PKW, Abb. 3.5).

Aus sinnesphysiologischer/reaktionstechnischer Sicht ist aufgrund des Wegrutschens des Vorderrades ein Lösen der Bremse durch den Geschädigten nachvollziehbar, was aus technischer Sicht dahingehend zu interpretieren ist, dass die restlichen etwa 11 m bis zum Kollisionsort nur mit geringer Verzögerung von maximal 1 m/s^2 in einer Zugunstenbetrachtung für die Beschuldigte zurückgelegt worden sind. Im weiteren Verlauf erfolgte durch die Wechselwirkung zwischen dem Vorderrad des Krades und der linken Frontecke des PKWs ein Lösen des Geschädigten von seinem Fahrzeug und eine kollisionsbedingte Rotation des PKWs der Beschuldigten um die Hochachse nach rechts (Abb. 3.6).

Die mögliche Vollverzögerung des Motorrades des Geschädigten bei einer Gefahrenbremsung hängt neben der Reibpaarung Reifen/Straße und dem Aufbau des Krades insbesondere vom Fahrkönnen des Motorradfahrers ab. Auch wenn laut Testzeitschriften Verzögerungswerte auf trockener Fahrbahn von über 10 m/s^2 erzielt werden, so ist gerade unter Berücksichtigung einer plötzlich eintretenden Gefahrensituation eine geringere durchschnittliche Vollverzögerung zu bewerten. Legt man den im hier vorliegenden Fall als griffig zu bezeichnenden und gemäß Aktenlage trockenen Fahrbahnbelag der vorfahrtberechtigten Straße im Unfallbereich zugrunde, so stellt unter Berücksichtigung der Aufbauart des Motorrades des Geschädigten eine durchschnittliche maximale Bremsverzögerung von etwa 8 m/s^2 in einer Zugunstenbetrachtung für die Beschuldigte die wahrscheinliche Obergrenze dar, welche bei einer unterstellten Gefahrenbremsung mit dem Motorrad

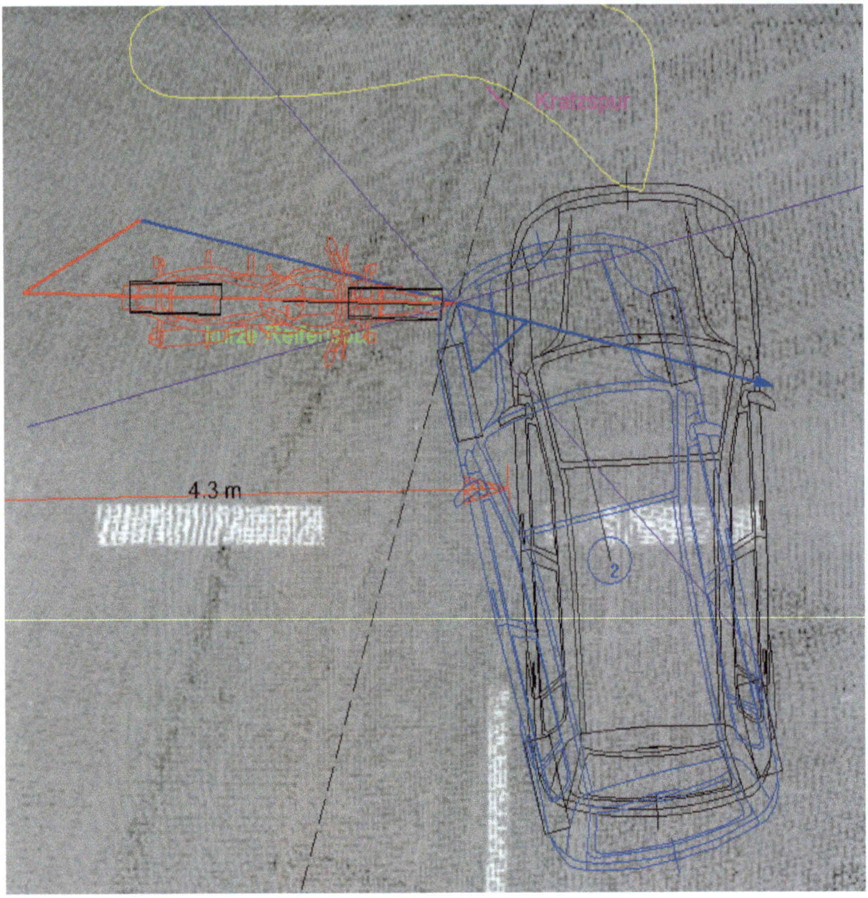

Abb. 3.6 Rekonstruktion der Geschwindigkeit aus der kollisionsbedingten Verdrehung des PKW und aus dem Rhomboid-Schnittverfahren

vom Typ des Geschädigtenfahrzeuges durch einen „geübten Normalfahrer“ erzielt werden kann.

Berücksichtigt man die für den Geschädigten notwendige Zeit zur Verifikation der tatsächlichen Krisensituation im Sinne eines deutlichen Einfahrens des PKWs der Beschuldigten in seinen Fahrkanal, so könnte bei rein theoretischer Betrachtung in erster Näherung in einer Zugunstenbetrachtung für die Beschuldigte eine Reaktionszeit von ca. 0,8 sec. für Einfachreaktionen unterstellt werden. Der Zeitpunkt des Beginns des tatsächlichen Einfahrvorgangs der Beschuldigten muss durch den Geschädigten jedoch als solcher zuerst erkannt und als krisenrelevant bewertet werden, falls er überhaupt in der Lage ist, die bevorstehende Krisensituation aufgrund des aus dem Stand einfahrenden PKW der Beschuldigten in der ersten erkennbaren Phase zu realisieren.

Aufgrund der Komplexität der Reaktionsverkopplung wird in der folgenden Modellüberlegung in einer Zugunstenbetrachtung für die Beschuldigte von einer „Verlustgrundzeit" des Geschädigten von ca. 1,1 sec. (0,8 sec. Reaktionszeit, 0,3 sec. Bremsenschwellzeit) auf das tatsächliche Queren des Fahrkanals im Sinne eines Losfahrens des PKWs der Beschuldigten ausgegangen.

Geht man im hier vorliegenden Fall von einer durch die Erstzugriffsbeamten fixierten Bremsspurlänge von ca. 4,5 m und einer weiteren zurückgelegten Strecke von ca. 11 m bis zum Kollisionsort aus, so ist bei einer maximalen durchschnittlichen Verzögerung des Motorrades des Geschädigten mit 8 m/s² unter Berücksichtigung der Bremsenschwellzeit von 0,3 sec. und einer Reaktionszeit von 0,8 sec. bei einer Kollisionsgeschwindigkeit von 35 km/h in einer Zugunstenbetrachtung für die Beschuldigte eine Ausgangsgeschwindigkeit des Geschädigten von ca. 54 km/h darstellbar. (Darstellung der wahrscheinlich erfolgten Reaktion).

Örtliche Vermeidbarkeit

Aufgrund der Spurenzeichnung des Motorrades des Geschädigten ist der Fahrkanal in direkter Annäherung in den letzten 15 m bis zum Erreichen des Kollisionsorts bzw. der Endlage in relativ engen Grenzen zu bestimmen. Der mögliche Fahrkanal der Beschuldigten ist ebenfalls in engen Grenzen abzuschätzen, wenn ein an der südlichen Begrenzungslinie zur Hauptstraße stehender PKW vor dem Anfahrvorgang bewertet wird.

Berücksichtigt man die für den Geschädigten notwendige Zeit zur Verifikation des tatsächlichen Einbiegevorgangs des PKW der Beschuldigten, so könnte bei realer Betrachtung nicht mehr nur die Reaktionszeit für Einfachreaktionen (ca. 0,8 sec.) als Verlustzeit unterstellt werden (siehe oben: mögliche zusätzliche Zeit zur Verifikation!). Der Zeitpunkt des tatsächlichen Beginns des Einbiegevorgangs ist aus Sicht des Geschädigten umso schwerer differenzierbar, je geringer die Intensität des Beschleunigungsvorgangs des PKWs der Beschuldigten ist. Der PKW der Beschuldigten könnte bei einer derartigen Bewertung innerhalb von wenigen Zentimetern wieder stehen bleiben. Zur Vereinfachung wird jedoch in den folgenden Modellbetrachtungen in einer Zugunstenbetrachtung für die Beschuldigte eine Reaktionszeit für Einfachreaktionen von 0,8 sec. zugrunde gelegt.

Im hier vorliegenden Fall ist in der Akte eine ca. 4,5 m lange Bremsspur des Motorrades des Beschuldigten dokumentiert. Aufgrund der vorangegangenen Überlegungen kann im hier vorliegenden Fall eine Bremsverzögerung für das Motorrad des Beschuldigten im Bereich von etwa 8 m/s² in einer Zugunstenbetrachtung für die Beschuldigte zugrunde gelegt werden. Unterstellt man modellhaft eine Bremsenschwellzeit von ca. 0,3 sec. und eine Reaktionszeit von ca. 0,8 sec., so beträgt der Anhalteweg des Geschädigten im Hinblick auf die örtliche Vermeidbarkeit etwa 25 m, wenn eine Annäherungsgeschwindigkeit von 50 km/h in Annäherung des Unfallbereichs nachvollzogen wird.

Wird in einer direkten Verkopplung der tatsächliche Reaktionspunkt (etwa 30 m bzw. 3,6 sec. vor der Kollision) unter obigen Modellüberlegungen nachvollzogen, so ist Raum für eine örtliche Vermeidbarkeit seitens des Geschädigten bis zu einer Ausgangsgeschwindigkeit von etwa 56 km/h zu sehen. Somit wäre der Unfall angesichts der berechneten Ausgangsgeschwindigkeit von 54 km/h vermeidbar gewesen.

Für die Beschuldigte ist der Verkehrsunfall immer dann örtlich vermeidbar (primär unabhängig von einer nicht beweissicher bewertbaren tatsächlichen Startposition und Anfahrintensität), wenn sie den Abbiegevorgang nicht gestartet und die Passage des Geschädigten abgewartet hätte.

Zeitliche Vermeidbarkeit

Bewertet man die Möglichkeit einer zeitlichen Vermeidung des gegenständlichen Unfallereignisses (Entkopplung der Fahrspuren der Unfallfahrzeuge), wäre hierfür eine Wegstrecke des Fahrzeuges der Beschuldigten von ca. weiteren 4,5 m (beachte: Linksbogenfahrt) zur Räumung des theoretischen Fahrkanals des Motorrades des Geschädigten notwendig.

Geht man von einer Anfahrbeschleunigung von ca. 2 m/s^2 aus dem Stillstand aus, so würde die Gesamtbeschleunigungszeit von etwa 2,6 sec. ausreichen, um eine Entkopplung der Fahrspuren der unfallbeteiligten Fahrzeuge zu erreichen. Dies bedeutet, dass der Verkehrsunfall für die Beschuldigte zeitlich hätte vermieden werden können, wenn sie den Beschleunigungsvorgang fortgesetzt hätte. Wird eine geringere mittlere Anfahrbeschleunigung der Beschuldigten nachvollzogen, so wird die zeitliche Vermeidbarkeit in eine örtliche übergeführt werden müssen. Dies bedeutet, dass der Zeitbedarf für die Räumung des Fahrkanals des Beschuldigten so hoch angesetzt werden muss, dass vorher eher ein Stillstand des Krades des Geschädigten im Unfallbereich nachvollzogen werden muss.

Sämtliche Modellüberlegungen sind im hier vorliegenden Fall dahingehend zu bewerten, dass eine theoretische Reaktionsaufforderung für den Geschädigten durch ein deutlich für ihn wahrnehmbares Anfahren des PKWs der Beschuldigten stattfinden muss. Welche Fahraktion der Beschuldigten die tatsächliche Reaktionsaufforderung für den Geschädigten gesetzt hat, entzieht sich weitgehend technischer Beurteilung und muss ausschließlich rechtlicher Bewertung des Gerichts anheimgestellt werden.

Das Beispiel zeigt, dass bei bekanntem Kollisionsort und Spurenzeichnung in der direkten Annäherung eine relativ gute Darstellung der möglichen Vermeidbarkeit der Unfallbeteiligten möglich ist. Ist der Kollisionsort unbekannt und sind keine Spuren in der direkten Annäherung vorhanden, kann die Vermeidbarkeit nur noch theoretisch – unter Verkopplung der möglichen Weg-Zeit-Zusammenhänge der Bewegungen der Unfallbeteiligten über Grund erfolgen. Meist sind hierzu auch Vorgaben durch das Gericht notwendig, um die Vielzahl möglicher Varianten einzugrenzen.

Abb. 3.7 Darstellung der einzelnen Weg-Zeit Zusammenhänge mit Reaktionsbeginn, Bremsbeginn und Kollision

3.2.2.4 Wahrnehmbarkeit von Verkehrsunfällen (Adamec, Gilg)

Die Frage einer Wahrnehmbarkeit von Verkehrsunfällen spielt versicherungstechnisch und vor allem strafrechtlich bei der Beurteilung eines unerlaubten Entfernens von der Unfallstelle (Unfallflucht, Karl 2003) eine Rolle. Schuldausschließende Einflüsse wie (posttraumatische) Dämmerzustände oder reaktive Psychosen dürften bei Unfallflucht extrem selten sein, während Alkoholeinfluss nach wie vor eine maßgebliche Rolle spielen dürfte, ggf. auch für die Bemerkbarkeit (Barbey 1992, Mollenkott 1997, Lutze 2004).

Allgemein können vor allem Kleinkollisionen hinsichtlich der Bemerkbarkeit problematisch sein, d.h. Anstöße ohne Entstehung eines ausgeprägten Schadenbildes wie in aller Regel im niedrigen Geschwindigkeitsbereich, bei spitzem Anstoßwinkel und akustischen bzw. taktilen Begleiterscheinungen an der Wahrnehmbarkeitsschwelle (Welther 1983, Prell 1991, Wolff 1994). Beispielsweise kann bei einem Streifkontakt eines ausparkenden PKW mit einem anderen PKW die Wahrnehmbarkeit für den Fahrer erschwert sein und wird dann auch häufig bestritten.

Ansonsten handelt es sich bei Verkehrsunfällen häufig um hochrasante Ereignisse, die mit hohen Interaktionskräften und entsprechenden optischen, akustischen sowie taktilen Reizen für alle Beteiligten einhergehen. Taktile und vestibuläre Reize werden als Folgen einer Beschleunigung von Körper und/oder Kopf über den Gleichgewichtssinn im Innenohr vermittelt.

Die optische Wahrnehmung steht für den Autofahrer zwar als wesentlichste Sinnesleistung im Vordergrund, eine Wahrnehmbarkeit von Unfallsituationen ist aber häufiger dadurch limitiert, dass je nach aktueller Blickrichtung nur ein begrenzter Ausschnitt der Umgebung registriert wird. Ursache ist, dass das Gesichtsfeld beider Augen horizontal etwa knapp. 180° und vertikal etwa 130° umfasst, im Randbereich werden dabei praktisch nur sich bewegende Objekte wahrgenommen. Außerdem sind die eigentliche Kontaktstelle (außen an der Karosserie – Stoßfänger gegen Stoßfänger usw.) bzw. die Folgen einer Berührung am eigenen oder gegnerischen Fahrzeug für den Fahrer selbst beim Blick in die entsprechende Richtung häufig verdeckt und nicht direkt sichtbar.

Akustisch wird zwar das gesamte Umfeld registriert, die Wahrnehmbarkeit ist jedoch evtl. durch andere akustische Reize im Fahrzeug (Radio, Motor/Bremsgeräusche, Ventilator usw.) oder in der Umgebung (Fahrgeräusche anderer Verkehrsteilnehmer, Warnsignale usw.) beeinträchtigt bzw. nur dann gesichert, wenn sich das ‚Unfallgeräusch' von den anderen deutlich unterscheidet (Lautstärke, Tonhöhe, Frequenzspektrum). Da die Wahrnehmung des Schallpegels frequenzabhängig ist, werden sog. Bewertungsfilter verwendet, d. h. die dB-Werte werden je nach Frequenz der Geräusche korrigiert. Steigt der Schallpegel durch eine Kollision um mehr als ca. 2–3 dB A, ist in der Regel davon auszugehen, dass die Kollision akustisch wahrnehmbar gewesen ist (dB A ist der korrigierte Wert des Schallpegels bei Verwendung des sog. A-Filters). Die Schalldämmung durch die Karosserie beträgt bei gängigen Fahrzeugen etwa 20–30 dB, hochfrequente Geräusche wie Schürfen und Kratzen werden bei Überleitung in den Fahrzeuginnenraum oder umgekehrt besonders stark gedämpft (Schmedding 2011). Natürlich müssen evtl. krankheits- oder unfallbedingte Hörstörungen berücksichtigt werden, wie ggf. auch Minderungen des Hörvermögens mit zunehmendem Alter, die zunächst vor allem hochfrequente Töne und später eventuell das ganze Frequenzspektrum betreffen.

Am besten wahrnehmbar sind taktile Phänomene, als mechanische Folgen einer Kollision über Bewegungen der Fahrgastzelle durch Kontakt zwischen Körper und Fahrzeuginnenraum – Sitz, Lenkrad, Pedale – vermittelt, in Verbindung mit kinästhetischen Reizen über den Gleichgewichtssinn. Physikalisch gesehen sind nicht nur die (degressive) Beschleunigung oder Verzögerung, sondern auch ihre zeitliche Ableitung (sog. Ruck) und das Verhältnis dieser beiden Größen zueinander wichtig. Bei einer langsamen Beschleunigungsveränderung (niedriger Ruck) sind erst Beschleunigungen von ca. $3{,}5\,\mathrm{m\,s^{-2}}$ wahrnehmbar (für abgelenkte Fahrer), bei schnellem Anstieg (hohem Ruck) bereits Beschleunigungen von ca. $1{,}5\,\mathrm{m\,s^{-2}}$. Durch Überlagerung der kollisionsbedingten Verzögerung mit der Bremsverzögerung kann die Wahrnehmbarkeit des Unfalls für einen Insassen erschwert werden. Aufgrund der hohen Masse sowie anderer Faktoren (Länge, Aufbau usw.) ist die Wahrnehmbarkeit von Kleinkollisionen für LKW-Fahrer insbesondere beim Rückwärtsfahren typischerweise deutlich erschwert, sodass auch bei ausgeprägten Schadensbildern die Wahrnehmbarkeitsschwellen nicht überschritten werden müssen.

Eine Beurteilung muss immer alle Besonderheiten des Einzelfalls – des Fahrers, des Fahrzeugs und der Kollision sowie ggf. sonstiger Einflüsse – berücksichtigen. Bei Rekonstruktionen gilt im Allgemeinen, dass Versuchspersonen eine Kollision erwarten und entsprechend gezielt aufmerksam sind; daher empfiehlt sich, eine Beurteilung nicht auf Auswertung der subjektiven Wahrnehmungen der Versuchspersonen zu stützen, sondern auf im Voraus definierte Grenzwerte objektiv erfassbarer physikalischer Größen (Schallpegel, Beschleunigung,

Ruck usw.) und ggf. auf Zeugenangaben und andere objektive Anknüpfungstatsachen.

Grundsätzlich ist neben einer Einschätzung aus der allgemeinen Verkehrs- und Lebenserfahrung durch Verfahrensbeteiligte heraus meist Hilfe eines technischen Sachverständigen erforderlich. Eine Beurteilung von Einflussfaktoren auf die Bemerkbarkeit wie hauptsächlich durch Alkohol, ggf. auch Drogen, durch allg. Erkrankungen und altersbedingte Einschränkungen, situationsbedingte Einflüsse und Einschränkungen wie Ablenkung, Maskierung von Geräuschen etc. erfolgt dann in der Regel durch (rechts-) medizinische Sachverständige, gestützt auf die Grundlagen aus technischer Sicht.

Aus einer Vielzahl von Einflussfaktoren sollen summarisch Problembereiche herausgegriffen werden:

Optische Wahrnehmbarkeit: Einschränkungen z. B. durch Gesichtsfeldausfälle (bei Alkohol ab 0,8 ‰ in der Anflutung und generell über 1 ‰ (Gilg 1984), bei Augenkrankheiten, neurologischen Defiziten, Z. n. Hirninfarkten u. a.). Ggf. optische Halluzinationen bei Drogeneinfluss, psychiatrischen Erkrankungen, Alkoholentzug etc.

Akustisch: z. B. bei krankheits-, trauma- oder altersbedingten Störungen des Hörvermögens. Alkohol führt selbst bei hohen Promillegraden bis weit über 2 ‰ nicht zu Defiziten beim Hörvermögen, zumindest nicht was die reine Perception betrifft (Eisenmenger 1984).

Taktil: Selten krankheitsbedingte Einschränkungen. Alkoholeinfluss spielt nach Wolff (1991) bis 1 ‰ keine Rolle.

Allgemein ist bei Alkoholeinfluss eine relevante Einschränkung der akustischen Wahrnehmung bis zu über 2 ‰ nicht belegbar, auch bei der taktilen Wahrnehmung ist erst ab 1,5 ‰ mit leichteren Einschränkungen zu rechnen. Insgesamt sind rein perceptive, überwiegend peripher lokalisierte optische, akustische und taktile Leistungen durch Alkohol bis in höhere Promillebereiche nicht relevant betroffen, in der Regel auch nicht durch Drogen und Medikamente. Inwieweit jedoch die weitere Verarbeitung der Perception bzw. Sinnesreize und die Zuordnung zu einem Unfallgeschehen durch das zentrale Nervensystem sowie Steuerungsfähigkeit und Einsichtsvermögen für nachfolgende Entscheidungen beeinträchtigt sind, bleibt ggf. sachverständiger Beurteilung vorbehalten. Dabei erfolgt in der Regel eine (rechts-)medizinische Beurteilung auf der Basis technischer Begutachtung, ggf. auch zur Beurteilung der Schuldfähigkeit und im Hinblick auf eventuelle, wenngleich selten relevante Einflussfaktoren wie posttraumatischer Dämmerzustand, posttraumatisches Hirnödem oder psychogener Schock (zu differenzieren von allgemeinen auch schockartigen psychischen Reaktionen mit allenfalls passagerer kurzfristiger Beeinträchtigung der Schuldfähigkeit bis zum Einsetzen kontrollierender Großhirnfunktionen).

Eine systematische und umfassende Darstellung der Problematik speziell im Hinblick auf Unfallflucht, Rechtsprechung und versicherungsrechtliche Aspekte bietet der Leitfaden von Himmelreich et al. (2009).

3.2.3 Rechtsmedizinisch-biomechanische Unfallrekonstruktion (Graw, Adamec)

3.2.3.1 Verletzungen als Spur; Befundaufnahme und Dokumentation der Verletzungen

Verletzungen sind unter rekonstruktiven Gesichtspunkten als kriminalistische Spur zu werten (vgl. Kap. 3.2.1). Die Verletzungen zu befunden und zu dokumentieren ist grundsätzlich eine ärztliche Aufgabe; im Regelfall wird man allerdings hierbei die klinischen Aufzeichnungen nur eingeschränkt verwenden können, da die für die Rekonstruktion wichtigen kontaktbedingten Verletzungen der Haut von untergeordneter klinischer Relevanz sind und deswegen häufig in den Krankenunterlagen nur unzureichend berücksichtigt werden. Insofern wird regelmäßig ein Rechtsmediziner eine körperliche Untersuchung des Verletzten oder eine Leichenöffnung des Getöteten vorzunehmen haben.

Im Rahmen dieser Untersuchungen bedarf es eines anthropologisch orientierten Einmessens des Körpers, um die relevanten Körpermaße (z. B. Scheitelhöhe, Kniegelenkshöhe, Körpergewicht) zu erfassen. Verletzungen werden beschrieben und in der genauen Körperposition vermerkt. Günstigenfalls besteht die Möglichkeit, ergänzend zur Text- und Fotodokumentation eine CT-Aufnahme (Computertomographie) zur dreidimensionalen Dokumentation von Anatomie und Verletzungen anzufertigen. Abweichend von den üblichen Sektionen wird dann ergänzend die Haut dorsal eingeschnitten und schichtweise präpariert, hierbei können Einblutungen und Ablederungen aufgezeigt werden, die von außen nicht und im CT nur bedingt sichtbar, für die Zuordnung von Kontakten im Sinne stumpfer Gewalt aber notwendig sind. Frakturen insbesondere der Extremitäten werden dargestellt, eingemessen und hinsichtlich der Bruchcharakteristika beschrieben.

Bei der gerichtlichen Leichenöffnung handelt es sich um eine gesetzlich vorgeschriebene Dreihöhlensektion: Kopf-, Brust- und Bauchhöhle sind zu eröffnen und die Organe zu befunden. Die inneren Organe werden hinsichtlich Morphologie und Verletzungen beschrieben, um die Todesursache zu erschließen. Nicht jede Organverletzung ist todesursächlich. Typische letale Befunde sind beispielsweise Schädelhirntraumata, Rippenfrakturen mit instabilem Thorax und Aortenrupturen. Die Einzelbefunde müssen hinsichtlich der konkret einwirkenden Gewalt und damit der konkreten Unfallphase interpretiert werden. Auch muss morphologisch gesichert werden, dass krankhafte Befunde wie Hirnmassenblutungen oder Aortendissektionen, die traumatischen Schädigungen ähneln können, nicht fälschlich als Unfallfolge, sondern zutreffend als Unfallursache diskutiert und benannt werden.

Mit diesen Befunden ist die rechtsmedizinische Datengrundlage für die Rekonstruktion geschaffen; ergänzend müssen die Daten des technischen Sachverständigen aufgenommen werden, also zu Fahrzeug, Unfallstelle sowie gegebenenfalls zur Bekleidung. Grundsätzlich gilt: Je mehr und genauere Anknüpfungspunkte vorliegen, umso besser gelingt die Rekonstruktion.

3.2.3.2 Für die Unfallrekonstruktion relevante Verletzungen der Haut

Terminologisch ist bei der Befundung und Interpretation von Verletzungsbildern zwischen dem *Trauma* als konkreten Befund am jeweiligen Organ (z. B. an der Haut) und der *Traumatisierung* als dem zur Verletzung führenden Vorgang („Verletzungsmechanismus“, z. B. Anstoß oder Sturz) zu trennen. Das Trauma ist also der objektiv erhebbare und damit zu dokumentierende Befund, von dem rekonstruktiv auf den voran gegangenen, juristisch zu würdigenden Handlungsablauf rückgeschlossen werden kann. Hierzu sind eingehende Kenntnisse der Traumatologie und ihrer Biomechanik (Traumatomechanik) notwendig. Aus rechtsmedizinischer Sicht sind hinsichtlich rekonstruktiver Überlegungen insbesondere die Verletzungen der Haut sowie der Knochen von Bedeutung; im Folgenden sollen die für die Rekonstruktion relevanten und typischen Verletzungsbefunde kurz dargestellt werden.

Unter dem Begriff stumpfe Gewalt wird eine Vielzahl unterschiedlicher Einwirkungen auf den Körper zusammengefasst, deren Gemeinsamkeit eine flächenhafte Krafteinleitung auf den Körper ist. In Abhängigkeit von Stärke, Richtung, Dauer und Ort der Gewalteinwirkung resultieren unterschiedliche Verletzungsformen. Hinsichtlich der Art der erzeugten Hautverletzung ist es zunächst von untergeordneter Bedeutung, ob die Kontaktfläche auf den Körper zugeführt wurde („Schlag“, „Stoß“) oder ob der Körper sich auf den Kontaktpartner zu bewegte („Anprall“, „Sturz“). Die Verletzungsbefunde infolge stumpfer Gewalt an der Haut werden im Folgenden kurz skizziert.

Schürfung

Durch tangentiale, meist flächenhaft einwirkende Gewalt wird die Haut oberflächlich geschürft. Anhand der moränenartig zusammengeschobenen Hautschüppchen kann die Schürfrichtung bestimmt werden. Ein typisches, allgemein bekanntes Beispiel sind Schürfverletzungen der Knievorderseiten nach Sturz auf den Asphalt.

Hautüberdehnungen

Überdehnungsverletzungen der Haut verlaufen in Spaltlinien der Haut und sind entsprechend parallelstreifig ausgerichtet. Infolge Vertrocknung sind sie postmortal gelb-bräunlich getönt. Sie resultieren aus einer lokalen Überdehnung der Haut, meist über einem Hypomochlion wie dem vorderen Beckenkammstachel.

Hämatome

Blutungen in die Weichteile („Blutunterlaufungen“) entstehen durch Verletzungen von Blutgefäßen. In Abhängigkeit von Art der eröffneten Gefäße und Beschaffenheit des Weichteilgewebes können u. U. massive Einblutungen vorliegen, der Blutverlust kann durchaus hämodynamisch wirksam werden. Hämatome sind oft erst verzögert (Stunden bis Tage) von außen zu erkennen. Die Tage bis Wochen dauernde Resorption geht mit Farbänderungen einher, die dem Erfahrenen zumindest grobe Anhaltspunkte für eine Altersschätzung bieten. Meistens weisen die Hämatome eine untypische Form mit unscharfer Begrenzung auf, es können jedoch auch geformte Marken entstehen. Profile der Fahrzeugreifen können einen Negativabdruck erzeugen. Gewalteinwirkung durch textile Auflagen hindurch führt zu fleckigen, entsprechend der textilen Struktur gruppierten Hauteinblutungen.

Ablederung

Unter Ablederung (Decollment) versteht man eine Abscherung der Haut von den tieferen Weichteilschichten infolge einer intensiven tangentialen Gewalteinwirkung mit Ausbildung einer Wundhöhle, die massiv eingeblutet sein kann. Diese Verletzung findet man häufig bei überrollten Personen an der „Auffahrseite" sowie infolge eines Primärkontaktes zwischen PKW und Fußgänger, bei letzterem vor allem an der seitlichen Becken-Oberschenkelregion. Die darüberliegende, oft bekleidete Haut ist meist unverletzt, gelegentlich können auch hier Abdruckspuren vom auffahrenden Reifen sichtbar sein. Bei Abscherung der behaarten Kopfhaut vom Schädel, meist einhergehend mit einer einseitigen perforierenden Kopfhautverletzung, spricht man von Skalpierung.

Quetsch-Riss-Wunde

Durch Druck-, Scher-, und Zugkräfte kann es zu offenen Hautverletzungen kommen, die aufgrund der kombinierten Gewalteinwirkung Quetsch-Riss-Wunde genannt werden. Die häufig verwendete Bezeichnung „Platzwunde" ist hierbei biomechanisch falsch, da ein „Aufplatzen" eine Krafteinleitung von innen nach außen erfordert, analog zum Platzen eines Luftballons beim Befüllen. Im Randbereich der Quetsch-Riss-Wunde können überdeckende Schürfungen erkennbar sein, die unter Umständen die Form des einwirkenden Kontaktpartners nachzeichnen. Typischerweise sind die Wundränder geschürft und unregelmäßig geformt, können jedoch auch streckenweise geradlinig verlaufen und differenzialdiagnostische Schwierigkeiten in der Abgrenzung zur scharfen Gewalt bieten. In der Tiefe und in den Wundwinkeln bleiben sog. Gewebsbrücken stehen (Gefäße, Gewebestränge, Nerven). Eine flächige Gewalteinleitung erzeugt meist mehr strahlige bis sternförmige Verletzungen, wohingegen geradlinige Quetsch-Riss-Wunden für die Einwirkung einer stumpfkantigen Gewalt sprechen.

3.2.3.3 Für die Unfallanalyse relevante Kopfverletzungen

Schädelfrakturen

Für die Rekonstruktion von Bedeutung ist die Unterscheidung in direkte und indirekte Schädelbrüche. Direkte Schädelbrüche sind auf eine mehr oder weniger umschriebene Gewalteinwirkung zurückzuführen, z.B. Sturz auf eine Bordsteinkante; indirekte Schädelbrüche sind auf eine mehr flächenhafte Gewalteinwirkung zurückzuführen, die zu einer Kompressionsbelastung mit Berstung des Schädels führt (Sturz auf die ebene Fläche, Überrollverletzung). Eine Besonderheit stellen Ringbrüche der Schädelbasis dar, die durch Einstauchen der Wirbelsäule beobachtet werden, z.B. beim Anprall eines Zweiradfahrers mit dem Kopf voran gegen einen LKW.

Schädelhirntrauma

Ein Schädelhirntrauma bezeichnet eine Schädelverletzung, die mit einer Hirnbeteiligung einhergeht. Klinisch unterscheidet man die Schädelhirntraumata über den Wachheitsgrad des Patienten, beurteilt anhand der Glasgow-Coma-Scale (leichtes Schädelhirntrauma: GCS 13 bis 15; mittelschweres SHT: GCS 9 bis 12; schweres SHT: GCS 3 bis 8). Die biomechanischen Grundlagen sind in Kap. 3.3.6 ausgeführt.

Morphologisch orientiert ist eine ältere Einteilung, die zumindest umgangssprachlich verbreitet verwendet wird. Als Gehirnerschütterung (Commotio cerebri) wird eine vorübergehende, vollständig reversible Hirnfunktionsstörung bezeichnet. Diagnostische Kriterien sind kurzfristige Bewusstlosigkeit, einhergehend mit einer vor allem anterograden Erinnerungslücke (Amnesie), sowie Übelkeit/Erbrechen und Kopfschmerzen. Morphologische Gewebsdefekte sind nicht detektierbar.

Die Gehirnprellung (Contusio cerebri) zeigt bereits makroskopisch fassbare morphologische Schädigungen, typischerweise Hirnrindenprellungsherde oder sonstige Blutungen. Die Bewusstlosigkeit dauert länger als 30 Minuten, meist deutlich länger; Spätfolgen sind von Lokalisation und Umfang der Hirnschädigung abhängig. Die Symptomatik kann reversibel sein, eine vollständige Erholung ist jedoch nicht sicher.

Bei der Gehirnquetschung (Compressio cerebri) infolge von Blutungen oder einer Hirnschwellung durch Flüssigkeitseinlagerung (Hirnödem) schwillt das Gehirn an; durch die feste Knochenkapsel ist eine Ausdehnung lediglich in Richtung Hinterhauptsloch mit Einklemmung des Hirngewebes in diesem möglich, wodurch sich Hirndruckzeichen insbesondere an den Kleinhirntonsillen ergeben; in der Folge können sich sekundäre Blutungen vor allem in der Brücke ausprägen, die sekundär zu schwersten Schädigungen bis hin zum Todeseintritt führen.

intracerebrale Blutungen

Bedingt durch die Gliederung der Gewebe in der Schädelhöhle können sich Blutungen in mehreren Ebenen ausprägen, in Abhängigkeit von der Blutungsquelle und der Lokalisation.

Das epidurale Hämatom ist eine Blutung zwischen harter Hirnhaut und Schädeldach, in Folge der Verletzung einer Meningealarterie, meist bei querem Schädelbruch der Schläfenregion; oft ist die klinische Symptomatik verzögerte, die häufig nach mehreren Stunden mit zunehmender Eintrübung einsetzt.

Das subdurale Hämatom ist eine Blutung zwischen die harten und weichen Hirnhäuten, infolge von Verletzungen der Brückenvenen, häufig bei Beschleunigungstraumen oder Rotationen.

Subarachnoidale Blutungen sind Unterblutungen der weichen Hirnhäute, sie finden sich in geringer Ausprägung um Rindenprellungsblutungen (s. u.), im Wesentlichen sind sie jedoch durch Verletzungen von Hirngrundschlagadern bedingt.

Hirnrindenprellungsblutungen entstehen durch Verletzung kleinster Gefäße im Bereich der Hirnwindungskuppen und imponieren meist punktförmig; die stoßseitigen Hirnprellungsareale weisen im Regelfall eine geringere Ausprägung auf als die contra-lateralen (Contre-Coup-) Verletzungen. Relevante Gegenstoßprellungen sind sturzbedingt, z. B. an Stirn- und Schläfenpolen beim hinterhauptswärtigen Sturz auf die ebene Fahrbahn.

Zentrale Hirnblutungen
Durch Rotations- oder Scherbelastungen hervorgerufene Blutungen in der weißen Hirnsubstanz; diese Blutungen sind nicht immer sicher von krankhaften Blutungen („blutiger Schlaganfall") zu differenzieren.

3.2.3.4 Für die Unfallanalyse relevante Thoraxverletzungen

Die Gefahr eines stumpfen Brustkorbtraumas ist bei nahezu allen Arten von Verkehrsunfällen gegeben. Damit einher gehen häufig Rippenfrakturen (vgl. Kap. 3.3.2) sowie Verletzungen der Brustorgane (Herz, Lunge, große Blutgefäße), wobei diese Verletzungen in erster Linie hinsichtlich der Verletzungsfolgen bis hin zum Todeseintritt, weniger hinsichtlich der Rekonstruktion von Bedeutung sind. Von daher sollen im Folgenden nur die wichtigsten Begriffe erklärt werden.

Herzkontusion
Prellung des Herzens (Contusio cordis) bei stumpfem Brustkorbtrauma, u. U. mit der Folge tödlicher Herzrhythmusstörungen

Lungenkontusion
Durch Prellung und/oder Quetschung der Lungen resultieren Einblutungen ins vergleichsweise lockere Lungengewebe, die den Gasaustausch in den Lungenbläschen behindern können; eine weitere Folge kann bei Eintritt von Blut in die Luftwege eine Blutaspiration mit der Folge eines Erstickens („Ertrinken") sein.

Pneumothorax
Ein negativer Druck zwischen Lungenfell und Rippenfell sorgt dafür, dass die Lunge aufgespannt bleibt und der Atemexkursion des Brustkorbs folgt. Wenn durch eine Verletzung dieser negative Druck aufgehoben wird, sinkt die Lunge mehr oder weniger stark zusammen, unter Umständen kann hierdurch infolge Fehlens der Gasaustauschflächen ein Ersticken resultieren.

Anspießungsverletzungen der Lunge
Durch nach innen in den Brustkorb ragende Rippenfragmente können die Lungen angespießt werden; in der Folge sind Einblutungen ins Lungengewebe sowie ein Pneumothorax zu beobachten.

Aortenrupturen
Risse der Körperhauptschlagader im Brustkorb resultieren selten als direkte Verletzungen; meist wird eine Aortenruptur im Bogenbereich bei einem sog. Dezelerationstrauma (Beschleunigungstrauma) beobachtet, so z. B. beim Aufprall des nicht angeschnallten PKW-Fahrers auf das Lenkrad. Bei Deckung der Rupurstelle durch umgebendes Weichgewebe kann sich die meist letale Blutung verzögert einstellen („zweitzeitige Ruptur").

instabiler Thorax

Ausgedehnte Rippenfrakturen führen zu einer Aufhebung des Festigkeitsgefüges der Brustwand, hierdurch wird die Atmung beeinträchtigt.

3.2.3.5 Sonstige für die Unfallanalyse relevante Traumata

Häufig sind bei einer stumpfen Gewalteinwirkung Verletzungen der inneren Organe zu beobachten, die z. B. über einen erheblichen Blutverlust zum Tod führen können; aus rekonstruktiver Sicht sind Verletzungen im Bauchraum von untergeordneter Bedeutung, insofern wird hier auf eine detaillierte Ausführung verzichtet und auf die weiterführende rechtsmedizinische Literatur verwiesen.

Beckenverletzungen

Beckenbrüche sind infolge der damit einhergehenden größeren Blutverluste von besonderem klinischem Interesse. Unter rekonstruktiven Gesichtspunkten sind Trümmerfrakturen der Beckenschaufel als Folge einer direkten umschriebenen Gewalteinwirkung zu werten; Einstauchungen der Oberschenkelknochen, z. B. bei Knieanprall des PKW-Insassen, führen zu zentralen Luxationsfrakturen.

Frakturen der langen Röhrenknochen

Für die Rekonstruktion von besonderer Bedeutung sind Frakturen der Röhrenknochen, v. a. der langen Beinknochen. Auszuwerten ist neben der Lokalisation des Bruches insbesondere die Form der Knochenfraktur. Im Wesentlichen sind drei verschiedene Formen zu unterscheiden:

Kompressionsbrüche entstehen durch eine Stauchung des Knochens in seiner Längsachse; oft resultieren mehrere Knochenfragmente („Trümmerbruch").

Spiralbrüche sind im Regelfall im Schaftbereich der Knochen lokalisiert, sie entstehen durch eine Verdrehung des Knochens um die Längsachse (Torsion).

Biegungsbrüche der Knochenschäfte sind für die Rekonstruktion von besonderer Bedeutung, da sie am konkretesten Rückschlüsse auf die Entstehung der Fraktur zulassen; das einfachste Model für die Entstehung von Biegungsfrakturen ist die Vorstellung, dass proximales und distales Knochenende fixiert sind und in der Schaftmitte die Krafteinleitung erfolgt. Häufig beobachtet man derartige Biegungsfrakturen bei Anstoß des Stoßfängers der PKW-Fahrzeugfront am Unterschenkel des Fußgängers. Durch diese direkte Gewalteinwirkung wird der Knochen zunächst gebogen; wird die Dehnfestigkeit an der der Gewalteinwirkung gegenüberliegenden Knochenkontur überschritten, beginnt hier sich der Bruchspalt nahezu rechtwinklig zur Oberfläche auszubilden, im weiteren Verlauf zieht er dann entgegen der Krafteinwirkungsrichtung zur gegenüberliegenden Knochenkontur, der er sich asymptotisch nähert, im Idealfall sowohl nach proximal als auch nach distal. Daraus resultiert der sog. Bruchkeil („Messerer-Keil"), wobei die Spitze dieses Bruchkeils die Richtung der Gewalteinwirkung anzeigt (vgl. Kap. 3.3.2).

Scharfe Gewalt
Einwirkungen scharfer Gewalt spielen beim Verkehrsunfall nur eine untergeordnete Rolle. Zum einen sind hier Glassplitterverletzungen zu nennen, die häufig bei PKW-Insassen beobachtet werden und gelegentlich für rekonstruktive Überlegungen von Bedeutung sind, z. B. zur Frage der Fahrer- oder Beifahrerposition. Im weitesten Sinne können auch Anspießungsverletzungen der Lungen durch Rippenfragmente (s. o.) der scharfen Gewalt zugeordnet werden.

3.2.4 Besondere Unfallkonstellationen/-szenarien (Schuller, Peldschus, Adamec, Graw)

3.2.4.1 PKW-Unfälle (Schuller)

Lokalisation der Insassen
Bleiben die Sitzpositionen von verunfallten Fahrzeuginsassen und damit eventuell auch die Fahrereigenschaft nach Unfallaufnahme und Zeugenbefragung ungeklärt, so kann hierzu eine biomechanische Rekonstruktion zur Aufklärung beitragen. Besonders bei komplexen Unfallabläufen mit mehreren verletzten oder gar getöteten Insassen, z. B. sog. Disko-Unfälle mit meist voll- oder sogar überbesetzten PKWs, kann dies gefordert sein, falls sich die ursprünglichen Sitzpositionen im Fahrzeug verändert haben und die Beteiligten dazu wegen schwerer Verletzungen oder Todeseintritt keine Angaben machen können oder wollen. Auch kann es vorkommen, dass einem gravierend verletzten oder getöteten und damit „stummen“ Mitinsassen die Fahrereigenschaft zugeschoben wird, um sich z. B. einer Strafverfolgung zu entziehen.

Passive Änderungen der ursprünglichen Sitzpositionen, bis hin zu einem Herausschleudern aus der Fahrgastzelle, geschehen insbesondere bei Kollisionen mit starker Drehung und Richtungsänderung des Fahrzeuges sowie bei Mehrfachkollisionen. Erfolgt im Zuge der Kollisionsdynamik zusätzlich auch noch ein Kippen oder Überschlagen des Fahrzeuges, so besteht ein hohes Risiko herausgeschleudert zu werden und dabei auch schwerwiegende Verletzungen davonzutragen. In erster Linie davon betroffen sind nicht angeschnallte Insassen, aber auch aus einem ordnungsgemäß angelegten Sicherheitsgurt kann bei spezieller Anstoßkonstellation ein Herausschleudern erfolgen. Am Ende können dann die Insassen, womöglich schwer verletzt oder getötet, nicht mehr am ursprünglichen Sitzplatz aufgefunden werden und so z. B. eine direkte Feststellung des unfallverantwortlichen Fahrers nicht mehr ermöglichen.

Ein einfaches Beispiel für die Veränderung der Sitzposition im Rahmen einer Kollision mit aufgezwungener starker Rotation des Fahrzeugs soll in den folgenden Abbildungen aufgezeigt werden. Der in Abb. 3.8 ersichtliche rechtsfrontale, diagonal gerichtete Anstoß am rechten Fronteck des PKW Nr. 2 bewirkt eine stoßartige Drehung um die Hochachse entgegen dem Uhrzeigersinn um fast 90°.

Im Zuge dieser Kollisionsdynamik wird der nicht angeschnallte Fahrer im PKW Nr. 2 nach rechts vorne bewegt, am Lenkrad vorbei in den Beifahrerraum, wo ein Aufprall am Armaturenbrett, evtl. auch an der Windschutzscheibe, auftritt, verbunden mit dem Risiko dort anprallbedingte Verletzungen davonzutragen. Letztlich könnte er dann, obwohl ursprünglich Fahrer, im Beifahrerraum aufgefunden werden, wo auch von ihm verursachte Anprallspuren im Armaturenbrett- und Windschutzscheibenbereich vorhanden sein könnten. Seine Endlage am Beifahrersitz und Anprallspuren in diesem Bereich besagen damit nicht, dass er Beifahrer gewesen ist (Abb. 3.9).

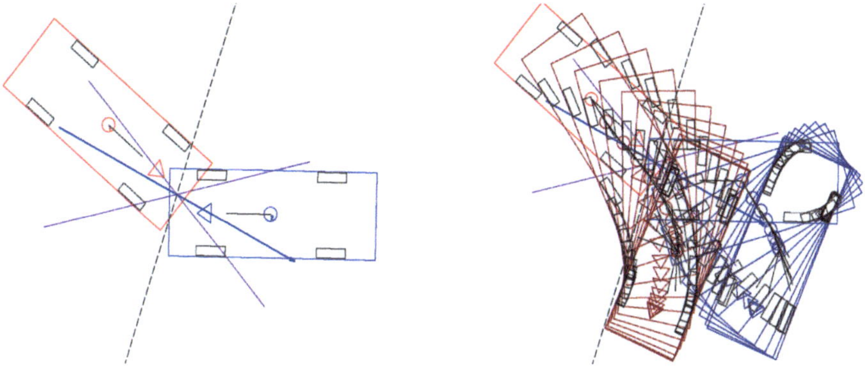

Abb. 3.8 Beispiel für Anstoßkonstellation und Kollisionsdynamik (PKW 1 **links**, PKW 2 **rechts**)

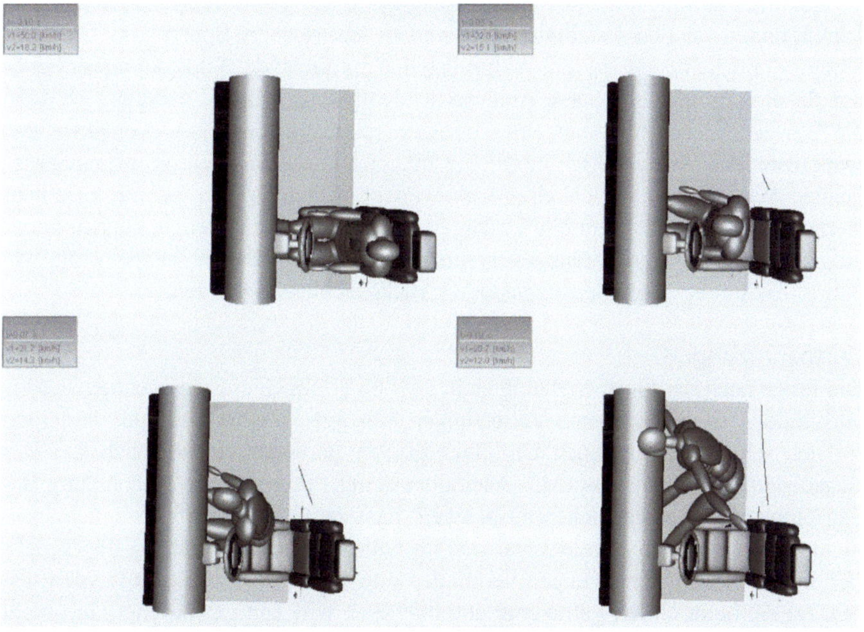

Abb. 3.9 Bewegungsmechanik nicht angeschnallter Fahrer

Zeigt schon dieses einfache Beispiel einen kollisionsbedingt aufgezwungenen passiven Sitzplatzwechsel, so ist dies umso mehr und oft nicht so einfach nachvollziehbar bei komplexen Unfallabläufen und sogar bei angelegtem Sicherheitsgurt zu erwarten, wie etwa bei Mehrfachkollisionen, Überschlag etc. Mehrfach beobachtet wurde z. B. bei massivem Heckaufprall des Fahrzeugs ein rückwärtiges Herausgleiten am Fahrersitz aus dem ordnungsgemäß angelegten Dreipunkt-Automatikgurt, im Falle eines Umklappens der Sitzlehne nach hinten infolge der Trägheitslast des Insassen, der dann, wie auf einer Rampe, rückwärts aus dem Gurt bewegt wird und entweder auf einen der Rücksitze oder durch die Heckscheibenöffnung aus dem Fahrgastraum gelangt. Werden Insassen auf diese oder andere Weise herausgeschleudert, etwa bei Umkippen oder Überschlagen des Fahrzeuges, bedarf es oft einer objektiven gutachtlichen Feststellung des unfallverantwortlichen Fahrers im Hinblick auf strafrechtliche Verfolgung und/oder zivilrechtliche Ansprüche seitens verletzter oder gar getöteter Mitinsassen.

Wichtig für eine erfolgreiche biomechanische Rekonstruktion der Sitzposition ist zum Einen eine genaue Dokumentation aller Verletzungen von den beteiligten Personen, bei schwer verletzten und getöteten Beteiligten auch von harmlos erscheinenden Befunden, etwa Hautabschürfungen, Prellmarken, zum Anderen am Unfallfahrzeug eine eingehende Untersuchung des Innenraumes im Hinblick auf Kontaktstellen der Insassen (Anpralldeformationen, Blut-, Gewebe-, Textilspuren, Abriebe, Gurtzustand). Falls vorliegend, können dann auch kriminaltechnische und serologische Untersuchungen gesicherter Spuren (Faservergleich, DNA-Vergleich) weitere Aufklärung liefern.

Wie auch für eine allgemeine technische Unfallanalyse werden die äußeren Beschädigungen an den beteiligten Fahrzeugen ebenso wie Spuren am Unfallort (Brems- und Schleuderspuren, Aufprallstellen im Gelände, Endstellungen) benötigt für eine möglichst genaue Analyse der Kollisionsdynamik, woraus sich dann die Bewegungsmechanik einzelner Insassen rekonstruieren lässt. Kontakt- bzw. Anprallstellen, einschließlich möglicher Interaktionen von Insassen mit einhergehenden Verletzungsmöglichkeiten sowie Positionsänderungen, bis hin zu einem Herausschleudern in potentielle Endlagen außerhalb des Fahrzeugs, können damit aufgeklärt werden und daraus auf ursprüngliche Sitzpositionen im Fahrzeug, wie Fahrer, Beifahrer oder Rücksitzpassagier, rückgeschlossen werden.

Gurtbenutzung

Die Frage nach der Gurtbenutzung stellt sich im Hinblick auf ein eventuelles Mitverschulden an den erlittenen Verletzungen, was ggf. zu einer Strafmaßminderung für den schuldig befundenen Unfallverursacher und/oder zivilrechtlich zu einer Schadensersatzreduzierung (Mitverschuldensanteil) führen kann. Anwendung finden kann dies bei einem sicheren Nachweis, dass der Gurt zur Unfallzeit nicht bzw. nicht ordnungsgemäß angelegt war und im Falle einer Gurtbenutzung die tatsächlich eingetretenen Verletzungen vermieden oder zumindest reduziert worden wären. Da ein beim Unfall getragener und hier auch wirksam gewordener Gurt nicht immer positive Belastungsmerkmale (z. B. Anschmelzspuren am Gurtband, Verformungen am Gurtschloss) aufweisen muss, vermag allein die technische Unter-

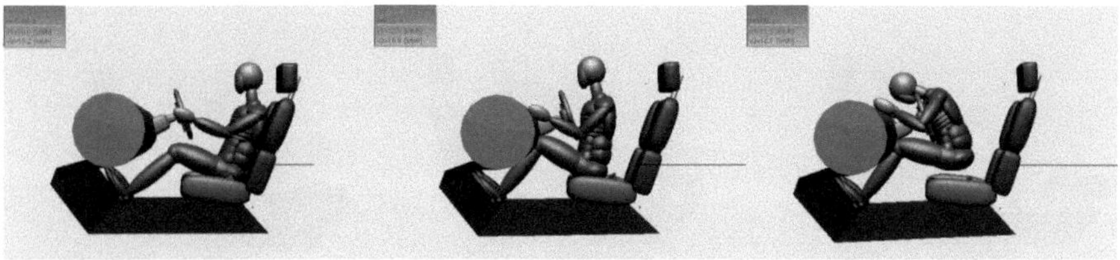

Abb. 3.10 Bewegungsmechanik nicht angeschnallter Fahrer

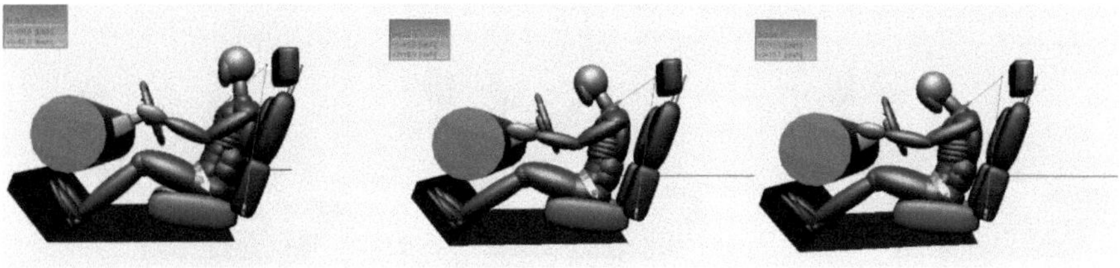

Abb. 3.11 Bewegungsmechanik angeschnallter Fahrer

suchung des Gurtsystems oft nicht eindeutig abzuklären, ob der verletzte Insasse tatsächlich angeschnallt war oder nicht. Eine biomechanische Beurteilung ist dann angezeigt, welche eine Analyse der Bewegungsmechanik des Insassen mit und ohne Gurt einbezieht und die jeweiligen Verletzungsmöglichkeiten bewertet.

Am Beispiel einer unkomplizierten Frontalkollision eines PKW mit längsachsenparalleler Verzögerung (Δv ca. 40 km/h) soll diese Analyse illustriert werden. Nicht angeschnallt wird der Fahrer, wie in Abb. 3.10 ersichtlich, weitgehend unbehindert nach vorne bewegt und prallt mit Knie und Unterschenkeln gegen das Armaturenbrett, ehe er mit dem Rumpf auf das Lenkrad aufkommt und evtl. auch mit dem Kopf in die Frontscheibe aufschlägt. Typische Verletzungen sind hier Knieanprallverletzungen, wie auch von hier fortgeleitete Frakturen oder Luxationen des Hüftgelenks, sowie Thorax- und Kopfverletzungen. Solange keine deformationsbedingten Einschränkungen der Fahrgastzelle zu verzeichnen sind, können diese Anprallverletzungen bei Gurtbenutzung nicht auftreten bzw. sie wären ggf. verhindert worden.

Dazu zeigt Abb. 3.11 die entsprechende Bewegungsmechanik eines angegurteten Fahrers, der am Sitz festgehalten wird und keinen Anprall an Lenkrad oder anderen Innenraumstrukturen erfährt. Biomechanisch belastet wird er in erster Linie durch Gurtkräfte am Rumpf, wodurch als typische Verletzungen Brüche des Brustbeins oder einzelner Rippen bewirkt werden können, besonders bei älteren Personen.

Moderne PKWs sind gegenwärtig in der Regel mit Airbags ausgerüstet, der zusätzlichen Schutz vor Verletzungen bieten soll, allerdings nur in Kombination mit dem Sicherheitsgurt. Nicht angegurtet besteht trotz Airbag aber immer noch ein hohes Risiko für Anprallverletzungen.

Bei der beispielhaft präsentierten einfachen Frontalkollision wird der nicht angeschnallte Fahrer vom aktivierten Airbag am Oberkörper zwar abgefangen,

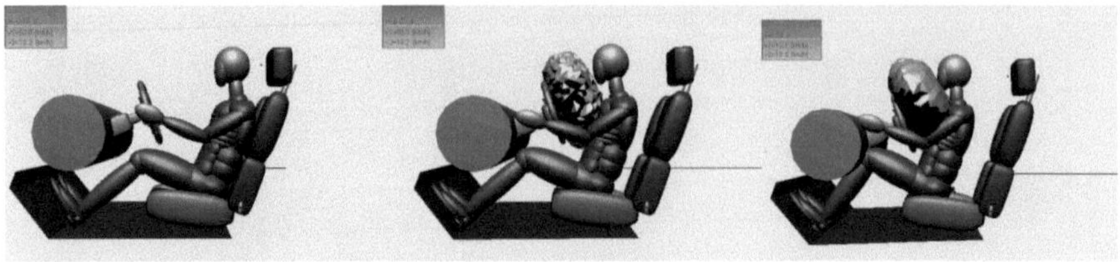

Abb. 3.12 Bewegungsmechanik nicht angeschnallter Fahrer, mit Airbag

Abb. 3.13 Bewegungsmechanik angeschnallter Fahrer, mit Airbag

rutscht aber dennoch mit den unteren Partien nach vorne und kann sich dabei Anprallverletzungen besonders an den Beinen und indirekt am Becken zuziehen (vgl. Abb. 3.12).

Optimalen Schutz vor Verletzungen bietet dagegen die Kombination Airbag und Sicherheitsgurt. Hier wird der Fahrer vom Gurt festgehalten und zusätzlich noch vom Airbag abgefangen (vgl. Abb. 3.13), so dass Anprallverletzungen der unteren Körperpartien hier nicht eintreten können.

Grundsätzlich ist bei der Beurteilung der Verletzungsmöglichkeiten mit und ohne Sicherheitsgurt zu beachten, ob deformationsbedingte Einschränkungen der Fahrgastzelle im Bereich des Verletzten bestanden haben, da hierdurch auch im angeschnallten Zustand direkte Gewalt einwirken und Verletzungen bewirken kann. Besonders bei seitlichem Anstoß am Fahrzeug, etwa im Bereich der Fahrertüre, können starke Intrusionen, v. a. wenn sie auch noch bis in Kopfhöhe erfolgen (z. B. bei Baumanprall oder LKW-Unterfahrung), gravierende Verletzungen bewirken, vor denen der angelegte Gurt nicht zu schützen vermag.

Negative Gurtwirkung

In speziellen Unfallkonstellationen kann sich die Frage einer möglichen negativen Gurtwirkung stellen, d. h. ein Auftreten von Verletzungen oder eine Verschlimmerung wegen Gurtbenutzung. Als Beispiel aus der Praxis kann dazu angeführt werden ein Alleinunfall mit Abkommen von der Fahrbahn und Schleudern in das angrenzende Gelände, wobei ein angegurteter Fahrer am Sitz verblieb bis zum letztlichen Anprall des Fahrzeugs linksseitig an der Fahrertüre gegen einen Baum mit starker Intrusion. Letztere verursachte beim Fahrer schwerste Kopfverletzungen, die wahrscheinlich nicht eingetreten wären, wenn er sich ohne Gurtfixierung in der vorherigen Schleuder- und Drehphase des Fahrzeugs, ähnlich wie in Abb. 3.9, vom Fahrersitz entfernt und dann beim Baumanprall nicht mehr im Anstoß- bzw. Gefahrenbereich befunden hätte.

Die Gurtfixierung kann gelegentlich auch zum Nachteil gereichen, wenn dadurch eine schnelle aktive Fluchtbewegung aus dem Gefahrenbereich unterbunden wird. In Unfallsituationen mit längerer Dauer der Kollision oder Annäherung an das Kollisionsobjekt, z. B. bei Unterfahrung eines LKW oder längerer Schleuderfahrt vor einem Baumanprall, mag ein drohender direkter Anstoß im eigenen Aufenthaltsbereich absehbar sein und sich damit die Gelegenheit bieten, durch eine schnelle Ausweichbewegung diesem zu entgehen. Ein angelegter und noch dazu blockierter Automatikgurt würde diese Rettungsmöglichkeit allerdings unterbinden.

Negative Airbagwirkung

Als explosionsartig aktivierte, raumfordernde Schutzeinrichtung kann der Airbag in speziellen Situationen ebenfalls negative Auswirkungen haben, d. h. schwere Verletzungen hervorrufen, die ohne Airbagauslösung nicht aufgetreten wären. Bei Front-Airbags (Fahrer- und Beifahrer) besteht diese Gefahr besonders für Insassen, die sich sehr nahe im Austrittsbereich des Airbags am Lenkrad oder Handschuhfach befinden, z. B. sehr kleine Frauen, die zum Führen des PKW zwangsläufig weit vorne sitzen müssen oder am Beifahrersitz ebenfalls weit vorne befindliche Kinder. Diese können unmittelbar vom aktivierten Airbag getroffen werden und dadurch schwere Verletzungen an Kopf und Halswirbelsäule erleiden. Für Brillenträger besteht dann auch noch das Risiko, über eine beschädigte Brille mit scharfkantigen Glasbruchstücken zusätzliche Verletzungen davonzutragen. Bruchsichere Brillen für Autofahrer können deshalb berechtigt gefordert werden. Eine weitere Problematik sind ungünstige Armhaltungen am Lenkrad oder im Bereich des Handschuhfaches. Mehrfach beobachtet wurden z. B. schwere Unterarm- oder Handgelenksverletzungen bei Beifahrern, die im Augenblick der Kollision den Arm am Handschuhfach unmittelbar im Austrittsbereich des Airbags abgestützt hatten. Selbiges ist auch Fahrern widerfahren bei ungünstigem Halten des Lenkrades, etwa innerhalb des Kranzes an der Nabe.

Allgemein sind zu den Risikogruppen für negative Front-Airbagwirkung zu zählen kleinwüchsige Frauen, Kinder sowie Insassen, die sich „Out-of-Position" befinden, also in nicht „regulärer" Sitzhaltung, etwa selbst eingenommen oder im Zuge der Fahrzeugdynamik (Schleudern, Drehen) erzwungen. Auch sind Kleinkinder in rückwärts gerichteten Kindersitzen am Beifahrersitz vom dortigen Airbag besonders gefährdet, weshalb auch von den Fahrzeugherstellern die Option einer kompletten Abschaltung dieses Airbags geschaffen wurde. Schließlich können immer mehr eingebaute Seiten-Airbags ebenfalls Verletzungen provozieren, z. B. Milzeinrisse oder Nierenläsionen aufgrund einer hiervon ausgehenden, nicht unerheblichen Krafteinwirkung auf die seitliche Rumpfregion. Das Bestreben in der Airbag-Entwicklung ist damit zunehmend darauf ausgerichtet, sog. adaptive Systeme zu entwickeln, die abhängig von der Unfallschwere ihre Wirkung entfalten und damit besonders bei eher moderaten Kollisionen nicht mehr in unnötig voller Stärke zur Wirkung kommen sollen.

Interaktion von PKW-Insassen

Eine spezielle Fragestellung im Zusammenhang mit der Gurtbenutzung ist die Verursachung von Verletzungen durch die Interaktion von PKW-Insassen. Wie schon im obigen Beispiel aus Abb. 3.9 ersichtlich ist, könnte der hier nach rechts geschleuderte, nicht angeschnallte Fahrer auf einen angeschnallten Beifahrer treffen und diesem Verletzungen zufügen. Wegen Verletzung der Gurtpflicht könnte er damit der fahrlässigen Körperverletzung beim Beifahrer beschuldigt werden, da im Falle einer Gurtbenutzung eine Kontaktierung des Beifahrers nicht erfolgt wäre.

Als weiteres repräsentatives Beispiel soll die Zusatzbelastung eines Fahrers oder Beifahrers durch oft unangeschnallte Rücksitzinsassen im Rahmen einer Frontalkollision vorgestellt werden. Dazu zeigt Abb. 3.14 vergleichend die Computersimulationen einer Frontalkollision mit hoher Fahrzeugverzögerung (Δv ca. 65 km/h) mit und ohne Zusatzbelastung durch einen nicht angeschnallten Rücksitzpassagier. In den Momentaufnahmen der Bewegungsmechanik zeigt sich für den Fahrer das typische Vorschleudern in den Gurt, wobei angesichts der hohen Fahrzeugverzögerung hohe Gurtkräfte wirksam werden und er wegen Gurtdehnung und Deformation des eigenen Körpers mit der Thoraxregion fast bis ans Lenkrad gelangt. Erfolgt zusätzlich noch ein Aufprall des ungesicherten hinteren Insassen auf die Sitzlehne, so wird der Fahrer noch weiter an das Lenkrad vorgeschoben und dadurch auch noch höher im Thoraxbereich belastet.

Dies kommt in den Diagrammen 3.15 und 3.16 mit der Thoraxbeschleunigung zum Ausdruck, wonach sich ohne Zusatzbelastung durch den Rücksitzpassagier für die x-Komponente (horizontal in Fahrtrichtung) ein Spitzenwert von ca. 800 m/s^2 (ca. 80 g, g = Erdbeschleunigung 9,81 m/s^2) ergibt, gegenüber einem wesentlich höheren Maximalwert von ca. 1250 m/s^2 (ca. 125 g) bei Zusatzbelastung durch die von hinten aufprallende Person.

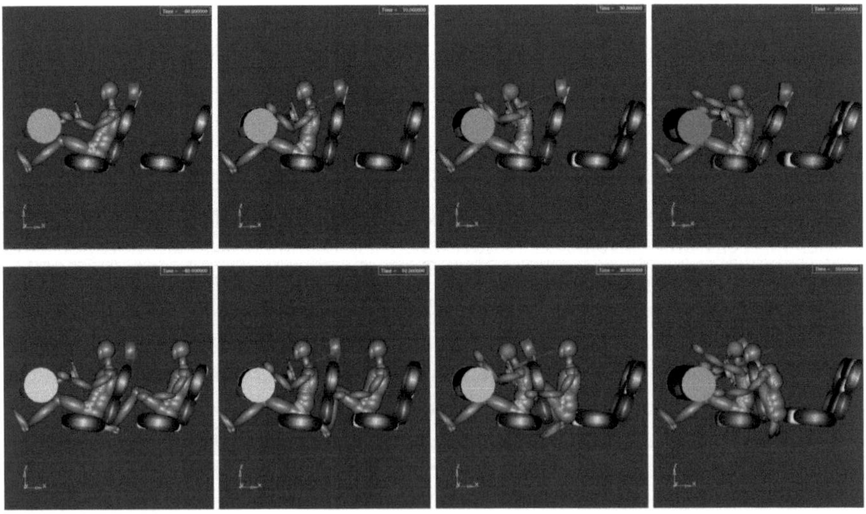

Abb. 3.14 Bewegungsmechanik mit (**unten**) und ohne (**oben**) Zusatzbelastung durch Rücksitzpassagier

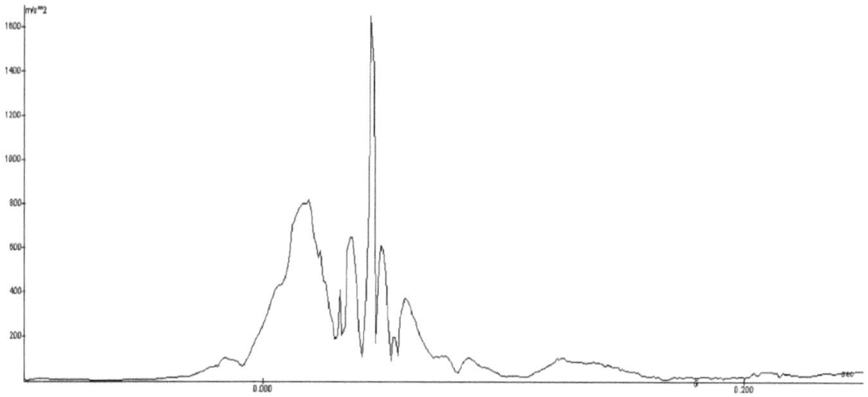

Abb. 3.15 Thoraxbeschleunigung mit Zusatzbelastung durch Rücksitzpassagier

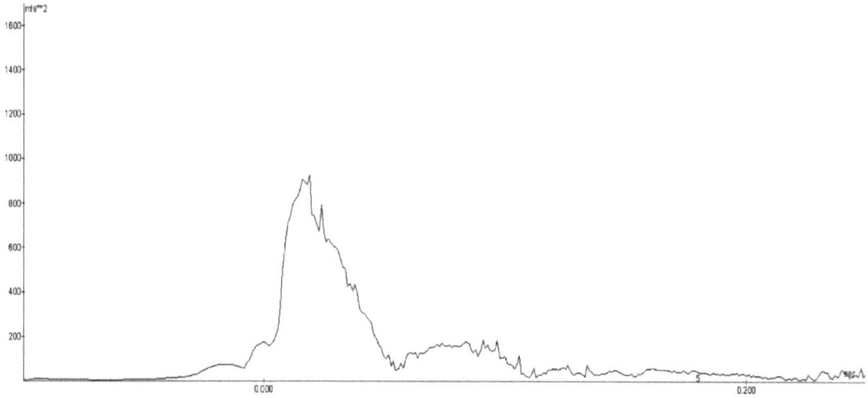

Abb. 3.16 Thoraxbeschleunigung ohne Zusatzbelastung durch Rücksitzpassagier

In dem zugrunde liegenden Realunfall wurde die angegurtete zierliche Person am Vordersitz eindeutig durch die Überbelastung vom Aufprall des nicht angeschnallten und noch dazu schwergewichtigen hinteren Insassen tödlich verletzt (schwerstes Thoraxtrauma mit Aortenruptur). Letzterer hätte durch eigenes Angurten am Rücksitz den Tod der Person am Vordersitz vermeiden können und wurde deshalb auch im Strafverfahren der fahrlässigen Tötung für schuldig befunden und deswegen verurteilt.

3.2.4.2 Fußgängerunfälle (Adamec, Graw)

Verkehrsunfälle mit Beteiligung von Fußgängern sind häufig mit schweren Verletzungen assoziiert und deshalb forensisch relevant. Die mechanische Interaktion zwischen einem Fußgänger und einem Fahrzeug hat typischerweise eine der drei nachfolgenden Formen:

Anstoß (Anfahren)

Darunter versteht man eine Kollision eines sich bewegenden Fahrzeugs (Geradeausfahrt, aber auch eine Schleuderbewegung usw.) mit einem sich in einer zumindest teilweise aufrechten Körperhaltung befindlichen Fußgänger. Je nach Überdeckungsgrad zwischen dem Fahrzeug und dem Körper des Fußgängers können ein voller Anstoß und ein Teilanstoß unterschieden werden; bei einem sehr niedrigen Überdeckungsgrad spricht man von einem Streifkontakt (siehe Abb. 3.17).

Überfahrung

Als eine Überfahrung wird eine Fahrzeugbewegung über den Körper eines am Boden liegenden Fußgängers bezeichnet, ohne eine direkte Überrollung eines oder mehrerer Körperteile durch die Reifen.

Überrollung

Bewegt sich ein Fahrzeug über den Körper eines am Boden liegenden Fußgängers und wird dieser von mindestens einem Reifen direkt überrollt, bezeichnet man den Vorgang als Überrollung.

Auch weitere Interaktionen zwischen einem Fußgänger und einem Fahrzeug sind denkbar, z. B. kann nach einem Anstoß der Körper des Fußgängers abgeworfen werden und nach der Flugphase wieder auf ein Fahrzeug (ein anderes oder auch das ursprüngliche) aufprallen.

Für die Entstehung von Verletzungen des Fußgängers ist der Bewegungsablauf ausschlaggebend, der typischerweise mittels folgender Kontaktphasen beschrieben werden kann.

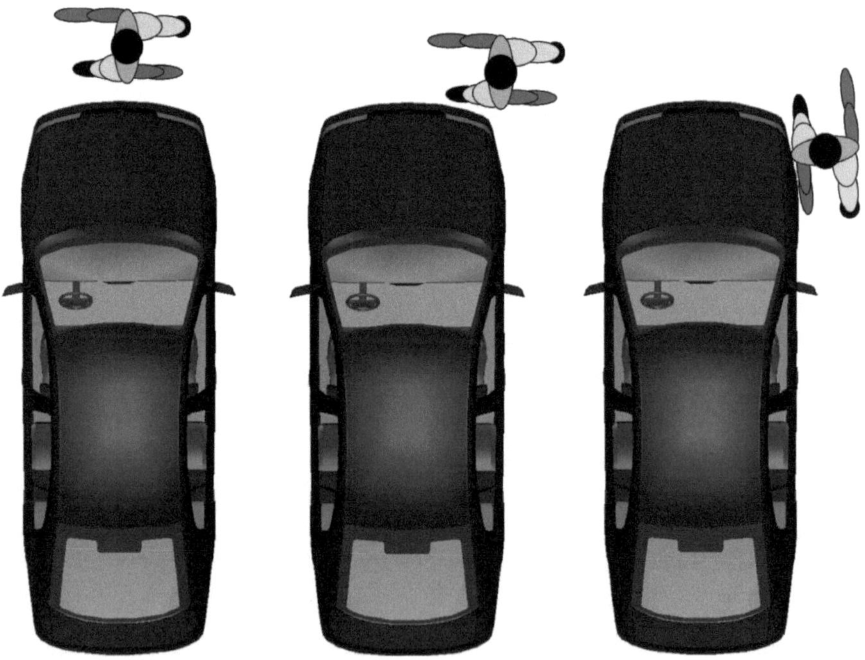

Abb. 3.17 Die Einteilung der Anstoßtypen nach Überdeckungsgrad, von links nach rechts voller Anstoß, Teilanstoß, Streifkontakt

Primäraufprall

Als Primäraufprall wird der Kontakt zwischen dem Körper des Fußgängers und dem Fahrzeug bezeichnet. Ein Anstoß erfolgt in der Regel (je nach Fahrzeugform, Anstoßkonstellation und Körperhaltung des Fußgängers) zunächst zwischen dem Stoßfänger des PKW und einem oder beiden Unterschenkeln des Fußgängers. Danach kommt es zu einer Abrollbewegung des Fußgängers entlang des Fahrzeugs mit Aufprall des Beckenbereichs, des Oberkörpers und letztlich des Kopfes. Der Abstand zwischen der Fahrbahn und der Lokalisation des Kopfaufpralls auf dem Fahrzeug, gemessen entlang der Fahrzeugkontur, wird als Abwickellänge (WAD = wrap around distance) bezeichnet.

Sekundäraufprall

Der Kontakt des Fußgängers mit der Fahrbahn (Aufprall, Gleiten, Rollen) nach einem Anstoß durch ein Fahrzeug wird als Sekundäraufprall bezeichnet. Der Abstand zwischen dem Ort des Erstkontakts und der Endlage des Fußgängers wird als Fußgängerwurfweite bezeichnet (in der Fahrzeuglängsrichtung als Längswurfweite und in der seitlichen Richtung als Querwurfweite). Die Höhe der Wurfweite kann bei einem vollen Anstoß zur Eingrenzung der Kollisionsgeschwindigkeit des Fahrzeugs verwendet werden, dabei muss jedoch auch die Fahrzeuggeometrie berücksichtigt werden.

Tertiäraufprall

Als Tertiäraufprall werden nach dem Sekundäraufprall erfolgte Fußgängerkontakte mit Strukturen in der Umgebung bezeichnet – Straßeninfrastruktur (Verkehrszeichenpfosten, Leitplanke usw.), Bäume, andere Fahrzeuge usw. Auch eine Überfahrung/Überrollung ist in diesem Sinne eine Form des Tertiäraufpralls.

Die Abläufe typischer Fußgängerunfälle werden in Abb. 3.18 bis 3.20 mit Hilfe numerischer Simulationen rekonstruierter Kollisionen dargestellt, wobei insbesondere der Einfluss der Körperhöhe (Kind, Erwachsener) und der Fahrzeugfront dokumentiert wird.

Die Bewegungen des Fußgängers beim Anstoß sind sehr stark von der geometrischen Form der Fahrzeugfront und derer Relation zu den anthropometrischen Parametern des Fußgängers abhängig. Klassischerweise werden Pontonform, Keilform und Kastenform unterschieden (siehe Abb. 3.21), aufgrund der Design-Vielfalt der neuen Fahrzeuge empfiehlt sich jedoch eine Beschreibung mittels konkreter Parameter (Stoßfängerhöhe, Höhe und Radius der Motorhaubenvorderkante, Rückversatz der Motorhaubenvorderkante, Neigung der Front, Neigung der Windschutzscheibe usw.). Je nach Fußgängergröße kann aus einem Anstoß mit einem bestimmten Fahrzeug eine unterschiedliche Kinematik resultieren – der Fußgänger kann auf die Motorhaube aufgeladen werden und danach abgeworfen, direkt abgeworfen oder umgestoßen werden (siehe Abb. 3.18 bis 3.20). Die Voraussetzung für ein Aufladen auf die Motorhaube ist ein Anstoß unterhalb des Körperschwerpunktes (dieser befindet sich etwa in der Beckenregion) des Fußgängers.

Abb. 3.18 Beispiel einer Fußgängerunfallrekonstruktion mit Verwendung eines MADYMO-Fußgängermodells eines Erwachsenen, pontonförmiges Fahrzeug. Der Anstoß erfolgt unterhalb des Körperschwerpunktes des Fußgängers. Anstoßgeschwindigkeit 30 km/h, abbremsendes Fahrzeug

Abb. 3.19 Beispiel einer Fußgängerunfallrekonstruktion mit Verwendung eines MADYMO-Fußgängermodells eines 6-jährigen Kindes, pontonförmiges Fahrzeug. Das Kind wird ca. auf Höhe des Körperschwerpunktes angestoßen. Anstoßgeschwindigkeit 30 km/h, abbremsendes Fahrzeug

Abb. 3.20 Beispiel einer Fußgängerunfallrekonstruktion mit Verwendung eines MADYMO-Fußgängermodells eines 6-jährigen Kindes, höher gesetztes pontonförmiges Fahrzeug. Der Fußgänger wird oberhalb des Körperschwerpunktes angestoßen. Anstoßgeschwindigkeit 30 km/h, abbremsendes Fahrzeug

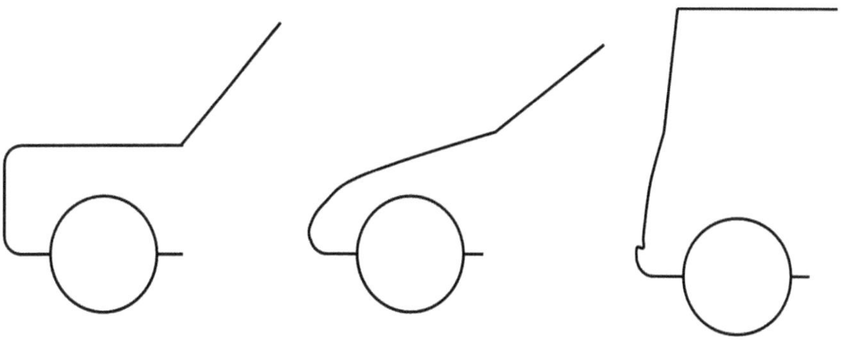

Abb. 3.21 Schematische Darstellung typischer Fahrzeugformen – Pontonform (**links**), Keilform (**Mitte**), Kastenform (**rechts**)

Im niedrigen Geschwindigkeitsbereich (in etwa innerorts) stellen der primäre und sekundäre Aufprall ein vergleichbares Risiko für die Entstehung schwerer Verletzungen dar.

Für die Rekonstruktion der Anstoßkonstellation müssen das Verletzungsbild, die Fahrzeugschäden und evtl. die Spuren an der Bekleidung des Fußgängers analysiert werden. Die Zuordnung der Verletzungen zum Erstanstoß ist meist unproblematisch, und die Anstoßrichtung lässt sich anhand der Ausprägung der Verletzungen und der Schäden am Fahrzeug zuverlässig eingrenzen.

Anhaltspunkte für die Feststellung der Bewegungsrichtung des Fußgängers ergeben sich primär aus der Anstoßkonstellation, wobei eine Gehrichtung nach vorne aus Sicht des Fußgängers in der Regel anzunehmen ist. Darüber hinaus wird manchmal ein Beulenversatz, d. h. eine gegenüber dem Primäranstoß im Unterschenkelbereich versetzte Kopfaufprallstelle am Fahrzeug vorgefunden, der Rückschlüsse auf die Bewegungsrichtung des Fußgängers erlaubt (der Kopfaufprall erfolgt später als der Erstkontakt, bei gleichbleibender Kopfgeschwindigkeit in der Gehrichtung ist die Kopfaufprallstelle entsprechend versetzt).

Zuverlässige Rückschlüsse auf die Geh-/Laufgeschwindigkeit des Fußgängers sind in aller Regel weder anhand des evtl. vorliegenden Beulenversatzes noch anhand anderer Spuren möglich.

3.2.4.3 Besondere Aspekte bei der Rekonstruktion von Unfällen mit motorisierten Zweirädern (Peldschus, Schuller)

Zur Gruppe der motorisierten Zweiräder gehören Motorräder und Mopeds. Unfälle mit Beteiligung dieser Fahrzeuggruppe weisen einige Besonderheiten bezüglich des möglichen Unfallablaufs auf. In diesem Kapitel werden die Aspekte herausgestellt, die für die Rekonstruktion dieser Art von Unfällen von besonderer Bedeutung sind.

Für Motorrad- und Mopedaufsassen ist das Risiko, durch einen Straßenverkehrsunfall getötet zu werden, deutlich höher als für Insassen von Personenkraftwagen (PKW). Der Anteil der Benutzer motorisierter Zweiräder an den getöteten

Verkehrsteilnehmern ist im Allgemeinen höher als der Anteil dieser Fahrzeuggruppe am gesamten Fahrzeugbestand. Eine ähnliche Einschätzung des Risikos kann bezüglich der Fahrleistung ermittelt werden.

Während im Allgemeinen in Deutschland bis zum jetzigen Zeitpunkt über viele Jahre eine Reduktion der Verunglücktenzahl zu beobachten war, folgen die Zahlen für motorisierte Zweiräder nicht diesem Trend. Dementsprechend hat sich der Anteil der Nutzer motorisierter Zweiräder an den Unfalltoten in Deutschland in den letzten zwei Dekaden erhöht, was wiederum zu einer stärkeren Wahrnehmbarkeit und höheren Relevanz in der Unfallanalyse führt.

Typische Unfallparameter

Im Gegensatz zu Ländern wie beispielsweise den USA, Finnland oder Griechenland ereignet sich die überwiegende Mehrzahl der tödlichen Unfälle motorisierter Zweiräder in Deutschland außerhalb geschlossener Ortschaften. Der Kollisionspartner von verunfallten motorisierten Zweirädern ist in der Mehrheit der Fälle ein PKW. Die in diesen Fällen häufigste Konstellation bezüglich der Unfallverursachung ist das Missachten der Vorfahrt des Zweirads durch den PKW-Fahrer beim Einbiegen in eine übergeordnete Straße. Als ebenfalls häufige Konstellation kann das Missachten der Vorfahrt des entgegenkommenden Zweirads durch den PKW-Fahrer während des Abbiegens oder Wendens angesehen werden. Weniger häufig kann der Beginn eines Überholvorganges durch den Zweiradfahrer während einem Abbiege- bzw. Wendemanöver des vorausfahrenden PKW-Fahrers beobachtet werden.

Besonderheiten im normalen Fahren
Ein motorisiertes Zweirad und sein Aufsasse bzw. seine Aufsassen stellen im Fahrzustand kein stabiles System dar. Im Gegensatz zu Fahrzeugen mit drei oder mehr Rädern kann das Zweirad durch ein Umfallen seine potentielle Energie verringern. Dieser Vorgang wird als Rotation um die Fahrzeuglängsachse bezeichnet. Man spricht deshalb von einem um die Längsachse immanent labilen System.

Bei Geradeausfahrt mit niedriger Geschwindigkeit muss das Zweirad durch verstärkte Lenkbewegungen in aufrechter Position gehalten werden. Mit zunehmender Geschwindigkeit werden die gyroskopischen Effekte an den Radachsen stärker und das Fahrzeug gelangt in eine metastabile Lage. Aus dieser Lage herausgebracht wird das Zweirad durch Aufbringen eines Lenkimpulses, um z.B. eine Kurvenfahrt einzuleiten. Eine für das Verständnis der Aktionen des Zweiradfahrers wichtige Besonderheit ist die Tatsache, dass dieser Lenkimpuls entgegen der gewünschten Fahrtrichtungsänderung gegeben wird. Erst nach dem Einlenkvorgang wird ein der Richtung der Kurvenfahrt entsprechendes Lenkmoment aufgebracht. Die Wankbewegung eines PKW bei Kurvenfahrt ist zum Kurvenäußeren gerichtet und wird als eher überflüssige Begleiterscheinung verstanden. Im Ge-

Abb. 3.22 Sequenz einer Motorrad-PKW-Kollision

gensatz dazu muss ein Zweirad als einspuriges Fahrzeug sich während der Kurvenfahrt zwingend nach innen neigen. Diese Schräglage kann im normalen Straßenverkehr bis etwa 30 Grad betragen.

Die zuvor beschriebenen Besonderheiten stellen im Vergleich zum PKW zusätzliche Freiheitsgrade bei der physikalischen Beschreibung der Vorgänge vor einem Unfall dar. Im Nachfolgenden werden die entsprechenden Unterschiede in der für die Rekonstruktion wichtigsten Phase, der Kollisionsphase, herausgestellt.

Besonderheiten bei der Kollisionsanalyse
In einer PKW-PKW-Kollision übersteigt das Massenverhältnis der beiden Kollisionsgegner selten den Wert 2 : 1. Bei einer Kollision zwischen einem PKW und einem motorisierten Zweirad dagegen kann das Massenverhältnis leicht 10 : 1 erreichen. Dies bedeutet, dass auch die Geschwindigkeitsänderungen der Kollisionsgegner sich potentiell deutlich stärker voneinander unterscheiden. Die Stoßzeiten in PKW-Motorrad-Kollisionen sind typischerweise dreimal so lang wie bei PKW-PKW-Kollisionen, sie können Werte bis zu 0,3 Sekunden erreichen. Da in einer Frontalkollision die Hinterachse eines motorisierten Zweirades relativ leicht aufsteigt (siehe Abb. 3.22), kann nicht wie in den allermeisten PKW-PKW-Kollisionen von einem ebenen Stoßvorgang gesprochen werden.

Die Deformationen am PKW können ähnlich zu den Deformationen aus PKW-PKW-Kollisionen bewertet werden. Die nutzbare Datengrundlage ist allerdings deutlich eingeschränkt, da das Zweirad auf Grund der speziellen Geometrie besondere Deformationsmuster hervorruft. Die durch ein motorisiertes Zweirad hervorgerufenen Deformationen an anderen Kollisionsobjekten wie z. B. einer Schutzplanke sind noch schwieriger zu bewerten.

Am motorisierten Zweirad selbst treten auch bleibende Verformungen auf, die zur Rekonstruktion des Unfalls analysiert werden können. Bei einem frontalen Aufprall ist dies in erster Linie die Verkürzung des Radstandes des Zweirads. Hervorgerufen wird diese Verkürzung hauptsächlich durch eine Deformation der Vorderradgabel bzw. ihrer Anbindung an den Rahmen. Die Deformation wird begünstigt durch die beim frontalen Auftreffen des Vorderrades wirkenden Hebelverhältnisse. Als grober Richtwert kann hier eine Radstandverkürzung von 20 bis 25 cm bei einer Geschwindigkeitsänderung von 50 km/h angesehen werden. Die tatsächlichen Werte unterscheiden sich allerdings sehr von Modell zu Modell. Auch die Vorderradfelge kann nach einem Aufprall bleibende Verformungen aufweisen. Die in heutigen motorisierten Zweirädern häufig eingebauten Gussfelgen werden im Gegensatz zu Speichenfelgen erst bei hohen Aufprallgeschwindigkeiten zerstört.

Eine je nach Bauart des Zweirades auftretende bleibende Deformation ist die an der Rückseite des Tanks bzw. der Tankattrappe. Sie wird während eines frontalen Aufpralls durch den Kontakt mit dem Beckenbereich des Aufsassen hervorgerufen. Dies setzt voraus, dass sich der Aufsasse zum Zeitpunkt der Kollision auf dem Zweirad befunden hat.

Trennung von Aufsasse und Fahrzeug
Im Vergleich zum PKW und seiner Insassen kann eine Trennung von Aufsassen und motorisiertem Zweirad während eines Unfalls relativ leicht erfolgen. Dies bedeutet, dass eine doppelte Spurenerfassung erfolgen muss (Aufsasse und Zweirad). Bei der Rekonstruktion müssen die physikalischen Größen ab diesem Zeitpunkt getrennt berechnet werden. Dies trifft z. B. auf den Impuls und die Geschwindigkeitsvektoren zu. Die Masse des Fahrers im System Zweirad-Aufsasse ist generell nicht vernachlässigbar klein. Sie beträgt typischerweise etwa 30% der Gesamtmasse des Systems. Deshalb kann ein motorisiertes Zweirad nach der Trennung vom Aufsassen nicht als unverändert bzgl. der Masse angenommen werden.

Die spezielle Herausforderung der Rekonstruktion eines Unfalls mit Trennung von Aufsassen und Zweirad soll am Beispiel einer Kollision im entgegenkommenden Verkehr erläutert werden. Wenn ein motorisiertes Zweirad frontal mit einem entgegenkommenden PKW kollidiert, kann es passieren, dass das Zweirad in einiger Entfernung von der Kollisionsstelle entgegen seiner ursprünglichen Fahrtrichtung zum Stillstand kommt. Es würde also von der Kollisionsstelle aus zurück geworfen und käme nach einer Rutschphase zum Liegen. Die Endlage des Zweiradfahrers kann sich dagegen in einiger Entfernung auf der anderen Seite der Kollisionsstelle befinden. Ursächlich für die Trennung wären dann beispielsweise die während der Kollision auf den Fahrer wirkenden Kontaktkräfte, die die von ihm aufbringbaren Haltekräfte bei Weitem übersteigen.

Ein weiterer Freiheitsgrad in der Analyse kommt hinzu, wenn die Trennung bereits vor der Kollision mit dem PKW, Baum o. ä. erfolgt. Dann müssen zwei Kollisionen analysiert werden, die zwischen dem Fahrer und dem Kollisionsobjekt und eine weitere zwischen dem Zweirad und dem Kollisionsobjekt, wobei die Kollisionsobjekte verschieden voneinander sein können. In diesem Szenario muss der Zeitpunkt der Trennung von Aufsasse und Zweirad ermittelt werden (z. B. in einer Rutschphase auf der Straßenoberfläche) und ab diesem Zeitpunkt alle Berechnungen getrennt durchgeführt werden.

Verletzungsentstehung
Die Verletzungen von Aufsassen motorisierter Zweiräder werden in den meisten Fällen nicht durch deren Fahrzeug selbst bzw. Teilen davon hervorgerufen, sondern durch Kollisionsobjekte, mit denen die Aufsassen im Gegensatz zu Fahrzeuginsassen relativ leicht in Kontakt kommen können. Verletzungen, die durch Kontakt mit dem Zweirad selbst hervorgerufen werden, sind beispielsweise Frakturen des Beckenrings durch Aufprall auf den Tank, Verletzungen der Bauchorgane durch Eindringen des Lenkerendes oder Frakturen der Unterschenkelknochen durch das Einklemmen zwischen dem Zweiradrahmen und der Straßenoberfläche. Unter rekonstruktiven Gesichtspunkten sind Verletzungen der Hände/Unterarme als Folge des Einstauchens am Lenker sowie Hämatome an den Beininnenseiten durch Anstoß am Tank von Bedeutung.

Bezüglich der Kollisionsobjekte kann zwischen unbeweglichen Objekten und anderen Verkehrsteilnehmern unterscheiden werden. Unbewegliche Kollisionsobjekte, die durch direkten Kontakt mit dem Körper eines Aufsassen Verletzungen verursachen können, sind beispielsweise Schutzplanken (passive Straßenschutzeinrichtungen), Bäume, pfahlartige Bauteile der Straßenausrüstung oder Borsteinkanten. Unter den anderen Verkehrsteilnehmern sind PKW, wie bereits erwähnt, die häufigsten Kollisionsgegner. In Abb. X1 ist eine Sequenz einer frontalen Kollision eines Zweirads in die Seite eines PKW dargestellt. Diese Art der Kollision ist die im Unfallgeschehen am häufigsten zu findende. Typischerweise hat der Körper des Aufsassen zunächst nur Kontakt mit dem Zweirad selbst, bis die möglichen Haltekräfte überschritten werden, und die Hände sich vom Lenker lösen. Die dadurch erleichterte Vorverlagerung ermöglicht zusammen mit dem Aufsteigen der Hinterachse des Zweirades das Auftreten eines Kontaktes zwischen dem Helm oder dem Brustkorb und der Dachkante des PKW, was ein hohes Potenzial zum Hervorrufen schwerer Verletzungen birgt.

Im weiteren Verlauf kann sich der Aufsasse vom Zweirad, welches vom PKW zurückgehalten wird, trennen. In der darauf folgenden Phase des Unfalls würde der Zweiradfahrer sehr wahrscheinlich weitere Verletzungen durch Kontakt mit anderen Objekten auf der Straße oder in der näheren Umgebung erleiden.

Zum Schutz vor Verletzungen ist für Benutzer motorisierter Zweiräder das Tragen eines Schutzhelms vorgeschrieben. Handelsübliche Helme können auf Grund ihrer begrenzten Abmessungen jedoch Schutz vor Verletzungen nur in einem begrenzten Aufprallgeschwindigkeitsbereich bieten. Darüber hinaus muss sichergestellt sein, dass der Helm funktionsgerecht auf dem Kopf fixiert ist, was zum Beispiel bei zu großen Helmen nur schwer möglich ist. Eine unpassende Helmgröße oder ein nicht ordnungsgemäßes Schließen des Kinnriemens kann bereits vor dem ersten Kopfaufprall zum Verlust des Helms führen. Ein Kopfaufprall ohne Helm ist in der Regel an Hand des Verletzungsbildes von einem Aufprall mit Helm zu unterscheiden. Auch der Helm selbst muss für die Rekonstruktion eines Zweiradunfalls herangezogen werden und die an ihm entstandenen Spuren in Form von Deformationen sind zu analysieren.

Zu den wichtigsten Besonderheiten bei der Rekonstruktion von Unfällen motorisierter Zweiräder zählt die Möglichkeit, dass die Körper der Aufsassen sehr leicht direkten Kontakt mit einem anderen Fahrzeug oder einem unbeweglichen Objekt erfahren können. Für die physikalische Beschreibung der Vorgänge ergeben sich bei Zweiradunfällen mehr Freiheitsgrade als bei Unfällen von PKW. Dies gilt insbesondere in Bezug auf die Trennung von Fahrer und Zweirad. Die Rekonstruktion der Unfälle ist dadurch deutlich komplexer. Aus diesem Grund ist beispielsweise auch die Spanne der rekonstruierten Aufprallgeschwindigkeiten in der Regel größer als bei PKW-PKW-Kollisionen. Eine realistische Erwartung ist hier sicher die einer ungefähr doppelt so großen Spanne wie bei PKW-PKW-Kollisionen.

3.2.4.4 Sonstige Verkehrsunfälle (Schuller)

Neben den dargestellten häufigen Fragestellungen im Zusammenhang mit PKW-Unfällen kommen auch sehr spezielle Problematiken mit Fahrradfahrern sowie Insassen/Passagieren von LKW, Bussen, Schiffen, Schienenfahrzeugen und Luftfahrzeugen zur Untersuchung. Fahrradunfälle sind hinsichtlich Anstoßgeometrie und Kollisionsdynamik oft vergleichbar mit Motorradunfällen, so dass auch auf das entsprechende ausführliche Kapitel „Motorradunfälle“ verwiesen werden kann. Demnach sind häufig zu beurteilende Unfallkonstellationen und Fragestellungen Abbiege- oder Einfahrmanöver von PKW und LKW mit Übersehen des Zweiradfahrers sowie die Helmbenutzung bzw. die potentielle Schutzwirkung eines genormtem Fahrradhelmes bei Nichttragen des Helmes im tatsächlichen Unfallgeschehen. Bei LKW-Unfällen kann die Fahrereigenschaft und/oder Gurtbenutzung zu klären sein, des weiteren z.B. bei Mehrfachkollisionen die Zuordnung von Verletzungen in einzelne, manchmal erst zu ermittelnde Unfallphasen.

In öffentlichen Verkehrsmitteln, wie Bus oder Trambahn, sind Verletzungsvorgänge, vorwiegend dann auch für stehende Fahrgäste, in Verbindung mit Brems- oder Ausweichmanövern zu beurteilen. Ein- oder Aussteigevorgänge, eventuell kombiniert mit Anfahren oder Abbremsen, können ebenfalls eine Rolle spielen. Andere schienengebundene öffentliche Verkehrsmittel, im städtischen Raum S- oder U-Bahn, bringen weitere verletzungsmechanische Fragestellungen mit sich, etwa das Einklemmen von Personen sich in schließende Türen und damit verbundenes Mitschleifen beim Anfahren des Zuges und/oder auch hier das Einklemmen zwischen Waggon und Bahnsteig. All diese beispielhaft aufgeführten verletzungsmechanischen Fragestellungen sowie auch Einzelfälle mit Luftfahrzeugen (z.B. Abstürze oder auch Kollisionen von Klein- oder Leichtflugzeugen, Drachen- oder Gleitschirmfliegern) erfordern eine spezielle fallbezogene Analyse der Kollisions- und Bewegungsmechanik und möglichst genaue Feststellung potentieller Körperkontakte mit zugehörigen Krafteinwirkungen, qualitativ und quantitativ. Dies im Detail für die oft sehr komplexen Spezialfälle darzustellen, würde allerdings den Rahmen dieser mehr allgemeinen Übersicht sprengen.

3.3 Begutachtung von Unfallverletzungen und Verletzungsfolgen (Adamec, Hell, Graw)

3.3.1 Grundlegende Begriffe

Begutachtung von Unfallverletzungen bzw. Verletzungsfolgen ist eine häufige, dennoch aber schwierige und sensitive Aufgabe. Bevor auf Konzepte der Beurteilung eingegangen wird, ist es notwendig, die wichtigsten Begriffe zu definieren, da hier vielfach sprachliche Verwirrung insbesondere bei medizinischen Laien herrscht. Für den Sachverständigen – und letztendlich auch für den Juristen – ist dabei absolut notwendig, objektive Tatsachen von subjektiven Vorträgen zu unterscheiden. Die unten angebotenen Erklärungen dienen zur Darstellung des Inhaltes des jeweiligen Begriffs. Eine klare Zuordnung der zu begutachtenden körperlichen Störungen zu den unten definierten Kategorien (Verletzung, Beschwerde, Überlastungsschaden) ist der erste und sehr wichtige Schritt bei der Beurteilung.

3.3.1.1 Verletzungen

Als Verletzung bezeichnet man eine Störung der körperlichen Integrität, die durch eine akute Einwirkung herbeigefügt wurde (bei mechanisch bedingten Verletzungen ist die unmittelbare Ursache immer die Kraft, siehe Kap. 3.3.2). Eine Verletzung gilt als nachgewiesen, wenn eine Unterbrechung des körperlichen Zusammenhangs – eine Gefügetrennung – vorliegt. Diese kann durch direkte Inaugenscheinnahme (z. B. beim Vorhandensein einer Wunde oder eines Hämatoms) oder mittels bildgebender Verfahren (Röntgen, CT, Kernspin (MRT) usw.) festgestellt werden. Verletzungen sind also OBJEKTIV ermittelbar und deshalb auch konkret nachweisbar.

Damit eine Verletzung entsteht, müssen zwei Bedingungen erfüllt werden:

1) eine Belastung der entsprechenden Art (= der Verletzungsmechanismus) muss vorhanden sein und
2) die Belastungshöhe muss die spezifische Festigkeit der intakten Körperstruktur bei dieser Belastungsart (= die individuelle biomechanische Toleranzgrenze) überschreiten.

Beispiel: Biegebruch des Schienbeins. Damit diese Verletzung entsteht, muss eine Krafteinleitung erfolgen, die eine Verbiegung des Schienbeins nach sich zieht, z. B. eine Gewalteinwirkung in Form eines Stoßfängeraufpralls auf den durch Körpergewicht fixierten Knochen. Für die Entstehung von Frakturen ist eine Kraft von über 3 kN (Männer) bzw. von über 2 kN (Frauen) erforderlich. (vgl. Abb. 3.23)

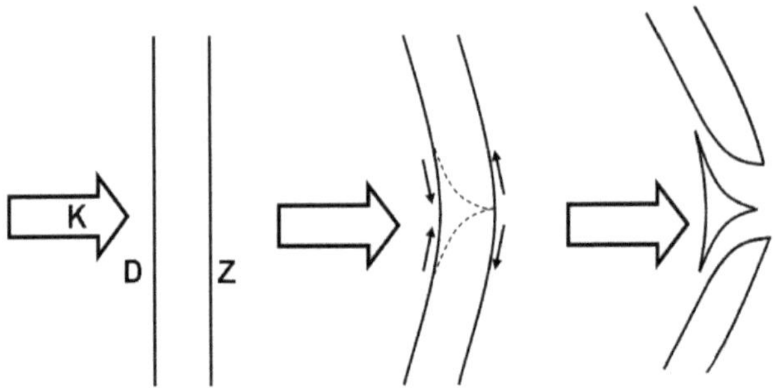

Abb. 3.23 Biegungsbruch von Röhrenknochen. Beim Verbiegen reißt an der Zugseite (Z; gegenüber der Stelle der Krafteinwirkung K auf der Druckseite D) das Knochengewebe, die sich ausbreitenden Bruchlinien haben typischerweise die Form eines Keils, dessen Spitze in der Richtung der Krafteinleitung zeigt. Bei Fußgängerkollisionen kann dadurch die Kollisionsrichtung rekonstruiert werden

3.3.1.2 Beschwerden

Unter Beschwerden sind Beeinträchtigungen des Befindens (z. B. Schmerzen, Übelkeit, Schwindel) zu verstehen. Beschwerden sind primär subjektiver Natur, d. h. es handelt sich um Vorträge der betroffenen Personen über ihre Empfindungen. In der klinischen Praxis können Beschwerden nicht verifiziert werden; die geltend gemachten Empfindungsstörungen werden von den behandelnden Ärzten aufgenommen und dienen mit als Grundlage für Erstellung der therapeutischen Diagnose und damit auch für die Festlegung der Therapie.

Beispiel: Klagt ein Fußgänger nach einem Streifkontakt mit einem Fahrzeug über Knieschmerzen und bei der Untersuchung findet sich eine Schwellung, handelt es sich um eine Verletzung (Knieprellung mit Flüssigkeitsansammlung im Unterhautgewebe, die die Störung der körperlichen Integrität nachweist). Finden sich keine objektivierbaren Verletzungszeichen, handelt es sich um Beschwerden. Die klinische Diagnose ist dieselbe (Knieprellung), eine Interaktion mit dem Fahrzeug kann in letzterem Fall jedoch nicht objektiv nachgewiesen werden.

3.3.1.3 Überlastungsschäden

Störungen der körperlichen Integrität, die nicht durch ein einmaliges, akutes Ereignis, sondern vorwiegend auf dem Boden chronischer (Fehl-)Belastungen und daraus resultierender Mikrotraumen, degenerativer Änderungen, Erkrankungen usw. entstehen, werden als Überlastungsschäden bezeichnet. Wie Verletzungen manifestieren sich Überlastungsschäden durch objektiv vorhandene Gewebeläsionen. Auch hier muss eine Belastung der entsprechenden Art vorhanden sein, durch die chronische Vorschädigung treten Überlastungsschäden jedoch selbst bei alltäglichen, für intaktes Gewebe völlig harmlosen Belastungshöhen auf.

Beispiel: Bandscheibenvorfälle können die Folge eines Rasanztraumas (z. B. eines Verkehrsunfalls als Begleitverletzung von Wirbelfrakturen) darstellen, sie entstehen jedoch bekanntlich auch bei banalen Aktivitäten des Alltags infolge degenerativer Veränderungen, die eine sehr stark reduzierte Belastbarkeit dieser Körperstrukturen bedingen.

3.3.1.4 Verschlimmerung eines bereits vorbestehenden Krankheitszustandes

In manchen Fällen kann es auch zu einer Verschlimmerung eines bereits vorbestehenden Krankheitszustandes kommen. Die Verschlimmerung kann dabei vorübergehend oder dauernd eintreten, bei dauernden Verschlimmerungen muss weiterhin unterschieden werden, ob diese anhaltend begrenzt sind (d.h. der Gesamtschaden ist größer als vor dem Unfall, der weitere Verlauf bleibt aber unbeeinflusst) oder ob eine richtunggebende Verschlimmerung vorliegt (d.h. der Verlauf wird beschleunigt, der Gesamtschaden wächst schneller als es ohne den Unfall der Fall wäre).

3.3.1.5 Verletzungsfolgen

Der Begriff Verletzungsfolgen erlaubt zwei Interpretationen und wird in beiden Bedeutungen auch verwendet. Zum einen können hiermit die akuten Verletzungen beschrieben werden, die aus dem zu begutachtenden Ereignis resultieren (diese sind dann die Verletzungsfolgen des Ereignisses, z.B. des Verkehrsunfalls), zum anderen werden als Verletzungsfolgen funktionelle sowie morphologische Schäden bezeichnet, die im Zusammenhang mit den aufgetretenen Verletzungen, aber nicht direkt infolge der konkreten Verletzungsursache beim gegebenen Vorfall entstanden sind (es handelt sich also um die Folgen der Verletzungen, nicht des Ereignisses). Klassischerweise gehören zu den Verletzungsfolgen nach dieser Definition die Minderung der Erwerbstätigkeit sowie der Tod. Um eine Eindeutigkeit zu erreichen, werden manchmal die Begriffe primäre und sekundäre Verletzungsfolgen verwendet – unter den primären versteht man die Folgen der Gewalteinwirkung (irreversibel, nicht beeinflussbar), und unter den sekundären die Folgen der primären Schädigung (potentiell reversibel und durch Therapie beeinflussbar).

Beispiel: Nach einer unfallbedingten, traumatischen Läsion im Gelenk (primäre Verletzungsfolge) können sich bei nicht optimalem Heilungsverlauf eine Arthrose („Gelenkverschleiß") oder eine Bewegungseinschränkung entwickeln; diese entstanden nicht direkt infolge der beim Unfall aufgetretenen Belastung, sondern im direkten Zusammenhang mit der Verletzung – es handelt sich um sekundäre Verletzungsfolgen.

3.3.2 Qualitative Betrachtungsweise von Verletzungen – Verletzungsmechanismen

Zwischen der Art der einwirkenden Belastung und der dadurch entstehenden Verletzung (Verletzungstyp, morphologische Merkmale der Verletzung usw.) besteht ein Zusammenhang, d.h. bei bestimmten Belastungsarten sind bestimmte Verletzungen zu erwarten. Umgekehrt können anhand der Verletzung Rückschlüsse auf die einwirkende Belastungsart gezogen werden. Dieser Zusammenhang zwischen der mechanischen Ursache und ihrer Auswirkung (Verletzung) wird als Verletzungsmechanismus bezeichnet.

Bei Überlastungsschäden ist die Ursache nicht akut traumatisch, das Eintreten des morphologischen Schadens wird durch die Belastung streng genommen nicht verursacht (die Ursache ist chronischer Natur – Erkrankungen, degenerative Veränderungen usw.), sondern ausgelöst. Daher sollte hier nicht vom Verletzungsmechanismus, sondern vom Auslösemechanismus gesprochen werden.

Grundsätzlich wird in der Biomechanik zwischen folgenden Belastungstypen unterschieden: Druck (Kompression), Zug, Torsion, Scherung und Biegung; auch deren Kombinationen sind möglich. In Abb. 3.23 ist die Entstehung eines Biegungsbruchs von Röhrenknochen dargestellt – eine bei Fußgängerkollisionen typische und sehr wichtige Verletzung, die für rekonstruktive Überlegungen von großer Bedeutung ist (vgl. Bildlegende).

Die Analyse einer konkret aufgetretenen Verletzung kann lediglich Aufschlüsse bezüglich des unmittelbar in dieser Stelle wirksam gewordenen Verletzungsmechanismus bieten, die Zusammenhänge im Rahmen der Gesamtsituation ergeben sich aus den Verletzungen nicht zwingend bzw. nicht direkt. Zum Beispiel kann bei einer Fußgänger-PKW-Kollision eine auf eine stumpfe Gewalt zurückzuführende Fraktur der Schädelkalotte sowohl aus dem Primäraufprall (Kopf gegen A-Säule) als auch aus dem Sekundäraufprall (Kopf gegen Fahrbahn) resultieren.

Die unmittelbare Verletzungsursache ist immer die an der betroffenen Körperstelle wirkende Kraft. Es muss sich jedoch nicht um eine von außen direkt in der Lokalisation der Verletzung eingeleitete Kraft handeln. Belastungen entstehen auch in von außen nicht belasteten Regionen durch innere Interaktionen. Eine Rolle kann auch die (reflexiv bedingte oder willkürliche) eigene Muskelkraft spielen. So wird z.B. bei Heckkollisionen die auf einen PKW eingeleitete Stoßkraft über den Sitz auf den Oberkörper von Insassen übertragen, Verletzungen entstehen dabei jedoch typischerweise in der Halsregion, die per se keinerlei äußeren Gewalt ausgesetzt wird. Manchmal wird zwischen direkten (d.h. an der Stelle der von außen einwirkenden Gewalteinwirkung entstehenden) und indirekten (d.h. in einer von außen selbst nicht belasteten Körperregion durch Fortleitung der Kräfte her-

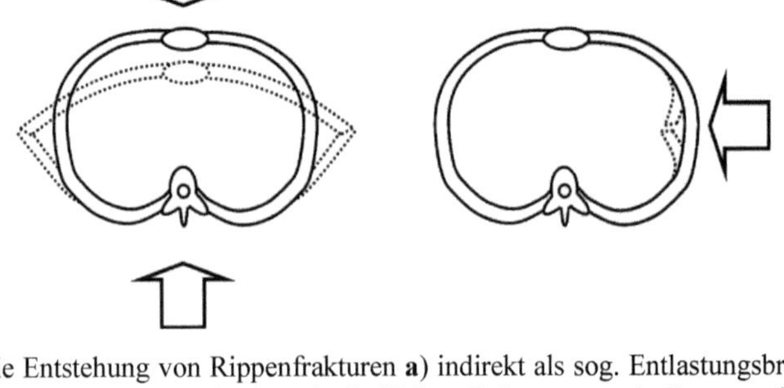

Abb. 3.24 Die Entstehung von Rippenfrakturen **a)** indirekt als sog. Entlastungsbrüche (z.B. bei einer Überfahrung eines in Rückenlage befindlichen Fußgängers mit Kompression des Brustkorbs) und **b)** direkt (z.B. beim Anstoß durch den Seitenspiegel eines Fahrzeugs)

beigeführten) Verletzungen unterschieden. Ein typisches Beispiel sogenannter indirekter Verletzungen – Entlastungsbrüche einer Rippe – wird in Abb. 3.24 dargestellt. Das Thema HWS-Distorsion wird im Kap. 3.3.5 behandelt.

3.3.3 Quantitative Betrachtungsweise von Verletzungen – biomechanische Toleranzgrenzen

Wie alle mechanischen Objekte, werden auch Körperstrukturen erst bei einer bestimmten Höhe der Belastung geschädigt. Die Belastungshöhe, charakterisiert durch den Wert einer physikalischen Größe, z.B. der Kraft, bei der es gerade eben zu einer Beschädigung des betroffenen Gewebes kommt, wird als biomechanische Toleranzgrenze bezeichnet. Nachdem die biomechanische Toleranz eine sehr hohe interindividuelle Variabilität aufweist, sind bei Begutachtung von Verletzungen nicht nur die in experimentellen Studien ermittelten Durchschnittswerte von Bedeutung, sondern auch die sog. untere und obere Toleranzgrenze. Die untere Toleranzgrenze entspricht dem höchsten Wert des Parameters, bei dem in der untersuchten Population keine Verletzungen beobachtet wurden. Die obere Toleranzgrenze ist demgegenüber der niedrigste Wert des Belastungsparameters, bei dem alle Individuen verletzt werden würden. Schematisch wird dies in Abb. 3.25 dargestellt.

Die individuelle Toleranzgrenze der zu begutachtenden Person ist nicht feststellbar, da hierfür Versuche mit Herbeiführung von Verletzungen notwendig wären. Sie kann anhand vorhandenen Literaturdaten (Belastungstests mit anatomischen Präparaten oder PMHS (= post mortale humane Subjekte, Leichen)) abgeschätzt werden, wobei viele Faktoren in Betracht gezogen werden müssen – Alter, Geschlecht, allgemeiner Gesundheitszustand, stattgehabte Verletzungen, Krank-

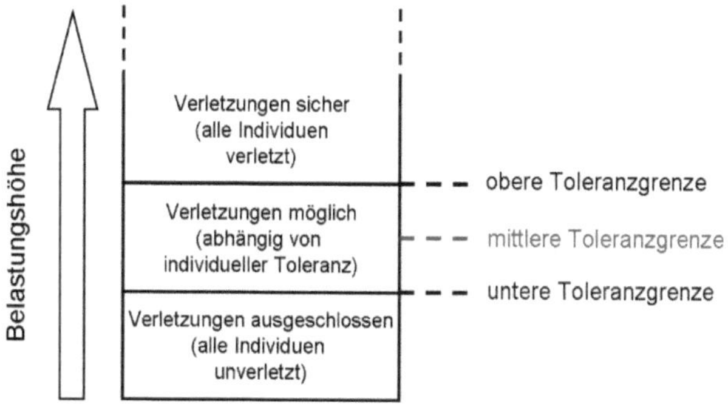

Abb. 3.25 Toleranzgrenzen. Bis zur unteren Toleranzgrenze ist die Belastungshöhe für alle Personen unkritisch, oberhalb dieser ist eine Verletzung möglich. Belastungen höher als die obere Toleranzgrenze führen zwingend, d.h. bei jedem Individuum, zu einer Verletzung. Experimentelle Studien legen nahe, dass der Bereich zwischen der unteren und der oberen Toleranzgrenze sehr breit ist, d.h. die individuelle Toleranz variiert sehr stark um den Mittelwert

heiten, überaltersgemäße degenerative Veränderungen, Konstitution usw. Ein Vergleich einer Belastungshöhe mit einer bekannten biomechanischen Toleranz ist nur dann sinnvoll, wenn sich beide auf dieselbe mechanische Situation (die gleichen Körperstrukturen auf die gleiche Art belastet) beziehen.

Die Verwendung moderner biomechanischer Messgeräte in der Entwicklung und Überprüfung von Sicherheitssystemen (Crash-Test-Dummies, ATD = anthropomorphic test device) hat zur Einführung spezieller Referenzwerte geführt, die häufig als biomechanische Toleranzgrenzen (miss-)verstanden werden. Die Dummies sind mit einer Vielzahl von Sensoren ausgestattet, die verschiedene physikalische Größen (Kräfte, Beschleunigungen, Verformungstiefen usw.) während des Tests messen. Anhand der Messdaten können sog. Verletzungskriterien (manchmal auch als Sicherheitskriterien oder Schutzkriterien bezeichnet) errechnet werden, die keine unmittelbare physikalische Interpretation erlauben, dafür aber eine Abschätzung der Wahrscheinlichkeit der Entstehung von Verletzungen ermöglichen.

Als Beispiel sei hier das Kopfverletzungskriterium HIC (head injury criterion) genannt. Anhand des Zeitverlaufs der im Kopfschwerpunkt gemessenen Beschleunigung wird ein Wert errechnet (siehe Abb. 3.26; physikalisch handelt es sich um eine maximale Impulsänderung des Kopfes, die innerhalb einer Zeitspanne von 0,036 s stattgefunden hat), der mit einer definierten Wahrscheinlichkeit der Entstehung von Gehirnverletzungen korreliert. Allerdings werden hier nur translatorische Beschleunigungen berücksichtigt, bei vorhandenen Kopfrotationen (bei Verkehrsunfällen sind hohe Rotationsbeschleunigungen jedoch eher selten) ist die Anwendung dieses Kriteriums nicht sinnvoll.

Auch wenn die Crash-Test-Dummies als Surrogate des menschlichen Körpers verwendet werden und im Bereich Fahrzeugsicherheit sehr effektiv eingesetzt werden können, handelt es sich nicht um perfekte Abbildungen des menschlichen Körpers in seiner ganzen Komplexität, sondern um mechanische Messgeräte. Aus diesem Grund ist eine Verwendung konkreter Dummy-Messwerte als ein Maß der

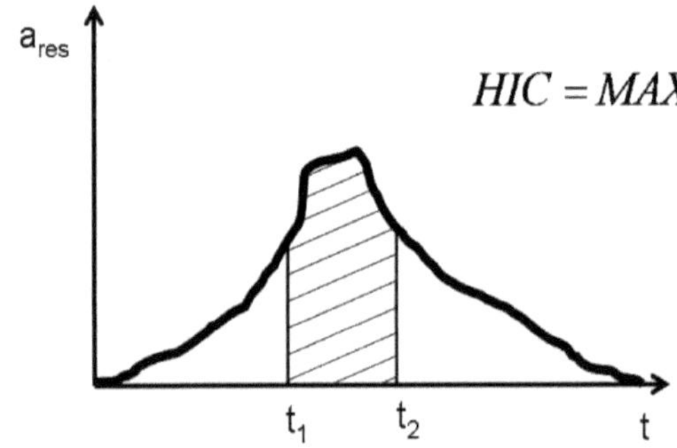

$$HIC = MAX\left\{\left(\frac{1}{t_2 - t_1}\int_{t_1}^{t_2} a_{res}\cdot dt\right)^{2,5}\cdot(t_2 - t_1)\right\}$$

Definitionsgemäß $t_2 - t_1 = 36$ ms

Abb. 3.26 HIC. Die Höhe des Kopfverletzungskriteriums wird als Maximum der Fläche errechnet, die durch die Zeitachse und die Messkurve der resultierenden Kopfbeschleunigung eingegrenzt wird; betrachtet werden dabei Zeitfenster von konstanter Dauer – meist 36 ms, manchmal werden aber auch andere Zeitabschnitte verwendet. Mit diesem Kriterium wird nicht nur die Höhe der Beschleunigung, sondern auch die Einwirkdauer berücksichtigt

Belastung entsprechender Körperstrukturen nicht möglich. Außerdem ist zu berücksichtigen, dass Dummys grundsätzlich nur für spezifische Anwendungen validiert wurden (bei Insassen nur für eine Kollisionsart bzw. Belastungsrichtung: frontal, seitlich, von hinten). Die Dummys repräsentieren hypothetische Individuen mit typischerweise durchschnittlichen anthropometrischen Parametern, Berücksichtigung individueller Besonderheiten ist nicht möglich.

3.3.4 Grundlagen der Begutachtung von Verletzungen bzw. Verletzungsfolgen

Gutachten zu Verletzungen bzw. Verletzungsfolgen weisen viele potentielle Facetten auf. Am häufigsten ist zu beurteilen, ob geltend gemachte Verletzungen bzw. Verletzungsfolgen kausal auf einen Verkehrsunfall zurückzuführen sind. Da das Spektrum der geltend gemachten körperlichen Schäden auf der einen und der Unfalltypen auf der anderen Seite sehr breit ist, kann an dieser Stelle nur eine allgemein gültige Vorgehensweise skizziert werden.

Die Begutachtung der Kausalität erfolgt typischerweise in mehreren Schritten.

- Zunächst müssen die für die Beurteilung relevanten beim Unfall auftretenden Belastungen rekonstruiert werden. Die Grundlage dafür ist die technische Unfallrekonstruktion, die Informationen über die räumlichen und zeitlichen Verhältnisse, die Anzahl, Richtung und Intensität der Anstöße des Fahrzeugs usw. liefert. Daraus müssen die Bewegungsabläufe der Insassen oder der anderen Verkehrsteilnehmer abgeleitet und die auf sie dabei einwirkenden Belastungen qualitativ sowie quantitativ analysiert werden. Je nach Auftraggestaltung sind entweder nur objektive Tatsachen, oder auch Schilderungen des Unfallablaufs (Zeugenaussagen, parteiische Vorträge usw.) zu berücksichtigen.
- Eine eingehende Analyse der geltend gemachten körperlichen Schäden (d. h. objektiv nachgewiesenen Schäden der körperlichen Integrität) soll klären, welche mechanische Ursachen diesen zu Grunde liegen – getrennt sind dabei der Verletzungs- bzw. Auslösemechanismus (qualitativ) und die Belastungshöhe (quantitativ, biomechanische Toleranzgrenzen) zu betrachten. Decken sich die rekonstruierten Belastungen mit denjenigen, die für die Entstehung der vorhandenen Verletzungen notwendig sind, und sind die Verletzungen unmittelbar nach dem Unfall aufgetreten, kann von einem kausalen Zusammenhang zwischen dem Unfall und den Verletzungen ausgegangen werden. Bei Inkonsistenzen zwischen dem Verletzungsbild und den Ergebnissen der technischen Rekonstruktion muss eine plausible Erklärung gefunden werden – wenn das Gesamtbild nicht schlüssig ist, sind auch Aussagen betreffend einzelner Verletzungsbefunde potentiell fehlerbehaftet. Liegen Überlastungsschäden vor, muss möglichst genau eruiert werden, in welchem Maß der Unfall zur Auslösung beigetragen hat; auch hier reicht eine zeitliche Korrelation alleine – Vortrag über Beschwerdefreiheit vor und Empfindungsstörungen nach dem Unfall – nicht für den Beweis einer Kausalität aus.

- Die Begutachtung von nicht objektivierbaren Verletzungsfolgen/Beschwerden ist der nächste logische Schritt, der allerdings eine große Herausforderung darstellt. Zunächst müssen alle Unterlagen zu den geltend gemachten Verletzungsfolgen kritisch geprüft werden. Häufig ist eine körperliche Untersuchung der betroffenen Person zum Zeitpunkt der Gutachtenerstellung nicht mehr sinnvoll, da nach dem Unfall zu viel Zeit vergangen ist und etwaige Verletzungen und deren Folgen vollständig ausgeheilt sind. Ist eine körperliche Untersuchung noch sinnvoll und erforderlich, dann soll diese möglichst nicht von einem therapeutisch orientierten Kliniker, sondern von einem entsprechend geschulten Arzt durchgeführt werden, der alle ihm gegenüber gemachten Äußerungen kritisch prüft und auch gezielt alle für die Begutachtung relevanten anamnestischen Angaben erheben kann – klassischerweise von einem Rechtsmediziner. Der unmit-

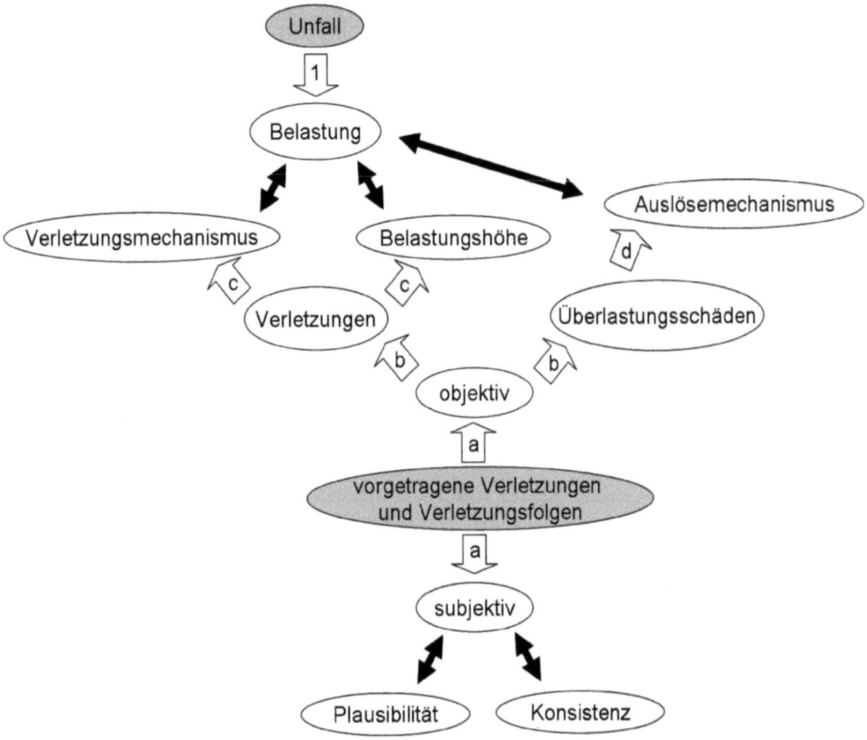

Abb. 3.27 Allgemeine Vorgehensweise bei der Begutachtung von Verletzungen und Verletzungsfolgen. Zunächst werden anhand der durchgeführten Unfallrekonstruktion die einwirkenden Belastungen qualitativ sowie quantitativ eingegrenzt (1). Bei den vorgetragenen Verletzungsfolgen wird zwischen den objektiv nachweisbaren und den subjektiv vorgetragenen unterschieden (a). Bei den objektiven wird analysiert, ob es sich um Verletzungen oder Überlastungsschäden handelt (b). In beiden Gruppen werden die mechanischen Voraussetzungen für ihre Entstehung ermittelt (c,d) und mit den rekonstruierten, beim Unfall auftretenden Belastungen verglichen. Die subjektiven Beschwerden können lediglich betreffend ihrer Plausibilität (anhand epidemiologischer Daten usw.) und Konsistenz (bei wiederholtem Befragen) bewertet werden

telbar nach dem Unfall erhobene Befund ist immer von großer Bedeutung, auch die in der Folgezeit erstellten Atteste und Berichte müssen sorgfältig ausgewertet werden. Zu achten ist nicht nur auf objektive Befunde und Heilungsverlauf, sondern auch auf die subjektiven Angaben der Patienten; anamnestische Angaben können wichtig sein, z. B. im Hinblick auf eine mögliche Aggravation. Bei Bewertung der Befunde muss immer die Methode ihrer Erhebung berücksichtigt werden. Eine schmerzbedingte Bewegungseinschränkung, die mittels Bewegungstests zur Schmerzgrenze des Patienten festgestellt wird, ist rein subjektiv, weil die Endlage durch Angabe des Patienten definiert ist; demgegenüber ist eine passive Beweglichkeit im Gelenk, bestimmt durch den Arzt bei einer Bewegung bis zum Anschlag entsprechender Körperstrukturen objektiv. Nachdem sich der Sachverständige teilweise nicht auf objektive Anknüpfungstatsachen stützen kann und die Wahrnehmung/Verarbeitung von körperlichen Missempfindungen stark individuell geprägt ist, ist insbesondere bei Begutachtung von Schmerzempfindungen usw. eine große Zurückhaltung geboten.

Graphisch ist das Prinzip der Begutachtung in Abb. 3.27 dargestellt. Die technischen wie medizinischen und biomechanischen Aspekte von Verkehrsunfallrekonstruktionen wurden bereits in den Kap. 3.2.1 und 3.2.2 diskutiert. Die am häufigsten vorkommende Problematik ist in diesem Zusammenhang die sog. HWS-Distorsion, die gesondert im nächsten Kapitel abgehandelt wird. Das Spektrum von Verletzungen, deren Kausalität beurteilt werden muss, ist jedoch breit und betrifft alle Arten von Unfällen und Unfallbeteiligten.

3.3.5 HWS-Distorsion, posttraumatisches Zervikalsyndrom

3.3.5.1 Terminologie, Diagnose

Unter einer Distorsion wird allgemein eine Verstauchung, also eine Verletzung der Weichteile (Bänder, Gelenkkapsel usw.) infolge einer über das physiologische Maß hinausgehenden Bewegung in einem Gelenk verstanden. Ursachen von unphysiologischen Bewegungen können vielfältig sein; durch die zahlreichen alternativen Bezeichnungen gekennzeichnet, wurde bei der HWS-Distorsion eine unphysiologische Nackenkinematik infolge einer dynamischen Bewegung des frei schwingenden Kopfes gegenüber dem fixierten Oberkörper angenommen. Begriffe wie (HWS-)Schleudertrauma, Peitschenschlagverletzung, Beschleunigungsverletzung oder im englischsprachigen Raum Whiplash sind jedoch aus heutiger Sicht als veraltet und sachlich nicht richtig aufzufassen. Eine attestierte Diagnose „HWS-Schleudertrauma" reflektiert implizit nicht nur die körperlichen Befunde und Symptome, sondern auch den (sich aus der Anamnese ergebenden, also vom Patienten vorgetragenen) Verletzungsmechanismus. Für die Benennung der therapeutischen Erstdiagnose, d. h. damit auch für die Festlegung der Behandlungsstrategie ist dies durchaus vertretbar; auch ist es nicht die Aufgabe eines Klinikers, die Patientenangaben primär in Frage zu stellen. Auf der anderen Seite muss bei der späteren Begutachtung von sog. HWS-Distorsionen berücksichtigt werden, dass es in Fällen ohne objektivierbare Befunde ausschließlich der Vortrag des Patienten ist, auf dem die therapeutische Diagnose basiert. In der letzten Zeit wird häufig der Begriff posttraumatisches Zervikalsyndrom verwendet, der zwar einen konkreten Unfallmechanismus nicht beschreibt, jedoch ebenfalls das Vorhandensein eines Traumas implizit annimmt als Tatsache, die vom Arzt selbst nur selten objektiviert werden kann, sondern die ihm anamnestisch vorgetragen wird.

3.3.5.2 Klassifikation

Im wissenschaftlichen Bereich wird von WAD (= Whiplash Associated Disorders) gesprochen, die gemäß Empfehlung der QTF (Quebec Task Force) (Spitzer et al. 1995) in fünf Schweregrade unterteilt werden (Tabelle 3.8)

Tabelle 3.8 Klassifikation der WAD gemäß QTF

Typ 0	Klinische Zeichen: keine.
Typ I	Klinische Zeichen: Nackenbeschwerden in Form von Schmerzen, Steifigkeitsgefühl oder Überempfindlichkeit (keine körperlichen Befunde).
Typ II	Klinische Zeichen: Nackenbeschwerden wie unter 1 und muskuloskeletale Befunde (Bewegungseinschränkung, palpatorische Überempfindlichkeit, Muskelverspannung).
Typ III	Klinische Zeichen: Nackenbeschwerden wie unter 1 und neurologische Befunde (abgeschwächte oder aufgehobene Muskeleigenreflexe, Paresen, sensible Defizite).
Typ IV	Klinische Zeichen: Nackenbeschwerden wie unter 1 und Fraktur oder Dislokation der Halswirbelsäule.

Im deutschsprachigen Raum wird häufig die Klassifikation nach Erdmann (modifiziert von Keidel 1998) verwendet, die ebenfalls fünf Schweregrade unterscheidet:

Tabelle 3.9 Klassifikation der WAD nach Erdmann/Keidel

Grad 0	Klinische Zeichen: keine.
Grad I	Klinische Zeichen: Schmerzen der Halsmuskulatur und/ oder HWS, die bewegungseingeschränkt sein kann, meist nach einem symptomfreien Intervall.
Grad II	Klinische Zeichen: wie bei Grad I, aber meist ohne symptomfreies Intervall; möglich sind sekundäre Insuffizienz der Halsmuskulatur, Schmerzen im Mundboden-/Interskapularbereich, Parästhesien der Arme
Grad III	Klinische Zeichen: wie bei Grad I und II, primäre Insuffizienz der Halsmuskulatur möglich; Brachialgien, Armparesen, eventuell kurze initiale Bewusstlosigkeit.
Grad IV	Klinische Zeichen: hohe Querschnittlähmung, Tod im zentralen Regulationsversagen, meist am Unfallort, Bulbärhirnsyndrom.

Die einzelnen Kategorien der beiden zitierten Klassifizierungen decken sich nicht ganz. Näherungsweise gilt: Erdmann 0 = QTF 0, Erdmann I = QTF I/II, Erdmann II = QTF II, Erdmann III = QTF III/IV, Erdmann IV hat kein entsprechendes Korrelat in der QTF-Klassifikation. Entscheidend für die Zuordnung eines Schweregrades ist in beiden Systemen das klinische Erscheinungsbild, d.h. die bei der Untersuchung des Patienten erhobenen Befunde. Die QTF-Klassifikation ist empfehlenswert, da sehr übersichtlich (QTF I Empfindlichkeitsstörungen ohne körperliche Befunde, QTF II + körperliche Befunde, QTF III + neurologische Symptome, QTF IV + Frakturen oder Dislokationen). Letztlich sind jedoch die einzelnen klinischen Befunde entscheidend.

3.3.5.3 Biomechanik

Der genaue Hintergrund der nicht objektivierbaren Beschwerden ist bis dato nicht bekannt, vermutet werden Mikroläsionen der Weichteile; exakte wissenschaftliche Daten diesbezüglich fehlen jedoch. Verursacht werden die Mikroschäden vermutlich durch eine Relativbewegung des Kopfes gegenüber dem Rumpf, die abschnittsweise den Charakter einer Translation (Scherung, Verschiebung einzelner Wirbelsäulensegmente gegeneinander) und den einer Rotation (Wirbelsäulenneigung) aufweist. Die Insassenkinematik wird hier am Beispiel einer Heckkollision beschrieben. Durch den Sitz werden beim Heckanstoß die auf das Fahrzeug einwirkenden Stoßkräfte auf den Oberkörper des Insassen übertragen und verursachen seine ruckartige Verschiebung gegenüber dem frei beweglichen Kopf (die sog. Retraktion – eine Verschiebung des Kopfes nach dorsal ohne eine relevante Neigung). Die Verschiebung führt zu einer S-förmigen Anordnung der HWS-Etagen, indem den oberen Segmenten eine Flexion und den unteren eine Extension aufgezwungen wird. In dieser Phase werden die Belastungen der HWS zusätzlich durch sog. Thoracic ramping beeinflusst – aufgrund der im Rückenbereich eingeleiteten Kontaktkraft kommt es zu einer Streckung der Wirbelsäule, insbesondere wird die Kyphose im Brustbereich reduziert; dadurch bewegen sich die oberen Wirbelsäulenpartien nach oben entlang der Sitzlehne. Der obere BWS-Bereich erfährt also zusätzlich zur nach vorne gerichteten Beschleunigung auch eine nach kranial (kopfwärts) hin (mit der Folge einer Kompression der HWS) und eine Extension. Danach erfolgt eine Extension der gesamten Halswirbelsäule, d.h. der Kopf rotiert nach hinten bis zum Kontakt mit der Kopfstütze (oder zur maximalen Auslenkung). Weil der Kontakt mit der Sitzlehne und evtl. mit der Kopfstütze teilelastisch ist, folgt eine „Abprall-Bewegung“ des Oberkörpers und des Kopfes nach vorne – ein sog. Rebound. Je nach seiner Intensität kann es noch zu einer Interaktion des Oberkörpers mit dem Gurt kommen, die eine weitere Rumpfbewegung verhindert, während sich der freie Kopf trägheitsbedingt weiterbewegt. Die Halswirbelsäule wird dann aufgrund dieser erneuten Relativbewegung zwischen Kopf und Oberkörper wieder in eine S-förmige Anordnung gezwungen, diesmal jedoch umgekehrt (oben Extension, unten Flexion; der Kopf wird nach vorne verschoben = Protraktion). Letztlich kommt es zu einer Flexion der gesamten HWS. Aufgrund einer Dämpfung der Kontaktkraft zwischen Thorax und Sitzscha-

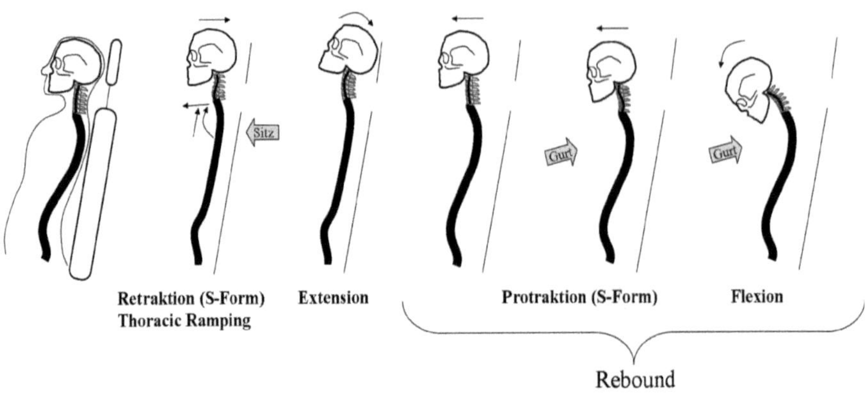

Abb. 3.28 Schematische Darstellung der Wirbelsäulenkinematik bei einer Heckkollision

le ist die Intensität des Rebounds geringer als die der Bewegungen in der ersten Phase. Bei einer Mehrfachkollision (z. B. ein Aufschieben des von hinten gestoßenen PKWs auf ein davorstehendes Fahrzeug) ist jedoch eine Überlagerung des Rebounds mit dem in gleicher Belastungsrichtung stattfindenden Frontalaufprall möglich, beide Effekte würden sich dann summieren. Eine schematische Darstellung der Insassenkinematik bei einer Heckkollision ist der Abb. 3.28 zu entnehmen. Bei Frontal- und Seitenkollisionen treten analog komplexe Relativbewegungen der HWS auf.

Die HWS stellt mit den umliegenden Weichteilen ein hochkomplexes Gebilde dar. Die einzelnen Strukturen besitzen eine unterschiedliche biomechanische Toleranz mit hoher interindividueller Variabilität, die noch nicht für alle Gewebetypen bekannt ist. Nachdem darüber hinaus die konkret für die Beschwerden verantwortliche Körperstruktur nicht identifiziert werden kann, ist nur die Verwendung robuster Toleranzgrenzen sinnvoll, um die Dynamik der Relativbewegung zwischen dem Rumpf und dem Kopf zu quantifizieren. Als der aussagekräftigste Parameter zur Beurteilung der Höhe der biomechanischen Belastung der HWS eines Insassen hat sich die kollisionsbedingte Geschwindigkeitsänderung seines Fahrzeugs erwiesen. Es handelt sich dabei streng genommen nicht um eine biomechanische Toleranzgrenze (und bei leichten WAD liegen auch keine Verletzungen vor, siehe Kap. 3.3.1), sondern um ein Verletzungskriterium, das anhand von zahlreichen Freiwilligenstudien abgeleitet wurde. Eine Aufstellung der Höhe der kollisionsbedingten Geschwindigkeitsänderung, ab der die Entstehung von WAD als möglich aufzufassen bzw. aus biomechanischer Sicht plausibel erklärbar ist, kann für verschiedene Belastungsrichtungen (Kollisionsrichtungen) der Tabelle 3.10 entnommen werden. Es ist dabei zu beachten, dass für die Beurteilung die Höhe und Richtung dieses Parameters am Fahrersitz entscheidend ist. Bei reinen Heck- oder Frontalkollisionen entspricht sie der kollisionsbedingten Geschwindigkeitsänderung des Fahrzeugs in seinem Schwerpunkt, bei schrägen oder seitlichen Kollisionen können sich durchaus große Differenzen für verschiedene Lokalisationen im Fahrzeug ergeben. Die präsentierten Grenzbereiche ergeben sich aus einer Viel-

Tabelle 3.10 Allgemein akzeptierte Grenzbereiche der kollisionsbedingten Geschwindigkeitsänderung betreffend leichte WAD (Typ I–II nach QTF). Angenommen wird eine durchschnittliche Kollisionsdauer von 0,1–0,15 s

Kollisionsart	Grenzbereich
Heckaufprall	13–15 km/h
Seitenaufprall	15–17 km/h
Frontalaufprall	18–20 km/h

zahl von Studien, einzelne Gutachter verwenden auch leicht abweichende Werte. Die kollisionsbedingte Geschwindigkeitsänderung kann nur dann als Referenzwert verwendet werden, wenn die Kollisionsdauer im typischen Bereich zwischen 0,1 und 0,15 s anzunehmen ist. Bei länger andauernden Kollisionen (z. B. beim Streifkontakt zweier Fahrzeuge) treten verhältnismäßig geringe Beschleunigungen auf und die mittels Geschwindigkeitsänderung quantifizierte Belastung würde dann überschätzt werden.

Die in Tabelle 3.10 präsentierten Werte sind keinesfalls als starre Grenzen aufzufassen, bei der Beurteilung müssen viele Aspekte der konkreten Situation und des Individuums berücksichtigt werden – insbesondere die Sitzeinstellung, die Einstellung der Kopfstütze, die Körper- und Kopfhaltung zur Kollisionszeit sowie vorbestehende Verletzungen, degenerative Veränderungen, Erkrankungen. In ungünstigen Konstellationen wie bei einer zu tief eingestellten Kopfstütze bei Heckkollisionen oder bei einer zur Kollisionszeit eingenommener untypischer Körperhaltung (eine starke Kopfdrehung usw.) können Beschwerden auch bei niedrigeren Belastungshöhen entstehen. Insofern gibt es keine starre „Harmlosigkeitsgrenze“, die pauschal angewendet werden kann.

Zahlreiche Studien weisen darauf hin, dass das Phänomen „HWS-Distorsion“ außer der biomechanischen auch anderweitige relevante Aspekte umfasst – diskutiert werden insbesondere psychogene Störungen (z. B. posttraumatische Belastungsstörung, siehe Kap. 3.3.7) und Einflüsse der Entschädigungserwartung.

3.3.5.4 Begutachtung

In seltenen Fällen mit nachweisbaren morphologischen Körperschäden, d. h. bei schweren WAD, ist die Begutachtung meist relativ unkompliziert. Leichtere WAD-Typen zeichnen sich jedoch durch Beschwerden aus, die weitestgehend nicht objektivierbar sind (Schmerzen usw.) oder die in der Gesamtpopulation derart häufig auftreten, dass sie nicht als ein sicheres Zeichen eines stattgehabten Traumas gewertet werden können; hier sind insbesondere Muskelverspannungen im Nackenbereich und eine Streckhaltung (Steilstellung, Extensionsstellung) der HWS im Röntgenbild zu nennen. Selbst bei aufwändiger apparativer Diagnostik mittels MRT finden sich bei HWS-Patienten keine Befunde, die bei symptomfreien Individuen ohne einen vorangehenden Unfall nicht vorhanden wären. In den Aufnahmen können zwar Abweichungen von der üblichen Anatomie festgestellt werden, ihre pathologische Bedeutung ist jedoch weitestgehend unklar und eine traumatische Genese kann nicht als wissenschaftlich nachgewiesen aufgefasst werden. Als Beispiele sind Unregelmäßigkeiten der Flügelbänder (Lig. alaria) und der Bandscheiben zu nennen.

Der zeitliche Zusammenhang zwischen dem Unfall und der erstmaligen Manifestation von Beschwerden erscheint mit der Schwere und Dauer der Beschwerden assoziiert – bei einer kurzen oder fehlenden Latenz sind chronische Beschwerden häufiger als bei einem um mehrere Stunden verzögerten Eintritt von Befindlichkeitsstörungen. Beschwerden, die erst mehrere Tage nach dem Unfall entstanden, sind durch diesen im Regelfall nicht zu begründen.

Eine evtl. Arbeitsunfähigkeit bzw. Minderung der Erwerbsfähigkeit muss anhand einer aktuellen Untersuchung des Patienten beurteilt werden. Es gilt als Grundsatz, dass ein Dauerschaden die Ausnahme darstellt und einer schlüssigen Untermauerung bedarf. Bei leichten Beschwerden vom Schweregrad I–II nach QTF ist eine über ca. 6 Wochen anhaltende Arbeitsunfähigkeit im Regelfall nicht anzunehmen, für die Zeit danach ist typischerweise eine MdE von höchstens 20% anzunehmen. Eine Dauer der MdE von über 1 Jahr ist nur in Ausnahmefällen und beim Vorhandensein neurologischer Befunde oder struktureller Verletzungen (Grad III o. IV nach QTF) vorstellbar.

Traumatisch bedingte Beschwerden zeichnen sich durch eine Abnahme ihrer Intensität im Verlauf der Zeit aus (sog. Decrescendo-Verlauf). Verstärken sich die Beschwerden, ist dies ein Hinweis auf anderweitige Ursachen (degenerative Veränderungen usw.) oder eine Aggravation seitens des Patienten.

3.3.6 Schädel-Hirn-Trauma

3.3.6.1 Terminologie, Diagnose

Der Begriff Schädel-Hirn-Trauma (SHT) bezeichnet eine Verletzung des Schädels und/oder der Kopfhaut mit Beteiligung der inneren Strukturen – Gehirn, Hirnhäute, Blutgefäße. Eine ausschließlich oberflächliche Kopfverletzung, wie z. B. eine Abschürfung der Kopfschwarte oder eine einfache Schädelprellung, konstituiert also kein SHT. Ein offenes SHT liegt definitionsgemäß dann vor, wenn die harte Hirnhaut (Dura mater) perforiert wurde; bleibt die harte Hirnhaut intakt, spricht man von gedeckten Schädel-Hirn-Traumen.

Dank moderner und weit verbreiteter Technik (CT, MRT usw.) ist die Diagnose bzw. der Nachweis traumatischer Veränderungen am Knochen sowie innerhalb des Schädels meist relativ einfach.

3.3.6.2 Klassifikation

Die klassische Einteilung von SHT unterscheidet drei Schweregrade:

- Commotio cerebri (Gehirnerschütterung)
- Contusio cerebri (Gehirnprellung)
- Compressio cerebri (Gehirnquetschung).

Eine Commotio zeichnet sich durch eine kurze Bewusstlosigkeit und eine Amnesie (Gedächtnislücke), Kopfschmerz und Übelkeit aus und stellt eine vorübergehende Funktionsstörung des Gehirns dar, also keine morphologisch fassbare Verletzung. Eine Contusio setzt dagegen einen objektiven, d.h. durch bildgebende Verfahren eindeutig feststellbaren Gewebeschaden voraus. Bei einer Compressio kommt es infolge raumfordernder Prozesse (Blutung, Ödem) zur Einklemmung des Gehirns in der Schädelhöhle und einer Hirndrucksteigerung. Obwohl diese schematische Einteilung immer noch häufig verwendet wird, gilt sie anhand neuerer Kenntnisse als überholt. Aufgrund der Inkongruenz unterschiedlicher klinischer, pathologischer und morphologischer Aspekte von SHT ist es nicht möglich, eine vollständige, einheitliche und allgemein gültige Klassifikation zu entwickeln.

Fall 1: Ein Patient kommt zum Arzt und berichtet über einen Unfall, der sich vor 2 Tagen ereignet hat. Der Patient klagt über Kopfschmerzen und gibt an, kurzzeitig nach dem Aufprall bewusstlos gewesen zu sein.

Fall 2: Ein Patient wird nach einem Verkehrsunfall ins Krankenhaus eingeliefert. Er ist bei Einlieferung wach und allseits orientiert, beim Eintreffen des Notarztes war der Patient jedoch laut Notarzteinsatzprotokoll bewusstlos. Eine MRT-Untersuchung erbrachte kein Anhalt für traumatische Schäden des Gehirns.

In beiden Fällen wird möglicherweise eine therapeutische Diagnose Commotio cerebri bescheinigt. Im Fall 1 basiert diese jedoch ausschließlich auf dem Vortrag des Patienten und das Eintreten der Commotio kann daher nicht ohne weiteres als nachgewiesen aufgefasst werden (d.h. es muss überprüft werden, ob die unfallbedingte Belastung den Eintritt einer Commotio erklären kann), im Fall 2 handelt es sich dagegen um eine Feststellung des Notarztes anhand objektiver Befunde. Bei einem positiven MRT-Befund würde im Fall 2 eine Contusio cerebri vorliegen.

Bei der Einschätzung von Schädel-Hirn-Traumen treten die neurologischen Aspekte immer mehr in den Vordergrund, sodass heutzutage häufig eine Einteilung mittels der Bewusstseinslage vorgenommen wird. Dazu wird die sog. Glasgow Coma Scale (GCS) verwendet, die Antworten des Patienten auf Reize in drei Kategorien bewertet (siehe Tabelle 3.11).

Die primären Verletzungsfolgen betreffen die Kopfhaut (Quetsch-Riss-Wunden, Schnittwunden, Galeahämatome, Schürfungen), den Schädelknochen (Frakturen der Kalotte, der Basis sowie des Gesichtsschädels), die Hirnhäute (Zerreißung), die Blutgefäße (Dissektion = Aufspaltung von Gefäßwandschichten, Zerreißung mit sekundär entstehenden Blutungen) sowie die Hirnsubstanz selbst (Kontusionen, DAI = diffuse axonale Schädigung, Gefügezerstörung).

Unter den sekundären Verletzungsfolgen sind eine Hirnschwellung (eine Vermehrung des Blutvolumens im Gehirn aufgrund einer Autoregulationsstörung der

Tabelle 3.11 Die Glasgow Coma Scale. Die Bewusstseinslage wird in drei Bereichen überprüft; die Summe der drei Einzelwerte (insgesamt 3–15 Punkte) beschreibt die Bewusstseinslage und kann auch zur Klassifikation von SHT verwendet werden – leichtes SHT (GCS 13–15 Punkte), mittelschweres SHT (GCS 9–12 Punkte) und schweres SHT (GCS 3–8 Punkte)

Punkte	Augenreaktion	Verbale Reaktion	Motorische Reaktion
1	keine Reaktion	keine Reaktion	keine Reaktion auf Schmerz
2	auf Schmerzreiz	unverständlich	Strecksynergismen bei Schmerz
3	auf Aufforderung	unzusammenhängend	Beugeabwehr bei Schmerz
4	spontan	Konversation, desorientiert	ungezielte Schmerzabwehr
5	–	Konversation, orientiert	gezielte Schmerzabwehr
6	–	–	Befolgung von Aufforderungen

Gefäße), ein Hirnödem (Flüssigkeitsansammlung im Gehirn aufgrund einer Störung des Flüssigkeitsabflusses) sowie fokale Blutungen aus verletzten Gefäßen zu nennen. Je nach Lokalisation der Blutung werden epidurales Hämatom (EDH, zwischen der harten Hirnhaut und dem knöchernen Schädel), subdurales Hämatom (SDH, zwischen der harten Hirnhaut und der Spinnenwebshaut) und subarachnoidales Hämatom (SAH, zwischen der Spinnenwebshaut und der weichen Hirnhaut) unterschieden. Auch innerhalb der Hirnsubstanz können Blutungen entstehen – diese werden als intrazerebrale Hämatome bezeichnet.

3.3.6.3 Biomechanik

Der Kopf wird bei Unfällen unterschiedlichen mechanischen Belastungen ausgesetzt, entsprechend vielfältig ist auch das dabei entstehende Verletzungsbild. Aus biomechanischer Sicht gibt es grundsätzlich zwei verschiedene Möglichkeiten der Entstehung von Kopfverletzungen – durch eine Stoßbelastung oder durch eine Impulsänderung des Kopfes. Bei einem Stoß, d. h. bei einer Kontaktinteraktion des Kopfes mit einem anderen Objekt kommt es an der Kontaktstelle (Kopfhaut, bei penetrierenden Verletzungen aber auch Knochen oder das Gehirngewebe selbst) zu hohen lokalen Spannungen im Körpergewebe, die bei Überschreitung der biomechanischen Toleranz Verletzungen nach sich ziehen. Weitere, mit einem Kontakt potentiell einhergehende und Verletzungen verursachende Phänomene sind Verformung des Schädelknochens, und Druckwellenpropagation.

Unter einer Impulsänderung versteht man das Auftreten von linearen oder Rotationskopfbeschleunigungen; diese können durch einen Stoß sowie indirekt durch Übertragung einer Oberkörperbewegung auf den Kopf durch die Halsstrukturen entstehen. Bei hohen linearen Kopfbeschleunigungen kommt es aufgrund der Trägheit des Gehirns zu einer Relativbewegung in der Schädelhöhle und dadurch zur Entstehung lokaler Spannungen nicht nur an der Stoßseite (sog. Coup-Verletzungen, siehe Abb. 3.29), sondern auch am gegenüberliegenden Schädelpol (sog. Contre-Coup-Verletzungen, siehe Abb. 3.29). Während lineare Beschleunigungen in der Regel zu fokalen Verletzungen führen, besteht bei hohen Rotationsbe-

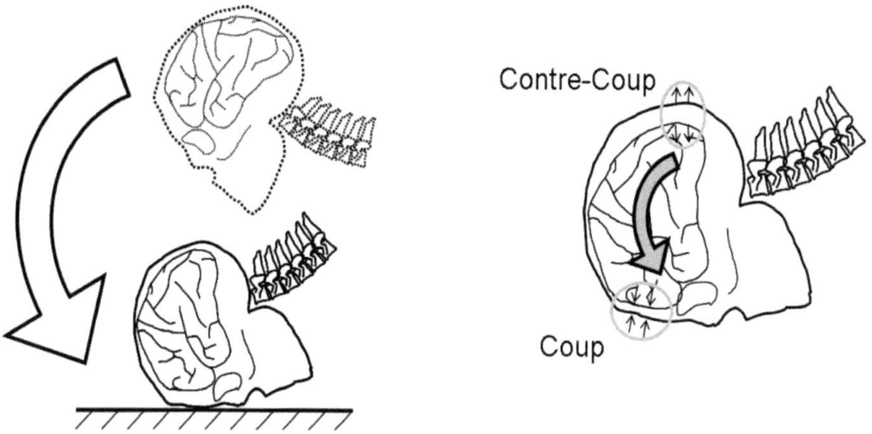

Abb. 3.29 Die Entstehung einer direkten (Coup) und indirekten (Contre-Coup) Gehirnverletzung beim Kopfaufprall (z. B. im Rahmen eines Sturzgeschehens). Trägheitsbedingt bewegt sich das Gehirn in der Schädelhöhle beim Aufprall weiter, an der Aufprallseite entstehen Druckbelastungen, an der gegenüberliegenden Seite Zugbelastungen; beide Mechanismen können Verletzungen nach sich ziehen

schleunigungen die Gefahr von diffusen Schädigungen, wie z. B. diffuse axonale Schädigung (DAI = diffuse axonal injury).

Die physikalischen Parameter, die zur Quantifizierung der biomechanischen Toleranz verwendet werden, umfassen Kontaktkraft (z. B. für Schädelfrakturen – je nach Region zwischen ca. 3 kN im Gesichtsbereich bis ca. 12 kN im Hinterkopfbereich), Beschleunigung (linear sowie rotatorisch, evtl. in Verbindung mit der Einwirkdauer, wie z. B. beim HIC für lineare Beschleunigungen, siehe Abb. 3.26 im Kap. 3.3.3), Energie oder Impuls des Stoßes, Spannungen im Gehirngewebe (bei Verwendung numerischer Modelle) u. a.

3.3.6.4 Begutachtung

Die Diagnose der unmittelbar durch die Gewalteinwirkung entstandenen Verletzungen, d. h. der primären Verletzungsfolgen, ist in aller Regel unproblematisch. Dies gilt nicht nur für die fokalen Schäden, mittels MRT ist auch ein Nachweis einer diffusen axonalen Schädigung durch Vorhandensein von Mikroblutungen möglich. Die Zuordnung der Verletzungen einer bestimmten Unfallphase bzw. einer bestimmten Interaktion, d. h. eine biomechanische Unfallrekonstruktion, erfordert die Kenntnis sämtlicher verfügbarer Spuren an den beteiligten Fahrzeugen, an Gegenständen und Personen sowie am Unfallort und kann sich bei komplexen Unfällen schwierig gestalten.

Unter den sekundären Verletzungsfolgen sind die physiologisch bedingten und objektiv nachweisbaren am einfachsten zu beurteilen. Für die Beurteilung der Spätschäden ist der Nachweis einer stattgehabten substantiellen Hirnschädigung sehr wichtig, da leichte SHT ohne organische Verletzungen in der Regel keine Dauerfolgen nach sich ziehen. Hier ist anzumerken, dass Schädelfrakturen zwar eindeutig feststellbar und als Indikator der Belastungsintensität gut geeignet sind, die Ableitung einer Gehirnschädigung ist anhand ihrer Präsenz jedoch nicht möglich. Ein wesentliches Kennzeichen von organisch bedingten Beschwerden (Kopfschmerzen usw.) ist deren Decrescendoverlauf. Im Falle von neurologischen Störungen oder Fehlfunktionen der Sinnenwahrnehmung müssen diese durch entsprechende Sachverständige objektiviert und begutachten werden. Auf psychische bzw. psychogene Folgen eines Traumas wird im nächsten Kapitel kurz eingegangen.

3.3.7 Psychische Folgen eines Traumas

Bei der Begutachtung psychischer Folgen eines Traumas muss zwischen durch substantielle Hirnschäden – Gehirnverletzungen – entstandenen psychischen Störungen (z. B. organisches Psychosyndrom nach einem Schädel-Hirn-Trauma) und funktionellen psychischen Syndromen, die sich als Reaktion auf ein belastendes Ereignis entwickeln, unterschieden werden. Im Folgenden wird auf die funktionellen Störungen eingegangen.

Die internationale Klassifikation der funktionellen psychischen Störungen erfolgt gemäß ICD-10 (Internationale Klassifikation psychischer Störungen) oder DSM IV (Diagnostisches und statistisches Manual psychischer Störungen der American Psychiatric Association).

In Zusammenhang mit einem erlebten Trauma können folgende funktionelle psychische Störungen auftreten, eingeteilt dem Zeitfaktor nach:

3.3.7.1 Akute Belastungsreaktion

Bei einer akuten Belastungsreaktion handelt es sich um ein kurzzeitiges und vorübergehendes psychisches Korrelat einer außergewöhnlich belastenden Lebenssituation. Sie zeichnet sich insbesondere durch Angstzustände und Wiedererleben der Situation aus. Innerhalb weniger Tage oder Wochen nach dem Ereignis klingt sie ab.

3.3.7.2 Anpassungsstörung

Eine Anpassungsstörung liegt dann vor, wenn eine erhebliche emotionale oder Verhaltensstörung innerhalb von drei Monaten nach dem belastenden Ereignis auftritt und die Reaktion außergewöhnlich ist (i.e. nicht im Rahmen der üblichen Reaktion innerhalb der Kultur der Person). Die Symptome (subjektiver Leid, emotionale Beeinträchtigung usw.) bilden sich meist innerhalb 6 Monate zurück, gemäß ICD-10 darf eine Anpassungsstörung nur bis zu einer Dauer von 2 Jahren diagnostiziert werden.

3.3.7.3 Posttraumatische Belastungsstörung (PTBS)

Eine posttraumatische Belastungsstörung ist ein funktionelles psychisches Syndrom, das aus einem außergewöhnlich belastenden Ereignis resultiert. Das auslösende Ereignis muss nach den international anerkannten Standards folgende Merkmale aufweisen (gekürzt aus DSM IV):

A.	1.	Die Person war selbst Opfer oder Zeuge eines Ereignisses, bei dem das eigene Leben oder das anderer Personen bedroht war oder eine ernste Verletzung zur Folge hatte oder eine Bedrohung für die eigene körperliche Unversehrtheit oder für die anderer Personen darstellte
	2.	Die Reaktion der Person umfasste intensive Angst, Hilflosigkeit und Entsetzen
B.		Das Ereignis wird beharrlich auf mindestens eine der folgenden Weisen wiedererlebt:
	1.	Wiederkehrende und belastende Erinnerungen
	2.	Wiederkehrende belastende Träume von dem Ereignis
	3.	Handeln oder fühlen, als ob das Ereignis wiedergekehrt wäre
	4.	Intensive psychische Belastung bei Konfrontation mit Reizen, die Aspekte des Ereignisses symbolisieren
	5.	Körperliche Reaktionen bei Konfrontation mit Reizen, die Aspekte des Ereignisses symbolisieren
C.		Anhaltende Vermeidung von Reizen, die mit dem Ereignis assoziiert sind, eine Abflachung der allgemeinen Reagibilität, was sich mindestens in drei der folgenden Symptome ausdrückt:
	1.	Bewusstes Vermeiden von Gedanken, Gefühlen oder Gesprächen, die mit dem Ereignis verbunden sind
	2.	Bewusstes Vermeiden von Aktivitäten, Orten und Menschen, die Erinnerungen an das Ereignis wachrufen
	3.	Unfähigkeit, sich an ein wichtiges Aspekt des Ereignisses zu erinnern
	4.	Deutlich vermindertes Interesse oder verminderte Teilnahme an wichtigen Aktivitäten
	5.	Gefühl der Entfremdung von anderen
	6.	Eingeschränkte Bandbreite der Affekte
	7.	Gefühl der eingeschränkten Zukunft
D.		Anhaltende Symptome eines erhöhten Erregungsniveaus (zwei Symptome für die Diagnose notwendig)
	1.	Ein- oder Durchschlafstörungen
	2.	erhöhte Reizbarkeit oder Wutausbrüche
	3.	Konzentrationsschwierigkeiten
	4.	Hypervigilanz
	5.	übertriebene Schreckreaktionen
E.		Die Dauer der Beeinträchtigungen (Symptome der Kriterien B, C, D) ist länger als ein Monat
F.		Die Störung verursacht klinisch bedeutsame Belastungen oder Beeinträchtigungen des sozialen oder beruflichen Funktionsniveaus

Die Definition bringt zum Ausdruck, dass als Auslöser einer PTBS nur schwerste Verkehrsunfälle bzw. Unfälle mit schweren Verletzungen ernsthaft in Frage kommen. Zur Diagnostik gehören psychiatrische sowie psychometrische Verfahren. Die Symptome zeigen sich mit einer Latenz von höchstens ca. 6 Monaten.

3.3.7.4 Andauernde Persönlichkeitsänderung nach Extrembelastung oder psychischer Erkrankung

Nach extremen Situationen, die mit einer in der Regel andauernden Lebensgefahr einhergehen, kann sich eine andauernde Persönlichkeitsänderung entwickeln, manchmal geht eine PTBS voran. Das Unfallereignis muss in diesem Fall eine qualitativ neue psychopathologische Symptomatik herausgebildet haben.

Es muss darauf hingewiesen werden, dass es psychische Störungen gibt, die nicht im Zusammenhang mit einem Trauma entstehen, die aber dazu führen können, dass dauerhafte Beschwerden vorgetragen werden; diese können z. B. nach einem Bagatellunfall als dessen Folge fehlinterpretiert werden. Die mit dem „aktuellen" Unfallereignis assoziierten Beschwerden sind in diesem Fall als Ausdruck eines Verhaltensmusters der betroffenen Person aufzufassen, ergo unfallunabhängig. Eine somatoforme Störung liegt dann vor, wenn anhaltende, organisch nicht nachvollziehbare Beschwerden vorgetragen werden. Ein Hinweis auf das Vorliegen somatoformer Störungen ist ein vielfältiges und wechselndes Beschwerdebild.

Grundlage für die Beurteilung der psychischen Folgen von Verkehrsunfällen ist die Objektivierung der Beschwerden sowie der Merkmale des Ereignisses.

3.3.8 Klassifikation der Verletzungsschwere

Bei Analysen von Verkehrsunfällen hinsichtlich der Folgen ist häufig nicht die Art einer Verletzung oder die betroffene Körperregion von Relevanz, sondern die Verletzungsschwere. Diese kann je nach konkreter Fragestellung als Überlebenswahrscheinlichkeit, Behandlungs- oder Beschwerdendauer (oder auch als Behandlungskosten), Komplikationsrisiko, Grad der dauerhaften Minderung der Erwerbstätigkeit o. ä. quantifiziert werden. Im Folgenden werden die wichtigsten Konzepte und Klassifizierungssysteme betreffend die Verletzungsschwere dargestellt.

3.3.8.1 AIS (Abgekürzte Verletzungsskala)

Die AIS (Abbreviated Injury Scale) ist eine Klassifikationsskala für die Verletzungsschwere einer Einzelverletzung und weltweiter Standard in der Unfallforschung. Sie weist eine direkte Korrelation mit der Überlebenswahrscheinlichkeit und dem Komplikationsrisiko, aber nicht mit dem Grad der Behinderung auf (Tabelle 3.12). Die Skala wird kontinuierlich verbessert und dem medizinischen Fortschritt angepasst.

Die Beurteilung der Gesamtverletzungsschwere eines Mehrfach-Verletzten erfolgt durch den maximalen AIS-Wert (MAIS) und/oder den ISS-Wert (Injury Severity Score, siehe unten).

Tabelle 3.12 Verletzungsbeispiele mit AIS-Grad

Verletzungsgrad AIS	Kopf	HWS	Thorax	Extremitäten
0 Unverletzt				
1 Gering	Schädel-Prellung	Distorsion	Prellung	Hautabschürfung
2 Mäßig	Gehirnerschütterung	Dornfortsatzfraktur	Rippenfraktur (einfach)	Geschlossene Unterarmfraktur
3 Schwer	Schädelbasisfraktur	Wirbelkörperfraktur	Rippenfraktur (mehrfach)	Offene Schienbeinfraktur
4 Bedeutend (Überleben wahrscheinlich	Gehirnblutung (klein)	Inkomplette Querschnittslähmung	Lungenriss mit Einblutung	Oberschenkelamputation
5 Kritisch (Überleben unsicher)	Gehirnblutung (ausgedehnt)	Komplette Querschnittslähmung unterhalb HWK 4	Herzperforation	–
6 Maximal (nicht überlebbar)	Vollständige Zerstörung des Gehirnschädels	Komplette Querschnittslähmung oberhalb HWK 4	Beidseitige massive Thoraxzerquetschung	–
9 Unbekannt				

3.3.8.2 Überlebenswahrscheinlichkeit der Verletzungen

Die AIS Klassifikation richtet sich nach der Letalität der Verletzung. AIS-Ausprägung 0, 1 und 2 haben eine sehr geringe Letalität, Verletzungen mit einem AIS-Code von 3 weisen schon ein geringes Sterberisiko auf, das aber deutlich unter den AIS 4, 5 und 6 Verletzungen liegt. Insgesamt spielen auch Lebensalter und Konstitution eine entscheidende Rolle welcher AIS Grad überlebt werden kann. Junge gesunde Männer weisen die höchsten Überlebensraten auf.

3.3.8.3 Schwere einer Verletzung

Fälle ohne oder mit nur leichten Verletzungen AIS-Code 0 oder 1 werden in einer neuen ISO-Klassifikation der Unfallforschung in einer Gruppe zusammengefasst. Bei verschiedenen Erhebungen konnte gezeigt werden, dass es hier keine scharfe Grenze zwischen „unverletzt“ und „leicht verletzt“ gibt: Alleine durch die Möglichkeit einer finanziellen Kompensation von einer Verletzung sind einige vorher „Unverletzte“ plötzlich mit einem AIS-Code von 1 bewertet und umgekehrt.

3.3.8.4 ISS (Injury Severity Score)

Der Injury Severity Score (ISS) ist ein bewährtes System für die Beurteilung der Gesamtschwere der Verletzungen von verletzten Personen. Insbesondere die modernen Polytraumadefinitionen bauen auf dem ISS auf. Die ISS wird aus der Summe der Quadrate der drei höchsten AIS Codes dieser ISS-Körperregionswerte gebildet, woraus ein Punktewert von 0 bis 75 resultiert. Beim ISS-Code von mehr als 15 wird das Verletzungsbild des Patienten als „Polytrauma" klassifiziert.

Die 6 ISS-Körperregionen sind:

1. Kopf und Nacken schließen neben den knöchernen Verletzungen des Schädels (ohne Gesichtsschädel) und der Halswirbelsäule auch Verletzungen des Groß- und Kleinhirns sowie des Halsmarks (Medulla oblongata. Cervicalmark) mit ein. Auch Ersticken (Asphyxie) wird in dieser Rubrik codiert.
2. Gesichtsverletzungen einschließlich Mund, Nase, Augen, Ohren und Gesichtsknochen.
3. Brustkorbverletzungen einschließlich Verletzungen der Brustwirbelsäule, des Rippen, der inneren Organe im Brustbereich und des Zwerchfells (Diaphragma). Ertrinken wird als Brustkorbverletzung codiert.
4. Verletzungen im Bauchraum (ohne Zwerchfell), im großen und kleinen Becken sowie an der Lendenwirbelsäule.
5. Extremitäten einschließlich Verletzungen des knöchernen Beckens.
6. Äußere Verletzungen, Schürfungen auch mit Defektstellen, Einschnitte, Prellungen, Verbrennungen der Haut, des Unterhautfettgewebes unabhängig von der Lokalisation sowie Unterkühlung (Hypothermie) und Verletzungen durch Strom.

3.3.8.5 FCI (Functional Capaticy Index)

Die aktuelle Weiterentwicklung versucht ein Maß für die Spätfolgen einer Verletzung (Functional capacity index) an den AIS-Identifier zu koppeln. Bei den bisherigen Analysen war dies bisher jedoch nur für einzelne Körperregionen erfolgreich. Insbesondere Gehirn- und Extremitätenverletzungen sind für eine Abschätzung der Langzeitfolgen noch nicht ausreichend fein gegliedert worden. Hier besteht noch weiterer Forschungs- und Codierungsbedarf.

Weitere sinnvolle Skalierungen wären eine Komplikationsstatistik nach speziellen Verletzungen- und Verletzungskosten. Diese sind für heutige Kostenstrukturen im Gesundheitswesen jedoch nicht verfügbar.

3.3.8.6 Minderung der Erwerbsfähigkeit – MdE

Da die individuelle Erwerbsfähigkeit in der gesetzlichen Unfallversicherung ein versichertes Rechtsgut ist, spielt die Begutachtung der evtl. als Folge eines Unfalls eingetretenen Beeinträchtigungen des körperlichen oder geistigen Leistungsvermögens eine sehr wichtige Rolle. Für das Bemessen der MdE ist außer dem Ausmaß der Beeinträchtigungen auch der Umfang der verbleibenden Arbeitsmöglichkeiten auf dem gesamten Gebiet des Erwerbslebens von Bedeutung. Als Referenz für die Quantifizierung einer MdE kann Schönberger et al. 2010 empfohlen werden.

3.4 Glossar zur Unfallanalyse (Adamec, Graw)

AIS	Abbreviated Injury Scale, eine Skala zur Klassifizierung von Verletzungsschwere, basierend auf der Überlebenswahrscheinlichkeit
ATD	anthropomorphic test device, sog. Crash Test Dummy. Biomechanisches Messgerät, das den menschlichen Körper bei Crashversuchen ersetzt. Die Messergebnisse bilden die Grundlage für die Abschätzung der Verletzungsgefahr
Auslauf-geschwindigkeit	die Geschwindigkeit eines konkreten Fahrzeugs unmittelbar nach dem Anstoß
Beschleunigung	eine physikalische Größe [Einheit $m \cdot s^{-2}$], die die Änderung der Geschwindigkeit beschreibt. Unter einer Verzögerung wird eine Beschleunigung entgegen der ursprünglichen Bewegungsrichtung verstanden
Biomechanik	ist die Wissenschaft, die die Methoden der Mechanik benutzt, um Strukturen und Funktionen biologischer Systeme zu untersuchen
Commotio (cerebri)	Gehirnerschütterung, vorübergehende Funktionsstörung des Gehirns, der erste Grad eines Schädel-Hirn-Traumas nach klinischen Kriterien
Compressio (cerebri)	Gehirnquetschung, der dritte Grad eines SHT nach klinischen Kriterien (Einklemmung des Gehirns in der Schädelhöhle)
Contusio (cerebri)	Gehirnprellung, der zweite Grad eines SHT nach klinischen Kriterien (nachweisbarer Gewebeschaden)
Crash Test	eine unter kontrollierten Bedingungen durchgeführte Kollision eines oder mehreren Fahrzeuge, typischerweise mit Erfassung relevanter Parameter (Kollisionsmechanik und/oder Belastungen der durch ATD vertretenen Insassen)
DAI	Diffuse axonal injury, diffuser Axonschaden. Es handelt sich um mikroskopische Verletzung der Nervenbahnen im Gehirn
Delta v, Δv	die kollisionsbedingte Geschwindigkeitsänderung [phys. Einheit $km \cdot h^{-1}$, bzw. $m \cdot s^{-1}$]. Bei Fahrzeugkollisionen ein Maß der Kollisionsintensität, berechnet als Unterschied der Geschwindigkeiten des Fahrzeugs vor und nach dem Anstoß (d. h. zwischen der Ein- und Auslaufgeschwindigkeit). Bei einem initial stehenden Fahrzeug entspricht delta v der Geschwindigkeit, auf die es durch den Anstoß beschleunigt wurde (d. h. der Auslaufgeschwindigkeit). Unter der Annahme einer konstanten Stoßdauer ist die kollisionsbedingte Geschwindigkeitsänderung direkt proportional mit der Fahrzeugbeschleunigung
Drehimpuls	eine physikalische Größe [Einheit $kg \cdot m^2 \cdot s^{-1}$], Kreuzprodukt aus dem Ortsvektor und Impuls eines Massenpunktes, beim starren Körper das Produkt seines Trägheitstensors und seiner Winkelgeschwindigkeit; in geschlossenem System ist der Gesamtdrehimpuls konstant (Drehimpulserhaltungssatz)
Dummy	siehe ATD
Dynamik	ein Teil der Mechanik, der sich mit Kräfteeinwirkungen mit (Kinetik) oder ohne Bewegungen der interagierenden Körper (Statik) beschäftigt
EDH	Epiduralhämatom, auch Epiduralblutung. Eine Blutansammlung oberhalb der harten Hirnhaut (d. h. zwischen dem Schädelknochen und der harten Hirnhaut)

EES	ein Abkürzung von Energy Equivalent Speed – ein Maß der am Unfallfahrzeug verrichteten Verformungsarbeit [phys. Einheit $km \cdot h^{-1}$ bzw. $m \cdot s^{-1}$]. Entspricht einer Ausgangsgeschwindigkeit eines vollkommen plastischen Stoßes gegen eine starre Barriere, der das gleiche Schadensbild verursachen würde. Zwischen EES, delta v und der Kollisionsgeschwindigkeit besteht kein eindeutiges Verhältnis
Einlauf-geschwindigkeit	die Geschwindigkeit eines konkreten Fahrzeugs unmittelbar vor dem Anstoß
Geschwindigkeit	eine physikalische Größe [Einheit $m \cdot s^{-1}$ bzw. $km \cdot h^{-1}$], entspricht einer zurückgelegten Strecke pro Zeiteinheit
HIC	Head Injury Criterion, ein Kopfverletzungskriterium, das auf der Messung von linearen Kopfbeschleunigungen basiert
Impuls	eine physikalische Größe [Einheit $N \cdot s$, bzw. $kg \cdot m \cdot s^{-1}$], Produkt aus Masse und Geschwindigkeit eines Körpers; in geschlossenem System ist der Gesamtimpuls konstant (Impulserhaltungssatz)
ISS	Injury Severity Score, ein Bewertungssystem für die Verletzungsschwere bei mehrfach verletzten Personen. Der ISS-Wert wird als Summe der Quadrate der drei höchsten AIS-Werte gebildet (d.h. liegt zwischen 0 und 75)
Kinematik	ein Teil der Mechanik, der sich mit äußeren Merkmalen von Bewegungen beschäftigt (Weg, Geschwindigkeit, Beschleunigung)
Kinetik	ein Teil der Dynamik, der sich mit den Zusammenhängen zwischen Bewegungen und deren Ursachen (Kräfte, Momente) beschäftigt
Kollisions-geschwindigkeit	die Relativgeschwindigkeit zwischen zwei aufeinander stoßenden Körpern unmittelbar vor dem Aufprall [phys. Einheit $km \cdot h^{-1}$ bzw. $m \cdot s^{-1}$]. Beim Auffahren auf ein stehendes Fahrzeug entspricht die Kollisionsgeschwindigkeit der Einlaufgeschwindigkeit des stoßenden Fahrzeugs
Kraft	physikalische Größe [Einheit N=Newton], Ursache von Verformungen und Bewegungen von Körpern
MdE	Minderung der Erwerbsfähigkeit (der Befähigung zur üblichen, auf Erwerb gerichteten Arbeit oder deren Ausnutzung im wirtschaftlichen Leben)
Mechanik	ein Teil der Physik, der sich mit Bewegungen und deren Ursachen beschäftigt
Newton	nach englischem Naturforscher genannte physikalische Einheit der Kraft; 1 Newton ist gleich der Kraft, die einem Körper der Masse 1 kg die Beschleunigung $1\, m \cdot s^{-2}$ erteilt
OOP	Out of Position, die Bezeichnung für Situationen mit einer vom Normalfall abweichenden Körperhaltung (bei Insassen eine seitliche Beugung, eine Vorbeugung, seitlich gedrehter Kopf, Arme oder Beine an nicht dafür vorgesehenen Innenstrukturen abgelegt usw.)
PMHS	Post Mortale Humane Subjekte, Leichen
PTBS	Posttraumatische Belastungsstörung, ein funktionelles psychisches Syndrom, das aus einem außergewöhnlich belastenden Ereignis resultiert
SAB	Subarachnoindalblutung, auch Subarachnoidalhämatom. Eine Blutansammlung unterhalb der Arachnoidea = Spinnennetzhaut (d.h. zwischen der Arachnoidea und der Pia mater = der weichen Hirnhaut)

SDH	Subduralhämatom, auch Subduralblutung. Eine Blutansammlung unterhalb der harten Hirnhaut
Somatoforme Störung	anhaltende, organisch nicht nachvollziehbare körperliche Beschwerden
Spur	unter einer Spur wird jede materielle Veränderung bezeichnet, durch die sich der Zustand nach dem relevanten Ereignis – Tat, Unfall usw. – von dem Zustand vor dem relevanten Ereignis unterscheidet
Statik	ein Teil der Dynamik, der sich mit dem Kräftegleichgewicht an nicht beschleunigten Körpern beschäftigt
Stoß	in der Physik ein kurzer Kontakt zweier Körper. Je nach dem, ob die kinematische Energie beim Stoß erhalten bleibt, unterscheidet man zwischen einem elastischen und einem plastischen Stoß. Beim elastischen Stoß bleibt die kinematische Energie erhalten, beim plastischen Stoß wird sie teilweise zur inneren Energie umgewandelt
Stoßzahl	ein Stoßparameter, der angibt, welcher Teil der kinematischen Energie in innere Energie umgewandelt wird [ohne phys. Einheit]; $k=1$ für einen elastischen Stoß, $k=0$ für einen vollkommen plastischen Stoß; bei Fahrzeugkollisionen ist k typischerweise im Bereich zwischen 0,1 und 0,3 anzunehmen
Toleranzgrenze (biomechanische)	Die Belastungshöhe, charakterisiert durch den Wert einer physikalischen Größe, z. B. der Kraft, bei der es gerade eben zu einer Beschädigung des betroffenen Gewebes kommt
Trajektorie	der Bewegungspfad eines Objektes. Die Linie, entlang der sich ein Punkt (z. B. der Schwerpunkt eines Körpers) bewegt hat
Translation	Verschiebung. Eine Bewegungsart, die sich dadurch auszeichnet, dass alle Punkte eines Körpers auf parallelen Linien in derselben Richtung um gleich lange Strecken verschoben werden
Traumatomechanik	ein Forschungsgebiet, das sich mit der Entstehung mechanisch induzierter Verletzungen befasst
Überfahrung	eine Fahrzeugbewegung über den Körper eines am Boden liegenden Fußgängers ohne direkte Überrollung eines oder mehrerer Körperteile durch die Reifen
Überrollung	eine Fahrzeugbewegung über den Körper eines am Boden liegenden Fußgängers mit direkter Überrollung eines oder mehrerer Körperteile durch die Reifen
WAD	Whiplash Associated Disorders, englische Bezeichnung von Beschwerden nach unphysiologischen Bewegungen der HWS (HWS-Distorsion)
WAD	Wrap Around Distance, die Abwickellänge [phys. Einheit m], der Abstand zwischen der Straße unmittelbar vor dem Fahrzeug und der Stelle des Kopfaufpralls am Fahrzeug, gemessen entlang der Fahrzeugkarosserie

4 Bildidentifikation Bild- und Videodokumente als Grundlage der Personenidentifikation

Stephanie Holley

4.1 Einleitung

In den letzten Jahren steigt in Deutschland der Bedarf an morphologischen Identitätsgutachten stetig (mittlerweile mehrere tausend Fälle pro Jahr). Der Grund hierfür liegt einerseits darin, dass das öffentliche Leben zunehmend durch Kameras dokumentiert und überwacht wird, andererseits und vor allem darin, dass Gerichte und andere Institutionen zunehmend den Nutzen der morphologischen Identifikation erkennen.

Die Kameras erfüllen gerade in öffentlichen Einrichtungen, Geschäften oder auch im Straßenverkehr den Zweck, Straftaten und Ordnungswidrigkeiten aufzuzeichnen. Dieses Bildmaterial kann in anhängigen Verfahren als be- oder entlastendes Material gegen oder für einen Beschuldigten/Betroffenen herangezogen werden.

Sowohl Staatsanwaltschaft als auch Polizei gehen immer häufiger dazu über, dokumentierte Straftaten zu veröffentlichen. Dabei handelt es sich um Fahndungsaufrufe, die in TV-Sendungen, im Internet oder in der Tagespresse veröffentlicht werden.

Gerade durch die ausgestrahlten Beiträge (Bildmaterial) erfolgen häufig zahllose Hinweise auf eine oder mehrere Personen, die dem abgebildeten Täter mitunter sehr ähnlich sehen. Da jeder Hinweis bzw. jede Spur durch die Polizei verfolgt werden muss, stellt vor allem die Überprüfung der Identität bzw. der Nicht-Identität zwischen abgebildeter und benannter Person eine Herausforderung dar. Denn nicht immer kann die Identität oder Nicht-Identität durch verschiedene routinemäßige durch die Polizei angewandte Ermittlungsansätze belegt werden, so dass morphologische Gutachten in Auftrag gegeben werden.

S. Holley (✉) Institut für Rechtsmedizin, LMU München,
Nußbaumstr. 26, 80336 München, Deutschland
E-Mail: Stephanie.Holley@med.uni-muenchen.de

H.-T. Haffner, G. Skopp, M. Graw, *Begutachtung im Verkehrsrecht*,
DOI 10.1007/978-3-642-20224-7_4, © Springer-Verlag Berlin Heidelberg 2012

Allerdings muss es sich im strafrechtlichen Bereich nicht nur um Bildmaterial handeln,

- welches Überfalle (z. B. auf Juweliere, Bank- oder Tankstellenüberfall) aufgezeichnet hat, sondern es kann sich u. a. um Bildmaterial handeln,
- welches aus gefälschten Ausweisen/Papieren stammt (z. B. Aufenthalts- oder Asylrecht),
- welches aus der der Kamera eines Geldautomaten stammt (z. B. unerlaubte Kontobewegung, EC-Kartenbetrug),
- welches den sexuellen Missbrauch von Kindern darstellt (z. B. Kinderpornografie),
- welches aus der Kamera einer U-Bahn oder ähnlicher öffentlicher Einrichtungen stammt (z. B. Schlägereien, Vandalismus, Demonstrationen).

Der Bedarf an derartigen Gutachten ist nicht nur im Straf-, sondern v. a. auch im Ordnungswidrigkeitenverfahren gegeben. Dies gilt vor allem bei Abstands-, Geschwindigkeits- oder Rotlichtverstößen. Nach deutscher Rechtslage ist der Fahrzeughalter nicht verpflichtet, den Fahrzeugsführer zum tatrelevanten Zeitpunkt zu benennen. Vielmehr wird ihm von Seiten des Gesetzgebers die Möglichkeit eröffnet, von seinem Aussage- oder Zeugnisverweigerungsrecht Gebrauch zu machen. Der Fahrzeugführer muss nicht seine Unschuld, sondern die Behörde die Identität des Fahrzeugsführers beweisen.

In diesem Kapitel handelt es sich also nicht um den technischen Bereich der Unfallrekonstruktion. Die Fertigung von Bildaufnahmen gerade im Rahmen von Geschwindigkeitsverstößen oder Abstandmissachtungen kann und soll präventiv wirken, da viele Verkehrsunfälle auf überhöhte Geschwindigkeiten oder zu geringe Abstände zurückzuführen sind.

Der vorliegende Beitrag soll auf Grundlagen, Prinzipien, Vorgehensweise und Schwierigkeiten bei der morphologischen Begutachtung hinweisen.

4.2 Grundlagen

Um den Aufbau und die Vorgehensweise der morphologischen Gutachtenserstellung zu verstehen, ist es notwendig, auf das zugrunde liegende Prinzip und die Methodik einzugehen, um im Anschluss auf Probleme und/oder Grenzen hinweisen zu können.

4.2.1 Prinzip

Das Prinzip der morphologischen Begutachtung begründet sich auf der Individualität des Menschen. Unter dem Begriff der Individualität ist zu verstehen, dass jedes Individuum eindeutig von einem anderen zu unterscheiden ist. Dieser Umstand lässt sich einerseits auf genetische Grundlagen, andererseits auf Umwelteinflüsse zurückführen.

Auf molekularer Ebene ist dieses damit zu erklären, dass sich das Genom – also die Gesamtheit aller Gene eines Lebewesens – durch die Kombination maternaler (mütterlicher) und paternaler (väterlicher) Gene zufällig zusammensetzt.

Das Genom einer menschlichen Zelle ist auf insgesamt 46 Chromosomen verteilt. Diese liegen jeweils paarweise vor, wobei die paarigen Chromosomen die Gene für dieselben Erbmerkmale tragen. Wenn nun ein Erbmerkmal in unterschiedlichen Ausprägungen vorkommt (z. B. Augen- oder Haarfarbe), so liegen unterschiedliche Allele dieses Gens vor. Eine besondere Bedeutung haben die zwei Chromosomen X und Y, die das Geschlecht eines Menschen festlegen (XX für Frauen und XY für Männer). Damit besteht das Genom aus zwei Sätzen von je 23 Chromosomen, wovon 22 paarig sind. Durch diesen doppelten Chromosomensatz besteht die Möglichkeit, dass paarige Gene (z. B. Augenfarbe) unterschiedliche Allele (Allel für grüne und Allel für blaue Augen) aufweisen, deren sichtbare Ausprägung davon ab, welches dominant, also merkmalsbestimmend ist.

Jeder Mensch erbt von den Eltern jeweils einen Chromosomensatz, wobei die Kombination der Allele eines Gens höchst zufällig erfolgt. Dadurch wird verständlich, weshalb sich selbst das Genom und damit die sichtbare Merkmalsausprägung von Geschwistern voneinander unterscheiden.

Eine Ausnahme sind eineiige Mehrlinge, die identisches Erbgut aufweisen. Allerdings spielt bei der Individualität nicht nur die molekulare (genetische) Ebene eine Rolle, sondern auch zufallsbedingte Umwelteinflüsse tragen zur phänotypischen Ausprägung verschiedener Merkmale bei. Damit können sich bei der Geburt gleich angelegte Merkmale im Laufe des Lebens unterschiedlich entwickeln.

Demnach ist es möglich, Menschen – selbst eineiige Zwillinge – voneinander zu unterscheiden, wenn die einzelnen Merkmale nur fein genug determiniert werden können. Denn die Erfahrung in Ordnungswidrigkeitenverfahren zeigt, dass eine Mehrheit der Identifikationen eineiiger Zwillinge lösbar ist. Die nicht-genetisch entstandenen Merkmale lassen sich gut unterscheiden, denn häufig sind z. B. Asymmetrien bei Paarlingen oft in der jeweils gegensätzlichen Richtung ausgeprägt.

4.2.2 Methodik

Die Methode begründet sich auf der Untersuchung verschiedener morphologischer, insbesondere physiognomischer Merkmale des Gesichts/Köpers, wobei unter dem Begriff des Merkmals eine anatomische Struktur zu verstehen ist. In diesem Zusammenhang werden unter dem Begriff des Merkmals allerdings auch andere zur Identifikation herangezogene Parameter bzw. Eigenschaften (z. B. Körpermaße wie die Körperhöhe, Haltungspräferenzen, Bewegungsabläufe oder auch das Geschlecht einer Person) herangezogen.

Zu diesem Zweck wird die Gestalt einer Person (z. B. Täter/Fahrer) auf einzelne Merkmale untersucht, mit den Merkmalen der benannten Person (z. B. Betroffener/Beschuldigter) verglichen und auf Ähnlichkeit, Unähnlichkeit bzw. Unterschied untersucht werden. Je mehr Merkmale zur Verfügung stehen, desto sicherer wird es, zwei Individuen voneinander zu unterscheiden.

Allerdings ist es wichtig, zwischen Identifizieren und Wiedererkennen einer Person zu differenzieren. So handelt es sich beim Wiedererkennen um einen intuitiven Vorgang, der auf eine bereits im Gedächtnis gespeicherte Information zurückgreift. Daher erfolgt dieser Vorgang in der Regel sehr schnell, mit einer Tendenz zur Prägnanz (die Person ist es oder sie ist es nicht) und vor allem ganzheitlich.

Dieses Vorgehen widerspricht den Grundsätzen der Identifikation, da es sich hier um einen analytischen Vorgang handelt, der keiner vorher gespeicherten Information bedarf. Da die menschliche Gestalt in Einzelmerkmale zergliedert wird, wobei jedes dieser Merkmale auf Ähnlichkeit/Unähnlichkeit bzw. Unterschied mit denen einer anderen Person zu vergleichen ist, nimmt dieser Vorgang für gewöhnlich wesentlich mehr Zeit in Anspruch. Zudem sind bei der Identifikation abgestufte Wahrscheinlichkeitsaussagen möglich, abhängig von der Anzahl und der Sichtbarkeit der erkennbaren Feinstrukturen. Dieses feine Aufteilen der Gestalt bedeutet, dass man den Identitätsbefund detailliert erklären kann. Damit handelt es sich beim Identifizieren im Gegensatz zum Erkennen im Idealfall um „strenges und objektives Beweisen von Identität" (Rösing 2008).

Die Anzahl, Sichtbarkeit und Beschreibung einzelner Merkmale ist ausschlaggebend für die Nachvollziehbarkeit und Beweiskraft des Gutachtens. Je mehr Merkmale erkennbar, je besser diese sichtbar sind, und je detaillierter und klarer diese beschrieben werden, desto mehr verliert es an Subjektivität.

Bei der vorliegenden Methode handelt es sich um keine exakte (quantifizierte und standardisierte) Methode im Sinne der klassischen Naturwissenschaften, wie beispielsweise der DNS-Profilierung. Hierfür spielen mehrere Faktoren eine Rolle. Unter anderem fehlen aktuelle Studien zu Merkmalshäufigkeiten und Merkmalsvariabilitäten. Das vorliegende Datenmaterial ist zumeist stark veraltet und aufgrund fehlender Umweltstabilität nicht anwendbar. Zudem ist die Merkmalserfassung durch den Sachverständigen meist subjektiv geprägt.

Trotzdem bedeutet dieses nicht, dass morphologische Gutachten nicht nachvollziehbar ausgearbeitet werden können. Es heißt vielmehr dass bei Gutachtenserstellung besonders detailliert, genau und präzise vorgegangen werden muss, damit es für den Adressaten (Richter, Anwalt, Staatsanwalt) nachvollziehbar und aussagekräftig ist.

4.3 Vorgehensweise

4.3.1 Anknüpfungstatsachen

Mit Beschluss und/oder Verfügung des Gerichts bzw. der Staatsanwaltschaft zur Erstellung eines morphologischen Identitätsgutachtens werden die Bußgeld- oder

Strafakten an den Sachverständigen weitergeleitet. In dieser Akte finden sich die zur Gutachtenserstellung relevanten Anknüpfungstatsachen.

Für den Sachverständigen sind zwei Dinge von wesentlicher Bedeutung:

1. das Bildmaterial, auf dessen Basis das Gutachten erstellt werden soll. Zu diesem Bildmaterial zählt neben dem Bezugs- oder Täterbild (z. B. Radarbild) das Vergleichlichtbild der benannten Person (Betroffener/Beschuldigter), und
2. auf welche Art der Betroffene/Beschuldigte ermittelt wurde (Prüfung der Vorselektion).

4.3.2 Bezugs- bzw. Täterbildmaterial

In zahlreichen Fällen wird das Bezugs- oder Täterbildmaterial in der Bußgeld- oder Strafakte als Papierausdruck auf weißem oder auf Umweltpapier in jeweils überwiegend schlechter bis sehr schlechter Bildqualität übermittelt. Seltener werden Ausdrucke des Vorgangs auf Laser- oder Fotopapier, als Thermodrucke oder gar als Hochglanzpapierabzüge übersandt.

Da der Sachverständige auf bestmöglichstes Ausgangsmaterial angewiesen ist, werden ihm die in der Akte befindlichen Bilder zum Tatvorgang zu Erstellung des morphologischen Identitätsgutachtens selten ausreichen. Er ist daher angehalten, sich bestmöglichstes Material – in der Regel das Originalbildmaterial – von der zuständigen Behörde übermitteln zu lassen.

Dabei kann es sich im Rahmen von Ordnungswidrigkeitenverfahren sowohl

- um Negativfilme/digitale Aufnahmen (Geschwindigkeitsverstöße) als auch
- um Videofilme (Abstandsmessungen) handeln.

Im Strafverfahren kann das Originalbildmaterial

- als Videofilm,
- als digitale Aufnahme von Einzelbilddateien,
- als CD-Rom,
- oder als Inhalt von USB-Sticks übermittelt werden, wobei das Dateiformat sehr heterogen ist.

Das prinzipielle Speichermedium eines Bildes ist einerseits die klassische Fotografie mit Film und Nassabzug, andererseits die digitale, elektronische Form. Erstere ist meist die genauere und weniger fehleranfällige, letztere die bequemere Form.

Die obige Aufstellung erhebt keinen Anspruch auf Vollständigkeit, sondern soll lediglich einen Eindruck vermitteln, welche Vielfalt an unterschiedlichen Ausgangsbeweismaterialien dem Sachverständigen zur Gutachtenserstellung zu Verfügung stehen können.

4.3.3 Vergleichslichtbildmaterial

Da es die Vorgehensweise der Wahl ist, gleiche Medien miteinander zu vergleichen, wird zur Durchführung einer Identifikation neben dem Bezugs- oder Täterbild das Bild des Betroffenen/Beschuldigten/Angeklagten – das Vergleichslichtbild – benötigt.

Wie beim übermittelten Bezugs- bzw. Täterbild handelt es sich bei den in der Akte übermittelten Vergleichslichtbildern sehr häufig um Bilder minderer Qualität, welche sich zur Fertigung beweissicherer morphologischer Gutachten in den seltensten Fällen eignen.

Der Grund hierfür liegt darin, dass zumeist Schwarzweißkopien von Passbildern betroffener bzw. beschuldigter Personen auf weißem oder Umweltpapier von der zuständigen Meldestelle vorliegen. Die Bildqualität ist jeweils vom in der Meldebehörde installierten Drucker abhängig. Seltener werden die Vergleichslichtbilder als Farbkopie, als Originalhochglanzpapierabzug oder digital (via E-Mail) übermittelt.

Die Bilder erweisen sich häufig nicht nur aufgrund der schlechten Qualität als unzulänglich, sondern sind nahezu immer veraltet und entsprechen in ihrer Blickrichtung nahezu nie der Perspektive, mit der der Täter/Fahrer auf dem Bezugs- oder Täterbild abgebildet ist.

Zur Durchführung eines beweissicheren Vergleichs morphologischer Feinmerkmale ist es notwendig, dass das Vergleichslichtbild in einer Perspektive angefertigt ist, welche der auf dem Bezugs- oder Täterbild sehr ähnlich ist. Neben der Kopfneigung und -drehung muss die Position des Kopfes in Relation zum Körper beachtet werden. Neben diesen objektbezogenen Parametern dürfen die technischen Variablen nicht unbeachtet bleiben. Hier spielen beispielsweise der Abstand der Vergleichsperson zum Objektiv, die Beleuchtung, die Kontrastierung, die Brennweite, die Verzerrung des Kameraobjektivs u. v. m. eine wesentliche Rolle.

Zudem sollte der Versuch unternommen werden, die auf dem Bezugs- oder Tatbildmaterial vorliegende Situation nachzustellen. Hierbei kann es sich um Mimik (Lächeln, Öffnung des Mundes, Zusammenkneifen der Augen etc.) oder Körperhaltung handeln. Hinsichtlich einer unabsichtlichen Vermummung (Sonnenbrille, Mütze etc.) im Fahrzeug kann bei der Fertigung der Vergleichslichtbilder auf deren Nachstellung verzichtet werden, da hier nur der sogenannte Ähnlichkeitseffekt verstärkt werden würde. Handelt es sich allerdings um eine vorsätzliche Vermummung, wie sie im Rahmen von Strafdelikten (Tragen einer Strumpfmaske, die zu einer Verdrückung der Gesichtsstrukturen führt) vorgenommen wird, erscheint die Nachtstellung der Situation sinnvoll und angebracht.

Außerdem sollte das Vergleichslichtbildmaterial zeitnah zum Tatgeschehen gefertigt werden, um altersbedingte Veränderungen minimieren oder gar möglichst ausschließen zu können.

Gelegentlich ist es zudem sinnvoll, dass neben Vergleichslichtbildern, die mittels einer Digitalspiegelspiegelreflexkamera gefertigt werden, Bilder mit der Originalkamera gefertigt werden, mit der das Tatbildmaterial aufgezeichnet wurde. Dies kann in all den Fällen hilfreich sein, in denen sich das Kameraobjektiv des

Bezugs- oder Täterbildes durch eine Verzerrung kennzeichnet (z. B. Froschaugen-Objektive, also kurze Brennweiten). Die Verzerrung besteht in einer knolligen Betonung kameranaher Bereiche, die durch den geringen Objektabstand entsteht.

Das vom Sachverständigen benötigte Vergleichslichtbildmaterial muss nicht zwingend durch diesen selbst gefertigt werden, sondern kann von dritten Personen (Polizei, Staatsanwaltschaft etc.) gefertigt und übermittelt werden, wobei jeweils die Identität der abgebildeten Person eindeutig zu belegen ist.

4.3.4 Vorbereitung des zur Identifikation verwendeten Bildmaterials

Bezugs- bzw. Täterbildmaterial sowie Vergleichslichtbilder des Betroffenen/Beschuldigten/Angeklagten, müssen zur Durchführung der Identifikation bearbeitet werden. Hierfür wird das Bildmaterial digitalisiert und mit Hilfe von Bildbearbeitungsprogrammen (z. B. Photoshop) gegebenenfalls verbessert. Dabei kann es sich z. B. um eine Korrektur der Kontraststufen und/oder der Helligkeit oder die Verwerfung der Farbinformation handeln. Nützlich ist auch eine Größenanpassung und Drehung. Allerdings ist es notwendig, das Ausgangsdokument (Originaldatei) zu sichern. Zur Nachvollziehbarkeit müssen alle am Bildmaterial vorgenommenen Veränderungen dokumentiert werden.

Nach Digitalisierung und Bearbeitung der Bilddateien wird das Vergleichslichtbild neben das Bezugs- oder Täterbild gelegt. Die Größenanpassung geschieht nach dem Prinzip der parallelen Linien nach Reche (1965) und bedient sich verschiedener Hilfslinien. Im Bezugs- bzw. Täterbild werden gut sichtbare anatomische Punkte (beispielsweise Haaransatz, Augenbrauen, Mundspalte oder unterer Kinnpunkt) mit den entsprechenden Punkten im Vergleichslichtbild verbunden. Im Normalfall reichen zwei Punkte aus. Wenn die beiden Linien parallel sind und keine großen Kopfneigungsunterschiede bestehen, sind die Größen der Gesichter aneinander angeglichen.

Zudem besteht bei sehr guter Übereinstimmung der Blickrichtungen die Möglichkeit einer Kontur- oder Teilkonturüberblendung sowie der Verwendung und Übertragung von Punktewolken. Außerdem besteht die Möglichkeit der Superprojektion. Hier wird das Vergleichslichtbild ins Bezugs- oder Täterbild projiziert und kann bei vorliegender Identität zur Deckung gebracht werden.

Dabei ist ausdrücklich darauf hinzuweisen, dass es sich bei der Anwendung der parallelen Linien, sonstiger Hilfslinien, der Konturüber- oder Punktewolkeüberblendung sowie bei der Superprojektion lediglich um Hilfskonstruktionen handelt, die bei Übereinstimmung zwischen Bezugs- oder Täter- sowie Vergleichslichtbild keinen eigenen Identitätsbeweis begründen. Von einigen dieser Hilfskonstruktionen ist allerdings eher abzuraten, da diese mehr Probleme als Vorteile mit sich bringen können. So können Punktewolken wichtige morphologische Strukturen überdecken und die Superprojektion dann nur bei präzise gleichartigen Bildern gelingen.

4.3.5 Durchführung des Vergleichs morphologischer Feinmerkmale

Nach Vorbereitung der Bilddateien kann der Vergleich morphologischer Feinmerkmale verschiedener Gesichtsstrukturen sowie weiterer sichtbarer Körperpartien vorgenommen werden. Wie bereits unter 4.2.2 erwähnt, wird die Gestalt im Bezugs- oder Täterbild in feine einzelne Strukturen untergliedert und mit den Merkmalen der Person auf dem Vergleichslichtbild verglichen, um diese auf Ähnlichkeit/Unähnlichkeit bzw. Unterschied zu prüfen und zu bewerten.

Neben dieser Vorgehensweise kann es sich allerdings auch als sinnvoll erweisen, wenn der umgekehrte Weg eingeschlagen wird und spezielle Merkmale im Vergleichslichtbild herausgearbeitet werden. Denn es könnte sich mitunter die Frage stellen, ob beim Betroffenen/Beschuldigten/Angeklagten spezielle Merkmale auftreten, die beim Täter – wenn die Bildqualität des Bezugs- oder Täterbildmaterials geeignet ist – sichtbar sein müssten.

4.3.5.1 Merkmalserfassung

Im Folgenden wird eine Auswahl morphologischer Feinmerkmale aufgeführt, die zur Erstellung eines Identitätsgutachtens herangezogen werden können. Um zu überprüfen, ob die Merkmalserfassung vollständig durchgeführt wird, ist es zweckmäßig, eine Liste aller Merkmale zu fertigen, die für den Vergleich verwendet werden können und die bei der Merkmalserfassung jeweils durchgearbeitet werden sollte.

Auf die exakte anthropologische Definition der Merkmale sowie die Beschreibung der Veränderung dieser mit beispielsweise zunehmendem Alter, bei Gewichtszu- oder -abnahme, bei Krankheit, bei Drogenmissbrauch etc. wird verzichtet. Insofern wird auf die einschlägige Fachliteratur verwiesen.

Es werden meist nicht alle im Folgenden aufgeführten Merkmale ins Identitätsgutachten einfließen können, da es von der Bildqualität des Bezugs- oder Täterbildes abhängt, welche Strukturen erfasst werden können. Je schlechter die Bildqualität, desto schwieriger ist es, kleine/kleinste Merkmale zu beurteilen. Auch sind flache Strukturen oft so ausgeleuchtet, dass diese nicht mehr abgebildet werden.

Da das Gesicht die Region des menschlichen Körpers darstellt, die am häufigsten auf Bildmaterial abgebildet wird, wird dieses entsprechend begutachtet. Weniger häufig dargestellt sind Hände, Schultern oder Nacken. Die restlichen Körperpartien werden zumeist durch getragene Kleidung verdeckt oder sind nicht auf dem Bildmaterial abgebildet.

Neben den aufgeführten morphologischen Merkmalen wird häufig nach Abständen oder Winkeln zwischen Merkmalen gefragt, die metrisch zu erfassen sind. Allerdings spielen diese in der gutachterlichen Routine keine Rolle, da Bezugs- oder Täter- und Vergleichslichtbild in ihrer Blickrichtung nahezu nie völlig zur Deckung gebracht werden können. Daher wird auf die Ausführung dieser verzichtet.

Geschlecht, Alter, Konstitution

Ein Merkmal das in den meisten Fällen schnell zu beurteilen ist, ist das Geschlecht der abgebildeten Person. Zwar finden sich hinsichtlich des Geschlechts unterschiedliche Ausprägungen verschiedener Merkmale, allerdings spielen diese hier keine Rolle; die Zuordnung des Geschlechts erfolgt nach dem vorliegenden Gesamteindruck (Zusammensetzung mehrerer Merkmale wie Größenmerkmale, Gesichtsproportionen und Gesichtsform) der Person. Allerdings muss auch hier mit einer Fehlerquote gerechnet werden.

Auch eine Alterseinschätzung sollte nach Möglichkeit in jedes Gutachten einfließen. Rein biologisch gesehen erfolgt die Einteilung der Altersklassen in folgende Stufen:

Infans I	>6 Jahre
Infans II	7–12 Jahre
Juvenis	13–20 Jahre
Adult	21–40 Jahre
Matur	41–60 Jahre
Senil	>60 Jahre

Eine derart genaue Alterseinschätzung wird beim morphologischen Identitätsgutachten nicht möglich sein, da kalendarisches und biologisches Alter teils deutlich differieren können und eine Festlegung in bestimmte Altersspannen daher nicht erfolgen sollte. Deshalb wird in den meisten Fällen eine sehr einfache Einteilung in jüngeres, mittleres oder fortgeschrittenes (älteres) Lebensalter erfolgen.

Beim Erwachsenen spiegelt sich das Alter in Form von Falten und Furchen sowie zunächst zunehmender und dann im Alter abnehmender Gesichtspolsterung wieder. Die Einschätzung des Alters und besonders eines Altersunterschiedes gelingt meist sehr gut, ohne dass immer gesagt werden kann, wie sie zustande gekommen ist. Bei Kleinkindern und Kindern spielen sowohl Gesichtszüge als auch Körper- und Gesichtsproportionen eine Rolle.

Unter dem Begriff der Konstitution wird die anlagebedingte und individuelle Ganzheit (z. B. das Erscheinungsbild) eines Menschen verstanden. Als sogenannte Normaltypen gelten nach Knussmann (1968) leptomorphe und pyknomorphe, außerdem mikrosome und marksome Typen. Der Konstitutionstyp kann in Gutachten einfließen, wenn die menschliche Gestalt ausreichend erkennbar ist.

Hier ist lediglich anzumerken, dass Konstitutionstypen bei Kindern keine Anwendung finden, da diese durch den Alterswandel und die damit einhergehenden Proportionsveränderungen überdeckt werden.

Kopfmerkmale und Gesamtgesicht

Im Vergleich zum Gesamtgesicht sind bei den Kopfmerkmalen wesentlich weniger Merkmale erfassbar, da die Kopfbehaarung eine klare Beschreibung häufig nicht zulässt. Daher muss der Sachverständige sich auf einfache Grundformen beschränken.

Folgende Kopfmerkmale lassen sich beurteilen:

Kopfumriss	Länge, Höhe und Breite des Hirnkopfes

Beim Gesamtgesicht bieten sich verschiedene Merkmale an, die zur Gutachtenserstellung herangezogen werden können. Begrenzt wird dieses nach oben durch den Haaransatz (Trichion), nach den Seiten durch den Wangen- und den Kierferumriss und nach unten durch den unteren Kinnpunkt (Gonion). Zudem kann es in drei Gesichtsbereiche unterteilt werden: Ober-, Mittel- und Untergesicht, die jeweils getrennt voneinander zu begutachten sind.

Die Regionen werden folgend beschrieben und bearbeitet, wie sie in die Gutachtenserstellung einfließen. So liegt im Bereich des Gesamtgesichts die detaillierte Beschreibung der Stirnregion vor, Augen-, Nasen-, Mund-, Kinn- und Wangensowie die Ohrregion werden hingegen getrennt betrachtet.

Beim Gesamtgesicht können folgende Merkmale beschreiben werden:

Gesichtsumriss	Polsterung des Gesamtgesichts	Gesichtsprofil
Gesichtshöhe	morphologische Gesichtshöhe	

Auch im Bereich der Stirn und des Haaransatzes lassen sich Einzelmerkmale extrahieren, die gemeinsam aufgeführt werden (Abb. 4.1).

Folgende Merkmale der Stirnregion und der Haartracht können in die Begutachtung einfließen:

Stirnregion:

Stirnhöhe	Stirnbreite	Stirnneigung
Stirnrundung/Stirnwölbung	Stirnkonvergenz/-divergenz	Stirnbeinhöcker
Überaugenbogen/Überaugenwulst		
Schläfenbereich eingezogen	Stirngrube	
horizontale Stirnfurchen	vertikale Stirnfurchen/Glabellafurchen	

Haartracht:

Haarfarbe	Haarform/Haarstruktur	Haarlänge
Haaransatz im Stirnbereich	Haaransatz im Schläfenbereich	Koteletten
Geheimratseckenform	Geheimratseckenausprägung	
Knick im Bereich des Stirnhaaransatzes		

Zu beachten ist aber eine erhebliche Palette von artefiziellen Veränderungsmöglichkeiten im Bereich der Haartracht.

Die Veränderung der Haarfarbe erfolgt über einen längeren Zeitabschnitt natürlich, kann aber kurzfristig auch künstlich induziert werden. Natürlich erfolgt diese vom

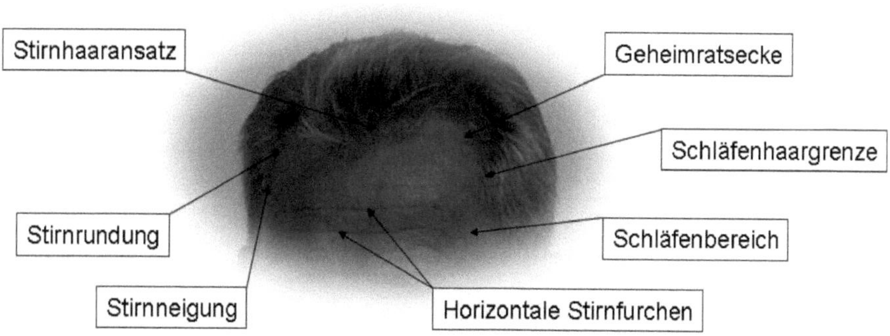

Abb. 4.1 Übersichtsaufnahme der Stirn und des Haaransatzes

- Kindes- zum Erwachsenenalter und wird als Nachdunkeln bezeichnet,
- bei bestimmten Pigmenttypen bei Sonneneinstrahlung, wobei es zum Ausbleichen der Haartracht kommt und
- beim Altern, wobei die Haartracht ergraut oder weiß wird.

Künstlich wird die Haarfarbe durch Färben, Tönen oder Strähnen verändert und beschränkt sich nicht nur auf das weibliche Geschlecht. Die jeweils vorliegenden modischen Trends wirken sich in gleicher Weise auf das männliche Geschlecht aus. Zudem kann der Farbton der Haare durch Beleuchtung oder Zusatzstoffe (Wachs, Gel) verändert werden. Hinsichtlich der Beleuchtung ist anzumerken, dass sehr grelles Licht eine hellere Haarfarbe, eine Verschattung eine dunklere Haarfarbe vortäuschen kann. Zusatzstoffe wie Wachs oder Gel können die Struktur der Haare verändern. Zu Strukturveränderungen zählen auch das Glätten oder Dauerwellen der Haare.

Aufgrund der Vielzahl von Veränderungsmöglichkeiten spielt die Haartracht bei der morphologischen Begutachtung eine eher untergeordnete Rolle. Ist aber möglicherweise dann von erheblicher Bedeutung, wenn ein Beschuldigter sehr langes Echthaar besitzt und der Täter zum Tatzeitpunkt eindeutig erkennbar kurzes Haar getragen hat. Da Haare für gewöhnlich ca. 1,5 cm pro Monat wachsen, kann das Wachstum zwischen Tatzeitpunkt und Zeitpunkt der Fertigung des Vergleichslichtbildes ungefähr berechnet werden. Sollten die Haare des Beschuldigten wesentlich länger sein, so kann dieses als Hinweis auf Nichtidentität (Ausschluss) der Person gewertet werden.

Augenregion

Die Augenregion spielt aufgrund sehr individueller Ausprägung eine wesentliche Rolle bei der Merkmalserfassung.

Sie lässt sich in Augenbrauen, Oberlidraum, Oberlid, Lidspalte und Unterlid gliedern (Abb. 4.2).

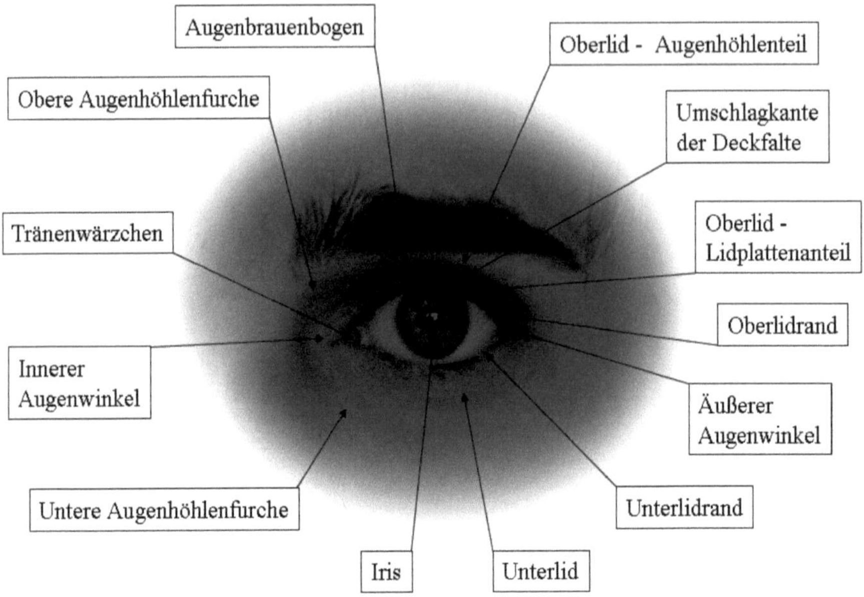

Abb. 4.2 Übersichtsaufnahme der Augenregion

Hinsichtlich der Augenbrauen sind v. a. folgende Merkmale wesentlich:

Augenbrauenfarbe	lateraler Brauenverlauf	Wirbel
Augenbrauenform	Knick im Brauenbereich	Symmetrie der Brauen
Augenbrauenhöhe	Lage der Brauenmitten	Glabellabehaarung
Augenbrauendichte	Lage der Brauenköpfe	
medialer Brauenverlauf	Brauenkopfbetonung	

Im Bereich des Oberlidraums, des Oberlids, der Lidspalte und des Unterlids finden sich ebenfalls zahlreiche Merkmale, die zur Begutachtung geeignet sind:

Lidspaltenlage	Farbe der Iris	Wimpernfarbe
Lidspaltenbreite	Innere Lidwinkel	Wimpernlänge
Lidspaltenöffnung	Oberlidraum	Wimperndichte
Lidspaltenform	Deckfaltenrandverlauf	Wimpernbiegung
Lidspaltensymmetrie	Oberlidrandverlauf	Augenhöhlenfurche
Augenabstand	Unterlidrandverlauf	
Lage des Augapfels	innere Augenwinkel	

Gerade in dieser Gesichtspartie sind bei beiden Geschlechtern sowohl „altersbedingte“ als auch „artefizielle“ Einflüsse bzw. Veränderungen in Betracht zu ziehen.

Hinsichtlich der Augenbrauen ist zu beachten, dass auch wenn diese über Jahre hinweg konstant in ihrer Wuchsform bleiben, gerade bei Frauen und zunehmend auch beim männlichen Geschlecht durch manuelle Korrektur (z. B. Zupfen, Rasur,

Wachsen, Tätowierung) eine von der Ursprungsform abweichende Kontur geschaffen werden kann.

Außerdem nimmt bei zunehmendem Alter die Länge der einzelnen Brauenhaare zu, so dass diese daher insgesamt dichter und buschiger erscheinen können.

Bei der Beschreibung der Augenfarbe, muss berücksichtigt werden, dass in jüngster Zeit aufgrund verschiedener modischer Trends zunehmend gefärbte Kontaktlinsen eingesetzt werden. Dieses sollte, wie auch die Augenbrauen- oder die Wimpernfarbe (Veränderung durch Färbung), in die Überlegung miteinbezogen werden.

Nasenregion

Die Nase ist ein sehr individueller Merkmalskomplex, der ausführlich beschrieben werden muss, da sich hier zahlreiche Einzelmerkmale detektieren und gut voneinander unterscheiden lassen (Abb. 4.3).

Die Nase eignet sich nicht nur aufgrund der Vielzahl der Merkmale besonders gut bei der Erstellung eines Identitätsgutachtens, sondern es finden sich zahlreiche Strukturen, die nicht kleinflächig begrenzt sind und daher auch bei schlechterem Bildmaterial vergleichsweise gut beschrieben werden können.

Eine Schwierigkeit liegt allerdings darin, dass in der Nasenregion sehr viele, vor allem verrundete Merkmale nicht klar gegeneinander abgegrenzt sind, sondern teils ineinander übergehen.

So lassen sich im Bereich der Nasenregion folgende Merkmale beurteilen:

Nasengröße/Nasenlänge	Nasenspitzengröße	Nasenflügelabsetzung
Nasenbreite	Nasenspitzenbreite	Nasenflügelrandverlauf
Nasensymmetrie	Nasenspitzenform	Nasenflügelfurchenform
Nasenprominenz	Nasenspitzenlage	Nasenflügelfurchenhöhe
Nasenwurzeleinzug	Nasenspitzenabsetzung	Nasenflügelansatz
Nasenwurzelbreite	Nasenseitenwand	Nasenlochgröße
Nasenwurzelfurche	Nasenbodenlage	Nasenlochform
Nasenrückenlänge	Nasenbodentiefe	Nasen-Lippenfurchenform
Nasenbrückenbreite	Nasenflügelbreite	Nasen-Lippenfurchenlänge
Nasenrückenform	Nasenflügelhöhe	Nasen-Lippenfurchenausprägung
Nasenrückenverlauf	Nasenflügeldicke	

Bei der Ausbildung der Nasenrückenform ist zu berücksichtigen, dass sich die eigentliche Form des Nasenrückens erst bei Jugendlichen um das 12. Lebensjahr bestimmen lässt. Der Grund hierfür liegt darin, dass alle Kinder mit einer sogenannten „Stupsnase“ zur Welt kommen, d.h. sie haben einen vergleichsweise kurzen und nach oben gekrümmten Nasenrücken. Erst im Schulkindalter beginnt die Ausbildung der eigentlichen Nasenrückenform.

Dieses Wissen spielt vor allem bei den Gutachten eine Rolle, die sich mit der pornographischen Abbildung von Kindern beschäftigen, da die Nasenrückenformen

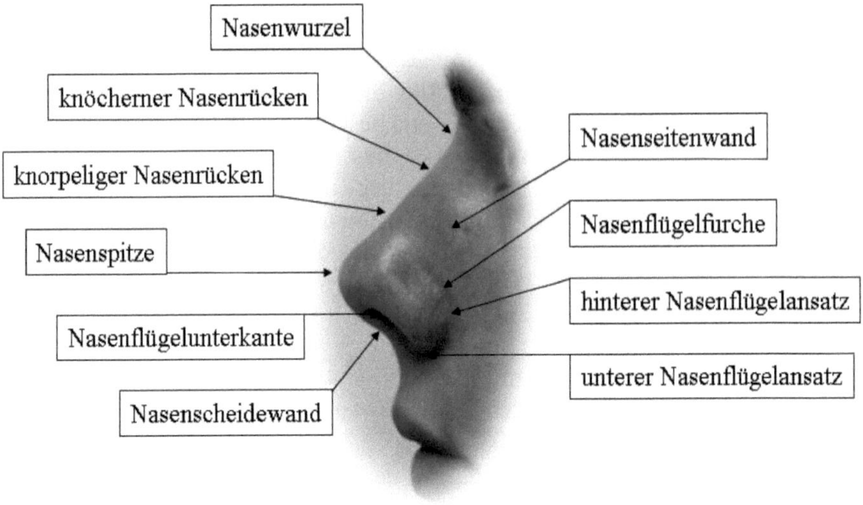

Abb. 4.3 Übersichtsaufnahme der Nasenregion im Profil

bei der möglichen Identifizierung eines abgebildeten Kindes abweichen können, sofern mehrere Jahre zwischen den Aufnahmen liegen.

Mundregion

Auch bei der Mundregion lassen sich zahlreiche Feinstrukturen erkennen, die sehr kleinflächig sind, so dass bei Vorliegen einer schlechten Bildqualität im Bezugs- oder Täterbild zahlreiche Feinmerkmale aufgrund mangelnder Sichtbarkeit nicht herangezogen werden können (Abb. 4.4). Damit eignet sich die Mundregion gene-

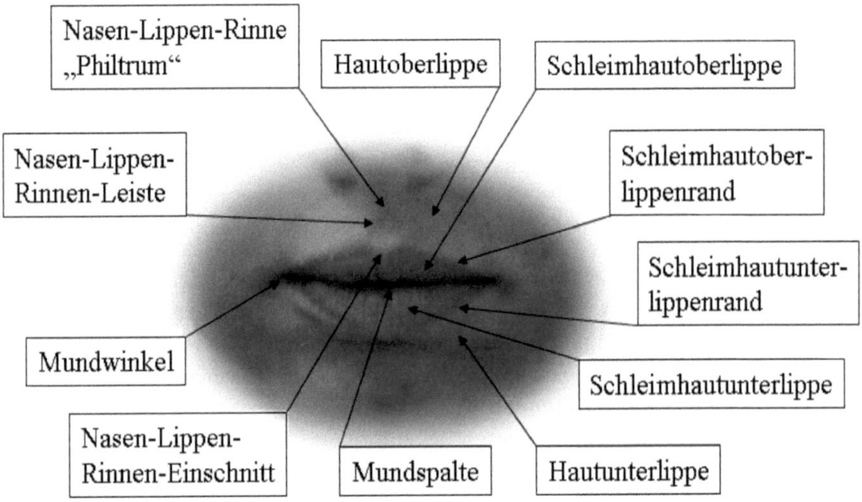

Abb. 4.4 Übersichtsaufnahme der Mundregion

rell schlechter zur Fertigung eines morphologischen Identitätsgutachtens, wenn mangelhaftes Bildmaterial vorliegt.

Die Mundregion setzt sich aus der Hautober-, der Hautunterlippe sowie den Schleimhautlippen zusammen. Die phänotypische Ausprägung der im Anschluss aufgeführten beurteilbaren Weichteilmerkmale wird einerseits durch die Stellung des Ober- und Unterkiefers zueinander, andererseits durch die Zahnstellung beeinflusst. Bei Prothesenträgern ist zu beachten, ob das Bezugs- oder Täterbild mit oder ohne Prothese gefertigt wurde, da hierdurch eine Veränderung einer Vielzahl mitunter sehr individueller Merkmale erfolgen kann.

So lassen sich im Bereich der Mundregion v. a. folgende Merkmale beurteilen:

Prominenz der Mundregion	Schleimhautunterlippengrübchen
Hautoberlippenhöhe	Schleimhautunterlippenfurche
Hautoberlippenprofil	Mundwinkeleinzug
Hautunterlippenhöhe	Mundwinkelorientierung
Hautunterlippenprofil	Mundwinkelfurche
Mundspaltenbreite	Philtrumausprägung
Mundspaltenverlauf	Philtrumeinschnitt
Mundspaltensymmetrie	Philtrumleisten
Schleimhautlippenhöhe	Mund-Kinnfurchenausprägung
Schleimhautlippenprominenz	Mund-Kinnfurchenlage
Schleimhautlippenrandverlauf	Mund-Kinnfurchenform
Schleimhautlippensaum	evt. Bartwuchs

Kinn- und Wangenregion

Beim Kinn ist die Variabilität ebenfalls sehr groß. Es handelt sich um Merkmale, die nicht kleinflächig begrenzt sind, so dass diese selbst bei verminderter Bildqualität gut herauszuarbeiten sind (Abb. 4.5).

Mit verantwortlich für die phänotypische Darstellung des Kinns ist die Form des Unterkieferknochens.

So lassen sich im Bereich der Kinn-/Wangenregion folgende Merkmale beurteilen:

Kinnhöhe	Höhe des Unterkieferkörpers
Kinnbreite	Unterkieferrandverlauf
Kinnform in der Frontalansicht	Anstieg des Unterkieferrandes
Kinnform in der Profilansicht	Unterkieferwinkelform
Kinnabsetzung	Unterkieferkörperpolsterung
Kinnzweispitzigkeit	Polsterung vom Kinn zum Hals
Kinnprominenz/Kinnprofil	Kinngrübchen/Kinnfurchen

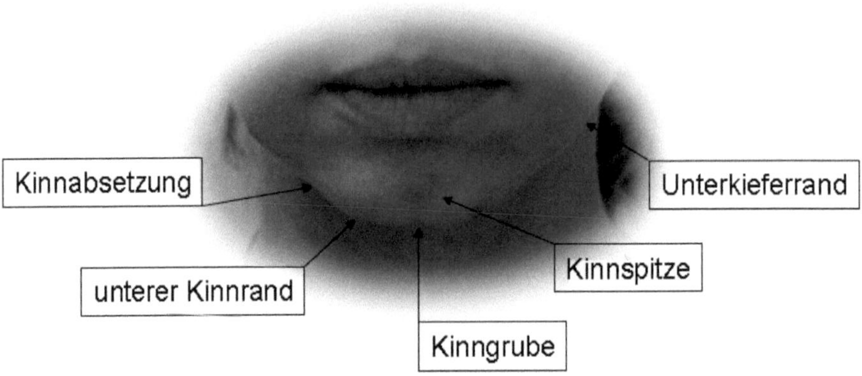

Abb. 4.5 Übersichtsaufnahme der Kinnregion

Die Wangen eines Individuums werden durch die Schläfen, die Augen, das Kinn und die Ohren- und Nasenpartie begrenzt. Hier sind nur einige wenige Merkmale zu beurteilen:

Polsterung der Wangen	Hervortreten der Jochbögen
Betonung der Wangenbeine	Mittelgesichtsflachheit

Ohrregion

Das Ohr eines Individuums ist einer der wichtigsten Merkmalskomplexe, der zur Erstellung eines Gutachtens Verwendung findet, da es sehr viele hoch-individuelle Einzelmerkmale besitzt (Abb. 4.6). Viele Unterteilungen in einzelne Ausprägungen sind recht gleich verteilt, dominante 90 %-tige Ausprägungen gibt es am Ohr aber nur selten.

Zudem eignet es sich aufgrund der großflächigen Ausdehnung und der damit verbundenen Erkennbarkeit einzelner Merkmale selbst bei Vorliegen einer schlechten Bildqualität zur Erfassung morphologischer Strukturen.

Bei den meisten der am Ohr zu beurteilenden Merkmale tritt kein Alterswandel auf. Damit können sie sich als sehr hilfreich bei der Fertigung eines Identitätsgutachtens erweisen, auch wenn zwischen Bezugs- und Täterbild- bzw. Vergleichslichtbild mehrere Jahre liegen. Die einzige Ausnahme diesbezüglich ist die Ohrlänge, die über das gesamte Erwachsenenalter zunimmt. So kann die die Zunahme der Ohrlänge im Alter zwischen 20 und 80 Jahren rund 1,2 bis 1,5 cm betragen.

Eine Schwierigkeit bei der Beurteilung des Ohrs liegt darin, dass es höchst kompliziert aufgebaut ist und neben vielen gut sichtbaren großflächigen Merkmalen zahlreiche sehr komplexe kleine Details bietet, wo bereits geringste Abweichungen in der Blickrichtung andere Merkmalsausprägungen vortäuschen können. Dieser Umstand muss bei der Merkmalserfassung und der Gutachtenserstellung berücksichtigt werden.

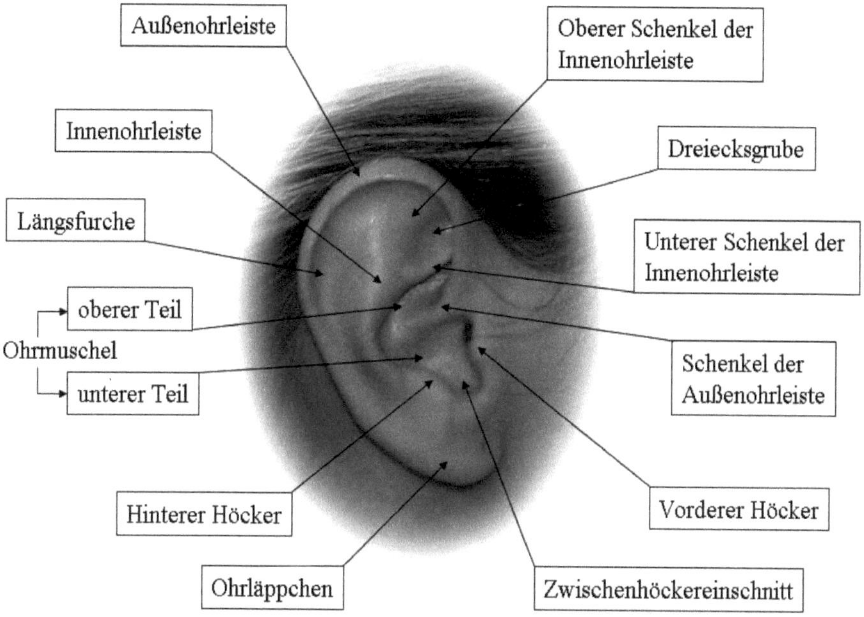

Abb. 4.6 Übersichtsaufnahme der Ohrregion

So lassen sich im Bereich der Ohrregion folgende Merkmale beurteilen:

Ohrhöhe/Ohrlänge	Ohrbreite
Ohrlage	Ohrachse
Ohrläppchenlänge	Ohrläppchenform
Ohrläppchenbreite	Ohrläppchenabsetzung
Ohrläppchendicke	Ohrmuschelgröße
Ohrmuschelform	Darwinsches Höckerchen
Längsfurche	Asymmetrie der Ohren
Form der vorderen, aufsteigenden Außenohrleiste	Innenohrleistenbiegung
Form der mittleren, absteigenden Außenohrleiste	Innenohrleistenform/-breite
Form der unteren, absteigenden Außenohrleiste	Zwischenhöckereinschnitt
Einrollungsgrad der drei genannten Außenohrleistenabschnitte	
Außenohrleistenbreite der drei genannten Ohrleistenabschnitte	
Unterer Schenkel der Innenohrleiste	
Form, Größe, Stellung Hinterer Höcker	
Knick/Einzug vor dem Ohrläppchen	
Oberer Schenkel der Innenohrleiste	
Form, Größe, Stellung Vorderer Höcker	

In diesem Zusammenhang ist es erforderlich darauf hinzuweisen, dass die beiden Ohren einer Person zwar immer ähnlich, aber nie vollständig identisch sind.

Daher muss die Identitätsbegutachtung zwischen zwei Personen immer am gleichen Ohr durchgeführt werden.

Halsregion

Am Hals lassen sich wenige Merkmale erkennen, die mitunter zur Gutachtenserstellung geeignet erscheinen:

Halslänge	Halsbreite
Durchdrücken des Schildknorpels	Form und Höhe des Kehlkopfes
Anzahl der Halsfurchen	Verlauf der Halsfurchen
Sichtbarkeit der Halsmuskeln	Polsterung des Halses

Hautmerkmale

Die Haut weist teils sehr individuelle und für ein Individuum hochspezifische Merkmale auf, die bei Erkennbarkeit auf dem Bezugs- oder Täterbild ins Gutachten aufgenommen werden müssen.

Hinsichtlich der Hautmerkmale ist anzumerken, dass zahlreiche Merkmale von Geburt an vorhanden oder im Laufe des Lebens dauerhaft erworben werden (Leberflecke, Narben), dass es mitunter allerdings auch Merkmale gibt, die kurzfristig vorhanden sind und wieder verschwinden (Pickel).

Folgende Merkmale lassen sich gegebenenfalls beurteilen:

Angeborene Merkmale:

Hautfarbe	Sommersprossen
Muttermale (Naevi)	Leberflecke
Feuermale	Blutschwämme
Warzen	Geschwülste

Erworbene oder im Lauf der Zeit auftretende Merkmale:

Narben unterschiedlichster Art (z. B. Windpocken, Akne, Unfälle)	
Tätowierungen	Branding
Piercings	Altersflecke

Kurzfristig auftretende bzw. entfernbare Merkmale:

Mongolenfleck	Hautaufkleber, die Tätowierungen imitieren
Hautverfärbungen	Hautunreinheiten (Pickel)

Da es sich hierbei um nahezu einzigartige Merkmale handelt, haben diese einen sehr hohen Beweiswert bei der morphologischen Begutachtung.

Wenngleich es sich nicht um Hautmerkmale handelt, sollten erkennbare Schmuck- oder Gebrauchsgegenstände (z. B. Brillen, Ohr-/Nasenstecker) im Gutachten beschrieben werden, da diese unter Umständen zur Identifizierung beitragen können.

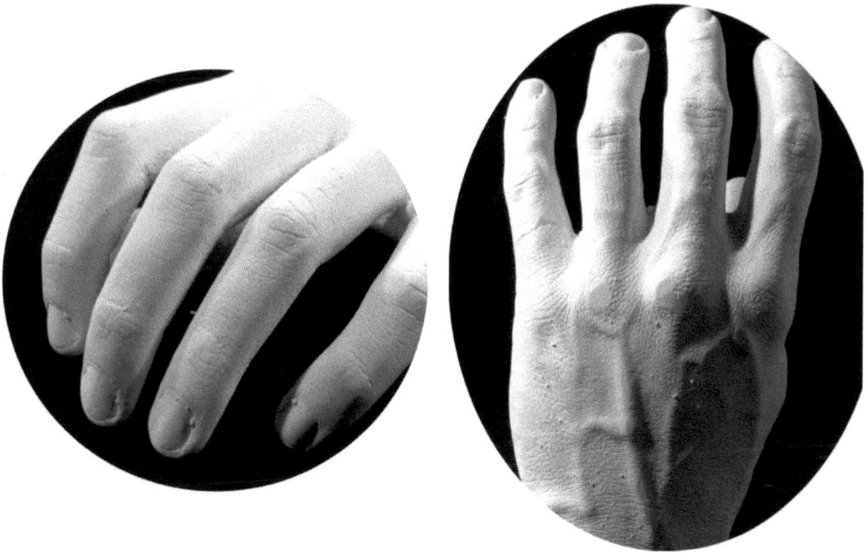

Abb. 4.7 Gipsmodelle zur Verdeutlichung einiger Merkmale der Hand (**links:** Fingernägel, **rechts:** Venenmuster des Handrückens)

Handmerkmale

Auch die Hand (Abb. 4.7) bietet Merkmale, die sich zur Identifizierung eigenen.

Folgende Merkmale lassen sich beurteilen:

Handlänge	Handbreite
Handrückenpolsterung	Handrückenfurchen
Handrückenbehaarung	Handrückenvenenmuster
Fingerlängenfolge	Fingerkrümmung
Fingernagelgröße	Fingernagelform
Fingerbiegung in Profilansicht (z. B. Schusterdaumen)	
Verlaufsform der Fingernagelränder	
Abdeckung der Fingerspitze durch den Nagel	

Generell ist bei der Beurteilung der Merkmale der Hand Zurückhaltung geboten, da die Handmaße im individuellen Längsschnitt weiterwachsen. Zudem beeinflussen sowohl Blickrichtung als auch Bewegung die Ausprägung verschiedener Merkmale, so dass diese zwar ins Gutachten einfließen sollen, dennoch darf sich ein hohes positives Wahrscheinlichkeitsprädikat nicht ausschließlich auf die Merkmale der Hand stützen.

Körpermerkmale

Die übrige Gestalt eines Menschen kann unter Umständen in die morphologische Begutachtung einbezogen werden. Allerdings ist diese aber sehr häufig nicht ausreichend auf dem Bezugs- oder Täterbild erkennbar oder durch die Bekleidung bedeckt und daher nicht beurteilbar. Zudem werden einige Merkmale maßgeblich durch die Körperhaltung beeinflusst.

So lassen sich u. a. folgende Merkmale möglicherweise hinreichend sicher beurteilen oder rekonstruieren:

Körperhöhe	Umrissformen
Breitenmerkmale bei Ansicht von vorne oder von hinten	Schulterabfall
Rückenkurvatur, vor allem im Brustbereich	X- und O-Beine
relative Arm- und Beinlänge	Fußstellung

Ein bisher noch wenig betrachteter Merkmalskomplex ist die Bewegung eines Menschen. Diese kann dann von Bedeutung sein, wenn es sich beim Bezugs- oder Täterbildmaterial um ein Video oder um Standbilder mit fester zeitlicher Abfolge handelt. Hier können möglicherweise spezifische Bewegungscharakteristika des Täters herausgearbeitet werden, die zu einer Identifizierung beitragen können. Vor allem das Gangmuster ist charakteristisch. Zwar kann dieses sowohl durch Krankheit als auch durch Stimmung leicht modifiziert werden, allerdings bleibt ein Grundmuster erhalten, welches bestimmte Merkmale erkennen lassen kann.

Falten und Furchen

Falten und Furchen sind bei der morphologischen Gutachtenserstellung von großer Bedeutung, da sich deren Ausprägung besonders charakteristisch gestaltet.

Unter dem Begriff der Hautfalten werden Hauterhebungen verstanden, unter dem Begriff der Hautfurchen dagegen Hautvertiefungen. Hinsichtlich deren Ausprägung ist davon auszugehen, dass diese erblich bedingt sind, allerdings durch Umwelteinflüsse in ihrer Ausprägung beeinflusst werden.

Eine Vielzahl möglicher auftretender Falten bzw. Furchen wurde bereits in den entsprechenden Gesichtsregionen aufgeführt. An dieser Stelle werden diese kurz zusammengefasst und durch bisher nicht genannte erweitert (Abb. 4.8).

Folgende Falten und/oder Furchen lassen sich u. a. beurteilen:

Furchen:

horizontale Stirnfurche	vertikale Stirnfurchen	Nasenwurzelfurche
Unterlidfurche	untere Augenhöhlenfurche	Augen-Wangenfurche
Nasen-Lippenfurche	Nasen-Lippenrinne	Kinn-Wangenfurche
Mundwinkelfurche	Kinn-Lippenfurche	Kinngrübchen
Wangengrübchen	Unterlippenfurche	

Falten:

Ohrenfalten	Nasen-Wangenfalte	Kinn-Wangenfalte
Schläfenfalten/Krähenfüße		

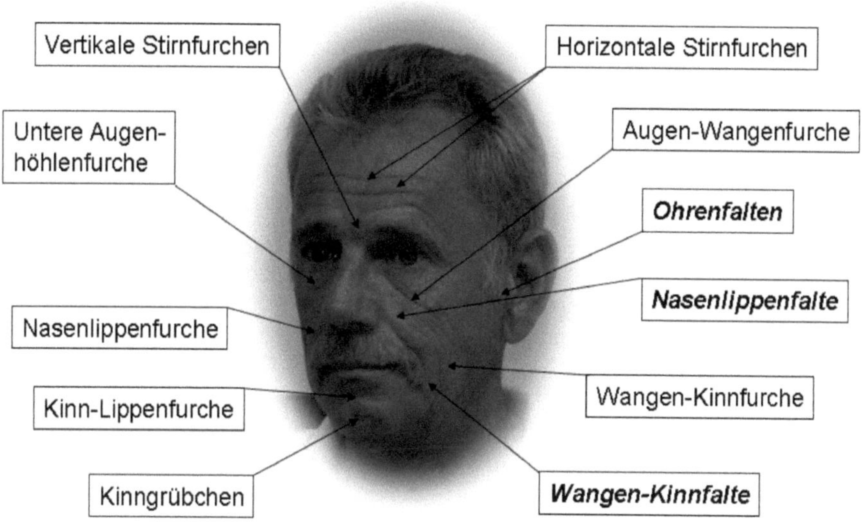

Abb. 4.8 Einige möglicherweise auftretende Falten und Furchen des Gesichts in der Übersichtsdarstellung

Sofern Falten und/oder Furchen festgestellt werden, sind diese in Form, Aufprägung, Länge, Anzahl und Lage detailliert zu beschreiben. Es ist zu beachten, dass diese durch Mimik, Blickrichtung und Beleuchtung beeinflusst werden können.

Besonderheiten

Neben den bisher für die entsprechenden Körperregionen beschriebenen Merkmalen können Besonderheiten vorliegen.

Zu diesen können folgende zählen:

Asymmetrien	Missbildungen	Verwachsungen
Amputationen	auffallend starke Behaarung	

Auch diese werden in Form, Lage, Größe und Position ausführlich beschrieben. Ähnlich wie bei Falten, Furchen sowie den Hautmerkmalen handelt es sich um sehr charakteristische Merkmale, die für die Identifizierung einer Person eine bedeutende Rolle spielen.

4.3.5.2 Qualitative Beschreibung einzelner Merkmale

Unter Punkt 4.3.5.1 wurden die bei einer Person auf dem Bezugs- oder Täterbild möglicherweise sichtbaren Merkmale beschrieben. Allerdings reicht ihr bloßes Vorhanden sein allein nicht aus, sondern um ein Gutachten nachvollziehbar zu gestalten, muss jedem einzelnen erkenn- und beurteilbarem Merkmal eine qualitative Beschreibung folgen, die die unterschiedliche Ausprägung dieses Merkmale reflektiert, z. B.:

Haarfarbe:	blond, braun, dunkelbraun, schwarz, rot etc.
Augenfarbe:	blau, grün, braun, grau etc.
Nasenrückenzug:	stark, mittelmäßig, schwach etc.
Nasenspitzenform:	gerundet, spitzrund, spitz etc.
Mundspaltenbreite:	schmal, mittelbreit, breit etc.

Die qualitative Benennung ist eine vom Sachverständigen subjektive Wahrnehmung des Merkmals und kann daher zwischen verschiedenen Sachverständigen leicht variieren. Außerdem ist zu betonen, dass Sprache kategorial ist und damit den natürlichen Formenreichtum nur schlecht beschreiben kann. Daher hat die Benennung einer Merkmalsausprägung eine eher untergeordnete Rolle, ausschlaggebend ist die auf dem Bild abgebildete Struktur.

4.3.5.3 Quantitative Beschreibung einzelner Merkmale

Neben der qualitativen Beschreibung der Merkmale ist eine quantitative Angabe erforderlich, um eine Aussage darüber treffen zu können, wie häufig ein Merkmal in der Bevölkerung vorkommt. Mit dieser Angabe wird beschrieben, wie charakteristisch ein Merkmal ist. Generell gilt, je seltener ein Merkmal in der Bevölkerung vorkommt, umso persönlichkeitstypischer und charakteristischer ist dieses. Dabei sind vor allem Falten, Furchen, Narben, Asymmetrien oder auch Muttermale von Bedeutung, da diese in Lage, Form, Größe und Ausdehnung häufig nahezu einmalig sind. Diese gelten als besonders gut zur Identifizierung geeignet.

Die Angabe absoluter Häufigkeiten gestaltet sich sehr schwer bis nahezu unmöglich, da Studien sowohl zu Merkmalshäufigkeiten oder -variabilitäten spärlich und veraltet sind. Aktuelle Studien hingegen liegen nur wenige vor.

Das Material, das vorhanden ist, ist aus verschiedenen Gründen nicht auf die Zwecke der Gutachtenserstellung übertragbar:

1. Die Merkmalserfassung findet bei vielen vorliegenden Studien in standardisierter Blickrichtung statt. Die bei Gutachtenserstellung vorliegenden Bezugs- oder Täterbilder liegen allerdings nahezu niemals in dieser idealen Blickrichtung vor.
2. Bei einigen der Studien werden verschiedene Merkmale als Komplex beschrieben und nicht in die Einzelmerkmale, so wie bei der morphologischen Begutachtung, zergliedert.
3. Für einige Merkmale, die in die morphologische Begutachtung einfließen, liegen keine Häufigkeiten vor, da diese Merkmale in den bisher veröffentlichten Studien nicht betrachtet wurden.
4. Die Benennung der Merkmale ist sehr subjektiv durch den Untersucher gefärbt. Das bedeutet, dass sich die gleiche Merkmalsausprägung bei mehreren Untersuchern unterschiedlich darstellt und dementsprechend benannt wird. Damit besteht die Möglichkeit, dass aufgrund unterschiedlicher Benennung eine falsche Häufigkeit zugrunde gelegt würde, die Fehlerquote hier also hoch wäre.
5. Neueste Studien belegen, dass die Merkmale in ihrer Ausprägung nicht reproduzierbar sind, sondern signifikant von den Erhebungen vergangener Studien abweichen.

6. Die meisten der älteren Studien wurden an einem bestimmten und begrenzten Probandenkollektiv durchführt. Da es sich um ältere Arbeiten handelt spielt der säkulare Wandel eine nicht zu vernachlässigende Rolle und ist bei Gutachtenserstattung zu berücksichtigen. Unter dem Begriff der säkularen Akzeleration wird die „Beschleunigung der ontogenetischen Entwicklung in Folge der gesellschaftlichen Entwicklung" verstanden (Rössing 2005). Durch eine Verbesserung der Lebensbedingungen (medizinische Versorgung, Nahrung, Körperhygiene etc.) in den vergangenen zwei Jahrhunderten hat sich der Entwicklungszyklus nach vorne verlegt, so dass Kinder größer und schwerer zur Welt kommen, die Entwicklungsgeschwindigkeit beschleunigt und das Menarchealter nach vorne verlegt wird. Eine damit einhergehende Folgeveränderung ist, dass die Individuen eine größere Körperendhöhe aufweisen. Allerdings liegt nicht nur eine veränderte Körpergröße vor, denn mit dem säkularen Trend findet eine Veränderung der Körperproportionen und möglicherweise des Konstitutionstyps statt. Durch die heute veränderten Proportionen können Häufigkeiten früherer Studien nicht mehr herangezogen werden, da diese auf die derzeit vorherrschende Bevölkerungsgruppe nicht übertragbar sind. Zudem wird es schwierig Häufigkeiten kindlicher Proportionen früherer Studien auf rezente Fälle (kinderpornografisches Bildmaterial) anzuwenden. Hinsichtlich verschiedener Merkmalsausprägungen des Gesichts ist bisher keine genaue Quantifizierung der Auswirkung des säkularen Trends bekannt.

Die genannten Gründe erschweren die absolute Benennung der Häufigkeit eines Merkmales bzw. machen diese unmöglich. Natürlich können für verschiedene Merkmale Häufigkeiten aus verschiedenen Studien herausgesucht und eine Berechnung durchgeführt werden, allerdings handelt es sich dann lediglich um einen berechneten, höchst theoretischen Wert, der – wenn dieser Schritt von verschiedenen Sachverständigen am gleichen Material durchgeführt werden würde – nicht zwingend reproduzierbar ist.

Daher reicht zur Benennung der Häufigkeiten eines Merkmals die sachverständige Einschätzung. Jeder erfahrene Sachverständige überblickt „sein Probandenkollektiv" und sollte auf Grundlage der von ihm bearbeiteten Fälle gut einschätzen können, welche Merkmale er häufig oder weniger häufig in seiner täglichen Routine untersucht.

Handelt es sich um sehr seltene Merkmale, so kann deren Häufigkeit – wenn notwendig – durch Auszählen im eigenen Probandenkollektiv absolut benannt werden.

4.3.5.4 Interkorrelation von Merkmalen

Hinsichtlich einer Interkorrelation von Merkmalen ist davon auszugehen, dass die überwiegende Mehrheit dieser nicht miteinander in Relation steht. So gehen die wenigen in diesem Bereich vorliegenden Studien davon aus, dass nur 5 bis 7% der vorliegenden Merkmale abhängig voneinander ausgeprägt werden.

Bei diesen abhängig voneinander ausgeprägten Merkmalen handelt es sich u. a. um Merkmale, die einen Typen bilden und daher gemeinsam variieren können. Hierbei kann es sich dann um die geographische Herkunft von Strukturen handeln.

So lässt sich aussagen, dass in südlichen Gebieten nicht nur die Kopf-, Brauen-, und Bartbehaarung, sondern auch die Körperbehaarung stärker und dunkler ausgeprägt ist als in nordöstlichen Gebieten. Zudem sind im Nahen Osten exponierte Gesichtspartien (Nase, Lippen, Ohren) größer als in nordöstlichen oder nördlichen Gebieten.

Für das praktische Vorgehen bei der Erstellung morphologischer Identitätsgutachten ist die Korrelation von Merkmalen daher zu vernachlässigen.

4.3.5.5 Sichtbarkeit bzw. Erkennbarkeit von Merkmale

Nach der Merkmalserfassung muss auf Sicht- und Erkennbarkeit jedes einzelnen Merkmals eingegangen werden, denn nicht alle Strukturen sind auf dem Bezugs- oder Täterbild in gleicher Qualität abgebildet. Wird im Gutachten nicht darauf hingewiesen, könnte das beim Leser den Eindruck erwecken, dass alle extrahierbaren Merkmale in gleicher Güte zu sehen ist. Dieses kommt bei der morphologischen Begutachtung allerdings so gut wie nie vor.

Es liegen mehrere Hauptfaktoren vor, die die Sicht- und Erkennbarkeit der Merkmale einschränken können:

Bildqualität

Je schlechter die Bildqualität (Bildauflösung), je grobkörniger und pixeliger das Bild ist, desto weniger Merkmale können beweissicher beurteilt werden. Gerade bei solchen Bildern kann es häufig zwar gut möglich sein, großräumige Merkmale wie die äußere Ohrform zu erkennen. Allerdings sind Ohrbinnenstrukturen – kleinflächige Merkmale – nicht mehr zu differenzieren. Hier sind auch Bildartefakte zu nennen, die Merkmale teils oder vollständig verdecken. Unter dem Begriff des Bildartefaktes wird eine sichtbare, aber unerwünschte Anzeige im gerenderten (berechneten) Bild verstanden, welche nicht von der Ausgangsdatei stammt. Neben Störungen im Bildmaterial, z. B. Wasserflecken bei der Entwicklung von Nassfilmen, oder Kratzspuren auf dem Negativfilm sind die Kompressionsartefakte oder Rasterungen zu nennen. Wird eine Kompression des Dateiformates (z. B. von tiff in jpg) vorgenommen, können sichtbare Artefakte – zumeist Blockartefakte – aufgrund fehlender Information auftreten. Bei Rasterungen kann der so genannte Treppeneffekt vorliegen, da die Bildauflösung und damit die Pixelung bei Skalierung verändert werden.

Technische Faktoren

Hierzu zählt die Brennweite, da sich einige Kameras durch Objektive auszeichnen, die durch eine Verzerrung gekennzeichnet sind (siehe Abb. 1). Hierbei handelt es sich zumeist um Weitwinkelobjektive, die vertikal dehnen und horizontal strecken. Dadurch erscheinen gerade Strukturen am Bildrand gekrümmt, andere hingegen imponieren in der Bildmitte bauchig. Obwohl es Korrekturprogramme gibt, die dieses Problem eingrenzen können, muss darauf hingewiesen werden, dass zahlreiche Strukturen nicht zurückkorrigiert werden können (z. B. Ohrbinnenstrukturen). Auch der Objektabstand spielt eine Rolle, gerade wenn mit gleicher Kamera fotografiert wird, da Unähnlichkeiten vorgetäuscht werden können.

So können Strukturen bei unterschiedlicher Entfernung im seitlichen Bereich schmaler und verkürzt, in der Bildmitte dafür vergrößert erscheinen. Unterschiedliche in Kameras eingesetzte Linsen können störend auf die Begutachtung wirken, da diese Verzerrungen in im Bild lokal begrenzten Bereichen verursachen können. Zudem können Lichtverhältnisse/Überblendungen stark einschränkend wirken. So wirken sich starke Lichtquellen, die sich meist hinter einem Objekt befinden mitunter so aus, dass sie ganze Gesichtsbereiche überstrahlen und damit unkenntlich machen.

Objektspezifische Faktoren

Darunter fallen in erster Linie die Veränderungen, die mit dem Alter (Alterswandel) einhergehen. Wenn eine große Zeitspanne zwischen der Aufnahme des Bezugs- oder Täterbildes und des Vergleichslichtbildes liegt, zeichnen sich möglicherweise verschiedene Strukturen anders ab. Der Lebenswandel, dazu zählen Ernährung, Körperpflege, Bewegung, Alkohol-, Medikamenten- und Drogenkonsum, ist nicht unbedeutend, da hierdurch die Weichgewebsauflagerungen kurzfristig stark beeinflusst werden können (z. B. Aufschwemmung des Gesichts durch Alkohol- und Medikamentenmissbrauch, bei Drogen kann es mittelfristig sowohl zu einer Aufschwemmung als auch zu einer Auszerrung kommen). Auch Krankheiten, Verletzungen und Operationen können Einfluss auf die Sichtbar- oder Erkennbarkeit verschiedener Feinstrukturen haben. Zahlreiche Krankheiten prägen das Erscheinungsbild durch Weichgewebsauflagerungen, Aufschwemmungen, sowie Falten und Furchen. Durch Verletzungen können Narben entstehen, die im Laufe der Zeit aufhellen und auf dem Bildmaterial nicht mehr deutlich abgrenzbar sein können. Besonders stark kann sich die Schönheits- oder Wiederherstellungschirurgie auf morphologische Strukturen auswirken, da diese praktisch vollkommen verändert werden können und Unterschiede vielfach ohne Hinweise nicht erklärbar sind. Auch durch Mimik können voneinander abweichende Merkmalsausprägungen hervorgerufen werden (z. B. Lachen, Zwinkern, Blinzeln), die bei entsprechender Bildqualität erkenn- und benennbar sind. Zudem kann eine Vermummung die Erkenn- und Sichtbarkeit beeinträchtigen, wobei es gleichgültig ist, ob diese absichtlich oder unabsichtlich vorgenommen ist. Um eine absichtliche Vermummung (im Rahmen vorsätzlicher Straftaten; Banküberfall) handelt es sich, wenn durch den Täter der Versuch unternommen wird, sein Erscheinungsbild durch Verwendung von z. B. Strumpfmasken unkenntlich zu machen. Hierbei können gerade bei eng anliegenden Masken Verdrückungen der Weichgewebsauflagerungen erzeugt werden. Von einer unabsichtlichen Vermummung ist dann die Rede, wenn ein Autofahrer auf dem Bezugsbild beispielsweise eine Brille/Sonnenbrille, einen Schal oder eine Mütze trägt. Auch hier können Merkmale durch Reflexion oder Verdeckung verändert werden (Spiegelreflexionen können sich über Strukturen legen oder Weichgewebe z. B. Ohr durch Tragen einer Mütze verdrückt werden). Zusätzliche weitere Problembereiche sind Haar- und Barttracht sowie Make-up. So können durch Wuchs eines Vollbartes beispielsweise Teile der Kinn- und Unterkieferregion unkenntlich gemacht und Gesichtsregionen optisch verändert werden. Unterschiedliche

Frisuren können die Gesichtsform verändert darstellen. Die Anwendung von Lippen- und/oder Konturenstift kann die Form und Fülle der Schleimhautlippen verändert erscheinen lassen.

Die vorgestellten Faktoren sind lediglich eine Auswahl und erheben keinen Anspruch auf Vollständigkeit, allerdings verdeutlichen diese, dass die Sicht- und Erkennbarkeit einer morphologischen Struktur auf vielfältige Art beeinflusst werden kann.

4.3.6 Einschätzung von Ähnlichkeit und Unähnlichkeit bzw. Unterschied

Sofern die Merkmale bei der Person im Bezugs- oder Täterbild qualitativ und quantitativ benannt sind und den Merkmalen der Person im Vergleichslichtbild gegenübergestellt sind, müssen diese hinsichtlich Ähnlichkeit, Unähnlichkeit bzw. Unterschied beurteilt werden.

Die Ähnlichkeit eines Merkmals zwischen Fahrer/Täter und benannter Person liegt dann vor, wenn eine Merkmalsausprägung als gleich imponiert.

Von einer Merkmalsunähnlichkeit bzw. einem -unterschied ist dann dir Rede, wenn eine unterschiedliche Ausprägung eines Merkmals zwischen abgebildeter und benannter Person vorliegt. Wenn dieses der Fall ist, dann ist zu klären, ob diese voneinander abweichende Ausprägung durch verschiedene Faktoren erklär- und folglich relativierbar ist (z. B. unterschiedliche Blickrichtung, unterschiedliche Mimik, unterschiedliche Kontrastierung etc.).

4.3.7 Wahrscheinlichkeitsaussage hinsichtlich der Identität

Auf Grundlage der beschriebenen Parameter (Merkmalsaufteilung mit qualitativer und quantitativer Zuordnung der jeweiligen Ausprägung, Einschätzung der Ähnlichkeit, Unähnlichkeit bzw. Unterschied zwischen Fahrer/Täter und Betroffenen/Beschuldigten/Angeklagten, Sicht- und Erkennbarkeit der Merkmale) wird das Wahrscheinlichkeitsprädikat, welches die Identität oder den Ausschluss zwischen den abgebildeten Individuen begründet, ermittelt.

Bei dieser Wahrscheinlichkeit handelt es sich um die Wahrscheinlichkeit, mit der eine zufällig aus der Bevölkerung herausgegriffene Person dieselbe Merkmalsausprägung aufweist, wie das Individuum auf dem Bezugs- oder Tatbildmaterial. Damit entspricht diese der Häufigkeit, mit der eine bestimmte Merkmalskombination in der Durchschnittsbevölkerung vorkommt.

Nach Schwarzfischer (1992) erfolgt die Klassifizierung der gradierten Wahrscheinlichkeiten in neun Stufen. Diese Einstufung wird von vielen Sachverständigen herangezogen:

- mit an Sicherheit grenzender Wahrscheinlichkeit identisch (>99,72 %)
- höchst wahrscheinlich identisch (>99,0 % – ≤99,72 %)
- sehr wahrscheinlich identisch (>95,0 % – ≤99,00 %)
- wahrscheinlich identisch (>70,0 % – ≤95,00 %)
- Identität nicht entscheidbar (>30,0 % – ≤70,0 %)
- wahrscheinlich nicht identisch (>5,0 % – ≤30,0 %)
- sehr wahrscheinlich nicht identisch (>1,0 % – ≤5,0 %)
- höchst wahrscheinlich nicht identisch (>0,28 % – ≤1,0 %)
- mit an Sicherheit grenzender Wahrscheinlichkeit nicht identisch (≤0,28 %).

Für die Vergabe der Wahrscheinlichkeit bedeutet dies vereinfacht ausgedrückt, dass

- je mehr Merkmale auf dem Bezugs- oder Täterbild extrahiert werden können,
- je besser diese Merkmale auf dem Bildmaterial erkenn- und sichtbar sind,
- je seltener diese Merkmale in der Durchschnittsbevölkerung vorkommen und
- je höher der Grad an Übereinstimmung bzw. je höher die Ähnlichkeit zwischen den Merkmalsausprägungen beider Personen ist,

desto höher wird das positive Wahrscheinlichkeitsprädikat sein, welches der Sachverständige in der Summe vergeben kann.

Wesentlich einfacher als der Schluss auf Identität ist der Nachweis der Nicht-Identität zwischen abgebildeter und benannter Person. Hier reicht bereits ein einziges, gut sichtbares, deutliches und nicht durch andere Umstände (z. B. Beleuchtung, Kontrast, Artefakt, Blickrichtung, Mimik, Umwelteinflüsse) erklärbares Merkmal aus, um einen Ausschluss der Identität beider Individuen zu begründen. Bei tatsächlicher Nicht-Identität findet sich aber meist nicht nur ein einziges Merkmal, welches in seiner Ausprägung zwischen den beiden Individuen abweicht. Die Erfahrung zeigt aber, dass bei durchschnittlich schlechtem Bezugs- oder Tatbildmaterial das Vorliegen einer einzigen Unähnlichkeit kaum einen Ausschluss begründet, sondern häufig der Hinweis auf ein Artefakt ist.

Egal, ob es sich um den Identitätsnachweis oder den Identitätsausschluss handelt, kommen die höchsten Prädikatsklassen (mit an Sicherheit grenzender Wahrscheinlichkeit bei beiden Polen) aufgrund unterschiedlicher Randbedingungen (z. B. schlechtere Bildqualität im Bezugs- oder Tatbildmaterial oder zu geringe Anzahl der Merkmale) selten vor.

An dieser Stelle sei es erlaubt, ausdrücklich darauf hinzuweisen, dass die Nennung von Zahlen im morphologischen Identitätsgutachten unterbleiben sollte. Unter Punkt 4.3.5.3 wird darauf hingewiesen, dass eine absolute Wahrscheinlichkeit, die auf Grundlage der Multiplikation der Häufigkeit einzelner Merkmalsauprägungen berechnet wird, nicht begründet angegeben werden kann. Eine auf dieser Basis ermittelte Wahrscheinlichkeit spiegelt lediglich eine Pseudogenauigkeit vor.

Allerdings muss sich der Sachverständige darüber im Klaren sein, welche Prozentspannen die jeweiligen Wahrscheinlichkeitsprädikate umfassen, denn er muss diese auf Nachfrage dem Gericht auch offen legen können.

4.3.8 Vorselektion/Vorauswahl

Bei Fertigung eines morphologischen Identitätsgutachtens zählt – wie in Punkt 4.3.5 beschreiben – neben Anzahl und Sichtbarkeit einzelner Merkmale auch ihr durchschnittliches Vorkommen in der Bevölkerung (quantitative Beschreibung = Häufigkeit). Denn bei der Vergabe des Wahrscheinlichkeitsprädikates handelt es sich um die Wahrscheinlichkeit, mit der eine zufällig aus der Bevölkerung herausgegriffene Person dieselbe Merkmalskombination aufweise, wie der Fahrer/Täter.

Wenn die Person nun aber nicht zufällig aus der Bevölkerung herausgegriffen ist, sondern bereits aus einer Untergruppe der Bevölkerung aufgrund ihrer Ähnlichkeit zu abgebildeten Person ausgewählt wurde, können die durchschnittlichen Bevölkerungshäufigkeiten einzelner Merkmale für die Begutachtung nicht oder nur mehr sehr eingeschränkt herangezogen werden. In diesem Fall würde es sich dann um eine sogenannte „Vorauswahl/Vorselektion" handeln.

Eine Vorselektion/Vorauswahl liegt klassischer Weise dann vor, wenn Bildmaterial des Tatvorgangs (der Täter) in den Medien veröffentlicht und eine Person (Tatverdächtiger) aufgrund ihrer Ähnlichkeit zur abgebildeten Person von einem Dritten „erkannt" und bei der Polizei benannt wird. Oder (häufiger), wenn ein Ermittler den Täter wieder erkennt.

Auf eingeschränkte Vorauswahl schließt man, wenn eine Person aus einem kleinen Kreis von Familienangehörigen oder von Kollegen wegen ihrer Ähnlichkeit zum Täter benannt wird.

Da nun das Prinzip der Ähnlichkeit verschiedener Merkmalsausprägungen nicht mehr angewandt werden kann – es kann nicht unterschieden werden zwischen Ähnlichkeit aufgrund der Vorselektion oder Ähnlichkeit aufgrund der Identität – würde dies logisch gesehen bedeuten, dass nur noch Unähnlichkeiten bzw. Unterschiede berücksichtigt werden dürfen.

Dennoch bleibt die allgemeine Vorgehensweise der Fertigung eines morphologischen Identitätsgutachtens die gleiche und der Sachverständige kann auch bei Vorliegen eines Ermittlungsvorgangs mit Vorselektion zu einem positiven Wahrscheinlichkeitsprädikat gelangen. Beim Vergleich der einzelnen Merkmalsausprägungen muss der Begriff der Ähnlichkeit dann allerdings enger gefasst werden. Außerdem sind vor allem die Merkmale dienlich, die beim „Wiedererkennen" einer Person keine oder nur eine untergeordnete Rolle spielen (Nasenlochgröße oder -form, verschiedene Ohrbinnenstrukturen). Zudem sind Unähnlichkeiten bzw. Unterschiede kritischer zu betrachten.

Allgemein wird das Wahrscheinlichkeitsprädikat in der Regel um ein bis zwei Klassen niedriger ausfallen. Allerdings kann bei sehr guter Übereinstimmung aller Merkmale und bei Vorliegen verschiedener Merkmale, die nicht dem Prozess des Wiedererkennens unterliegen, trotzdem vereinzelt das höchste positive Wahrscheinlichkeitsprädikat vergeben werden.

In diesem Zusammenhang ist darauf hinzuweisen, dass die Vorselektion nur bei Schluss auf Identität von Bedeutung ist. Sollte es sich um einen Identitätsausschluss handeln ist diese irrelevant.

4.3.9 Vorbehalte/Grundvoraussetzungen einer Gutachtenerstellung

Jedes morphologische Gutachten steht unter dem Vorbehalt, dass keine nahen Blutsverwandten der zu vergleichenden Person (Betroffener/Beschuldigter) alternativ in Frage kommen dürfen. Dies geschieht vor dem Hintergrund, dass aufgrund der molekularbiologischen Ebene gerade bei nahen Verwandten in direkter Linie die Möglichkeit besteht, dass sich die Merkmale in ihrer phänotypischen Ausprägung ähnlich sehen. Auf dieser Basis würde eine der Vorselektion vergleichbare Situation eintreten.

Außerdem wird jedes Gutachten unter der Prämisse erstellt, dass eine absichtliche und für den Sachverständigen nicht erkennbare Veränderung des Phänotyps im Bezugs- oder Tatbildmaterial nicht vorliegt und die Identität der ins Gutachten aufzunehmenden Personen eindeutig geklärt ist (z. B. durch offizielle Dokumente öffentlicher Behörden).

4.3.10 AGIB (Arbeitsgruppe Identifikation nach Bildern)

In Kap. 4 wurden die wesentlichen Grundlagen und die Vorgehensweise zur Erstellung von morphologischen Identitätsgutachten ausgeführt. Diese Standards sind in einer Arbeitsgruppe (AGIB = Arbeitsgruppe Identifikation nach Bildern) entwickelt worden und auf der Internetseite www.fotoidentifikation.de nachzulesen.

4.4 Beispiel eines morphologischen Identitätsgutachtens

Nachdem die Grundlagen zur Fertigung eines morphologischen Gutachtens mit allen potentiell auftretenden Komplikationen erläutert sind, soll das vorangehend theoretisch skizzierte Vorgehen an einem Beispiel zum besseren Verständnis veranschaulicht werden.

Beim vorliegenden Fall ist darauf hinzuweisen, dass es sich um einen konstruierten Fall handelt. Das herangezogene Bildmaterial wurde eigens hierfür gefertigt und vom Betroffenen zur Veröffentlichung freigegeben.

4.4.1 Ausgangssituation

Im vorliegenden Fall handelt es sich um einen Ermittlungsvorgang ohne Vorselektion, wobei dieser Fall das Maximum an Maßnahmen, die in solch einem Fall vorkommen können, darstellt.

Auf der A99 herrscht eine Geschwindigkeitsbeschränkung von 80 km/h. Der Fahrer überschreitet diese derart (gemessene Geschwindigkeit 125 km/h), dass die installierte Kamera auslöst und ein Radarbild gefertigt wird.

Das Radarbild wird von der zuständigen Polizeidienststelle ausgewertet und der Fahrzeughalter anhand des Kennzeichens ermittelt. Da der Fahrzeughalter eine Frau ist, kommt diese als Fahrer zum tatrelevanten Zeitpunkt nicht in Betracht. Daher wird dieser lediglich ein Zeugenbefragungsbogen zugesandt. Aufgrund des in Deutschland geltenden Zeugnisverweigerungsrechtes macht sie keinerlei Angaben zum Fahrzeugführer.

Im Anschluss wird von der Polizei der Hausbogen ausgefüllt. Dabei handelt es sich um Ermittlungsergebnisse, aus dem Familienkreis oder näheren Umfeld der Fahrzeughalterin zur Frage, wer Zugang zum Fahrzeug hat. Hier finden sich Hinweise auf einen nahen Verwanden (Herr X.). Bei diesem nun vorliegenden Anfangsverdacht gegen Herrn X. wird ein Vergleichslichtbild bei der zuständigen Meldebehörde angefordert, um es mit dem Radarbild abzugleichen. Nach dem von Ermittlungsbeamten durchgeführten Abgleich erscheint sich der Anfangsverdacht zu bestätigen – Herr X. käme als Fahrer zum tatrelevanten Zeitpunkt in Betracht. Daher wird diesem ein Anhörungsbogen als Betroffener übermittelt, indem er sich zum vorliegenden Verstoß äußern kann. Aufgrund seines Aussageverweigerungsrechtes macht dieser zwar Pflichtangaben zur Person, verweigert zur Sache aber jede Aussage.

Nun versucht die Polizei den Anfangsverdacht gegen Herrn X. zu überprüfen, indem sie diesen zur Dienstelle vorlädt. Zweck ist die persönliche Inaugenscheinnahme und der Abgleich seiner Erscheinung mit dem Radarbild. Dieser Vorladung wird Herr X. nicht nachkommen. Anschließend erfolgen Ermittlungen im näheren Umfeld (z. B. durch Befragung von Nachbarn oder Vorzeigen des Radarbildes im Umfeld). Nach Abschluss der Ermittlungen ergeht Bußgeldbescheid gegen Herrn X. Der nunmehr Betroffene übergibt den Vorgang seinem Anwalt, der form- und fristgerecht Einspruch gegen den Bußgeldbescheid einlegt und Akteneinsicht beantragt.

Herr X. räumt die Fahrereigenschaften weiterhin nicht ein, so dass ein Ordnungswidrigkeitenverfahren eingeleitet und der Vorgang an das für den Ort des Verkehrsverstoßes zuständige Gericht übergeben wird, welches nunmehr die Fahreridentität zu klären hat. Es wird ein Hauptverhandlungstermin festgesetzt. Im Termin erfolgt durch den Vorsitzenden der Abgleich des Erscheinungsbildes von Herrn X. mit dem Radarbild. Da der Vorsitzende Richter nicht eindeutig zur Überzeugung gelangt, dass es sich beim Betroffenen um den Fahrzeugführer zum tatrelevanten Zeitpunkt handelt, er die Sache entgegen des Antrages der Verteidigung aber nicht einstellen möchte, wird die Einholung eines morphologischen Identitätsgutachtens verfügt.

Dieser Beweisbeschluss oder die Verfügung begründen den Auftrag für den Sachverständigen zur Fertigung des morphologischen Gutachtens.

4.4.2 Bezugs- bzw. Täterbildmaterial des Fahrers

Beim vorliegenden Bezugs- oder Tatbildmaterial handelt es sich um das Radarbild, welches mittels einer Ultraviolettkamera („Schwarzlichtkamera") gefertigt wurde. Dieses Radarbild wird mit der Verfahrensakte als Papierausdruck auf weißem Papier übermittelt, wobei sich die Bildqualität aufgrund des verwendeten Druckers in Grenzen hält. Zusätzlich findet sich in der Verfahrensakte ein Ausdruck des Vorgangs – ausgedruckt vermutlich auf Fotopapier – in einer für einen morphologischen Merkmalsvergleich mäßigen Bildqualität.

Da bestmöglichstes Bildmaterial herangezogen werden soll, wird das vorliegende Originalbildmaterial angefordert, welches bei der Polizei elektronisch gespeichert ist. Aufgrund der verwendeten Radaranlage liegt das zur Verfügung stehende Bildmaterial nicht als Negativfilm, sondern nur in digitaler Form vor.

Auf Anfrage wird dieses von der zuständigen Dienststelle sowohl in unterschiedlichen Kontraststufen als auch in unterschiedlichen Körnungen auf elektronischem Wege übermittelt.

Bei Sichtung des Bildmaterials ist festzustellen, dass die Kamera in einer leicht überhöhten Position angebracht ist. Diese befindet sich auf der linken Seite vor dem Fahrzeug, so dass der Fahrer im linken Halbprofil abgebildet ist. Eine Verzerrung durch das Kameraobjektiv oder durch die Frontscheibe des Fahrzeugs ist im vorliegenden Bildmaterial augenscheinlich nicht ersichtlich (Abb. 4.9).

Nach Übermittlung des Originalbildmaterials und nach Vergrößerung des relevanten Bildausschnitts (Gesicht des Fahrers) ist festzustellen, dass aufgrund der Aufnahmeentfernung die Pixelung erkennbar ist, so dass einige Feinmerkmale des Gesichts nicht mehr detailliert extrahiert werden können.

Abb. 4.9 Bezugs- oder Täterbild: Hier im Rahmen der Geschwindigkeitsüberschreitung gefertigtes Originalradarbild mit geschwärztem Kennzeichen (**Bild links**) sowie Ausschnittsvergrößerung (**Bild rechts**)

Die Bildqualität ist aufgrund des Kontrasts und der Auflösung insgesamt als mäßig zu bezeichnen ist.

Sowohl die Stirn- als auch die linke Schläfenregion, der obere Stirnabschluss und das linke Ohr des Fahrers werden durch den linken vorderen Dachholm („A-Säule") vollständig verdeckt und können daher nicht in die Begutachtung einfließen können.

4.4.3 Vergleichslichtbildmaterial

Mit der Verfahrensakte wird ein von der Polizeidienststelle angefordertes Vergleichslichtbild von Herrn X. übermittelt. Hierbei handelt es sich um eine vom Einwohnermeldeamt übersandte Schwarzweißkopie eines Passbildes des Betroffenen auf weißem Papier. Wenngleich nicht die optimale Bildqualität vorliegt (lediglich Schwarzweißkopie, kein Originalbild), ist diese besser als die des Radarbildes und somit zur Erstellung eines morphologischen Gutachtens geeignet (Abb. 4.10 links).

Allerdings handelt es sich um eine Aufnahme, die Herrn X. in etwa auf Augenhöhe im Portrait abbildet. Da das Radarbild den Fahrer allerdings im linken Halbprofil abbildet, können nicht alle Merkmale abschließend und beweissicher beurteilt werden.

Zudem kann diesem Vergleichslichtbild kein Aufnahmedatum entnommen werden, damit können möglicherweise vorliegende Altersunterschiede bei der Begutachtung nicht berücksichtigt werden. Es erweist sich daher als sinnvoll, weiteres Vergleichslichtbildmaterial zu fertigen.

Nach Rücksprache mit dem Vorsitzenden wird Herr X. vorgeladen, um Bilder in ähnlicher Blickrichtung wie beim Fahrer zu fertigen (Abb. 4.10 rechts). Bei diesem aktuell gefertigten Vergleichslichtbildmaterial sind sowohl die technischen Bedingungen (z.B. Ausleuchtung, Kontrastierung, Abstand zum Objektiv) als auch die Perspektive nahezu ideal. Die beim Fahrer erkennbaren Merkmale können allesamt mit den Merkmalen von Herrn X. auf Ähnlichkeit oder Unähnlichkeit bzw. Unterschiede untersucht werden.

Vor Fertigung der Vergleichslichtbilder muss sich Herr X. zur Sicherstellung seiner Identität ausweisen. Hierbei ist der Vergleich mit dem in der Akte vorliegenden Vergleichslichtbild sinnvoll, um einen Täuschungsversuch weitgehend ausschließen zu können.

Hinsichtlich des aktuell gefertigten Vergleichslichtbildmaterials ist anzumerken, dass die Blickrichtung recht gut mit der Perspektive im Radarbild übereinstimmt. Lediglich die Kopfsenkung ist nicht ideal und der Hintergrund hätte in Übereinstimmung mit dem Radarbild dunkeler sein können. Diese kleinen Abweichungen stellen allerdings keine Einschränkung in der Analyse der Merkmalsausprägungen dar.

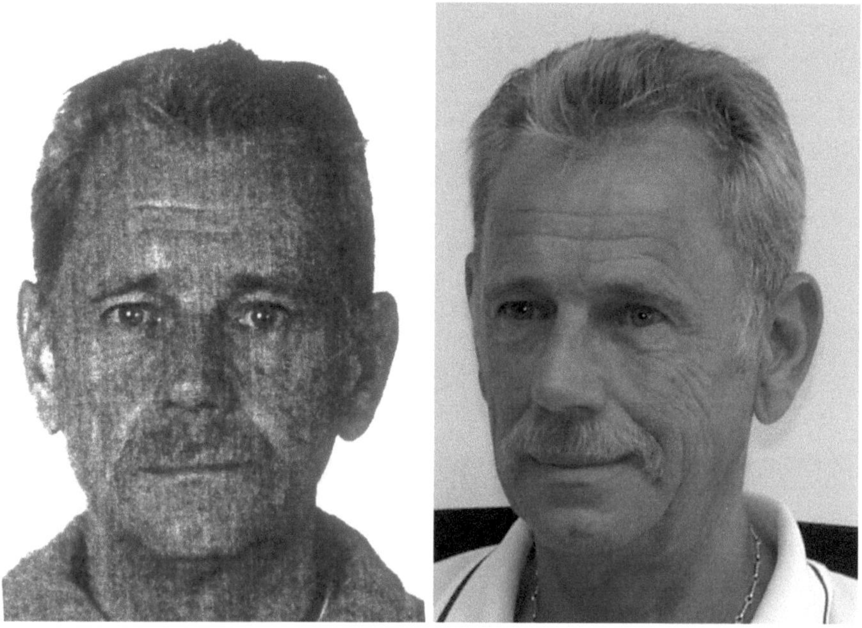

Abb. 4.10 Vergleichslichtbilder von Herrn X: Schwarzweißkopie eines Vergleichslichtbildes auf weißem Papier übermittelt vom Meldeamt (**Bild links**) sowie durch den Sachverständigen gefertigtes Vergleichslichtbild in ähnlicher Blickrichtung wie beim Fahrer (**Bild rechts**)

4.4.4 Vorbereitung des Bildmaterials

Nach Vorliegen des Bildmaterials des Fahrers (übermittelte Originaldateien) sowie von Herrn X. wird das Bildmaterial zur Durchführung des Merkmalvergleichs vorbereitet. Hierfür wird zunächst die Farbinformation des Vergleichslichtbildes verworfen und die Kontraststufe leicht verändert (Abb. 4.11; Bildreihe oben).

Im Anschluss wird das Bildmaterial auf die gleiche Größe skaliert. Hierfür werden sowohl ein Bildausschnitt aus dem Radarbild als auch einer aus einem in der Perspektive am geeignetsten erscheinenden Vergleichslichtbild ausgewählt und nach dem Prinzip der parallelen Linien auf eine Größe gebracht. Da der Haaransatz durch den Windschutzscheibenrahmen verdeckt ist, werden der obere Augenbrauenabschluss, die Nasenwurzel, der untere Nasenabschluss, die Mundspalte und der untere Kinnabschluss herangezogen, um beide Bilder auf eine Größe zu skalieren. Neben den parallelen Linien werden zusätzliche Linien eingeführt, die nicht nur Höhen, sondern auch Breiten (z. B. Kinnbreite) graphisch darstellen. Diese werden im Fahrerbild eingetragen und ins Vergleichslichtbild kopiert (Abb. 4.11; Bildreihe Mitte).

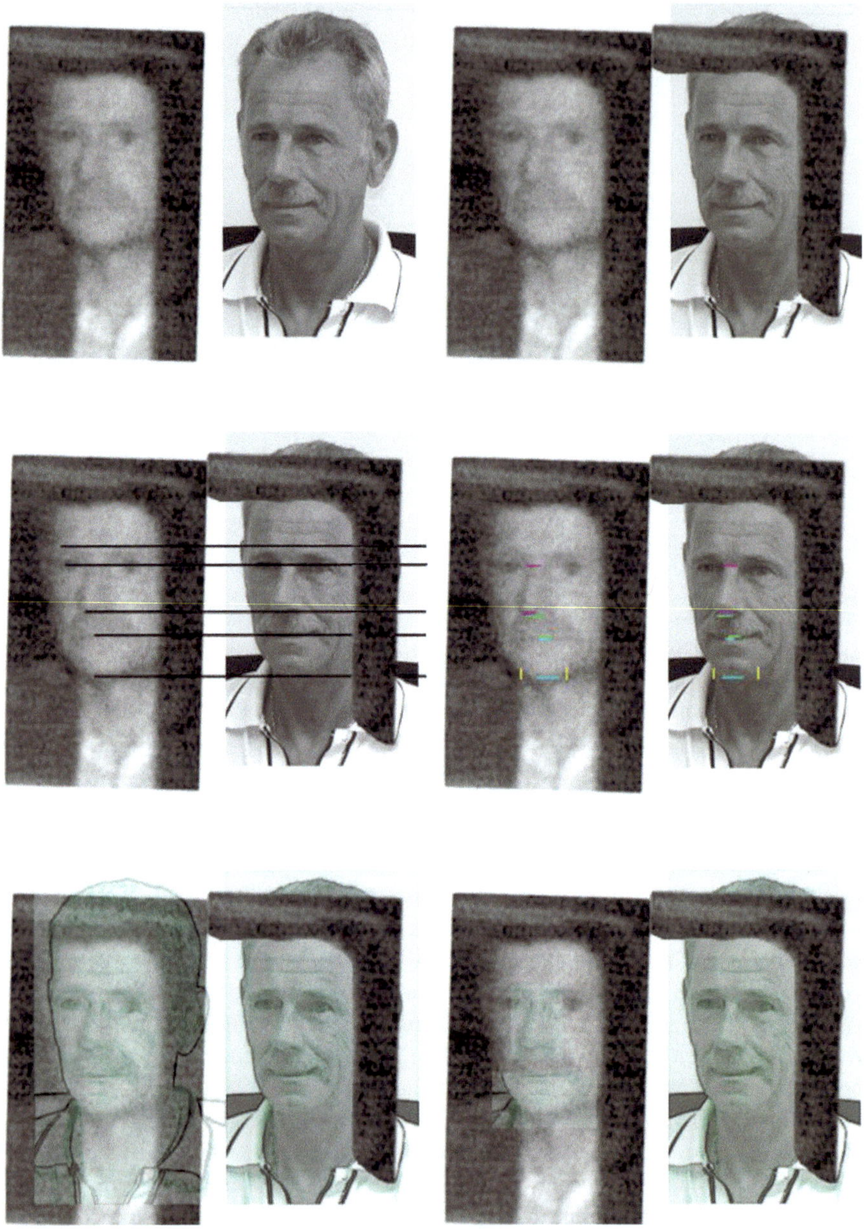

Abb. 4.11 Gegenüberstellung des Bezugs- bzw. des Täterbildes mit einem Vergleichslichtbild von Herrn X. in ähnlicher Blickrichtung wie beim Fahrer; **Bild links oben:** Vergleichslichtbild gefertigt mittels einer Digitalspiegelreflexkamera; **Bild rechts oben:** Überblendung der linken Ohrregion durch die A-Säule des Fahrzeugs um gleiche Verhältnisse zu schaffen; **Bilderreihe Mitte:** Verwendung des Prinzips der parallelen Linien sowie zusätzlicher Hilfslinien; **Bilderreihe unten:** Kontur- und Teilkonturüberblendung

Zur weiteren Illustration wird über das Bild von Herrn X. eine Kontur gelegt und über die Gesichtskontur des Fahrers kopiert. Zudem werden einzelne Bereiche der Kontur herausgegriffen und auf die entsprechende Gesichtspartie beim Fahrer gelegt, um den Konturverlauf zu verdeutlichen (Abb. 4.11; Bildreihe unten).

Die Verwendung der genannten Hilfslinien ist allerdings nur zur Skalierung anzuwenden. Bei Durchführung des Merkmalsvergleichs werden alle Linien und Konturen herausgenommen, da diese sonst morphologische Strukturen überdecken und die Morphognose somit behindern.

Eine Drehung des Vergleichslichtbildes – wie beim Fahrerbild –, ist nicht notwendig, da sich die Augenspalten in der Horizontalen befinden. Um allerdings gleiche Sichtverhältnisse wie beim Fahrer zu schaffen, wird der Windschutzscheibenrahmen aus dem Radarbild kopiert und über das Vergleichslichtbild von Herrn X. gelegt.

4.4.5 Durchführung des Vergleichs morphologischer Feinmerkmale

Nach Vorbereitung des Bildmaterials erfolgt die Erfassung morphologischer Feinmerkmale des Fahrers, die anschließend mit den Merkmalen von Herrn X. verglichen und auf Ähnlichkeit/Unähnlichkeit bzw. Unterschied untersucht werden.

4.4.5.1 Merkmalserfassung und Beurteilung ihrer Sichtbarkeit beim Fahrer

Die Merkmale werden in den verschiedenen Gesichtsregionen erfasst und stichpunktartig in Form der Merkmalsliste notiert, diese beinhaltet nur die tatsächlich erkennbaren Merkmale. Bei Fertigung eines morphologischen Gutachtens wird diese Liste zusätzlich in schriftlicher Form (ausgearbeitetes schriftliches Gutachten) übermittelt.

Eine Klassifizierung der Sichtbarkeit der Merkmale erfolgt dadurch, dass **fett** unterlegte Merkmale solche sind, die gut bis sehr gut erkenn- und beurteilbar sind. Normal gedruckte Merkmale sind erkennbar; Merkmale, die den Vermerk „soweit beurteilbar" vorangestellt haben, sind schlecht sichtbar. Zudem gibt es Merkmale, die den Vermerk „soweit sichtbar" vorangestellt haben. Dabei handelt es sich um Strukturen, die sichtbar sind, dann allerdings ab einen gewissen Punkt verdeckt werden. Im vorliegenden Bildmaterial ist ein solches Merkmal der linke Unterkieferrand. Dieser ist sichtbar, bis er durch die linke A-Säule des Fahrzeugs verdeckt wird.

Merkmale im Gesamtgesicht

Geschlecht:	**männlich**
Alter:	**mittleres Alter**
Gesichtsform:	soweit sichtbar länglich oval

Polsterung Gesamtgesicht:	eher wenig gepolstert
Gesichtsbreite:	**Untergesicht schmaler als Mittelgesicht**
Mittelgesichtsbreite:	soweit beurteilbar mäßig breit
Morphologische Gesichtshöhe:	**mittelhoch**
Stirnhöhe:	**soweit sichtbar nicht niedrig**

Im Bereich des Gesamtgesichts sind 8 Merkmale erkenn- und beurteilbar. Von diesen 8 Merkmalen sind fünf gut sichtbar (Geschlecht, Alter, Gesichtsbreite, morphologische Gesichtshöhe, Stirnhöhe).

Bei den hier vorliegenden Merkmalen handelt es sich um durchschnittliche, für den Fahrer wenig charakteristische Merkmale. Der Haaransatz im Stirn- und Schläfenbereich sowie der obere Stirnabschluss des Fahrers werden durch den Windschutzscheibenrahmen verdeckt und können daher nicht für den morphologischen Merkmalsvergleich herangezogen werden. Zudem finden sich im Bereich der rechten Stirnseite Bildartefakte, so dass in diesem Bereich keine Merkmale beweissicher erfasst werden können.

Merkmale in der Augenregion

Entfernung der Augen:	**mittelweit voneinander entfernt**
Deckfaltenrand links:	soweit beurteilbar lateral konvex gekrümmt, abfallend
Deckfaltenrandverlauf rechts:	soweit beurteilbar wenig stark abfallend

Im Bereich der Augenregion sind drei Merkmale erkennbar. Von diesen drei Merkmalen ist eins gut sichtbar (Entfernung der Augen).

Die Bildqualität in diesem Bereich ist aufgrund des in dieser Gesichtsregion geringen Kontrasts und der mangelhaften Auflösung eher schlecht. Zudem können die Augenbrauen nicht beurteilt werden, da diese augenscheinlich so hell sind, dass sich diese nicht von der Umgebung abgrenzen lassen.

Merkmale in der Nasenregion

Nasengröße:	**insgesamt mittelgroß**
Nasenrückenlänge:	**mittellang**
Nasenrückenbreite:	soweit beurteilbar mittelbreit
Nasenrückenform:	**annähernd geradlinig**
Nasenrückenverlauf:	von der Nasenwurzel zur Nasenspitze soweit beurteilbar nicht breiter werdend
Nasenspitzengröße:	**mittelgroß**
Nasenspitzenbreite:	**mittelbreit**
Nasenspitzenform:	**gerundet**
Nasenspitzenabsetzung:	**nicht abgesetzt**
Nasenspitzenlage:	soweit beurteilbar wenig oberhalb des linken Nasenflügelansatzes

Nasenlippenfalte rechts:	**mäßig stark ausgeprägt**
Nasenlippenfaltenlänge rechts:	**kurz**
Naselippenfaltenform rechts:	**annähernd geradlinig**

Im Bereich der Nasenregion sind insgesamt 13 Merkmale erkenn- und beurteilbar. Von diesen 13 Merkmalen sind 10 gut sichtbar (Nasengröße, Nasenrückenlänge, Nasenrückenform, Nasenspitzengröße, Nasenspitzenbreite, Nasenspitzenform, Nasenspitzenabsetzung, Nasenlippenfalte rechts, Nasenlippenfaltenlänge rechts, Nasenlippenfaltenform rechts).

Bei den 13 hier erkennbaren Merkmalen handelt es sich mit Ausnahme des Komplexes der rechten Nasenlippenfalte um durchschnittliche – für den Fahrer wenig charakteristische – Merkmale.

Die Bildqualität im Bereich der Nase ist aufgrund des Kontrasts und der Auslösung als mäßig zu bezeichnen. Im Bereich der Nasenwurzel finden sich allerdings Bildartefakte, so dass diese nicht für einen beweissicheren morphologischen Merkmalsvergleich herangezogen werden kann.

Merkmale der Mundregion

Hautoberlippenraum:	**mittelhoch**
Mundspaltenbreite:	**mäßig breit**
Mundspaltenverlauf:	**annähernd geradlinig**
Mundspaltensymmetrie:	soweit sichtbar symmetrisch
Schleimhautlippenprominenz:	<u>soweit beurteilbar</u> wenig prominent
Schleimhautlippenhöhe:	<u>soweit beurteilbar</u> wenig hoch

Im Bereich der Mundregion sind 6 Merkmale erkenn- und beurteilbar. Von diesen 6 Merkmalen sind 3 gut sichtbar (Hautoberlippenraum, Mundspaltenbreite, Mundspaltenverlauf).

Bei den erkennbaren Merkmalen handelt es sich um durchschnittliche, wenig charakteristische Merkmale.

Die Bildqualität im Bereich der Mundregion ist hier aufgrund des geringen Kontrasts und der mangelhaften Auflösung eher schlecht.

Merkmale der Kinn- und Wangenregion

Kinnhöhe:	**wenig hoch**
Kinnbreite:	**mittelbreit**
Kinnsymmetrie:	**symmetrisch**
Kinnprominenz:	<u>soweit beurteilbar</u> wenig prominent
Kinnzweispitzigkeit:	**nicht zweispitzig**
Kinnabsetzung:	links <u>soweit beurteilbar</u> wenig abgesetzt
Kinnform:	**gerundet**
Polsterung zum Hals:	<u>soweit beurteilbar</u> sehr wenig gepolstert

Unterkieferrandverlauf links:	**soweit sichtbar wenig ansteigend**
Unterkieferkörper links:	**soweit sichtbar nicht deutlich gepolstert**
Mittelgesichtshöhe:	**mäßig hoch**
Wangen:	wenig gepolstert
Jochbögen:	kein Hervortreten der Jochbögen erkennbar

Im Bereich der Kinn- Wangenregion sind insgesamt 13 Merkmale erkenn- und beurteilbar. Von diesen 13 Merkmalen sind 8 gut sichtbar (Kinnhöhe, Kinnbreite, Kinnsymmetrie, Kinnzweispitzigkeit, Kinnform, Unterkieferrandverlauf links, Unterkieferkörper links, Mittelgesichtshöhe).

Bei den 13 hier erkennbaren Merkmalen handelt es sich mit Ausnahme der Polsterung zum Hals um eher durchschnittliche – für den Fahrer wenig charakteristische – Merkmale.

Die Bildqualität im Bereich der Kinnregion ist von vergleichsweise gutem Kontrast und guter Auflösung.

Merkmale der linken Ohrregion

Das linke Ohr des Fahrers wird durch die linke A-Säule des Fahrzeugs verdeckt und kann daher nicht für den morphologischen Merkmalsvergleich herangezogen werden.

Auf dem vorliegenden Bildmaterial des Fahrers sind insgesamt 43 Merkmale erkenn- und beurteilbar. Von diesen sind 27 Merkmale gut bis sehr gut erkennbar. Einige wenige der aufgezählten Merkmale sind hierbei als für den Fahrer charakteristisch zu bezeichnen.

4.4.5.2 Vergleich mit den Merkmalen von Herrn X.

Jedes der beim Fahrer extrahierten Merkmale wird mit denen des Betroffenen verglichen und auf Ähnlichkeit bzw. Unähnlichkeit oder Unterschied untersucht Im Anschluss daran wird der Beweiswert ermittelt. (Auf die Aufzählung der einzelnen Merkmale von Herrn X. wird an dieser Stelle verzichtet, sondern es werden nur die Unähnlichkeiten bzw. Unterschiede auf- und ausgeführt.)

Merkmale im Gesamtgesicht

Die Merkmale des Fahrers finden sich alle bei Herrn X. wieder und stimmen mit diesen überein. Aufgrund des mäßigen Kontrasts und der mäßigen Auflösung, einiger Bildartefakte sowie der Verdeckung des Haaransatzes im Stirn- und Schläfenbereich sowie des oberen Stirnabschlusses ist den Merkmalsübereinstimmungen ein mittlerer Beweiswert beizumessen.

Merkmale in der Augenregion

Die Merkmale des Fahrers finden sich auch beim Betroffenen wieder und stimmen mit diesen überein. Aufgrund des in dieser Gesichtsregion geringen Kontrasts, der mangelhaften Auflösung, einiger Bildartefakte und möglicher Veränderbarkeit der Augenbrauen ist den genannten Merkmalsübereinstimmungen ein geringer Beweiswert zuzuordnen.

Merkmale in der Nasenregion

Die Merkmale des Fahrers finden sich allesamt bei Herrn X. wieder und stimmen mit diesen überein. Aufgrund des mäßigen Kontrasts und der mäßigen Auflösung im Radarbild sowie einiger Bildartefakte (Nasenwurzelbereich) kommt den genannten Merkmalsübereinstimmungen ein mittlerer Beweiswert zu.

Merkmale der Mundregion

Zwischen dem Fahrer und Herrn X. findet sich hier eine Merkmalsunähnlichkeit, die **fett** unterlegt ist.

	Fahrer	Herr X.
Hautoberlippenraum	mittelhoch	mittelhoch
Mundspaltenbreite	mäßig breit	mäßig breit
Mundspaltenverlauf	**annähernd geradlinig**	**≠ gekrümmt**
Mundspaltensymmetrie	soweit sichtbar symmetrisch	symmetrisch
Schleimhautlippenprominenz	soweit beurteilbar wenig prominent	wenig prominent
Schleimhautlippenhöhe	soweit beurteilbar wenig hoch	wenig hoch

Hinsichtlich des Mundspaltenverlaufes handelt es sich nur um eine Merkmalsunähnlichkeit. Dieser Umstand begründet sich auf der Tatsache, dass Herr X. zum Zeitpunkt der Fertigung des Vergleichslichtbildes lächelt. Damit liegt eine andere Mimik als im Radarbild vor, das andersartige Aussehen des Mundspaltenverlaufes ist auf die Mimik zurückzuführen und kann sehr leicht erklärt werden. Aufgrund des in diesem Bereich geringen Kontrasts und der mangelhaften Auslösung sowie der unterschiedlichen Mimik ist den übrigen Merkmalsübereinstimmungen ein geringer Beweiswert zuzuordnen.

Merkmale der Kinn- und Wangenregion

Zwischen dem Fahrer und Herrn X. finden sich zwei Merkmalsunähnlichkeiten, die **fett** unterlegt sind.

	Fahrer	Herr X.
Kinnhöhe	wenig hoch	wenig hoch
Kinnbreite	mittelbreit	mittelbreit
Kinnsymmetrie	symmetrisch	symmetrisch
Kinnprominenz	soweit beurteilbar wenig prominent	wenig prominent
Kinnzweispitzigkeit	nicht zweispitzig	nicht zweispitzig
Kinnabsetzung	**links soweit beurteilbar wenig abgesetzt**	**≠ stärker abgesetzt**
Kinnform	gerundet	gerundet
Polsterung zum Hals	soweit beurteilbar sehr wenig gepolstert	sehr wenig gepolstert
Unterkieferrandverlauf links	soweit sichtbar wenig ansteigend	wenig ansteigend
Unterkieferköper links	**soweit beurteilbar nicht deutlich gepolstert**	**≠ stärker gepolstert**

	Fahrer	Herr X.
Mittelgesichtshöhe	mäßig hoch	mäßig hoch
Wangen	wenig gepolstert	wenig gepolstert
Jochbögen	kein Hervortreten der Jochbögen	kein Hervortreten der Jochbögen

Hinsichtlich der Kinnabsetzung und des linken Unterkieferkörpers handelt es sich um zwei Merkmalsunähnlichkeiten. Diese können darauf zurückgeführt werden, dass Herr X. zum Zeitpunkt der Fertigung des Vergleichslichtbildes gelächelt hat. Außerdem liegt eine leicht unterschiedliche Kopfhaltung vor. Die Unähnlichkeiten lassen sich daher auf die genannten Umstände zurückführen und sind leicht erklärbar. Die restlichen Merkmale des Fahrers finden sich auch beim Betroffenen und stimmen mit diesen überein. Aufgrund des vergleichsweise guten Kontrasts und der vergleichsweise guten Auflösung in dieser Gesichtsregion ist den verbleibenden Merkmalsübereinstimmungen ein eher hoher Beweiswert beizumessen.

4.4.5.3 Abschließende Beurteilung und Wahrscheinlichkeitsprädikatvergabe

Der Vergleich der Merkmale des Fahrers mit denen des Betroffenen hat ergeben, dass insgesamt 43 Merkmale beim Fahrer erkenn- und beurteilbar sind. Von diesen 43 Merkmalen sind 27 gut bis sehr gut erkenn- und beurteilbar. Zwischen dem Fahrer und dem Betroffenen Herrn X. finden sich unter den genannten Merkmalen insgesamt 3 Merkmalsunähnlichkeiten. Die genannten Merkmalsunähnlichkeiten lassen sich allerdings allesamt aufgrund der unterschiedlichen Mimik und der unterschiedlichen Kopfhaltung erklären. Die restlichen Merkmale des Fahrers stimmen mit den Merkmalen von Herrn X. überein.

Aufgrund des insgesamt mäßigen Kontrasts und der mäßigen Auflösung im Radarbild, einiger Bildartefakte, der reduzierten Anzahl der erkennbaren Merkmale, möglicher Veränderbarkeit der Augenbrauen, der leicht unterschiedlichen Kopfhaltung sowie einiger charakteristischer Merkmale und Merkmalskomplexe ist die Identität zwischen dem Fahrer und dem Betroffenen Herrn X. **sehr wahrscheinlich** gegeben. Dieses Wahrscheinlichkeitsprädikat entspricht der **dritthöchsten positiven Klasse** der neunstufigen Skala der Wahrscheinlichkeitseinschätzung.

Das Ergebnis der morphologischen Identitätsgutachtens obliegt dann einer juristischen Würdigung.

Literaturverzeichnis

Abbreviated injury scale (AIS) 2005-Update 2008, AAAM Barington, IL www.aaam.org

AGIB (Arbeitsgruppe Identifikation nach Bildern): www.fotoidentikation.de

Anhang E zur Richtlinie der GTFCh zur Qualitätssicherung bei forensisch-toxikologischen Untersuchungen (2010)

Appel H, Krabbel G, Vetter D (2002) Unfallforschung, Unfallmechanik und Unfallrekonstruktion. Vieweg+Teubner Verlag

Baker SB, O'Neill B, Haddon W, Long WB (1974) The Injury Severity Score. A method for describing patients with multiple injuries and evaluating emergency care. Journal of Trauma 14, 187–196

Barbey I (1992) Die Verkehrsunfallflucht – ein Sonderdelikt in der forensisch-psychiatrischen Begutachtung? Blutalkohol 29, 252–264

Baselt CR (2002) Disposition of Toxic Drugs and Chemicals in Man, 6th ed., Biomedical Publications, Foster City, California

Bauer J, Neumann M (2009) Fahreignung und Fahrsicherheit bei Epilepsie. Nervenarzt 12:1480–1488

Berankova K, Mutnanska K, Balikova M (2006) Gamma-hydroxybutyric acid and formation in blood and urine. Forensic Sci Int 161:158–162

Berghaus G (1997) Arzneimittel und Fahrtüchtigkeit – Metaanalyse experimenteller Studien. Bericht über das Forschungsprojekt FP 2.9108 der Bundesanstalt für Straßenwesen, Bergisch Gladbach

Berghaus G, Käferstein H, Rothschild MA (2006) Arzneimittel und Fahrsicherheit. Dtsch Ärztebl 103, 1754–1758

BGH (1973) Beschluss vom 11.12.73 – 4 StR 130/73

Bonte W (1987) Begleitstoffe alkoholischer Getränke, Schmidt-Römhild Verlag, Lübeck

Boumba VA, Ziavrou KS, Vougiouklakis T (2008) Biochemical pathways generating postmortem volatile compounds co-detected during forensic ethanol analyses, Forensic Science International 174: 133–151

Borkenstein RF, Crowther RF, Shumate RP, Ziel WB, Zylman R (1974) The role of the drinking driver in traffic accidents (The Grand Rapids study). Blutalkohol 11 (S1): 1–131

Bundesanstalt für Straßenwesen (Hrsg.) (2000) Begutachtungsleitlinien zur Kraftfahrereignung. Mensch und Sicherheit, M 115 Verlag Neue Wissenschaft, Bremerhaven

Bundesen C, Habekost T, Kyllingsbæk S (2005) A Neural Theory of Visual Attention: Bridging Cognition and Neurophysiology. Psychological Review 112, 291–328

Burckhardt M (1985) Reaktionszeiten bei Notbremsvorgängen. Köln: Verlag TÜV Rheinland

Burg H, Moser A (2009) Handbuch Verkehrsunfallrekonstruktion. Unfallaufnahme, Fahrdynamik, Simulation. Vieweg+Teubner: GWV Fachverlage

Caird JK, Willness CR, Steel P, Scialfa C (2008) A meta-analysis of the effects of cell phones on driver performance. Accid Anal Prev. 40, 1282–1293

H.-T. Haffner, G. Skopp, M. Graw, *Begutachtung im Verkehrsrecht*,
DOI 10.1007/978-3-642-20224-7, © Springer-Verlag Berlin Heidelberg 2012

Carr DB (1997) Motor vehicle crashes and drivers with DAT. Alzheimer Dis Assoc Disord 11 Suppl 1, 38–41

Danner M, Halm J (1994) Technische Analyse von Verkehrsunfällen. Eurotax AG

Dasgupta A (Ed.) (2008) Handbook of Drug Monitoring Methods, Humana Press Totowa, New Jersey, USA

Dettling A, Witte S, Skopp G, Graw M, Haffner HT (2009) A regression model applied to gender-specific ethanol elimination rates from blood and breath measurements in non-alcoholics. Int J Legal Med 123 (5): 381–385

Deutsche Gesetzliche Unfallversicherung (DGUV) (2010) "Laut Umfrage schminkt oder rasiert sich jeder zehnte Autofahrer am Steuer". Pressemitteilung vom 28.04.2010 http://www.risiko-raus.de/files/1074/20100428_PM_Umfrage_Ablenkung.pdf, Abruf im Mai 2011

de Waard D, Schepers P, Ormel W, Brookhuis K (2010) Mobile phone use while cycling: incidence and effects on behaviour and safety. Ergonomics 53, 30–42

DOG (2003) Empfehlungen der Deutschen Ophthalmologischen Gesellschaft zur Fahreignungsbegutachtung für den Straßenverkehr. Anleitung für die augenärztliche Untersuchung und Beurteilung der Eignung zum Führen von Kraftfahrzeugen. Deutsche Ophthalmologische Gesellschaft (DOG), Heidelberg

Drews FA, Yazdani H, Godfrey CN, Cooper JM, Strayer DL (2009) Text messaging during simulated driving. Hum Factors 51, 762–770

Eckert, M (1994) Optische und akustische Wahrnehmungsfähigkeit im Verkehr. 32. Deutscher Verkehrsgerichtstag, 1/1994, 196–209

Eisenmenger W, Schorn K, Gilg T (1984) Untersuchungen zur Funktionsfähigkeit des Gehörs, speziell der Frequenzauflösung, unter Alkoholeinfluß. Blutalkohol 21, 250–263

Estler CJ, Schmidt H (2007) Pharmakologie und Toxikologie, 6. Aufl., Schattauer, Stuttgart, New York

Ferlazzo F, Fagioli S, Di Nocera F, Sdoia S (2008) Shifting attention across near and far spaces: implications for the use of hands-free cell phones while driving. Accid Anal Prev 40, 1859–1864

Friedland RP, Koss E, Kumar A, et al. (1998) Motor vehicle crashes in dementia of the Alzheimer type. Ann Neurol 24, 782–786

Gemeinsame Verwaltungsvorschrift des Innenministeriums, des Ministeriums für Wissenschaft, Forschung und Kunst, des Justizministeriums und des Ministeriums für Umwelt und Verkehr über die Feststellung von Alkohol-, Medikamenten- und Drogeneinfluss bei Straftaten und Ordnungswidrigkeiten, Sicherstellung und Beschlagnahme von Führerscheinen (VwV Blutalkohol); 26. April 2005 (4103.B/0107) – Die Justiz, Amtsblatt des Justizministeriums Baden-Württemberg, 54. Jahrgang, Juni 2005, Nr.6, S 265–275

Gilg T (2005) Alkoholbedingte Fahruntüchtigkeit. Beurteilung und Begutachtung in der forensischen Praxis. Teil 1 und Teil 2. Rechtsmedizin 1, 39–48 und 2, 97–110

Gilg T, Liebhardt E, Schuller E, Riedel K (1984) Alkoholbedingte Wahrnehmungsstörungen im peripheren Gesichtsfeld. Untersuchungen mit dem automatischen Perimeter OCTOPUS. Blutalkohol 21, 235–249

Grüner O, Ludwig O (1990) Zur forensischen Verwertbarkeit der Analysenergebnisse von weniger als fünf (vier) Blutalkoholbestimmungen aus einer Blutprobe, Blutalkohol 27: 316–325

Haase W, Sachs H (2008) Drogenfahrt mit Blutspiegeln unterhalb der Grenzwerte der Grenzwertkommission – Straftat (§316 StGB), Ordnungswidrigkeit (§ 24a StVG) oder Einstellung (§ 47 OWiG). NZV 5, 221–26

Haasper C, Junge M, Ernstberger A (2010) Die Abbreviated Injury Scale (AIS). Potenzial und Probleme bei der Anwendung. Unfallchirurg 113, 366–372

Haffner HT et al. (1992) Statistische Annäherung an forensische Rückrechnungswerte für Alkoholiker. Blutalkohol 29: 53–61

Haffner HT et al. (2002) Die Präzision von Atemalkohol (AAK)-Messungen mit dem Dräger Alcotest 7110 Evidential im Vergleich zur Präzision der forensischen Blutalkohol (BAK)-Bestimmungen. Blutalkohol 39: 397–406

Haffner HT, Becker IS, Mann K (1989) Zur Sensitivität klinisch-chemischer Marker des Alkoholismus nach kurzfristiger anlaßbezogener Alkoholkarenz. Blutalkohol 26: 114–122

Haffner HT, Dettling A (2008) Labordiagnostik bei Alkoholfragestellungen in der Fahreignungsbegutachtung. Blutalkohol 45: 167–174

Haffner HT, Erath D, Kadatzki B (1995) Alkoholtypische Verkehrsunfälle als zusätzliche Beweisanzeichen für relative Fahruntüchtigkeit. NZV 1995: 301–303

Haffner HT, Graw M (1990) Hustensynkopen als Unfallursache. Blutalkohol 27, 110–115

Haffner HT, Graw M (2009) AAK-Messung und AAK-Grenzwerte aus naturwissenschaftlicher Sicht. NZV 22: 209–256

Hargutt V et al. (2004) Compensation for Drowsiness & Fatigue. In T. Rothengatter & R.D. Huguenin (Hrsg.), Traffic and Transport Psychology – Theory and Application, 257–266. Elsevier Verlag

Hasper C et al. (2010) Abbreviated Injury Scale (AIS). Potential und Probleme bei der Anwendung. Unfallchirurg 113, 366–372

Hell W (2004) Unfallursache Einschlafen, Auftreten und Prävention von Müdigkeitsunfällen im Straßenverkehr. 42. Deutscher Verkehrsgerichtstag AK 2, Goslar

Himmelreich K, Bücken M, Krumm C (2009) Verkehrsunfallflucht – Verteidigungsstrategien im Rahmen des § 142 StGB. C.F. Müller Verlag

Hinz B, Mardin C (2007) Erkrankungen und Schädigungen des Auges. In: Lemmer B, Brune K (Hrsg.) Pharmakotherapie, klinische Pharmakologie, 13. überarbeitete und erweiterte Aufl., Springer, Heidelberg, Berlin, New York, S. 423–436

Hoppe B, Haffner HT (1998) Doppelblutentnahme und Alkoholanflutungsgeschwindigkeit in der Bewertung von Nachtrunkeinlassungen. NZV 11: 265–304

Horrey WJ, Wickens CD (2006) Examining the impact of cell phone conversations on driving using meta-analytic techniques. Hum Factors 48, 196–205

Hugemann W, Zöller H (1996) Notbremsreaktionen beim Dämmerungssehen und niedrigen Objektkontrasten. Verkehrsunfall und Fahrzeugtechnik, 9, 243–246 sowie 11, 307–312

International Organization for Standardization. ISO 17025 (2005). Allgemeine Anforderungen an die Kompetenz von Prüf- und Kalibrierlaboratorien

Karl J (2003) Verkehrsunfallflucht. NZV 10, 457ff

Keidel M (1988) Schleudertrauma der Halswirbelsäule. In Brandt T, Diener HC, Dichgans J (Hrsg) Therapie und Verlauf neurologischer Erkrankungen. Kohlhammer Verlag

Kernbach-Wighton et al. (2001) On the diagnosis of hypoglycemia in car drivers – including a review of the literature. For Sci Int 115, 89–94

Kim SY et al. (2008) Systemic assessment of gamma hydroxybutyrate (GHB) effects during and after acute intoxication. Am J Addict 17:312–318

Klein HH et al. (2010) Fahreignung bei kardiovaskulären Erkrankungen. Kardiologe 2010: 1–26

Knussmann R (1988) Methoden des morphologischen Vergleichs in der forensischen Anthropologie; in Anthropologie – Handbuch der vergleichenden Biologie des Menschen; Band I: Wesen und Methoden der Anthropologie, Teil 1: Wissenschaftstheorie, Geschichte, morphologische Methoden, Gustav Fischer Verlag

Kress HG, Kraft B (2005) Opioid medication and driving ability. Eur J Pain 9:141–144

Krüger HP et al. (1996) Kombinationswirkung von Medikamenten und Alkohol – Literaturübersicht. Berichte der Bundesanstalt für Straßenwesen, Heft M 64, Wirtschaftsverlag NW, Bremerhaven

Krüger HP, Kazenwadel J, Vollrath M (1995) Das Unfallrisiko unter Alkohol mit besonderer Berücksichtigung risikoerhöhender Faktoren. In: Krüger: Das Unfallrisiko unter Alkohol. Fischer; Stuttgart – Jena – New York: 1–111

Lagois J (2000) Dräger Alcotest 7110 Evidential – das messgerät zur gerichtsverwertbaren Atemalkoholanalyse in Deutschland. Blutalkohol 37: 77–91

Laux, G (2002) Psychische Störungen und Fahrtauglichkeit. Nervenarzt 73: 231–238

Lee FJ, Taatgen NA (2002) Multi-tasking as Skill Acquisition. Proceedings of the twenty-fourth annual conference of the cognitive science society. Mahwah, NJ: Erlbaum. Fairfax, 572–577

Lin CJ, Chen HJ (2006) Verbal and cognitive distractors in driving performance while using hands-free phones. Percept Mot Skills 103, 803–810

Lundt PV, Jahn E (1966) Alkohol bei Verkehrsstraftaten, Gutachten des Bundesgesundheitsamtes. Kischbaumverlag, Bad Godesberg

Lundt PV (1977) Alkohol und Straßenverkehr, Zweites Gutachten des Bundesgesundheitsamtes. Verlag und Druck E. Esdar KG, Bochum

Lutze J, Miltner E (2004) Ist unerlaubtes Entfernen vom Unfallort noch immer ein typisches Alkoholdelikt? Blutalkohol 41, 483–492

Madea B, Mußhoff F (Hrsg.) (2004) Haaranalytik – Technik und Interpretation in Medizin und Recht, Deutscher Ärzteverlag, Köln

Madea B, Mußhoff F, Berghaus C (Hrsg) (2011) Verkehrsmedizin: Fahreignung, Fahrsicherheit, Unfallrekonstruktion. Deutscher Ärzte-Verlag

Maurer HH (2009) Mass spectrometric approaches in impaired driving toxicology. Anal Bioanal Chem 393:97–107

Mohebbi R, Gray R, Tan HZ (2009) Driver reaction time to tactile and auditory rear-end collision warnings while talking on a cell phone. Hum Factors 51, 102–110

Mollenkott K (1997) Ist die Verkehrsunfallflucht in § 69II Nr. 3 StGB ein „verkapptes Alkoholdelikt"? Blutalkohol 34, 180–182

Mörike K, Gleiter CH (2002) Beeinflussung der Fahrtüchtigkeit durch Arzneimittel. Internist 43:889–898

Müller CP et al. (2006) Cannabis und Verkehrssicherheit. Mangelnde Fahreignung nach Cannabiskonsum: Leistungsdefizite, psychologische Indikatoren und analytischer Nachweis. Berichte der Bundesanstalt für Straßenwesen, Heft M 182, Wirtschaftsverlag NW, Bremerhaven

Musshoff F, Albermann E, Madea B (2010) Ethyl glucuronide and ethyl sulfate in urine after consumption of various beverages and foods – misleading results? Int J Legal Med 124: 623–630

Musshoff F, Madea B (2006) Review of biological matrices (urine, blood, hair) as indicators of recent or ongoing cannabis use. Ther Drug Monit 28:155–163

Musshoff F, Madea B (2006) Fahrunsicherheit durch Drogen und Medikamente, Teil I und II. Rechtsmedizin 16, 89–105 und Rechtsmedizin 16, 179–191

Orriols L et al. (2010) Prescription Medicines and the Risk of Road Traffic Crashes: A French Registry-Based Study. PLoS Med 7(11): e1000366. doi:10.1371/journal.pmed.1000366

Osterhaus E, Johannsmeier K. Postmortale Entstehung von Alkoholen durch Fäulnis. Deut Z gericht Med 57, 281 (1966)

Parsons M (1986) Fits and other causes of loss of consciousness while driving. Q J Med 58, 295–303

Püllen R (1999) Psychopharmaka und Fahrtauglichkeit bei älteren Patienten. Versicherungsmedizin 51, 71–74

Paridon, H (2010) Irrglaube Multitasking. Arbeit und Gesundheit 10, 12–13

Pauli R (1914) Über eine Methode zur Untersuchung und Demonstration der Enge des Bewußtseins sowie zur Messung der Geschwindigkeit der Aufmerksamkeitswanderung. In: Külpe O, Bühler K (Hrsg) Münchener Studien zur Psychologie und Philosophie Bd 1. Spemann Verlag

Prell G, Heiß A (1991) Rekonstruktion und Beurteilung von PKW-Unfällen mit akustisch relevanten Randbedingungen, insbesondere auch im Bereich der Wahrnehmbarkeitsschwelle. Unfall- und Sicherheitsforschung Straßenverkehr, BAST, Heft 82, 13–21

Raes E, Van den Neste T, Verstraete AG (2008) EMCCDA Insights 8: Drug use, impaired driving and accidents. European Monitoring Centre for Drugs and Drug Addiction, Lissabon, Portugal

Rätsch C (2001) Enzyklopädie der psychoaktiven Substanzen, 5. Aufl., AT Verlag, Aarau, Schweiz

Richtlinien der Bundesärztekammer zur Durchführung der substitutionsgestützten Behandlung Opiatabhängiger (2010) Dt. Ärztebl 107, 439–444

Richtlinien zur Bestimmung der Blutalkoholkonzentration im Blut (BAK) für forensische Zwecke (2011) Blutalkohol 48: 137–143

Riechelmann H (2005) Orale Antihistaminika der 2. Generation bei allergischer Rhinitis. Laryngo-Rhino-Otol 84:30–41

Röhrich J et al. (2010) Concentrations of delta9-tetrahydrocannabinol and 11-nor-9-carboxytetrahydrocannabinol in blood and urine after passive exposure to cannabis smoke in a coffee shop. J Anal Toxicol 34:196–203

Rösing FW (2008) Teil 3 Morphologische Identifikation von Personen, § 5 Grundlagen, Merkmale, Häufigkeiten; in: Sachverständigenbeweis im Verkehrsrecht – Unfallrekonstruktion, Biomechanik, Messtechnik, Bildidentifikation, Alkohol und Drogen, Hrsg.: Buck J, Krumbholz H; Nomos Verlagsgesellschaft

Rösing FW et al. (2005) Arbeitsgemeinschaft für Forensische Altersdiagnostik der Deutschen Gesellschaft für Rechtsmedizin – Empfehlungen für die forensische Geschlechts- und Altersdiagnose am Skelett; Rechtsmedizin 15, 32–38

Saß H et al. (2003) Diagnostisches und statistisches Manual psychischer Störungen – Textversion – DSM-IV-TR. Hogrefe Verlag

Schmedding K (2011) Leichtkollisionen. Wahrnehmbarkeit und Nachweis von Pkw-Kollisionen. Vieweg+Teubner Verlag

Schimmelpfennig KH, Becke M (2011) Unfallrekonstruktion und -gutachten in der verkehrsrechtlichen Praxis. ZAP-Verlag

Schmidt BMW, Wehling M (2005) Alkoholinteraktionen mit exogenen Substanzen und Nahrungsmitteln. In: Singer MV, Teyssen S (Hrsg.) Alkohol und Alkoholfolgekrankheiten: Grundlagen, Diagnostik. Therapie, 2. Aufl., Springer, Heiderberg, Berlin, New York

Schmitt, KU et al. (2010) Trauma-Biomechanik. Verletzungen in Straßenverkehr und Sport. Springer Verlag

Schoknecht (1992) Beweissicherheit der Atemalkoholanalyse. Unfall- und Sicherheitsforschung Straßenverkehr, Heft 86

Schönberger A, Mehrtens G, Valentin H (2010) Arbeitsunfall und Berufskrankheit. Rechtliche und medizinische Grundlagen für Gutachter, Sozialverwaltung, Berater und Gerichte. Erich Schmidt Verlag

Schubert W et al. (Hrsg.) (2005) Begutachtungs-Leitlinien zur Kraftfahrereignung. Kommentar. Kirschbaum Verlag, Bonn. vgl. BAST (Berichte der Bundesanstalt für Straßenwesen), Heft M 115, 2000

Schubert W, Mattern R (2009) Urteilsbildung in der medizinisch-psychologischen Fahreignungsdiagnostik – Beurteilungskriterien. Kirschbaum Bonn, 2. Auflage

Schulz M, Schmoldt A (2003) Therapeutic and toxic blood concentrations of more than 800 drugs and other xenobiotics. Pharmazie 58, 447–474

Schwarzfischer F (1992) Identifizierung durch Vergleich von Körpermerkmalen, insbesondere anhand von Lichtbildern, in Kube E, Störtzer O, Timm J (Hrsg.) Kriminalistik, Handbuch für Praxis und Wissenschaft, Band I, 735–761

Skopp G (2000) Zur Interpretation von Opiatbefunden an forensischem Material. Habilitationsschrift, Ruprecht-Karls-Universität, Heidelberg

Skopp G (2008) Die Haaranalyse auf psychoaktive Substanzen im Vergleich zur Urinuntersuchung. Sucht 54:208–216

Skopp G, Pötsch L (2002) Zur präanalytischen Phase chemisch-toxikologischer Untersuchungen: II: Stabilität forensisch relevanter Substanzen in Blut-, Plasma- oder Serumproben – eine Bestandsaufnahme. Rechtsmedizin 12:195–202

Skopp G et al. (1998) Zur präanalytischen Phase chemisch-toxikologischer Untersuchungen: I: Immunchemisches Drogenscreening im Urin – Erkennbarkeit von Manipulationen und Strategien bei rechtsmedizinischer Fragestellung. Rechtsmedizin 8:163–167

Skopp G, Schmitt G, Pötsch L. Plasma-to-blood ratios of congener analytes. Journal of Analytical Toxicology 29, 145–147 (2005)

Spitzer WO et al. (2009) Scientific monograph of the Quebec task force on whiplash associated disorders: redefining «whiplash» and its management. Spine 20 Suppl 8, 1–73

Toennes SW et al. (2003) Pharmacokinetics of cathinone, cathine and norephedrine after the chewing of khat leaves. Br J Clin Pharmacol 56:125–130

Welther J (1983) Wahrnehmbarkeit leichter Fahrzeugkollisionen. J. Schweitzer Verlag

Wilhelm L, Jenckel S, Junker R (2008) Handhabung von Teststreifen zur Bestimmung von Drogen und Medikamenten bei klinisch-toxikologischen Fragestellungen. Lab Med 32:168–174

Wolff H (1994) Möglichkeiten und Grenzen der Wahrnehmbarkeit leichter PKW-Kollisionen. DAR 10, 391–396

Wolff H, Gilg T (1991) Einfluß von Alkohol auf die Wahrnehmbarkeit von leichten Fahrzeugkollisionen. Unfall- und Sicherheitsforschung Straßenverkehr, BAST, Heft 82, 22–27

Young RA, Schreiner C (2008) Real-world personal conversations using a hands-free embedded wireless device while driving: effect on airbag-deployment crash rates. Risk Anal 29, 187–204

Zulley J (2005) Mein Buch vom guten Schlaf. Zabert Sandmann Verlag München

Index

H.-T. Haffner, G. Skopp, M. Graw, *Begutachtung im Verkehrsrecht*,
DOI 10.1007/978-3-642-20224-7, © Springer-Verlag Berlin Heidelberg 2011

MIX
Papier aus verantwortungsvollen Quellen
Paper from responsible sources
FSC® C105338

FSC
www.fsc.org

If you have any concerns about our products,
you can contact us on
ProductSafety@springernature.com

In case Publisher is established outside the EU,
the EU authorized representative is:
Springer Nature Customer Service Center GmbH
Europaplatz 3, 69115 Heidelberg, Germany

Printed by Libri Plureos GmbH
in Hamburg, Germany